Cnoeiin Ferieef
cu chog. buuiie.
Петрёвёа
1999.

Despre carte

Conceput spre a înlesni accesul elevilor, studenților și tuturor celor preocupați de studiul limbii franceze moderne, la un vocabular de bază indispensabil în procesul comunicării scrise și orale, prezentul dicționar cuprinde un lexic românesc cu locuțiunile și expresiile corespunzătoare, însoțite de echivalențele lor în limba francază. Grație acestui instrument de maximă utilitate practică, elevul va putea să-și alcătuiască și să-și diversifice un bagaj lexical esențial, să se informeze corect și să verifice progresele dobândite în procesul asimilării acestei limbi de largă circulație internațională.

Despre autor

Maria Brăescu a fost profesoară de limba franceză la Universitatea din București. A publicat cărți destinate elevilor, precum și adaptări din literatura franceză, ca de exemplu: *Metodologia predării limbii franceze* (Editura Didactică și Pedagogică); *Limba franceză prin exerciții* (Editura NICULESCU) etc. Este un autor cu o mare experiență în predarea limbii franceze, având o contribuție importantă în elaborarea unor noi metode și tehnici de învățare și aprofundare a acestei limbi.

Maria Brăescu

DICȚIONAR
ROMÂN-FRANCEZ

NICULESCU

© Editura NICULESCU SRL, București, 1999
Adresa: 78182 – București, Sector 1
Str. Octav Cocărăscu 79, Tel/Fax: 224.28.98
E-mail: niculescu @ dnt.ro
Internet: www.dntb.ro/users/niculesc
Procesare computerizată: *TOP GAL SRL*
Tipărit în România
ISBN 973–568–159–5

grupul drago print
Printed in Romania
fed print sa   O societate Butan Gas

B-dul Tudor Vladimirescu, nr. 31, sector 5, București, ROMÂNIA
Telefon: 335.93.18; 335.97.47
Fax: 337.33.77

PREFAȚĂ

Această lucrare include un număr important de cuvinte din fondul principal lexical al limbii române, precum și o serie de termeni din domeniile politic, economic, social. Conține, de asemenea, unele neologisme și expresii familiare folosite în limbajul cotidian, dar și un număr de termeni tehnici asimilați deja de limba română.

Adresându-se elevilor și studenților, dar și tuturor acelora care învață sau aprofundează limba franceză, dicționarul de față nu include decât parțial regionalisme sau termeni tehnici de circulație limitată.

Pentru a realiza o traducere cât mai corectă, s-au dat în special termeni echivalenți din limba franceză contemporană, precum și un număr mare de termeni din câteva dintre cele mai importante dicționare apărute (menționate la sfârșitul lucrării).

În realizarea acestui dicționar s-a folosit o parte din conținutul dicționarului român-francez apărut sub coordonarea profesorului Ion Brăescu, contribuția sa la elaborarea unor lucrări destinate studiului limbii franceze fiind, într-adevăr, remarcabilă.

Maria Brăescu

LISTA ABREVIERILOR

adj. = adjectiv
adj.nehot. = adjectiv nehotărât
adj.pos. = adjectiv posesiv
adv. = adverb
agr. = agricultură
astron. = astronomie
av. = aviație
biol. = biologie
bot. = botanică
chim. = chimie
com. = comerț
constr. = construcție
cul. = culinar
entom. = entomologie
fam. = familiar
ferov. = feroviar
fig. = figurat
fiz. = fizică
fiziol. = fiziologie
geogr. = geografie
geol. = geologie
geom. = geometrie
gram. = gramatică
iht. = ihtiologie
invar = invariabil

ir. = ironic
jud. = juridic
mat. = matematică
mec. = mecanică
med. = medicină
metr. = metrologie
mil. = termen militar
muz. = muzică
nav. = naval
num. col. = numeral colectiv
ornit. = ornitologie
peior. = peiorativ
pop. = popular
pron. nehot. = pronume nehotărât
pron. pos. = pronime posesiv
rel. = religie
s.f. = substantiv feminin
s.m. = substantiv masculin
s.n. = substantiv neutru
tehn. = tehnică
tipogr. = tipografie
vi. = verb intranzitiv
vr. = verb reflexiv
vt. = verb tranzitiv

A

a¹ *interj.* ah.
a² *prep.* 1. à. 2. de ‖ *nimic care să semene ~sat* rien qui ressemble à un village; *doi saci ~ trei kg* deux sacs à (de) trois kg.
abandona *vt.* 1. abandonner, quitter. 2. délaisser ‖ *a ~ jocul* abandonner (quitter) le jeu; *a ~ o muncă* délaisser un travail.
abanos *s.m.* 1. *bot.* ébénier *m.* 2. (lemnul) ébène *m.*
abataj *s.n.* abattage *m.*
abate I. *vr.* 1. faire un détour, s'éloigner. 2. s'arrêter en passant. 3. arriver, survenir. **II.** *vt.* amener ‖ *a se ~ din cale* faire un détour; *a se ~ din drum* dévier, s'écarter de son chemin; *a face pe cineva să se abată din drumul său* détourner qn. de son chemin; *a se ~ de la subiect* s'écarter du sujet; *o mare nenorocire s-a abătut asupra lor* un grand malheur les a frappés; *când îi ~* quand ça le prend; *ce vânt te ~?* quel bon vent vous amène?; *a ~ un râu* dévier une rivière.

abatere *s.f.* déviation *f.*, écart *m.*; infraction *f.*, délit *m.*
abator *s.n.* abattoir *m.*
abătut *adj.* abattu,~e, découragé,~e, déprimé,~e; triste.
abces *s.n.* abcès *m.*
abdica *vi.* abdiquer.
abdicare *s.f.* abdication *f.*
abdomen *s.n.* abdomen *m.*, ventre *m.*
abecedar *s.n.* abécédaire *m.*, ABC. *m.*
aberaţie *s.f.* aberration *f.*
abia *adv.* à peine.
abil,~ă 1. *adj.* adroit,~e, habile. 2. *adv.* adroitement, habilement.
abilitate *s.f.* adresse *f.*, habileté *f.*, dextérité *f.*
abis *s.n.* abîme *m.*, gouffre *m.*
abject,~ă *adj.* abject,~e, vil,~e, ignoble.
abjecţie *s.f.* abjection *f.*
ablaţiune *s.f.med.* ablation *f.*
ablativ *s.n.* ablatif *m.*
abnegaţie *s.f.* abnégation *f.*
aboli *vt.* abolir.
abolire *s.f.* abolition *f.*

abona *vr.vt.* (s')abonner (à).
abonament *s.n.* abonnement *m.* ‖ ~ *de tren* carte de tarif réduit.
abonat,-ă *s.m.f.* abonné,-e.
aborda 1. *vt.* aborder; *fig.* commencer. **2.** *vi.nav.* accoster, aborder ‖ *a ~ o discuție* entamer une conversation.
abraziv,-ă *adj.* abrasif,-ive.
abrevia *vt.* abréger.
abreviere *s.f.* abréviation *f.*
abroga *vt.* abroger, annuler, abolir.
abrogare *s.f.* abrogation *f.* annulation *f.*, abolition *f.*
abrupt,-ă *adj.* abrupt,-e, escarpé,-e, à pic raide.
abrutiza *vt.vr.* (s')abrutir.
absent,-ă *adj.* și *s.m.f.* absente.
absenta *vi.* s'absenter.
absență *s.f.* absence *f.*
absolut,-ă *adj.* absolu,-e.
absolutism *s.n.* absolutisme *m.*
absolvi *vt.* **1.** finir ses études. **2.** (un vinovat) absoudre.
absorbi 1. *vt.* absorber. **2.** *vr.fig.* s'absorber, se plonger.
absorbire *s.f.* **1.** absorption *f.* **2.** *fig.* absorbement *m.*
abstract,-ă *adj.* abstrait,-e.
abstracție *s.f.* abstraction *f.*
absurd,-ă *adj.* absurde.
absurditate *s.f.* absurdité *f.*
abține *vr.* s'abstenir.
abținere *s.f.* abstention *f.*
abunda *vi.* abonder.
abundent,-ă *adj.* abondant,-e.
abundență *s.f.* abondance *f.*
abur *s.m.* **1.** vapeur *f.* **2.** buée *f.*

aburi 1. *vt.vr.* (se) couvrir d'une buée, (s')embuer. **2.** *vi.* exhaler, répandre des vapeurs.
abuz *s.n.* abus *m.*
abuza *vi.* abuser.
abuziv,-ă *adj.* abusif,-ive.
ac *s.n.* **1.** aiguille *f.* **2.** épingle *f.* **3.** dard *m.* ‖ ~ *de brad, de pin* aiguille de sapin, de pin; ~ *de tricotat* aiguille à tricoter; ~ *de cusut* aiguille; ~ *de păr* épingle à cheveux; ~ *de siguranță* épingle de nourrice; ~ *de cravată* épingle de cravate; ~ *cu gămălie* épingle ; *acul unei albine* le dard d'une abeille; *a sta ca pe ace* rester sur des épingles, être sur des charbons; *a căuta acul în carul cu fân* chercher une épingle dans une meule de foin; *a scăpa ca prin urechile acului* l'échapper belle.
acadea *s.f.* berlingot *m.*
academic,-ă *adj.* académique.
academician *s.m.* académicien, membre de l'Académie *m.*
academie *s.f.* académie *f.*
acalmie *s.f.* accalmie *f.*
acapara *vt.* accaparer.
acaparare *s.f.* accaparement *m.*
acaparator,-oare *s.m.f.* și *adj.* accapareur,-euse.
acar *s.m.* aiguilleur *m.*
acaret *s.n.* **1.** dépendances *f.pl.* **2.** outils agricoles.
acasă *adv.* chez soi, à la maison.
accelera *vt.* accélérer.
accelerare *s.f.* accélération *f.*

accelerat,-ă *adj.* accéléré,-e ‖ *tren* ~ train express.
accent *s.n.* accent *m.*
accentua *vt.* accentuer.
accepta *vt.* accepter.
acceptare *s.f.* acceptation *f.*
accepţie *s.f.* acception *f.*
acces *s.n.* accès *m.*
accesibil,-ă *adj.* accessible.
accesoriu,-ie 1. *adj.* accessoire. 2. *s.n.* accessoire *m.*
accident *s.n.* accident *m.*
accidental,-ă *adj.* accidentel,-elle.
acela, aceea, aceia, acelea *pron.dem.* celui-là *m.*, celle-là *f.*, cela *n.*, ceux-là *m.pl.*, celles-là *f.pl.* ‖ *de aceea* voilà pourquoi, c'est pourquoi; *afară de aceea* en outre; *omul* ~ cet homme-là; *casa* ~ cette maison-là.
acelaşi, aceeaşi, aceiaşi, aceleaşi *adj.dem.* le même *m.*, la même *f.*, les mêmes *m.f.pl.*
acest, această, aceşti, aceste *adj.dem.* ce *m.*, cet *m.*, cette *f.*, ces *m.f.pl.*
acesta, aceasta, aceştia, acestea *pron.dem.* celui-ci *m.*, celles-ci *f.*, ceci *n.*, ceux-ci *m.pl.*, celles-ci *f.pl.* ‖ *oamenii* ~ ces hommes-ci; *omul* ~ cet homme-ci.
achita I. *vt.* 1. acquitter. 2. *fam.* tuer, descendre qn. II. *vr.* 1. s'acquitter (de). 2. payer ses dettes.
achiziţie *s.f.* acquisition *f.*
achiziţiona *vt.* acquérir.
acid,-ă 1. *adj.* acide. 2. *s.m.* acide *m.*
aciditate *s.f.* acidité *f.*
aciua *vr.* 1. s'abriter, chercher refuge, se nicher. 2. *fam.* se coller à.
aclama *vt.* acclamer.
aclimatiza *vt.vr.* (s')acclimater.
aclimatizare *s.f.* acclimatation *f.*
aclamaţie *s.f.* acclamation *f.*
acoladă *s.f.* accolade *f.*
acolit *s.m.* acolyte *m.*
acolo *adv.* 1. là, là-bas. 2. y ‖ *mă duc* ~ j'y vais; *pe* ~ par là; *vin de* ~ je viens de là, j'en viens; *fugi de* ~!quelle idée! tu parles! allons donc!
acomoda *vr.* s'accommoder, s'adapter.
acompania *vt.* accompagner.
acompaniament *s.n.* accompagnement *m.*
acont *s.n.* acompte *m.*
acoperi I. *vt.* 1. couvrir, recouvrir. 2. envelopper. 3. joncher. 4. voiler; *fig.* dissimuler. II. *vr.* 1. se couvrir. 2. (despre cer) s'obscurcir ‖ *a* ~ *o lipsă de bani* couvrir un déficit; *a* ~ *o greşeală* dissimuler une faute; *frunzele acoperă pământul* les feuilles jonchent la terre; *a* ~ *o casă* recouvrir une maison.
acoperiş *s.n.* toit *m.*, toiture *f.*
acord *s.n.* accord *m.*, entente *f.*
acorda 1. *vt.* accorder, octroyer. 2. *vr.* s'accorder, se mettre d'accord.

acordare *s.f.muz.* accordage *m.*
acordeon *s.n.* accordéon *m.*
acosta *vt.vi.* accoster, aborder.
acreală *s.f.* **1.** aigreur *f.* **2.** *fig.* acrimonie *f.*, aigreur *f.*
acredita *vt.* accréditer.
acreditiv *s.n.* accréditif *m.*
acri *vt.* aigrir || *a i se ~ cuiva de ceva* en avoir assez, en avoir marre.
acrişor,-oară *adj.* aigrelet,-ette.
acrobat,-ă *s.m.f.* acrobate.
acrobaţie *s.f.* acrobatie *f.*
acru[1]**,-ă** *adj.* **1.** aigre, acide, âcre. **2.** *fig.* acariâtre, revêche || *strugure ~* raisin sur.
acru[2] *s.m.* (unitate de măsură) acre *m.*
act *s.n.* **1.** acte *m.* **2.** fait *m.*, action *f.* || *cu acte în regulă* avec des papiers en règle.
activ,-ă **1.** *adj.* actif,-ive. **2.** *s.n.* actif *m.*; *a avea pe cineva la ~ său* compter qch à son actif.
activa 1. *vi.* agir. **2.** *vt.* activer, *fig.* animer, deployer une activité soutenue; **4.** intensifier.
activitate *s.f.* activité *f.*
actor *s.m.* acteur *m.*; comédien *m.*
actriţă *s.f.* actrice *f.*; comédienne *f.*
actual,-ă *adj.* actuel,-elle.
actualitate *s.f.* actualité *f.*
actualiza *vt.* actualiser.
acţiona 1. *vi.* agir. **2.** *vt.jur., mec.* actionner.
acţiune *s.f.* action *f.*
acuarelă *s.f.* aquarelle *f.*
acum *adv.* maintenant, à présent, actuellement || *de ~ înainte* désormais, dorénavant; *~ o lună* il y a un mois; *de pe ~* d'ores et déjà; *acu-i acu* voilà le hic.
acumula *vt.vr.* (s')accumuler.
acumulare *s.f.* accumulation *f.*
acumulator *s.n.* accumulateur *m.*
acustică *s.f.* acoustique *f.*
acut,-ă *adj.* aigu,-ë.
acuza *vt.* accuser, inculper.
acuzare *s.f.* accusation *f.*, inculpation *f.*
acuzat,-ă *s.m.f.* accusé,-e, inculpé,-e.
acuzativ *s.n.* accusatif *m.*, cas régime.
acuzator,-oare *adj.* şi *s.m.f.* accusateur,-trice.
acvaforte *s.f.* eau-forte *f.*
acvariu *s.n.* aquarium *m.*
acvatic,-ă *adj.* aquatique.
acvilă *s.f.* (pasăre) aigle *m.*; (stemă) aigle *f.*
adagiu *s.n.* adage *m.*
adaos *s.n.* supplément *m.*, (pt.publicaţii) addenda *m.invar.*
adapta *vt.vr.* adapter.
adaptare *s.f.* adaptation *f.*
adăpa *vt.vr.* (s')abreuver.
adăpare *s.f.* abreuvage *m.*, abreuvement *m.*
adăpătoare *s.f.* abreuvoir *m.*
adăpost *s.n.* abri *m.*, asile *m.*, refuge *m.* ||*a se pune la ~* se mettre à l'abri; *a cere ~* demander asile; *un ~ (în munţi)* un refuge (dans la montagne).
adăposti 1. *vt.* abriter, héberger, donner asile. **2.** *vr.* s'abriter, se réfugier.
adăuga *vt.vr.* (s')ajouter.

adecvat,~ă *adj.* adéquat,~e.
ademeni *vt.* **1.** attirer, allécher, leurrer. **2.** *fig.* séduire.
ademenire *s.f.* **1.** appât *m.*, leurre *m.* **2.** *fig.* séduction *f.*
ademenitor,-oare 1. *adj.* séduisant,~e, attrayant,~e. **2.** *adv.* d'une manière séduisante, attrayante.
adept,~ă *s.m.f.* adepte *m.*
adera *vi.* adhérer (à).
aderent,~ă *adj.* şi *s.m.f.* adhérent,~e.
adesea *adv.* souvent, fréquemment.
adeseori *adv.* maintes fois, souvent.
adevăr *s.n.* vérité *f.* ‖ *într~* vraiment, en vérité, en effet.
adevărat,~ă 1. *adj.* vrai,~e, véritable, réel,-elle. **2.** *adv.* vraiment, réellement.
adeveri 1. *vt.* certifier, confirmer. **2.** *vr.* se confirmer, se vérifier, s'avérer.
adeverinţă *s.f.* certificat *m.*
adeziune *s.f.* adhésion *f.*
adia *vi.* souffler légèrement.
adică *adv.* c'est-à-dire ‖ *la o ~ au besoin,* le cas échéant.
adiere *s.f.* brise *f.*, souffle *m.*
adineauri *adv.* tantôt ‖ *mai ~* il y a un instant, tout à l'heure.
adio *interj.* adieu ‖ *a-şi lua ~* prendre congé, faire ses adieux.
adiţional,~ă *adj.* additionnel,-elle.
adânc,~ă I. *adj.* **1.** profond,~e. **2.** (despre voce) grave. **II.** *adv.* profondément. **III.** *s.n.* **1.** fond *m.* **2.** abîme *m.* ‖ *adânci bătrâneţi* extrême vieillesse; *din adâncul inimii* du fond du cœur; *în adâncimi* dans les abîmes.
adânci 1. *vt.* approfondir. **2.** *vr.* se plonger, s'enfoncer ‖ *a ~ un subiect* approfondir un sujet' *a se ~ în studiu* plonger dans l'étude.
adâncime *s.f.* profondeur *f.*
adâncire *s.f.* approfondissement *m.*
adjectiv *s.n.* adjectif *m.*
adjudeca *vt.* adjuger.
adjunct,~ă *adj.* adjoint,~e.
administra *vt.* administrer, régir.
administrare *s.f.* administration *f.*, régie *f.*
administrativ,~ă *adj.* administratif,-ive.
administrator,-oare *s.m.f.* administrateur,-trice; régisseur *m.*
admira *vt.* admirer.
admirabil,~ă *adj.* admirable.
admiraţie *s.f.* admiration *f.*
admisibil,~ă *adj.* admissible, acceptable.
admite *vt.* admettre, accepter.
admitere *s.f.* admission *f.*, acceptation *f.*
admonesta *vt.* admonester.
admonestare *s.f.* admonestation *f.*
adnota *vt.* annoter.
adnotare *s.f.* annotation *f.*
adolescent,~ă *s.m.f.* adolescent,~e.
adolescenţă *s.f.* adolescence *f.*
adopta *vt.* adopter.
adoptare *s.f.* adoption *f.*
adora *vt.* adorer.
adorabil,~ă *adj.* adorable, charmant,~e.

adoraţie *s.f.* adoration *f.*
adormi I. *vt.* **1.** endormir. **2.** *fig.* apaiser. **II.** *vi.* s'endormir.
adormire *s.f.* **1.** sommeil *m.* **2.** *fig.* apaisement *m.*
adormitor,-oare *adj.* endormant,~e, assoupissant,~e.
adresa *vt.vr.* (s')adresser.
adresă *s.f.* adresse *f.*
aduce *vt.* **1.** (despre obiecte) apporter. **2.** (despre fiinţe) amener ‖ *ce vânt te ~?* quel bon vent vous amène? *a-şi ~ aminte* se rappeler, se souvenir (de); *a ~ cu cineva* ressembler à qn.; *a ~ roade* porter des fruits.
aducere *s.f.* transport *m.* ‖ *~ aminte* souvenir *m.*; *~ la îndeplinire* exécution *f.*, *mandat de ~* mandat d'amener.
adulmeca *vt.* **1.** flairer, renifler. **2.** *fig.* avoir vent de qch.
adult,-ă *adj.* adulte.
adulter,-ă 1. *adj.* adultère. **2.** *s.n.* adultère *m.*
adumbri *vt.* ombrager.
aduna I. *vt.* **1.** rassembler. **2.** ramasser. **3.** cueillir. **4.** *mat.* additionn'er. **II.** *vr.* se rassembler, se réunir, se grouper ‖ *a ~ oameni* rassembler des hommes; *a ~ vreascuri* ramasser du bois mort; *a ~ fructe* cueillir des fruits; *a ~ bani* amasser de l'argent.
adunare *s.f.* **1.** addition *f.* **2.** rassemblement *m.* **3.** assemblée *f.* **4.** recueil *m.* ‖ *rezultatul adunării* le résultat de l'addition; *~ generală* assemblée générale; *~ de legi* recueil de lois; *adunarea elevilor* le rassemblement des élèves; *~ de deşeuri* collecte de déchets.
adunător,-oare *adj.* şi *s.m.f.* économe
adunătură *s.f.* **1.** (despre obiecte) ramassis *m.*, bric-à-brac *m.* **2.** (despre fiinţe) racaille *f.*
adus,~ă *adj.* **1.** (despre obiecte) apporté,~e. **2.** (despre fiinţe) amené,~e ‖ *~ din umeri* voûté; *bine ~ din condei* bien tourné
adverb *s.n.* adverbe *m.*
advers,~ă *adj.* adverse, contraire, opposé,~e.
adversar,~ă *s.m.f.* adversaire *m.*, rival,~e.
aer *s.n.* air *m.* ‖ *în ~ liber* en plein air; *a simţi ceva în ~* flairer qch., avoir vent de quelque chose; *a-şi da aere* se donner des airs.
aerian,~ă *adj.* aérien,-enne.
aerisi *vt.* aérer.
aerisire *s.f.* aération *f.*, aérage *m.*
aerodinamic,~ă *adj.* aérodynamique.
aerodrom *s.n.* aérodrome *m.*
aerogară *s.f.* aérogare *f.*
aerolit *s.m.* aérolithe *m.*
aeromodelism *s.n.* aéromodélisme *m.*
aeronaut *s.m.* aéronaute *m.*
aeronautică *s.f.* aéronautique *f.*
aeronavă *s.f.* aéronef *m.*
aeroplan *s.n.* aéroplane *m.*
aeroport *s.n.* aéroport *m.*

afabil,~ă *adj.* affable, aimable, gentil,-ille.
afabilitate *s.f.* affabilité *f.*, amabilité *f.*, gentillesse *f.*
afacere *s.f.* affaire *f.* || *om de afaceri* brasseur d'affaires, homme d'affaires.
afacerism *s.n.* affairisme *m.*
afară *adv.* dehors || *a da ~* mettre à la porte, chasser, renvoyer; *~ de* sauf, outre, excepté, hormis; *~ numai dacă* à moins que; *ieşi ~!* hors d'ici!
afazie *s.f.* aphasie *f.*
afecta *vt.* affecter.
afectare *s.f.* affectation *f.*
afectiv,~ă *adj.* affectif,-ive.
afectuos,-oasă *adj.* affectueux,-euse.
afecţiune *s.f.* affection *f.*
aferat,~ă *adj.* affairé,~e.
aferent,~ă *adj.* afférent,~e.
afet *s.n.* affût *m.*
afilia *vr.* s'affilier.
afiliat,~ă *adj.* affilié,~e.
afiliere *s.f.* affiliation *f.*
afina *vt.* affiner.
afină *s.f.* myrtille *f.*, airelle myrtille *f.*
afinitate *s.f.* affinité *f.*
afirma *vt.* affirmer.
afirmativ,~ă *adj.* affirmatif,-ive.
afirmaţie *s.f.* affirmation *f.*
afiş *s.n.* affiche *f.*, placard *m.*
afişa 1. *vt.* afficher, placarder. **2.** *vr.fig.* s'afficher.
afâna *vt.* **1.** (despre pământ) ameublir. **2.** raréfier.

afla 1. *vt.* apprendre. **2.** *vr.* se trouver || *a ~ chip* trouver un moyen; *a se ~ în treabă* faire la mouche du coche.
afluent *s.m.* affluent *m.*
afluenţă *s.f.* affluence *f.*
aflux *s.n.* afflux *m.*
afon,~ă *adj.* aphone.
aforism *s.n.* aphorisme *m.*
african,~ă *adj.* şi *a.m.f.* africain,~e.
afront *s.n.* affront *m.*
a fuma 1. *vt.* fumer, enfumer. **2.** *vr.fig.fam.* se griser, s'enivrer.
afumătură *s.f.* viande fumée *f.*
afund,~ă 1. *adj.* profond,~e. **2.** *adv.* à fond || *a se da ~* plonger.
afunda *vt.vr.* (se) plonger.
afurisi *vt.* maudire, excommunier.
afurisit,~ă *adj.* **1.** maudit,~e. **2.** *fig.* méchant,~e.
agale *adv.* lentement, nonchalamment.
agapă *s.f.* agape *f.*
agăţa I. *vt.* **1.** suspendre, pendre. **2.** accrocher. **II.** *vr.* s'accrocher, se cramponner || *mi-am agăţat ciorapul* j'ai accroché mon bas; *agăţat de braţul lui* pendu, suspendu à son bras; *nu te mai agăţa de această promisiune* ne t'accroche plus à cette promesse.
agăţătoare *s.f.* attache *f.* (despre plante) grimpant,~e.
agendă *s.f.* agenda *m.*
agent *s.m.* agent *m.*
agenţie *s.f.* agence *f.*

ager,-ă *adj.* vif, vive, leste, prompt,-e ‖ ~ *la minte* intelligent, sagace, perspicace; *ochi ageri* yeux perçants.
agerime *s.f.* vivacité *f.*, promptitude *f.* ‖ ~ *de minte* sagacité *f.*
aghios *s.n.* (numai în expr.) *a trage aghioase* **a)** dormir profondément; **b)** ronfler.
aghiotant *s.m.* aide de camp *m.*
aghiuţă *s.m.* diable *m.*, esprit malin.
agil,-ă *adj.* agile.
agilitate *s.f.* agilité *f.*
agita *vt.vr.* (s')agiter.
agitator,-oare *s.m.f.* agitateur,-trice.
agitaţie *s.f.* agitation *f.*
aglomera *vr.* s'agglomérer.
aglomeraţie *s.f.* agglomération *f.*
agnosticism *s.n.* agnosticisme *m.*
agonie *s.f.* agonie *f.*
agoniseală *s.f.* épargne *f.*, économies *f.pl.* pécule *m.*
agonisi *vt.* acquérir, épargner, économiser, mettre de côte.
agrafă *s.f.* agrafe *f.*
agramat,-ă *adj.* ignorant,-e, illettré,-e.
agrar,-ă *adj.* agraire.
agrava *vr.* s'aggraver, empirer.
agravare *s.f.* aggravation *f.*
agrea *vt.* agréer.
agreabil,-ă *adj.* agréable.
agregare *s.f.* agrégation *f.*
agregat **1.** *s.n.* agrégat *m.* ‖ *profesor* ~ agrégé *m.*
agrement *s.n.* agrément *m.*
agresiune *s.f.* agression *f.*
agresiv,-ă *adj.* agressif,-ive.
agresor,-oare *s.m.f.* agresseur *m.*
agricol,-ă *adj.* agricole.
agricultor,-oare *s.m.f.* agriculteur *m.*, cultivateur,-trice, laboureur *m.*
agricultură *s.f.* agriculture *f.* ‖ ~ *mecanizată* motoculture.
agrişă *s.f.* groseille à maquereau *f.*
agrobiologie *s.f.* agrobiologie *f.*
agrochimie *s.f.* agrochimie *f.*
agronom *s.m.* agronome *m.*
agronomie *s.f.* agronomie *f.*
agrotehnică *s.f.* agrotechnique *f.*
aguridă *s.f.* raisin vert *m.* ‖ *zeamă de* ~ verjus *m.*
ahtiat,-ă *adj.* avide ‖ ~ *de bani* âpre au gain.
aici, aci *adv.* ici ‖ *până* ~ **a)** jusqu'ici; **b)** *fig.* assez! *de* ~ *înainte* désormais, dorénavant; ~ *e* ~ voilà le hic; *era cât pe* ~ il s'en est fallu de peu.
aidoma *adv.* exactement, identiquement, tel quel.
aievea *adv.* réellement.
aisberg *s.n.* iceberg *m.*
aiura *vi.* divaguer, délirer, parler à tort et à travers.
aiurare *s.f.* divagation *f.*, délire *m.*
aiurea *adv.* ailleurs ‖ *a merge într-*~ aller au hasard; *a vorbi* ~ divaguer.
aiureală *s.f.* **1.** sornette *f.* **2.** brouillamini *m.*, pagaille *f.*
aiurit,-ă **1.** *adj.* étourdi,-e, ahuri,-e. **2.** *s.m.f.* hurluberlu *m.*, écervelé,-e, farfelu *m.*
ajun *s.n.* veille *f.*
ajuna *vi.* jeûner, faire maigre.
ajunge **1.** *vi.* arriver, atteindre, parvenir. **2.** *vt.* atteindre ‖ *a* ~

din urmă rattraper; *a ~ la liman* arriver à bon port; *a ~ rău* tourner mal; *a ~ bine* réussir; *s-a ajuns* il a fait son petit bonhomme de chemin.
ajusta *vt.* ajuster, adapter.
ajustaj *s.n.* ajustage *m.*
ajustare *s.f.* ajustement *m.*
ajuta 1 *vt.* aider, secourir. **2.** *vr.* se servir (de), s'aider.
ajutător,-oare *adj.* auxiliaire.
ajutor,-oare 1. *s.m.f.* aide, adjoint,~e. **II.** *s.n.* **1.** aide *f.,* appui *m.* **2.** secours *m.*; assistance *f.* ‖ *cu ajutorul* grâce à, à l'aide de; *a veni în ~* secourir; *(fam.) a sări în ~* venir à la rescousse; *ajutor!* au secours! *~ moral* appui moral; *~ medical* assistance médicale; *~ pentru copil* allocation familiale.
alabastru *s.n.* albâtre *m.*
alai *s.n.* pompe *f.*
alaltăieri *adv.* avant-hier.
alamă *s.f.* laiton *m.,* cuivre jaune *m.*
alandala *ădv.* en désordre, pêle-mêle ‖ *a vorbi ~* tenir des propos sans rime ni raison.
alarma *vt.vr.* (s')alarmer, (s')alerter.
alarmă *s.f.* alarme *f.,* alerte *f.*
alarmist,~ă *s.m.f.* alarmiste.
alăpta *vt.* allaiter.
alăptare *s.f.* allaitement *m.*
alătura 1. *vt.* joindre, annexer. **2.** *vr.* se rallier ‖ *(aci) alăturat* ci-joint, annexé; *a se ~ unei mișcări* se rallier à un mouvement.
alături *adv.* à côté, près de, auprès ‖ *~ cu drumul* cela n'a rien à voir.
alb[1] *s.n.* blanc *m.* ‖ *a semna în ~* signer en blanc.
alb[2]**,~ă** *adj.* blanc, blanche ‖ *ni ~ă nici neagră* ni chair, ni poisson; *până în pânzele ~e* jusqu'au bout; *i-a scos peri ~i* on lui en a fait voir de toutes les couleurs.
albanez,~ă *adj.* și *s.m.f.* albanais,~e.
albastru,~ă 1. *adj.* bleu,~e. **2.** *s.n.* bleu *m.,* azur *m.* ‖ *e cam ~* cela a l'air de tourner mal.
albăstrea *s.f.* bleuet *m.*
albăstri *vt.* **1.** bleuir, teindre en bleu. **2.** (rufe) passer le linge au bleu.
albeață *s.f.* **1.** blancheur *f.* **2.** *med.* taie *f.*
albi *vt.* blanchir.
albie *s.f.* **1.** baquet *m.,* cuvier *m.* **2.** (despre ape) lit *m.*
albină *s.f.* abeille *f.* ‖ *~ matcă* reine.
albinărit *s.f.* apiculture *f.*
albituri *s.f.pl.* **1.** lingerie *f.,* linge *m.* **2.** *tipogr.* blanc.
album *s.n.* album *m.*
albumină *s.f.* albumine *f.*
alburiu,-ie *adj.* blanchâtre.
albuș *s.n.* blanc d'œuf *m.*
alcalin,~ă *adj.* alcalin,~e.
alcătui I. *vt.* **1.** faire. **2.** constituer, composer. **II.** *vr.* se constituer, être formé (de).
alcătuire *s.f.* formation *f.,* composition *f.,* constitution *f.,* structure *f.*

alchimie *s.f.* alchimie *f.*
alcool *s.m.* şi *n.* alcool *m.*
alcov *s.n.* alcôve *f.*
aldămaş *s.n.* (în expr.) *a da un ~* offrir une tournée.
alean *s.n.* 1.. peine *f.*, chagrin *m.* 2. nostalgie *f.*, mélancolie *f.*
aleatoriu,ie *adj.* aléatoire.
alee *s.f.* allée *f.*
alergător,-oare *s.m.f.* électeur,-trice.
alege *vt.* 1. choisir. 2. élire. 3. trier ‖ *a ~ o carte* choisir un livre; *a ~ un deputat* élire un député; *a ~ pe sprânceană* trier sur le volet; *a ales până a cules* le mieux est l'ennemi du bien; *nu m-am ales cu nimic* il ne m'en est rien resté.
alegere *s.f.* 1. choix *m.*, tri *m.* 2. (prin vot) élection *f.* ‖ *alegeri generale* élections générales; *la ~* au choix; *~ de eşantioane* tri des échantillons.
alegorie *s.f.* allégorie *f.*
alene *adv.* nonchalamment, paresseusement.
alerga *vi.* courir ‖ *a ~ într-un suflet* accourir; *a ~ pentru cineva* faire des démarches.
alergătură *s.f.* course *f.*
ales,-easă 1. *adj.* choisi,-e, élu,-e. 2. *s.n.* choix ‖ *mai ~* surtout; *vorbire aleasă* langage châtié; *~ prin vot* élu.
alfabet *s.n.* alphabet *m.*
alfabetic,-ă *adj.* alphabétique.
alfabetizare *s.f.* alphabétisation *f.*
algă *s.f.* algue *f.*
algebră *s.f.* algèbre *f.*

algerian,-ă *adj.* şi *s.m.f.* algérien,-enne.
alia *vt.vr.* (s')allier.
aliaj *s.n.* alliage *m.*
alianţă *s.f.* alliance *m.*
aliat,-ă *adj.* şi *s.m.f.* allié,-e.
alibi *s.n.* alibi *m.*
alice *s.f.pl.* plomb *m.* ‖ *~ mici* cendrée *f.*; *~ mari* chevrotine *f.*
alienaţie *s.f.* aliénation *f.*
alifie *s.f.* onguent *m.*, pommade *f.*
aliment *s.n.* aliment *m.*, nourriture *f.*
alimenta *vt.* alimenter, nourrir.
alimentare *s.f.* alimentation *f.*
alina 1. *vt.* apaiser, calmer, alléger. 2. *vr.* se calmer, s'apaiser, se tranquilliser.
alinare *s.f.* 1. apaisement *m.* 2. allégement *m.*
alineat *s.n.* alinéa *m.*
alinia *vt.vr.* (s')aligner.
aliniere *s.f.* alignement *m.*
alinta 1. *vt.* caresser, dorloter, cajoler. 2. *vr.* faire des manières, minauder.
alintătură *s.f.* caresse *f.*, cajolerie *f.*
alipi 1. *vt.vr.* (se) joindre, (s')attacher. 2. *vt.* annexer.
alipire *s.f.* 1. annexion *f.* 2. jonction *f.*
alizee *s.n.pl.* vents alizés.
almanah *s.n.* almanach *m.*
aloca *vt.* allouer, affecter.
alocaţie *s.f.* allocation *f.*
alocuri *adv.* par endroits ‖ *pe ~* par-ci, par-là.
alpaca *f.* (metal) argentan *m.*
alpaca *s.f.zool.* alpaga *m.*
alpin,-ă *adj.* alpin,-e.

alpinism *s.n.* alpinisme *m.*
alpinist,-ă *s.m.f.* alpiniste *m.f.*
alt, altă *adj.* autre ||*până una alta* en attendant.
altar *s.n.* autel *m.*
altădată *adv.* autrefois.
altceva *pron. nehot.* autre chose.
altcineva *pron.nehot.* un autre, qn. d'autre.
altcum *adv.* autrement, d'une autre manière.
altera I. *vt.* 1. altérer. 2. *fig.* dénaturer. II. *vr.* s'altérer.
alterare *s.f.* altération *f.*
alterat,-ă *adj.* 1. altéré,-e, gâté,-e. 2. *fig.* dénaturé,-e.
altercaţie *s.f.* altercation *f.*
alterna *vi.* alterner.
alternativ,-ă 1. *adj.* alternatif,-ive. 2. *adv.* alternativement.
altfel *adv.* autrement,sinon ||*de* ~ d'ailleurs; *nu pot proceda* ~ je ne peux procéder autrement; *învaţă,* ~ *vei repeta clasa* apprenez, sinon vous allez redoubler la classe.
altitudine *s.f.* altitude *f.*
altminteri, altminterea *adv.* autrement, d'une autre manière.
altoi[1] *s.n.* greffe *f.*, ente *f.*
altoi[2] *vt.* greffer, enter.
altruism *s.n.* altruisme *m.*
altul, alta, alţii, altele *pron.nehot.* un autre, une autre, d'autre. d'autres, l'autre. les autres || *până una alta* en attendant; *din una-n alta* de fil en aiguille; *nici una nici alta* sans crier gare; *unul după* ~ à la queue leu leu.

altundeva *adv.* ailleurs.
aluat *s.n.* pâte *f.*
aluminiu *s.n.* aluminiun *m.*
alun *s.m.* noisetier *m.*, coudrier *m.*
alună *s.f.* noisette *f.* || ~ *americană* cacahouète *f.*
aluneca *vi.* glisser.
alunecare *s.f.* glissement *m.*, glissade *f.* || ~ *de teren* éboulement *m.*
alunecuş *s.n.* 1. glissoire *f.* 2. verglas *m.*
alunga *vt.* chasser, bannir.
aluniş *s.n.* coudraie *f.*
aluniţă *s.f.* grain de beauté *m.*
aluviune *s.f.* alluvion *f.*
aluzie *s.f.* allusion *f.*
alveolă *s.f.* alvéole *m.*
alviţă *s.f.* nougat *m.*
amabil,-ă *adj.* aimable, gentile, -le.
amabilitate *s.n.* amabilité *f.*, gentillesse *f.*
amalgam *s.n.* amalgame *m.*
amanet *s.n.* gage *m.*
amaneta *vt.* mettre en gage.
amar,-ă 1. *adj.* amer,-ère. 2. *adv.* amèrement. 3. *s.n.* amertume *f.*, peine *f.*, affliction *f.* || *a-şi vărsa amarul* soulager sa peine; *de atâta* ~ *de vreme* depuis si longtemps; *a face (cuiva) zile amare* rendre (à qn.) la vie dure.
amarnic,-ă 1. *adj.* impitoyable, terrible, dur,-e. 2. *adv.* terriblement.
amazoană *s.f.* amazone *f.*
amator,-oare *s.m.f.* amateur *m.*
amăgeală *s.f.* leurre *m.*

amăgi I. *vt.* **1.** tromper, leurrer. **2.** embobiner; *fam.* en faire accroire. **II.** *vr.* se leurrer.
amăgitor,-oare *adj.* illusoire, trompeur,~euse.
amănunt *s.n.* détail *m.*
amărăciune *s.f.* amertume *f.*, chagrin *m.*, tristesse *f.*
amărî I. *vt.* **1.** rendre amer. **2.** *fig.* chagriner, peiner, affliger. **II.** *vr.* se tourmenter.
ambala *vt.vr.* (s')emballer.
ambalaj *s.n.* emballage *m.*
ambarcaţie *s.f.* embarcation *f.*
ambasadă *s.f.* ambassade *f.*
ambasador,-oare *s.m.f.* ambassadeur,-drice.
ambianţă *s.f.* ambiance *f.*
ambiguitate *s.f.* ambiguité *f.*
ambiguu *adj.* ambigu,~uë.
ambii, ambele *num.col.* les deux, tous les deux, toutes les deux.
ambiţie *s.f.* ambition *f.*
ambiţios,-oasă *adj.* ambitieux,-euse.
ambreia *vt.* ambrayer.
ambreiaj *s.n.* embrayage *m.*
ambulant,-ă *adj.* ambulant,~e.
ambulanţă *s.f.* ambulance *f.*
ambuscadă *s.f.* embuscade *f.*
ameliora *vt.* améliorer.
ameliorare *s.f.* amélioration *f.*
amenaja *vt.* aménager.
amenajare *s.f.* aménagement *m.*
amenda[1] *vt.* faire payer une amende.
amenda[2] *vt.* amender, améliorer.
amendament *s.n.* amendement *m.*
amendă *s.f.* amende *f.*
ameninţa *vt.* menacer.
ameninţare *s.f.* menace *f.*
ameninţător,-oare *adj.* menaçant,~e.
american,-ă *adj.* şi *s.m.f.* américain,~e.
ameriza *vi.* amerrir.
amerizare *s.f.* amerrissage *m.*
amestec *s.n.* **1.** mélange *m.* **2.** *fig.* immixtion *f.*, ingérence *f.*, intervention *f.*
amesteca I. *vt.* **1.** mêler, mélanger. **2.** embrouiller. **II.** *vr.* **1.**se mêler. **2.** s'immiscer, s'ingérer, intervenir ‖ *a ~ culori* mélanger des couleurs; *am amestecat paginile* j'ai embrouillé les pages; *a se amesteca în treburile altcuiva* s'immiscer dans les affaires d'autrui.
amestecătură *s.f.* **1.** mélange *m.* **2.** *fig.* macédoine *f.*, salmigondis *m.*
ameţeală *s.f.* vertige *m.*, étourdissement *m.*
ameţi I. *vt.* étourdir. **II.** *vi.* avoir le vertige. **III.** *vr.* **1.** s'étourdir. **2.** se griser.
ameţitor,-oare *adj.* enivrante,~e.
amfibiu,-ie *adj.* amphibie.
amfiteatru *s.n.* amphithéâtre *m.*
amfitrion,-oană *s.m.f.* amphitryon,-onne.
amforă *s.f.* amphore *f.*
amiază *s.f.* midi *m.* ‖ *după ~* après-midi *m.*; *ziua în amiaza mare* en plein jour.
amic,-ă *s.m.f.* ami,~e.
amical,-ă *adj.* amical,~e.
amiciţie *s.f.* amitié *f.*
amidon *s.n.* amidon *m.*

amigdalită *s.f.* amygdalite *f.*
amin *interj.* amen! ansi soit-il!
aminte *adv.* (numai în expr.) *a-şi aduce ~ se* souvenir de; *luare ~ attention*; *a-i fi (cuiva) ~ (de ceva)* avoir envie; *nu mi-e ~ (de)* je n'ai pas la tête (à).
aminti 1. *vt.* rappeler. **2.** *vr.* se souvenir (de), se rappeler.
amintire *s.f.* souvenir *m.*
amiral *s.m.* amiral *m.*
amâna *vt.* ajourner, différer, remettre.
amânare *s.f.* **1.** ajournement *m.*, atermoiement *m.* **2.** délai *m.* ‖ *fără ~* sans délai; *nu suferă ~* cela ne souffre aucun délai; *după trei zile de ~* après trois jours d'atermoiement; *amânare a procesului* l'ajournement du procès.
amândoi,-două *num.col.* les deux, tous les deux, toutes les deux.
amnar *s.n.* briquet *m.* ‖ *cât ai da în ~* en un clin d'œil rapidement.
amenzie *s.f.* amnésie *f.*
amnistia *vt.* amnistier.
amnistie *s.f.* amnistie *f.*
amoniac *s.n.* ammoniac *m.*
amor *s.n.* amour *m.*
amoreza *vr.* s'éprendre, devenir amoureux; *fam.* s'amouracher.
amorezat,-ă *adj.* amoureux,-euse. épris,-e.
amorf,-ă *adj.* amorphe.
amortisment *s.n.* amortissement *m.*
amortiza *vt.* amortir.

amortizare *s.f.* amortissement *m.*
amorţeală *s.f.* engourdissement *m.*, torpeur *f.*
amorţi *vi.* engourdir.
amplasament *s.n.* emplacement *m.*
amplifica *vt.* amplifier.
amplificare *s.f.* amplification *f.*
amplificator *s.n.* amplificateur *m.*
amplitudine *s.f.* amplitude *f.*
amploare *s.f.* ampleur *f.*
amplu,-ă *adj.* ample, large, vaste.
amprentă *s.f.* empreinte *f.*
amputa *vt.* amputer.
amputare *s.f.* amputation *f.*
amuletă *s.f.* amulette.
amurg *s.n.* crépuscule *m.* ‖ *în ~* entre chien et loup.
amuţi *vi.* **1.** devenir muet. **2.** demeurer interdit, interloqué, rester coi.
amuza *vt.vr.* (s')amuser, (se) divertir, (se) distraire; *fam.* rigoler.
amuzament *s.n.* amusement *m.*, divertissement *m.*, distraction *f.*
amvon *s.n.* chaire *f.*
an *s.m.* an *m.*, année *f.* ‖ *are douăzeci de ani* il a vingt ans; *în fiecare ~* chaque année.
anacronic,-ă *adj.* anachronique.
anale *s.f.pl.* annales *f.pl.*
analfabet,-ă *s.m.f.* şi *adj.* illettré,-e, analphabète.
analitic,-ă *adj.* analytique.
analiza *vt.* analyser.
analiză *s.f.* analyse *f.*
analog,-ă *adj.* analogue.
analogie *s.f.* analogie *f.*
ananas *s.m.* ananas *m.*

ananghie *s.f.* **1.** situation difficile *f.*, besoin *m.* **2.** embarras *m.* ‖ *a se afla la* ~ être dans la pétrin, se trouver dans de beaux draps.
anapoda *adv.* à l'envers ‖ *a vorbi* ~ parler de travers.
anarhic,~ă *adj.* anarchique.
anarhie *s.f.* anarchie *f.*
anarhist,~ă *s.m.f.* anarchiste.
anasâna *s.f.* (in expr.) *a lua cu* ~ mener de gré ou de force.
anason *s.m.* anis *m.*
anatemă *s.f.* anathème *m.*
anatomic,~ă *adj.* anatomique.
anatomie *s.f.* anatomie *f.*
ancestral,~ă *adj.* ancestral,~e.
ancheta *vt.* enquêter, mener une enquête.
anchetator,-oare *s.m.f.* enquêteur *m.*
anchetă *s.f.* enquête *f.*
anchilozare *s.f.* ankylose *f.*
ancora *vi. vt.* ancrer, jeter l'ancre.
ancoră *s.f.* ancre *f.*
andivă *s.f* endive *f.*
andosa *vt.* endosser.
andrea *s.f.* aiguille à tricoter *f.*
anecdotă *s.f.* anecdote *f.*
anemia *vt.vr.* (s')anémier.
anemic,~ă *adj.* anémique.
anestezie *s.f.* anesthésie *f.*
anevoie *adv.* malaisément, difficilement.
anevoios,-oasă **1.** *adj.* malaisé,~e, difficile, ardu,~e. **2.** *adv.* malaisément, difficilement, péniblement.
anexa *vt.* annexer.
anexare *s.f.* annexion *f.*
anexă *vt.* annexe.

angaja *vt.vr.* (s')engager; *fam.* embaucher.
angajament *s.n.* engagement *m.*
angara *s.f.* ennui *m.*, embêtement *m.*, tracas *m.*
angelic,~ă *adj.* angélique.
anghinare *s.f.* artichaut *m.*
anghină *s.f.* angine *f.*
angrena *vt.vr.* (s')engrener.
angrenaj *s.n.* engrenage *m.*
angrosist *s.m.* marchand de gros.
anihila *vt.* annihiler, anéantir.
anihilare *s.f.* annihilation *f.*, anéantissement *m.*
anima *vt.* animer.
animal,~ă **1.** *adj.* animal,~e. **2.** *s.n.* animal *m.*
animator,-oare *s.m.f.* **1.** animateur,-trice. **2.** bout-en-train *m.*
animație *s.f.* animation *f.*, entrain *m.*, vivacité *f.*, *fam.* abattage *m.*
animozitate *s.f.* animosité *f.*
anina **1.** *vt.* suspendre, accrocher. **2.** *vr.* s'accrocher.
aniversa *vt.* fêter un anniversaire, célébrer une fête.
aniversare *s.f.* anniversaire *m.*, fête *f.*
anod *s.m.* anode *f.*
anodin,~ă *adj.* anodin,~e, inoffensif,-ive.
anomalie *s.f.* anomalie *f.*
anonim,~ă *adj.* anonyme.
anonimat *s.n.* anonymat *m.*
anorganic,~ă *adj.* inorganique.
anormal,~ă *adj.* anormal,~e.
anost,~ă *adj.* fade, insipide, ennuyeux,-euse.
anotimp *s.n.* saison *f.*
ansamblu *s.n.* ensemble *m.*

antagonism *s.n.* antagonisme *m.*, rivalité *f.*
antarctic,-ă *adj.* antarctique.
antebelic,-ă *adj.* d'avant guerre.
antebraţ *s.n.* avant-bras *m.*
antecedente *s.n.pl.* antécédents *m.pl.*
antedata *vt.* antidater.
antenă *s.f.* antenne *f.*
antepenultim,-ă *adj.* avant-dernier,-ère.
anterior,-oară 1. *adj.* antérieur,-eure. 2. *adv.* antérieurement.
anteriu *s.n.* soutane *f.*
antet *s.n.* en-tête *m.*
antiaerian,-ă *adj.* anti-aérien,-enne.
antibiotic,-ă 1. *adj.* antibiotique. 2. *s.n.* antibiotique *m.*
antic,-ă *adj.* antique, ancien-enne.
anticameră *s.f.* antichambre *f.*
anticar *s.m.* 1. antiquaire *m.* 2. (de cărţi) bouquiniste *m.*
antichitate *s.f.* antiquité *f.*
anticipa *vi.vt.* anticiper.
anticipare *s.f.* anticipation *f.*
anticonstituţional,-ă *adj.* anti-constitutionnel,-elle.
anticolonialism *s.n.* anticolo-nialisme *m.*
antidemocratic,-ă *adj.* antidé-mocratique.
antidot *s.n.* antidote *m.*
antifascism *s.n.* antifascisme *m.*
antifascist,-ă *adj.* antifasciste.
antiimperialism *s.n.* antiimpéria-lisme *m.*
antiimperialist,-ă *adj.* antiimpé-rialiste.
antilopă *s.f.* antilope *f.*
antimarxism *s.n.* antimarxisme *m.*
antimarxist,-ă *adj.* antimar-xiste.
antimilitarism *s.n.* antimilita-risme *m.*
antimilitarist,-ă *adj.* antimilita-riste.
antimonarhic,-ă *adj.* antimo-narchique.
antinevralgic *s.n.* antinévralgique *m.*
antipartinic,-ă *adj.* antiparti, contre le parti de la classe ouvrière.
antipatie *s.f.* antipathie *f.*
antipod *s.m.* antipode *m.*
antirabic,-ă *adj.* antirabique.
antisemitism *s.n.* antisémitisme *m.*
antiseptic,-ă *adj.* antiseptique.
antitanc *adj.invar.* antitank, antichar.
antistatal,-ă *adj.* dirigé contre l'Etat.
antiteză *s.f.* antithèse *f.*
antologie *s.f.* anthologie *f.*
antonim *s.n.* antonyme *m.*
antract *s.n.* entracte *m.*
antrena *vt.vr.* (s')entraîner.
antrenament *s.n.* entraînement *m.*
antrenor *s.m.* entraîneur *m.*
antrepozit *s.n.* entrepôt *m.*
antreprenor,-oare *s.m.f.* entre-preneur,-euse.
antrepriză *s.f.* entreprise *f.*
antreu *s.n.* entrée *f.*, vestibule *m.*
antricot *s.n.* entrecôte *f.*, côtelette *f.*
antropofag,-ă *s.m.f.* anthropo-phage *adj.* şi *s.m.*
antropologie *s.f.* anthropologie *f.*
anual,-ă *adj.* annuel,-elle.

anuar *s.n.* annuaire *m.*
anuitate *s.f.* annuité *f.*
anula *vt.* annuler.
anulare *s.f.* annulation *f.*
anume I. *adj.invar.* certain,~e, tel, telle. **II.** *adv.* **1.** exprès. **2.** à savoir, nommément || ~ *modificări și* ~ *certains* changements à savoir; ~ *pentru tine* exprès pour toi; *unul singur și* ~ *Ion* un seul nommément Jean; ~ *pagini erau murdare* telles pages étaient sales.
anumit,-ă *adj.* certain,~e.
anunț *s.n.* annonce *f.*, avis *m.*
anunța *vt.* annoncer.
anvelopă *s.f.* enveloppe *f.*
anxietate *s.f.* anxiété *f.*, angoisse *f.*
aortă *s.f.* aorte *f.*
aparat *s.n.* appareil *m.* || ~ *de radio* recepteur radio *m.*
aparataj *s.n.* outillage *m.*, appareillage *m.*
aparent,-ă 1. *adj.* apparent, ~e. **2.** *adv.* apparemment.
aparență *s.f.* apparence *f.*
apariție *s.f.* **1.** apparition *f.* **2.** (referitor la o publicație etc.) parution *f.*
apartament *s.n.* appartement *m.*
aparte *adv.* à part.
apartenență *s.f.* appartenance *f.*
aparține *vi.* appartenir.
apaș *s.m.* apache *m.*
apatic,-ă *adj.* apathique.
apatie *s.f.* apathie *f.*
apatrid,-ă *s.m.f.* apatride.
apă *s.f.* eau *f.* || ~ *de ploaie fig.* eau de rose; *a bate apa în piuă* rabâcher la même chose; *a îmbăta (pe cineva) cu* ~ *rece* griser de vaines paroles; *a băga (pe cineva) la* ~ fourrer qn. dans le pétrin; *nu e în apele lui* il n'est pas dans son assiette; *în josul apei* en aval; *în susul apei* en amont; *a-i lăsa (cuiva) gura* ~ avoir l'eau à la bouche; *a lua (cuiva) apa de la moară* couper l'herbe sous le pied (de qn.); *a se duce pe apa sâmbetei* aller à vau-l'eau; *înii vine și mie apa la moară* rira bien qui rira le dernier; *apa trece, pietrele rămân* la lune passe, les étoiles restent; *a vedea în ce ape se scaldă* connaître les intentions de qn.
apăra *vt.vr.* (se) défendre, (se) protéger.
apărare *s.f.* défense *f.*, protection *f.*
apărea *vi.* paraître, apparaître.
apăsa *vt.* **1.** peser. **2.** presser. **3.** appuyer. **4.** *fig.* oppresser, opprimer || *singurătatea îl apasă* la solitude lui pèse; *a* ~ *pe un buton* appuyer sur un bouton; *apasă cu toată puterea* presse de toutes les forces.
apăsare *s.f.* **1.** pression *f.* **2.** *fig.* oppression *f.*
apăsat,-ă 1. *adj.* appuyé,~e. **2.** *adv.* (despre mers) lourdement; (despre vorbă) nettement.
apăsător,-oare *adj.* **1.** oppressif,-ive. **2.** accablant,~e, écrasant,~e || *căldură apăsătoare* chaleur accablante; *greutate apăsătoare* fardeau écrasant.

apeduct *s.n.* aqueduc *m.*
apel *s.n.* appel *m.*
apela *vt.* appeler.
apendice *s.n.* appendice *m.*
apendicită *s.f.* appendicite *f.*
aperitiv *s.n.* apéritif *m.*, hors-d'œuvre *m.*; *fam.* apéro *m.*
apicultură *s.f.* apiculture
aplana *vt.* aplanir.
aplauda *vi.vt.* applaudir.
aplaudare *s.f.* applaudissement *m.*
apleca 1. *vt.* pencher, incliner, baisser. 2. *vr.* se pencher, s'incliner, se baisser ‖ *a i se ~* avoir mal au cœur.
aplecare *s.f.* 1. inclinaison *f.* 2. *fig.* inclinaison *f.*, penchant *m.*
aplica *vt.vr.* (s')appliquer.
aplicare *s.f.* application *f.* ‖ *punerea în ~ la* mise en pratique (en application, en œuvre).
apocalips *s.n.* apocalypse *f.*
apocrif,-ă *adj.* apocryphe.
apogeu *s.n.* apogée *m.*
apoi 1. *adv.* après, ensuite, puis. 2. *adj.* (în expr.) *viața de ~* l'au-delà.
apolitic,-ă *adj.* apolitique.
apologet *s.m.* apologiste *m.*
apologie *s.f.* apologie *f.*
apoplexie *s.f.* apoplexie *f.*
aport *s.n.* apport *m.*, contribution *f.*
apos,-oasă *adj.* aqueux,-euse.
apostol *s.m.* apôtre *m.*
apostrof *s.n.* apostrophe *f.*
apostrofa *vt.* apostropher.
apoteoză *s.f.* apothéose *f.*
apoziție *s.f.* apposition *f.*
aprecia *vt.* apprécier, estimer, évaluer.
apreciere *s.f.* appréciation *f.*
aprig,-ă I. *adj.* 1. vif, vive, impétueux,-euse, indomptable. 2. dur,-e, implacable. II. *adv.* vivement, impétueusement, durrement ‖ *~ la câștig* âpre au gain; *cal ~* cheval impétueux; *dușman ~* ennemi implacable; *a lupta ~* lutter à vie et à mort.
aprilie *s.m.* avril *m.*
aprinde I. *vt.* 1. allumer; mettre le feu; incendier; 2. *fig.* enflammer. II. *vr.* s'allumer, s'enflammer ‖ *a-și ~ paie în cap* se fourrer dans un pétrin; *a i se ~ (cuiva) călcâiele (după cineva)* s'éprendre.
aprins,-ă *adj.* 1. allumé,-e. 2. *fig.* animé,-e, excité,-e, enflammé,-e. 3. (despre culori) vif, vive. 4. (despre obraz) rouge ‖ *făină aprinsă* de la farine altérée; *o discuție ~ă* une discussion animée.
aprioric *adv.* à priori.
aproape I. *adv.* 1. près. 2. presque, environ, à peu près. II. *s.m.* semblable *m.*, prochain *m.* ‖ *a cunoaște de ~* connaître de près
aproba *vt.* approuver, acquiescer.
aprobare *s.f.* approbation *f.*
aprod *s.m.* huissier *m.*
aprofunda *vt.* approfondir.
aprofundare *s.f.* approfondissement *m.*
apropia *vi.vr.* (s')approcher, (se) rapprocher.
apropiere *s.f.* 1. approche *f.* 2. proximité *f.* 3. voisinage *m.* 4. rapprochement *m.* ‖ *prin ~*

dans le voisinage; *în apropierea furtunii* à l'approche de l'orage; *în ~* à proximité; *a face o ~* établir un rapprochement.
aproviziona *vt.* approvisionner, ravitailler.
aprovizionare *s.f.* approvisionnement *m.*, ravitaillement *m.*
aproximativ,~ă 1. *adj.* approximatif,-ive. **2.** *adv.* approximativement, environ.
aproximaţie *s.f.* approximation *f.*
apt,~ă *adj.* apte, capable.
aptitudine *s.f.* aptitude *f.*
apuca I. *vt.* saisir. **II.** *vr.* **1.** s'accrocher. **2.** se mettre (à) ‖ *a se ~ de lucru* se mettre au travail; *a o ~ pe un drum* s'engager dans un chemin; *ce te-a apucat?* que vous a-t-il pris? quelle mouche vous a piqué?
apucat,~ă I. *adj.* possédé,~e. **II.** *s.n.* (în expr.) *a mânca pe apucate* manger sur le pouce.
apucător,-oare *adj.* rapace.
apucătură *s.f.* habitude *f.*, mauvaise habitude *f.*
apune *vi.* **1.** (despre aştri) se coucher. **2.** *fig.* déchoir.
apus,~ă I. *adj.* disparu,~e, éteint,~e. **II.** *s.n.* **1.** coucher du soleil *m.* **2.** couchant *m.*, ouest *m.*, occident *m.* **3.** *fig.* décadence *f.*, déchéance *f.*
apusean,~ă *ădj.* occidental,~e.
ar *s.m.* are *m.*
ara *vt.* labourer.
arab,~ă *adj.* şi *s.m.f.* arabe.

arabil,~ă *adj.* arable.
arac *s.m.* tuteur *m.*
aragaz *s.m.* réchaud à gaz *m.*, cuisinière *f.*
aramă *s.f.* cuivre *m.*, airain *m.* ‖ *a-şi da arama pe faţă* lever le masque.
aranja *vt.* arranger, ranger, mettre en ordre.
aranjament *s.n.* arrangement *m.*
arareori *adv.* rarement.
arat *s.n.* labourage *m.*, labour *m.*
arămi *vt.* cuivrer.
arămiu,~ie *adj.* cuivré,~e.
arăta I. *vt.* **1.** montrer, indiquer. **2.** démontrer. **3.** témoigner. **II.** *vr.* se montrer, apparaître ‖ *după cât se arată* à ce qu'il paraît; *a ~ interes* témoigner de l'intérêt; *a ~ bine (rău)* avoir bonne (mauvaise) mine; *îţi arăt eu ţie* je vous ferai voir du pays.
arătare *s.f.* **1.** indication *f.* **2.** vision *f.*, apparition *f.*, fantôme *m.*, spectre *m.*
arătător,-oare 1. *adj.* indicateur,-trice. **2.** *s.n.* indicateur *m.* ‖ *degetul ~* index *m.*
arătos,-oasă *adj.* (despre lucruri) imposant,~e; (despre fiinţe) beau, belle.
arătură *s.f.* labour *m.*, labourage *m.*, terre labourée *f.*
arbitra *vt.* arbitrer.
arbitraj *s.n.* arbitrage *m.*
arbitrar,~ă *adj.* arbitraire.
arbitru *s.m.* arbitre *m.*
arbora *vt.* arborer.
arbore *s.m.* arbre *m.*

arbust *s.m.* arbuste *m.*, arbrisseau *m.*
arc *s.n.* **1.** (armă) arc *m.* **2.** (la o canapea) ressort *m.* ‖ ~ *de triumf* arc de triomphe; ~ *voltaic* arc voltaïque.
arcadă *s.f.* arcade *f.*
arcan *s.n.* lasso *m.*
arcaş *s.m.* archer *m.*
arcă *s.f.* arche *f.*
arctic,~ă *adj.* arctique.
arcui *vt.vr.* (se) courber, (se) recourber.
arcuş *s.n.* archet *n.*
arde *vt.* brûler ‖ *a ~ cu fierul roşu* marquer au fer rouge, flétrir; *a ~ o palmă* flanquer, (coller) un gifle; *nu-mi ~ de* je n'ai pas le cœur à.
ardei *s.m.* piment *m.* ‖ ~ *gras* poivron *m.*
ardeia *vt.* pimenter.
ardere *s.f.* combustion *f.*
ardezie *s.f.* ardoise *f.*
ardoare *s.f.* ardeur *f.*
arenă *s.f.* arène *f.*
arenda *vt.* affermer.
arendare *s.f.* affermage *f.*
arendaş *s.m.* fermier *m.*, métayer *m.*
arendă *s.f.* bail *m.*, fermage *m.*
arest *s.n.* **1.** arrestation *f.* **2.** prison *f.*
aresta *vt.* arrêter.
argat *s.m.* valet de ferme, domestique *m.*
argăseală *s.f.* tannage *m.*
argăsi *vt.* tanner.
argentinian,~ă *adj.* şi *s.m.f.* argentin,~e.
argilă *s.f.* argile *f.*
argilos,-oasă *adj.* argileux,-euse.

argint *s.m.* argent *m.* ‖ ~ *viu* mercure *m.*, vif-argent *m.*
argintiu,-ie *adj.* **1.** argenté,~e. **2.** *fig.* argentin,~e ‖ *o rază argintie* un rayon argenté; *o voce argintie* une voix argentine.
argou *s.n.* argot *m.*
argument *s.n.* argument *m.*
argumenta *vt.* argumenter.
arhaic,~ă *adj.* archaïque.
arhaism *s.n.* archaïsme *m.*
arhanghel *s.m.* archange *m.*
arheologie *s.f.* archéologie *f.*
arhipelag *s.n.* archipel *m.*
arhitect,~ă *s.m.f.* architecte *m.*
arhitectură *s.f.* architecture *f.*
arhivar *s.m.* archiviste *m.*
arhivă *s.f.* archives *f.pl.*
arici *s.m.* hérisson *m.* ‖ ~ *de mare* oursin *m.*
arid,~ă *adj.* aride.
ariditate *s.f.* aridité *f.*
arie *s.f.* **1.** *agr.* aire *f.* **2.** *muz.* air *m.* ‖ *aria unui triunghi* l'aire d'un triangle.
arierat,~ă *adj.* arriéré,~e.
arin *s.m.* aulne *m.*, aune *m.*
aripă *s.f.* **1.** aile *f.* **2.** *iht.* nageoire *f.*
aristocrat,~ă *s.m.f.* aristocrate, noble.
aristocraţie *s.f.* aristocratie *f.*
aritmetică *s.f.* arithmétique *f.*
arivism *s.n.* arrivisme *m.*
arivist,~ă *s.m.f.* arriviste.
arlechin *s.m.* arlequin *m.*
arma *vt.* armer.
armament *s.n.* armement *m.*
armată *s.f.* armée *f.*

armator *s.m.* armateur *m.*
armă *s.f.* arme *f.*
armăsar *s.m.* étalon *m.*
armătură *s.f.* armature *f.*
armistiţiu *s.n.* armistice *m.*
armonică *s.f.* **1.** accordeon *m.* **2.** (de gură) harmonica *m.*
armonie *s.f.* harmonie *f.*
armonios,-oasă *adj.* harmonieux,-euse.
armoniza *vt.* harmoniser ‖ *a ~ culori* marier des couleurs.
armură *s.f.* armure *f.*
armurier *s.m.* armurier *m.*
aroga *vt.* s'arroger.
arogant,-ă *adj.* arrogant,~e.
aromatic,-ă *ădj.* aromatique.
aromă *s.f.* arôme *m.*
arpacaş *s.n.* orge perlé *m.*
arpagic *s.n.* ciboulette *f.*, cive *f.*, civette *f.*
ars,~ă *ădj.* brûlé,~e ‖ *obraz ~ de soare* visage hâlé, bronzé.
arsenal *s.n.* arsenal *m.*
arsenic *s.n.* arsenic *m.*
arsură *s.f.* brûlure *f.*
arşiţă *s.f.* **1.** fournaise *f.*, chaleur caniculaire. **2.** *fig.* fièvre *f.*
artă *s.f.* art *m.*
artel *s.n.* artel *m.*
arteră *s.f.* artère *f.*
artezian,-ă *adj.* artésien,-enne.
articol *s.n.* article *m.*
articula *vt.* articuler.
articulaţie *s.f.* articulation *f.*
artificial,-ă **1.** artificiel,-elle. **2.** *adv.* artificiellement.
artificiu *s.n.* **1.** artifice *m.* **2.** fusée *f.*
artilerie *s.f.* artillerie *f.*

artilerist *s.m.* artilleur *m.*
artist,~ă *s.m.f.* artiste.
artistic,~ă 1. *adj.* artistique. **2.** *adv.* artistiquement.
artritism *s.n.* arthritisme *m.*
arţar *s.m.* érable *m.*
arţăgos,-oasă *adj.* hargneux,-euse, quinteux,-euse, grincheux,-euse.
arunca 1. *vi.* jeter, lancer. **2.** *vr.* s'élancer ‖ *a-şi ~ ochii* jeter un coup d'œil; *a ~ praf în ochi (cuiva)* jeter de la poudre aux yeux de qn.; *a ~ o minge* lancer une balle; *a se ~ în braţele (cuiva)* s'élancer dans les bras de qn.
aruncătură *s.f.* jet *m.* ‖ *~ de ochi* coup d'œil; *la o ~ de băţ* très près, à un jet de pierre.
arvună *s.f.* acompte *m.*, arrhes *f.pl.*
arzător,-oare I. *adj.* **1.** brûlant,~e. **2.** *fig.* ardent,~e, enthousiaste. **II.** *s.n.* injecteur *m.*
as *s.m.* as *m.*
asalt *s.n.* assaut *m.* ‖ *a lucra în ~* travailler d'arrache-pied.
asalta *vt.* assaillir.
asambla *vt.* assembler.
asamblaj *s.n.* assemblage *m.*
asamblare *s.f.* assemblement *m.*
asana *vt.* assainir.
asanare *s.f.* assainissement *m.*
asasin,~ă *s.m.f.* assassin,~e, meurtrier,-ère.
asasina *vt.* assassiner, tuer.
asasinat *s.n.* assassinat *m.*, meurtre *m.*

ascendent,~ă 1. *adj.* ascendant,~e. **2.** *s.m.f.pl.* ancêtres *m.pl.*, aïeux *m.pl.*, ascendants *m.pl.* **3.** *s.n.* ascendant *m.*
ascensiune *s.f.* ascension *f.*
ascensor *s.n.* ascenseur *m.*
ascetism *s.n.* ascétisme *m.*
asculta *vt.* **1.** écouter. **2.** interroger. **3.** obéir, se conformer (à). **4.** exaucer ‖ *a ~ un concert* écouter un concert; *a ~ un elev* interroger un élève; *a ~ un ordin* obéir à un ordre; *mi-a ascultat rugămintea* il a exaucé ma prière; *ascult (la telefon etc.)* je suis à l'écoute.
ascultare *s.f.* **1.** écoute *f.* **2.** interrogation *f.* **3.** obéissance *f.*
ascultător,-oare *adj.* obéissant,~e.
ascunde 1. *vt.* cacher, dissimuler. **2.** *vr.* se cacher, (despre animale) se tapir; *(despre oameni, pop.)* se planquer.
ascuns,~ă I. *adj.* **1.** caché,~e. **2.** *fig.* dissimulé,~e. **II.** *s.n.* (în *expr.*) *pe ~* en cachette, subrepticement; *de-a v-aţi ascunselea* cache-cache *m.*
ascunzătoare *ş.f.* cachette *f.*
ascunziş *s.n.* tanière *f.*, repaire *m.*; cachette *f.*; *fam.* planque.
ascuţi *vt.* **1.** aiguiser, affiler (cuţit, lamă etc.), tailler (un creion). **2.** *fig.* exciter. **3.** rendre plus aigu, intensifier.
ascuţime *s.f.fig.* sagacité, *f.*, perspicacité *f.*
ascuţire *s.f.* **1.** aiguisage *m.*, affilage *m.* **2.** *fig.* intensification *f.*
ascuţiş *s.n.* tranchant *m.*, lame *f.*, taillant *m.*
ascuţit,~ă *adj.* **1.** aiguisé,~e, affilé,~e. **2.** tranchant,~e. **3.** pointu,~e. **4.** aigu,-uë. **5.** *fig.* intelligent,~e, sagace ‖ *unghi ~* angle aigu; *nas ~* nez pointu; *voce ~ă* voix aiguë, *cuţit ~* couteau tranchant; *privire ~ă* regard perçant; *a avea limba ascuţită* avoir la langue bien affligée, acérée.
ascuţitoare *s.f.* aiguisoir *m.*, taille-crayon *m.*
aseară *ădv.* hier soir.
asedia *vt.* assiéger.
asediu *s.n.* siège *m.*
asemăna 1. *vt.* comparer. **2.** *vr.* ressembler.
asemănare *s.f.* ressemblance *f.*, similitude *f.*, analogie *f.* ‖ *fără ~* sans égal.
asemănător,-oare *adj.* ressemblant,~e, semblable.
asemenea 1. *ădj.* pareil, semblable. **2.** *adv.* de même, également, aussi.
asemui *vt.* v. asemăna.
asentiment *s.n.* assentiment *m.*, approbation *f.*
asepsie *s.f.med.* asepsie *f.*
aservi *vt.* asservir.
aservire *s.f.* asservissement *m.*, assujetissement *m.*
asesor,-oare *s.m.f.* assesseur *m.*
asezona *vt.* assaisonner.
asfalt *s.n.* asphalte *m.*
asfalta *vt.* goudronner, bitumer.
asfinţi *vi.* se coucher.

asfinţit *s.n.* **1.** coucher *m.* **2.** (punct cardinal) ouest *m.*, occident *m.*, couchant *m.*
asfixia *vt.* asphyxier.
asfixiere *s.f.* asphyxie *f.*
asiatic,~ă *adj.* şi *s.m.f.* asiatique.
asiduitate *s.f.* assiduité *f.*
asiduu,~ă *adj.* assidu,~e.
asigura 1. *vt.* assurer, garantir. **2.** *vr.* s'assurer.
asigurare *s.f.* assurance *f.*, garantie *f.*
asimetric,~ă *adj.* asymétrique.
asimila *vt.* assimiler.
asin *s.m.* âne *m.*, baudet *m.*
asista 1. *vi.* assister (à). **2.** *vt.* secourir (qn.)
asistent,~ă *adj.* şi *s.m.f.* assistant,~e.
asistenţă *s.f.* assistance *f.*
asmuţi *vt.* ameuter.
asocia *vt.vr.* (s')associer.
asociaţie *s.f.* association *f.*
asolament *s.n.* assolement *m.*
asorta *vt.* assortir ‖ *a ~ un magazin cu articole necesare* achalander un magasin en articles nécessaires; *culori care nu se asortează* des couleurs qui ne se marient pas (qui jurent).
asortiment *s.n.* assortiment *m.*
aspect *s.n.* aspect *m.*
asperitate *s.f.* aspérité *f.*
aspic *s.n.* gelée *f.*, aspic *m.*
aspira *vt.* aspirer.
aspirant,~ă *s.m.f.* aspirant,~é.
aspirator,-oare 1. *adj.* aspirant,~e, aspiratoire, aspirateur,-trice. **2.** *s.n.* aspirateur *m.*
‖ *pompă aspiratoare* pompe aspirante; *~ electric* aspirateur électrique; *mişcare aspiratoare* mouvement aspiratoire.
aspiraţie *s.f.* aspiration *f.*
aspri *vt. vr.* (s')endurcir, (se) durcir.
asprime *s.f.* rugosité *f.*; *fig.* dureté *f.*; sévérité *f.*
aspru,~ă I. *adj.* **1.** dur,~e, rude, âpre, rugueux,-euse. **2.** *fig.* sévère. **II.** *adv.* durement, âprement, sévèrement ‖ *păr ~* cheveux drus; *piele aspră* peau rugueuse; *voce aspră* voix sèche.
astăzi *adv.* v.azi.
astenie *s.f.* asthénie *f.*
astfel *adv.* **I.1.** ainsi. **2.** de telle sorte, de la sorte. **3.** *~ încât* de sorte que. **II.** (folosit adjectival) *~ de* un tel, une telle.
astâmpăr *s.n.* paix *f.*, repos *m.* ‖ *fără ~* sans trêve, sans cesse; *a nu avea ~* avoir la bougeotte; *a nu-şi găsi ~* avoir la bougeotte.
astâmpăra *vt.vr.* (se) tempérer, (s')apaiser, (se) calmer.
astmă *s.f.* asthme *m.*
astrahan *s.n.* astracan *m.*, astrakan *m.*
astringent,~ă *adj.* astringent,~e.
astrologie *s.f.* astrologie *f.*
astronaut,~ă *s.m.f.* astronaute *m.*
astronautică *s.f.* astronautique *f.*
astronomie *s.f.* astronomie *f.*
astru *s.m.* astre *m.*
astupa *vt.* boucher, obstruer ‖ *a ~ (cuiva) gura* clouer le bec (à qn.)

astupare *s.f.* obstruction *f.*, engorgement *m.*
asuda *vi.* 1. suer, transpirer. 2. *fig.* trimer ‖ *pereţii asudă* les murs suintent.
asuma *vt.* assumer.
asupra *prep.* sur ‖ *a lua ~* assumer.
asupri *vt.* opprimer.
asuprire *s.f.* oppression *f.*
asurzi 1. *vt.* assourdir. 2. *vi.* devenir sourd.
asurzire *s.f.* assourdissement *m.*
asurzitor,-oare *adj.* assourdissant,-e.
aşa 1. *adj.* tel, telle, pareil, pareille. 2. *adv.* ainsi ‖ *nu-i ~?* n'est-ce pas? *şi ~ mai departe* et ainsi de suite; *~-zis* soi-disant; *uite ~* voilà; *~ o fi* peut-être; *~ să fie* soit!; *~ şi ~* comme ci, comme ça, *fam.* couci-couça; *~ că* donc.
aşadar *adv.* donc, par conséquent.
aşchie *s.f.* 1. copeau *m.* 2. écharde *f.* ‖ *mi-a intrat o ~ în palmă* une écharde m'est entrée dans la paume.
aşchiere *s.f.* coupe *f.*
aşeza I. *vt.* 1. mettre, poser, placer. 2. ranger, disposer, asseoir. II. *vr.* 1. s'asseoir. 2. s'installer, s'établir ‖ *a se ~ la masă* s'attabler, *a se ~ la pat* s'aliter; *a se ~ la lucru* se mettre au travail.
aşezare *s.f.* 1. position *f.* 2. établissement *m.* 3. ordre *m.* 4. arrangement *m.* ‖ *~ geografică* situation géographique; *~ omenească* habitat *m.*
aşezat,-ă *adj.* 1. assis,-e. 2. situé,-e. 3. installé,-e. 4. *fig.* posé,-e ‖ *vorbe aşezate* des paroles sages; *om ~* un homme posé; *sat ~ la poalele munţilor* village situé aux pieds de la montagne.
aşezământ *s.n.* institution *f.*, établissement *m.*
aştepta *vt.pvr.* (s')attendre ‖ *la sfântul (moş) aşteaptă* à Pâques ou à la Trinité; *era de aşteptat* c'était couru; *a şti la ce să te aştepţi* savoir à quoi s'en tenir.
aşteptare *s.f.* attente *f.* ‖ *peste aşteptări* cela dépasse toute espérance.
aşterne 1. *vt.* étendre, étaler. 2. *vr.* s'étendre ‖ *a ~ patul* faire le lit; *a ~ masa* dresser la table, mettre le couvert; *zăpada se ~ pe alei* la neige s'étend sur les allées; *a se ~ la drum* se mettre en route; *cum îţi vei ~ aşa vei dormi* comme on fait son lit, on se couche.
aşternut *s.n.* 1. literie *f.* 2. couche *f.* 3. (la animale) litière *f.*
atac *s.n.* attaque *f.*
ataca *vt.* attaquer.
atare *adj.* tel, pareil ‖ *ca ~* par conséquent.
ataş *s.n.* attache *f.*
ataşa *vt.vr.* (s')attacher.
ataşament *s.n.* attachement *m.*, affection *f.*

atavism *s.n.* atavisme *m.*
ateism *s.n.* athéisme *m.*
atelier *s.n.* atelier *m.*
ateneu *s.n.* athénée *m.*
atent,~ă I. *adj.* **1.** attentif,-ive. **2.** attentionné,~e, prévenant, ~e. **II.** *adv.* attentivement.
atenta *vi.* attenter (à).
atentat *s.n.* attentat *m.*
atenție *s.f.* **1.** attention *f.* **2.** prévenance *f.*
atenua *vt.* atténuer.
ateriza *vi.* atterrir.
aterizare *s.f.* atterissage *m.*
atesta *vt.* attester.
atestare *s.f.* attestation *f.*
ateu,-ee *s.m.f.* athée *m.f.*
atinge *vt.* **1.** toucher. **2.** atteindre ‖ *a ~ cu degetul* toucher du doigt; *a-și ~ scopul* atteindre son but; *l-am atins la pungă* je l'ai fait casquer; *a ~ ușor* effleurer.
atingere *s.f.* **1.** contact *m.* **2.** atteinte *f.* ‖ *~ ușoară* effleurement *m.*
atitudine *s.f.* attitude *f.*
atârna I. *vt.* suspendre, accrocher. **II.** *vi.* **1.** pendre. **2.** peser; dépendre. **III.** *vr.* se suspendre; s'accrocher ‖ *argumentele tale atârnă mai greu* tes arguments pèsent davantage.
atât 1. *adv.* tant, si, autant. **2.** *adj.nehot.* si ‖ *atâta tot* c'est tout; *nici ~* pas une goutte; *și ~* et voilà; *de atâtea ori* tant de fois; *atâta pagubă* tant pis; *atâta lucru* si peu de chose; *cu ~ mai puțin* d'autant moins; *~ ... cât* tant ... que; *cu ~ mai bine* tant mieux.
atâta *pron.nehot.* ce, cela, ça ‖ *numai ~* rien que ça; *~ mai lipsea* il ne manquait plus que cela.
atlas *s.n.* atlas *m.*
atlaz *s.n.* satin *m.*
atlet,~ă *s.m.f.* athlète *m.*
atletism *s.n.* athlétisme *m.*
atmosferă *s.f.* atmosphère *f.*
atol *s.m.* atoll, attoll *m.*
atom *s.m.* atome *m.*
atomic,~ă *adj.* atomique.
aton,~ă *adj.* atone.
atotputernic,~ă *adj.* omnipotent,~e.
atotștiutor,~oare *adj.* omniscient,~e.
atracție *s.f.* **1.** attraction *f.* **2.** *fig.* attrait *m.*, penchant *m.* ‖ *~ moleculară* attraction moléculaire.
atrage *vt.vr.* (s')attirer.
atrăgător,-oare *adj.* **1.** attractif,-ive. **2.** *fig.* attirant,~e, attrayant, ~e.
atribui *vt.* attribuer, conférer.
atribuire *s.f.* attribution *f.*
atribut *s.n.* attribut *m.*
atribuție *s.f.* attribution *f.*
atroce *adj.* atroce.
atrocitate *s.f.* attrocité *f.*
atrofia *vr.* s'atrophier.
atrofiere *s.f.* atrophie *f.*
atu *s.n.* atout *m.*
atunci *adv.* alors ‖ *~ și nici ~* au grand jamais; *de ~* depuis; *de pe ~* dès lors.

aţă *s.f.* **1.** fil *m.* **2.** filament *m.* **3.** fibre *f.* ‖ *cusut cu ~ albă* cousu de fil blanc; *se ţine numai într-o ~* cela ne tient qu'à un fil; *nu face aţa cât face faţa* le jeu ne vaut pas la chandelle.

aţine I. *vt.* guetter. **II.** *vr.* **1.** se tenir sur ses gardes. **2.** être prêt (à) ‖ *a ~ cuiva calea* guetter qn. au passage.

aţinti *vt.* fixer, braquer, viser.

aţipi *vi.* s'assoupir.

aţipire *s.f.* assoupissement *m.*

aţâţa *vt.* **1.** *fig.* attiser, aviver. **2.** inciter, exciter, fomenter ‖ *a ~ focul* attiser, tisonner le feu; *a ~ câinii* ameuter les chiens.

aţâţare *s.f.* excitation *f.*, incitation *f.*, instigation *f.*

aţâţător,-oare *adj.* provocateur,-trice, incitateur,-trice.

aţos,-oasă *adj.* fibreux,-euse, filamenteux,-euse, fibrilleux, -euse.

audienţă *s.f.* audience *f.*

audiere *s.f.* audience *f.*

auditiv,-ă *adj.* auditif,-ive.

auditoriu *s.n.* **1.** auditoire *m.*, public *m.* **2.** (sală) auditorium *m.*

audiţie *s.f.* audition *f.*

august[1] *s.m.* août *m.*

august[2]**,-ă** *adj.* auguste.

aulă *s.f.* amphithéâtre *m.*

aur *s.n.* or *m.* ‖ *~ alb* houille blanche; *ca aurul* doré; *a înota în ~* rouler sur l'or, être cousu d'or.

aurărie *s.f.* orfèvrerie *f.*

aureolă *s.f.* auréole *f.*

auri *vt.* dorer.

auricul *s.n.anat.* oreillette *f.*

aurifer,-ă *adj.* aurifère.

auroră *s.f.* aurore *f.*

auspiciu *s.n.* auspice *m.*

auster,-ă *adj.* austère.

austeritate *s.f.* austérité *f.*

australian,-ă *adj.* şi *s.m.f.* australien,-enne.

austriac,-ă *adj.* şi *s.m.f.* autrichien,-enne.

austru *s.n.* vent du sud.

aut *adv.* (sport) out.

autarhie *s.f.* autarchie *f.*

autentic,-ă *adj.* authentique.

autentifica *vt.* authentiquer, authentifier.

autobiografie *s.f.* autobiographie *f.*; curriculum vitae *m.*

autobuz *s.n.* autobus *m.*; autocar *m.*

autocamion *s.n.* autocamion *m.*, camion automobile *m.*

autoclavă *s.f.* autoclave *m.*

autocrat *s.m.* autocrate *m.*

autocraţie *s.f.* autocratie *f.*

autocritică *s.f.* autocritique *f.*

autodeterminare *s.f.* autodétermination *f.*

autodidact,-ă *s.m.f.* autodidacte *m.f.*

autogară *s.f.* autogare *f.*

autograf *s.n.* autographe *m.*

autohton,-ă *adj.* şi *s.m.* autochtone.

automat,-ă 1. *adj.* automatique. **2.** *adv.* automatiquement. **3.** *s.n.* automate *m.*

automatiza *vt.* automatiser.

automatizare *s.f.* automation *f.*, automatisation *f.*

automobil *s.n.* automobile *f.*, auto *f.*, voiture *f.*
automotor *s.n.* autorail *m.*
autonomie *s.f.* autonomie *f.*
autoportret *s.n.* autoportrait *m.*
autopropulsat,~ă *adj.* autopropulsé,~e.
autopsie *s.f.* autopsie *f.*
autor,-oare *s.m.f.* auteur *m.*
autoritar,~ă *adj.* autoritaire.
autoritate *s.f.* autorité *f.*
autoriza *vt.* autoriser.
autorizare *s.f.* autorisation *f.*
autoservire *s.f.* self-service *m.*, libre-service *m.*
autostradă *s.f.* autoroute *f.*, autostrade *f.*
autosugestie *s.f.* autosuggestion *f.*
auxiliar,~ă *adj.* auxiliaire.
auz *s.n.* ouïe *f.*
auzi *vt.vi.* entendre ‖ *eu spun, eu aud* je parle pour les murs; *s-a auzit că* on a entendu dire que; *din auzite* par ouï-dire; *s-a auzit?* c'est compris?
avalanşă *s.f.* avalanche *f.*
avangardă *s.f.* avant-garde *f.*
avans *s.n.* avance *f.*
avansa *vt.* avancer.
avansare *s.f.* avancement *m.*
avantaja *vt.* avantager.
avar,~ă 1. *adj.* avare, ladre, pingre. 2. *s.m.f.* avare *m.f.*, ladre *m.*, grippe-sou *m.*, harpagon *m.*
avaria *vt.* avarier, endommager.

avariţie *s.f.* avarice *f.*, ladrerie *f.*, lésine *f.*
avea *vt.* avoir ‖ *a ~ un post* occuper un emploi; *a ~ pe cineva la mână* avoir barre sur qn.; *a ~ ceva împotriva cuiva* avoir une dent contre qn., en vouloir à qn.; *n-are nimic* cela ne fait rien; *n-ai decât!* cela vous regarde! *a se ~ rău cu cineva* être brouillé avec qn.
aventură *s.f.* aventure *f.*
aventurier,~ă *s.m.f.* aventurier,-ière.
avere *s.f.* fortune *f.*, richesse *f.*, avoir *m.*, bien *m.*
aversiune *s.f.* aversion *f.*, haine *f.*, répugnance *f.*
avertisment *s.n.* avertissement *m.*
avertiza *vt.* avertir, prévenir.
aviator,-oare *s.m.f.* aviateur,-trice.
aviaţie *s.f.* aviation *f.*
avicultură *s.f.* aviculture *f.*
avid,~ă *adj.* avide, rapace.
aviditate *s.f.* avidité *f.*, voracité *f.*, rapacité *f.*
avion *s.n.* avion *m.*
aviz *s.n.* avis *m.*
aviza *vt.* aviser.
avânt *s.n.* élan *m.*, essor *m.* ‖ *avântul industriei* l'essor de l'industrie.
avânta *vr.* s'élancer, prendre son essor, prendre son élan.
avocat,~ă *s.m.f.* avocat,~e.

avort *s.n.* avortement *m.*
axa *vt.* axer.
axă *s.f.* axe *m.*
axiomă *s.f.* axiome *m.*
azbest *s.n.* asbeste *m.*
azi *adv.* aujourd'hui ‖ ~-*dimineață* ce matin; ~-*noapte* la nuit dernière; *de* ~ *înainte* désormais, dorénavant; *în ziua de* ~ de nos jours; ~-*mâine* bientôt, un de ces jours; *a trăi de* ~ *pe mâine* vivre au jour le jour.

azimut *s.n.* azimut *m.*
azil *s.n.* asile *m.*
azot *s.n.* azote *m.*
azur *s.n.* azur *m.*
azvârli 1. *vt.* lancer, jeter. **2.** *vr.* se jeter, s'élancer, se précipiter.
azvârlitură *s.f.* portée *f.* ‖ *la o* ~ *de băț* à un jet de pierre.

Ă

ăla, aia, ăia, alea *pron.dem.* celui-là, celle-là, ceux-là, celles-là ‖ *altă aia* une apparition bizarre; *un ăla* un quidam; *toate alea* tout.

ălălalt, ailaltă, ăilalţi, alelalte *pron.dem.* l'autre, les autres.

ăst, asta, ăşti, aste *adj.dem.* ce, cet, cette, ces ‖ *de astă dată* cette fois-ci

ăsta, asta, ăştia, astea *pron.dem.* celui-ci, celle-ci, ceux-ci, celles-ci, ceci ‖ *cu toate astea* malgré cela; *pentru asta* c'est pourquoi; *asta e acum* voilà le hic; *ce-i asta?* qu'est-ce que cela veut dire?

ăstălalt, astălaltă, ăştialalţi, astelalte *pron.dem.* v. ălălalt.

B

ba *adv.* non, pas du tout, point ‖ *da ori ~* oui ou non; *~ da* mais si, si; *~ bine că nu* pour sûr, certainement.
babalâc *s.m.fam.* vieux gaga *m.*, vieillard *m.*, ramollo *m.*
babă *s.f.* vieille *f.* ‖ *baba-oarba* colin-maillard *m.*
babord *s.n.* bâbord *m.*
babornițǎ *s.f.* vieille carcasse *f.*, vieille sorcière *f.*
bac *s.n.* bac m.
bacalaureat **1.** *s.m.* baccalauréat *m.*; *fam.* bachot *m.*, bac *m.* **2.** *adj.* (titlu) bachelier,-ère.
bacă *s.f.*(bot.) baie *f.*
bachelită *s.f.* bakélite *f.*
baci *s.m.* **1.** fromager *m.* **2.** maître berger *m.*
bacil *s.m.* bacille *m.*
bacșiș *s.n.* pourboire *m.*
bacterie *s.f.* bactérie *f.*
bacteriologie *s.f.* bactériologie *f.*
bade *s.m.pop.* père *m.*
baftă *s.f.fam.* veine *f.*, chance *f.*
baga *s.f.* écaille *f.*

bagaj *s.n.* bagage *m.*
bagatelă *s.f.* bagatelle *f.*
bagateliza *vt.* minimiser.
baghetă *s.f.* baguette *f.*
baie *s.f.* **1.** bain *m.* **2.** (cadă) baignoire *f.* **3.** (odaia) salle de bains *f.* ‖ *a face ~* prendre un bain; *a-și petrece vacanța la băi* passer ses vacances dans une station balnéaire (d'eaux thermales).
baieră *s.f.* lacet *m.* ‖ *băierile pungii* les tirants de la bourse *m.pl.*
baionetă *s.f.* baïonnette *f.*
bairam *s.n.fam.* ripaille *f.*
bal *s.n.* bal *m.* (*pl.~s*).
baladă *s.f.* ballade *f.*
balama *s.f.* charnière *f.*, gond *m.* ‖ *a-și ieși din balamale* sortir de ses gonds.
balamuc *s.n.* **1.** hospice d'aliénés *m.*, maison de fous *f.* **2.** *fig.* tohu-bohu *m.*, pagaille *f.*
balansa *vt.vr.* (se) balancer.
balansoar *s.n.* fauteuil à bascule *m.*, rocking-chair *m.*

balánță *s.f.* balance *f.*
balast *s.n.* **1.** ballast *m.* **2.** *fig.* charge *f.*, fardeau *m.*, poids *m.*
balaur *s.m.* dragon *m.*
balcon *s.n.* balcon *m.*
baldachin *s.n.* baldaquin *m.*
bale *s.f.pl.* bave *f.*
balenă *s.f.* baleine *f.*
balerin,~ă *s.m.f.* danseur *m.*, ballerine *f.* ‖ ~ *la operă* rat d'Opèra.
balet *s.n.* ballet *m.*
baletist,~ă *s.m.f.* v. balerin.
baligă *s.f.* fiente *f.*, (de cal) crottin *m.*; (de vacă) bouse *f.*
balistică *s.f.* balistique *f.*
balivernă *s.f.* baliverne *f.*, sornette *f.*
baliză *s.f.* balise *f.*
balnear,~ă *adj.* balnéaire.
balon *s.n.* ballon *m.*
balona *vr.* se gonfler.
balot *s.n.* ballot *m.*, balle *f.*
balotaj *s.n.* ballottage *m.*
balsam *s.n.* baume *m.*
baltag *s.n.* hachereau *m.*
baltă *s.f.* marécage *m.*, mare *f.*, marais *m.*‖ *a rămâne* ~ *fig.* tomber à l'eau; *a lăsa* ~ laisser en plan; *a da cu bâta în* ~ donner un coup d'épée dans l'eau.
balustradă *s.f.* balustrade *f.*
bamă *s.f.* gombo *m.*, cornes grecques *f.pl.*
bambus *s.m.* bambou *m.*
ban *s.m.* **1.** centime *m.*, sou *m.*, denier *m.* **2.** *pl.* argent *m.* ‖ *a nu avea un* ~ n'avoir pas le sou, être fauché; *bani mărunți de la (petite) monnaie*; *bani gheață* argent comptant; *băiat de bani gata* fils à papa; *a fi plin de bani* être cousu d'or; *a nu face doi bani* ne pas valoir un sou troué; *a face bani* faire fortune; s'enrichir; *a da bani cu dobândă* prêter de l'argent à l'intérêt; *a da cu banul* jouer pile ou face; *a strânge bani albi pentru zile negre* mettre de l'argent de côté, garder une poire pour la soif.
banal,~ă *adj.* banal,~e *(pl.~s)*.
banalitate *s.f.* banalité *f.*
banaliza *vr.vt.* (se) banaliser.
banană *s.f.* banane *f.*
bananier *s.m.* bananier *m.*
banc *s.n.* **1.** (de nisip) banc *m.* **2.** *tehn.* établi *m.*, banc *m.* **3.** *fam.* plaisanterie *f.*, anecdote *f.*, blague *f.*
bancă *s.f.* **1.** banc *m.* **2.** (instituție) banque *f.*
bancher *s.m.* banquier *m.*
banchetă *s.f.* banquette *f.*
banchiză *s.f.* banquise *f.*
bancnotă *s.f.* billet de banque *m.*
bandaj *s.n.* bandage *m.*
bandă *s.f.* **1.** (de oameni) bande *f.*, groupe *m.* **2.** bande *f.*, bandeau *m.* ‖ ~ *rulantă* bande roulante *f.*; ~ *de magnetofon* bande de magnétophone, ruban magnétique.
banderolă *s.f.* banderole *f.*
bandit *s.m.* bandit *m.*, brigand *m.*
baniță *s.f.* boisseau *m.*
banjo *s.n.* banjo *m.*
bar *s.n.* bar *m.*, boîte de nuit *f.*
bara *vt.* barrer.

baracă *s.f.* baraque *f.*
baraj *s.n.* barrage *m.*
bară *s.f.* barre *f.*, barreau *m.*
barbar,-ă **1.** *adj.* și *s.m.* barbare. **2.** *adv.* sauvagement, barbarement.
barbarie *s.f.* barbarie *f.*
barbă *s.f.* barbe *f.* ‖ *a râde în ~ rire* sous cape.
barbetă *s.f.* favoris *m.pl.*
barbișon *s.n.* barbiche *f.*
barcagiu *s.m.* batelier *m.*
barcă *s.f.* barque *f.*, canot *m.* ‖ *~ de salvare* canot de sauvetage *m.*
bard *s.m.* barde *m.*
bardă *s.f.* hache *f.*
barem[1] *adv.* au moins, du moins.
barem[2] *s.n.* barème *m.*
baretă *s.f.* barrette *f.*
baricada *vt.vr.* (se) barricader.
baricadă *s.f.* barricade *f.*
barieră *s.f.* **1.** barrière *f.* **2.** passage à niveau *m.*
bariș *s.n.* fichu *m.*
bariton *s.m.* baryton *m.*
bariu *s.n.* baryum *m.*
baroc,-ă *adj.* baroque.
barometru *s.n.* baromètre *m.*
baron,-oană *s.m.f.* baron *m.*, baronne *f.*
baros *s.n.* marteau *m.*, caseepierre *m.*
barosan,-ă **1.** *adj.* gros, énorme. **II.** *s.m.fam.ir.* grosse légume *f.*, gros bonnet *m.*
barou *s.n.* barreau *m.*
barză *s.f.* cigogne *f.*
bas *s.m.* și *n.* basse *f.*
bască *s.f.* béret basque *m.*

baschet *s.n.* basket-ball ‖ *jucător de ~* basketteur *m.*
basculant,-ă *adj.* basculaire ‖ *camion, vagon ~* camion, wagon à bascule.
basculă *s.f.* bascule *f.*
basm *s.n.* **1.** conte *m.*, conte de fées *m.* **2.** *fig.ir.* baliverne *f.*, sornette *f.*, conte en l'air *m.*, histoire à dormir debout *f.*
basma *s.f.* mouchoir *m.*, fichu *m.* ‖ *a ieși ~ curată* sortir blanc comme neige.
basorelief *s.n.* bas-relief *m.*
basta *adv.* assez.
bastard,-ă *s.m.f.* bâtard,-e.
bastion *s.n.* bastion *m.*
baston *s.n.* **1.** bâton *m.* **2.** canne *f.*, badine *f.*
bașca **1.** *prep.* hormis, excepté, sans compter de. **2.** *adv.* autrement, toute autre chose.
baștină *s.f.* lieu natal *m.*, patrie *f.* ‖ *de ~* originaire (de), natal, autochtone.
batalion *s.n.* bataillon *m.*
bate **I.** *vt.* **1.** battre, frapper. **2.** (despre un cui) enfoncer, ficher. **3.** (despre ceas) sonner. **4.** (în luptă) vaincre, battre. **II.** *vi.* **1.** battre. **2.** (despre vânt) souffler. **3.** (despre inimă) palpiter. **III** *vr.* se battre, lutter ‖ *a ~ măr* battre à plate couture, rouer de coups, rosser; *mă ~ gândul să* j'ai l'intention de; *a-și ~ capul* se creuser la tête; *a ~ capul cuiva* rompre la tête à qn., corner les oreilles à qn.; *a-și*

bate joc de cineva se payer la tête de qn., se moquer de qn.; *a ~ pasul pe loc* piétiner, *fig.* tourner en rond; *cât ~ puşca aussi loin que porte le fusil; a~ la ochi* frapper, taper dans l'œil; *a ~ în retragere* battre en retraite; *a ~ din palme* applaudir; *a ~ din picioare* trépigner; *a se ~ după ceva* en raffoler; *a se ~ cap în cap* se contredire; *a se ~ cu pumnii în piept* se frapper la poitrine; *~ palma!* tope là! *a se da bătut* céder; *a ~ drumurile* courir les rues; *soarele ~ tare* le soleil tape dur; *~ în albastru* cela tire sur le bleu; *a ~ fierul cât e cald* il faut battre le fer tant qu'il est chaud.
baterie *s.f.* batterie *f.*
batistă *s.f.* mouchoir *m.*
batjocori *vt.* bafouer, railler.
batjocoritor,-oare *adj.* railleur,-euse, moqueur,-euse.
batjocură *s.f.* 1. dérision *f.*, risée *f.* 2. outrage *m.*, insulte *f.* ‖ *făcut în ~* bâclé.
batoză *s.f.* batteuse *f.*
batracian *s.m.* batracien *m.*
baza *vt.vr.* (se) baser, (se) fonder.
bazaconie *s.f.* chose biscornue *f.* 2. *fig.* **a.** visions cornues *f.pl.*; **b.** faribole *f..*
bazalt *s.n.* basalte *m.*
bazar *s.n.* bazar *m.*
bază *s.f.* base *f.*, fondement *m.* ‖ *a sta (a fi) la ~* être (constituer) le fondement; *a pune bazele* fonder, jeter les fondements; *de ~* fondamental, essentiel; *pe baza* en vertu de, conformément à.
bazin *s.n.* piscine *f.*
băbesc,-ească *adj.* vieillot,-otte ‖ *leacuri băbeşti* remèdes de bonne femme *m.pl.*
băcănie *s.f.* épicerie *f.*
bădăran *s.m.* rustre *m.*, mufle *m.*, malotru *m.*
bădărănie *s.f.* grossièreté *f.*, muflerie *f.*
băga I. *vt.* 1. introduire, fourrer, ficher. 2. enfoncer, plonger. 3. (într-o slujbă) placer. **II.** *vr.* 1. se fourrer. 2. se mêler de. 3. s'engager, entrer (dans un service) ‖ *a ~ de seamă* s'apercevoir, observer; *a ~ în seamă* remarquer, faire attention; *a ~ în sperieţi* ficher une peur bleue; *a-şi ~ în cap* se mettre en tête; *a te ~ unde nu-ţi fierbe oala* se mêler de ce qui ne vous regarde pas; *a ~ mâna în foc* mettre sa main au feu; *a-şi ~ nasul peste tot* fourrer son nez partout.
băgare *s.f.* (în expr.) *cu ~ de seamă* avec soin, soigneusement.
băiat *s.m.* 1. garçon; *fam.* gars. 2. fils *m.* ‖ *un ~ bun* un brave type, un bon bougre; *băiatul meu* mon fils.
băieţandru *s.m.* adolescent *m.*, jeune garçon *m.*, garçonnet *m.*
băieţaş *s.m.* gamin, garçonnet *m.*
bălai,-e *adj.* 1. (despre oameni) blond,-e. 2. (despre animale)

blanc, blanche ‖ *nici laie, nici ~e* ni chair ni poisson.
bălan,-ă *adj.* v. bălai.
bălăbăni *vt.vr.* (se) balancer, se dandiner, tituber.
bălăci *vr.vi.vt.* barboter, patauger.
bălăngăni 1. *vt.* sonnailler, tinter; (despre clopot) brimbaler. 2. *vr.* se balancer, se dandiner.
bălărie *s.f.* mauvaise herbe *f.*
băligar *s.n.* fumier *m.*
bălmăji *vt.* 1. embrouiller. 2. marmotter, bredouiller.
bălos,-oasă *adj.* baveux,-euse.
băltăreț,-eață 1. *adj.* marécageux,-se. 2. *s.n.* vent du sud *m.*
băltoacă *s.f.* 1. mare *f.* 2. *(mică)* flaque *f.*
bălțat,-ă *adj.* bariolé,-e, bigarré,-e.
bănesc,-ească *adj.* d'argent, pécuniaire.
bănos,-oasă *adj.* lucratif,-ive.
bănui *vt.* 1. supposer, se douter (de). 2. soupçonner, suspecter.
bănuială *s.f.* soupçon *m.*, méfiance *f.*, défiance *f.*
bănuitor,-oare *adj.* soupçonneux,-euse, méfiant,-e.
bănuț *s.m.* 1. sou *m.*, liard *m.* 2. *bot.* pâquerette *f.*
bărăgan *s.n.* plaine *f.*, rase campagne *f.*
bărbat *s.m.* 1. homme *m.* 2. époux *m.*, mari *m.*
bărbătesc,-ească *adj.* masculin,-e, viril,-e, mâle.
bărbăție *s.f.* 1. virilité *f.* 2. *fig.* vaillance *f.*, bravoure *f.*

bărbie *s.f.* menton *m.*
bărbier *s.m.* barbier *m.*, coiffeur *m.*
bărbieri 1. *vt.vr.* (se) raser, (se) faire la barbe. 2. *vr.fam.* conter des sornettes, des galéjades.
bărbos,-oasă *adj.* barbu,-e.
bărdacă *s.f.* cruche *f.*
bărzăun *s.m.* bourdon *m.*, frelon *m.*
băşcălie *s.f.fam.* (în expr.) *a lua (pe cineva) în ~* se moquer (de qn.), se gausser (de qn.), se payer la tête (de qn.).
băşică *s.f.* 1. vessie *f.* 2. ampoule *f.* 3. (de săpun) bulle *f.* ‖ *băşica udului* vessie; *băşica fierei* poche du fiel; *ploaie cu băşici* averse *f.*
băştinaş,-ă *s.m.f.* indigène *m.f.*
bătaie 1. volée de coups *f.*, raclée *f.*, correction *f.* 2. (la vânătoare) battue *f.* 3. (de ceas) coup *m.* 4. (a unei arme) portée *f.* 5. (a inimii) battement *m.*, palpitation *f.* ‖ *a mânca ~* être rossé; *~ de cap* tracas *m.*, casse-tête *m.*; *~ de joc* moquerie *f.*, gouaillerie *f.*; *lucru făcut în ~ de joc* chose bâclée.
bătăios,-oasă *adj.* batailleur,-euse.
bătălie *s.f.* lutte *f.*, combat *m.*, bataille *f.*
bătători *vt.* piétiner, fouler.
bătătorit,-ă *adj.* 1. piétiné,-e, foulé,-e. 2. (despre palme) calleux,-euse.
bătătură *s.f.* 1. cour *f.* 2. (la mâini, la picioare) cor *m.*, durillon *m.*, cal *m.*
bătăuş,-ă *adj.* şi *s.m.* bagarreur,-euse.

bătrân,-ă 1. *adj.* vieux, vieil, vieille; ancien,-enne. 2. *s.m.f.* vieux, vieillard *m.*, vieille *f.*
bătrânesc,-ească *adj.* vieux, vieille; ancien,-enne; du temps jadis, d'autrefois.
bătrânețe *s.f.* vieillesse *f.*
bătrânicios,-oasă *adj.* vieillot,~te.
bătut,-ă *adj.* 1. battu,~e, frappé,~e. 2. vaincu,~e ‖ ~ *în cap* bête, sot,~te.
băț *s.n.* bâton *m.* ‖ *a pune beţe în roate* mettre des bâtons dans les roues.
băţos,-oasă *adj.* raide, roide.
băut,~ă **I.** *adj.* 1. bu,~e. 2. (despre oameni) ivre, soûl,~e. **II.** *s.n.* boire *m.*
băutor,-oare *adj.* și *s.m.f.* 1. buveur,-euse. 2. ivrogne.
băutură *s.f.* boisson *f.*, breuvage *m.*
bea *vt.vi.* boire.
beat,-ă *adj.* ivre, soûl,~e.
beatitudine *s.f.* béatitude *f.*
bec *s.n.* 1. ampoule *f.* 2. bec *m.*
beci *s.n.* cave *f.*
becisnic,~ă *adj.* și *s.m.f.* 1. faible, chétif,-ive, malingre. 2. *fig.* veule.
begonie *s.f.* bégonia *m.*
behăi *vi.* bêler.
behăit *s.n.* bêlement *m.*
bej *adj.invar.* beige.
belciug *ps.n.* anneau *m.*
belea *s.f.* ennui *m.*, tracas *m.*, embêtement *m.*, tuile *f.* ‖ *a vârî (băga) în ~* mettre dans le pétrin, *ce ~ pe capul meu* quelle tuile!

beletristic,~ă *adj.* littéraire.
beletristică *s.f.* belles lettres *f.pl.*
belfer *s.m.fam.* pion *m.*
belgian,~ă *adj.* și *s.m.f.* belge.
beli *vt.pop.* écorcher ‖ *a-și ~ ochii* écarquiller les yeux.
belicos,-oasă *adj.* belliqueux,-euse.
beligerant,~ă *adj.* și *s.m.f.* belligérant,~e.
belșug *s.n.* abondance *f.* ‖ *din ~* abondamment, à profusion; à foison.
bemol *s.m.* bémol *m.*
benchetui *vi.* banqueter, faire ripaille.
beneficia *vi.* bénéficier, profiter.
beneficiar,~ă *s.m.f.* bénéficiaire.
beneficiu *s.n.* bénéfice *m.*, gain *m.*, profit *m.*
benevol,~ă *adj.* bénévole.
bengal *ădj.* (în expr.) *foc ~* feux de Bengale.
benghi *s.n.pop.* grain de beauté *m.*, mouche *f.*
benign,~ă *adj.* bénin,-igne.
benzen *s.m.* benzène *m.*, benzine *f.*
benzină *s.f.* essence *f.*
berărie *s.f.* brasserie *f.*
berbec *s.m.* bélier *m.*
berbeleacul *s.n.* (în expr.) *de-a ~* en culbutant; *a (se) da de-a ~* culbuter.
berc, bearcă *adj.* sans queue.
bere *s.f.* bière *f.*
berechet **I.** *s.n.* 1. abondance *f.* 2. chance *f.* **II.** *adv.* abondamment, à foison, à profusion.
beregată *s.f.pop.* gorge *f.*

beretă *s.f.* béret *m.*
bestial,-ă *adj.* bestial,-e.
bestialitate *s.f.* bestialité *f.*
bestie *s.f.* brute *f.*, bête *f.*
beşteli *vt.fam.* gronder, passer un savon (à qn.)
beteag,-ă *adj.* şi *s.m.f.* infirme, estropié,-e, cul-de-jatte *m.*
beteală *s.f.* fils d'or *m.pl.*
beteşug *s.n.* infirmité *f.*, tare *f.*
beton *s.n.* béton *m.* ‖ ~ *armat* béton armé.
betonieră *s.f.* bétonnière *f.*
beţie *s.f.* ivresse *f.*
beţiv,-ă *adj.* şi *s.m.f.* ivrogne *m.*, ivrognesse *f.*; *fam.* soûlard,-e.
bezea *s.f.* **1.** *fam.* baiser *m.* bizon *m.* bise *f.* **2.** (prăjitură) méringue *f.*
bezmetic,-ă *adj.* étourdi,-e, écervelé,-e.
beznă *s.f.* noir *m.*, ténèbres *f.pl.*
biban *s.m.* perche *f.*
bibelou *s.n.* bibelot *m.*
biber *s.m.* castor *m.*
biberon *s.n.* biberon *m.*
bibilică *s.f.* pintade *f.*
biblie *s.f.* bible *f.*
bibliofil,-ă *s.m.f.* bibliophile *m.*
bibliograf *s.m.* bibliographe *m.*
bibliografic,-ă *adj.* bibliographique.
bibliografie *s.f.* bibliographie *f.*
bibliotecar,-ă *s.m.f.* bibliothécaire *m.*
bibliotecă *s.f.* bibliothèque *f.*
biceps *s.m.* biceps *m.*
bici *s.n.* **1.** fouet *m.* **2.** coup de fouet *m.* ‖ *a da* ~ cingler, fouetter.

bicicletă *s.f.* bicyclette *f.*; *fam.* vélo *m.*, bécane *f.*
biciclist,- *s.m.f.* cycliste.
biciui *vt.* **1.** fouetter, donner le fouet (à qn.). **2.** *fig.* fustiger.
biciuitor,-oare *adj.* cinglant,-e.
biciuşcă *s.f.* cravache *f.*
bicorn *s.n.* bicorne *m.*
bidinea *s.f.* brosse à badigeonner les murs.
bidon *s.n.* bidon *m.*
bielă *s.f.* bielle *f.*
bienal,-ă *adj.* biennal,-e.
biet, biată *adj.* pauvre, malheureux,-euse.
biftec *s.n.* biftek *m.*
bifurca *vr.* se bifurquer.
bifurcaţie *s.f.* bifurcation *f.*
bigam,-ă *adj.* bigame.
bigamie *s.f.* bigamie *f.*
bigot,-ă *adj.* bigot,-e, dévot,-e
bigotisme *s.n.* bigotisme *m.*
bijuterie *s.f.* bijou *m.* (*pl.* ~ *x*), joyau *m.*
bilanţ *s.n.* bilan *m.*
bilateral,-ă *adj.* bilatéral,-e.
bilă *s.f.* **1.** bille *f.* **2.** (fiziol.) bile *f.*
bilet *m.* ticket *m.* ‖ ~ *de bancă* billet de banque *m.*, ~ *dus-întors* billet aller-retour; ~ *de peron* ticket de quai.
biliar,-ă *adj.* biliaire.
biliard *s.n.* billard *m.*
bilingv,-ă *adj.* bilingue.
bilunar *adj.* bimensuel,-elle.
bina *s.f.* maison en construction *f.*, chantier *m.*
bine 1. *adv.* bien, bon. **2.** *s.n.* bien *m* ‖ *e mai* ~ *să* il vaut mieux; *a se face* ~ se remet-

tre, se rétablir; *ba ~ că nu certainement; a-i merge (cuiva treburile)* ~ réussir, être prospère; *a pune* ~ mettre de côté; *mai ~ de* plus de; *~ zici* vous avez raison; *~ că* il est hereux que; *~ ați venit* soyez le bienvenu; *rămâi cu* ~ adieu; *cu binele* gentiment, doucement; *ține-te ~!* tiens bon! *să-ți fie de ~! ir.* grand bien vous fasse! *a vedea în* ~ voir en rose; *de-a binelea* tout à fait, complètement, bel et bien.
binecrescut,~ă *adj.* bien élevé,~e.
binecuvânta *vt.* bénir.
binecuvântare *s.f.* bénédiction *f.*
binecuvântat,ă *adj.* béni,~e, bénit,~e.
binefacere *s.f.* 1. bienfaisance *f.* 2. bienfait *m.*
binefăcător,-oare 1. *adj.* bienfaisant,~e. 2. *s.m.f.* bienfaiteur,-trice.
bineînțeles *adv.* bien entendu, cela va sans dire.
binevenit,~ă *adj.* bienvenu,~e.
binevoi *vt.* 1. bien vouloir, avoir la bonté de. 2. daigner ‖ *binevoiți a primi* veuillez agréer.
binevoitor,-oare *adj.* bienveillant,~e.
binișor *adv.* 1. assez bien, passablement. 2. doucement ‖ *cu binișorul* tout doucement, en douce.
binoclu *s.n.* jumelle *f.*, binocle *m.*
bigraf *s.m.* biographe *m.*
biografie *s.f.* biographie *f.*

biolog *s.m.* biologue *m.*, biologiste *m.*
biologie *s.f.* biologie *f.*
biosferă *s.f.* biosphère *f.*
bioxid *s.m.* bioxyde *m.*
biped 1. *adj.* bipède. 2. *s.m.f.* bipède *m.*
biplan *s.n.* biplane *m.*
bir *s.n.înv.* tribut *m.*, impôt *m.*‖ *a da ~ cu fugiții* s'enfuir; *fam.* se tirer, se carapater.
birjar *s.m.* cocher *m.*
birjă *s.f.* fiacre *m.*
birocrat *s.m.* bureaucrate *m.*
birocratic,~ă *adj.* bureaucratique.
birocrație *s.f.* bureaucratie *f.*
birou *s.n.* bureau *m.*
birt *s.n.pop.* restaurant *m.*, bistro(t) *m.*, guinguette *f.*, bouillon *m.*
birui *vt.* vaincre ‖ *de nebiruit* invincible.
biruință *s.f.* victoire *f.*, triomphe *m.*
biruitor,-oare 1.*adj.* victorieux,-euse. 2. *s.m.* vainqueur *m.*
bis *interj.* bis.
bisa *vt.* bisser.
biscuit *s.m.* biscuit *m.*
bisect *adj.m.* bissextile.
bisectoare *s.f.* bisectrice *f.*
biserică *s.f.* église *f.*‖ *a nu fi ușă de* ~ être malhonnête.
bisericuță *s.f.* 1. oratoire *m.*, chapelle *f.* 2. *fig.peior.* coterie *f.*, clique *f.*
bisturiu *s.n.* bistouri *m.*
bitum *s.n.* bitume *m.*
bivol *s.m.* buffle *m.*
bivoliță *s.f.* bufflonne *f.*

bivuac *s.n.* bivouac *m.*
bizantin,~ă *adj.* byzantin,~e.
bizar,~ă 1. *adj.* bizzare, étrange. 2. *adv.* bizarrement, étrangement.
bizarerie *s.f.* bizarrerie *f.*, étrangeté *f.*
bizon *s.m.* bison *m.*
bizui *vr.* compter (sur), se fier (à).
bâigui *vi.vr.* 1. divaguer, parler d'une manière confuse. 2. marmotter, marmonner, bredouiller.
bâiguială *s.f.* bredouillement *m.*
bâlbâi *vi.* tâtonner, chercher à tâtons.
bâlbâială *s.f.* 1. tâtonnement *m.* 2. *fig.* hésitation *f.*, incertitude *f.*
bâjbâi *vi.vr.* bégayer, bredouiller.
bâjbâială *s.f.* bégaiement *m.*, bredouillement *m.*
bâlbâit,~ă *adj.* şi *s.m.f.* bègue.
bâlci *s.n.* foire *f.*
bântui 1. *vi.* sévir, faire rage. 2. *vt.* ravager.
bârfeală *s.f.* médisance *f.*
bârfi *vt.vi.* médire, dire du mal de qn., débiner, déblatérer; *fam.* casser du sucre sur le dos de qn.
bârfitor,-oare *adj.* médisant,~e.
bârâi *vt.* parler comme un moulin à paroles ‖ *a ~ pe cineva la cap* tarabuster qn., casser la tête.
bârlog *s.n.* tanière *f.*, repaire *m.*
bârnă *s.f.* poutre *f.*, solive *f.*
bâtă *s.f.* gourdin *m.*, trique *f.*
bâtlan *s.m.* héron *m.*
bâţâi *vi.vt.vr.* (se) trémousser, (s')agiter.

bâzdâc *s.n. fam.* caprice *m.*
bâzâi *vi.* 1. (despre insecte) bourdonner. 2. *fam.* (despre copii) pleurnicher, *pop.* chialer.
bâzâit *s.n.* bourdonnement *m.*
blagoslovi *vt.* bénir.
blajin,~ă *adj.* 1. doux,-ce, aimable. 2. calme, paisible.
blam *s.n.* blâme *m.*
blama *vt.* blâmer.
blamabil,~ă *adj.* blâmable.
blană *s.f.* 1. fourrure *f.* 2. pelisse *f.* 3. madrier *m.*, ais *m.*, planche *f.*‖ *o haină de ~* une pelisse; *o ~ de brad* un ais en sapin.
blazat,~ă *adj.* blasé,~e.
blazon *s.n.* blason *m.*
blănar *s.m.* fourreur *m.*, pelletier *m.*
blănărie *s.f.* magasin de fourrures *m.*
bleg, bleagă *adj.* 1. aux oreilles pendantes. 2. *fig.* veule, mou, molle; niais,~e.
blestem *s.n.* 1. malédiction *f.* 2. *rel.* blasphème *m.*, imprécation *f.*
blestema 1 *vt.* maudire. 2. *vi.* blasphémer.
blestămăţie *s.f.* infamie *f.*
bleu *adj. invar.* bleu,~e.
blid *s.n.* 1. écuelle *f.*, (conţinutul vasului) écuellée *f.* 2. *pl.pop.* vaisselle *f.*
blinda *vt.* blinder.
blând,~ă *adj.* 1. doux,-ce, gentil,~le. 2. (despre animale) apprivoisé,~e, docile.
blândeţe *s.f.* douceur *f.*, gentillesse *f.*, bonté *f.*
bloc *s.n.* 1. bloc *m.* 2. grand immeuble *m.*, building *m.*

immeuble collectif, immeuble d'habitation, ensemble de logements, blocus *s.n.*; ‖ ~ . *de marmură* bloc de marbre; ~-*ul continental* le blocus continental.
bloca *vt.* bloquer.
blocadă *s.f.* blocus *m.*
blocare *s.f.* blocage *m.* ‖ *rut.* embouteillage *m.*
blond,~ă *adj.* blond,~e.
bluză *s.f.* blouse *f.*
boabă *s.f.* baie *f.*, grain *m.* ‖ *a nu şti ~* ne savoir (un traître) mot, goutte.
boacăn,~ă *ădj.* (în expr.) *a făcut una boacănă* il a fait une bourde.
boală *s.f.* maladie *f.*, mal *m.*
boare *s.f.* 1. brise *f.*, zéphyr *m.* 2. *fig.* parfum *m.*
boarfe *s.f.pl.* hardes *f.pl.*, frusques *f.pl.*, nippes *f.pl.* fripes *f.pl.*
bob[1] *s.n.* 1. grain *m.* 2. *bot.* fève *f.*‖ *un ~ de porumb* un grain de maïs.
bob[2] *s.n.* bobsleigh *m.*
bobinator,-oare *s.m.f.* bobineur,-euse.
bobină *s.f.* bobine *f.*
bobârnac *s.n.* chiquenaude *f.*, nasarde *f.*, pichenette *f.*
boboc *s.m.* 1. (de floare) bouton. 2. (de raţă) caneton *m.* 3. (de gâscă) oison *m.* 4. *fig.fam.* bleu *m.*, blanc-bec *m.*
bocanc *s.m.* gros soulier *m.*, brodequin *m.*
bocăni *vi.* frapper, marteler.
boccea *s.f.* balle *f.*, baluchon *m.*

bocciu,~e 1. *ădj.* moche. 2. *s.m.f.* rustre *m.*
bocet *s.n.* lamentation *f.*
boci 1. *vi.* pleurer. 2. *vt.* plaindre. 3. *vr.* se lamenter.
bodegă *s.f.* bistro(t) *m.*
bodogăni *vi.vt.* bougonner, maugréer.
boem,~ă *adj.* şi *s.m.f.* bohème.
bogat,~ă *adj.* riche, opulent,~e, abondant,~e ‖ *o recoltă bogată* une récolte abondante; *putred de ~* cousu d'or.
bogătaş,~ă *s.m.f.* richard,~e.
bogăţie *s.f.* richesse *f.*, opulence *f.*, abondance *f.*
boi 1. *vt.* teindre. 3. *vr.* se farder.
boia *s.f.* piment rouge en poudre *m.*
boiangerie *s.f.* teinturerie *f.*
boicot *s.n.* boycottage *m.*
boicota *vt.* boycotter.
boier *s.m.* boyard *m.*, boïard *m.*; grand seigneur *m.*, noble *m.;* propriétaire foncier *m.*
boierime *s.f.* aristocratie *f.*, noblesse *f.*
bojoc *s.m.pop.* poumon *m.*
bolboroseală *s.f.* 1. bredouillement *m.* 2. (despre lichide) bouillonnement *m.*
bolborosi 1. *vt.vi.* bredouille. 2. *vi.* (depre lichide) bouillonner.
bold *s.n.* épingle *f.*
bolero *s.n.* boléro *m.*
boli *vi.pop.* être malade, souffrant,~e.
bolid *s.m.* bolide *m.*
bolnav,~ă 1. *adj.* malade, souffrant,~e. 2. *s.m.f.* malade.

bolnăvicios,-oasă *adj.* maladif,-ive, souffreteux,-euse || *a fi ~* avoir une petite santé.
bolovan *s.m.* grosse pierre *f.*
bolovăni 1. *vr.* s'amonceler. 2. *vt.* (în expr.) *a ~ ochii* écarquiller les yeux.
bolovănos,-oasă *adj.* caillouteux,-euse, raboteux,-euse.
boltă *s.f.* 1. voûte *f.*; *arhit.* cintre *m.* 2. charmille *f.*, tonnelle *f.* || *cheie de ~* clef de voûte *f.*; *~ de viță* treille *f.*; *sub bolta din grădină* dans le jardin, sous la charmille (tonnelle).
bolti *vt.* cintrer, voûter.
bomba *vt.* bomber.
bombarda *vt.* bombarder.
bombardament *s.n.* bombardement *m.*
bombardier *s.n.* bombardier *m.*
bombastic,-ă *adj.* ronflant,-e; redondant,-e; emphatique.
bombă *s.f.* bombe *f.*
bombăni 1. *vt.* bougonner, grogner, grommeler. 2. *vi.* rouspéter.
bomboană *s.f.* bonbon *m.*
bombonerie *s.f.* bonbonnerie *f.*
bon *s.n.* bon *m.*; (într-un magazin) fiche *f.*
bondar *s.m.* bourdon *m.*, frelon *m.*
bondoc,-oacă *adj.* trapu,-e.
bonetă *s.f.* bonnet *m.*
bonier *s.n.* carnet de décharge *m.*
bonificație *s.f.* bonification *f.*
bont, boantă *adj.* émoussé,-e.
bor[1] *s.m.* bore *m.*
bor[2] *s.n.* bord *m.*

borangic *s.n.* 1. fil de soie qu'on retire du cocon *m.* 2. soie grège *f.*
borcan *s.n.* pot *m.*
borcănat,-ă *adj.* gros,-se, gonflé,-e.
borceag *s.n.* vesce *f.*
bord *s.n.* bord *m.*
bordei *s.n.* hutte *f.*, taudis *m.*, chaumière *f.*, taupinière *f.*
borderou *s.n.* bordereau *m.*
bordo *adj.invar.* bordeaux.
bordură *s.f.* bordure *f.*
boreal,-ă *adj.* boréal,-e.
borfaș *s.m.* chapardeur *m.*
borhot *s.n.* drêche *f.*
bormașină *s.f.* perforatrice *f.*
bornă *s.f.* borne *f.*
boroboață *s.f.* sottise *f.*, frasque *f.*
borș *s.n.* 1. suc aigre *m.* (résultant de la fermentation du son). 2. soupe aigre *f.*|| *a se face ~* se fâcher tout rouge.
borși *vr..* s'aigrir, fermenter.
bortă *s.f.* trou *m.*
borțos,-oasă *adj.pop.* ventru,-e, pansu,-e.
borviz *s.n.* eau minérale *f.*
boschet *s.n.* bosquet *m.*
boscorodi *vt.* 1. gronder, sermonner. 2. marmotter, grommeler.
bostan *s.m.* 1. citrouille *f.*, courage *f.*, potiron *m.* 2. *fam.ir.* (despre cap) caboche *f.*
bosumfla *vr.* bouder, faire la lippe, la moue.
bosumflat,-ă *adj.* grognon,-ne, bourru,-e.

boşorog,-oagă *adj.* şi *s.m.f.* hernieux,-euse; *fig.* vieux gaga *m.*, vieille carcasse *f.*
bot *s.n.* 1. museau *m.* 2. *fam.* gueule *f.* ‖ *a se şterge pe ~* se brosser le ventre; *a pune pe cineva cu botul pe labe* mater qn., rabattre le caquet à qn.
botanică *s.f.* botanique *f.*
botanist,-ă *s.m.f.* botaniste *m.*
botez *s.n.* baptême *m.*
boteza *vt.* baptiser ‖ *a ~ vinul fam.* couper le vin.
botniţă *s.f.* muselière *f.*
botos,-oasă *adj.* 1. lippu,-e. 2. *fig.* maussade, boudeur,-euse.
boţ *s.n.* boulette *f.*
boţi *vt.* chiffonner, froisser.
bou *s.m.* 1. bœuf *m.* 2. *fig.* imbécile ‖ *a nu-i fi boii acasă* n'être pas dans son assiette.
boulean *s.m.* bouvillon *m.*
bour *s.m.* aurochs *m.*
bovin,-ă *adj.* bovin,-e.
box *s.n.* boxe *f.*
boxa *vt.* boxer.
boxă *s.f.* box *m.*
boxer *s.m.* boxeur *m.*, pugiliste *m.*
braconaj *s.n.* braconnage *m.*
braconier *s.m.* braconnier *m.*
brad *s.m.* sapin *m.*
bragă *s.f.* boisson orientale (faite avec du millet fermenté) *f.*
brambura *adv.* (în expr.) *a vorbi ~* parler à tort et à travers.
brancardă *s.f.* brancard *m.*
branhie *s.f.* branchies *f.pl.*
branşă *s.f.* branche *f.*
bras *s.n.* brasse *f.*
brasieră *s.f.* brassière *f.*

braşoavă *s.f. fam.* sornette *f.*, galéjade *f.*
braţ *s.n.* 1. bras *m.* 2. brassée *f.* ‖ *~ de lemne* brassée de bois; *~ la ~* bras dessus, bras dessous.
brav,-ă *adj.* brave, vaillant,-e.
bravo *interj.* bravo!
bravură *s.f.* bravoure *f.*
brazdă *s.f.* 1. sillon *m.* 2. (de flori) plate-bande *f.*‖ *a se da pe ~* s'amender, se faire à.
brazilian,-ă *adj.* şi *s.m.f.* brésilien,-enne.
brădet *s.n.* sapinière *f.*, forêt de sapins.
brăţară *s.f.* bracelet *m.*
brăzda *vt.* sillonner.
breaslă *s.f.* corporation *f.*, métier *m.*
breaz,-ă *adj.* 1. (despre animale) marqué d'une tache blanche. 2. *fig.fam.* calé,-e.
breşă *s.f.* brèche *f.*
bretea *s.f.* bretelle *f.*
breton[1] *s.n.* frange de cheveux *f.*
breton[2]**,-ă** *adj.*(cu maj.) breton,-nne.
brevet *s.n.* brevet *m.*
breveta *vt.* breveter.
bric *s.n.* brick *m.*
briceag *s.n.* canif *m.*
bricheta[1] *s.f.* (aparat de aprins) briquet *m.*
brichetă[2] *s.f.* briquette *f.*
brici *s.n.* rasoir *m.*
bridă *s.f.* bride *f.*
brigadă *s.f.* brigade *f.*
brigadier *s.m.* brigadier *m.*
briliant *s.n.* brillant *m.*
brişcă *s.f.* cabriolet *m.*
britanic,-ă *adj.* şi *s.m.f.* britannique.

briză *s.f.* brise *f.*
brână *s.f.* **1.** ceinture *f.*, cordon *m.* **2.** sentier en haute montagne *m.*
brâncă *s.f.* érysipèle *m.*
brânci *s.f.pl.* (în expr.) *pe ~* à quatre pattes; *a da ~* pousser; *dacă-ţi dă inima ~* si le cœur vous en dit; *munceşte până cade pe ~* travailler d'arrache pied
brânduşă *s.f.bot.* **1.** (de toamnă) colchique *m.* **2.** (de primăvară) crocus *m.*
brânză *s.f.* fromage *m.* || *a nu face nici o ~* faire buisson creux, faire chou-blanc.
brâu *s.n.* **1.** ceinture *f.*, cordon *m.* **2.** taille *f.* || *a fi cu cuţitul la ~* être querel-leur, chercher noise; *a sta cu mâinile în ~* rester les bras croisés.
broască[1] *s.f.* **1.** grenouille *f.* || *~ ţestoasă* tortue *f.*; *~ râioasă* crapaud *m.*
broască[2] *s.f.* serrure *f.*
broboadă *s.f.* **1.** fichu *m.*, mouchoir *m.* **2.** châle *m.*
broboană *s.f.* goutte de sueur *f.*
brocart *s.n.* brocart *m.*
broda *vt.* broder.
brodeală *s.f.* coïncidence *f. la ~* au petit bonheur.
broderie *s.f.* broderie *f.*
brodeză *s.f.* brodeuse *f.*
brodi **1.** *vt.* réussir par hasard, tomber juste, tomber bien. **II.** *vr.* tomber par hasard || *a o ~ rău* tomber mal.
brom *s.n.* brome *m.*

bronhie *s.f.* bronche *f.*
bronşită *s.f.* bronchite *f.*
bronz *s.n.* bronze *m.*
bronza *vt.vr.* **1.** bronzer. **2.** (despre piele) brunir, hâler, bronzer.
broscoi *s.m.* **1.** crapaud *m.* **2.** *fig.* marmot *m.*
broşă *s.f.* broche *f.*
broşură *s.f.* brochure *f.*
bruftui *vt.fam.* rabrouer, rudoyer, malmener.
brumă *s.f.* **1.** gelée blanche *f.*, frimas *m.* **2.** *fig.* nuage *m.*, pincée *f.*
brun,~ă *adj.* brun,~e.
brunet,~ă *adj.* brun,~e.
brusc,~ă **1.** *adj.* brusque. **2.** *adv.* brusquement.
brusca *vt.* brusquer, rabrouer.
brut,~ă *adj.* brut,~e.
brutal,~ă *adj.* brutal,~e.
brutalitate *s.f.* brutalité *f.*
brutaliza *vt.* brutaliser.
brutar *s.m.* boulanger *m.*
brută *s.f.* brute *f.*
brutărie *s.f.* boulangerie *m.*
bubă *s.f.* **1.** bouton *m.* **2.** furoncle *m.* **3.** *fam.* bobo *m.*|| *aici e buba* voilà le hic.
buboi *s.n.* furoncle *m.*
bubui *vi.* tonner, gronder.
bubuit *s.n.* grondement *m.*
buburuză *s.f.* coccinelle *f.*, bête à bon Dieu *f.*
bucal,~ă *adj.* buccal,~e.
bucată *s.f.* morceau *m.*, pièce *f.* || *a face bucăţi* mettre en pièces; *om dintr-o ~* homme intègre; *a face cuiva bucata* jouer un mauvais tour à qn.

bucate *s.f.pl.* **1.** mets *m.pl.* plats *m.pl.*, vivres *m.pl.* **2.** *pop.* céréales *f.pl.* récolte *f.*
bucălat,-ă *adj.* joufflu,-e.
bucătar *s.m.* cuisinier *m.* ‖ ~ *bun* maître queux *m.*
bucătăreasă *s.f.* cuisinière *f.* ‖ ~ *bună* cordon-bleu *m.*
bucătărie *s.f.* cuisine *f.*
buche *s.f.* lettre *f.* ‖ *buchea cărții* à la lettre.
bucher *s.m.* bûcher *m.*
buchet *s.n.* bouquet *m.*
buchisi *vt.* **1.** piocher. **2.** *fig.pop.* rouer de coups.
bucium *s.n.* buccin *m.*
bucla *vt.* boucler.
buclă *s.f.* boucle *f.*
bucluc *s.n.* **1.** embêtement *m.*, ennui *m.*, tuile *f.* **2.** querelle *f.*, discorde *f.* ‖ *am un* ~ j'ai un ennui; *caută* ~ il cherche querelle (noise).
bucura **1.** *vr.* se réjouir, jouir (de), bénéficier. **2.** *vt.* satisfaire, faire plaisir.
bucurie *s.f.* joie *f.*
bucuros,-oasă **1.** *adj.* joyeux,-euse, enchanté,-e, ravi,-e. **2.** *adv.* joyeusement, volontiers.
budincă *s.f.* pouding, poudingue *m.*, pudding *m.*
bufant,-ă *adj.* bouffant,-e.
bufet *s.n.* **1.** (mobilă) buffet *m.* **2.** (restaurant) buvette *f.*, snack-bar *m.*
bufni *vi.* **1.** tomber avec un bruit sourd. **2.** grogner, maugréer, pester ‖ *a* ~ *în râs* pouffer de rire.

bufniţă *s.f.* hibou *m. (pl. ~x)*
bufon *s.m.* bouffon *m.*
buget *s.n.* budget *m.*
bugetar,-ă *adj.* budgétaire.
buhai *s.m.* **1.** *zool.* taureau *m.* **2.** *muz.* bourdon *m.*
buhăit,-ă *adj.* bouffi,-e.
buiestru[1] *s.n.* amble *m.*
buiestru[2]**,-iastră** *adj.* vif, vive, rétif,-ive.
buimac,-ă *adj.* ahuri,-e, abasourdi,-e, abruti,-e.
buimăceală *s.f.* ahurissement *m.*
buimăci **1.** *vt.vr.* (s')ahurir. **2.** *vr.* se troubler, s'étourdir.
bujie *s.f.* bougie *f.*
bujor *s.m.* pivoine *f.*
bulă *s.f.* bulle *f.*
bulb *s.m.* bulbe *m.*
bulboană *s.f.* tourbillon (d'eau) *m.*
bulbucat,-ă *adj.* bombé,-e, gonflé,-e, enflé,-e ‖ *ochi bulbucaţi* des yeux à fleur de tête.
buldozer *s.n.* bulldozer *m.*
buletin *s.n.* bulletin *m.*
bulevard *s.n.* boulevard *m.*
bulgar,-ă *adj.* şi *s.m.f.* bulgare.
bulgăre *s.m.* **1.** (de zăpadă) boule de neige *f.* **2.** (de pământ) motte *f.*
bulin *s.n.* cachet *m.*
bulion *s.n.* **1.** jus de tomates *m.* **2.** (supă) bouillon *m.*, consommé *m.*
bulon *s.n.* boulon *m.*
buluc **1.** *s.n.* masse *f.* **2.** *adv.* en masse.
bumbac *s.n.* coton *m.* ‖ *ţesătură de* ~ cotonnade *f.*

bumerang *s.n.* boumerang *m.*
bun 1. *adj.* bon, bonne **2.** *adv.* bon! **3.** *s.n.* bien *m.* ‖ ~ *de bon pour; a fi ~ la inimă* avoir bon cœur; *oameni buni braves gens f.pl.*; *a o ține una și bună* ne pas en démordre, soutenir mordicus.
bună-credință *s.f.* bonne foi *f.*
bună-cuviință *s.f.* décence *f.*, bienséance *f.*, honnêteté *f.*
bunăoară *adv.* par exemple.
bunăstare *s.f.* prospérité *f.*, aisance *f.*
bunătate *s.f.* **1.** bonté *f.* **2.** *pl.* friandises *f.pl.*
bunăvoie *s.f.* (în expr.) *de ~* volontier, de son propre gré.
bunăvoință *s.f.* bienveillance *f.*, bonne volonté *f.*
bunic,~ă *s.m.f.* grand-père *m.*, grand-mère *f.*, aïeul,~e.
bun-simț *s.n.* bon sens *m.*
bura *vi.* bruiner.
bură *s.f.* (în expr.) ~ *de ploaie* bruine *f.*
burduf *s.n.* **1.** outre *f.* **2.** (la trăsură) capote *f.* **3.** (la vagoane, aparate fotografice) soufflet *m.* ‖ ~ *de carte* un puits de science; *a lega ~* garrotter, ficeler comme un saucisson.
burduși I. *vt.* **1.** bourrer. **2.** *fam.* rouer de coups, passer à tabac. **II.** *vr.* **1.** (despre piele tăbăcită) se gondoler, se boursoufler. **2.** (despre tencuială) s'écailler.
burete *s.m.* **1.** éponge *f.* **2.** *pl.* champignons *m.pl.*
buretos,-oasă *adj.* spongieux,-euse.
burghez,~ă *adj.* și *s.m.f.* bourgeois,~e.
burghezie *s.f.* bourgeoisie *f.*
burghiu *s.n.* vrille *f.*, foret *m.*, tarière *f.*
buric *s.n.* nombril *m.*
burlac *s.m.* célibataire *m.*
burlan *s.n.* tuyau *m.*
burlăcie *s.f.* célibat *m.*
burlesc,~ă *adj.* burlesque.
burniță *s.f.* bruine *f.*
bursă *s.f.* bourse *f.*
bursier *s.m.* boursier *m.*
bursuc *s.m.* **1.** blaireau *m.* **2.** *fig.* personne boulotte *f.*
burtă *s.f.* ventre *m.*, panse *f.* ‖ *ciorbă de ~* soupe aux tripes *f.*
burtăverde *s.m.* *fig.* philistin *m.*
burtos,-oasă *adj.* ventru,~e, pansu,~e.
buruiană *s.f.* mauvaise herbe *f.* ‖ *buruieni de leac* simples *m.pl.*
burzului *vr.* se fâcher.
busolă *s.f.* boussole *f.*
bust *s.n.* buste *m.*
busuioc *s.n.* basilic *m.*
buși[1] *vt.* **1.** cogner, frapper. **2.** pousser.
buși[2] *s.m.pl.* (în expr.) *de-a bușilea* à quatre pattes.
buștean *s.m.* souche *f.*
butaș *s.m.* marcotte *f.*, bouture *f.*
butelie *s.f.* bouteille *f.*
butie *s.f.* tonneau *m.*, fût *m.*
butoi *s.n.* tonneau *m.*
buton *s.m.* bouton *m.*

butonieră *s.f.* boutonnière *f.*
butuc *s.m.* **1.** souche *f.*, bûche *f.* **2.** (de roată) moyeu *m.* ‖ ~ *de viță* cep (de vigne) *m.*
butucănos,-oasă *adj.* lourd,~e, grossier,-ére.
buturugă *s.f.* bûche *f.*
buzat,~ă *adj.* lippu,~e.

buză *s.f.* **1.** lèvre *f.* **2.** bord *m.* ‖ *a rămâne cu buzele umflate* être Gros-Jean comme devant.
buzdugan *s.n.* masse d'armes *f.*
buzna *adv. a da ~* faire irruption, se précipiter, se ruer.
buzunar *s.n.* poche *f.*
buzunări *vt.* dévaliser, filouter.

C

ca¹ *adv.* **1.** comme. **2.** environ ‖ ~ *şi când* comme si; ~ *mâine* bientôt, sous peu; ~ *de zece ani* de dix ans environ.
ca² *conj.* que ‖ ~ *să* pour que, afin que.
cabală *s.f.* cabale *f.*
cabalistic,-ă *adj.* cabalistique.
cabană *s.f.* cabane *f.*, hutte *f.*, refuge *m.*
cabină *s.f.* cabine *f.*
cabinet *s.n.* cabinet *m.*, bureau *m.*
cablogramă *s.f.* cablogramme *m.*
cablu *s.n.* câble *m.*
cabotin~ă *s.m.f.* cabotin,~e.
cabra 1. *vi.* cabrer. **2.** *vr.* se cabrer.
cabrioletă *s.f.* cabriolet *m.*
cacao *s.f.* cacao *m.*
cacofonie *s.f.* cacophonie *f.*
cactus *s.m.* cactus *m.*
cadastru *s.n.* cadastre *m.*
cadaveric,-ă *adj.* cadavérique.
cadavru *s.n.* cadavre *m.*
cadă *s.f.* baignoire *f.*; *(în industrie) cuve* f.
cadenţat,-ă *adj.* cadencé,-e.
cadenţă *s.f.* cadence f.

cadână *s.f.* odalisque *f.*
cadou *s.n.* cadeau *m.*, don *m.* ‖ ~ *de Anul Nou* étrenne *f.*
cadra *vi.* cadrer, concorder.
cadran *s.n.* cadran *m.*
cadre *s.n.pl.* cadres *m.pl.*, personnelle *m.*
cadrilat,-ă *adj.* quadrillé,-e.
cadru *s.n.* **1.** cadre *m.* **2.** tableau *m.* **3.** *fig.* cadre *m.*, milieu *m.*, ambiance *f.*, atmosphère *f.*, climat *m.*
caduc,-ă *adj.* caduc,-que.
cafea *s.f.* café *m.*
cafenea *s.f.* café *m.*
cafeniu,-ie *adj.* marron, café, · brun,~e.
caiac *s.n.* kayac *m.*
caier *s.n.* quenouille *f.*
caiet *s.n.* cahier *m.*
caimac *s.n.* **1.** (la lapte) crème *f.* **2.** (la cafea) mousse *f.* ‖ *fig. a lua caimacul* prendre le dessus du panier.
cais *s.m.* abricotier *m.*
caisă *s.f.* abricot *m.*
cal *s.m.* cheval *m.* ‖ ~-*putere* cheval-vapeur *m.*; ~ *de bătaie*

dada *m.*; *~-de-mare* hippocampe *m.*; *calul-dracului* libellule *f.*; *(a visa) cai verzi pe pereți* (bâtir des) châteaux en Espagne; *nici ~ nici măgar* ni chair ni poisson.
calabalîc *s.n.fam.* bagage *m.*, affaires *f.pl.* ‖ *cu tot calabalîcul* avec armes et bagages.
calambur *s.n.* calembour *m.*
calamitate *s.f.* calamité *f.*
calandru *s.n.* calendre *f.*
calapod *s.n.* **1.** embauchoir *m.* **2.** *fig.* moule *m.*, modèle *m.*, cliché *m.*
cală *s.f.* **1.** cale *f.* **2.** *bot.* arum *m.*
calc *s.n.* calque *m.*
calcan[1] *s.n.* mur *m.*
calcan[2] *s.m.* turbot *m.*
calcar *s.n.* calcaire *m.*
calchia *vt.* calquer.
calcifia *vr.* se calcifier.
calcina *vt.* calciner.
calciu *s.n.* calcium *m.*
calcul *s.n.* calcul *m.*
calcula *vt.* calculer.
calculator,-oare 1.*s.m.f.* calculateur,-trice. **2.** *s.n.* calculateur, calculette *m.*, machine à calculer, ordinateur *m.*
cald,-ă *adj.* **1.** chaud,-e. **2.** *fig.* affectueux,-euse, chaleureux,-euse ‖ *a-ți fi ~* avoir chaud; *nu-mi ține nici de ~ nici de rece* cela ne me fait ni chaud ni froid; *a bate fierul până e ~* battre le fer tant qu'il est chaud; *o privire caldă* un regard chaleureux; *o zi ~* un jour chaud.

caldarâm *s.n.* pavé *m.*
cale *s.f.* voie *f.*, chemin *m.*, route *f.* ‖ *~ ferată* voie ferrée; *căile respiratorii* l'appareil respiratoire; *a găsi cu ~* être d'avis; *din ~-afară* excessivement, par trop; *a pune la ~* a) projeter; b) *(un lucru rău)* ourdir, tramer, manigancer; *a fi pe ~ de* être sur le point de; *calea jumătate* mi-chemin; *a face cale întoarsă* rebrousser chemin; *Calea robilor* la voie lactée; *calea-valea* vaille que vaille; tant bien que mal; *ce mai calea-valea* trêve de paroles, bref.
caleașcă *s.f.* calèche *f.*
caleidoscop *s.n.* kaléidoscope *m.*
calendar *s.n.* calendrier *m.*
calfă *s.f.* compagnon *m.*
calibru *s.n.* calibre *m.*
calic,-ă I. *adj.* **1.** gueux,-euse, misérable, pauvre. **2.** avare, chiche. **II.** *s.m.f.* **1.** gueux,-euse. **2.** avare *m.*, grippe-sou *m.*, ladre *m.*
calici *vr.* lésiner, tondre sur un œuf.
calicie *s.f.* **1.** misère *f.* **2.** avarice *f.*, ladrerie *f.*
caliciu *s.n.* calice *m.*
califica 1. *vt.* qualifier. **2.** *vr.* se qualifier, obtenir une qualification.
calificare *s.f.* qualification *f.*
calificat,-ă *adj.* qualifié,-e.
calificativ *s.n.* qualificatif *m.*
caligrafic,-ă 1. *adj.* calligraphique. **2.** *adv.* calligraphiquement.

caligrafie *s.f.* calligraphie *f.*
calitate *s.f.* qualité *f.*
calitativ,~ă **1.** *adj.* qualitatif,-ive. **2.** *adv.* qualitativement.
calm,~ă **1.** *adj.* calme. **2.** *s.n.* calme *m.*, apaisement *m.*
calma *vt.vr.* (se) calmer, (s')apaiser.
calmant,~ă **1.** *adj.* calmant,~e, sédatif,-ive. **2.** calmant *m.*, sédatif *m.*
calomnia *vt.* calomnier.
calomniator,-oare *s.m.f.* calomniator,-trice.
calomnie *s.f.* calomnie *f.*
caloric,~ă *adj.* calorique.
calorie *s.f.* calorie *f.*
calorifer *s.n.* **1.** calorifère *m.* **2.** (instalaţia) chauffage central *m.* **3.** (în încăpere) radiateur *m.*
calotă *s.f.* calotte *f.*
caltaboş *s.m.* andouille *f.*
calup *s.n.* pain (de savon) *m.*
calvar *s.n.* calvaire *m.*
cam *adv.* **1.** à peu près, environ. **2.** assez. **3.** un peu ‖ ~ *strîmt* un peu étroit; ~ *acum o oră* il y a environ une heure; *mă simt ~ prost* je vais assez mal.
camarad,~ă *s.m.f.* camarade.
camaraderie *s.f.* camaraderie *f.*
camarilă *s.f.* camarilla *f.*
camătă *s.f.* usure *f.*
cambie *s.f.* lettre de change *f.*
cameleon *s.m.* caméléon *m.*
camelie *s.f.* camélia *m.*
cameră *s.f.* **1.** chambre *f.*, pièce *f.* **2.** (la cauciucuri) chambre à air ‖ *un apartament de trei camere* un appartement de trois pièces; ~ *fotografică* caméra *f.*

camfor *s.n.* camphre *m.*
camion *s.n.* camion *m.*, poids lourd *m.*
camionagiu *s.m.* routier *m.*, camionneur *m.*
camionetă *s.f.* camionnette *f.*, fourgonnette *f.*
campa *vi.* camper.
campament *s.n.* campement *m.*
campanie *s.f.* campagne *f.*
campion,-oană *s.m.f.* champion,~ne.
campionat *s.n.* championnat *m.*
camufla *vt.* camoufler.
camuflaj *s.n.* **1.** camouflage *m.* **2.** (contra bombardamentelor) black-out *m.*
canadian,~ă *adj.* şi *s.m.f.* canadien,-enne.
canadiană *s.f.* canadienne *f.*
canal *s.n.* canal *m.*
canalie *s.f.* canaille *f.*
canaliza *vt.* canaliser.
canapea *s.f.* canapé *m.*
canar *s.m.* serin *m.*, canari *m.*
canat *s.n.* battant *m.*, vantail *m.*
cană *s.f.* **1.** tasse *f.* **2.** broc *m.* ‖ *o ~ de lapte* une tasse de lait; *o ~ de scos vinul* un broc à vin.
cancelar *s.m.* chancelier *m.*
cancelarie *s.f.* **1.** chancellerie *f.* **2.** bureau *m.*, cabinet *m.*
cancer *s.n.* cancer *m.*
candelabru *s.n.* candélabre *m.*
candelă *s.f.* veilleuse *m.*
candid,~ă *adj.* candide.
candida *vi.* poser sa candidature.
candidat,~ă *s.m.f.* candidat *m.*
candidatură *s.f.* candidature *f.*

candoare *s.f.* candeur *f.*
canea *s.f.* cannelle *f.*, cannette *f.*
cange *s.f.* croc *m.*, gaffe *f.*
cangrenă *s.f.* gangrène *f.*
cangur *s.m.* kangourou *m.*
canibal *s.m.* cannibale *m.*
canicular,~ă *adj.* caniculaire.
caniculă *s.f.* canicule *f.*
canin,~ă **1.** *adj.* canin,~e. **2.** *s.m.* canine *f.*
canon *s.n.* **1.** *bis.* canon *m.* **2.** *fig.* norme *f.*, loi *f. fam.* tourment *m.*, torture *f.* **3.** *muz.* canon *m.*
canoni **1.** *vt.* tourmenter, infliger une torture. **II.** *vr.* **1.** se tourmenter, souffrir. **2.** s'enfforcer.
canotaj *s.n.* canotage *m.*
cantalup *s.m.* melon *m.*, cantaloup *m.*
cantată *s.f.* cantate *f.*
cantină *s.f.* cantine *f.*
cantitate *s.f.* quantité *f.*
cantitativ,~ă *adj.* quantitatif,-ive.
canto *s.n.* bel canto.
canton *s.n.* canton *m.*
cantona *vi.* cantonner.
cantonament *s.n.* cantonnement *m.*
canţonetă *s.f.* chansonnette *f.*
caolin *s.n.* kaolin *m.*
cap[1] *s.n.* **1.** tête *f.* **2.** bout *m.* **3.** *fig.* intelligence *f.* ‖ *în capul străzii* au bout de la rue; *om cu ~* personne sensée; *a-şi face de ~* faire des siennes; *a da peste ~* bâcler; *a se da peste ~* **a)** faire la culbute; **b)** *fig.* faire l'impossible; employer le vert et le sec; *i s-a urcat la ~* ça lui a tourné la tête; *a-şi lua lumea în ~* s'en aller à tous les vents; *greu de ~ tête dure*; *din capul locului* d'emblée; *a se bate ~. în ~* se contredire; *în ruptul capului* jamais de la vie; *a fi (a umbla) cu capul în nori* vivre la tête dans les nuages; *moalele capului* fontanelle *f.*; *pe capete* à qui mieux mieux; *la capul patului* au chevet du lit.
cap[2] *s.m.* chef *m.*
cap[3] *s.n.* cap *m.*, promontoire *m.*
capabil,~ă *adj.* capable.
capac *s.n.* couvercle *m.*
capacitate *s.f.* capacité *f.*
capă *s.f.* cape *f.*
capăt *s.n.* **1.** bout *m.*, extrémité *f.* **2.** *fig.* fin *f.*, ‖ *de la un ~ la altul* d'un bout à l'autre; *a o scoate la ~* en venir à bout; *a pune ~* mettre fin.
capcană *s.f.* piège *m.*, trappe *f.*
capelă *s.f.* **1.** chapelle *f.* ; **2.** (de pus pe cap) bonnet *m.*
capilar,~ă *adj.* capillaire.
capilaritate *s.f.* capillarité *f.*
capital[1] *s.n.* capital *m.*
capital[2]**,~ă** *adj.* capital,~e, essentiel,-elle.
capitală *s.f.* capitale *f.*
capitalism *s.n.* capitalisme *m.*
capitalist,~ă *s.m.f.* şi *adj.* capitaliste.
capitel *s.n.* chapiteau *m.*
capitol *s.n.* chapitre *m.*
capitonat,~ă *adj.* capitonné,~e.
capitula *vi.* capituler.
capitulare *s.f.* capitulation *f.*
capodoperă *s.f.* chef-d'œuvre *m.*
caporal *s.m.* caporal *m.*

capot *s.n.* peignoir *m.*, robe de chambre *f.*
capotă *s.f.* capote *f.*
capră *s.f.* **1.** chèvre *f.*, bique *f.* ‖ ~*-neagră* chamois. **2.** (la trăsuri) siège *m.* ‖ *a împăca și capra și varza* ménager la chèvre et le chou.
capiricos,-oasă *adj.* capricieux,-euse.
capriciu *s.n.* caprice *m.*
capricorn *s.n.* capricorne *m.*
caprifoi *s.m.* chèvrefeuille *m.*
capsă *s.f.* bouton-pression *m.*
capsoman *s.m.fam.* homme (personne) entêté,~e, têtu,~e, buté,~e.
capsulă *s.f.* capsule *f.*
capta *vt.* capter.
captiv,~ă *adj.* captif,-ive.
captiva *vt.* captiver.
captivant,~ă *adj.* captivant,~e.
captivitate *s.f.* captivité *f.*
captura *vt.* capturer.
captură *s.f.* capture *f.*
car[1] *s.m.zool.* ver du bois *m.*
car[2] *s.n.* **1.** chariot *m.* **2.** char *m.* ‖ *carul-mare (mic)* la grande (petite) ourse, le grand (petit) chariot.
car[3] *s.n.* (la mașina de scris) chariot *m.*
carabină *s.f.* carabine *f.*
caracatiță *s.f.* poulpe *f.*, pieuvre *f.*
caracter *s.n.* caractère *m.*
caracteristic,~ă *s.f.* caractéristique.
caracteristică *s.f.* trait caractéristique *m.*
caracteriza *vt.vr.* (se) caractériser.

caraghios,-oasă **1.** *adj.* drôle, ridicule, cocasse. **2.** *s.m.f.* pitre *m.*, bouffon *m.*
caraghioslâc *s.n.* bouffonnerie *f.*, clownerie *f.*, pitrerie *f.*
caramelă *s.f.* caramel *m.*, bonbon anglais *m.*
carantină *s.f.* carantine *f.*
carapace *s.f.* carapace *f.*
carat *s.n.* carat *m.*
caravană *s.f.* caravane *f.*
carbon *s.n.* carbone *m.*
carbonifer,~ă *adj.* **1.** carbonifère, houiller,-ère. **2.** charbonnier,-ère ‖ *teren* ~ terrain carbonifère; *industrie* ~*ă* industrie houillère (charbonnière).
carboniza *vt.* carboniser, calciner.
carburant *s.m.* carburant *m.*
carburator *s.n.* carburateur *m.*
carcasă *s.f.* carcasse *f.*
carceră *s.f.* geôle *f.*
cardiac,~ă *adj.* cardiaque.
cardinal,~ă **1.** *adj.* cardinal,~e. **2.** *s.m.* cardinal *m.*
cardiologie *s.f.* cardiologie *f.*
care *pron.rel.interog.* qui ‖ *pe* ~ que; *a cărui* dont; *despre* ~ duquel, de laquelle, dont; ~ *mai de* ~ à qui mieux mieux; ~ *pe* ~? qui aura le dessus?
carență *s.f.* carence *f.*
caretă *s.f.* carrosse *m.*
careu *s.n.* carré *m.*
careva *pron.nehot* quelqu'un.
cargobot *s.n.* cargo-boat *m.*, cargo *m.*
caria *vr.* se carier.

caricatură *s.f.* caricature *f.*
caricaturist *s.m.* caricaturiste *m.*
caricaturiza *vt.* caricaturer.
carie *s.f.* carie *f.*
carieră *s.f.* carrière *f.*
caritabil,~ă *adj.* charitable.
caritate *s.f.* charité *f.*
carlingă *s.f.* carlingue *f.*
carnație *s.f.* carnation *f.*
carnaval *s.n.* carnaval *m.*
carne *s.f.* 1. chair *f.* 2. viande *f.* ‖ ~ *de pasăre (sau pește)* viande blanche; ~ *de porc* viande de porc; ~ *de tun* chair à canon; *în* ~ *și oase* en chair et en os.
carnet *s.n.* carnet *m.*, calepin *m.*
carnivor,~ă *adj.* carnivore.
caroserie *s.f.* carrosserie
carotidă *s.f.anat.* carotide *f.*
carou *s.n.* carreau *m.*
carpen *s.m.* charme *m.*
carpetă *s.f.* carpette *f.*
cartă *s.f.* charte *f.*
carte *s.f.* 1. livre *m.* 2. (de joc) carte *f.* 3. *fig.* savoir *m.* ‖ *a ști* ~ savoir lire et écrire, être instruit; *om cu* ~ lettré *m.*; *a vorbi ca din* ~ parler comme un livre; ~ *de căpătâi* livre de chevet; ~ *de muncă* livret de travail *m.*; ~ *de vizită* carte de visite; ~ *de intrare* carte d'entrée *f.*, permis *m.*; *a da cărțile pe față* jouer cartes sur table.
cartel *s.n.* cartel *m.*
cartelă *s.f.* carte *f.*
cartier *s.n.* quartier *m.*
cartilaj *s.n.* cartilage *m.*

cartof *s.m.* pomme de terre *f.*
cartofor *s.m.* joueur de cartes *m.*
cartografie *s.f.* cartographie *f.*
carton *s.n.* carton *m.*
cartona *vt.* cartonner.
cartotecă *s.f.* fichier *m.*
cartuș *s.n.* catouche *f.*
casa *vt.* casser.
casabil,~ă *adj.* cassable.
casă *s.f.* 1. maison *f.* 2. caisse *f.* 3. *fig.* ménage *m.*, famille *f.* ‖ *a plăti la* ~ payer à la caisse; ~ *de bani* coffre-fort *m.*; ~ *de bilete* guichet *m.*, bureau de location *m.*; ~ *de odihnă* maison de repos; ~ *de nașteri* maternité *f.*, maison d'accouchement; ~ *de cultură* foyer culturel *m.*; *fată în* ~ bonne *f.*; *a face (a dura)* ~ *bună cu cineva* faire bon ménage ensemble.
cascadă *s.f.* cascade *f.*
caschetă *s.f.* casquette *f.*
cască *s.f.* casque *m.*; (la coafor) séchoir *m.*
casetă *s.f.* 1. écrin *m.* 2. cassette *f.*
casier,~ă *s.m.f.* caissier,-ère.
casierie *s.f.* caisse *f.*
casnic,~ă *adj.* ménager,-ère, domestique.
cast,~ă *adj.* chaste.
castan *s.m.* châtaignier *m.*, marronnier *m.*‖ ~ *sălbatic* marronnier d'Inde.
castană *s.f.* châtaigne *f.*, marron *m.*
castanietă *s.f.* castagnettes *f.pl.*
castaniu,-ie *adj.* châtain, marron.
castă *s.f.* caste *f.*
castel *s.n.* château *m.*

castelan,-ă *s.m.f.* châtelain,-e *m.f.*
castitate *s.f.* chasteté *f.*
castor *s.m.* castor *m.*
castra *vt.* châtrer.
castravecior *s.m.* cornichon *m.*
castravete *ps.m. concombre* m. ‖ *a vinde castraveți la grădinar* parler latin devant les cordeliers.
castron *s.n.* bol *m.*, soupière *f.*
caş *s.n.* fromage à la pie *m.* ‖ *fig. cu ~ la gură* blanc-bec *m.*
caşcaval *s.n.* fromage *m.*
cat *s.n.* étage *m.*
cataclism *s.n.* cataclysme *m.*
catacombă *s.f.* catacombes *f.pl.*
catadicsi *vi.* daigner.
catafalc *s.n.* catafalque *m.*
catalige *s.f.pl.* échasses *f.pl.*
cataliza *vt.* catalyser.
catalog *s.n.* catalogue *m.*
cataloga *vt.* cataloguer.
cataplasmă *s.f.* cataplasme *m.*
catapultă *s.f.* catapulte *f.*
cataractă *s.f.* cataracte *f.*
cataramă *s.f.* boucle *f.* ‖ *prieteni la ~* amis inséparables, amis comme cochons.
catarg *s.n.* mât *m.*
catastif *s.n.* registre *m.*
catastrofă *s.f.* catastrophe *f.*
catedrală *s.f.* cathédrale *f.*
catedră *s.f.* chaire *f.*
categoric,-ă 1. *adj.* catégorique. 2. *adv.* catégoriquement.
categorie *s.f.* catégorie *f.*
categorisi *vt.* classer, classifier.
caterincă *s.f.* orgue de Barbarie *m.*
catifea *s.f.* velours *m.*
catifelat,-ă *adj.* velouté,-e.

catâr *s.m.* mulet *m.*
catolic,-ă *adj.* catholique.
catolicism *s.n.* catholicisme *m.*
catrafuse *s.f.pl.fam.* hardes *f.pl.* bagage *m.*, frusques *f.pl.* ‖ *a-şi lua catrafusele* plier bagage.
catran *s.n.* goudron *m.*
catrinţă *s.f.* jupe paysanne *f.*
caţaveică *s.f.* touloupe *f.*
cauciuc *s.n.* 1. caoutchouc *m.* 2. (la roţi) pneu *m.*
caustic,-ă *adj.* caustique.
cauteriza *vt.* cautériser.
cauţiune *s.f.* caution *f.*
cauza *vt.* causer, occasionner.
cauzalitate *s.f.* causalité *f.*
cauză *s.f.* cause *f.* ‖ *din cauză* à cause de; *din ~ că* parce que.
caval *s.n.* flûte *f.*
cavalcadă *s.f.* cavalcade *f.*
cavaler *s.m.* 1. chevalier *m.* 2.*fig.* galant homme *m.* 3. garçon *m.*, célibataire *m.* ‖ *~ la dans* cavalier *m.*
cavaleresc,-ească *adj.* chevaleresque.
cavalerie *s.f.* cavalerie *f.*
cavalerist *s.m.* officier (soldat) de cavalerie *m.*
cavernă *s.f.* caverne *f.*
cavernos,-oasă *adj.* caverneux,-euse.
cavitate *s.f.* cavité *f.*
cavou *s.n.* caveau *m.*
caz *s.n.* cas *m.* ‖ *în orice ~* en tout cas; *în ~ că* au cas où; *în cazul cel mai rău* au pis aller; *în acest ~* en l'occurrence; *a face ~ de* faire grand cas de.
cazacă *s.f.* casaque *f.*

cazan *s.n.* chaudron *m.*, chaudière *f.*
cazangerie *s.f.* chaudronnerie *f.*
cazangiu *s.m.* chaudronnier *m.*
cazarmă *s.f.* caserne *f.*
cazemată *s.f.* casemate *f.*, blockhaus *m.*
cazier *s.n.* casier *m.*
cazinou *s.n.* casino *m.*
cazma *s.f.* bêche *f.*
caznă *s.f.* **1.** torture *f.*, supplice *m.* **2.** peine *f.*, effort *m.*
că *conj.* **1.** que. **2.** car ‖ *numai ~* seulement; *cu toate ~*, *măcar ~ bien que,* quoique.
căci *conj.* car.
căciulă *s.f.* bonnet de fourrure *m.*
căciuli *vr.* faire de plates courbettes.
cădea I. *vi.* **1.** tomber, choir. **2.** s'affaisser, s'écrouler. **II.** *vr.* **1.** convenir, seoir. **2.** revenir à ‖ *a ~ la un examen* échouer à un examen, se faire recaler; *a ~ bine* tomber bien; *a ~ la pat* s'aliter; *cade în sarcina ta* cela vous revient; *se cade* il sied; *mi se cade* cela m'est dû.
cădelniţă *s.f.* encensoir *m.*
cadere *s.f.***1.** chute *f.* **2.** *fig.* compétence *f.*, ressort *m.*‖ *~ de apă* chute d'eau; *nu e de căderea mea* ce n'est pas de ma compétence.
căi *vr.* se repentir.
căina 1. *vt.* plaindre. **2.** *vr.* se lamenter.
căinţă *s.f.* repentir *m.*
călare *adv.* à cheval, à califourchon.

călăreţ,-eaţă *s.m.f.* cavalier *m.*, amazone *f.*, (la circ) écuyère *f.*
călări *vt.vi.* chevaucher, monter à cheval.
călărie *s.f.* équitation *f.* ‖ *cal de ~* cheval de selle.
călător,-oare 1. *adj.* voyageur,-euse; (despre păsări) migrateur,-trice. **2.** *s.m.f.* voyageur,-euse.
călători *vi.* voyager.
călătorie *s.f.* voyage *m.* ‖ *~ pe mare* traversée *f.*, croisière *f.*
călău *s.m.* bourreau *m.*
călăuză *s.f.* guide *m.*
călăuzi *vt.* guider, diriger.
călca I. *vi.* marcher. **II.** *vt.* **1.** franchir. **2.** fouler. **3.** (despre legi) enfreindre. **4.** (despre rufe) repasser ‖ *a ~ pe urmele cuiva* **a)** marcher sur les traces de qn.; **b)** *fig.* suivre l'exemple de qn.; *a ~ cu dreptul* partir du pied droit; *a ~ în străchini* mettre les pieds dans le plat; *a ~ pragul* franchir le seuil; *a ~ strâmb* faire un faux pas; *a ~ în picioare* fouler aux pieds; *a ~ o lege* enfreindre une loi.
călcâi *s.n.* talon *m.*
căldare *s.f.* **1.** chaudron *m.*, chaudière *f.* **2.** *geol.* cirque *m.*
căldicel,-ică *adj.* tiède.
căldură *s.f.* **1.** chaleur *f.* **2.** *fam.* fièvre *f.* **3.** *fig.* ardeur *f.*
călduros,-oasă *adj.* **1.** chaud,-e. **2.** *fig.* chaleureux,-euse ‖ *timp ~* temps chaud; *haină călduroasă* habit chaud; *primire călduroasă* accueil chaleureux.

căli *vt.* tremper.
călire *s.f.* trempe *f.*
călimară *s.f.* encrier *m.*
călit,~ă *adj.* **1.** trempé,~e. **2.** *fig.* vigoureux,-euse, résistant,~e, aguerri,~e. **3.** *fig.* expérimenté,~e ‖ *varză ~ă* choucroute qu'on fait mijouter dans la graisse.
călţunaş *s.m.bot.* capucine *f.*
călugăr *s.m.* moine *m.*
călugări *vr.* (despre bărbaţi) prendre le froc; (despre femei) prendre le voile.
călugăriţă *s.f.* nonne *f.*, religieuse *f.*
căluş *s.n.* **1.** bâillon *m.* **2.** (la vioară) sillet *m.*
căluşei *s.m.pl.* chevaux de bois *m.pl.* carrousel *m.*
cămară *s.f.* office *m.*
cămaşă *s.f.* chemise *f.* ‖ *în ~* en bras de chemise; *~ de forţă* camisole de force *f.*
cămătar *s.m.* usurier *m.*
cămilă *s.f.* chameau *m.*, chamelle *f.*
cămin *s.n.* **1.** cheminée *f.*, foyer *m.* **2.** *fig.* foyer *m.*, maison *f.*‖ *~ cultural* foyer culturel; *~ de zi* garderie *f.*, maternelle *f.*
căni *vt.* teindre (en noir).
căpăstru *s.n.* licou *m.*
căpăta *vt.* **1.** obtenir. **2.** recevoir.
căpătâi *s.n.* **1.** chevet *m.* **2.** *pop.* oreiller *m.*, traversin *m.* ‖ *carte de ~* livre de chevet; *fără ~* sans feu ni lieu.

căpătui **I.** *vt.* **1.** établir, caser. **2.** marier. **II.** *vr.* **1.** s'établir, se caser. **2.** se marier.
căpăţînă *s.f.* **1.** tête *f.* **2.** *fam.* caboche *f.*, cafetière *f.* **3.** crâne *m.* ‖ *~ de ceapă* bulbe *m.*; *~ de zahăr* pain de sucre *m.*,; *~ de usturoi* tête d'ail *f.*
căpăţînos,-oasă *adj.* **1.** à grosse tête. **2.** *fig.* têtu,~e.
căpcăun *s.m.* ogre *m.*
căpetenie *s.f.* chef *m.*, commandant *m.* ‖ *de ~* principal,~e, essentiel,-elle.
căpia *vi.* **1.** (despre animale) avoir le tournis. **2.** *fam.fig.* perdre la raison, perdre la boussole, perdre la boule.
căpitan *s.m.* **1.** capitaine *m.* **2.** *nav.av.* commandant *m.*
căpiţă *s.f.* meule *f.*
căprar *s.m.* **1.** chevrier *m.* **2.** *pop.* caporal *m.*
căprioară *s.f.* biche *f.*
căprior *s.m.* **1.** *zool.* chevreuil *m.* **2.** (la acoperiş) chevron *m.*
căprui,~e *adj.* marron.
căpşună *s.f.* fraise *f.*
căptuşeală *s.f.* doublure *f.*
căptuşi *vt.* **1.** doubler. **2.** *pop.* bourrer. **3.** *fig.* rosser.
căpuşă *s.f.* **1.** *zool.* tique *f.* **2.** *bot.* bourgeon de vigne *m.*
căputa *s.f.* empeigne *f.*
căra **1.** *vt.* charrier, transporter. **2.** *vr.fam.* décamper, déguerpir, détaler.
cărare *s.f.* **1.** sentier *m.*, sente *f.* **2.** (în păr) raie *f.* ‖ *pe toate*

cărările partout; *a umbla pe două cărări* tituber, être ivre.
cărăbăni 1. *vr.* décamper, détaler. **2.** *vt.* porter.
cărăbuş *s.m.* hanneton *m.*
cărămidă *s.f.* brique *f.*
cărămiziu,-ie *adj.* brique.
cărăuş *s.m.* roulier *m.*, voiturier *m.*
cărbunar *s.m.* charbonnier *m.*
cărbune *s.m.* charbon *m.*
cărnos,-oasă *adj.* charnu,~e.
cărpănos,-oasă 1. *adj.* pingre, ladre, chiche. **2.** *s.m.* harpagon *m.*, avare *m.*
cărpănoşenie *s.f.* ladrerie *f.*
cărturar *s.m.* érudit *m.*, lettré *m.*
cărturăreasă *s.f.* diseuse de bonne aventure *f.*, tireuse de cartes *f.*
cărţulie *s.f.* livret *m.*
cărăuşie *s.f.* voiture *f.*
cărucior *s.n.* voiture d'enfant *f.*, poussette *f.*
cărunt,~ă *adj.* grisonnant,~e.
căruţă *s.f.* chariot *m.*, charrette *f.*
căsăpi *vt.* égorger, massacrer.
căsători *vt.vr.* (se) marier, épouser.
căsătorie *s.f.* mariage *m.* ‖ *a lua în* ~ épouser.
căsca I. *vt.* **1.** (despre gură) ouvrir la bouche; *fig.* bayer aux corneilles. **2.** (despre ochi) écarquiller les yeux. **II.** *vi.* bâiller. **III.** *vr.* s'entr'ouvrir, s'entrebâiller.
căscat,~ă 1. *adj.* béant,~e. **2.** *s.n.* bâillement *m.* ‖ *a rămâne cu gura căscată* rester bouche bée, rester baba.

căscăund,~ă *s.m.f.* étourdi,~e.
căsnicie *s.f.* ménage *m.*
căşuna *vi.impers.* s'en prendre à qn., faire de qn. sa bête noire.
cătrăni 1. *vt.* enduire de mazout. **2.** *vr.* être affligé.
către *prep.* **1.** *vers.* **2.** envers ‖ *de* ~ par; ~ *seară* vers le soir; ~ *casă* vers la maison; ~ *mine* envers moi.
cătun *s.n.* hameau *m.*
cătuşă *s.f.* **1.** menottes *f.pl.* **2.** *fig.* chaînes *f.pl.*
căţăra *vr.* grimper.
cătea *s.f.* chienne *f.*
căţel *s.m.* petit chien, chiot *m.* ‖~ *de usturoi* gousse d'ail *f.*
căuş *s.n.* écuelle *f.*
căuta I. *vt.* **1.** chercher. **2.** (despre bolnavi) soigner. **II.** *vi.* tâcher (de) ‖ *a* ~ *cu lumânarea* battre les buissons, chercher à tout prix; *caută să afli ce a zis* tâche d'apprendre ce qu-il a dit; *a-şi* ~ *drumul* aller son chemin; *a* ~ *(cuiva) în coarne* gâter (qn.)
căutare *s.f.* recherche *f.*, quête de; *a avea* ~ être recherché.
căutătură *s.f.* coup d'œil *m.*, regard *m.*, expression *f.*
căzător,-oare *adj.* tombant,~e ‖ *stea* ~ étoile filante.
căzni 1. *vr.* s'efforcer, trimer. **2.** *vt.* torturer.
ce *pron.invar.* **1.** (cu valoare interog.) **1.** que? **2.** quoi? **II.** (cu valoare de adv.) comme, quoi, comment. **III.** (cu valoare relativă) que ‖ *de ce?*

pourquoi? *la ~ bun?* à quoi bon? *de ~ nu?* pourquoi pas? *~ mai faci?* comment allez-vous? *~ mult te-am aşteptat!* ce que (combien) je t'ai attendu! *~ vânt te aduce?* quel bon vent vous amène? *ceea ~ mi-ai spus* ce que vous m'avez dit; *cât pe ~* presque; *din ~ în ~* de plus en plus; *te miri ~ (şi mai nimic)* presque rien; *n-ai (n-aveţi) pentru ~* pour rien; *pe zi ~ trece* toujours davantage; *n-ai (n-aveţi) pentru ~* pour rien; *iată de ~* voilà pourquoi; *~ cuminte este!* comme il est sage! *cei ~ privesc* ceux qui regardent; *ceea ~ s-a întâmplat* ce qui est arrivé; *a şti ~ şi cum* se rendre compte de ce qui se passe, de quoi il s'agit.

cea *interj.* dia!

ceacîr,-ă *adj.* 1. vairon *m.* 2. loucheur,-euse.

ceac-pac *adv.* couci-couça.

ceafă *s.f.* nuque *f.*

ceai *s.n.* thé *m.* ‖ *~ medicinal* tisane *f.*

ceainic *s.n.* théière *f.*

ceapă *s.f.* oignon *m.* ‖ *nu face (nici) cât o ~ degerată* cela ne vaut pas un sou troué.

ceapraz *s.n.* passement *m.*

ceară *s.f.* cire *f.*

cearcăn *s.n.* 1. cerne *m.* 2. halo *m.* ‖ *cu cearcăne la ochi* les yeux cernés.

cearşaf *s.n.* drap (de lit) *m.*

ceartă *s.f.* querelle *f.*, dispute *f.* ‖ *a se lua la ~* se quereller.

ceas *s.n.* 1. montre *f.*, horloge *f.* 2. (ca timp) heure *f.* ‖ *cât e ceasul?* quelle heure est-il? *la tot ceasul* à tout moment; *a se da de ceasul morţii* ne plus savoir à quel saint se vouer; *~ deşteptător* réveille-matin *m.*, réveil *m.;* *~ de mână* montre-bracelet *f..*

ceasornic *s.n.* montre *f.*, horloge *f.*

ceasornicar *s.m.* horloger *m.*

ceasornicărie *s.f.* horlogerie *f.*

ceaşcă *s.f.* tasse *f.*

ceată *s.f.* groupe *m.*, troupe *f.*, bande *f.*

ceaţă *s.f.* brouillard *m.*

ceaun *s.n.* chaudron *m.*

cec *s.n.* 1. chèque *m.* 2. *fiziol.* caecum *m.*

ceda *vt.vi.* céder.

cedru *s.m.* cèdre *m.*

ceferist *s.m.* cheminot *m.*

cegă *s.f.* sterlet *m.*

cehoslovac,-ă *adj.* şi *s.m.f.* tchécoslovaque.

cel,cea *(cei, cele)* 1. *adj.dem.* ce, cet, cette (ces). 2. *art.adj.* le, la (les) ‖ *~ de-al treilea* le troisième; *Ştefan ~ Mare* Etinne le Grand; *~ mult* tout au plus; *cel puţin* au moins; *în cele din urmă* à fin (des fins), en fin de comte; *în cea vreme* en ce temps-là.

cela, ceea *(ceia, celea) pron.dem.* celui, celle, ce (ceux, celles) ‖ *ceea ce* ce que (qui); *toate celea* tout.

celălalt, cealaltă *(ceilalți, celelalte) pron.dem.* l'autre (les autres).
celebra *vt.* célébrer.
celebrare *s.f.* célébration *f.*
celebritate *s.f.* célébrité *f.*
celebru,-ă *adj.* célèbre.
celenterat *s.n.* cœlentérés *m.pl.*
celibat *s.n.* célibat *m.*
celibatar,-ă *s.m.f.* célibataire *m.f.*
celofan *s.n.* cellophane *m.*
celular,-ă *adj.* cellulaire.
celulă *s.f.* cellule *f.*
celuloid *s.n.* celluloïd *m.*
celuloză *s.f.* cellulose *f.*
cenaclu *s.n.* cénacle *m.*
centaur *s.m.* centaure *m.*
centenar *s.n.* centenaire *m.*
centimă *s.f.* centime *m.*
centimetru *s.m.* centimètre *m.*
centiron *s.n.* ceinturon *m.*
centra *vt.* centrer.
central,-ă *adj.* central,-e.
centrală *s.f.* centrale *f.*
centralism *s.n.* centralisme *m.*
centraliza *vt.* centraliser.
centralizator,-oare *adj.* centralisateur,-trice.
centrifugă *adj.f.* (în expr.) *forță ~* force centrifuge.
centripetă *adj.f.* (în expr.) *forță ~* force centripète.
centrism *s.n.* centrisme *m.*
centru *s.n.* centre *m.*
centură *s.f.* ceinture *f.*
cenușă *s.f.* cendre *f.* ‖ *cenușa morților* cendres *f.pl.; a-și pune ~ pe cap* se repentir, faire amende honorable.
cenușăreasă *s.f.* cendrillon *f.*
cenușiu,-ie *adj.* gris,-e ‖ *păr blond ~* cheveux cendrés.
cenzor *s.m.* censeur *m.*
cenzură *s.f.* censure *f.*
cep *s.n.* fausset *m.*, perce *f.* ‖ *a da ~ unei buți* mettre un tonneau en perce.
cer[1] *s.m.bot.* chêne chevelu *m.*
cer[2] *s.n.* ciel *m.* ‖ *cerul gurii* le palais; *a cădea din ~* tomber des nues; *a răscoli cerul și pământul* remuer ciel et terre; *sub cerul liber* à la belle étoile; *a ridica (pe cineva) în slava cerului* élever aux nues.
ceramică *s.f.* céramique *f.*
cerb *s.m.* cerf *m.*
cerber *s.m.* cerbère *m.*
cerc *s.n.* **1.** cercle *m.* **2.** (obiect) cerceau *m.* ‖ *în ~* à la ronde.
cerca *vt.* v. încerca.
cercel *s.m.* boucle d'oreilles *f.*
cerceluș *s.m.bot.* fuchsia *m.*
cerceta *vt.* **1.** examiner, contrôler. **2.** scruter. **3.** faire des recherches. **4.** *jur.* enquêter.
cercetare *s.f.* **1.** contrôle *m.* **2.** (științifică) recherche *f.* **3.** investigation *f.* **4.** *jur.* enquête *f.*
cercetaș *s.m.* **1.** éclaireur *m.* **2.** boy-scout. *m.*
cercetător,-oare **1.** *adj.* scrutateur *adj.m.*, investigateur,-trice. **2.** *s.m.f.~* (științific) chercheur *m.*
cercevea *s.f.* (la fereastră) châssis *m.;* (la ușă) chambranle *m.*
cerculețe *sn.pl.* petits plis *m.*

cerdac *s.n.* terasse *f.*
cere I. *vt.* demander. **2.** revendiquer, exiger, réclamer. **II.** *vr.* être recherché ‖ *a ~ socoteală* demander compte; *a ~ voie* demander la permission; *problema se ~ discutată* le problème exige d'être discuté; *această marfă se ~ mult* cet article est très recherché.
cereală *s.f.* céréale *f.*
cerebral,~ă *adj.* cérébral,~e.
ceremonial *s.n.* cérémonial *m.*
ceremonie *s.f.* cérémonie *f.*
ceremonios,-oasă *adj.* cérémonieux,-euse.
cerere *s.f.* demande *f.*, requête *f.*, supplique *f.*
ceresc,-ească *adj.* **1.** céleste. **2.** *fig.* divin,~e.
cergă *s.f.* couverture *f.*
cerință *s.f.* besoin *m.*, exigence *f.*, prétention *f.*
cerne I. *vt.* **1.** bluter, tamiser, sasser. **2.** *fig.* discerner, passer au crible. **II.** *vi.unipers.fig.* (despre ploaie) bruiner.
cerneală *s.f.* encre *f.*
cernit,~ă *adj.* **1.** noir,~e; (despre haine) de deuil. **2.** (despre oameni) en deuil. **3.** *fig.* attristé,~e, endolori,~e.
cernoziom *s.n.* tchernoziom *m.*
cerșetor,-oare *s.m.f.* mendiant,~e.
cerși *vt.vi.* mendier, demander l'aumône.
certă,~ă *adj.* certain,~e, sûr,~e.
certa 1. *vr.* se quereller, se disputer, *fam.* engueuler.

certăreț,-eață *adj.* querelleur,-euse.
certifica *vt.* certifier.
certificat *s.n.* certificat *m.*
certitudine *s.f.* certitude *f.*
cerui *vt.* cirer.
cetaceu *s.n.* cétacé *m.*
cetate *s.f.* **1.** forteresse *f.*, château fort *m.* **2.** cité *f.*
cetățean,-eancă *s.m.f.* citoyen,-enne.
cetățenesc,-ească *adj.* civique.
cetățenie *s.f.* citoyenneté *f.*
cetățuie *s.f.* citadelle *f.*, fort *m.*
cetină *s.f.* **1.** branche de sapin *f.* **2.** aiguille de sapin *f.*
cețos,-oasă *adj.* brumeux,-euse.
ceva 1. *pron.nehot.* quelque chose, un peu. **2.** (cu valoare de *adj.nehot.*) quelque. **3.** (cu valoare adverbială) un peu, tant soit peu ‖ *am să-ți spun ~* je vais vous dire quelque chose; *treizeci și ~* trente et quelque; *mai ~* supérieur; *~ - ~* tant soit peu.
cezură *s.f.* césure *f.*
cheag *s.n.* **1.** (de sânge) caillot *m.* **2.** *anat.* caillette *f.*
chef *s.n.* **1.** noce *f.*; *pop.* bombe *f.* **2.** griserie *f.* **3.** bonne humeur *f.* **4.** envie *f.*, caprice *m.* ‖ *a fi cu ~* être gris; *a fi fără ~* être mal en train; *a face ~* faire la noce, faire la nouba; *am ~ să citesc* j'ai envie de lire; *a-și face toate chefurile* faire ses trente-six volontés.
chefliu,-ie *adj.* noceur,-euse, fêtard.

chefui *vi.* faire la noce, faire la bombe.
chei *s.n.* quai *m.*
cheie *s.f.* clef *f.*, clé *f.*
chel,-eală *adj.* chauve.
chelălăi *vi.* japper.
chelălăit *s.n.* jappement *m*
chelfăneală *s.f.fam.* tripotée *f.*, rossée *f.*, râclée *f.*, volée de coups *f.*
chelfăni *vt.fam.* rosser, rouer de coups.
cheli *vi.* devenir chauve.
chelie *s.f.* calvitie *f.*
chelner *s.m.* garçon *m.*
chelneriţă *s.f.* serveuse *f.*
cheltui *vt.* dépenser.
cheltuială *s.f.* **1.** dépense *f.* **2.** *com.jur.* frais *m.pl.*
cheltuitor,-oare *adj.* dépensier,-ère.
chema **I.** *vt.* **1.** appeler. **2.** mander. **II.** *vt.unipers.* s'appeler. **III.** *vr.impers.fam.* signifier ‖ *a ~ în ajutor* appeler au secours; *a ~ la ordine* rappeler à l'ordre; *te-am chemat* je vous ai mandé; *se cheamă că* s'est-à-dire.
chemare *s.f.* **1.** appel *m.* **2.** invitation *f.*, ordre *m.*, convocation *f.* **3.** *fig.* vocation *f.*
chenar *s.n.* **1.** bordure *f.* **2.** cadre *m.*, cartouche *m.*
chenzină *s.f.* quinzaine *f.*
cheotoare *s.f.* boutonnière *f.*
chepeng *s.n.* trappe *f.*
chercheli *vr.* se griser, devenir pompette.
cherem *s.n.* (în expr.) *a fi la cheremul cuiva* être à la merci de qn.

cherestea *s.f.* **1.** bois de charpente *m.* **2.** charpente *f.*
chermesă *s.f.* kermesse *f.*
cheson *s.n.* caisson *m.*
chestiona *vt.* questionner, interroger.
chestionar *s.n.* questionnaire *m.*
chestiune *s.f.* question *f.*
chestor *s.m.* questeur *m.*
chetă *s.f.* quête *f.*
chezaş *s.m.arh.* garant *m.* ‖ *a se pune ~* se porter garant, répondre pour qn.
chezăşie *s.f.* **1.** garantie *f.* **2.** gage *m.*
chiabur,-ă **1.** *adj.* riche, cossu,-e. **2.** *sm.f.* koulak *m.*, femme de koulak *f.*
chiar *adv.* **1.** même. **2.** exactement, justement. **3.** vraiment, réellement ‖ *~ dacă nu vrei* même si tu ne veux pas; *~ s-a întâmplat* c'est réellement arrivé; *~ acum un ceas* il y a justement une heure.
chibrit *s.n.* allumette *f.*
chibzui *vt.vi.* réfléchir, délibérer, méditer.
chibzuinţă *s.f.* délibération *f.*, mûre réfléction *f.*
chică *s.f.* chevelure *f.*
chichineaţă *s.f.* cagibi *m.*
chichiţă *s.f.* **1.** *fam.* ruse *f.*, finasserie *f.*‖ *a căuta (cuiva) chichiţe* chercher la petite bête.
chicinetă *s.f.* petite cuisine *f.*
chiciură *s.f.* givre *m.*
chicoti *vi.* **1.** pouffer de rire. **2.** rire sous cape.
chiflă *s.f.* petit pain *m.*

chiftea *s.f.* croquette (de hachis) *f.*
chihlimbar *s.n.* ambre *m.*
chil[1] *s.n.fiziol.* chyle *m.*
chil[2] *s.n.* (măsură) kilo *m.*, kilogramme *m.*
chilian,-ă *adj.* şi *s.m.f.* chilien,-enne.
chilie *s.f.* 1. (în mănăstire) cellule *f.* 2. (într-o casă) cagibi *m.*
chilipir *s.n.* occasion *f.*, aubaine *f.*, bonne affaire *f.*
chiloţi *s.m.pl.* culotte *f.*, slip *m.*
chimen *s.m.* cumin *m.*
chimic,-ă *adj.* chimique.
chimie *s.f.* chimie *f.*
chimir *s.n.* large ceinture en cuir *f.* ‖ *a pune la* ~ amasser de l'argent.
chimist,-ă *s.m.f.* chimiste.
chimono *s.n.* kimono *m.*
chin *s.n.* tourment *m.*, torture *f.*, affres *f.pl.*
chindie *s.f.* 1. couchant *m.* 2. crépuscule *m.* 3. danse populaire roumaine.
chinez,-ă *adj.* şi *s.m.f.* chinois,-e.
chingă *s.f.* 1. sangle *f.* 2. ceinture *f.* ‖ *a strânge în chingi* a) sangler; b) *fig.* cuisiner (qn.)
chinină *s.f.* quinine *f.*
chintal *s.n.* quintal *m.*
chintesenţă *s.f.* quintessence *f.*
chinui 1. *vt.* tourmenter, torturer. 2. *vr.* se racasser, se donner du mal.
chiolhan *s.n.* bombance *f.*, festin *m.*, ripaille *f.*

chior,-oară *adj.* borgne ‖ *fig. apă chioară* a) lavasse *f.*; b) *fig.* verbiage creux *m.; a nu avea para chioară* être sans le sou, être fauché.
chiorî 1. *vi.* devenir borgne. 2. *vt.* éborgner. 3. *vr.fam.* regarder de près, écarquiller les yeux.
chiorâş *adv.* (în expr.) *a privi* ~ regarder de travers.
chioşc *s.n.* kiosque *m.*
chiot *s.n.* cri d'allégresse *m.*
chip *s.n.* 1. visage *m.*, figure *f.* 2. image *f.* 3. manière *f.*, façon *f.* 4. moyen *m.*, modalité *f.*, possibilité *f.* ‖ *în* ~ *de* en tant que, sous forme de; *în fel şi* ~ de toutes les manières; *nu e* ~ il n'y a pas moyen; *cu orice* ~ à tout prix; *chipurile* soit-disant.
chiparoasă *s.f.* tubéreuse *f.*
chiparos *s.m.* cyprès *m.*
chipeş,-ă *adj.* beau, bel, belle.
chipiu *s.n.* képi *m.*
chirci *vr.* 1. se recroqueviller. 2. se rabougrir.
chiriaş,-ă *s.m.f.* locataire.
chirie *s.f.* 1. loyer *m.* 2. location *f.* ‖ *a lua cu* ~ louer; *a da cu* ~ louer, donner en location.
chirurg *s.m.* chirurgien *m.*
chirurgie *s.f.* chirurgie *f.*
chist *s.n.* kyste *m.*
chiştoc *s.n.* mégot *m.*
chit[1] *adv.* (în expr.) *a fi* ~ être quitte.
chit[2] *s.n.* mastic *m.*
chitanţă *s.f.* quittance *f.*, reçu *m.*, récépissé *m.*

chitară *s.f.* guitare *f.*
chitic *s.m.iht.reg.* fretin *m* ‖ *a tăcea* ~ ne souffler mot.
chiţibuş *s.n.* vétille *f.*, truc *m.*
chiţibuşar,~ă *s.m.f.* **1.** chipoteur,-euse. **2.** tatillon,-onne.
chiu *s.n.* (în expr.) *cu* ~ *cu vai* à grand-peine
chiui *vi.* pousser des cris (de joie).
chiul *s.n.fam.* absence *f.* (non motivée), manque à un devoir *m.* ‖ *a trage chiulul* tirer au flanc; *a trage chiulul cuiva* duper qn.
chiulangiu,-ie *s.m.f.* tire-au-flanc *m.invar.*
chiulasă *s.f.* culasse *f.*
chiuli *vi.* tirer au flanc ‖ *a* ~ *(de la şcoală)* faire l'école buissonnière; *a* ~ *de la o oră de curs* sécher une classe.
chiuvetă *s.f.* cuvette *f.*, évier *m.*
chivernisi I. *vt.* **1.** administrer. **2.** mettre de côté, épargner. II. *vr.* bien arranger ses affaires.
chix *s.n.fam.* fiasco *m.* ‖ *a da* ~ faire chou blanc, faire fiasco.
ci *conj.* mais.
cianură *s.f.* cyanure *m.*
cibernetică *s.f.* cybernétique *f.*
cicatrice *s.f.* cicatrice *f.*
cicatriza *vr.* se cicatriser.
cică *adv.fam.* **1.** à ce qu'il paraît. **2.** soi-disant ‖ ~ *e şmecher* il est malin à ce qu'il paraît (à ce qu'il lui semble); ~ *m-a ajutat* il m'a soi-disant aidé.
cicăleală *s.f.* tracasserie *f.*, scie *f.*
cicăli *vt.* tracasser, embêter, tarabuster.
cicălitor,-oare *adj.* tracassier,-ière, ravaudeur,-euse.
ciclamă *s.f.* cyclamen *m.*
ciclic,~ă *adj.* cyclique.
ciclism *s.n.* cyclisme *m.*
ciclist,~ă *adj.* cycliste. **2.** *s.m.f.* cycliste *m.*
ciclon *s.n.* cyclone *m.*
ciclop *s.m.* cyclope *m.*
ciclu *s.n.* cycle *m.*
cidru *s.n.* cidre *m.*
cifra 1. *vt.* chiffrer. **2.** *vr.* se chiffrer, monter à.
cifră *s.f.* chiffre *m.*
cifru *s.n.* chiffre *m.*
cilindric,~ă *adj.* cylindrique.
cilindru *s.m.* cylindre *m.*
cimbru *s.m.* thym *m.*, serpolet *m.*
ciment *s.n.* ciment *m.*
cimenta *vt.* cimenter.
cimilitură *s.f.* devinette *f.*
cimitir *s.n.* cimetière *m.*
cimpanzeu *s.m.* chimpanzé *m.*
cimpoi *s.n.* cornemuse *f.*
cimpoier *s.m.* joueur de cornemuse *m.*
cina *vi.* souper.
cină *s.f.* souper *m.*
cinci *num.card.* cinq.
cincilea *(cincea) num.ord.* le (la) cinquième.
cincime *s.f.* un cinquième *m.*, la cinquième partie.
cincinal,~ă 1. *adj.* quinquennal,-e. **2.** *s.n.* quinquennat *m.*
cincisprezece *num.card.* quinze.
cincisprezecelea *(cincisprezecea) num.ord.* le (la) quinzième.

cincizeci *num.card.* cinquante.
cincizecilea *(cincizecea) num.ord.* le (la) cinquantième.
cine *pron.inter.relativ* şi *nehot.* qui.
cineast *s.n.* cinéaste *m.*
cinema *s.n.* v.cinematograf.
cinematograf *s.n.* cinématographe *m.*, cinema *m.*, ciné *m.*
cinematografie *s.f.* cinématographie *f.*
cinetică *s.f.* cinétique *f.*
cineva *pron.nehot.* quelqu'un.
cingătoare *s.f.* ceinture *f.*
cinic,~ă *adj.* cynique.
cinism *s.n.* cynisme *m.*
cinste *s.f.* **1.** honnêteté *f.*, probité *f.* **2.** honneur *m.*, faveur *f.* ‖ *loc de* ~ place d'honneur; *fam.pe* ~ admirable; *pe cinstea mea* parole d'honneur; *în cinstea* en l'honneur de; *fam. a face* ~ offrir une tournée, régaler.
cinsti I. *vt.* **1.** honorer, respecter. **2.** offrir un cadeau. **3.** *fam.* payer à boire, offrir une tournée. **II.** *vr.* trinquer, porter une brinde.
cinstit,~ă 1. *adj.* honnête. **2.** *adv.* honnêtement, loyalement.
cintezoi *s.m.* pinson *m.*
cioară *s.f.* corneille *f.*
cioareci *s.m.pl.* pantalons paysans en bure *m.pl.*
ciob *s.n.* tesson *m.*, éclat *m.*
cioban *s.m.* berger *m.*, pâtre *m.*
ciobănesc,-ească *adj.* pastoral,~e, de berger.
ciobăniţă *s.f.* bergère *f.*
ciobi *vt.* ébrécher.
cioc *s.n.* **1.** (la păsări) bec *m.* **2.** (barbă) barbiche *f.*
ciocan *s.n.* marteau *m.* ‖ *a fi între* ~ *şi nicovală* se trouver entre l'enclume et le marteau.
ciocăni *vi.vt.* **1.** frapper. **2.** marteler ‖ *a* ~ *la uşă* frapper à la porte.
ciocănit *s.n.* martèlement *m.*
ciocănitoare *s.f.* pic *f.*
ciocârlie *s.f.* alouette *f.*
cioclu *s.m.* croque-mort *m.*
ciocni I. *vt.* **1.** heurter, cogner. **2.** (pahare) trinquer. **II.** *vr.* **1.** se heurter, s'entrechoquer. **2.** (despre trenuri) se tamponner, se télescoper, (despre maşini) entrer en collision.
ciocnire *s.f.* **1.** heurt *m.*, choc *m.* **2.** collision *f.* **3.** *fig.* conflit *m.*, escarmouche *f.*
ciocoi *s.m.* parvenu *m.*
ciocolată *s.f.* chocolat *m.*
ciolan *s.n.* **1.** os *m.* **2.** *fig.pop.* membres *m.pl.* ‖ *a da cuiva un* ~ *de ros* donner un os à ronger à qn.; *a-i muia (cuiva) ciolanele* rosser qn., rouer de coups.
ciolănos,-oasă *adj.* osseux,-euse, ossu,~e.
ciomag *s.n.* gourdin *m.*, bâton *m.*
ciomăgeală *s.f.* bastonnade *f.*
ciomăgi *vt.* rouer de coups, battre à plate couture.
ciondăni 1. *vr.* se chamailler. **2.** *vt.* quereller, gronder.
ciopârţi *vt.* charcuter, mettre en pièces, dépecer.

ciopli I. *vt.* **1.** (în lemn) tailler. **2.** (în piatră) sculpter. **3.** *fig.* polir, ciseler. **II.** *vr.* se dégrossir.
cioplit,~ă I. *adj.* **1.** sculpté,~e, taillé,~e. **2.** *fig.* dégrossi,~e. poli,~e. **II.** *s.n.* (pentru piatră) taille *f.*
ciorap *s.m.* bas *m.* ‖ ~ *bărbătesc* chaussette *f.*
ciorbă *s.f.* soupe *f.*, potage *m.*, pot-au-feu *m.* ‖ ~ *lungă* **a)** soupe diluée; **b)** *fig.* verbiage *m.*, tartine *f.*; *a pune pe toţi într-o* ~ accommoder à la même sauce; *a se amesteca în ciorba cuiva* se mêler de ce qui ne vous regarde pas.
ciorchine *s.m.* grappe *f.*
ciordi *vt.fam.* chaparder, chiper.
ciornă *s.f.* brouillon *m.*
ciorovăi *vr.* se chamailler.
ciorovăială *s.f.* chamaillerie *f.*, querelle *f.*, prise de bec *f.*
ciot *s.n.* **1.** (despre copaci) chicot *m.*, souche *f.* **2.** (despre membre) moignon *m.* ‖ *un* ~ *de creion* un bout de crayon.
cioturos,-oasă *adj.* noueux,-euse.
ciozvârtă *s.f.* quartier *m.*
cipic *s.m.* chausson *m.*
cirac *s.m.* élève *m.*, disciple *m.*
circ *s.n.* cirque *m.*
circa *adv.* environ, à peu près, approximativement.
circuit *s.n.* circuit *m.*, tour *m.*
circula *vi.* circuler.
circular,~ă *adj.* circulaire.
circulară *s.f.* circulaire *f.*
circulaţie *s.f.* circulation *f.* ‖ ~ *pe drumuri* trafic *m.*

circumferinţă *s.f.* circonférence *f.*
circumflex *adj.* circonflexe.
circumlocuţie *s.f.* circonlocution *f.*
circumscrie *vt.* circonscrire.
circumscripţie *s.f.* circonscription *f.*
circumspect,~ă *adj.* circonspect,~e.
circumspecţie *s.f.* circonspection *f.*
circumstanţă *s.f.* circonstance *f.*
circumstanţial,~ă *adj.* circonstanciel,-elle.
circumvoluţie *s.f.* circonvolution *f.*
cireadă *s.f.* troupeau *m.*
cireaşă *s.f.* cerise *f.*
cireş *s.m.* cerisier *m.*
ciripi *vi.* gazouiller.
ciripit *s.n.* gazouillement *m.*, gazouillis *m.*, ramage *m.*
ciroză *s.f.* cirrhose *f.*
cisternă *s.f.* citerne *f.*
cişmea *s.f.* fontaine *f.*
cita *vt.* citer.
citadelă *s.f.* citadelle *f.*
citadin,~ă *adj.* şi *s.m.f.* citadin,~e.
citat *s.n.* citation *f.*
citaţie *s.f.* citation *f.*
citeţ,-eaţă *adj.* lisible.
citi *vt.* lire.
citire *s.f.* lecture *f.*
citit,~ă 1. *adj.* instruit,~e, lettré,~e. **2.** *s.n.* lecture *f.*
cititor,-oare *s.m.f.* lecteur,-trice.
citronadă *s.f.* citronnade *f.*
ciubăr *s.n.* baquet *m.*
ciubotă *s.f.* botte *f.*
ciubuc *s.n.* **1.** pipe à long tuyau *f.* **2.** *arhit.* corniche *f.*, cannelure *f.* **3.** *fam.* pot-de-vin *m.*

ciuciulete 1. *s.m.* boulette *f.* **2.** *adv.* (în expr.) *a fi ud ~* être trempé jusqu'aux os.
ciucure *s.m.* frange *f.*
ciudat,-ă *adj.* étrange, bizarre, singulier,-ère.
ciudă *s.f.* dépit *m.* ‖ *în ciuda* en dépit de; *a face cuiva în ~* faire enrager qn.
ciudăţenie *s.f.* bizarrerie *f.*, singularité *f.*, étrangeté *f.*
ciuf *s.n.* houppe *f.*, toupet *m.*
ciufuli *vt.* ébouriffer.
ciuguli *vt.* **1.** (despre păsări) becqueter, picorer. **2.** (despre oameni) manger comme une mauviette.
ciulama *s.f.* volaille à la sauce blanche.
ciuli *vt.* (în expr.) *a ~ urechea* dresser l'oreille.
ciulin *s.m.* chardon *m.*
ciumat,-ă *adj.* pestiféré,-e.
ciumă *s.f.* peste *f.*
ciung,-ă *adj.* manchot,-e.
ciunti *vt.* amputer, mutiler, tronquer.
ciupercă *s.f.* champignon *m.*
ciupi I. *vt.* **1.** pincer. **2.** *fam.fig.* chaparder, chiper. **II.** *vr.* se griser.
ciupit,-ă *adj.* **1.** grêlé,-e, marqué,-e par la petite vérole. **2.** *fam.* éméché,-e, gris,-e.
ciur *s.n.* tamis *m.*, crible *m.*, sas *m.* ‖ *a da (pe cineva) prin ~ şi prin dârmon* casser du sucre sur le dos (de qn.); *trecut prin ~ şi prin dârmon* **a)** (despre un lucru) sassé et ressassé; **b)** (despre o persoană) qui a roulé sa bosse, qui en a vu de toutes les couleurs.
ciuruc *s.n.* laissé pour compte *m.*
ciurui 1. *vt.* cribler, sasser. **2.** *vt.vr.*(se) trouer ‖ *ciuruit de gloanţe* criblé de balles.
ciută *s.f.* biche *f.*
ciutură *s.f.* seau *m.*
civic,-ă *adj.* civique.
civil,-ă 1. *adj.* civil,-e. **2.** *s.m.* civil *m.*
civiliza *vt.* civiliser.
civilizaţie *s.f.* civilisation *f.*
cizela *vt.* ciseler.
cizmar *s.m.* cordonnier *m.*, bottier *m.*
cizmă *s.f.* botte *f.* ‖ *prost ca o ~* bête à manger du foin.
cizmărie *s.f.* cordonnerie *f.*
câine *s.m.* chien *m.* ‖ *a tăia frunză la câini* se tourner les pouces; *câinele care latră nu muşcă* tous les chiens qui aboient ne mordent pas.
câinos,-oasă *adj.* méchant,-e, cruel,-elle.
câlţi *s.m.pl.* étoupe *f.*, bourre *f.*
câmp *s.n.* **1.** champ *m.* **2.** plaine *f.*, rase campagne *f.* **3.** *fig.* champ *m.*, domaine *m.* ‖ *a bate câmpii* battre la campagne, divaguer; *a-şi lua câmpii* **a)** prendre le large; **b)** être au désespoir; *~ de luptă* champ de bataille; *a fi în câmpul muncii* travailler, avoir un emploi.
câmpenesc,-ească *adj.* champêtre.

câmpie s.f. plaine f.
când adv. **1.** (în prop.interog.) quand. **2.** (cu valoare de conj.) lorsque, quand ‖ de ~ depuis que; de ~ lumea depuis toujours; din ~ în ~ de temps à autre; ~ şi ~ parfois, des fois; pe ~ tandis que, pendant que; până ~ jusqu'à ce que; ~ ascultă ~ nu tantôt il écoute, tantôt il n'écoute pas; ca şi ~ comme si.
cândva adv. un jour, une fois.
cânepă s.f. chanvre m.
cânt s.n. chant m.
cânta vi. **1.** (din gură) chanter. **2.** (la un instrument) jouer.
cântar s.n. balance f.
cântat s.n. chant m. ‖ la cântatul cocoşilor au point du jour, à l'aube.
cântăreţ,-eaţă s.m.f. **1.** chanteur,-euse. **2.** bis. chantre m. **3.** (de operă) chanteur m., cantatrice f.
cântări vt.vi. peser ‖ a ~ din ochi toiser qn.; a-şi ~ bine vorbele peser ses mots.
cântec s.n. chanson f., chant m. ‖ ~ de leagăn berceuse f.; ~ bătrânesc ballade populaire f.; cântecul lebedei le chant du cygne.
cârc interj. (in expr.) a nu zice nici ~ ne souffler mot.
cârcă s.f. (în expr.) in ~ sur le dos (de qn.)
cârcel s.m. **1.** crampe (musculaire) f. **2.** zool. vrille f.
cârciumar s.m. cabaretier m.

cârciumă s.f. cabaret m., bistro(t) m.
cârciumăreasă s.f. **1.** cabaretière f. **2.** bot. zinnia m.
cârciumioară s.f. guinguette f.
cârcotaş,-ă adj. querelleur,-euse, rouspéteur,-euse
cârd s.n. **1.** (despre păsări) vil m., volée f. **2.** (despre animale) troupeau m., harde f. **2.** (despre oameni) groupe m., bande f. ‖ a se pune (a intra) în ~ cu cineva s'acoquiner, s'aboucher; de un ~ de vreme depuis plusieurs années.
cârdăşie s.f. collusion f.
cârâi **I.** vi. **1.** caqueter. **2.** brailler. **II.** vt.fam. tracasser. **III.** vr.fam. se chamailler.
cârjă s.f. béquille f.
cârlig s.n. **1.** croc m. **2.** crochet m. ‖ ~ de undiţă hameçon m.; a se face ~ se recroqueviller.
cârlionţ s.m. boucle f., frison m., frisette f.
cârlionţa vt. boucler.
cârmaci s.m. timonier m.
cârmă s.f. **1.** gouvernail m., timon m. **2.** fig. gouvernement m., pouvoir m.
cârmi vi. tourner, dévier.
cârmui vt. **1.** piloter, diriger. **2.** fig. gouverner.
cârmuire s.f. gouvernement m., administration f.
cârn,-ă **I.** adj. **1.** camus,-e, camard,-e. **2.** au nez retroussé. **II.** s.m.f. camard,-e.
cârnat s.m. saucisse f.
cârnăţărie s.f. charcuterie f.

cârpaci *s.m.* **1.** (de încălţăminte) savetier *m.* **2.** (de haine) ravaudeur *m.* **3.** *fig.* mauvais artisan *m.*
cârpă *s.f.* **1.** chiffon *m.* **2.** (de şters) torchon *m.*
cârpăci *vt.* ravauder.
cârpeală *s.f.* raccommodage *m.*, ravaudage *m.*
cârpi *vt.* **1.** raccommoder, repriser. **2.** *fam.* (o palmă) gifler, coller une gifle. **3.** *fig.* forger de toutes pièces.
cârteală *s.f.* récrimination *f.*, rechignement *m.*
cârti *vi.* rouspéter, récriminer.
cârtiţă *s.f.* taupe *f.*
câştig *s.n.* gain *m.*, profit *m.* || *a avea ~ de cauză* avoir gain de cause.
câştiga *vt.* gagner.
câştigător,-oare *adj.* şi *s.m.f.* gagnant,-e.
cât[1] *adv.* combien, que || *~ l-am rugat* combien je l'ai prié; *~ e de frig* ce qu'il fait froid; *~ colea* tout près d'ici; *~ colo* au loin; *cu ~ citesc mai mult cu atât îmi dau seama că aveai dreptate* plus je lis plus je me rends compte que tu avais raison; *~ de ~* tant soit peu.
cât[2] *conj.* que, tant que, autant que || *~ ce* dès que; *pe ~ îmi aduc aminte* à ce qu'il m'en souvienne; *tradu ~ poţi!* traduis autant que tu peux!; *fuge ~ poate* il court à toutes jambes; *~ mai mult* le plus possible; *a striga ~ te ţine gura* crier à tue-tête; *~ pe ce* sur le point de; *~ era de zăpăcit şi tot a înţeles* si (aussi) étourdi qu'il fût il a tout de même compris.
cât[3] *prep.* (în comparaţii) comme || *mare ~ casa* grand comme la maison; *~ despre* quant à.
cât[4] *s.n.* quotient *m.*
cât[5]**,~ă** *(câţi, câte)* **1.** *num.nehot.(la pl.)* ceux qui. **2.** *adj.nehot. (la sg.)* combien. **3.** *pron.nehot.* tout ce qui, combien de. **4.** *pron.interog.* combien? que? || *câţi au venit pe la noi* tous ceux qui sont venus chez nous; *câte şi mai câte* toute sorte de choses; *câtă mai băiatul* un grand garçon; *nu ştiu ~* je ne sais combien; *~ e ceasul?* quelle heure est-il?; *în ~ suntem azi?* le combien sommes-nous aujourd'hui?
câte *prep.* (precedând un num. card.) par || *două ~ două* deux par deux.
câtelea, câte *num.nehot.* (precedat de art. *al, a*) le combien.
câteodată *adv.* parfois, quelquefois.
câtuşi *adv.* (în expr.) *~ de puţin* tant soit peu, pas du tout.
câtva, câtăva *(câţiva, câteva) num. nehot.* quelque || *~ timp* quelque temps.
clacă *s.f.* **1.** corvée *f.* **2.** veillée à la campagne pour le travail en commun *f.*|| *lucru de ~* travail

bâclé; *vorbă de* ~ verbiage *m.*, commérage *m.*
claie *s.f.* **1.** meule *f.* **2.** *fig.* tas *m.*, amas *m.* ‖ ~ *peste grămadă* pêle-mêle.
clamă *s.f.* agrafe *f.*
clan *s.n.* clan *m.*
clandestin,~ă *adj.* clandestin,~e.
clanţă *s.f.* **1.** loquet *m.* **2.** *fig.-fam.* bouche *f.*, gueule *f.* ‖ *a da cu clanţa* jacasser.
clapă *s.f.* **1.** (la pian) touche *f.* **2.** soupape *f.* ‖ *a trage clapa* duper, berner.
clapon *s.m.* chapon *m.*
clar,~ă **1.** *adj.* clair,~e. **2.** *adv.* a) clair; b) clairement. **3.** *s.n.* (în expr.) ~ *de lună* clair de lune *m.* ‖ *a vedea* ~ voir clair; *a explica* ~ expliquer clairement.
clarifica *vt.* clarifier.
clarinet *s.n.* clarinette *f.*
claritate *s.f.* clarté *f.*
clarvăzător,-oare *adj.* clairvoyant,~e.
clarviziune *s.f.* clairvoyance *f.*
clasa *vt.vr.* (se) classer.
clasament *s.n.* classement *m.*
clasă *s.f.* classe *f.*
clasic,~ă *adj.* classique.
clasicism *s.n.* classicisme *m.*
clasifica *vt.* classifier.
clasificare *s.f.* classification *f.*
clasor *s.n.* classeur *m.*
clauză *s.f.* clause *f.*
clavecin *s.n.* clavecin *m.*
claviatură *s.f.* clavier *m.*
claviculă *s.f.* clavicule *f.*
claxon *s.n.* klaxon *m.*, avertisseur *m.*
claxona *vi.* klaxonner.
clăbuc *s.m.* **1.** (de săpun) bulle de savon *f.* **2.** écume *f.* ‖ *a face clăbuci la gură* baver, écumer.
clăcaş *s.m.* serf (obligé à faire la corvée) *m.*
clădi *vt.* bâtir, construire, édifier.
clădire *s.f.* construction *f.*, bâtisse *f.*, édifice *m.*
clămpăni *vi.vt.* **1.** claquer. **2.** *fig.* jaser.
clănţăni *vi.* **1.** claquer des dents. **2.** *fig.* jaser.
clănţău *s.m.* braillard *m.*
clăpăug,~ă *ădj.* **1.** aux oreilles pendantes. **2.** (despre oameni) *fig.* niais,~e.
clăti *vt.* branler ‖ *a* ~ *rufele* rincer le linge.
clătina **1.** *vt.* branler, secouer. **2.** *v.r.* chanceler, tituber ‖ *a* ~ *din cap* hocher la tête.
clătită *s.f.* crêpe *f.*
clei *s.n.* colle *f.*, glu *f.* ‖ *fam. a fi* ~ ne savoir ni a, ni b, sécher.
cleios,-oasă *adj.* gluant,~e, visqueux,-euse, collant,~e; (despre ouă) mollet.
clemă *s.f.* **1.** agrafe *f.* **2.** pince *f.* **3.** bride de fixation *f.*
clement,~ă *adj.* clément,~e.
clemenţă *s.f.* clémence *f.*
clenci *s.n.* **1.** bout de rameau *m.* **2.** crochet *m.* **3.** *fig.* a) motif de querelle *m.p;* b) truc *m.*, dessous (d'une affaire) *m.*
clepsidră *s.f.* sablier *m.*, clepsydre *f.*
cleptoman *s.m.* cleptomane *m.*

cler *s.n.* clergé *m.*
clerical,-ă *adj.* clérical,-e.
cleştar *s.n.* cristal *m.*
cleşte *s.m.* tenailles *f.pl.* pincettes *f.pl.* pince *f.*
cleveteală *s.f.* médisance *f.*
cleveti *vt.vi.* médire, déblatérer; *fam.* casser du sucre sur le dos de qn.
clevetitor,-oare *adj.* médisant,-e, mauvaise langue *f.*
clică *s.f.* clique *f.*
client *s.m.* client *m.*
clientelă *s.f.* clientèle *f.*
climat *s.n.* climat *m.*
climateric,-ă *adj.* climatique.
climă *s.f.* climat *m.*
clin *s.m.* biais *m.* ‖ *a nu avea nici în ~ nici în mânecă (cu cineva)* n'avoir aucun rapport, rien de commun (avec qn.).
clină *s.f.* pente *f.*
clinchet *s.n.* (de clopoţel) tintement *m.*, cliquetis *m.*
clinic,-ă *adj.* clinique.
clinică *s.f.* clinique *f.*
clinician,-ă *s.m.f.* clinicien *m.*
clinti *vt.vr.* broncher.
clipă *s.f.* instant *m.* ‖ *din ~ în ~* à chaque instant, d'un moment à l'autre.
clipi *vi.* cligner ‖ *cât ai ~ din ochi* en un clin d'œil.
clipoci *vi.* (despre apă) susurrer, murmurer.
clisă *s.f.* glaise *f.*
clismă *s.f.* lavement *m.*
clisos,-oasă *adj.* 1. glaiseux,-euse. 2. gluant,~e.
clişeu *s.n.* cliché *m.*

clivaj *s.n.* clivage *m.*
cloacă *s.f.* cloaque *m.*
cloci 1. *vt.* couver. 2. *vi.fig.* moisir. 3. *vr.* (despre alimente) s'altérer, se gâter ‖ *a cloci o boală* couver une maladie.
clocitoare *s.f.* couveuse *f.*
clocot *s.n.* 1. bouillon *m.*, bouillonnement *m.* 2. (în râuri) tourbillon *m.*, remous *m.* ‖ *a da în ~* commencer à bouillir.
clocoti *vi.* 1. bouillir; bouillonner. 2. (despre ape) tourbillonner. 3. *fig.* (despre sentimente) éclater.
clocotitor,-oare *adj.* 1. bouillonnant,~e. 2. *fig.* (despre sentimente) tumultueux,-euse.
cloncăni *vi.* glousser.
cloncănit *s.n.* gloussement *m.*
clondir *s.n.* carafe *f.*, carafon *m.*
clonţ *s.n.fam.* bec *m.*, gueule *f.*
clonţos,-oasă *adj.fam.* hargneux,-euse, rouspéteur,-euse.
clopot *s.n.* cloche *f.*
clopotniţă *s.f.* clocher *m.*
clopoţel *s.m.* 1. clochette *f.* 2. (la gîtul animalelor) sonnaille *f.*, grelot *m.* 3. *bot.* campanule *f.*
clor *s.n.* chlore *m.*
clorofilă *s.f.* chlorophylle *f.*
cloroform *s.n.* chloroforme *m.*
clorură *s.f.* chlorure *m.*
closet *s.n.* cabinet *m.*, W.C. *m.*, lieux d'aisances *m.pl.*
cloşcă *s.f.* couveuse *f.*
clovn *s.m.* clown *m.*
club *s.n.* club *m.*
cneaz *s.m.* prince *m.*, empereur *m.*
cnocaut *s.n.* knock-out *m.*

cnut *s.n.* knout *m.*
coabita *vt.* cohabiter.
coacăză *s.f.* groseille *f.*
coace 1. *vt.* cuire. **2.** *vr.* mûrir ‖ *a o ~ cuiva* garder (à qn.) un chien de sa chienne.
coadă *s.f.* **1.** queue *f.* **2.** (de păr) tresse *f.*, natte *f.* **3.** (a unei flori) tige *f.* **4.** (a unui instrument) manche *m.* **5.** bout *m.*, extrémité *f.*, fin *f.* **6.** (de oameni) queue *f.*, file *f.* ‖ *coada mesei* le bas bout de la table; *cu coada ochiului* du coin de l'œil; *a da din ~* remuer la queue; *a se întoarce cu coada între picioare* revenir bredouille; *a se ţine de coada cuiva* ne pas lâcher qn. d'une semelle; *a nu avea nici cap nici ~* n'avoir ni queue ni tête; *a trage pe dracul de ~* tirer le diable par la queue.
coafa *vt.* coiffer.
coafeză *s.f.* coiffeuse *f.*
coafor *s.m.* coiffeur *m.*
coafură *s.f.* coiffure *f.*
coagula *vr.* se coaguler.
coajă *s.f.* **1.** (de copac) écorce *f.* **2.** (de legume, fructe) pelure *f.* **3.** (de ou) coque *f.* **4.** (de nucă) coquille. **5.** (de pâine) croûte *f.* **6.** (de lămâie) zeste *m.*
coală *s.f.* feuille *f.*
coaliţie *s.f.* coalition *f.*
coaliza *vr.* se coaliser.
coamă *s.f.* **1.** (de păr) crinière *f.* **2.** (la un munte) crête *f.*
coapsă *s.f.* cuisse *f.*

coardă *s.f.* corde *f.* ‖ *~ de viţă* sarment *m.*; *a întinde coarda* exagérer, aller trop loin.
coarnă *s.f.* cornouille *f.*
coasă *s.f.* faux *f.* ‖ *~ mecanică* moto-faucheuse *f.*
coase *vt.* coudre.
coastă *s.f.* **1.** côte *f.* **2.** flanc *m.* **3.** (a unui deal) versant *m.* **4.** (a mării) côte *f.*, littoral *m.* ‖ *pe o ~* sur le flanc; *Coasta de Argint* la Côte d'Argent.
coate-goale *s.m.* gueux *m.*, va-nu-pieds *m.*
cobai *s.m.* cobaye *m.*
cobalt *s.n.* cobalt *m.*
cobe *s.f.* **1.** pépie *f.* **2.** *fig.* oiseau de mauvais augure *m.* (de malheur).
cobi *vt.vi.* présager quelque malheur, être de mauvais augure.
cobiliţă *s.f.* palanche *f.*
coborî 1. *vt.* baisser. **2.** *vi.* descendre. **3.** *vr.* s'abaisser.
coborâre *s.f.* descente *f.*
coborâtor,-oare *adj.* descendant,-e.
cobră *s.f.* cobra *m.*
cobză *s.f.* sorte de guitare ‖ *a duce cu cobza* berner qn.; *a lega (pe cineva) ~* garrotter.
coc *s.n.* chignon *m.*
cocardă *s.f.* cocarde *f.*
cocă *s.f.* pâte *f.*
cocean *s.m.* **1.** (de proumb) tige de maïs *f.* **2.** (de varză) trognon de chou *m.*
cochet,~ă *adj.* coquet,-ette.
cocheta *vi.* coqueter.

cochetărie *s.f.* coquetterie *f.*
cochilie *s.f.* coquille *f.*
cocină *s.f.* porcherie *f.*
cocioabă *s.f.* masure *f.*, bicoque *f.*, bouge *m.*
cocârja *vr.* se courber, se voûter.
coclauri *s.n.pl.* ravin *m.*
cocleală *s.f.* vert-de-gris *m.*
cocli *vi.vr.* se couvrir de vert-de-gris.
cocoașă *s.f.* bosse *f.*, gibbosité *f.*
cocoloș *s.n.* boulette *f.*, (în mâncare) grumeau *m.*
cocoloși **I.** *vt.* **1.** étouffer une affaire. **2.** gâter qn. **II.** *vr.* (s')emmitoufler.
cocon *s.m.entom.* cocon *m.*
cocor *s.m.* grue *f.*
cocostârc *s.m.* cigogne *f.*
cocoș *s.m.* **1.** coq *m.* || ~ *de munte* coq de bruyère. **2.** (la pușcă) chien de fusil *m.*
cocoșat, *adj.* bossu,-e.
cocotier *s.m.* cocotier *m.*
cocoța *vt.vr.* (se) jucher.
cocs *s.n.* coke *m.*
cocteil *s.n.* cocktail *m.*
cod *s.n.* code *m.*
codană *s.f.* jeune fille *f.*
codaș,-ă *adj.* și *s.m.f.* le (la) dernier,-ère || *elev* ~ cancre *m.*
codi *vr.* **1.** hèsiter, balancer. **2.** reculer.
codifica *vt.* codifier.
codobatură *s.f.* hoche-queue *f.*, bergeronnette *f.*
codru *s.m.* forêt *f.* futaie *f.*
coechipier,-ă *s.m.f.* coéquipier,-ère.

coeficient *s.n.* coefficient *m.*
coerent,-ă *adj.* cohérent,-e.
coerență *s.f.* cohérence *f.*
coexistență *s.f.* coexistence *f.*
coeziune *s.f.* cohésion *f.*
cofă *s.f.* scille *f.*
cofetar *s.m.* confiseur *m.*, pâtissier *m.*
cofetărie *s.f.* confiserie *f.*, pâtisserie *m.*
cofraj *s.n.* coffrage *m.*
cogeamite *adj.invar.* énorme, très grand,-e.
coif *s.n.* casque *m.*
coincide *vi.* coïncider.
coincidență *s.f.* coïncidence *f.*
coji **I.** *vt.* **1.** écorcer. **2.** (despre cereale) décortiquer. **3.** (despre fructe) peler. **4.** (despre nuci) écaler. **5.** (despre legume) éplucher, peler. **II.** *vr.* **1.** (despre piele) se desquamer, peler. **2.** (despre zid) s'écailler.
cojoc *s.n.* touloupe *f.*
colabora *vi.* collaborer, coopérer.
colaborare *s.f.* collaboration *f.*, coopération *f.*
colaborator,-oare *s.m.f.* collaborateur,-trice.
colaboraționist,~ă *s.m.f.* collaborateur,-trice, collaborationniste, collabo.
colac *s.m.* gimblette *f.* || ~ *de salvare* recroqueviller; ~ *peste pupăză* un malheur n'arrive jamais seul.
colan *s.n.* collier *m.*
colateral,-ă *adj.* collatéral,-e.
colaționa *vt.* collationner.

colb *s.n.* poussière *f.*
colcăi *vi.* 1. bouillonner. 2. (despre o mulţime) grouiller, fourmiller.
colea *adv.* ici ‖ *ici şi ~, pe ici pe ~ par-ci par-là,* çà et là.
colecta *vt.* collecter.
colectă *s.f.* collecte *f.*
colectiv,~ă 1. *adj.* collectif,-ive. 2. *s.n.* collectif *m.*
colectivitate *s.f.* collectivité *f.*
colectiviza *vt.* collectiviser.
colector,-oare 1. *adj.* collecteur,-trice. 2. *s.m.* collecteur *m.*
colecţie *s.f.* collection *f.*
coleg,~ă *s.m.f.* collègue *m.*, camarade d'étude *m.f.*
colegial,~ă *adj.* collégial,~e.
colegiu *s.n.* collège *m.*
coleopter *s.n.* (la *pl.*) coléoptères *m.pl.*
colet *s.n.* colis *m.*
colibă *s.f.* chaumière *f.*, chaumine *f.*
colică *s.f.* colique *f.*
colier *s.n.* collier *m.*
colină *s.f.* colline *f.*
colind *s.n.* noël *m.*
colinda I. *vi.* 1. chanter des noëls. 2. errer, flâner. II. *vt.* battre le pavé.
colivie *s.f.* cage *f.*, volière *f.*
colivă *f.* gâteau (de blé et de noix) distribué à la memoire des morts.
coliziune *s.f.* collision *f.*
colnic *s.n.* 1. colline *f.* 2. clairière *f.*
colo *adv.* là ‖ *de ~ până colo* a) d'ici là; b) d'un bout à l'autre; *a arunca cât ~* jeter au loin.

coloană *s.f.* colonne *f.*
colocviu *s.n.* colloque *m.*
colonadă *s.f.* colonnade *f.*
colonel *s.m.* colonel *m.*
colonial,~ă *adj.* colonial,~e.
coloniale *s.f.pl.* épicerie *f.*, denrées d'épicerie *f.pl.*
colonialism *s.n.* colonialisme *m.*
colonialist,~ă 1. *adj.* colonialiste. 2. *s.m.* colonialiste *m.*
colonie[1] *s.f.* colonie *f.*
colonie[2] *s.f.* (în expr.) *apă de ~* eau de Cologne.
colonist *s.m.* colon *m.*
coloniza *vt.* coloniser.
colonizare *s.f.* colonisation *f.*
colonizator,-oare *s.m.f.* colonisateur,-trice.
colora *vt.* 1. colorer. 2. colorier ‖ *a ~ o hartă* colorier une carte; *clorofila colorează frunzele* la clorophylle colore les feuilles.
colorit *s.nm.* coloris *m.*
colos *s.m.* colosse *m.*
colosal,~ă *adj.* colossal,~e.
colporta *vt.* colporter.
colportor,-oare *s.m.f.* colporteur,-euse.
coltuc *s.n.* quignon *m.*
colţ[1] *s.m.* 1. (la animale) croc *m.* 2. (la unelte) dent *f.* 3. *pl.* (la încălţăminte) clous *m.* 4. (de stâncă) pic *m.* ‖ *a da din ~ în ~* ne plus savoir à quel saint se vouer; *a-şi arăta colţii* montrer les dents; *a se lua la colţi* se quereller.
colţ[2] *s.n.* coin *m.*, recoin *m.*
colţar *s.n.* 1. console *f.* 2. mocassins ferrés *m.pl.*

colțos,-oasă *adj.* **1.** à grands crocs. **2.** *fig.* hargneux,-euse.
colțunaș *s.m.* ravioli *m.*
colțuros,-oasă *adj.* anguleux,-euse.
comanda *vt.* commander.
comandament *s.n.* commandement *m.*
comandant *s.m.* commandant *m.*
comandă *s.f.* commande *f.* ‖ *haine de ~* habits sur mesure.
comasa *vt.* assembler, réunir.
comă *s.f.* coma *m.*
combatant,-ă *adj.* și *s.m.f.* combattant,-e.
combate *vt.* combattre.
combativ,-ă *adj.* combatif,-ive.
combativitate *s.f.* combativité *f.*
combina *vt.* combiner.
combinat *s.n.* (economic) combinat *m.;* (sportiv) combiné *m.*
combinație *s.f.* combinaison *f.*
combină *s.f.* moissonneuse-batteuse *f.*
combinezon *s.n.* **1.** chemise *f.,* fourreau *m.* **2.** (pentru lucru) combinaison *f.,* bleu de travail *m.*
combustibil *s.m.* combustible *m.*
combustie *s.f.* combustion *f.*
comedian,-ă *s.m.f.* comédien,-enne.
comedie *s.f.* comédie *f.*
comemora *vt.* commémorer.
comemorare *s.f.* commémoration *f.*
comemorativ,-ă *adj.* commémoratif,-ive.
comenta *vt.* commenter.
comentariu *s.n.* **1.** commentaire *m.* **2.** (al unui text) glose *f.,* exégèse *f.*

comentator,-oare *s.m.f.* commentateur,-trice.
comercial,-ă *adj.* commercial,~e.
comercializa *vt.* commercialiser.
comerciant,-ă *s.m.f.* commerçant,-e.
comerț *s.n.* commerce *m.*
comesean *s.m.* convive *m.*
comestibil,-ă *adj.* comestible.
cometă *s.f.* comète *f.*
comic,-ă 1. *adj.* comique, drôle. **2.** *s.n.* comique *m.* **3.** *s.m.* comique *m.*
comisar *s.m.* commissaire *m.*
comisariat *s.n.* commissariat *m.*
comisie *s.f.* commission *f.*
comision *s.n.* commission *f.*
comisionar *s.m.* **1.** commissionnaire *m.* **2.** (într-un hotel, magazin) chasseur *m.*
comitet *s.n.* comité *m.*
comoară *s.f.* trésor *m.*
comod,-ă *adj.* commode.
comoditate *s.f.* commodité *f.*
comoție *s.f.* commotion *f.*
compact,-ă *adj.* compact,~e.
companie *s.f.* compagnie *f.*
compara *vt.* comparer.
comparabil,-ă *adj.* comparable.
comparativ,-ă *adj.* comparatif,-ive.
comparație *s.f.* comparaison *f.*
compartiment *s.n.* compartiment *m.;* (în tren) coupé *m.*
compas *s.n.* compas *m.*
compatibil,-ă *adj.* compatible.
compatibilitate *s.f.* compatibilité *f.*
compatriot,-oată *s.m.f.* compatriote *m.f.*

compătimi 1. *vt.* plaindre. **2.** *vi.* compatir.
compătimire *s.f.* compassion *f.*
compătimitor,-oare *adj.* compatissant,-e.
compensa *vt.* compenser.
compensaţie *s.f.* compensation *f.*
competent,-ă *adj.* compétent,-e.
competenţă *s.f.* compétence *f.*
competiţie *s.f.* compétition *f.*
compila *vt.* compiler.
compilaţie *s.f.* compilation *f.*
complăcea *vr.* se complaire.
complement *s.n.* complément *m.*
complementar,-ă *adj.* complémentaire.
complet,-ă *adj.* complet,-ète.
completa *vt.* compléter; (o fişă) remplir.
completare *s.f.* **1.** complément *m.*, addition *f.* **2.** (la o lucrare) addenda *m.*
complex,-ă 1. *adj.* complexe. **2.** *s.m.* complexe *m.* ~ *turistic* hôtel *m.*, motel *m.*
complexitate *s.f.* complexité *f.*
complezenţă *s.f.* complaisance *f.*
complica *vt.* compliquer.
complicat,-ă *adj.* compliqué,-e.
complicaţie *s.f.* complication *f.*
complice *s.m.f.* complice *m.*
complicitate *s.f.* complicité *f.*
compliment *s.n.* compliment *m.*
complot *s.n.* complot *m.*
complota *vi.* comploter.
component,-ă *adj.* composant,-e.
componenţă *s.f.* composition *f.*
comporta *vr.* se comporter, se conduire.

compot *s.n.* compote *f.*
compozitor,-oare *s.m.f.* compositeur,-trice.
compoziţie *s.f.* composition *f.*
compresă *s.f.* compresse *f.*
compresor *s.n.* compresseur *m.*
comprima *vt.* comprimer.
comprimat,-ă 1. *adj.* comprimé,-e. **2.** *s.n.* comprimé *m.*
compromis,-ă 1. *adj.* compromis,-e. **2.** *s.n.* compromis *m.*
compromite *vt.* compromettre.
compromitere *s.f.* compromission *f.*
compromiţător,-oare *adj.* compromettant,-e.
compune *vt.vr.* (se) composer.
compunere *s.f.* composition *f.*
comun,-ă *adj.* commun,-e, ordinaire.
comunal,-ă *adj.* communal,-e.
comună *s.f.* commune *f.*
comunica *vt.vi.* communiquer.
comunicare *s.f.* communication *f.*
comunicat *s.n.* communiqué *m.*
comunicativ,-ă *adj.* communicatif,-ive.
comunicaţie *s.f.* communication *f.*
comunism *s.n.* communisme *m.*
comunist,-ă *adj.* şi *s.m.f.* communiste.
comunitate *s.f.* communauté *f.*
comutator *s.n.* commutateur *m.*
con *s.n.* cône *m.*
conac *s.n.* manoir *m.*
concasare *s.f.* broyage *m.*, concassage *m.*
concav,-ă *adj.* concave.
concavitate *s.f.* concavité *f.*
concedia *vt.* congédier, donner congé, licencier.

concediu *s.n.* congé *m.*
concentra *vt.vr.* (se) concentrer.
concentrare *s.f.* concentration *f.*
concentraţie *s.f.* concentration *f.*
concentric,-ă *adj.* concentrique.
concepe *vt.* concevoir.
concepţie *s.f.* conception *m.*
concern *s.n.* trust *m.*
concert *s.f.* 1. concert *m.* 2. concerto *m.* ‖ *concertul are loc la ora opt* le oncert a lieu à huit heures; *~ pentru pian şi orchestră* concerto pour piano et orchestre.
concesie *s.f.* concession *f.*
concesiona *vt.* concéder.,
concetăţean,-a *s.m.f.* concitoyen,-enne.
conchide *vt.* conclure.
concilia *vt.* concilier.
conciliabul *s.n.* conciliabule *m.*
conciliant,-ă *adj.* conciliant,-e.
conciliator,-oare *adj.* şi *s.m.f.* conciliateur,-trice.
conciliere *s.f.* conciliation *f.*
concis,-ă *adj.* concis,-e.
concizie *s.f.* concision *f.*
concludent,-ă *adj.* concluant,-e.
concluzie *s.f.* conclusion *f.*
concomitent,-ă *adj.* concomitant,-e.
concordanţă *s.f.* concordance *f.*
concret,-ă *adj.* concret,-ète.
concretiza *vt.* concrétiser.
concubinaj *s.n.* concubinage *m.*
concura *vi.* concourir.
concurent,-ă *adj.* şi *s.m.f.* concurrent,-e, compétiteur,-trice.
concurenţă *s.f.* concurrence *f.*
concurs *s.n.* concours *m.*
condamna *vt.* condamner.
condamnare *s.f.* condamnation *f.*, peine *f.*
condei *s.n.* 1. porte-plume *m.* 2. crayon *m.* 3. *fig.* plume *f.*
condensa *vt.vr.* (se) condenser.
condensare *s.f.* condensation *f.*
condensator *s.m.* condensateur *m.*
condensor *s.m.* condenseur *m.*
condescendent,-ă *adj.* condescendant,-e.
condescendenţă *s.f.* condescendance *f.*
condică *s.f.* registre *m.*
condiment *s.n.* condiment *m.*
condiţie *s.f.* condition *f.*
condiţiona *vt.* conditionner.
condiţional,-ă *adj.* conditionnel,-elle.
condoleanţe *s.f.pl.* condoléances *f.pl.*
condor *s.m.* condor *m.*
conducător,-oare 1. *adj.* conducteur,-trice, directeur,-trice. 2. *s.m.f.* chef *m.*, dirigeant,-e.
conduce 1. *vt.* conduire, diriger. 2. *vr.* se diriger, se conduire.
conducere *s.f.* direction *f.*
conductă *s.f.* 1. conduit *m.*, tuyau *m.*, tube *m.* 2. (de petrol) pipe-line *m.*, oléoduc *m.*
conductor 1. *s.n. tehn.* conducteur *m.* 2. *s.m.* contrôleur *m.*, conducteur *m.*
conduită *s.f.* conduite *f.*
conecta *vt.* connecter.
conexiune *s.f.* connexion *f.*
confecţie *s.f.* confection *f.*
confecţiona *vt.* confectionner.
confederaţie *s.f.* confédération *f.*

conferenţiar,~ă *s.m.f.* **1.** conférencier,-ère. **2.** (grad universitar) maître de conférences *m.*
conferi *vt.* conférer.
conferinţă *s.f.* conférence *f.*
confesiune *s.f.* confession *f.*
confeti *s.f.pl.* confetti *m.pl.*
confidenţă *s.f.* confidence *f.*
confidenţial,~ă *adj.* confidentiel,-elle.
configuraţie *s.f.* configuration *f.*
confirma *vt.* confirmer ‖ *a ~ primirea* accuser réception.
confirmare *s.f.* confirmation *f.*
confisca *vt.* confisquer.
conflagraţie *s.f.* conflagration *f.*
conflict *s.n.* conflit *m.*
confluent,~ă *adj.* confluent,~e.
confluenţă *s.f.* confluent *m.*
conform,~ă 1. *adj.* conforme. **2.** *adv.* conformément (à), en conformité (à).
conforma *vr.* se conformer, être conforme à.
conformaţie *s.f.* conformation *f.*
conformism *s.n.* conformisme *m.*
conformist,~ă *s.m.f.* conformiste *m.f.*
conformitate *s.f.* conformité *f.*
confort *s.n.* confort *m.*
confortabil,~ă *adj.* confortable.
confrate *s.m.* confrère *m.*
confrunta *vt.* confronter.
confunda *vt.* confondre.
confuz,~ă *adj.* confus,~e.
confuzie *s.f.* confusion *f.*
congela *vt.* congeler.
congestie *s.f.* congestion *f.*
congestiona *vr.* se congestionner.
conglomerat *s.n.* conglomérat *m.*

congregaţie *s.f.* congrégation *f.*
congres *s.n.* congrès *m.*
coniac *s.n.* cognac *m.*
conic,~ă *adj.* conique.
conifer *s.m.* (la *pl.*) conifères *m.pl.*
coniveţă *s.f.* (în expr.) *de ~ de* connivence *f.*
conjectură *s.f.* conjecture *f.*
conjuga *vt.vr.* (se) conjuguer.
conjugal,~ă *adj.* conjugal,~e.
conjugare *s.f.* conjugaison *f.*
conjunctiv,~ă 1. *adj.* conjonctif,-ive. **2.** *s.n.* subjonctif *m.*
conjunctivită *s.f.* conjonctivite *f.*
conjunctură *s.f.* conjoncture *f.*
conjuncţie *s.f.* conjonction *f.*
conjura *vt.* conjurer.
conlocui *vi.* cohabiter.
conlucra *vi.* collaborer.
conopidă *s.f.* chou-fleur *m.*
consacra *vt.* consacrer.
consacrare *s.f.* consécration *f.*
consătean,~ă *s.m.f.* pays *m.*, payse *f.*
consecinţă *s.f.* conséquence *f.* ‖ *în ~* en conséquence, par conséquent.
consecutiv,~ă *adj.* consécutif,-ive.
consecvent,~ă *adj.* conséquent,~e.
consemn *s.n.* consigne *f.*
consemna *vt.* consigner.
conserva *vt.vr.* (se) conserver.
conservare *s.f.* conservation *f.*
conservator[1],-oare *adj.* şi *s.m.f.* conservateur,-trice.
conservator[2] *s.n.* conservatoire *m.*
conservă *s.f.* conserve *f.*

consfătui vr. se concerter, se consulter.
consfătuire s.f. délibération f., conciliabule m.
consfinți vt. consacrer.
considera vt.vr. (se) considérer ‖ *considerând că* vu que, étant donné que.
considerabil,~ă adj. considérable.
considerație s.f. considération f.
consignație s.f. consignation f., consigne f.
consilier s.m. conseiller m.
consiliu s.n. conseil m.
consimțământ s.n. consentement m., assentiment m., acquiescement m.
consimți vt.vi. consentir, acquiescer, donner son assentiment.
consista vi. consister.
consistent,~ă adj. consistant,~e.
consistență s.f. consistance f.
consoană s.f. consonne f.
consola vt. consoler.
consolare s.f. consolation f.
consolida vt. consolider.
consonanță s.f.muz. consonance f.
conspect s.n. 1. résumé m. 2. vue d'ensemble f.
consipra vi. conspirer.
conspirator,-oare s.m.f. conspirateur,-trice.
conspirație s.f. conspiration f.
consta vi. consister.
constant,~ă 1. adj. constant,~e, invariable. 2. s.f.mat. constante f.
constanță s.f. constance f.
constata vt. constater.

constatare s.f. constatation f.
constelație s.f. constellation f.
consterna vt. consterner.
consternat,~ă adj. consterné,~e.
constipat,~ă adj. constipé,~e.
constipație s.f. constipation f.
constitui vt.vr. (se) constituer.
constituție s.f. constitution f.
constituțional,~ă adj. constitutionnel,-elle.
constrânge vt. contraindre.
constrângere s.f. contrainte f.
constructiv,~ă adj. constructif,-ive.
constructor,-oare s.m.f. constructeur,-trice.
construcție s.f. construction f. ‖ *construcții civile* génie civil m.
construi vt. construire, édifier ‖ *a ~ o casă* construire une maison; *a ~ o societate* édifier une société.
construire s.f. construction f., édification f.
consul s.m. consul m.
consulat s.n. consulat m.
consulta vt.vr. (se) consulter.
consultativ,~ă adj. consultatif,-ive.
consultație s.f. consultation f.
consum s.n. consommation f.
consuma I. vt. 1. (despre alimente) consommer. 2. détruire, consumer. II. vr.fig. se consumer.
consumație s.f. consommation f.
conștient,~ă adj. conscient,~e.
conștiincios,-oasă adj. consiencieux,-euse.
conștiință s.f. conscience f.
cont s.n. compte m.

conta *vi.* compter.
contabil,-ă 1. *adj.* comptable. **2.** *s.m.* comptable *m.*
contabilitate *s.f.* comptabilité *f.*
contact *s.n.* contact *m.* ‖ *a lua ~* contacter.
contagios,-oasă *adj.* contagieux,-euse.
contagiune *s.f.* contagion *f.*
container *s.n.* container *m.*
contamina *vt.* contaminer.
contaminare *s.f.* contamination *f.*
conte *s.m.* comte *m.*
contempla *vt.* contempler.
contemplaţie *s.f.* contemplation *f.*
contemporan,-ă *adj.* contemporain,-e.
contencios *s.n.* contentieux *m.*
conteni *vi.* cesser.
contesă *s.f.* comtesse *f.*
contesta *vt.* contester.
contestabil,-ă *adj.* contestable.
contestaţie *s.f.* contestation *f.*
context *s.n.* contexte *m.*
continent *s.n.* continent *m.*
continental,-ă *adj.* continental,-e.
contingent *s.n.* contingent *m.*
continua *vt.* continuer.
continuare *s.f.* **1.** suite *f.* **2.** continuité *f.*
continuator,-oare *s.m.f.* continuateur,-trice.
continuitate *s.f.* continuité *f.*
continuu,-ă *adj.* continu,-e, continuel,-elle.
contopi *vr.* s'unir, fusionner.
contopire *s.f.* unification *f.*
contorsiune *s.f.* contorsion *f.*

contra *prep.* contre ‖ *din ~* au contraire.
contraataca *vt.* contre-attaquer.
contrabalansa *vt.* contrebalancer.
contrabandă *s.f.* contrebande *f.*
contrabas *s.m.* contrebasse *f.*
contracara *vt.* contrecarrer.
contract *s.n.* contract *m.*
contracta *vt.* contracter.
contractare *s.f.* contraction *f.*
contracţie *s.f.* contraction *f.*
contradictoriu,-ie *adj.* contradictoire.
contradicţie *s.f.* contradiction *f.*
contraexpertiză *s.f.* contre-expertise *f.*
contraface *vt.* contrefaire.
contrafort *s.n.* contrefort *m.*
contrage *vr.* contracter.
contraindicat,-ă *adj.* contre-indiqué,-e.
contraltă *s.f.* contralto *m.*
contramaistru *s.m.* contremaître *m.*
contramanda *vt.* contremander, décommander.
contraofensivă *s.f.* contre-offensive *f.*
contrapunct *s.n.* contrepoint *m.*
contrar,-ă 1. *adj.* contraire, opposé. **2.** *adv.* contrairement.
contrarevoluţie *s.f.* contre-révolution *f.*
contraria *vt.* contrarier.
contrariu *s.n.* contraire *m.*
contrasemna *vt.* contresigner.
contraspionaj *s.n.* contre-espionnage *m.*
contrast *s.n.* contraste *m.*
contrasta *vt.* contraster.

contratimp *s.m.* contretemps *m.*
contravaloare *s.f.* contre-valeur *f.*
contraveni *vi.* contrevenir.
contravenient,~ă *s.m.f.* contrevenant,~e.
contravenție *s.f.* contravention *f.*
contravizită *s.f.* contre-visite *f.*
contrazice *vt.vr.* (se) contredire.
contrazicere *s.f.* contradiction *f.*
contribuabil,~ă *s.m.f.* contribuable *m.f.*
contribui *vi.* contribuer.
contribuție *s.f.* contribution *f.*
control *s.n.* contrôle *m.*
controla *vt.* contrôler; (despre bilete de tramvai, tren) poinçonner.
controlor,-oare *s.m.f.* contrôleur,-euse.
controversă *s.f.* controverse *f.*
contumacie *s.f.* contumace *f.*
contur *s.n.* contour *m.*
contura *vt.vr.* (se) dessiner.
contuzie *s.f.* contusion *f.*
conține *vt.* contenir.
conținut *s.n.* contenu, *m.*, fond *m.*
conțopist *s.m.* gratte-papier *m.*, rond-de-cuir *m.*
convalescent,~ă *s.m.f.* convalescent,~e.
convalescență *s.f.* convalescence *f.*
convenabil,~ă *adj.* convenable.
conveni *vi.* convenir ‖ *dacă-ți convine* si ça vous va.
conveniență *s.f.* convenance *f.*
convenție *s.f.* convention *f.*
convențional,~ă *adj.* conventionnel,-elle.
convergent,~ă *adj.* convergent,-e.
conversa *vi.* converser, s'entretenir, deviser.
conversație *s.f.* conversation *f.*
conversiune *s.f.* conversion *f.*
converti *vt.vr.* (se) convertir.
convertire *s.f.* conversion *f.*
convex,~ă *adj.* convexe.
conviețui *vi.* vivre ensemble, cohabiter.
convingător,-oare *adj.* convaincant,~e.
convinge *vt.* convaincre.
convingere *s.f.* conviction *f.*
convoca *vt.* convoquer.
convocare *s.f.* convocation *f.*
convoi *s.n.* convoi *m.*
convorbi *vi.* converser, discuter, s'entretenir.
convorbire *s.f.* entretien *m.*, discussion *f.*
convulsie *s.f.* convulsion *f.*
convulsiona *vr.* se convulsionner.
convulsiv,~ă *adj.* convulsif,-ive.
coopera *vi.* coopérer.
cooperare *s.f.* coopération *f.*
cooperativă *s.f.* coopérative *f.*
cooperator,-oare *s.m.f.* coopérateur,-trice.
cooperație *s.f.* coopération *f.*
coopta *vt.* coopter.
coordona *vt.* coordonner.
coordonare *s.f.* coordination.
coordonat,~ă 1. *adj.* coordonné,~e. 2. *s.f.* coordonnée *f.*
coordonator,-oare *adj.* și *s.m.f.* coordonateur,-trice.
copac *s.m.* arbre *m.*
copaie *s.f.* huche *f.*, pétrin *m.*

copcă *s.f.* **1.** agrafe *f.* **2.** (în gheaţa unui rîu) trouée *f.* ‖ *a se duce pe ~* s'en aller à vau l'eau (en eau de boudin).
copertă *s.f.* couverture *f.*
copia *vt.* copier.
copie *s.f.* copie *f.*
copil *s.m.* enfant *m.* ‖ *a ajunge (a da) în mintea copiilor* tomber en enfance, se ramollir; *~ din flori* bâtard, enfant naturel; *de mic ~* dès la plus tendre enfance.
copilaş *s.m.* bambin *m.*, (fam.) mioche *m.*, marmot *m.*, *(sub un an)* bébé *m.*
copilă *s.f.* enfant *f.*
copilăresc,-ească *adj.* enfantin,~e, puéril,~e.
copilări *vi.* passer son enfance.
copilărie *s.f.* **1.** enfance *f.* **2.** *fig.* enfantillage *m.*, puérilité *f.*
copilăros,-oasă *adj.* enfantin,~e, puéril,~e.
copios,-oasă **1.** *adj.* copieux,-euse. **2.** *adv.* copieusement.
copist,~ă *s.m.f.* copiste *m.*, rond-de-cuir *m.*
copită *s.f.* sabot *m.*
copleşi *vt.* **1.** accabler. **2.** combler ‖ *copleşit de griji* accablé de soucis; *copleşit de bucurie* comblé de joie.
copleşitor,-oare *adj.* accablant,~e.
copoi *s.m.* **1.** lévrier *m.* **2.** *fig.* limier *m.*
copt, coaptă **I.** *adj.* **1.** mûr,~e. **2.** cuit,~e. **II.** *s.n.* **1.** mûrissement *m.* **2.** cuisson *f.* ‖ *minte coaptă* esprit mûr; *mort ~ coûte que coûte*; *a da în ~* commencer à mûrir; *un măr ~* une pomme mûre; *cartofi copţi la cuptor* des pommes de terre en robe de chambre.
copulativ,~ă *adj.* copulatif,-ive.
cor *s.n.* chœur *m.* ‖ *a face ~ cu alţii* faire chorus.
corabie *s.f.* navire *m.*, bateau *m.*, nef *f.*
coral[1] *s.n.* chorale *f.*
coral[2] *s.m.* corail *m.*
coran *s.n.* coran *m.*
corăbier *s.m.* navigateur *m.*, marin *m.*
corb *s.m.* corbeau *m.* ‖*negru ca pana corbului* noir comme le geai (jais); *~ la ~ nu scoate ochii* les loups ne se mangent pas entre eux.
corci *vr.* se croiser, métisser; (despre câini) mâtiner.
corcit,~ă *adj.* mâtiné,~e, métisisse.
corcitură *s.f.* bâtard,~e, métis,-isse.
corcoduş *s.m.* mirabellier *m.*
corcoduşă *s.f.* mirabelle *f.*
cord *s.n.* cœur *m.*
cordial,~ă **1.** *adj.* cordial,~e. **II.** *adv.* cordialement.
cordialitate *s.f.* cordialité *f.*
cordon *s.n.* cordon *m.*, ceinture *f.*
coreean,~ă *adj.* şi *s.m.f.* coréen,-enne.
corect,~ă **1.** *adj.* correct,~e. **2.** *adv.* correctement.
corecta *vt.* corriger.
corectitudine *s.f.* correction.

corector,-oare *s.m.f.* correcteur,-trice.
corectură *s.f.* 1. correction *f.* 2. *tipogr.* épreuve *f.*
corecţie *s.f.* correction *f.*
coregrafie *s.f.* chorégraphie *f.*
corelativ,-ă *adj.* corrélatif,-ive.
corelaţie *s.f.* corrélation *f.*
coresponda *vi.* correspondre.
corespondent,-ă *adj.* şi *s.m.f.* correspondant,-e.
corespondenţă *s.f.* correspondance *f.*
corespunde *vi.* correspondre.
corespunzător,-oare *adj.* correspondant,-e, conforme.
coridor *s.n.* corridor *m.*
corifeu *s.m.* coryphée *m.*
corigent,-ă *s.m.f.* élève ajourné,-e || *a rămâne ~* être ajourné.
corigenţă *s.f.* 1. le fait d'être ajourné. 2. examen ajourné.
corist,-ă *s.m.f.* choriste *m.f.*
corn[1] *s.m.bot.* cornouiller *m.*
corn[2] *s.m.* (la vânătoare) cor *m.*
corn[3] *s.n.* 1. corne *f.* 2. (aliment) croissant *m.* || *coarnele cerbului* les ramures du cerf; *cornul lunii* le croissant de la lune; *cornul abundenţei* la corne d'abondance; *coarnele plugului* le mancheron de la charrue; *a se uita (a căuta) în coarnele cuiva* être aux petits soins.
cornee *s.f.* cornée *f.*
cornet *s.n.* cornet *m.*
cornut,-ă *adj.* cornu,~e.
coroană *s.f.* couronne *f.*

corobora *vt.* corroborer.
coroiat,-ă *adj.* crochu,~e, recourbé,~e.
corolar *s.n.* corollaire *m.*
corolă *s.f.* corolle *f.*
corosiv,-ă *adj.* corrosif,-ive.
coroziune *s.f.* corrosion *f.*
corp *s.n.* corps *m.* || *~ de case* pâté (de maisons), block *m.*
corpolent,-ă *adj.* corpulent,~e.
corpolenţă *s.f.* corpulence *f.*
corporal,-ă *adj.* corporel,-elle.
corporaţie *s.f.* corporation *f.*
corpuscul *s.m.* corpuscule *m.*
corsaj *s.n.* corsage *m.*
corsar *s.m.* corsaire *m.*
corset *s.n.* corset *m.*
cort *s.n.* tente *f.*
cortegiu *s.n.* cortège *m.*
cortină *s.f.* rideau *m.*
corupător,-oare *adj.* corrupteur,-trice.
corupe *vt.* corrompre.
corupt,-ă *adj.* corrompu,~e.
corupţie *s.f.* corruption *f.*
corvoadă *s.f.* corvée *f.*
corvetă *s.f.* corvette *f.*
cosaş *s.m.* moissonneur *m.*, faucheur *m.*
cosi *vt.* faucher.
cositor *s.n.* étain *m.*
cositori *vt.* étamer, rétamer.
cosiţă *s.f.* 1. chevelure *f.* 2. tresse *f.*, natte *f.*
cosmetic,-ă 1. *adj.* cosmétique. 2. *s.n.* cosmétique *m.*
cosmetică *s.f.* cosmétique *f.* || *salon de ~* institut de beauté.
cosmic,-ă *adj.* cosmique.
cosmogonie *s.f.* cosmogonie *f.*

cosmografie *s.f.* cosmographie *f.*
cosmonaut,-ă *s.m.f.* cosmonaute *m.f.*
cosmopolit,-ă *adj.* cosmopolite.
cosmopolitism *s.n.* cosmopolitisme *m.*
cosmos *s.n.* cosmos *m.*
cosor *s.n.* serpe *f.*
cost *s.n.* coût *m.* ‖ *a vinde în* ~ vendre au prix coûtant; *a vinde sub* ~ vendre à perte; *preţ de* ~ prix de revient.
costa *vt.* coûter.
costeliv,-ă *adj.* efflanqué,-e.
costisitor,-oare *adj.* coûteux,-euse.
costişă *s.f.* pente *f.*, côte *f.*, coteau *m.*, versant *m.*
costiţă *s.f.* côtelette *f.*
costum *s.n.* **1.** costume *m.* **2.** (bărbătesc) complet *m.* **3.** costume tailleur *m.* ‖ ~ *de baie* maillot de bain.
costuma *vr.* se costumer.
coş[1] *s.n.* **1.** corbeille *f.* **2.** panier *m.*, cabas *m.* **3.** cheminée *f.* ‖ ~ *de flori* une corbeille de fleurs; *a pune zarzavatul în* ~ mettre les légumes dans le panier (cabas); *fumul iese pe* ~ *la* fumée sort par la cheminée; *coşul unei trăsuri* la capote d'une voiture; *coşul morii* la trémie; *a da la* ~ jeter au panier.
coş[2] *s.n.* (pe piele) bouton *m.*
coşar[1] *s.n.* **1.** (pentru animale) étable *f.* **2.** (pentru cereale) grange *f.*
coşar[2] *s.m.* ramoneur *m.*

coşciug *s.n.* cercueil *m.*, bière *f.*
coşcogeamite *adj.invar.fam.* très grand,-e, énorme.
coşcovi *vr.* **1.** (despre zid) s'écailler. **2.** (despre mobile) se gondoler.
coşmar *s.n.* cauchemar *m.*
coşniţă *s.f.* panier *m.*, cabas *m.*
cot I. *s.n.* **1.** coude *m.* **2.** *fig.* tournant *m.* **II.** *s.m.* (veche unitate de măsură) aune *f.* ‖ ~ *la* ~ coude à coude; *a da din coate* jouer des coudes; *mă doare-n* ~ je m'en fiche.
cotă *s.f.* **1.** cote *f.* **2.** quote-part *f.* **3.** altitude *f.*
cotcodăci *vi.* **1.** glousser. **2.** *fig.* caqueter.
coterie *s.f.* coterie *f.*
coteţ *s.n.* **1.** (pentru păsări) poulailler *m.* **2.** (pentru câini) niche *f.* **3.** (pentru porci) étable *f.*
coti *vi.* tourner.
cotidian,-ă 1. *adj.* quotidien,-enne. **2.** *s.n.* quotidien *m.*
cotigă *s.f.* **1.** tombereau *m.* **2.** charette *f.*
cotiledon *s.n.* cotylédon *m.*
cotitură *s.f.* tournant *m.*
cotiza *vi.* cotiser.
cotizaţie *s.f.* cotisation *f.*
cotlet *s.n.* côtelette *f.*
cotlon *s.n.* coin *m.*, recoin *m.*
cotoi *s.m.* matou *m.*
cotonogi *vt.* rosser, rouer de coups.
cotor *s.n.* **1.** tige *f.* **2.** (la un chitanţier) souche *f.*
cotrobăi *vi.* fouiller, fureter.
cotropi *vt.* envahir.

cotropire *s.f.* envahissement *m.*, invasion *f.*
cotropitor,-oare 1. *adj.* envahissant,-e. 2. *s.m.* envahisseur.
coţcar *s.m.* filou *m.*, gredin *m.*
coţofană *s.f.* pie *f.*
covată *s.f.* huche *f.*
covertă *s.f.* tillac *m.*
coviltir *s.n.* bâche *f.*
covârşi *vt.* accabler.
covârşitor,-oare *adj.* 1. accablant,-e. 2. immense ‖ *o dovadă ~* une preuve accablante; *majoritate ~* grande, immense majorité.
covor *s.n.* tapis *m.*
covrig *s.m.* craquelin rond *m.* ‖ *a se face ~* se recroqueviller.
cozonac *s.m.* brioche *f.*
cozoroc *s.n.* visière *f.*
crab *s.m.* crabe *m.*
cracare *s.f.* cracking *m.*
cracă *s.f.* branche *f.*‖ *a-i tăia craca de sub picioare* couper l'herbe sous le pied de qn.
crah *s.n.* krach *m.*
crai *s.m.* 1. roi *m.*, prince *m.* 2. *fam.* coureur *m.*, débauché *m.*
crainic,-ă 1. *s.m.f.* speaker *m.*, speakerine *f.* 2. *s.m.înv.* héraut *m.*
cramă *s.f.* pressoir *m.*
crampă *s.f.* crampe *f.*
crampon *s.n.* crampon *m.*
cramponа *vr.* se cramponner.
craniu *s.n.* crâne *m.*
crap *s.m.* carpe *f.*
crater *s.n.* cratère *m.*
cratiţă *s.f.* casserole *f.*
cravaşă *s.f.* cravache *f.*
cravată *s.f.* cravate *f.*

crăcăna *vr.vt.* écarquiller les jambes.
crăciun *s.n.* Noël *m.*
crăpa I. *vi.vr.* crever. II. *vt.* 1. fendre. 2. (o uşă) entrebâiller. ‖ *e un ger de crapă pietrele* îl gèle à pierre fendre; *a ~ de sete (necaz, ruşine)* crever de soif (de dépit, de honte); *se crapă de ziuă* le jour point.
crăpătură *s.f.* 1. fente *f.* 2. (în stîncă) crevasse *f.*, ‖ *o ~ mică* une fissure.
crea *vt.* créer.
creangă *s.f.* branche *f.*, rameau *m.*‖ *a umbla creanga* flâner, battre le pavé.
creastă *s.f.* 1. crête *f.* 2. (de munte) crête *f.*, cime *f.*, sommet *m.*
creator,-oare *adj.* créateur,-trice.
creatură *s.f.* créature *f.*
creaţie *s.f.* création *f.*
crede *vt.vi.* croire ‖ *cred şi eu* je crois bien; *a nu-şi ~ ochilor* ne pas en croire ses yeux; *de necrezut* incroyable.
credincios,-oasă *adj.* şi *s.m.f.* 1. fidèle, dévoué,-e. 2. *rel.* croyant,-e.
credinţă *s.f.* 1. foi *f.* 2. croyance *f.* ‖ *de bună (rea) ~* de bonne (mauvaise) foi.
credit *s.n.* crédit *m.* ‖ *a da pe ~* faire crédit; *a cumpăra pe ~* acheter à crédit.
credita *vt.* créditer.
creditor,-oare 1. *s.m.f.* créancier,-ère. 2. *adj.* créditeur.
credul,-ă *adj.* crédule; *fam.* poire.

credulitate *s.f.* crédulité *f.*
creier *s.m.* **1.** (de ființă vie) cerveau *m.* **2.** (materie) cervelle *f.* ‖ *a-și frământa creierii* se creuser la cervelle; *~ prăjit în unt* de la cervelle au beurre noir.
creion *s.n.* crayon *m.* (cu pastă) pointe Bic *f.*
crematoriu *s.n.* crématoire *m.*
cremă *s.f.* crème *f.* ‖ *~ de ghete* cirage *m.*
cremene *s.f.* silex *m.*
crenel *s.n.* créneau *m.*; mâchicoulis *m.*
crenvurșt *s.m.* hot-dog *m.*
crep *s.n.* crêpe *m.*
crepon *s.n.* crépon *m.*
crepuscul *s.n.* crépuscule *m.*
crescător,-oare *adj.* și *s.m.f.* éleveur,-euse.
crescătorie *s.f.* ferme *f.*
crescendo *adv.* crescendo.
cresta *vt.* entailler, encocher.
crestătură *s.f.* entaille *f.*, encoche *f.*
crestomație *s.f.* chrestomathie *f.*
creșă *s.f.* crèche *f.*
crește I. *vi.* **1.** croître, s'accroître, augmenter. **2.** (despre plante) pousser. **3.** (despre copii) grandir. **II.** *vt.* élever ‖ *a ~ copii* élever des enfants; *am crescut în munți* j'ai passé mon enfance dans les montagnes; *ziua ~* le jour croît; *căldura ~* la chaleur augmente; *aluatul ~* la pâte lève.
creștere *s.f.* **1.** croissance *f.* **2.** accroissement *m.*, augmentation *f.* **3.** (a apelor) crue *f.* **4.** (a animalelor) élevage *m.* **5.** (a copiilor) éducation *f.* ‖ *creșterea salariilor* l'augmentation des salaires.
creștet *s.n.* **1.** sommet de la tête *m.*, sinciput *m.* **2.** (de munte) faîte *m.*, sommet *m.*, cime *f.* ‖ *din ~ până în tălpi* de pied en cap; de la tête aux pieds.
creștin,-ă *adj.* și *s.m.f.* chrétien,-enne. **2.** *s.m.fam.* homme *m.*, individu *m.*
creștinism *s.n.* christianisme *m.*
cretă *s.f.* craie *f.*
cretin,-ă *adj.* crétin,-e.
creton *s.n.* cretonne *f.*
creț[1] *s.n.* **1.** (la o țesătură) pli *m.*, fronce *f.* **2.** (în păr) boucle *f.* **3.** (pe piele) ride *f.*
creț[2], **creață** *adj.* **1.** (despre păr) bouclé,-e, frisé,-e, crépu,-e. **2.** (despre țesătură) froncé,-e.
creuzet *s.n.* creuset *m.*
crevetă *s.f.* crevette *f.*
crez *s.n.* **1.** credo *m.* **2.** foi *f.*, croyance *f.*, profession de foi *f.*
crezare *s.f.* créance *f.*, foi *f.* ‖ *a da ~* prêter foi, donner créance.
cric *s.n.* cric *m.*, vérin *m.*
crimă *s.f.* crime *m.*
criminal,-ă *adj.* și *s.m.f.* criminel,-elle.
criminalitate *s.f.* criminalité *f.*
crin *s.m.* lis *m.*
crinolină *s.f.* crinoline *f.*
criptă *s.f.* crypte *f.*
criptogamă 1. *s.f.* cryptogame *f.* **2.** *adj.* cryptogame.

crisalidă *s.f.* chrysalide *f.*
crispa *vr.* (se) crisper.
crispaţie *s.f.* crispation *f.*
cristal *s.n.* cristal *m.*
cristalin,-ă *adj.* cristalin,-e.
cristaliza *vi.vr.* (se) cristalliser.
criteriu *s.n.* critérium *m.*, critère *m.*
critic,-ă 1. *adj.* critique. **2.** *s.m.* critique *m.*
critica *vt.* critiquer.
critică *s.f.* critique *f.*
crivăţ *s.n.* vent du nord *m.*, bise *f.*
crizantemă *s.f.* chrysanthème *m.*
criză *s.f.* crise *f.*
crâcni *vi.* rouspéter ‖ *a nu ~ ne souffler mot.*
crâmpei *s.n.* bout *m.*, fragment *m.*
crâncen,-ă *adj.* **1.** acharné,-e, violent,-e. **2.** cruel,-elle, féroce, terrible. **3.** implacable, impitoyable.
crâng *s.n.* bocage *m.*
croazieră *s.f.* croisière *f.*
crochete *s.n.pl.* croquettes *f.*
crocodil *s.m.* crocodile *m.*
croi *vt.* **1.** tailler, couper. **2.** façonner, former. **3.** (despre drum) frayer.
croială *s.f.* coupe *f.*
croitor *s.m.* tailleur *m.*, couturier *m.*
croitoreasă *s.f.* couturière *f.*
croitorie *s.f.* **1.** couture *f.* **2.** atelier de couture *m.*, maison de couture *f.*
crom *s.n.* chrome *m.*
cromatic,-ă *adj.* chromatique.
cromolitografie *s.f.* chromolithographie *f.*, chromo *f.*
cromozom *s.m.biol.* chromosome *m.*

croncăni *vi.* croasser.
croncănit *s.n.* croassement *m.*
cronic,-ă *adj.* chronique.
cronicar *s.m.* chroniqueur *m.*
cronică *s.f.* chronique *f.*
cronologic,-ă *adj.* chronologique.
cronologie *s.f.* chronologie *f.*
cronometra *vt.* chronométrer.
cronometru *s.n.* chronomètre *m.*
cros *s.n.* cross-country *m.*
crosă *s.f.* crosse *f.*
croşeta *vt.* tricoter.
croşetă *s.f.* crochet *m.*
cruce *s.f.* croix *f.* ‖ *a pune ~ en faire son deuil; în ~ croisé.*
cruci *vr.* s'étonner, s'émerveiller.
cruciadă *s.f.* croisade *f.*
cruciat *s.m.* croisé *m.*
cruciş *adv.* **1.** en croix. **2.** de travers ‖ *a se uita ~ loucher; şi (în) ~ şi (în) curmeziş en long et en large; a se pune ~ şi curmeziş se mettre au travers.*
crucişător *s.n.* croiseur *m.*
crud,-ă *adj.* **1.** (despre fructe) vert,-e. **2.** (despre alimente) trop peu cuit. **3.** *fig.* cruel,-elle.
crunt,-ă *adj.* **1.** cruel,-elle. **2.** terrible.
crupă *s.f.* croupe *f.*
crustaceu *s.n.* crustacé *m.*
crustă *s.f.* croûte *f.*
cruţa *vt.* épargner.
cruzime *s.f.* cruauté *f.*
ctitor,-iţă *s.m.f.* fondateur,-trice.
ctitorie *s.f.* fondation.
cu *prep.* avec ‖ *~ toţii* tous; *o fată ~ ochi verzi* une jeune

cuantum *s.n.* quantum *m.*
cuarţ *s.n.* quartz *m.*
cuaternar,-ă *adj.* quaternaire.
cub *s.n.* cube *m.*
cubaj *s.n.* cubage *m.*
cubanez,-ă *adj.* şi *s.m.f.* cubain,-e.
cubic,-ă *adj.* cubique || *zahăr ~* sucre en morceaux.
cubism *s.n.* cubisme *m.*
cuc *s.m.* coucou *m.* || *singur ~* tout seul.
cuceri *vt.* conquérir.
cucerire *s.f.* conquête *f.*
cuceritor,-oare I. *s.m.f.* 1. conquérant,-e. 2. *fig.* séducteur,-trice. II. *adj.* séduisant,-e.
cucernic,-ă *adj.* pieux,-euse, dévot,-e.
cucernicie *s.f.* piété *f.*, dévotion *f.*
cucoană *s.f.* dame *f.* || *bună ziua ~!* bonjour Madame!
cucui *s.n.* bosse *f.*
cucurigu *interj.* cocorico, coquerico.
cucută *s.f.* ciguë *f.*
cucuvaie *s.f.* chouette *f.*
cufăr *s.n.* malle *f.*, coffre *m.*
cufunda 1. *vt.* plonger, tremper. II. *vr.* 1. se plonger, s'enfoncer. 2.(despre pământ) s'ébouler.
cuget *s.n.* 1. esprit *m.* 2. pensée *f.* || *a mustra (pe cineva) cugetul* avoir des remords.

cugeta *vi.* réfléchir, penser, méditer.
cugetare *s.f.* réflexion *f.*, pensée *f.*
cui *s.n.* clou *m.* || *a bate în cuie* clouer; *fam. a face (a tăia) cuie* grelotter; *a-şi pune pofta-n ~* en faire son deuil; *~ pe ~ se scoate* un mal en chasse l'autre.
cuib *s.n.* 1. nid *m.* 2. *fig.* repaire *m.*
cuibări *vr.* 1. se nicher. 2. se pelotonner.
cuier *s.n.* 1. (mobil) porte-manteau *m.* 2.. (fix) patère *f.*
cuirasat *s.n.* cuirassé *m.*
cuirasă *s.f.* cuirasse *f.*
culă *s.f.* manoir *m.*
culca *vt.vr.* (se) coucher, (se) mettre au lit, (s')étendre || *a se ~ pe o ureche* compter dessus et boire de l'eau.
culcare *s.f.* coucher *m.*
culcuş *s.n.* 1. couche *f.* 2. (pt.animale) litière *f.*
culegător,-oare *s.m.f.* 1. moissonneur,-euse. 2. collectionneur,-euse. 3. *tipogr.* compositeur *m.* || *~ de folclor* collectionneur de folklore.
culege *vt.* 1. cueillir. 2. récolter, moissonner. 3. ramasser. 4. *tipogr.* composer. 5. collectionner || *a ~ flori (fructe)* cueillir des fleurs (des fruits); *a ~ grâul* moissonner le blé; *ă ~ strugurii* faire la vendange; *a ~ hârtii (de pe jos)* ramasser des papiers; *a ~ cântece populare* collectionner des chansons populaires.

culegere *s.f.* **1.** collection *f.* **2.** recueil *m.*
cules *s.n.* cueillette *f.* ‖ *culesul viilor* vendange *f.*
culinar,-ă *adj.* culinaire.
culisă *s.f.* coulisse *f.*
culme *s.f.* **1.** cime *f.*, sommet *m.* **2.** *astron.* apogée *m.* **3.** *fig.* comble *m.*
culmina *vi.* culminer.
culminant,-ă *adj.* culminant,-e.
culoar *s.n.* couloir *m.*
culoare *s.f.* couleur *f.*
culpabil,-ă *adj.* coupable.
culpabilitate *s.f.* culpabilité *f.*
culpă *s.f.* faute *f.*
cult[1] *s.n.* culte *m.*
cult[2]**,-ă** *adj.* cultivé,-e, instruit,-e.
cultiva 1. *vt.* cultiver. **2.** s'instruire.
cultivator,-oare 1. *s.m.f.* cultivateur,-trice. **2.** *s.n.* (maşină) cultivateur *m.*
cultural,-ă *adj.* culturel,-elle.
culturaliza *vt.* instruire, éduquer.
cultură *s.f.* culture *f.*
cum[1] *adv.* comment ‖ ~ *de* comment se fait-il que; ~ *să nu* mais comment donc!; bien sûr!; ~ *dai merele?* combien les pommes? *cum mai plouă!* ce qu'il pleut!; ~ *vrei* à ta guise.
cum[2] *conj.* comme ‖ ~ *s-ar zice* comme qui dirait; ~ *veni, începu să mănânce* dès qu'il vint, il commença à manger.
cumătră *s.f.* **1.** marraine *f.* **2.** amie *f.*
cumătru *s.m.pop.* **1.** parrain. **2.** compère *m.*, ami *m.*
cuminte *adj.* sage.
cuminţenie *s.f.* sagesse *f.*
cuminţi *vr.vt.* (s')assagir.
cumnat *s.m.* beau-frère *m.*
cumnată *s.f.* belle-sœur *f.*
cumpănă *s.f.* **1.** (la fântâni) bras *m.* **2.** balance *f.* **3.** *fig.* équilibre *m.*, pondération *f.* **4.** *tehn.* niveau *m.* (à bulle d'air), à fil de plomb ‖ *a sta în* ~ hésiter, balancer; *a trage greu în* ~ compter de beaucoup; *cumpăna nopţii* minuit *m.*
cumpăni 1. *vt.* **1.** peser, équilibrer. **2.** *fig.* peser, juger. **II.** *vr.* se balancer.
cumpănit,-ă *adj.* équilibré,-e, posé,-e, pondéré,-e, modéré,-e.
cumpăra *vt.* acheter.
cumpărare *s.f.* achat *m.*
cumpărător,-oare *s.m.f.* acheteur,-euse.
cumpărătură *s.f.* **1.** achat *m.*, acquisition *f.* **2.** emplettes *f.pl.* ‖ *a face cumpărături* faire des emplettes.
cumpăt *s.n.* **1.** équilibre *m.* **2.** contenance *f.*, empire sur soi même *m.* ‖ *a-şi pierde cumpătul* **a)** perdre la tête; **b)** s'emporter.
cumpătare *s.f.* mesure *f.*, modération *f.*, sobriété *f.*
cumpătat,-ă *adj.* pondéré,-e, posé,-e, modéré,-e, sobre.
cumplit,-ă 1. *adj.* terrible, implacable, cruel,-elle. **2.** *adv.* terriblement, excessivement.

cumsecade *adj.* comme il faut, honnête; (despre femei) pot-au-feu.
cumul *s.n.* cumul *m.*
cumula *vt.* cumuler.
cumulard,-ă *s.m.f.* cumulard *m.*
cumva *adv.* **1.** d'une façon quelconque, de manière ou d'autre. **2.** éventuellement ‖ *să nu (care)* ~ *să* gardez-vous de; *oare nu* ~... est-ce que par hasard...
cunoaşte *vt.* connaître ‖ *se cunoaşte că a învăţat* on voit qu'il a étudié.
cunoaştere *s.f.* connaissance *f.*
cunoscător,-oare *s.m.f.* connaisseur,-euse.
cunoscut,-ă 1. *adj.* connu,-e. **2.** *s.m.f.* connaissance *f.*
cunoştinţă *s.f.* connaissance *f.* ‖ *a aduce la* ~ informer, faire savoir, faire connaître; *în* ~ *de cauză* à bon escient.
cununa *vt.vr.* (se) marier.
cunună *s.f.* couronne *f.*
cununie *s.f.* noce *f.*
cupă *s.f.* **1.** coupe *f.* **2.** *tehn.* coupe *f.*; godet *m.*, benne *f.*
cupeu *s.n.* coupé *m.*
cupla *vt.* coupler.
cuplaj *s.n.* couplage *m.*
cuplet *s.n.* couplet *m.*
cuplu *s.n.* couple *m.*
cupolă *s.f.* coupole *f.*
cupon *s.n.* coupon *m.*
cuprinde I. *vt.* **1.** embrasser. **2.** prendre saisir. **3.** comprendre. **4.** contenir, renfermer. **5.** envahir. **6.** occuper. **II.** *vr.* être inclus, être compris (dans) ‖ *a* ~ *în braţe* prendre dans ses bras, embrasser; *cât cuprinzi cu ochii* à perte de vue; *apele au cuprins întreaga regiune* les eaux ont envahi toute la contrée; *cuprins de mirare* saisi d'étonnement; *acest volum* ~ ce volume contient, comprend, renferme.
cuprins *s.n.* **1.** contenu *m.* **2.** étendue *f.* **3.** *(pt.cărţi)* tables de matières ‖ *cuprinsul unei scrisori* le contenu d'une lettre; *pe tot cuprinsul ţării* sur toute l'étendue du pays.
cuprinzător,-oare *adj.* large, étendu,-e ‖ *scurt şi* ~ bref.
cupru *s.n.* cuivre *m.*
cuptor *s.n.* **1.** four *m.*, fourneau *m.* **2.** *fig.* canicule *f.*, fournaise *f.*
curaj *s.n.* courage *m.*
curajos,-oasă 1. *adj.* courageux,-euse. **2.** *adv.* courageusement.
curat,-ă I. *adj.* **1.** propre. **2.** pur,-e. **3.** *fig.* pur,-e, honnête, loyal,-e. **4.** (despre cer) clair,-e. **II.** *adv.* vraiment, franchement ‖ *a trece pe* ~ mettre au net; *nu-i lucru* ~ il y a anguille sous roche; *apă curată* de l'eau pure; *aer* ~ de l'air frais.
cură *s.f.* cure *f.*
curăţa I. *vt.* **1.** nettoyer, purifier. **2.** (despre noroi) décrotter. **3.** (despre fructe, legume) éplucher, peler. **4.** (despre peşte) écailler. **5.** (despre copaci) émonder. **6.** *fam.* tuer. **II.** *vr.* **1.** se nettoyer. **2.** se purifier.

3. se débarrasser (de). 4. *fam.* mourir, plier bagage.
curățat *s.n.* 1. nettoyage *m.* 2. (despre noroi) décrottage *m.* 3. (despre fructe, legume) épluchage *m.* 4. (despre copaci) émondage *m.* 5. (despre pește) écaillage *m.*
curățenie *s.f.* 1. propreté *f.* 2. *fig.* pureté *f.*, innocence *f.* 3. nettoyage *m.* 4. *med.* purge *f.* ‖ *a face ~ mare* faire le grand nettoyage.
curb,-ă *adj.* courbe.
curba *vt.* courber.
curbă *s.f.* courbe *f.*
curbură *s.f.* courbure *f.*
curcan *s.m.* dindon *m.* ‖ *a se umfla în pene ca un ~* se rengorger, se pavaner.
curcă *s.f.* dinde *f.*
curcubeu *s.n.* arc-en-ciel *m.*
curea *s.f.* courroie *f.* ‖ *a-l ține (pe cineva) cureaua* oser, avoir du cran.
curelar *s.m.* bourrelier *m.*
curent,-ă I. *adj.* courant. ~e. II. *adv.* couramment. III. *s.m.* 1. courant *m.* 2. courant d'air *m.* ‖ *a fi (a ține) în (la) ~* être (tenir) au courant.
curgător, -oare *adj.* 1. courant, qui coule. 2. (despre stil) aisé,-e, facile, coulant ‖ *ape curgătoare* des cours d'eau.
curge *vi.* 1. couler, s'écouler. 2. (despre un recipient etc.) fuir ‖ *a ~ gârlă* couler de source; *butoiul curge* le tonneau a un fuite.

curier *s.m.* courrier *m.*
curios, -oasă *adj.* curieux,-euse.
curiozitate *s.f.* curiosité *f.*
curând *adv.* 1. bientôt. 2. vite ‖ *de ~* récemment, de fraîche date; *cât mai ~ posibil* le plus tôt possible; *nu veni la ora nouă, te aștept mai ~* ne viens pas à neuf heures, je t'attends plus tôt; *mai ~ îți dai acum puțină osteneală decât să începi iar mâine* plutôt faire un effort maintenant que recommencer demain.
curma I. *vt.* 1. (despre sfori, legături) serrer. 2. interrompre, faire cesser. II. *vr.* 1. cesser. 2. s'interrompre.
curmal *s.m.* dattier *m.*
curmală *s.f.* datte *f.*
curmătură *s.f.* gorge *f.*, col *m.*
curmei *s.n.* 1. bout de corde *m.* 2. (de viță de vie) sarment *m.*
curmeziș *adv.* de travers, obliquement ‖ *în lungiș și-n ~* en long et en large; *a se pune în ~* se mettre de travers.
curpen *s.m.* sarment *m.*, vrille *f.*
curs *s.n.* cours *m.*
cursă *s.f.* 1. course *f.* 2. trappe *f.*, piège *m.*, embûche *f.*, traquenard *m.* ‖ *a cădea în ~* a) tomber dans un piège; b) *fig.* donner dans le panneau.
cursiv,-ă I. *adj.* 1. cursif,-ive. 2. italique. II. *s.f.pl.* (lettres) italiques *f.pl.*
curte *s.f.* cour *f.* ‖ *~ de păsări* bassecour *f.*
curtenitor, -oare *adj.* courtois,-e.

curtezan *s.m. ir.* galant *m.*, Don Juan *m.*
curtezană *s.f.* courtisane *f.*
curtoazie *s.f.* courtoisie *f.*
cusătură *s.f.* couture *f.*
cuscră *s.f.* la mère du gendre (de la bru).
cuscru *s.m.* le père du gendre (de la bru).
custode *s.m.* intendant *m.*, surveillant *m.*
cusur *s.n.* défaut *m.*
cusurgioaică *s.f.* chicaneuse *f.*
cusurgiu *s.m.* chicaneur *m.*
cuşcă *s.f.* cage *f.*
cutare *pron. nehot.* tel (telle), un tel (une telle).
cută *s.f.* pli *m.*
cuter *s.n.* cotre *m.*, cutter *m.*
cuteza *vt.* oser.
cutezător, -oare *adj.* audacieux-euse, hardi,-e, téméraire.
cutie *s.f.* boîte *f.* ‖ *~ de scrisori* boîte aux lettres; *(scos) ca din ~* tiré à quatre épingles.
cutră *s.f.* hypocrite *m.*, intrigant *m.*, tartufe *m.*
cutreiera *vt.* 1. parcourir. 2. vagabonder, flâner.
cutremur *s.n.* tremblement de terre *m.*
cutremura *vr.* 1. trembler. 2. *fig.* frémir, frissonner.
cuţit *s.n.* 1. couteau *m.* 2. (la plug) coutre *m.*, soc *m.* 3. (pentru hârtii) coupe-papier *m.* ‖ *a avea pâinea şi cuţitul în mână* faire la pluie et le beau temps; *a fi certat la cuţite (cu cineva)* être à couteaux tirés; *a pune (cuiva) cuţitul în gât* mettre le couteau sur la gorge; *a-i ajunge (cuiva) cuţitul la os* être à bout; *a fi pe muchie de ~* ne tenir qu'à un fil.
cuţitar *s.m.* 1. coutelier *m.* 2. *fig.* casseur d'assiettes *m.*
cuveni *vr.* 1. revenir. 2. mériter. 3. devoir, seoir ‖ *cum se cuvine* comme îl se doit, comme îl sied; *partea asta ţi s-a cuvenit* cette part vous est revenue échue).
cuvertură *s.f.* couverture *f.*
cuviincios,-oasă *adj.* poli,-e, bienséant, -e, honnête.
cuviinţă *s.f.* bienséance *f.*, honnêteté *f.*, civilité *f.*
cuvios, -oasă *adj.* pieux, -euse, dévot, -e.
cuvânt *s.n.* 1. mot *m.*, parole *f.* 2. propos *m.* ‖ *cuvinte încrucişate* mots croisés; *joc de cuvinte* jeu de mots; *într-un ~* bref; *~ cu ~* mot à mot; *în toată puterea cuvântului* dans le vrai sens du mot; *purtător de ~* porte-parole *m.*; *a cere cuvântul* demander la parole; *cu drept ~* à juste titre; *~ de ordine* mot d'ordre; *om de ~* homme de parole; *a se ţine de ~* tenir sa parole; *schimb de cuvinte* dispute, preise de bec; *sub ~ că* spus prétexte de; *sub nici un ~* pour rien au monde, à aucun prix.
cuvânta *vt., vi. înv.* parler, tenir un discours, discourir.
cuvântare *s.f.* discours *m.*
cuvântător, -oare 1. *adj.* parlant,-e. 2. *s.m.* orateur.
cvadruplu,-ă *adj.* quadruple.
cvartet *s.n.* quatuor *m.*
cvintet *s.n.* quintette *m.*

D

da¹ *ădv.* oui ‖ *ba ~* (mais) si.
da² **1.** *vt.* donner, offrir. **II.** *vr.* **1.** (în expr.) *a se ~ drept* se faire passer pour. **2.** se donner ‖ *a ~ la o parte* écarter; *a se ~ la o parte* s'effacer, s'écarter; *a ~ un ţipăt* pousser un cri; *a ~ pe faţă* dévoiler, étaler; *a ~un examen* passer un examen; *a ~ un premiu* décerner (accorder) un prix; *a ~ de gol* trahir; *a ~ din cap* hocher la tête; *a ~ din umeri* hausser les épaules; *a ~ din coate* jouer des coudes; *a ~ înapoi* battre en retraite; *a se ~ înapoi* reculer; *a se ~ bătut* s'avouer vaincu, se rendre; *a-şi ~ sufletul* rendre l'âme.
dacă *conj.* si ‖ *chiar ~* même si; *numai ~* pourvu que; *afară numai ~* à moins que.
dactilograf,-ă *s.m.f.* dactylographe, dactylo.
dactilografia *vt.* dactylographier.
dafin *s.m.* laurier *m.*
dalac *s.m. med.* anthrax *m.,pop.* charbon *m.*
dală *s.f.* dalle *f.*
dalie *s.f.* dahlia *m.*

daltă *s.f.* ciseau *m.*, burin *m.*
daltonism *s.n.* daltonisme *m.*
damasc *s.n.* damas *m.*
dambla *s.f.* **1.** coup de sang *m.*, paralysie *f.* **2.** *fam.* désir *m.*, envie *f.*
damigeană *s.f.* dame-jeanne *f.*
dandana *s.f.* **1.** tapage *m.*, vacarme *m.* **2.** ennui *m.* **3.** *fam.* histoire *f.* ‖ *ce ~* quelle histoire !
danez,-ă *adj.* şi *s.m.f.* danois,-e.
dangăt *s.n.* tintement *m.*
danie *s.f.* donation *f.*, offrande *f.*
dans *s.n.* danse *f.*
dansa *vi.vt.* danser.
dansator,-oare *s.m.f.* danseur,-euse.
dantelă *s.f.* dentelle *f.*
dantură *s.f.* denture *f.* ‖ *~ falsă* râtelier *m.*, dentier *m.*
dar¹ *conj.* mais.
dar² *s.n.* **1.** cadeau *m.*, don *m.* **2.** *fig.* aptitude *f.*, talent *m.*, don *m.*
dara *s.f.* tare *f.* ‖ *a lua daraua* faire la tare; *mai mare daraua decât ocaua* le jeu ne vaut pas la chandelle.
darac *s.n.* carde *f.*, cardeuse *f.*

daraveră *s.f.* 1. embarras *m.*, tracas *m.*, embêtement *m.* 2. affaire *f.*
dare *s.f.* impôt *m.* ‖ *cu ~ de mână* aisé,~e.
darnic,~ă *adj.* 1. généreux,-euse, libéral,~e, large. 2. *fig.* (despre pământ) fertile.
dascăl *s.m.* 1. professeur *m.*, maître *m.* 2. *bis.* bedeau *m.*
data *vt.vi.* dater.
dată[1] *s.f.* fois *f.* ‖ *pe ~* aussitôt; *o ~ cu* en même temps que; *o ~ pentru totdeauna* une fois pour toutes; *o ~ cu capul* à aucun prix, jamais de la vie; *o ~ ce* étant donné que, vu que.
dată[2] *s.f.* 1. date *f.* 2. *pl.* données *f.pl.* ‖ *a pune data pe o scrisoare* mettre la date sur une lettre; *datele problemei* les données du problème.
datină *s.f.* coutume *f.*, usage *m.*
dativ *s.m.* datif *m.*
dator *adj.* 1. débiteur, redevable. 2. *fig.* obligé ‖ *a fi ~* avoir des dettes; *~ vândut* criblé de dettes; *vă sunt ~ ó explicație* je vous suis redevable d'une explication.
datora 1. *vt.* devoir. 2. *vr.* être dû, avoir pour cause.
datorie *s.f.* 1. (în bani) dette *f.* 2. (morală, legală) devoir *m.* ‖ *a cumpăra pe ~* acheter à crédit.
datornic,~ă *s.m.f.* débiteur,-trice.
daună *s.f.* dommage *m.*, perte *f.*, préjudice *m.* ‖ *în dauna* au (grand) dam de, aux dépens de.
dădacă *s.f.* bonne d'enfant *f.*
dădăci *vt.* soigner les petits enfants, pouponner.
dăinui *vi.* durer, persister.
dăltui *vt.* sculpter, ciseler.
dăngăni *vi.* sonner (les cloches).
dărăci *vt.* carder.
dărăpăna *vr.* se délabrer, tomber en ruine.
dărâma 1. *vt.* démolir, abattre, renverser. 2. *vr.* s'écrouler, s'effondrer.
dărâmături *s.f.pl.* décombres *m.pl.* ruines *f.pl.* débris *m.pl.*
dărnicie *s.f.* générosité *f.*, largesse *f.*, libéralité *f.*
dărui I. *vt.* 1. donner, faire don. 2. accorder, offrir. II. *vr.* se consacrer, se vouer.
dăscăli *vt.* sermonner, seriner.
dăuna *vi.* 1. endommager. 2. nuire.
dăunător,-oare 1. *adj.* nuisible, nocif,-ive. 2. *s.m.* insecte, nuisible, charançon *m.*
de[1] *prep.* 1. de, depuis. 2. en. 3. par ‖ *~ de când* depuis que; *~ îndată ce* dès que; *~ vreme ce* puisque; *un pahar ~ cristal* un verre en cristal; *slăbit ~ boală* affaibli par la maladie.
de[2] *conj.* 1. si. 2. même si ‖ *~ - aș putea* si je pouvais; *și ~ l-aș vedea, nu l-aș lua* même si je le voyais, je ne le prendrais pas.
deal *s.n.* colline *f.*
deasupra *adj.* dessus ‖ *pe ~* **a)** par-dessus, au-dessus; **b)** (fig.) par-dessus le marché, de surcroît, par surcroît; **c)** superficiellement.

debarca *vr.* debarquer.
debarcader *s.n.* débarcadère *m.*
debil,~ă *adj.* débile.
debilita *vt.vr.* (se) débiliter, s'af-faiblir.
debilitate *s.f.* débilité *f.*
debit *s.n.* débit *m.* ‖ ~ *de tutun* débit de tabac.
debita *vt.* débiter.
debitor,-oare *adj.* şi *s.m.f.* débi-teur,-trice.
debleu *s.n.constr.* déblai *m.*
debloca *vt.* débloquer.
deborda *vi.* 1. déborder. 2. vomir.
debreia *vi.tehn.* débrayer, désem-brayer.
debuşeu *s.n.* débouché *m.*
debut *s.n.* début *m.*
debuta *vi.* débuter.
decadă *s.f.* décade *f.*
decadent,~ă *adj.* décadent,~e.
decadenţă *s.f.* décadence *f.*
decalaj *s.n.* décalage *m.*
decan *s.m.* (al unei facultăţi) doyen *m.*; (al baroului) bâtonnier *m.*
decanat *s.n.* 1. (funcţie) décanat *m.* 2. (birou) bureau du doyen *m.*
decanta *vt.* décanter.
decapotabil *adj.* décapotable.
decădea *vi.* dechoir.
decădere *s.f.* déchéance *f.; fam.* dégringolade *f.*
deceda *vi.* décéder, trépasser.
decembrie *s.m.* décembre.
deceniu *s.n.* décennie *f.*
decent,~ă *adj.* décent,~e.
decenţă *s.f.* décence *f.*
decepţie *s.f.* déception *f.*
decepţiona *vt.* décevoir.
decerna *vt.* décerner.

deces *s.n.* décès *m.*, trépas *m.*
deci *conj.* donc, par conséquent.
decide 1. *vt.*. décider, déterminer. 2. *vi.* décider, résoudre. 3. *vr.* se décider, se résoudre.
decima *vt.* décimer.
decisiv,~ă *adj.* décisif,-ive.
decizie *s.f.* 1. décision *f.*, réso-lution *f.* 2. *jur.* arrêté *m.*
decât *prep.* şi *adv.* que.
declama *vt.* déclamer.
declamator,-oare *adj.* déclama-toire.
declamaţie *s.f.* déclamation *f.*
declanşa *vt.* déclencher.
declanşator *s.n.* déclencheur *m.*
declara 1. *vt.* déclarer. 2. *vr.* se déclarer, se prononcer.
declaraţie *s.f.* déclaration *f.*
declasa *vr.* se déclasser.
declic *s.n.* déclic *m.*
declin *s.n.* déclin *m.*
declina *vt.* 1. décliner. 2. *fig.* refuser, décliner.
declinare *s.f.* déclination *f.*
decoct *s.n.* décoction *f.*, tisane *f.*
decola *vi.av.* décoller.
decolare *s.f.* décollage *m.*
decolora 1. *vr.* se décolorer, s'ef-facer, déteindre. 2. *vt.* déco-lorer, déteindre.
decolorant,~ă 1. *adj.* décolo-rant,~e. 2. *s.m.* décolorant *m.*
decolta *vt.* décolleter.
decolteu *s.n.* décolleté *m.*, en-colure *f.*
decont *s.n.* décompte *m.*
deconta *vt.* décompter.
decor *s.n.* décor *m.*
decora *vt.* décorer.

decoraţie *s.f.* décoration *f.*
decortica *vt.* décortiquer.
decret *s.n.* décret *m.*
decreta *vt.* décréter.
decupa *vt.* découper.
decupla *vt.* découpler.
decurge *vi.* découler.
deda *vr.* 1. s'adonner, se livrer. 2. s'habituer à.
dedesubt 1. *adv.* dessous. 2. *s.n.* dessous *m.*
dedica 1. *vt.* dédier, consacrer. 2. *vr.* se vouer (à), se consacrer.
dedicaţie *s.f.* dédicace *f.*
deduce *vt.* déduire.
deducţie *s.f.* déduction *f.*
deductiv,~ă *adj.* déductif,-ive.
defavoare *s.f.* défaveur *f.*
defăima *vt.* diffamer, dénigrer, décrier.
defăimare *s.f.* diffamation *f.*, dénigrement *m.*
defăimător,-oare 1. *adj.* diffamant,~e. 2. *s.m.f.* diffamateur,-trice.
defect *s.n.* défaut *m.*; *adj.* detraqué,~e.
defectuos,-oasă *adj.* défectueux,-euse.
defecţiune *s.f.* défection *f.*
defensivă *s.f.* défensive *f.*
deferenţă *s.f.* déference *f.*, respect *m.*, égard *m.*
deferi *vt.* déférer.
defetism *s.n.* défaitisme *m.*
defetist,~ă *s.m.f.* défaitiste *m.f.*
deficienţă *s.f.* déficience *f.*
deficit *s.n.* déficit *m.*
deficitar *adj.* déficitaire.
defila *vi.* défiler.

defilare *s.f.* défilé *m.*
defileu *s.f.* défilé *m.*, gorge *f.*
defini *vt.* définir, fixer, préciser.
definitiv,~ă 1. *adj.* définitif,-ive. 2. *adv.* définitivement ‖ *în ~ en définitive, après tout.*
definiţie *s.f.* définition *f.*
deforma *vt.* 1. déformer. 2. *fig.* altérer.
deformare *s.f.* déformation *f.*
defrişa *vt.* défricher.
defunct,~ă *ădj.* défunt,~e, feu,~e.
degaja 1. *vt.* dégager, débarrasser; (despre canal) évider. 2. *vr.* se dégager, se délivrer.
degeaba *ădv.* en vain, inutilement ‖ *pe ~ gratis, fam.* à l'œil; *~ spui* tu as beau dire.
degenera *vi.* dégénérer, s'abâtardir.
degenerare *s.f.* dégénérescence *f.*
degera *vi.* geler.
degerătură *s.f.* engelure *f.*, onglée *f.*
deget *s.n.* doigt *m.* ‖ *~ de la picior* l'orteil; *~ mare* le pouce; *~ mic* l'auriculaire; *a şti pe degete* savoir sur le bout du doigt; *a umbla în vîrful degetelor* marcher sur la pointe des pieds.
degetar *s.n.* dé (à coudre) *m.*
deghiza 1. *vt.* déguiser, travestir.
deghizare *s.f.* déguisement *m.*, travestissement *m.*, travesti *m.*
degrabă *adv.* 1. vite, à la hâte. 2. tôt, bientôt ‖ *cât mai ~* le plus vite possible; *mai ~* a) plus tôt; b) *fig.* plutôt.

degrada *vt.* **1.** *mil.* dégrader. **2.** dégrader, détériorer. **3.** *fig.* avilir ‖ *a ~ un ofițer* dégrader un officier; *a ~ un imobil* dégrader (détériorer) un immeuble; *alcoolismul degradează pe om* l'alcoolisme avilit l'homme.
degradare *s.f.* **1.** dégradation *f.*, **2.** *fig.* avilissement *m.*
degresa *vt.* dégraisser.
degreva *vt.* dégrever.
degusta *vt.* déguster, savourer.
deism *s.n.* déisme *m.*
deîmpărțit *s.m.sg.* dividende *m.*
deînmulțit *s.m.sg.* multiplicande *m.*
deja *adv.* déjà.
dejuca *vt.* déjouer.
dejuga *vt.* dételer.
dejun *s.n.* déjeuner *m.*
dejuna *vi.* déjeuner.
dejurnă *adj.invar.* de service.
delapida *vt.* dilapider.
delapidare *s.f.* dilapidation *f.*
delapidator,-oare *s.m.f.* dilapidateur,-trice.
delator,-oare *s.m.f.* délateur,-trice.
delațiune *s.f.* délation *f.*
delăsa *vt.vr.* délaisser, négliger.
delăsare *s.f.* délaissement *m.*, négligence *f.*
delecta *vt.vr.* (se) délecter.
delega *vt.* déléguer.
delegație *s.f.* délégation *f.*
delfin *s.m.* dauphin *m.*
delibera *vi.* délibérer.
delicat,-ă I. *adj.* **1.** délicat,-e. **2.** *fig.* frêle. **II.** *adv.* délicatement. ‖ *culori delicate* couleurs tendres.

delicatese *s.f.pl.* comestibles fins *m.pl.*, mets délicats *m.pl.*
delicatețe *s.f.* délicatesse *f.*
delicios,-oasă *adj.* délicieux,-euse.
deliciu *s.n.* délice *m.*
delict *s.n.* délit *m.*
delincvent,-ă *s.m.f.* délinquant,-e.
delimita *vt.* délimiter.
delimitare *s.f.* délimitation *f.*
delir *s.n.* délire *m.*
deltă *s.f.* delta *m.*
deluros,-oasă *adj.* de collines, montueux,-euse.
demachia *vt.* démaquiller.
demagnetiza *vt.* désaimanter, démagnétiser.
demagog *s.m.* démagogue.
demagogie *s.f.* démagogie *f.*
demara *vi.* démarrer.
demarca *vt.* délimiter, fixer les lignes de démarcation.
demasca *vt.* démasquer.
dement,-ă *adj.* dément,-e.
demență *s.f.* démence *f.*
demers *s.n.* démarche *f.*
demilitariza *vt.* démilitariser.
demilitarizare *s.f.* démilitarisation *f.*
demisie *s.f.* démission *f.*
demisiona *vi.* démissionner.
demite *vt.* démettre, destituer.
demn,-ă *adj.* digne.
demnitar *s.m.* dignitaire *m.*
demnitate *s.f.* dignité *f.*
demobiliza *vt.mil.* démobiliser.
democrat,-ă *adj.* și *s.m.f.* démocrate.
democratic,-ă *adj.* démocratique.

democratism *s.n.* démocratisme *m.*
democratiza *vt.* démocratiser.
democrație *s.f.* démocratie *f.*
demoda *vr.* passer, de mode, se démoder.
demola *vt.* démolir.
demon *s.m.* démon *m.*, diable *m.*
demonetiza I. *vt.* 1. démonétiser. 2. *fig.* déprécier. II. *vr.* perdre se valeur.
demonic,~ă *ădj.* démoniaque.
demonstra 1. *vt.* démontrer, prouver. 2. *vi.* manifester.
demonstrativ,~ă *ădj.* démonstratif,-ive.
demonstrație *s.f.* démonstration *f.*
demonta *vt.* démonter.
demoraliza *vt.* démoraliser.
demult *adv.* il y a longtemps ‖ *de* ~ depuis longtemps; *mai* ~ autre fois, jadis.
denatura *vt.* dénaturer, déformer, altérer.
denigra *vt.* dénigrer.
denota *vt.* dénoter, indiquer, prouver.
dens,~ă *adj.* dense.
densitate *s.f.* densité *f.*
dentist,~ă *s.m.f.* dentiste.
dentiție *sf.* dentition *f.*
denumi *vt.* dénommer, nommer.
denumire *s.f.* dénomination *f.*
denunț *s.n.* dénonciation *f.*
denunța *vt.* dénoncer.
denunțător,-oare *s.m.f.* 1. dénonciateur,-trice, indicateur,-trice. 2. *fam.* mouchard *m.*
deoarece *conj.* parce que, puisque, vu que.
deocamdată *adv.* pour le moment.

deochea *vt.* jeter le mauvais œil.
deocheat,~ă *adj.* 1. personne à qui on a jeté le mauvais œil (un sort). 2. *fig.* (despre o povestire) grivois,~e, gaillard,~e, leste. 3. (despre o casă) malfamé,~e.
deodată *adv.* 1. soudain, brusquement, tout à coup. 2. en même temps ‖ *se sculă* ~ il se leva brusquement (soudain); *au plecat* ~ ils sont partis en même temps.
deoparte *adv.* à l'écart.
deopotrivă *adv.* également.
deosebi I. *vt.* 1. discerner. 2. distinguer, remarquer. II. *vr.* 1. être différent. 2. se distinguer, se faire remarquer.
deosebire *s.f.* différence *f.*, distinction *f.* ‖ *spre* ~ *de* à l'encontre de, à la différence de.
deosebit,~ă I. *adj.* différent,~e. II. *adv.* 1. très particulièrement. 2. à part ‖ ~ *de frumos* particulièrement beau; ~ *de aceasta* à part cela.
departe *adv.* loin ‖ *pe* ~ indirectement d'une manière détournée; *mai* ~ **a)** *(în spațiu)* plus loin; **b)** *(în timp)* ensuite.
depăna *vt.* dévider ‖ *a* ~ *amintiri* égrener des souvenirs.
depărta *vt.vr.* (s')éloigner.
depărtare *s.f.* 1. éloignement *m.* 2. distance *f.* 3. lointain *m.*
depăși *vt.* dépasser, doubler (une voiture).
depășit,~ă *adj.* périmé,~e, suranné,~e, démodé,~e.

dependent,~ă *ădj.* dépendant,~e.
dependență *s.f.* dépendance *f.*
dependințe *s.f.pl.* dépendances *f.pl.*, annexes *f.pl.*
depila *vt.* dépiler, épiler.
depinde *vt.* dépendre.
depista *vt.* dépister, découvrir.
deplasa *vt.* déplacer.
deplin,~ă I.*adj.* 1. entier,-ière, complet,-ète. 2. accompli,~e. II. *adv.* complètement, entièrement. 2. parfaitement, absolument.
deplinătate *s.f.* 1. intégrité *f.* 2. totalité *f.* 3. plénitude *f.*
deplânge *vt.* déplorer, plaindre.
depopula *vt.* dépeupler.
deporta *vt.* déporter.
deposeda *vt.* déposséder.
depou *s.n.* dépôt *m.*
depozit *s.n.* dépôt *m.*
depozita *vt.* déposer.
depoziție *s.f.* déposition *f.*
deprecia *vt.* déprécier.
depreciere *s.f.* dépréciation *f.*
depresiune *s.f.* dépression *f.*
deprima *vt.* déprimer.
deprinde I. *vt.* 1. accoutumer, habituer. 2. apprendre, assimiler. II. *vr.* s'habituer, se familiariser, se faire à ...
deprindere *s.f.* habitude *f.*, coutume *f.*
depune I. *vt.* 1. déposer. 2. mettre en dépôt. II. *vr.* former des dépôts ‖ *a ~ jurământ* prêter serment.
deputat,~ă *s.m.f.* député *m.*
deraia *vi.* 1. dérailler. 2. *fig.* divaguer.

deranj *s.n.* dérangement *m.*, désordre *m.*
deranja *vt.* déranger.
derbedeu *s.m.* vaurien *m.*, vagabond *m.*, voyou *m.*
deretica *vi.* renger, nettoyer, faire le ménage.
deriva *vi.* 1. dériver. 2. provenir.
derizoriu,-ie *adj.* dérisoire.
derâdere *s.f.* dérision *f.*, moquerie *f.* ‖ *a lua în ~* tourner en dérision.
dermatolog *s.m.* dermatologiste *m.*
dermă *s.f.* derme *m.*
deroga *vi.* déroger.
deruta *vt.* dérouter, déconcerter.
des, deasă I. *adj.* 1. épais,-aisse, dru,~e, touffu,~e. 2. fin,~e. 3. fréquent,~e. II. *adv.* souvent, fréquemment ‖ *ceață deasă* brouillard épais; *păr ~* cheveux drus; *pădure ~* bois touffu; *vizite dese* des visites fréquentes.
desagă *s.f.* besace *f.*
desăra *vt.* dessaler.
desăvîrși *vt.* achever, parfaire, parachever.
desăvîrșit,~ă *adj.* achevé,~e, parfait, ~e.
descalifica *vt.* disqualifier.
descăleca *vi.* 1. descendre de cheval. 2. *fig.arh.* coloniser, fonder.
descălța *vt.vr.* (se) déchausser.
descărca *vt.vr.* 1. (se) décharger. 2. *fig.* (se) libérer, (se) dégager.
descărcare *s.f.* déchargement *m.*
descărcătură *s.f.* décharge *f.*
descărna *vr.* (se) décharner.

descătuşa vt. 1. ôter les menottes (les chaînes). 2. *fig.* libérer, affranchir.
descendent,~ă 1. *adj.* descendant,~e. 2. *s.m.f.* descendant,~e.
descentraliza vt. décentraliser.
descentralizare s.f. décentralisation f.
descheia vt. déboutonner.
deschide vt. ouvrir ‖ *a ~ ochii* naître; *a ~ cuiva ochii* ouvrir les yeux (à qn.), dessiller les yeux (à qn.); *a-şi ~ inima* ouvrir son coeur; *a-şi ~ drum* se frayer passage; *a ~ vorba* entamer la conversation.
deschidere s.f. ouverture f.
deschis 1. *adj.* 1. ouvert. 2. (despre culori) clair. 3. *fig.* franc, sincère. II. *adv.* ouvertement, franchement, sincèrement ‖ *~ la minte* intelligent; *a primi cu braţele ~e* recevoir à bras ouverts; *a vorbi ~* parler à cœur ouvert, franchement.
descifra vt. déchiffrer.
descifrare s.f. déchiffrage m., déchiffrement m.
descinde vi. descendre.
descindere s.f. descente f.
descânta vi. faire des incantations; prononcer des formules magiques pour conjurer le mauvais sort (pour rompre les sortilèges).
descântec s.n. incantation f.
descleia vt. décoller.
descleşta vt. desserrer.

descoase vt. 1. découdre. 2. *fig.* tirer les vers du nez à qn.
descoji vt. (un copac) écorcer, (un fruct) peler, (legume) éplucher.
descompune 1. vt. décomposer, corrompre, altérer. 2. vr. se décomposer, pourrir.
descompunere s.f. décomposition f., putréfaction f.
desconcentra vt.mil. démobiliser.
descongestiona vt. décongestionner, désencombrer.
desconsidera vt. déconsidérer.
desconsideraţie s.f. déconsidération f.
descoperi vt. découvrir, dévoiler ‖ *nu a descoperit praful de puşcă* il n'a pas inventé la poudre.
descoperire s.f. découverte f.
descoperitor,-oare s.m.f. découvreur,-euse m.
descotorosi vr. se débarrasser, se défaire.
descreierat,~ă *adj.* écervelé,-e.
descreşte vi. décroître, diminuer.
descreştere s.f. décroissance f., décroissement m.
descreţi vt. 1. (fruntea) dérider. 2. (o stofă) lisser.
descrie vt. 1. décrire. 2. (un cerc) tracer.
descriere s.f. description f.
descuia vt. ouvrir.
descult,~ă *adj.* nu-pieds.
descumpăni vt. 1. déséquilibrer. 2.*fig.* désemparer, déconcerter.
descuraja vt.vr. (se) décourager.

descurajare *s.f.* découragement *m.*
descurca I. *vt.* **1.** démêler. **2.** *fig.* débrouiller, éclaircir. **II.** *vr.* se débrouiller.
descurcăreţ,-eaţă *adj.* débrouillard,~e.
deseară *adv.* ce soir.
desemna *vt.* désigner, indiquer.
desemnare *s.f.* désignation *f.*, indication *f.*
desen *s.n.* dessin *m.*
desena 1. *vt.* dessiner. **2.** *vr.fig.* se profiler.
desenator,-oare *s.m.f.* dessinateur,-trice.
deseori *adv.* souvent, fréquemment.
desert *s.n.* dessert *m.*
deservi *vt.* desservir.
desface *vt.* **1.** défaire. **2.** déplier. **3.** ouvrir ‖ *a ~ un nod* défaire un nœud; *a ~ o stofă* déplier une étoffe; *a ~ o cutie* ouvrir une boîte.
desfăşura I. *vt.* **1.** déployer, dérouler. **2.** *fig.* étaler. **II.** *vr.* se dérouler.
desfăşurare *s.f.* déploiement *m.*, déroulement *m.*
desfăta 1. *vt.* charmer, délecter. **2.** *vr.* se délecter.
desfătare *s.f.* plaisir *m.*, délices *f.pl.* délectation *f.*
desfide *vt.* défier.
desfigura *vt.* défigurer.
desfiinţa *vt.* supprimer, annuler.
desfiinţare *s.f.* suppression *f.*, abolition *f.*
desfrânat,-ă *ădj.* débauché,~e.
desfrâu *s.n.* débauche *f.*
desfrunzi *vr.* s'effeuiller.

desfunda *vt.* défoncer.
deshăma *vt.* dételer.
deshidrata *vt.* déshydrater.
deshuma *vt.* exhumer.
deshumare *s.f.* exhumation *f.*
desigur *adv.* certainemenr, sûrement, indubitablement, à coup sûr.
desiş *s.n.* fourré *m.*
desluşi *vt.* **1.** distinguer, percevoir. **2.** expliquer, élucider. **3.** *fig.* démêler.
desluşit,~ă 1. *adj.* clair,~e, distinct,~e, explicite. **2.** *adv.* clairement, distinctement.
desolidariza *vr.* se désolidariser.
despacheta *vt.* déballer, dépaqueter.
despăduri *vt.* déboiser.
despădurire *s.f.* déboisement *m.*
despăgubi *vt.* dédommager, indemniser.
despăgubire *s.f.* dédommagement *m.*, indemnité *f.*, *jur.* dommages-intérêts *m.pl.*
despărţi 1. *vt.* séparer, désunir, diviser. **2.** *vr.* se séparer.
despărţire *s.f.* séparation *f.*
despărţitură *s.f.* compartiment *m.*, division *f.*, case *f.*
despăduri *vt.* déplier.
despera *vi.* désespérer.
desperare *s.f.* désespoir *m.*
desperechea *vt.* dépareiller.
despica *vt.* fendre ‖ *a ~ firul în patru* couper les cheveux en quatre.
despleti *vt.* dénatter.
despletit,~ă *ădj.* échevelé,~e.
despot *s.m.* despote *m.*

despotism *s.n.* despotisme *m.*
despre *prep.* de, sur ‖ ~ care dont; *cât* ~ quant à, en ce qui concerne; *am vorbit* ~ *tine* j'ai parlé de toi; *o conferință* ~ *Molière* une conférence sur Molière.
desprinde I. *vt.* détacher, décrocher. **II.** *vr.* **1.** se détacher. **2.** *fig.* résulter, ressortir
despuia I. *vt.* **1.** dépouiller, dénuder. **2.** *fig.* spolier. **II.** *vr.* **1.** se mettre nu. **2.** se dépouiller.
destăinui 1. *vt.* avouer. **2.** *vr.* se confesser.
destăinuire *s.f.* confession *f.*, aveu *m.*
destin *s.n.* destin *m.*, destinée *f.*, sort *m.*
destina *vt.* destiner.
destinatar,~ă *s.m.f.* destinataire.
destinație *s.f.* destination *f.*
destinde *vr.* se détendre, se relâcher.
destindere *s.f.* détente *f.*, relâchement *m.*
destitui *vt.* destituer.
destituire *s.f.* destitution *f.*
destoinic,~ă *adj.* capable.
destrăbăla *vr.* se dévergonder.
destrăbălare *s.f.* dévergondage *m.*
destrăma 1. *vt.* effilocher. **2.** *vr.fig.* se démembrer, se dissoudre, se disperser.
destrămare *s.f.* effilochement *m.*
destul *ădv.* assez.
destupa *vt.* déboucher.
desțeleni *vt.* défricher.
desțelenire *s.f.* défrichement *m.*, défrichage *m.*

desuet,~ă *adj.* désuet,-ète; démodé,~e, suranné,~e.
deșănțat,~ă *adj.* **1.** (despre persoane) éhonté,~e. **2.** (despre cuvinte) ordurier,-ère.
deșela *vt.* échiner, éreinter; *fam.* esquinter.
deșert[1] *s.n.* désert *m.*
deșert[2]**, deșartă** *adj.* **1.** désert,~e. **2.** *fig.* vain,~e ‖ *în* ~ en vain, inutilement.
deșerta *vt.* vider.
deșertăciune *s.f.* vanité *f.*
deșeu *s.n.* déchet *m.*
deși *conj.* quoique.
deșira *vt.* **1.** (un tricou) démailler. **2.** (mărgele) désenfiler.
deștept,-eaptă *adj.* intelligent,~e.
deștepta 1. *vt.* éveiller. **2.** *vr.* se réveiller.
deșteptare *s.f.* réveil *m.*, éveil *m.*
deșteptăciune *s.f.* intelligence *f.*
deșteptător *s.n.* réveille-matin *m.*
deșucheat,~ă *adj.* **1.** toqué,~e, timbré,~e. **2.** dévergondé,~e, débauché,~e.
deșuruba *vt.* dévisser.
detalia *vt.* détailler.
detaliu *s.n.* détail *m.*
detașa *vt.* détacher.
detașament *s.n.* détachement *m.*
detașare *s.f.* détachement *m.*
detecta *vt.* détecter.
detectiv *s.m.* détective *m.*
detector *s.n.* détecteur *m.*
detențiune *s.f.* détention *f.*
deteriora *vt.* détériorer.
deteriorare *s.f.* détérioration *f.*

determina vt. déterminer.
determinare s.f. détermination f.
determinism s.n. déterminisme m.
detesta vt. détester, abhorrer.
detestabil,-ă adj. détestable.
detraca vr. se détraquer.
detractor,-oare s.m.f. détracteur,-trice.
detrona vt. détrôner.
detuna vi. détoner, éclater.
detunătură s.f. détonation f.
deturna vt. détourner.
deţinător,-oare s.m.f. détenteur,-trice.
deţine vt. détenir.
deunăzi adz. il y a quelques jours, depuis peu.
devale adv. en bas.
devaliza vt. dévaliser.
devaloriza vt. dévaloriser.
devasta vt. dévaster, ravager, désoler.
devastare s.f. dévastation f.
developa vt. développer.
deveni vi. devenir.
devia vi. dévier.
deviator,-oare s.m.f. déviateur,-trice.
deviaţionism s.n. déviationnisme m.
deviere s.f. déviation f.
deviz s.n. devis m.
deviză s.f. devise f.
devize s.n.pl. devises f.pl.
devlă s.f.fam. caboche f., cafetière f.
devota vr. se dévouer.
devotament s.n. dévouement m.
devotat,-ă adj. dévoué,-e.
devoţiune s.f. dévotion f.
devreme adv. tôt ‖ mai ~ plus tôt; mai ~ sau mai târziu tôt ou tard.

dexteritate s.f. dextérité f., adresse f.
dezacord s.n. désaccord m.
dezagreabil,-ă adj. desagréable.
dezagrega vr. se desagreger.
dezagregare s.f. désagrégation f.
dezamăgi vt. désillusionner, desappointer, decevoir.
dezamăgire s.f. désillusion f., désappointement m., déception f.
dezaproba vt. désapprouver, blâmer, réprouver.
dezaprobare s.f. désapprobation f., blâme m., réprobation f.
dezarma vt. désarmer.
dezarmare s.f. desarmement m.
dezasimilaţie s.f. désassimilation f.
dezastru s.n. désastre m., calamité f.
dezastruos,-oasă adj. désastreux,-euse.
dezavantaj s.n. désavantage m.
dezaxa vt. désaxer.
dezbate vt. débattre, discuter.
dezbatere s.f. débat m.
dezbăra vr. se débarrasser.
dezbina vt. désunir, disjoindre.
dezbinare s.f. désaccord m., mésintelligence f.
dezbrăca vt.vr. (se) déshabiller, (se) dévêtir.
dezechilibra vt. déséquilibrer.
dezerta vi. déserter.
dezertare s.f. désertion f.
dezertor s.m. déserteur m.
dezgheţ s.n. dégel m.
dezgheţa vr. **1.** dégeler. **2.** fig. se dégourdir.
dezgheţat,-ă adj. **1.** dégelé,-e. **2.** fig. dégourdi,-e, déluré,-e, vif, vive; fam. dessalé,-e.

dezgoli *vt.* dénuder, mettre à nu.
dezgropa *vt.* déterrer.
dezgust *s.n.* dégoût *m.*, écœurement *m.*, répugnance *f.*
dezgusta *vt.* dégoûter, écœurer, répugner.
dezgustător,-oare *adj.* dégoûtant,~e, écœrant,~e.
dezice 1. *vt.* nier, contredire. 2. *vr.* se dédire.
dezicere *s.f.* dédit *m.*
deziderat *s.n.* désideratum *m. (pl.* desiderata)
deziluzie *s.f.* désillusion *f.*, déception *f.*
dezinfecta *vt.* désinfecter.
dezinfecție *s.f.* désinfection *f.*
dezintegra *vr.* se désintégrer.
dezinteres *s.n.* manque d'intérêt *m.*, indifférence *f.*, désintéressement *m.*
dezinteresa *vr.* désintéresser.
dezinvoltură *s.f.* désinvolture *f.*
dezlănțui *vt.vr.* (se) déchaîner, (se) déclancher.
dezlănțuire *s.f.* 1. déchaînement *m.* 2. *fig.* déclenchement *m.*
dezlega *vt.* 1. détacher. 2. résoudre. 3. *fig.* relever, délier ‖ *a ~ un câine* détacher un chien; *a ~ o problemă* résoudre un problème; *te dezleg de cuvântul dat* je vous délie (relève) de votre parole.
dezlegare *s.f.* 1. déliement *m.*, 2. solution *f.* ‖ *dezlegarea unei probleme* la solution d'un problème.
dezlipi *vt.* décoller.

dezlânat,-ă *adj.* décousu,~e; *fig.* prolixe ‖ *a vorbi ~* parler à bâtons rompus.
dezmăț *s.n.* dévergondage *m.*, débauche *f.*
dezmățat,-ă *adj.* 1. (ca aspect, ținută) débraillé,~e. 2. (ca obiceiuri, apucături) dévergondé,~e, débauché,~e.
dezmembra *vr.* se démembrer.
dezmembrare *s.f.* démembrememnt *m.*
dezmetic,-ă *adj.* toqué,~e, timbré,~e.
dezmetici *vr.* reprendre ses esprits, de dégriser.
dezmierda *vt.* cajoler, dorloter, caresser, câliner.
dezmierdare *s.f.* cajolerie *f.*, caresse *f.*
dezminți *vt.* démentir.
dezmințire *s.f.* démenti *m.*
dezmiriști *vt.* déchaumer.
dezmorți *vr.* se dégourdir.
dezmoșteni *vt.* déshériter.
dezmoștenire *s.f.* déshéritement *m.*
deznaționaliza *vt.* dénationaliser.
deznădăjdui *vt.* désepérer.
deznădejde *s.f.* désespoir *m.*
deznoda *vt.* dénouer.
deznodământ *s.n.* dénouement *m.*
dezobișnui 1. *vt.* déshabituer. 2. *vr.* perdre l'habitude, désapprendre.
dezola *vt.* désoler.
dezonoare *s.f.* déshonneur *m.*
dezonora *vt.* déshonorer.
dezordine *s.f.* désordre *m.*
dezordonat,-ă *adj.* désordonné,~e.

dezorganiza *vt.* désorganiser.
dezorganizare *s.f.* désorganisation *f.*
dezorienta *vt.* désorienter, déconcerter.
dezorientare *s.f.* désorientation *f.*
dezrădăcina *vt.* déraciner.
dezrădăcinare *s.f.* déracinement *m.*
dezrobi *vt.* affranchir, délivrer, libérer.
dezrobire *s.f.* affranchissement *m.,* libération *f.*
dezumfla *vt.vr.* désenfler, (se) dégonfler.
dezumflare *s.f.* dégonflement *m.*
dezvălui *vt.* dévoiler, révéler.
dezvăluire *s.f.* 1. dévoilement *m.* 2. révélation *f.*
dezvăţa 1. *vt.* déshabituer. 2. *vr.* désapprendre.
dezveli *vt.vr.* (se) découvrir
dezvinovăţi *vr.* se disculper.
dezvinovăţire *s.f.* disculpation *f.*
dezvolta *vt.vr.* (se) développer.
dezvoltare *s.f.* développement *m.*
di *interj.* hue.
diabet *s.n.* diabète *m.*
diacon *s.m.* diacre *m.*
diademă *s.f.* diadème *m.*
diafan,-ă *adj.* diaphane.
diafragmă *s.f.* diaphragme *m.*
diagnostic *s.n.* diagnostic *m.*
diagonală *s.f.* diagonale *f.*
diagramă *s.f.* diagramme *m.*
dialect *s.n.* dialecte *m.*
dialectal,-ă *adj.* dialectal,-e.
dialectică *s.f.* dialectique *f.*
dialectician,-ă *s.m.f.* dialecticien,-enne.
dialog *s.n.* dialogue *m.*
dialoga *vi.* dialoguer.
diamant *s.n.* diamant *m.*
diametru *s.n.* diamètre *m.*
diapazon *s.n.* diapason *m.*
diapozitiv *s.n.* diapositive *f.*
diaree *s.f.* diarrhée *f.*
diatermie *s.f.* diathermie *f.*
diateză *s.f.* voix *f.*
diavol *s.m.* diable *m.*, démon *m.*
dibaci,-e *adj.* habile, adroit,-e.
dibăcie *s.f.* habileté *f.*, adresse *f.*
dibui 1. *vi.* tâtonner. 2. *vt.* dénicher ‖ *a ~ prin întuneric* tâtonner dans l'obscurité; *până la urmă l-am dibuit* jusqu'à la fin je l'ai déniché.
dibuire *s.f.* tâtonnement *m.* ‖ *pe dibuite* à tâtons.
dichis *s.n.* attirail *m.*, atour *m.* ‖ *cu tot ~ul* avec tout le tralala, armes et bagages.
dichisi 1. (despre obiecte) fignoler, (despre persoane) bichonner. 2. *vr.* s'attifer.
dicta *vt.* dicter.
dictare *s.f.* dictée *f.*
dictat *s.n.* diktat *m.*
dictator *s.m.* dictateur *m.*
dictatură *s.f.* dictature *f.*
dicton *s.n.* dicton *m.*
dicţionar *s.n.* dictionnaire *m.*
dicţiune *s.f.* diction *f.*
didactic,-ă *adj.* didactique ‖ *corp ~* corps enseignant, les enseignants.
dietetic,-ă *adj.* diététique.
dietă *s.f.* diète *f.*
diez *s.m.* dièse *m.*

diferență *s.f.* différence *f.*
diferenția 1. *vr.* se distinguer, se différencier. 2. *vt.* différencier.
diferi *vi.* différer, être différent.
diferit,-ă *adj.* différent,-e.
dificil,-ă *adj.* difficile.
dificultate *s.f.* difficulté *f.*
diform,ă *adj.* difforme.
diformitate *s.f.* difformité *f.*
difterie *s.f.* diphtérie *f.*
diftong *s.m.* diphtongue *f.*
difuz,-ă *adj.* diffus,-e.
difuza *vt.* diffuser.
difuzare *s.f.* diffusion *f.*
difuzor *s.n.* diffuseur *m.*, haut-parleur *m.*
dig *s.n.* digue *f.*, jetée *f.*, môle *m.*
digera *vt.* digérer.
digestie *s.f.* digestion *f.*
digitație *s.f.* doigté *m.*
digresiune *s.f.* digression *f.*
dihanie *s.f.* bête féroce *f.*, monstre *m.*
dihor *s.m.* putois *m.*
dijmă *s.f.* dîme *f.*
dijmui *vt.* 1. dîmer. 2. *fig.* soustraire, voler.
dilata *vt.vr.* (se) dilater.
dilemă *s.f.* dilemme *m.*
diletant,-ă *s.m.f.* dilettante *m.*
diletantism *s.n.* dilettantisme *m.*
diligență *s.f.* diligence *f.* ‖ *a dat dovadă de ~* il a fait preuve de diligence; *a călătorit cu diligența* il a voyagé en diligence.
dilua *vt.* diluer.
dimensiune *s.f.* dimension *f.*
dimie *s.f.* bure *f.*
dimineață *s.f.* matin *m.*, matinée *f.* ‖ *azi ~* ce matin; *dis-de-~* de grand matin.

diminua *vt.* diminuer.
diminuare *s.f.* diminution *f.*
diminutiv *s.n.* diminutif *m.*
dimpotrivă *adv.* au contraire.
dimpreună *adv.* ensemble.
din *prep.* 1. de. 2. dès. 3. par. ‖ *îl cunosc ~ vedere* je le connais de vue; *~ auzite* par ouï-dire; *îl cunosc ~ fragedă copilărie* je le connais dès ma plus tendre enfance.
dinadins *adv.* à dessein, intentionnellement, exprès.
dinafară *adv.* (numai în expr.) *pe ~* par cœur.
dinainte *adv.* 1. (spațial) devant, en face de. 2. (temporal) d'avance, par avance.
dinamic,-ă *adj.* dynamique.
dinamită *s.f.* dynamite *f.*
dinapoi *adv.* derrière ‖ *de ~* de derrière; *pe ~* par derrière.
dinastie *s.f.* dynastie *f.*
dinăuntru *adv.* de l'intérieur ‖ *pe ~* à l'intérieur.
dincoace *adv.* de ce côté-ci, en deçà.
dincolo *adv.* de l'autre côté, en delà, au-delà de.
dincotro *adv.* d'où? de quel endroit? de quel côté?
dindărăt *adv.* (de) derrière.
dinspre *prep.* de, du côté de ‖ *~ seară* vers le soir; *venea ~ lac* il venait du (du côté du) lac.
dinte *s.m.* dent *f.* ‖ *fără ~* édenté; *a-și arăta dinții* montrer les dents.

dintâi *adj.invar.* le premier.
dintre *prep.* de, parmi ‖ *soarele iese ~ nori* le soleil sort des nuages; *care ~ voi?* qui parmi vous?
dioptrie *s.f.* dioptrie *f.*
diplomat,~ă *s.m.f.* **1.** diplomate *m.* **2.** (al unei şcoli) diplômé,~e *m.f.*
diplomaţie *s.f.* diplomatie *f.*
diplomă *s.f.* diplôme *m.*
direct 1. *adj.* direct. **2.** *adv.* directement, sans détour.
directivă *s.f.* directive *f.*
director,-oare *s.m.f.* directeur,-trice.
direcţie *s.f.* direction *f.*, sens *m.* ‖ *trenul (avionul) pleacă în direcţia* le train (l'avion) en partance pour; *trenul (avionul) soseşte din direcţia* le train (l'avion) en provenance de.
dirija *vt.* diriger.
dirijabil *s.n.* dirigeable *m.*
dirijor *s.n.* chef d'orchestre *m.*
disc *s.n.* disque *m.*
discernământ *s.n.* discernement *m.*
discerne *vt.* discerner.
disciplina *vt.* discipliner.
disciplină *s.f.* discipline *f.*
discipol *s.m.* disciple *m.*
discontinuitate *s.f.* discontinuité *f.*
discontinuu,~ă *adj.* discontinuu,~e.
discorda *vi.* discorder.
discordanţă *s.f.* discordance *f.*
discordie *s.f.* discorde *f.*
discotecă *s.f.* discothèque *f.*
discredita 1. *vt.* discréditer. **2.** *vr.* tomber en discrédit, perdre son crédit.

discret,~ă 1. *adj.* discret,-ète. **2.** *adv.* discrètement.
discreţie *s.f.* discrétion *f.* ‖ *a fi la discreţia cuiva* être à la merci de qn.
discriminare *s.f.* discrimination *f.*
disculpa *vr.vt.* (se) disculper.
discurs *s.n.* discours *m.*: *fam.* laïus.
discuta *vt.vi.* discuter.
discuţie *s.f.* discussion *f.*
dis-de-dimineaţă *adv.* à l'aube, de grand matin.
diseca *vt.* disséquer.
disecţie *s.f.* dissection *f.*
disensiune *s.f.* dissension *f.*
disertaţie *s.f.* dissertation *f.*
disidenţă *s.f.* dissidence *f.*
disimula *vt.* dissimuler.
disjunctiv,~ă *adj.* disjonctif,-ive.
disloca *vt.vr.* disloquer.
disocia *vt.* dissocier.
disonanţă *s.f.* dissonance *f.*
disparat,~ă *adj.* disparate.
dispariţie *s.f.* disparition *f.*
dispărea *vi.* disparaître.
dispecer *s.m.* dispatcher *m.*
dispensa 1. *vt.* dispenser, exempter. **2.** *vr.* se dispenser de..., se passer de... .
dispensar *s.n.* dispensaire *m.*
dispersa *vt.vr.* (se) disperser.
dispersare *s.f.* dispersement *m.*, dispersion *f.*
displăcea *vi.* déplaire.
disponibil,~ă *adj.* disponible.
disponibilitate *s.f.* disponibilité *f.*
dispozitiv *s.n.* dispositif *m.*
dispoziţie *s.f.* disposition *f.*, humeur *f.* ‖ *bună ~* bonne humeur.

dispreţ *s.n.* mépris *m.*, dédain *m.*
dispreţui *vt.* mépriser, dédaigner.
dispreţuitor,-oare *adj.* méprisant,~e, dédaigneux,-euse.
disproporţie *s.f.* disproportion *f.*
dispune 1. *vt.* disposer, décider, ordonner. 2. *vr.* s'égayer.
dispus,-ă *adj.* dispos,-e ǁ *a fi bien ~* être de bonne humeur.
disputa *vt.vr.* (se) disputer.
dispută *s.f.* dispute *f.*, querelle *f.*
distant,-ă *adj.* distant,~e.
distanţa 1. *vt.* distancer. 2. *vr.* devancer.
distanţă *s.f.* distance *f.*
distila *vt.* distiller.
distinct,-ă 1. *adj.* distinct,~3, différent,~e. 2. *adv.* distinctement.
distinctiv,-ă *adj.* distinctif,-ive.
distincţie *s.f.* distinction *f.*
distinge *vt.vr.* (se) distinguer.
distins,-ă *adj.* distingué,~e.
distona *vi.* détonner.
distra *vt.vr.* (s')amuser, (se) divertir.
distractiv,-ă *adj.* distrayant,~e, amusant,~e, divertissant,~e.
distracţie *s.f.* distraction *f.*, amusement *m.*, divertissement *m.*
distrage *vt.* distraire.
distrat,-ă *adj.* distrait,~e.
distribui *vt.* distribuer, répartir.
distribuţie *s.f.* distribution *f.*
distrugător,-oare 1. *adj.* destructif,-ive, destructeur,-trice. 2. *s.n.* destroyer *m.*
distruge *vt.* détruire.
distrugere *s.f.* destruction *f.*
ditiramb *s.m.* dithyrambe *m.*

diuretic,-ă *adj.* diurétique.
diurnă *s.f.* indemnité (pour frais de voyage) *f.*, per diem *m.*
divaga *vi.* divaguer.
divagaţie *s.f.* divagation *f.*
divan *s.n.* divan *m.*
divergent,-ă *adj.* divergent,~e.
divergenţă *s.f.* divergence *f.*
divers,-ă *adj.* divers,~e.
diversitate *s.f.* diversité *f.*
diversiune *s.f.* diversion *f.*
divertisment *s.n.* divertissement *m.*
divin,-ă I. *adj.* 1. divin,~e. 2. *fig.* parfait,~e. II. *adv.* divinement, à la perfection.
divinitate *s.f.* divinité *f.*
diviniza *vt.* diviniser.
divinizare *s.f.* divinisation *f.*
diviniza *vt.* diviser.
divizibil,-ă *adj.* divisible.
divizie *s.f.* division *f.*
divorţ *s.n.* divorce *m.*
divorţa *vi.* divorcer.
divulga *vt.* divulguer.
divulgare *s.f.* divulgation *f.*
dizenterie *s.f.* dysenterie *f.*
dizgraţia *vt.* disgracier.
dizgraţie *s.f.* disgrâce *f.*
dizolva *vt.vr.* (se) dissoudre.
dizolvant,-ă *adj.* dissolvant,~e.
dizolvare *s.f.* dissolution *f.*
dâmb *s.n.* coteau *m.*
dânsul, dânsa *pron.pers.* il, elle.
dâră *s.f.* traînée *f.*, trace *f.*, sillage *m.* ǁ *a face ~* laisser des traces; *~ de praf* traînée de poudre; *~ lăsată de un vapor* le sillage d'un bateau.
dârdâi *vi.* grelotter, trembler.
dârdâială *s.f.* tremblement *m.*

dârlog *s.m.* guide *f.*, bride *f.*
dârmon *s.n.* crible *m.*
dârz,~ă *adj.* courageux,-euse, hardi,-e, téméraire.
dârzenie *s.f.* courage *m.*, témérité *f.*
doagă *s.f.* douve *f.*, douelle *f.* ‖ *într-o ~* tête fêlée; *a da în doaga cuiva* devenir pareil à ...
doamnă *s.f.* dame *f.*
doar *adv.* à moins que ‖ *într-o doară* au petit bonheur; *fără ~ și poate* certainement, à coup sûr.
dobitoc,~oacă 1. *adj.* sot,~te. 2. *s.n.* animal *m.*, bête *f.*
dobitocește *adv.* 1. bestialement. 2. *fig.* stupidement, bêtement.
dobitocie *s.f.* bêtise *f.*, stupidité *f.*, imbécilité *f.*
dobândă *s.f.* intérêt *m.*
dobândi *vi.* obtenir, acquérir.
dobândire *s.f.* acquisition *f.*, obtention *f.*
doborî *vt.* abattre.
doc. *s.n.* 1. *text.* coutil *m.* 2. *nav.* dock *m.*
docar *s.n.* dog-cart *m.*
docher *s.m.* docker *m.*
docil,~ă *adj.* docile.
docilitate *s.f.* docilité *f.*
doct,~ă *adj.* docte.
doctor *s.m.* docteur *m.*, médecin *m.*
doctorat *s.n.* doctorat *m.*
doctorie *s.f.* médicament *m.*, médecine *f.*
doctoriță *s.f.* doctoresse *f.*
doctrină *s.f.* doctrine *f.*
document *s.n.* document *m.*
documenta *vr.* documenter.
documentar,~ă *adj.* documentaire. 2. *s.n.* documentaire *m.*

documentare *s.f.* documentation *f.*
dog *s.m.* dogue *m.*
dogar *s.m.* tonnelier *m.*
dogărie *s.f.* tonnellerie *f.*
doge *s.m.* doge *m.*
dogi 1. *vt.* fêler. 2. *vr.fig.* (despre voce) enrouer.
dogmatisme *s.n.* dogmatisme *m.*
dogmă *s.f.* dogme *m.*
dogoare *s.f.* chaleur brûlante *f.*, fournaise *f.*
dogorî *vi.* 1. chauffer très fort. 2. brûler.
doi, două *num.card.* deux ‖ *în două vorbe* brièvement; *una două* à tout bout de champ; *cu una cu două* facilement; *nici una nici două* sans crier gare.
doină *s.f.* complainte populaire roumaine *f.*
doică *s.f.* nourrice *f.*
doilea *num.ord.* le deuxième, le second ‖ *a doua zi* le lendemain.
doisprezece *num.card.* douze.
doisprezecelea *num.ord.* le douzième.
dojană *s.f.* remontrance *f.*, semonce *f.*
dojeni *vt.* gronder, gourmander, faire des remontrances, semoncer.
dolar *s.m.* dollar *m.*
doldora *adj.invar.* plein, bondé.
doleanță *s.f.* doléances *f.pl.*
doliu *s.n.* deuil *m.*
dolmen *s.n.* dolmen *m.*
dolofan,~ă *adj.* dodu,~e, potelé,~e.

dom *s.n.* dôme *m.*
domeniu *s.n.* domaine *m.*
domestic,-ă *adj.* domestique.
domestici *vt.* domestiquer, apprivoiser.
domicilia *vi.* domicilier.
domiciliu *s.n.* domicile *m.*
domina *vt.* dominer.
dominaţie *s.f.* domination *f.*
domino *s.n.* domino *m.*
domn *s.m.* **1.** monsieur *m.* **2.** seigneur *m.*; *arh.* prince régnant *m.*, voïvode *m.*
domnesc *adj.* princier, seigneurial || *măr ~ calville f.*
domni *vi.* régner.
domnie *s.f.* règne *m.*
domnişoară *s.f.* demoiselle *f.*
domnişor *s.m.* (inv.) damoiseau *m.*
domnitor,-oare *adj.* régnant,~e.
domniţă *s.f.* princesse *f.*
domol,-oală **1.** *adj.* calme, paisible, lent,~e. **2.** *adv.* doucement, lentement, calmement.
domoli **1.** *vt.* calmer, apaiser, modérer, ralentir. **2.** *vr.* se calmer, s'apaiser.
donaţie *s.f.* donation *f.*
doniţă *s.f.* seille *f.*
dop *s.n.* bouchon *m.*, tampon *m.*
dor *s.n.* **1.** nostalgie *f.* **2.** désir *m.* **3.** regret *m.* **4.** amour *m.* || *fam a-ţi fi ~ de* languir de, s'ennuyer de; *~ de ţară* mal du pays; *în ~ul fragilor mănânci frunze* faute de grives, on manges des merles.
dori *vt.* désirer, souhaiter || *cum doriţi* à votre gré, à votre guise.
dorinţă *s.f.* désir *m.*, souhait *m.*

dormi *vi.* dormir || *a ~ buştean* dormir comme une souche, à poings fermés; *a ~ iepureşte* ne dormir que d'un œil; *a ~ târziu dimineaţă* faire la grasse matinée.
dormita *vi.* sommeiller.
dormitor *s.n.* chambre à coucher *f.*, (într-un internat) dortoir *m.*
dornic,~a *adj.* désireux,-euse || *a fi ~ de* être friand de.
dos *s.n.* **1.** dos *m.* **2.** verso *m.* **3.** revers *m.* || *dosul unei scrisori* le verso d'une lettre; *dosul palmei* le revers de la main; *dosul unei stofe* l'envers d'une étoffe; *a-i merge pe ~* aller de travers; *prin ~* par derrière; *în ~* derrière; *pe ~* à l'envers.
dosar *s.n.* dossier *m.*, chemise *f.*
dosi *vt.* cacher.
dosnic,~ă *adj.* retiré,~e, isolé,~e.
dospi *vi.* lever.
dota *vt.* doter.
dotare *s.f.* dotation *f.*
dotă *s.f.* dote *f.*
douăzeci *num.card.* vingt
douăzecilea *num.ord.* le vingtième.
dovadă *s.f.* preuve *f.* || *a da ~* faire preuve.
dovedi **I.** *vt.* **1.** prouver. **2.** *fam.* venir à bout, vaincre. **II.** *vr.* s'avérer || *am dovedit că minte* j'ai prouvé qu'il mentait; *n-am dovedit tot ce aveam de făcut* je ne suis pas venu à bout de ce que j'avais à faire; *s-a dovedit că omul poate zbura* il s'est avéré que l'homme peut voler.

dovleac *s.m.* courge *f.*, citrouille *f.*, potiron *m.*
dovlecel *s.m.* courgette *f.*
doza *vt.* doser.
doză *s.f.* dose *f.*
drac *s.f.* diable *m.* ‖ *dracul gol* le diable en personne; *a fi plin de draci* avoir le diable au corps; *a da dracului* envoyer promener; *e tot un ~* c'est bonnet blanc et blanc bonnet; *a face pe ~ul în patru* employer le vert et le sec; *a da de ~ul* se trouver dans de beaux draps; *drace!* diantre! fichtre!; *du-te dracului* que le diable t'emporte.
drag[1] *s.n.* amour *m.*‖ *cu ~* amoureusement; *cu tot dragul* de tout cœur.
drag[2],**~ă** *adj.* cher, chère, aimé,~e ‖ *când ţi-e lumea mai dragă* quand tout est au mieux.
dragoste *s.f.* amour *m.*, affection *f.*
dram *s.n.* très petite quantité *f.*, soupçon *m.*‖ *un ~ de curaj* un peu de courage.
dramatic,~ă *adj.* dramatique.
dramatiza *vt.* dramatiser.
dramaturg *s.m.* dramaturge *m.*
dramaturgie *s.f.* dramaturgie *f.*
dramă *s.f.* drame *m.*
drapel *s.n.* drapeau *m.*
draperie *s.f.* draperie *f.*
drastic,~ă *adj.* 1. brutal,~e, dur,~e. 2. *med.* drastique.
drăcie *s.f.* 1. niche *f.*, tour *m.*, farce *f.* 2. diablerie *f.*
drăcoaică *s.f.* diablesse *f.*
drăcos,~oasă *adj.* 1. espiègle, malin,~igne. 2. vif, vive, joyeux,~euse, endiablé,~e.
drăcui *vt.* 1. envoyer au diable. 2. pester.
drăcuşor *s.m.* diablotin *m.*
drăgălaş,~ă *adj.* gentil,-ille, mignon,-onne.
drăgălăşie *s.f.* gentillesse *f.*
drăgăstos,-oasă *adj.* affectueux,-euse.
drăguţ,~ă *ădj.* aimable, gentil,-ille.
drămui *vt.* 1. peser (avec la plus grande précision). 2. *fig.* peser le pour et le contre.
dregător *s.m.înv.* dignitaire *m.*
drege *vt.* 1. réparer, raccommoder. 2. *pop.* frelater ‖ *a ~ o maşină* réparer une machine; *a ~ o rochie* raccommoder une robe; *a ~ vinul* frelater le vin; *a face şi a ~* faire la pluie et le beau temps; *a-şi ~ glasul* éclaircir sa voix.
drena *vt.* drainer.
drenare *s.f.* drainage *m.*
drept,-eaptă I. *adj.* 1. droit,~e, direct,~e, rectiligne. 2. *fig.* juste, vrai,~e. 3. honnête, intègre, équitable. **II.** *adv.* droit, directement, équitablement. **III.** *s.n.* droit *m.* **IV.** *prep.* pour, comme, en tant que ‖ *a spune ~* dire la vérité; *la ~ vorbind* à vrai dire; *ce-i ~* il n'y a pas à dire; *a merge ~ la ţintă* aller droit au but; *în dreptul meu* devant moi; *de-a dreptul* directement, sans détour; *a trece ~* passer pour; *~ răsplată* comme récompense; *a-şi cere dreptul* réclamer son dû.

dreptate *s.f.* **1.** justice *f.*, équité *f.* **2.** raison *f.* ‖ *a face ~ cuiva* rendre justice à qn.; *a avea ~* avoir raison; *a nu avea ~* avoir tort.
dreptunghi *s.n.* rectangle *m.*
dresa *vt.* dresser.
dresare *s.f.* dressage *m.*
dresor,-oare *s.m.f.* dresseur *m.*
drezină *s.f.* draisine *f.*
dric *s.n.* corbillard *m.*
droaie *s.f.* foule *f.*, bande *f.*
drob *s.m.* (în expr.) *~ de sare* bloc de sel; *~ de miel* plat de boyaux d'agneau.
droga *vt.* droguer, doper.
drogherie *s.f.* parfumerie *f.*
drojdie *s.f.* **1.** marc *m.* **2.** (la vin) lie *f.* **3.** levain *m.*, levure *f.* (pt.dospit). **4.** *fig.* restes *m.pl.* ‖ *rachiu de ~* eau-de-vie de marc; *~ de bere* levure de bière; *drojdia societății* la lie de la société.
dromader *s.m.* dromadaire *m.*
dropie *s.f.* outarde *f.*
drug *s.m.* barre *f.*, barreau *m.*
drum *s.n.* **1.** chemin *m.*, route *f.*, voie *f.* **2.** voyage *m.* ‖ *peste ~* en face; *a-și vedea de ~* passer son chemin; *a călca alăturea cu drumul* sortir du droit chemin; *a bate drumurile* battre le pavé, traîner les rues; *a-și croi ~ în viață* faire son chemin.
dualism *s.n.* dualisme *m.*
dubă *s.f.* fourgon *m.*, fourgonnette *f.*
dubios,-oasă *adj.* douteux,-euse, équivoque.

dubitativ,-ă *adj.* dubitatif,-ive.
dubiu *s.n.* doute *m.*, incertitude *f.*, méfiance *f.*
dubla *vt.* doubler.
dublare *s.f.* doublage *m.*
dublu,-ă *adj.* double.
ducat 1. *s.m.* ducat *m.* **2.** *s.n.* duché *m.*
duce[1] *vt.* **1.** porter. **2.** conduire, mener. **II.** *vi.* résister, durer. **III.** *vr.* s'en aller, partir; *fig.* mourir ‖ *a ~ o scrisoare* porter une lettre; *vă duc la redacție* je vous conduis à la rédaction; *acest drum ~ la cabană* ce chemin mène à la cabane; *a ~ de nas* mener par le bout du nez, faire marcher; *a ~ la bun sfârșit* mener à bien; *a se ~ de râpă* aller à sa perte; *du-te vino* va-et-vient *m.*
duce[2] *s.m.* duc *m.*
ducesă *s.f.* duchesse *f.*
ductil,-ă *adj.* ductile.
ductilitate *s.f.* ductilité *f.*
dud *s.m.* mûrier *m.*
dudă *s.f.* mûre *f.*
dudui *vi.* **1.** (despre foc) pétiller, crépiter. **2.** (despre motoare, mașini) trépider.
duduie *s.f.* demoiselle *f.*, mademoiselle *f.*
duel *s.n.* duel *m.*
duet *s.n.* duo *m.*
dugheană *s.f.* boutique *f.*, échoppe *f.*
duh *s.n.* esprit *m.* ‖ *plin de ~* spirituel; *cu duhul blândeții* gentiment, avec douceur.
duhni *vi.* sentir mauvais, puer ‖ *a ~ a tutun* puer le tabac.

duhoare *s.f.* puanteur *f.*, relent *m.*
duhovnic *s.m.* confesseur *m.*
duios,-oasă *adj.* 1. tendre. 2. émouvant,-e. 3. mélancolique, triste.
duioşie *s.f.* 1. tendresse *f.* 2. mélancolie *f.*
duium *s.n.* foule *f.*, multitude *f.* ‖ *cu -ul* à foison.
dulap *s.n.* armoire *f.*, garde-robe *f.* ‖ *~ în zid* placard *m.*
dulău *s.m.* mâtin *m.*
dulce I. *adj.* doux, douce, sucré,-e. II. *s.n.* 1. gâteau, plat sucré. 2. *(pl. dulciuri)* sucreries *f.pl.*, friandises *f.pl.* chatteries *f.pl.*
dulceag,-eagă *adj.* doucereux,-euse, fade, mièvre.
dulceaţă *s.f.* 1. confiture *f.* 2. *fig.* douceur *f.*
dulcegărie *s.f.* fadaise *f.*, mièvrerie *f.*
dulgher *s.m.* charpentier *m.*
dulgherie *s.f.* charpenterie *f.*
dumbravă *s.f.* 1. taillis *m.* 2. chênaie *f.*
dumeri *vr.* comprendre, se rendre compte, s'expliquer.
dumica *vt.* couper en petits morceaux, mâcher lentement.
dumicat *s.m.* bouchée *f.*
duminică *s.f.* dimanche *m.*
dumnealui,-ei *pron.pers.* il, elle.
dumneata *pron.pers.* vous.
dumnezeiesc,-ească *adj.* 1. divin,-e. 2. *fig.* merveilleux,-euse, splendide, superbe.
dumnezeieşte *adv.* 1. divinement. 2. *fig.* merveilleusement.
dumnezeu *s.m.* Dieu *m.*
dună *s.f.* dune *f.*

dungat,-ă *adj.* rayé,-e.
dungă *s.f.* raie *f.*
duoden *s.n.* duodénum *m.*
după *prep.* 1. derrière. 2. après. 3. selon ‖ *unul ~ altul* l'un après l'autre; *~ casă* derrière la maison; *~ părerea mea* selon moi, à mon avis; *a nu avea ~ ce bea apă* n'avoir pas de quoi se mettre sous la dent.
duplicitate *s.f.* duplicité *f.*
dur,-ă *adj.* dur,-e.
dura 1. *vt.* construire, bâtir. 2. *vi.* durer, résister.
durabil,-ă *adj.* durable.
durată *s.f.* durée *f.*
durduliu,-ie *adj.* potelé,-e, dodu,-e.
durea *vt.* avoir mal ‖ *mă doare capul* j'ai mal à la tête; *nici capul nu mă doare* c'est le cadet de mes soucis; *fără să-l doară măcar capul* sans le moindre souci; *a atinge pe cineva unde-l doare* toucher juste, mettre le doigt sur la plaie; *lucrul acesta mă doare* cela m'afflige
durere *s.f.* mal *m.*, douleur *f.*, chagrin *m.* ‖ *~ de dinţi* rage de dents.
duritate *s.f.* dureté *f.*
duş *s.n.* douche *f.*
duşcă *s.f.* lampée *f.* ‖ *a da (de) ~* lamper.
duşman,-că *s.m.f.* ennemi,-e.
duşmăni *vt.* haïr, être hostile.
duşmănie *s.f.* inimitié *f.*, hostilité *f.*
duşmănos,-oasă *adj.* hostile.
duşumea *s.f.* plancher *m.*
duzină *s.f.* douzaine *f.*

E

ebonită *s.f.* ébonite *f.*
eboşă *s.f.* ébauche *f.*
ebrietate *s.f.* ébriété *f.*, ivresse *f.*
ebuliţie *s.f.* ébullition *f.*
echer *s.n.* équerre *f.*
echilateral, ~ă *adj.* équilatéral, ~e.
echilibra *vt. vr.* équilibrer.
echilibrat, ~ă *adj.* équilibré,~e.
echilibru *s.n.* équillibre *m.*
echinocţiu *s.n.* équinoxe *m.*
echipa *vt.* équiper.
echipaj *s.n.* équipage *m.*
echipament *s.n.* équipement *m.*; *mil.* fourniment *m.*
echipă *s.f.* équipe *f.*
echitabil, ~ă *adj.* équitable.
echivala *vi.* équivaloir.
echivalent, ~ă *adj.* équivalent,~e.
echivalenţă *s.f.* équivalence *f.*
echivoc, ~ă **1.** *adj.* équivoque. **2.** *s.n.* équivoque *f.*
eclectic, ~ă *adj.* éclectique.
eclectism *s.n.* éclectisme *m.*
ecleziastic, ~ă *adj.* ecclésiastique.
eclipsa *vi.* éclipser.

eclipsă *s.f.* éclipse *f.*
ecluză *s.f.* écluse *f.*
econom, -oamă *adj.* économe, parcimonieux, -euse.
economic, ~ă 1. *adj.* économique. **2.** *adv.* économiquement.
economie *s.f.* économie *f.*, épargne *f.* ‖ *Casa de economii* Caisse d'Epargne *f.*
economisi *vt.* économiser, épargner, ménager.
economist, ~ă 1. *s.m.f.* économiste *m.*
ecou *s.n.* écho *m.*
ecran *s.n.* écran *m.*
ecuator *s.n.* équateur *m.*
ecuaţie *s.f.* équation *f.*
eczemă *s.f.* eczéma *m.*
edec *s.n.* **1.** haussière de halage. **2.** personne (chose) qu'on connait depuis toujours.
edem *s.m.* œdème *m.*
edict *s.n.* édit *m.*
edifica 1. *vt.* édifier. **2.** *vr.* se renseigner.

edificare *s.f.* **1.** édification *f.* **2.** renseignement *m.*
edificiu *s.n.* édifice *m.*
edilitar, ~ă *adj.* édilitaire.
edita *vt.* éditer.
editare *s.f.* édition *f.*
editor, -oare *s.m.f.* éditeur, -trice.
editorial, ~ă 1. *adj.* éditorial, ~e. **2.** *s.n.* éditorial *m.*, leader *m.*
editură *s.f.* maison d'édition *f.*
ediție *s.f.* édition *f.*
educa *vt.* éduquer, élever.
educativ, ~ă *adj.* éducatif, -ive.
educator, -oare *s.m.f.* éducateur, -trice.
educație *s.n.* éducation *f.*
efect *s.n.* effet *m.*
efectiv, ~ă 1. *adj.* effectif, -ive. **2.** *adv.* effectivement. **3.** *s.n.* effectif *m.*
efectua *vt.* effectuer, réaliser.
efemer, ~ă *adj.* éphémère.
efervescență *s.f.* effervescence *f.*
eficace *adj.* efficace.
eficacitate *s.f.* efficacité *f.*
efigie *s.f.* effigie *f.*
efluviu *s.n.* effluve *m.*
efort *s.n.* effort *m.*
efuziune *s.f.* effusion *f.*, épanchement *m.*
egal, ~ă 1. *adj.* égal, ~e. **2.** *adv.* également.
egala *vi. vt.* égaler.
egalitate *s.f.* égalité *f.*
egaliza *vt.* égaliser.
egalizare *s.f.* égalisation *f.*
egidă *s.f.* égide *f.*
egiptean, ~ă *adj.* și *s.m.f.* égyptien, -enne.
egoist, ~ă *adj.* și *s.m.f.* égoïste.
egoism *s.n.* égoïsme *m.*

el, ea, ei, ele *pron. pers.* il, lui; elle; ils, eux; elles.
elabora *vt.* élaborer.
elaborare *s.f.* élaboration *f.*
elan *s.m.* **1.** (mamifer) élan *m.* **2.** essor *m.*; *fig.* enthousiasme *m.*, ardeur *f.*
elastic, ~ă 1. *adj.* élastique. **2.** *s.n.* élastique *m.*
elasticitate *s.f.* élasticité *f.*
electoral, ~ă *adj.* électoral, ~e.
electric, ~ă *adj.* électrique.
electrician *s.m.* électricien *m.*
electricitate *s.f.* électricité *f.*
electrifica *vt.* électrifier.
electrificare *s.f.* électrification *f.*
electriza *vt.* électriser.
electrizare *s.f.* électrisation *f.*
electrocuta *vt.* électrocuter.
electrocutare *s.f.* électrocution *f.*
electroliză *s.f.* électrolyse *f.*
electromagnet *s.n.* électro-aimant *m.*
electron *s.m.* électron *m.*
electronică *s.f.* électronique *f.*
electrotehnică *s.f.* électrotechnique *f.*
elefant *s.m.* éléphant *m.*
elegant, ~ă 1. *adj.* élégant, ~e, chic. **2.** *adv.* élégamment.
eleganță *s.f.* élégance *f.*, chic *m.*
elegie *s.f.* élégie *f.*
element *s.n.* élément *m.*
elementar, ~ă *adj.* élémentaire.
elenism *s.n.* hellénisme *m.*
elev, ~ă *s.m.f.* élève *m.f.*, écolier *m.*
elibera I. *vt.* **1.** libérer, délivrer, affranchir. **2.** *adv.* relever (d'un engagement). **II.** *vr.* se libérer.
eliberare *s.f.* libération *f.*, délivrance *f.*, affranchissement *m.*
eliberator, -oare *adj.* libérateur, -trice.

elice *s.f.* hélice *f.*
elicopter *s.n.* hélicoptère *m.*
elida *vt.* élider.
elimina *vt.* éliminer.
eliminare *s.f.* élimination *f.*
elipsă *s.f.* ellipse *f.*
eliptic, ~ă *adj.* elliptique.
elită *s.f.* élite *f.*, haute volée *f.*
elixir *s.n.* élixir *m.*
eliziune *s.f.* élision *f.*
elocvent, ~ă 1. *adj.* éloquent,~e. 2. *adv.* éloquemment.
elocvenţă *s.f.* éloquence *f.*
elogia *vt.* faire des éloges.
elogios, -oasă *adj.* élogieux, -euse.
elogiu *s.n.* éloge *m.*
elucida *vt.* élucider.
elucidare *s.f.* élucidation *f.*
eluda *vt.* éluder.
elveţian, ~ă *adj.* şi *s.m.f.* suisse, -esse.
emana *vi.* émaner.
emanaţie *s.f.* émanation *f.*
emancipa *vr.* s'émanciper.
emancipare *s.f.* émancipation *f.*
emblemă *s.f.* emblème *m.*
embrion *s.m.* embryon *m.*
embrionar, ~ă *adj.* embryonnaire.
emerit, ~ă *adj.* émérite.
emfatic, ~ă 1. *adj.* emphatique. 2. *adv.* emphatiquement.
emfază *s.f.* emphase *f.*
emfizem *s.n.* emphysème *m.*
emigra *vi.* émigrer.
emigrant, ~ă *s.m.f.* émigrant, ~e.
emigrare *s.f.* émigration *f.*
eminent, ~ă *adj.* éminent, ~e.
emisar *s.m.* émissaire *m.*, envoyé *m.*, messager *m.*

emisferă *s.f.* hémisphère *m.*
emisiune *s.f.* émission *f.*
emite *vt.* émettre.
emiţător, -oare *adj.* émetteur, -trice.
emotiv, ~ă *adj.* émotif, -ive.
emotivitate *s.f.* émotivité *f.*
emoţie *s.f.* émotion *f.*
emoţiona *vt. vr.* (s')émouvoir, émotionner.
emoţionant, ~ă *adj.* émouvant, ~e.
empiric, ~ă *adj.* empirique.
empiriocriticism *s.n.* empiriocriticisme *m.*
empirism *s.n.* empirisme *m.*
emul *s.m.* émule *m.*
emulaţie *s.f.* émulation *f.*
emulsie *s.f.* émulsion *f.*
encefal *s.n.* encéphale *m.*
enciclopedic, ~ă *adj.* encyclopédique.
enciclopedie *s.f.* encyclopédie *f.*
enciclopedist, ~ă *s.m.f.* encyclopédiste.
enclitic, ~ă *adj.* enclitique.
endocrinologie *s.f.* endocrinologie *f.*
energic, ~ă 1. *adj.* énergique. 2. *adv.* énergiquement.
energie *s.f.* énergie *f.*
enerva 1. *vt.* énerver, agacer. 2. *vr.* s'énerver.
enervare *s.f.* énervement *m.*
englez, ~ă *adj.* şi *s.m.f.* anglais, ~e.
enigmatic, ~ă *adj.* énigmatique.
enigmă *s.f.* énigme *f.*
enoriaş, ~ă *s.m.f.* paroissien, -enne.
enorm, ~ă 1. *adj.* énorme. 2. *adv.* énormément.

enormitate *s.f.* énormité *f.*
entitate *s.f.* entité *f.*
entuziasm *s.n.* enthousiasme *m.*
entuziasma *vt. vr.* (s')enthousiasmer.
enumera *vt.* énumérer.
enunț *s.n.* énoncé *m.*, énonciation *f.*
enunța *vt.* énoncer.
eparhie *s.f.* diocèse *m.*
epavă *s.f.* épave *f.*
epic, ~ă *adj.* épique.
epicentru *s.n.* épicentre *m.*
epidemie *s.f.* épidémie *f.*
epidermă *s.f.* épiderme *m.*
epigon *s.m.* épigone *m.*
epigraf *s.n.* épigraphe *f.*
epigramă *s.f.* épigramme *f.*
epilepsie *s.f.* épilepsie *f.*, *pop.* haut mal *m.*
epilog *s.n.* épilogue *m.*
episcop *s.m.* évêque *m.*
episcopal, ~ă *adj.* épiscopal, -e.
episcopie *s.f.* évêché *m.*
episod *s.n.* épisode *m.*
epistolar, ~ă *adj.* épistolaire.
epistolă *s.f.* 1. lettre *f.* 2. épitre *f.*
epitaf *s.n.* épitaphe *f.*
epitet *s.n.* épithète *f.*
epocă *s.f.* époque *f.*
epopee *s.f.* épopée *f.*
eprubetă *s.f.* éprouvette *f.*
epuiza *vt. vr.* (s')épuiser.
epuizare *s.f.* épuisement *m.*
epura *vt.* épurer.
epurare *s.f.* épuration *f.*
erată *s.f.* errata *m.*
eră *s.f.* ère *f.*
erbivor, ~ă *adj.* herbivore.
ereditar, ~ă *adj.* héréditaire.
ereditate *s.f.* hérédité *f.*

eres *s.n.* superstition *f.*, erreur *f.*
erete *s.m.* épervier *m.*
eretic, ~ă *adj.* hérétique.
erezie *s.f.* hérésie *f.*
erizipel *s.n.* érysipèle *m.*
ermetic, ~ă 1. *adj.* hermétique. 2. *adv.* hermétiquement.
eroare *s.f.* erreur *f.* ‖ *a induce în ~* induire en erreur, donner le change.
eroic, ~ă *adj.* héroïque.
eroină *s.f.* héroïne *f.*
eroism *s.n.* héroïsme *m.*
eronat, ~ă *adj.* erroné, faux, -sse.
erotic, ~ă *adj.* érotique.
erou *s.m.* héros *m.*
eroziune *s.f.* érosion *f.*
erudit, ~ă *adj.* érudit, ~e.
erudiție *s.f.* érudition *f.*
erupe *vi.* faire éruption.
erupție *s.f.* éruption *f.*
escadrilă *s.f.* escadrille *f.*, escadre *f.*
escadron *s.n.* escadron *m.*
escalada *vt.* escalader.
escaladare *s.f.* escalade *f.*
escală *s.f.* escale *f.*
escamota *vt.* escamoter.
escapadă *s.f.* escapade *f.*, fugue *f.*
escorta *vt.* escorter.
escortă *s.f.* escorte *f.*
escroc, -oacă *s.m.f.* escroc *m.*, filou *m.*
escroca *vt.* escroquer.
escrocherie *s.f.* escroquerie *f.*
esență *s.f.* essence *f.*
esențial, ~ă *adj.* essentiel, -elle.
eseu *s.n.* essai *m.*
esofag *s.n.* œsophage *m.*
est *s.n.* est *m.*

estetică *s.f.* esthétique *f.*
estetician *s.m.* esthéticien, -enne *m.f.*
estompa *vt.* estomper.
estompare *s.f.* estompage *m.*, estompement *m.*
estompă *s.f.* estompe *f.*
estradă *s.f.* estrade *f.*
estuar *s.n.* estuaire *m.*
eşafod *s.n.* échafaud *m.*
eşalona *vt.* échelonner.
eşantion *s.n.* échantillon *m.*
eşarfă *s.f.* écharpe *f.*
eşua *vi.* échouer.
etaj *s.n.* étage *m.*
etajeră *s.f.* étagère *f.*
etala *vt.* étaler.
etalon *s.n.* étalon *m.*
etamină *s.f.* étamine *f.*
etanş, ~ă *adj.* étanche.
etapă *s.f.* étape *f.*; stade *m.*
etate *s.f.* âge *m.*
etatiza *vt.* étatiser.
eter *s.m.* éther *m.*
etern, ~ă **1.** *adj.* éternel, -elle. **2.** *adv.* éternellement.
eternitate *s.f.* éternité *f.*
eterniza *vt. vr.* (s')éterniser.
eterogen, ~ă *adj.* hétérogène.
etică *s.f.* éthique *f.*
eticheta *vt.* étiqueter.
etichetă *s.f.* étiquette *f.*
etimologie *s.f.* étymologie *f.*
etnic, ~ă *adj.* ethnique.
etnografie *s.f.* ethnographie *f.*
etuvă *s.f.* étuve *f.*
eu *pron. pers.* je, moi.
eufemism *s.n.* euphémisme *m.*
eufonie *s.f.* euphonie *f.*
euforie *s.f.* euphorie *f.*
eunuc *s.m.* eunuque *m.*

european, ~ă *adj.* şi *s.m.f.* européen, -enne.
ev *s.n.* âge *m.*, ère *f.*, époque *f.* ‖ *evul mediu* le Moyen Age.
evacua *vt.* évacuer.
evacuare *s.f.* évacuation *f.*
evada *vi.* s'évader.
evadare *s.f.* évasion *f.*
evalua *vt.* évaluer.
evaluare *s.f.* évaluation *f.*
evanghelic, ~ă *adj.* évangélique.
evanghelie *s.f.* évangile *m.*
evantai *s.n.* éventail *m.*
evapora *vr.* s'évaporer.
evaporare *s.f.* évaporation *f.*
evaziv, ~ă **1.** *adj.* évasif, -ive. **2.** *adv.* évasivement.
eveniment *s.n.* événement *m.*
eventual, ~ă **1.** éventuel, -elle. **2.** *adv.* éventuellement.
eventualitate *s.f.* éventualité *f.*
evident, ~ă **1.** *adj.* évident, ~e. **2.** *adv.* évidemment.
evidenţă *s.f.* évidence *f.* ‖ *a pune în* ~ mettre en évidence; *fam.* monter en épingle, mettre en vedette.
evidenţia **I.** *vt.* **1.** mettre en évidence. **2.** reconnaître (officiellement) les mérites de qn. **II.** *vr.* se distinguer.
evita *vt.* **1.** éviter **2.** louvoyer.
evlavie *s.f.* piété *f.*
evlavios, -oasă *adj.* pieux, -euse.
evoca *vt.* évoquer.
evocare *s.f.* évocation *f.*
evolua *vi.* évoluer.
evoluţie *s.f.* évolution *f.*
exact, ~ă **1.** *adj.* exact, ~e. **2.** *adv.* exactement.

exactitate *s.f.* exactitude *f.*
exagera *vt.* exagérer.
exagerare *s.f.* exagération *f.*
exala *vt.* exhaler.
exalaţie *s.f.* exhalaison *f.*, exhalation.
exalta *vt.* exalter.
exaltare *s.f.* exaltation *f.*
examen *s.n.* examen *m.*
examina *vt.* examiner.
examinator, -oare *adj.* examinateur, -trice.
exaspera *vt.* exaspérer.
exasperare *s.f.* exaspération *f.*
excavator *s.n.* excavateur *m.*
excedent *s.n.* excédent *m.*
excela *vi.* exceller.
excelent, ~ă **1.** *adj.* excellent, ~e. **2.** *adv.* excellemment.
excelenţă *s.f.* excellence *f.*
excentric, ~ă *adj.* excentrique, extravagant.
excentricitate *s.f.* excentricité *f.*
excepta *vt.* excepter.
excepţie *s.f.* exception *f.*
excepţional, ~ă **1.** *adj.* exceptionnel, -elle. **2.** *adv.* exceptionnellement.
exces *s.n.* excès *m.*
excesiv, ~ă **1.** *adj.* excessif. -ive. **2.** *adv.* excessivement.
excita *vt.* exciter.
excitant, ~ă *adj.* excitant, ~e; *tehn.* excitateur, -trice.
excitaţie *s.f.* excitation *f.*
exclama *vt.* exclamer.
exclamaţie *s.f.* exclamation *f.*
exclude *vt.* exclure.
excludere *s.f.* exclusion *f.*
exclusiv, ~ă **1.** *adj.* exclusif, -ive. **2.** *adv.* exclusivement.

exclusivitate *s.f.* exclusivité *f.*
excomunica *vt.* excommunier.
excomunicare *s.f.* excommunication *f.*
excrement *s.n.* excrément *m.*
excrescenţă *s.f.* excroissance *f.*
excursie *s.f.* excursion *f.*
excursionist, ~ă *s.m.f.* excursionniste.
executa *vt.* exécuter.
executare *s.f.* exécution *f.*
executiv, ~ă *adj.* exécutif, -ive.
execuţie *s.f.* exécution *f.*
exegeză *s.f.* exégèse *f.*
exemplar, ~ă **1.** *adj.* exemplaire. **2.** *s.n.* exemplaire *m.* **3.** *adv.* exemplairement, d'une manière exemplaire.
exemplifica *vt.* illustrer par des exemples.
exemplu *s.n.* exemple *m.* ‖ *de ~* par exemple.
exercita *vt.* exercer.
exercitare *s.f.* exercice *m.*
exerciţiu *s.n.* exercice *m.*
exersa *vi.* exercer.
exhibiţie *s.f.* exhibition *f.*
exigent, ~ă *adj.* exigeant, ~e.
exigenţă *s.f.* exigence *f.*
exil *s.n.* exil *m.*
exila *vt.* exiler.
exista *vi.* exister, être ‖ *există* il y a.
existenţă *s.f.* existence *f.*
exmatricula *vt.* exclure, éliminer.
exod *s.n.* exode *m.*
exotic, ~ă *adj.* exotique.
exotism *s.n.* exotisme *m.*
expansiune *s.f.* expansion *f.*
expansiv, ~ă *adj.* expansif, -ive.
expatria *vt. vr.* (s')expatrier.

expatriere *s.f.* expatriation *f.*
expectativă *s.f.* expectative *f.*
expectora *vt.* expectorer.
expectorație *s.f.* expectoration *f.*
expedia *vt.* expédier.
expedient *s.n.* expédient *m.*
expeditiv, ~ă 1. *adj.* expéditif, -ive. 2. *adv.* expéditivement.
expeditor, -oare *s.m.f.* expéditeur, -trice.
expediție *s.f.* expédition *f.*
expediționar, ~ă *adj.* expéditionnaire.
experiență *s.f.* expérience *f.*
experimenta *vt.* expérimenter.
experimental, ~ă 1. *adj.* expérimental, ~e. 2. *adv.* expérimentalement.
eperimentat *adj.* calé, ~e.
expert, ~ă *s.m.f.* expert *m.*
expertiză *s.f.* expertise *f.*
expira *vi.* expirer.
expirare *s.f.* expiration *f.*
explica *vt. vr.* (s')expliquer.
explicabil, ~ă *adj.* explicable.
explicație *s.f.* explication *f.*
explicit, ~ă 1. *adj.* explicite. 2. *adv.* explicitement.
exploata *vt.* exploiter.
exploatare *s.f.* exploitation *f.*
exploatator, -oare *s.m.f.* exploiteur, -euse.
exploda *vi.* exploser.
explora *vt.* explorer.
explorare *s.f.* exploration *f.*
explorator, -oare *s.m.f.* explorateur, -trice.
explozibil, ~ă *adj.* explosible.
explozie *s.f.* explosion *f.*
exploziv, ~ă 1. *adj.* explosif, -ive. 2. *s.n.* explosif *m.*
exponat *s.n.* objet exposé *m.*
exponent *s.m.* 1. représentant *m.* 2. *mat* exposant.
export *s.n.* exportation *f.*
exporta *vt.* exporter.
exportator, -oare *adj.* exportateur, -trice.
expozeu *s.n.* exposé *m.*
expoziție *s.f.* exposition *f.*
expres, ~ă I. *adj.* 1. exprès. -esse. 2. exprès, formel. II. *adv.* expressément. III. *s.n.* express *m.*
expresie *s.f.* expression *f.*
expresiv, ~ă *adj.* expressif, -ive.
exprima *vt. vr.* (s')exprimer.
expropria *vt.* exproprier.
expropriere *s.f.* expropriation *f.*
expulza *vt.* expulser.
expulzare *s.f.* expulsion *f.*
expune *vt.* exposer.
expunere *s.f.* exposition *f.*
extaz *s.n.* extase *f.*
extazia *vr.* s'extasier.
extemporal *s.n.* interrogation écrite *f.*
extensiv, ~ă *adj.* extensif, -ive.
extenua *vt. vr.* (s')exténuer.
extenuare *s.f.* exténuation *f.*
exterior 1. *adj.* extérieur, ~e. 2. *s.n.* extérieur *m.*, dehors *m.*
exterioriza *vt.* extérioriser.
extermina *vt.* exterminer.
exterminare *s.f.* extermination *f.*
extern, ~ă 1.*adj.* externe, extérieur, ~e, étranger, -ère. 2. *s.m.f.* externe ‖ *Ministerul Afacerilor Externe* le Ministère des Affaires Etrangères.

externat *s.n.* externat *m.*
extinde *vt.* étendre, élargir.
extindere *s.f.* extension *f.*
extirpa *vt.* extirper.
extorca *vt.* extorquer.
extract *s.n.* extrait *m.*
extrage *vt.* extraire.
extragere *s.f.* extraction *f.*
extraordinar, ~ă 1. *adj.* extraordinaire. **2.** *adv.* extraordinairement.
extras *s.n.* extrait *m.* ‖ *~ de cont* relevé des comptes.
extravagant, ~ă *adj.* extravagant, ~e.

extravaganţă *s.f.* extravagance *f.*
extrăda *vt.* extrader.
extrădare *s.f.* extradition *f.*
extrem, ~ă 1. *adj.* extrême. **2.** *adv.* extrêmement.
extremă *s.f.* extrême *m.*
extremist, ~ă *s.m.f.* extrémiste *m.f.*
extremitate *s.f.* extrémité *f.*
exuberant, ~ă *adj.* exubérant, ~e.
exuberanţă *s.f.* exubérance *f.*
exulta *vi.* exulter.
ezita *vi.* hésiter; *fam.* balancer.
ezitare *s.f.* hésitation *f.*

F

fabrica *vt.* fabriquer.
fabricant *s.m.* fabricant *m.*
fabricat *s.n.* marchandise *f.*, produit *m.*
fabricație *s.f.* fabrication *f.*
fabrică *s.f.* fabrique *f.* ‖ ~ *de zahăr* sucrerie.
fabulă *s.f.* fable *f.*
fabulist, ~ă *s.m.f.* fabuliste *m.*
fabulos, -oasă *adj.* **1.** fabuleux, -euse, extraordinaire. **2.** légendaire, mythique.
face I. *vt.* **1.** faire, créer, accomplir. **2.** produire, construire. **II.** *vi.* valoir, coûter. **III.** *vr.* **1.** se faire. **2.** se former. **3.** devenir ‖ *ce mai faci?* comment allez-vous?; *a-și ~ părul* onduler ses cheveux; *ce să fac!* je n'y peux rien!; *a ~ spume la gură* écumer de rage; *a se ~ bine* guérir, se remettre; *a se ~ de râs* se couvrir de ridicule; *a ~ din țânțar armăsar* faire d'une mouche un éléphant; *a ~ din noapte zi* passer une nuit blanche; *a ~ (cuiva) capul calendar* rompre la tête (a qn.), bourrer le crâne; *n-are a ~ qu'à cela ne tienne!*; *s-a făcut!* entendu! d'accord!; *a o ~ lată* **a)** faire la noce; **b)** mettre les pieds dans le plat; *nu mai știu ce să fac* je ne sais plus à quel saint me vouer; *a ~ cu ochiul* cligner de l'œil; *a se ~ foc* se fâcher tout rouge; *a face prietenie cu cineva* se lier d'amitié avec qqn; *ți-ai făcut-o singur* tu l'as voulu; *a i-o face cuiva* jouer un mauvais tour; *a face avere* faire fortune, s'enrichir.
facere *s.f.* **1.** création. **2.** couches *f. pl.* ‖ *a muri din ~* mourir en couches.
facial, ~ă *adj.* facial, -e.
facilita *vt.* faciliter.
faclă *s.f.* flambeau *m.*, torche *f.*
facsimil *s.n.* fac-similé *m.*
factitiv *adj.* factitif.
factor *s.m.* facteur *m.*

factură *s.f.* facture *f.*
facultate *s.f.* faculté *f.*
facultativ, ~ă *adj.* facultatif, -ive.
fad, ~ă *adj.* fade, insipide.
fag *s.m.* hêtre *m.*
fagot *s.n.* basson *m.*
fagure *s.m.* rayon de miel *m.*
faianţă *s.f.* faïence *f.*
faimă *s.f.* renom *m.*, renommée *f.*, réputation *f.*
faimos, -oasă *adj.* fameux, -euse, réputé, -e.
fain, ~ă *adj. fam.* exquis, -e, délicieux, -euse.
falangă *s.f.* phalange *f.*
fală *s.f.* 1. orgueil *m.* 2. gloire *f.* 3. pompe *f.*
falcă *s.f.* mâchoire *f.* ‖ *cu o ~ în cer şi cu alta în pământ* furibond.
fald *s.n.* pli *m.*
faleză *s.f.* falaise *f.*
faliment *s.n.* 1. faillite *f.* ‖ *a da ~* faire faillite. 2. *fig.* échec *m.*
falimentar, ~ă *adj.* 1. insolvable. 2. *fig.* voué à l'échec.
falnic, ~ă *adj.* imposant, -e.
fals, ~ă I. *adj.* 1. faux, -sse. 2. hypocrite. II. *adv.* faussement. III. *s.n.* faux *m.*
falsifica *vt.* falsifier, fausser.
falsificare *s.f.* falsification *f.*
falsificator, -oare *s.m.f.* falsificateur, -trice, faussaire.
falsitate *s.f.* fausseté *f.*
familial, ~ă *adj.* familial, -e.
familiar, ~ă *adj.* familier, -ère.
familiarism *s.n.* familiarité *m.*
familiaritate *s.f.* familiarité *f.*
familiariza *vt. vr.* (se) familiariser.
familie *s.f.* famille *f.*

fanariot *adj.* şi *s.m.* phanariote *m.*
fanatic, ~ă *adj.* fanatique.
fanatism *s.n.* fanatisme *m.*
fandoseală *s.f.* minauderie *f.*
fandosi *vr.* minauder, faire de manières, des chichis.
fanfară *s.f.* fanfare *f.*
fanfaron, -oană *s.m.f.* fanfaron, -onne *m.f.*
fantasmagorie *s.f.* 1. fantasmagorie *f.* 2. élucubration *f.*
fantasmă *s.f.* fantasme *m.*
fantastic, ~ă 1. *adj.* fantastique. 2. *adv.* fantastiquement.
fantezie *s.f.* 1. fantaisie *f.* 2. caprice *m.*
fantomă *s.f.* fantôme *m.*, spectre *m.*
fapt *s.n.* 1. fait *m.* 2. événement *m.* ‖ *de ~* en fait, en réalité; *~ este că* il n'en est pas moins vrai que; *în ~-ul serii* à la tombée de la nuit.
faptă *s.f.* acte *m.*, action *f.*
far *s.n.* phare *m.*
faraon *s.m.* pharaon *m.*
fard *s.n.* fard *m.*
farfurie *s.f.* assiette *f.*, plat *m.*
farfurioară *s.f.* soucoupe *f.*
faringe *s.n.* pharynx *m.*
faringită *s.f.* pharyngite *f.*
fariseu *s.m.* pharisien *m.*, hypocrite *m.*
farmacie *s.f.* pharmacie *f.*
farmacist, ~ă *s.m.f.*; pharmacien, -enne *m.f.*; *fam.* potard *m.*
farmec *s.n.* 1. sortilège *m.*, maléfice *m.*, envoûtement *m.*, ensorcellement *m.* 2. charme *m.*, enchantement *m.* ‖ *ca prin ~* comme par enchantement;

un om plin de ~ un homme plein de charme (charmant).
farsă *s.f.* farce *f.* ‖ *a face o* ~ jouer un tour, faire une farce.
fasciculă *s.f.* fascicule *m.*
fascina *vt.* fasciner.
fascinaţie *s.f.* fascination *f.*
fasole *s.f.* haricot *m.* ‖ ~ *uscată* haricots blancs.
fasona *vt.* façonner.
fast *s.n.* faste *m.*
fastuos, -oasă *adj.* fastueux, -euse.
faşă *s.f.* 1. (pentru copii) lange *m.* 2. (pansament) bande *f.* (utilisée en chirurgie); *din* ~ dès l'âge le plus tendre
fatal, -ă *adj.* fatal, ~e.
fatalisme *s.n.* fatalisme *m.*
fatalitate *s.f.* fatalité *f.*
fată *s.f.* jeune fille *f.* ‖ *fata mea* ma fille.
faţadă *s.f.* façade *f.*
faţă *s.f.* 1. face *f.*, visage *m.*, figure *f.* 2. aspect *m.* 3. (la stofă) endroit *m.* ‖ ~ *de masă* nappe *f.*; ~ *de pernă* taie d'oreiller *f.*; *a fi de* ~ être présent; *de* ~ *cu* en présence de; *a scăpa cu faţa curată* sauver la face; *a face* ~ faire front, faire face; *a pune* ~ *în* ~ confronter; *pe* ~ ouvertement, franchement.
faţetă *s.f.* facette *f.*
faun *s.m.* faune *m.*
faună *s.f.* faune *f.*
favoare *s.f.* faveur *f.*
favorabil, -ă *adj.* favorable, propice.

favorit, -ă 1. *adj.* şi *s.m.f.* favori, -ite. 2. *s.m.* (barbă) favori *m.*
favoritism *s.n.* favoritisme *m.*
favoriza *vt.* favoriser, être propice (à).
fazan *s.m.* faisan *m.*
fază *s.f.* phase *f.*
făcăleţ *s.n.* rouleau *m.*
făclie *s.f.* 1. cierge *m.* 2. *fig.* flamme *f.*, flambeau *m.*
făgaş *s.n.* 1. ornière *f.* 2. *fig.* voie *f.*, direction *f.*
făgădui *vt.* promettre.
făgăduială *s.f.* promesse *f.*
făină *s.f.* farine *f.*
făinos, -oasă *adj.* farineux, -euse.
fălcos, -oasă *adj.* à grosses mâchoires, mafflu, ~e.
făli *vr.* s'enorgueillir, tirer vanité (de).
făptaş *s.m.* délinquant *m.*, auteur d'une fraude, d'une crime etc.
făptui *vt.* commettre.
făptură *s.f.* être *m.*, créature *f.*
făraş *s.n.* pelle *f.*
fără I. *prep.* 1. sans. 2. sauf, hormis, excepté. II. *conj.* sans ‖ ~ *să vrea* sans le vouloir.
fărădelege *s.f.* 1. scélératesse *f.* 2. *bis.* sacrilège *m.*
fărâma *vt.* émietter.
fărâmă *s.f.* miette *f.*, bribe *f.*; *fam.* bout *m.* ‖ *a se face mici fărâme* se briser, s'émietter.
făt *s.m.* 1. fœtus *m.* 2. *pop.* fils *m.* 3. garçon *m.* ‖ ~ *frumos* le prince charmant.
făta *vt.* mettre bas; (despre vaci) vêler.

făţarnic, ~ă *adj.* hypocrite.
făţărnicie *s.f.* hypocrisie *f.*
făţiş *adv.* ouvertement, franchement.
făuri *vt.* forger; *fig.* créer, faire.
făuritor, -oare *s.m.f.* créateur, -trice.
febră *s.f.* fièvre *f.*
febril, ~ă 1. *adj.* fébrile. **2.** *adv.* fébrilement.
febrilitate *s.f.* fébrilité *f.*
februarie *s.m.* février *m.*
fecioară *s.f.* vierge *f.*
fecior *s.m.* **1.** fils *m.* **2.** valet *m.* ‖ *feciorul lui cel mare* son fils aîné; *feciorul deschise uşa* le valet ouvrir la porte.
feciorelnic, ~ă *adj.* virginal, ~e.
feciorie *s.f.* virginité *f.*
fecund, ~ă *adj.* fécond, ~e.
fecunda *vt.* féconder.
fecundaţie *s.f.* fécondation *f.*
fecunditate *s.f.* fécondité *f.*
federal, ~ă *adj.* fédéral, ~e.
federalism *s.n.* fédéralisme *m.*
federativ, ~ă *adj.* fédératif, -ive.
federaţie *s.f.* fédération *f.*
feeric, ~ă *adj.* féerique.
feerie *s.f.* féerie *f.*
fel *s.n.* **1.** sorte *f.*, variéte *f.* **2.** façon *f.*, manière *f.* **3.** mets *m.*, plat *m.* ‖ *~ de a fi* naturel *m.*; *~ de mâncare* mets, plat; *~ de ~* toute sorte de; *la ~* pareil; *de ~* nullement; *a fi de ~ din* être originaire de; *tot felul de cărţi* toute sorte de livres; *~ de a se purta* manière de se comporter.
felicita *vt.* féliciter, congratuler.

felicitare *s.f.* félicitation *f.*, compliment *m.*, congratulation *f.*
felie *s.f.* tranche *f.*
felin, ~ă *adj.* félin, ~e.
felinar *s.n.* réverbère *m.*
felurit, ~ă 1. *adj.* divers, ~e, varié, ~e, différent, ~e. **2.** *adv.* diversement, différemment.
femeie *s.f.* femme *f.*
femeiesc, -iască *adj.* féminin, ~e.
femeiuşcă *s.f. peior.* femmelette *f.*
femelă *s.f.* femelle *f.*
feminin, ~ă *adj.* féminin, ~e.
feminitate *s.f.* féminité *f.*
femur *s.n.* fémur *m.*
fenix *s.m.* phénix *m.*
fenomen *s.n.* phénomène *m.*
fenomenal, ~ă *adj.* phénoménal, ~e.
ferăstrău *s.n.* scie *f.* ‖ *a tăia cu ~l* scier.
fereală *s.f.* précaution *f.*, circonspection *f.*
fereastră *s.f.* fenêtre *f.*
fereca *vt.* enchaîner, verrouiller.
ferfeniţă *s.f.* (în expr.) *a face ~* déchirer, mettre en loques.
feri I. *vt.* défendre, protéger, mettre à l'abri. **II.** *vr.* **1.** éviter. **2.** se garder (de), se méfier ‖ *fereşte-te de el* méfie- toi de lui; *m-am ferit să-i spun* je me suis bien gardé de lui dire, j'ai évité de lui dire.
ferici *vt.* rendre heureux.
fericire *s.f.* bonheur *m.* ‖ *din ~* heureusement.
fericit, ~ă *adj.* heureux, -euse.
ferigă *s.f.* fougère *f.*
ferm, ~ă 1. *adj.* ferme. **2.** *adv.* fermement.

fermă *s.f.* ferme *f.*
fermeca *vt.* 1. charmer, ensorceler. 2. jeter un sort, envoûter.
fermecător, -oare *adj.* charmant, ~e, ensorcelant, ~e.
ferment *s.m.* ferment *m.*
fermenta *vi.* fermenter.
fermentare *s.f.* fermentation *f.*
fermier, -ă *s.m.f.* fermier, -ère.
fermoar *s.n.* fermeture-éclair (à glissière) *f.*
feroce *adj.* féroce.
ferocitate *s.f.* férocité *f.*
feroviar 1. *adj.* ferroviaire. 2. *s.m.* cheminot *m.*
fertil, -ă *adj.* fertile.
fes *s.n.* fez *m.*
festă *s.f.* farce *f.*, tour *m.*
festival *s.n.* festival *m.* (*pl.* ~s).
festivitate *s.f.* festivité *f.*, fête *f.*
feston *s.n.* feston *m.*
feștilă *s.f.* mèche *f.*
fetiș *s.n.* fétiche *m.*
fetiță *s.f.* fillette *f.*
feudal, -ă 1. *adj.* féodal, ~e. 2. *s.m.* féodal *m.*, seigneur *m.*
feudalism *s.n.* féodalité *f.*; féodalisme *m.*
feudă *s.f.* fief *m.*
fi *vi.* 1. être, exister. 2. se trouver. || *a ~ bine* être en bonne santé; *a ~ bine (cu cineva)* être en bons termes (avec qn.); *o ~!* peut-être!; *a nu ~ a bună* être de mauvais augure; *ce-o ~ o ~!* advienne que pourra! *a ~ cât p-aci să...* être sur le point de...; *a-ți ~ foame (frică, frig, milă)* avoir faim (peur, froid, pitié); *a fost odată ca niciodată* il était une fois.
fiară *s.f.* bête féroce *f.*, fauve *m.*
fibră *s.f.* fibre *f.*
fibros, -oasă *adj.* fibreux, -euse.
ficat *s.m.* foie *m.*
fictiv, -ă *adj.* fictif, -ive.
ficțiune *s.f.* fiction *f.*
fidea *s.f.* vermicelle *m.*
fidelitate *s.f.* fidélité *f.*
fie *conj.* soit.
fiecare 1. *pron. nehot.* chacun, ~e. 2. *adj. nehot.* chaque, tout || ~ *știe adevărul* chacun connaît la vérité; ~ *om trebuie să-și facă datoria* chaque (tout) homme doit faire son devoir.
fiece *adj. nehot.* chaque, tout.
fier *s.n.* 1. fer *m.* 2. *pl.* chaînes *f.* || ~ *vechi* ferraille *f. sg.*
fierar *s.m.* 1. forgeron *m.* 2. ferronnier *m.*
fierărie *s.f.* forge *f.*, ferronnerie *f.*
fierbe *vi.* bouillir || *a ~ (pe cineva) fără apă* faire mourir qn. à petit feu.
fierbere *s.f.* ébullition *f.*
fierbinte I. *adj.* 1. brûlant, ~e. 2. *fig.* ardent, ~e. II. *adv.* ardemment.
fiere *s.f.* 1. bile *f.*, fiel *m.* 2. *fig.* amertume *f.*
fiertură *s.f.* bouillon *m.*
figura *vi.* figurer.
figurant, -ă *s.m.f.* figurant, ~e.
figurație *s.f.* figuration *f.*
figură *s.f.* figure *f.*, visage *m.* || *a face (cuiva) o ~* jouer un mauvais tour (à qn.).

fiică *s.f.* fille *f.*
fiindcă *conj.* parce que, puisque, vu que.
fiinţă *s.f.* être *m.*, créature *f.* ‖ în ~ en vigueur.
fila *vt.* filer.
filament *s.n.* filament *m.*
filantrop, -oapă *s.m.f.* philanthrope *m.*
filantropie *s.f.* philanthropie *f.*
filarmonică *adj.* philharmonique.
filatelie *s.f.* philatélie *f.*
filatelist *s.m.* philatéliste *m.*
filatură *s.f. text.* filature *f.*
filă *s.f.* feuille *f.*, feuillet *m.*
fildeş 1. *s.n.* ivoire *m.* 2. *s.m.* défense *f.*
fileu *s.n.* 1. filet *m.* 2. (pt. păr) résille *f.*
filfizon *s.m.* godelureau *m.*, freluquet *m.*
filială *s.f.* filiale *f.*
filiaţie *s.f.* filiation *f.*
filieră *s.f.* filière *f.*
filigran *s.n.* filigrane *m.*
film *s.f.* film *m.* ‖ ~ de scurt metraj court métrage.
filma *vt.* filmer, tourner.
filolog *s.m.* philologue *m.*
filologie *s.f.* philologie *f.*
filon *s.n.* filon *m.*
filoxeră *s.f.* phylloxéra *m.*
filozof, -oafă *s.m.f.* philosophe.
filozofa *vi.* philosopher.
filozofie *s.f.* philosophie *f.*
filtra *vt.* filtrer.
filtru *s.n.* 1. filtre *m.* 2. (băutură magică) philtre *m.*
fin, ~a 1. *adj.* fin, ~e, délicat, ~e. 2. *adv.* finement. 3. *s.m.f.*
filleul, ~e ‖ *ureche fină* oreille fine; *gust* ~ goût délicat.
final, ~ă 1. *adj.* final, ~e. 2. *s.n.* finale *m.*
finală *s.f.* finale *f.*
financiar, ~ă 1. *adj.* financier, -ère. 2. *s.m.f.* financier *m.*
finanţa *vt.* financer.
finanţare *s.f.* financement *m.*
finanţe *s.f.* finance *f.*
fineţe *s.f.* finesse *f.*
finlandez, ~ă *adj.* şi *s.m.f.* finlandais, ~e; finnois, ~e.
fiolă *s.f.* ampoule *f.*, fiole *f.*
fior *s.m.* frisson *m.*
fiord *s.n.* fjord, fiord *m.*
fioros, -oasă 1. *adj.* féroce. 2. *adv.* férocement.
fir *s.n.* fil *m.*, brin *m.*, grain *m.* ‖ ~ *cu plumb* fil à plomb; *de-a* ~ *a păr* minutieusement; ~ *de aţă* fil; ~ *de nisip* grain de sable; ~ *de iarbă* brin d'herbe.
firav, ~ă *adj.* frêle, délicat, ~e.
fire *s.f.* 1. nature *f.* 2. caractère *m.*, naturel *m.* ‖ *om în toată firea* homme mûr; *a-şi veni în* ~ reprendre ses esprits; *a-şi ieşi din* ~ sortir de ses gonds; *a scoate (pe cineva) din* ~ pousser (qn.) à bout; *a se pierde cu firea* perdre contenance.
firesc, -ească *adj.* naturel, -elle.
fireşte *adv.* naturellement.
firet *s.n.* galon *m.*
firidă *s.f.* niche *f.*
firimitură *s.f.* miette *f.*
firmament *s.n.* firmament *m.*
firmă *s.f.* 1. enseigne *f.* 2. firme *f.*

fişă *s.f.* jeton *m.*
fisc *s.n.* fisc *m.*
fiscal, ~ă *adj.* fiscal, ~e.
fistic 1. *s.m.* (pom) pistachier *m.* 2. *s.n.* (fruct) pistache *f.*
fistulă *s.f.* fistule *f.*
fisură *s.f.* fissure *f.*
fişă *s.f.* fiche *f.*
fişic *s.n.* rouleau de monnaies *m.*
fişier *s.n.* fichier *m.*
fit *s.n.* (în expr.) *a trage la* ~ sécher une classe, faire l'école buissonnière.
fitil *s.n.* mèche *f.*
fiţuică *s.f.* petit bout de papier.
fiu *s.m.* fils *m.* ‖ *fiule!* mon fiston!
fix, ~ă 1. *adj.* fixe. 2. *adv.* fixement.
fixa *vt.* fixer.
fizic, ~ă *adj.* physique.
fizică *s.f.* physique *f.*
fiziceşte *adv.* physiquement.
fiziolog *s.m.* physiologiste *m.*
fiziologie *s.f.* physiologie *f.*
fizionomie *s.f.* physionomie *f.*
fizioterapie *s.f.* physiothérapie *f.*
fâlfâi *vt.* 1. battre des ailes. 2. (despre drapel, pânză etc.) flotter au vent.
fân *s.n.* foin *m.*
fântână *s.f.* fontaine *f.* ‖ *a căra apă la* ~ porter de l'eau à la rivière.
fâstâci *vr. fam.* se troubler, perdre contenance.
fâşie *s.f.* bande *f.*, lambeau *m.*
fâşâi *vi.* 1. (despre mătase) froufrouter. 2. (despre hîrtie) crisser. 3. (despre frunze) bruire.

fâţâi *vr.* 1. frétiller, se dandiner. 2. avoir la bougeotte.
flacără *s.f.* 1. flamme *f.* 2. *fig.* ardeur *f.*
flacon *s.n.* flacon *m.*
flagel *s.n.* fléau *m.*
flanc *s.n.* flanc *m.*
flanelă *s.f.* flanelle *f.*
flaşnetă *s.f.* orgue de Barbarie *m.*
flaut *s.n.* flûte *f.*
flautist, ~ă *s.m.f.* flûtiste *m.*
flăcău *s.m.* 1. jeune homme *m.*, gars *m.* 2. célibataire *m.*, garçon *m.*
flămând, ~ă *adj.* 1. affamé, ~e. 2. *fig.* avide.
flămânzi *vi.* être affamé.
fleac *s.n.* 1. bagatelle *f.*, babiole *f.* 2. *fig.* sornettes *f. pl.* ‖ *cumpără numai fleacuri* il n'achète que des babioles; *se distrează cu fleacuri* il s'amuse à des bagatelles; *spune fleacuri* il conte des sornettes.
flecar, ~ă *s.m.f.* bavard, ~e, babillard, ~e, jaseur, -euse.
flecăreală *s.f.* 1. bavardage *m.* 2. jasement *m.*
flecări *vi.* 1. bavarder, babiller. 2. jaser, caqueter, tailler une bavette.
flegmatic, ~ă *adj.* flegmatique, calme.
flegmă *s.f.* 1. *med.* phlegme *m.*, flegme *m.* 2. *fig.* calme *m.*, flegme *m.*
flexibil, ~ă *adj.* flexible.
flexibilitate *s.f.* flexibilité *f.*
flexiune *s.f.* flexion *f.*

flirt *s.n.* flirt *m.*
floare *s.f.* 1. fleur *f.* 2. *fig.* fleur *f.*, élite *f.* 3. (la vin, bere etc.) fleurs *f. pl.* ‖ ~ *la ureche* bagatelle *f.*; *de florile mărului* pour des prunes; *floarea-soarelui* tournesol *m.*; *floare-de-colţ* edelweiss *m.*, immortelle des neiges *f.*
florar *s.m.* fleuriste *m.*
floră *s.f.* flore *f.*
florăreasă *s.f.* fleuriste *f.*, bouquetière *f.*
florărie *s.f.* boutique du fleuriste *f.*
flotă *s.f.* flotte *f.*
flotilă *s.f.* flottille *f.*
fluctuaţie *s.f.* fluctuation *f.*
fluid, ~ă *adj.* şi *s.n.* fluide *m.*
fluiditate *s.f.* fluidité *f.*
fluier[1] *s.n.* sifflet *m.*
fluier[2] *s.n.* (instrument muzical) flûte *f.*
fluiera *vi.* siffler.
fluierat *s.n.* sifflement *m.*
fluşturatic, ~ă *adj.* volage ‖ *un om* ~ un freluquet.
flutura 1. *vt.* agiter. 2. *vi.* voltiger, flotter.
fluture *s.m.* 1. papillon *m.* 2. paillette *f.* ‖ *ie cu fluturi* blouse à paillettes.
fluvial, ~ă *adj.* fluvial, ~e.
fluviu *s.n.* fleuve *m.*
flux *s.n.* flux *m.*, marée montante *f.*
foaie *s.f.* 1. feuille *f.* 2. feuillet *m.*, page *f.*
foale *s.n.* soufflet (de forge) *m.*
foame *s.f.* faim *f.*
foamete *s.f.* famine *f.*, disette *f.*
foarfece *s.n.* ciseaux *m. pl.*

foarte *adv.* très, fort, tout, bien.
fobie *s.f.* phobie *f.*
foc *s.n.* 1. feu *m.*, incendie *m.* 2. coup de feu *m.* 3. *fig.* ardeur *f.*, enthousiasme *m.* 4. *fig.* chagrin *m.*, douleur *f.* ‖ *a băga mâna în* ~ mettre la main au feu; *până nu faci* ~ *nu iese fum* il n'y a pas de fumée sans feu; *a trece (o ţară) prin* ~ *şi sabie* mettre un pays à feu et à sang; *a-şi vărsa ~ul* vider son sac; *a da* ~ mettre le feu; *a se face* ~ *şi pară* jeter feu et flamme.
focar *s.n.* foyer *m.*
focă *s.f.* phoque *m.*
fochist *s.m.* chauffeur *m.*
focos, -oasă *adj.* ardent, ~e.
foi 1. *vi.* fourmiller, grouiller. 2. *vr.* s'agiter.
foială *s.f.* 1. grouillement *m.*, fourmillement *m.* 2. va-et-vient *m.*
foileton *s.n.* feuilleton *m.*
foişor *s.n. arh.* 1. beffroi *m.* 2. belvédère *m.*
foiţă *s.f.* papier pelure, papier à cigarettes.
folclor *s.n.* folklore *m.*
folos *s.n.* profit *m.*, avantage *m.* ‖ *ce* ~ ? à quoi bon?
folosi 1. *vt.* employer, user, utiliser, mettre à profit. 2. *vi.* servir. 3. *vr.* profiter, se servir.
folosire *s.f.* emploi *m.*, usage *m.*
folositor, -oare *adj.* utile.
fond *s.n.* 1. fond *m.* 2. fonds *m.* ‖ *fondul şi forma* le fond et la forme; ~ *comercial* fonds de commerce.

fondator, -oare *s.m.f.* fondateur, -trice.
fonem *s.n.* phonème *m.*
fonetică *s.f.* phonétique *f.*
fonf, foanfă *adj.* nasillard, ~e.
fonfăi *vi.* nasiller.
fonograf *s.n.* phonographe *m.*
fontă *s.f.* fonte *f.*
for *s.n.* 1. forum *m.* 2. for *m.* ‖ ~ *roman* forum; ~ *interior* for intérieur.
foraj *s.n.* forage *m.*
forestier, ~ă *adj.* forestier, -ère.
forfeca *vt. fig.* débiner, déchirer (qn.) à belles dents, casser du sucre sur le dos de qn.
forfotă *s.f.* fourmillement *m.*, grouillement *m.*, pullulement *m.*
forfoti *vi.* fourmiller, grouiller,␣pulluler.
forja *vt.* forger.
forjă *s.f.* forge *f.*
forma *vt. vr.* (se) former.
formal, ~ă I. *adj.* 1. superficiel, -elle. 2. formel, -elle, catégorique. **II.** *adv.* 1. superficiellement. 2. formellement, catégoriquement ‖ *expunere ~ă* exposé superficiel; *ordin ~* ordre catégorique, formel.
formalism *s.n.* formalisme *m.*
formalitate *s.f.* formalité *f.*
formare *s.f.* formation *f.*
format *s.n.* format *m.*
formaţie *s.f.* formation *f.*
formă *s.f.* 1. forme *f.* 2. aspect *m.* 3. moule *m.*
formidabil, ~ă *adj.* formidable.
formula *vt.* formuler.

formular *s.n.* formulaire *m.*
formulă *s.f.* formule *f.*
fort *s.n.* fort *m.*
fortăreaţă *s.f.* forteresse *f.*, citadelle *f.*
fortifica *vt.* fortifier.
forţa *vt.* forcer.
forţă *s.f.* force *f.*, puissance *f.*, énergie *f.* ‖ *cu forţa* de force, par force.
fosfat *s.n.* phosphate *m.*
fosfor *s.n.* phosphore *m.*
fosforescent, ~ă *adj.* phosphorescent, ~e.
fosforescenţă *s.f.* phosphorescence *f.*
fosilă *s.f.* fossile *m.*
fost, ~ă *adj.* ancien, -enne.
foşnet *s.n.* bruissement *m.*
foşni *vi.* bruire.
fotă *s.f.* jupe paysanne *f.*
fotbal *s.n.* football *m.* ‖ *jucător de ~* footballeur *m.*
fotbalist *s.m.* footballeur *m.*
fotogenic, ~ă *adj.* photogénique.
fotograf *s.m.* photographe *m.*
fotografia *vt.* photographier.
fotografie *s.f.* photographie *f.*, photo *f.*
fotoliu *s.n.* fauteuil *m.*
fotomontaj *s.n.* panneau photographique *m.*
frac *s.n.* habit *m.*, frac *m.*
fractura *vt.* fracturer, casser.
fractură *s.f.* fracture *f.*
fracţie *s.f.* fraction *f.*
fracţiona *vt.* fractionner.
fracţionare *s.f.* fractionnement *m.*
fracţiune *s.f.* fraction *f.*

fragă *s.f.* fraise *f.*
fraged, ~ă *adj.* tendre, fin, ~e, délicat, ~e, frais, fraîche.
fragil, ~ă *adj.* fragile.
fragment *s.n.* fragment *m.*
fragmenta *vt.* fragmenter.
fragmentare *s.f.* fragmentation *f.*
fraier *s.m.* (în expr.) *a fi ~* être poire.
franc[1] *s.m.* franc *m.*
franc[2], **~ă** *adj.* franc, -che.
franca *vt.* affranchir.
francare *s.f.* affranchissement *m.*
francez, ~ă *adj.* şi *s.m.f.* français, ~e.
franj *s.n.* frange *f.*
franzelă *s.f.* pain blanc *m.*, flûte *f.*, baguette *f.*
frasin *s.m.* frêne *m.*
frate *s.m.* frère *m.* ‖ *~ bun* frère germain; *~ vitreg* demi-frère; *fraţi gemeni* frères jumeaux.
fraterniza *vi.* fraterniser.
fraudă *s.f.* fraude *f.*, malversation *f.*
fraudulos, -oasă *adj.* frauduleux, -euse.
fraza *vi. muz.* phraser.
frază *s.f.* phrase *f.*
frazeologie *s.f.* phraséologie *f.*
frăgezime *s.f.* fraîcheur *f.*, (despre carne) tendreté *f.*
frământa 1. *vt.* pétrir. 2. *vr. fig.* se tourmenter, s'agiter.
frământare *s.f.* 1. pétrissage *m.* 2. *fig.* agitation *f.*, tourment *m.*
frăţesc, -ească *adj.* fraternel, -elle.
frăţeşte *adv.* fraternellement.

frăţie *s.f.* fraternité *f.*
frăţior *s.m.* frérot *m.*
freamăt *s.n.* frémissement *m.*, *fig.* frisson *m.*
freca I. *vt.* 1. frotter, frictionner, masser. 2. *fig.* harceler. II. *vr.* se frotter.
frecare *s.f.* frottement *m.*, friction *f.*
frecătură *s.f.* 1. friction *f.* 2. *fig.* heurt *m.*, désaccord *m.*
frecvent, ~ă *adj.* fréquent, ~e.
frecventa *vt.* fréquenter.
frecventare *s.f.* fréquentation *f.*
frecvenţă *s.f.* 1. fréquence *f.* 2. assiduité *f.*
fredona *vt.* fredonner.
fregată *s.f.* frégate *f.*
fremăta *vi.* 1. (despre frunze) bruire. 2. (despre oameni) frémir.
fremătător, -oare *adj.* frémissant, ~e.
frenetic, ~ă 1. *adj.* frénétique. 2. *adv.* frénétiquement.
frenezie *s.f.* frénésie *f.*
frescă *s.f.* fresque *f.*
freza *vt.* fraiser.
freză *s.f.* 1. *tehn.* fraise *f.*, (maşina) fraiseuse *f.* 2. *fam.* coiffure *f.*
frică *s.f.* peur *f.*, crainte *f.*, frayeur *f.*; *fam.* frousse *f.* ‖ *cu ~* craintivement.
fricos, -oasă *adj.* peureux, -euse, craintif, -ive; *fam.* froussard, ~e.
frig *s.n.* 1. froid *m.* 2. *pl.* forte fièvre *f.*; malaria *f.*
friganea *s.f.* pain perdu *m.*
frigare *s.f.* broche *f.*

frigăruie *s.f.* brochette *f.*
frige I. *vt.* 1. rotir. 2. griller, braiser. II. *vr.* 1. brûler. 2. *fig.* se tromper ‖ *cine s-a fript cu ciorbă suflă şi-n iaurt* chat échaudé craint l'eau froide; *a mânca (pe cineva) fript* causer la perte (de qn.); *a face (cuiva) zile fripte* rendre (à qn.) la vie dure.
frigider *s.f.* réfrigérateur *m.*, frigo *m. fam.*
friguros, -oasă *adj.* 1. froid, ~e. 2. frileux,-euse ‖ *timp* ~ temps froid; *persoană friguroasă* personne frileuse.
friptură *s.f.* rôti *m.* ‖ ~ *la grătar* grillade *f.*
frişcă *s.f.* crème (fouettée) *f.*
frivol, ~ă *adj.* frivole.
friza *vt.* friser, onduler.
frizer *s.m.* coiffeur *m.*
frizerie *s.f.* salon de coiffure *m.*
frâna *vt.* freiner.
frânar *s.m.* garde-frein *m.*
frânare *s.f.* freinage *m.*
frână *s.f.* frein *m.*
frânge *vt.* rompre, briser ‖ *a-şi* ~ *mâinile* se tordre les mains.
frângere *s.f.* brisement *m.*, rupture *f.*
frânghie *s.f.* corde *f.*
frântură *s.f.* débris *m. pl.*, fragment *m.*
frâu *s.n.* bride *f.* ‖ *a-şi pune* ~ *gurii* peser ses mots; *a ţine (pe cineva) în* ~ tenir la bride haute (à qn.).
front *s.n.* front *m.*
frontal, ~ă *adj.* frontal, ~e.
frontieră *s.f.* frontière *f.*

frontispiciu *s.n.* frontispice *m.*
fruct *s.n.* fruit *m.*
fructărie *s.f.* fruiterie *f.*
fructieră *s.f.* compotier *m.*
fructifer, ~ă *adj.* fruitier, -ère, fructifère ‖ *pom* ~ arbre fruitier.
fructifica *vi.* fructifier.
fructificare *s.f.* fructification *f.*
fructuos, -oasă *adj.* fructueux, -euse.
frugal, ~ă *adj.* frugal, ~e.
frugalitate *s.f.* frugalité *f.*
frumos, -oasă 1. *adj.* beau, belle, joli, ~e. 2. *adv.* joliment. 3. *s.n.* beau *m.*
frumuseţe *s.f.* beauté *f.*
fruntaş[1] *s.m. mil.* caporal *m.*, brigadier *m.*
fruntaş[2], **~ă** *adj.* d'élite ‖ *muncitor* ~ ouvrier d'élite.
frunte *s.f.* 1. front *m.* 2. *fig.* fleur *f.*, élite *f.* ‖ *în* ~ en tête.
frunză *s.f.* feuille *f.* ‖ *a tăia* ~ *la câini* a) se tourner les pouces; faire de la bouillie pour les chats.
frunzări *vt.* feuilleter.
frunziş *s.n.* feuillage *m.*
ftizic *adj.* phtisique, poitrinaire.
ftizie *s.f.* phtisie *f.*, tuberculose pulmonaire *f.*
fudul, ~ă *adj.* altier, -ère, hautain, ~e ‖ *de o ureche* dur d'oreille.
fuduli *vr.* se rengorger, se pavaner, faire l'important.
fugar, ~ă *adj.* fugitif, -ive.
fugă *s.f.* 1. fuite *f.*, course *f.* 2. *muz.* fugue *f.* ‖ *pe* ~ à la hâte; *într-o* ~ d'un trait; *a pune (pe*

cineva) pe ~ chasser qn.; *a o rupe la* ~ prendre la fuite; *fuga-fuguţa* dare-dare.
fugări *vt.* poursuivre, pourchasser.
fugărire *s.f.* poursuite *f.*
fugi *vi.* fuir, courir ‖ *a* ~ *mâncând pământul* courir à bride abattue; *a-ţi* ~ *pământul de sub picioare* perdre pied.
fuior *s.n.* tortis *m.*
fular *s.n.* foulard *m.*
fulg *s.m.* plume *f.*, (la păsări) duvet *m.*, (de zăpadă) flocon *m.* ‖ *ca fulgul pe apă* à la dérive; *curat ca un* ~ propre comme un sou neuf.
fulger *s.n.* éclair *m.*
fulgera *vi.* 1. faire des éclairs. 2. éclairer ‖ *fulgeră* il éclaire; *a* ~ *cu privirea* foudroyer du regard.
fulgerător, -oare *adj.* 1. fulgurant, ~e, foudroyant, ~e 2. pénétrant, ~e.
fulgui *vi.* neiger à flocons rares.
fum *s.n.* fumée *f.*
fuma *vi. vt.* fumer.
fumător, -oare *s.m.f.* fumeur, -euse.
fumega *vi.* fumer.
fumuriu, -ie *adj.* gris, ~e.
funciar, -ă *adj.* foncier, -ère.
funcţie *s.f.* fonction *f.*, emploi *m.*
funcţiona *vt.* fonctionner.
funcţionar, ~ă *s.m.f.* fonctionnaire, employé, ~e.
funcţionare *s.f.* fonctionnement *m.*
funcţionăraş *s.m. fam.* rond-de-cuir *m.*, gratte-papier *m.*

fund *s.n.* 1. fond *m.* 2. base *f.*
funda *vt.* fonder, instituer.
fundament *s.n.* fondement *m.*
fundamenta *vt.* 1. mettre, jeter les fondements. 2. étayer, consolider.
fundamental, ~ă *adj.* fondamental, ~e.
fundaş *s.m. sport* arrière *m.*
fundaţie *s.f.* fondation *f.*
fundă *s.f.* nœud *m.*
fundătură *s.f.* impasse *f.*, cul-de-sac *m.*
funebru, ~ă *adj.* funèbre.
funeralii *s.n. pl.* funérailles *f.pl.*, obsèques *f.pl.*
funerar, ~ă *adj.* funéraire.
funest, ~ă *adj.* funeste.
funicular *s.n.* funiculaire *m.*
funie *s.f.* corde *f.*, câble *m.*
funingine *s.f.* suie *f.*
fura *vt.* voler, dérober, enlever.
furcă *s.f.* fourche *f.*, (de tors) quenouille *f.* ‖ *a da (cuiva) de* ~ donner du fil à retordre (à qn.); *a se certa* ~ se disputer violemment.
furculiţă *s.f.* fourchette *f.*
furgon *s.n.* fourgon *m.*
furie *s.f.* 1. rage *f.*, fureur *f.* 2. *fig.* furie *f.*
furios, -oasă 1. *adj.* furieux, -euse. 2. *adv.* furieusement.
furiş *loc. adv.* (în expr.) *pe* ~ en cachette, à la dérobée, furtivement, subrepticement.
furişa *vr.* se faufiler, se couler.
furnal *s.n.* haut fourneau *m.*
furnica *vi.* fourmiller.
furnicar *s.n.* fourmilière *f.*

furnică *s.f.* fourmi *f.*
furnitură *s.f.* fourniture *f.*
furniza *vt.* fournir.
furnizare *s.f.* fourniture *f.*
furnizor, -oare *s.m.f.* fournisseur *m.*
furt *s.n.* vol *m.*, larcin *m.*
furtun *s.n.* tuyau d'arrosage *m.*
furtună *s.f.* tempête *f.*, orage *m.*
furtunos, -oasă *adj.* orageux, -euse.

furuncul *s.n.* furoncle *m.*
furunculoză *s.f.* furonculose *f.*
fus *s.n.* **1.** fuseau *m.* **2.** *tehn.* tourillon *m.*
fustă *s.f.* jupe *f.*
fuzelaj *s.n.* fuselage *m.*
fuziona *s.n.* fusionner.
fuziune *s.f.* fusion *f.*

G

gabardină *s.f.* gabardine *f.*
gabarit *s.n.* gabarit *m.*
gafă *s.f.* gaffe *f.*
gaică *s.f.* attache *f.*
gaie *s.f.* milan *m.*
gaiță *s.f.* **1.** geai *m.* **2.** *fig. fam.* pie *f.*
gaj *s.n.* gage *m.*, caution *f.*
galalit *s.n. sg.* galalithe *f.*
galant, ~ă I. *adj.* **1.** galant, ~e, courtois, ~e. **2.** généreaux, -euse, large. **II.** *adv.* galamment, courtoisement.
galantar *s.n.* étalage *m.*, devanture *f.*
galanterie *s.f.* **1.** galanterie *f.*, amabilité *f.*, courtoisie *f.* **2.** (în expr.) *magazin de ~* bonneterie *f.*
galanton, -oană *adj. fam.* généreux, -euse, large.
gală *s.f.* gala *m.*
galben 1. *adj.* jaune. **2.** *s.n.* jaune *m.* **3.** *s.m.* (monedă) pièce d'or *f.* ‖ *~ ca turta de ceară* pâle comme la mort, exsangue.
galenă *s.f.* galène *f.*
galeră *s.f.* galère *f.*
galerie *s.f.* **1.** galerie *f.*, corridor *m.* **2.** galerie *f.*, collection *f.* **3.** balcon d'un théâtre *m.*; poulailler *m.*, paradis *m.* ‖ *a face ~ acclamer*, *fam.* faire la claque.
galeș, ~ă 1. *adj.* langoureux, -euse, tendre, mélancolique. **2.** *adv.* langoureusement, tendrement, mélancoliquement.
galicism *s.n.* gallicisme *m.*
galon *s.n.* galon *m.*
galop *s.n.* galop *m.*
galopa *vi.* galoper.
galoș *s.m.* caoutchouc *m.*
galvaniza *vt.* galvaniser.
galvanizare *s.f.* galvanisation *f.*
galvanometru *s.n.* galvanomètre *m.*
galvanoplastie *s.f.* galvanoplastie *f.*
gamă *s.f.* gamme *f.*
gambă *s.f.* jambe *f.*
gamelă *s.f.* gamelle *f.*
gang *s.n.* passage *m.*
ganglion *s.m.* ganglion *m.*
ganglionar, ~ă *adj.* ganglionnaire.
gangster *s.m.* gangster *m.*
gara *vt.* garer.

garaj *s.n.* garage *m.*
garanta *vt.* garantir.
garantat, ~ă **1.** *adj.* garanti, ~e. **2.** *adv. fam.* sûr et certain.
garanţie *s.f.* garantie *f.* ‖ *a lua (pe cineva) pe ~* se porter garant (pour qn.), en répondre.
gară *s.f.* gare *f.*, station *f.*
gard *s.n.* clôture *f.* ‖ *~ de fier* grille *f.*; *~ de lemn* palissade *f.*; *~ de nuiele* haie *f.*; *~ viu* haie vive *f.*; *a nimeri cu oiştea-n ~* faire un pas de clerc.
gardă *s.f.* **1.** garde *f.*, faction *f.*, service *m.* ‖ *a face de ~* monter la garde, être en faction; *medic de ~* médecin de service.
gardenie *s.f.* gardénia *m.*
garderob *s.n.* armoire *f.*
garderobă *s.f.* vestiaire *m.*
gardian *s.m.* garde *m.*, gardien *m.*
gardist *s.m.* gardien de la paix *m.*, agent de police *m.*; *fam.* flic *m.*
gargară *s.f.* gargarisme *m.*
garnisi *vt.* orner, décorer, garnir.
garnitură *s.f.* ornement *m.*, décoration *f.*, garniture *f.*
garniţă *s.f.* bidon *m.*
garnizoană *s.f.* garnison *f.*
garoafă *s.f.* œillet *m.*
garsonieră *s.f.* garçonnière *f.*
gastric, ~ă *adj.* gastrique.
gastrită *s.f.* gastrite *f.*
gastronom, -oamă *s.m.f.* gastronome.
gastronomie *s.f.* gastronomie *f.*
gaşcă *s.f.* clique *f.*, coterie *f.*
gata **I.** *adj. invar.* **1.** fini, ~e, terminé, ~e. **2.** prêt, ~e. **II.** *adv.* assez ‖ *lucrarea este ~* le travail est fini; *sunt ~* je suis (fin) prêt; *a fi ~ să...* être sur le point de...; *haine de ~* des prêts à porter.
gater *s.f.* scie mécanique *f.*
gaură *s.f.* trou *m.*, cavité *f.*, orifice *m.*, creux *m.* ‖ *nu se face ~ în cer* il n'y aura pas grand mal.
gaz *s.n.* **1.** gaz *m.* **2.** pétrole *m.*
gaza *vt.* gazer.
gazdă *s.f.* hôte *m.*, hôtesse *f.* ‖ *a sta în ~ (la cineva)* être en pension chez qn.
gazelă *s.f.* gazelle *f.*
gazetar *s.m.* journaliste *m.*
gazetă *s.f.* gazette *f.*, journal *m.* ‖ *~ de perete* gazette murale.
gazetărie *s.f.* journalisme *m.*
gazifica *vt.* gazéifier.
gazificare *s.f.* gazéification *f.*
gazometru *s.n.* gazomètre *m.*
gazon *s.n.* gazon *m.*
gazorniţă *s.f.* **1.** lampe à pétrole *f.* **2.** bidon à pétrole *m.*
gazos, -oasă *adj.* gazeux, -euse.
găgăuţă *s.f.* nigaud *m.*, benêt *m.*, bêta *m.*
găinar *s.m.* **1.** marchand de volaille *m.* **2.** *fig.* chapardeur *m.*, maraudeur *m.*
găină *s.f.* poule *f.*
găinuşă *s.f.* **1.** *ornit.* poule d'eau *f.* **2.** *astron.* poussinière *f.* **3.** *zool.* hanneton *m.*
găitan *s.n.* ganse *f.*, brandebourg *m.*
gălăgie *s.f.* tapage *m.*, vacarme *m.*, brouhaha *m.*, chahut *m.*
gălăgios, -oasă *adj.* bruyant, ~e, tapageur, -euse.
gălbează *s.f.* clavelée *f.*

gălbejeală *s.f.* pâleur *f.*
gălbenuş *s.n.* jaune d'œuf *m.*
gălbinare *s.f.* jaunisse *f.*
gălbui *adj.* jaunâtre.
găleată *s.f.* seau *m.*
găligan *s.m.* escogriffe *m.*
găluşcă *s.f.* boulette *f.* ‖ *a înghiţi găluşca* avaler des couleuvres.
găman *s.m. fam.* goinfre *m.*
găoace *s.f.* coque *f.*, coquille *f.*
gărgăriţă *s.f.* charançon *m.*
gărgăun *s.m.* frelon *m.* ‖ *a avea gărgăuni* avoir des lunes, se croire issu de la côte d'Adam.
găsi *vt. vr.* (se) trouver ‖ *a-şi ~ sacul, peticul* trouver chaussuer à son pied.
găteală *s.f.* parure *f.*, toilette *f.*
gătej *s.n.* brindille *f.*
găti I. *vt. vi.* 1. parer. 2. *cul.* cuisiner. II. *vr.* se parer, faire sa toilette.
găunos, -oasă *adj.* 1. creux, -euse. 2. (despre măsele) carié, ~e.
găurele *s.f. pl.* ajour *m.*
găuri *vt.* trouer, percer.
găvan *s.n.* écuelle *f.*
găzdui *vt. vi.* loger.
geaba *adv.* en vain, inutilement.
geam *s.n.* 1. vitre *f.* 2. fenêtre *f.* ‖ *a sparge un ~* casser une vitre; *geamul dă spre stradă* la fenêtre donne sur la rue.
geamandură *s.f.* bouée *f.*
geamantan *s.n.* valise *f.*
geamăn, ~ă *adj.* jumeau, jumelle.
geamăt *s.n.* gémissement *m.*
geambaş *s.m.* maquignon *m.*

geamgiu *s.m.* vitrier *m.*
geamie *s.f.* mosquée *f.*
geamlîc *s.n.* verrière *f.*, galerie vitrée *f.*
geană *s.f.* cil *m.* ‖ *a da ~ în* s'endormir.
geantă *s.f.* 1. serviette *f.* 2. sac à main *m.*
gelatină *s.f.* gélatine *f.*
gelos, -oasă *adj.* jaloux, -ouse.
gelozie *s.f.* jalousie *f.*
geme *vi.* 1. gémir. 2. (despre lucruri) regorger (de), être bondé.
gen *s.n.* genre *m.*
genealogic, ~ă *adj.* généalogique.
genealogie *s.f.* généalogie *f.*
genera *vt.* produire, engendrer.
general, ~ă 1. *adj.* général, ~e. 2. *s.m.* général *m.* ‖ *în ~* en général, généralement.
generaliza *vt.* généraliser.
generalizare *s.f.* généralisation *f.*
generator, ~oare *adj.* générateur, -trice.
generaţie *s.f.* génération *f.*
generic, ~ă *adj.* générique.
generos, -oasă 1. *adj.* généreux, -euse, magnanime. 2. *adv.* généreusement.
generozitate *s.f.* générosité, magnanimité *f.*
geneză *s.f.* genèse *f.*
genial, ~ă 1. *adj.* génial, ~e. 2. *adv.* génialement.
genital, ~ă *adj.* génital, ~e.
genitiv *s.n.* génitif *m.*
geniu *s.n.* génie *m.*
gentil, ~ă *adj.* aimable, courtois, ~e, gentil, -ille, affable.

gentilețe *s.f.* amabilité *f.*, courtoisie *f.*, gentillesse *f.*
gentilom *s.m.* gentilhomme *m.*, noble *m.*, aristocrate *m.*
gențiană *s.f.* gentiane *f.*
genunchi *s.m.* genou *m.* ‖ în ~ à genoux; *cu genunchii la gură* recroquevillé.
genunchieră *s.f.* genouillère *f.*
genune *s.f.* abîme *m.*, gouffre *m.*
geodezie *s.f.* géodésie *f.*
geofizică *s.f.* géophysique *f.*
geografie *s.f.* géographie *f.*
geologie *s.f.* géologie *f.*
geometrie *s.f.* géométrie *f.*
ger *s.n.* froid noir *m.*, gel *m.* ‖ ~ul bobotezii froid de loup.
german, ~ă *adj.* și *s.m.f.* allemand, ~e.
germen *s.m.* germe *m.*
germina *vi.* germer.
germinație *s.f.* germination *f.*
geros, -oasă *adj.* très froid, ~e, glacial, ~e.
gerunziu *s.n.* gérondif *m.*
gest *s.n.* geste *m.*
gestație *s.f.* gestation *f.*
gesticula *vi.* gesticuler.
gestionar, ~ă 1. *adj.* gestionnaire. 2. *s.m.f.* gestionnaire *m.*, gérant, ~e *m.f.*
get-beget *adj. invar.* authentique.
gheară *s.f.* griffe *f.*; (la păsări de pradă) serres *f.pl.* ‖ *a cădea în gheara (cuiva)* tomber entre les griffes, les pattes de qn.; *a fi în ghearele morții* être à l'article de la mort.
gheată *s.f.* bottine *f.*

gheață *s.f.* glace *f.* ‖ *a rupe* ~ rompre la glace; *a se da pe* ~ glisser, patiner.
gheb *s.n.* bosse *f.*
ghebos, -oasă *adj.* bossu, ~e.
ghebosa *vr.* 1. devenir bossu. 2. se courber, se voûter.
gheizăr *s.n.* geyser *m.*
ghem *s.n.* pelote *f.*, peloton *m.*
ghemotoc *s.n.* 1. tapon *m.* 2. boulette *f.*
ghemui *vr.* se pelotonner, se blottir.
gheretă *s.f.* guérite *f.*
gherghef *s.n.* métier à broder *m.*
ghes *s.n.* bourrade *f.* ‖ *dacă inima îți dă* ~ si le cœur vous en dit.
gheșeft *s.n.* tripotage *m.*, affaire louche *f.*
ghețar 1. *s.m.* glacier *m.* 2. *(mobilă)* *s.n.* glacière *f.*
ghețărie *s.f.* glacière *f.*
ghețuș *s.n.* verglas *m.*, glissoire *f.*
ghici *vt.* deviner.
ghicitoare *s.f.* devinette *f.*
ghicitor, -oare *s.m.f.* devin *m.*, devineresse *f.*, diseuse de bonne aventure *f.*
ghid *s.m.* și *n.* guide *m.*
ghidaj *s.n.* guidage *m.*
ghiduș, ~ă *adj.* farceur, -euse, espiègle.
ghidușie *s.f.* farce *f.*, niche *f.*
ghiftui *vt. vr.* (se) bourrer, (s')empiffrer, (se) gaver.
ghilimele *s.f.* guillemets *m.pl.*
ghilotina *vt.* guillotiner.
ghilotină *s.f.* guillotine *f.*

ghimpat, ~ă *adj.* épineux, -se ‖ *sârmă ~* des fils de fer barbelés, des barbelés.
ghimpe *s.m.* épine *f.*, piquant *m.* ‖ *a sta pe ghimpi* être sur des épines, sur des charbons ardents.
ghimpos, -oasă *adj.* épineux, -euse.
ghindă *s.f.* **1.** *bot.* gland *m.* **2.** (la cărţile de joc) trèfle *m.*
ghinion *s.n.* guigne *f.*, guignon *m.*, malchance *f.*; *fam.* déveine *f.*, poisse *f.*
ghioagă *s.f.* massue *f.*, gourdin *m.*
ghioc *s.n.* coquille *f.*, coquillage *m.*
ghiocel *s.m.* perce-neige *m.*
ghiol *s.n.* lac (au bord de la mer Noire ou dans le delta du Danube).
ghionoaie *s.f.* pic *m.*
ghiont *s.m.* bourrade *f.*, gourmade *f.*
ghionti *vt.* gourmer.
ghiotură *s.f.* **1.** grande quantité *f.* **2.** tas *m.* ‖ *cu ghiotura* à profusion.
ghiozdan *s.n.* cartable *m.*
ghips *s.n.* plâtre *m.*
ghirlandă *s.f.* guirlande *f.*
ghişeu *s.n.* guichet *m.*
ghiulea *s.f.* boulet *m.*
ghiveci *s.n.* **1.** pot à fleurs *m.* **2.** *cul.* macédoine *f.* **3.** *fig.* salmigondis *m.*
gigant *s.m.* géant *m.*
gigantic, ~ă *adj.* gigantesque.
gimnastică *s.f.* gymnastique *f.*
gimnaziu *s.n.* gymnase *m.*
ginecolog *s.m.* gynécologiste *m.*, gynécologue *m.*
ginecologie *s.f.* gynécologie *f.*
ginere *s.m.* **1.** gendre *m.*, beau-fils *m.* **2.** marié *m.*
gingaş, ~ă *adj.* **1.** fin, ~e, délicat, ~e, frêle. **2.** gracieux,-euse. **3.** sensible.
gingăşie *s.f.* **1.** finesse *f.*, délicatesse *f.* **2.** grâce *f.* **3.** sensibilité *f.*
gingie *s.f.* gencive *f.*
gintă *s.f.* race *f.*, gent *f.*
gioarsă *s.f. fam.* **1.** vieillerie *f.*, friperie *f.* **2.** frusques *f. pl.*
gir *s.n.* endos *m.*, endossement *m.*
gira *vt.* endosser.
girafă *s.f.* girafe *f.*
giugiuleală *s.f.* caresse *f.*, câlinerie *f.*
giugiuli *vt. vr.* caresser, (se) câliner.
giulgiu *s.n.* linceul *m.*
giumbuşluc *s.n.* drôlerie *f.*, bouffonnerie *f.*, facétie *f.*
giuvaer *s.n.* joyau *m.*, bijou *m.*
giuvaergiu *s.m.* joaillier *m.*, bijoutier *m.*
gâdila *vt.* chatouiller.
gâdilătură *s.f.* chatouillement *m.*
gâfâi *vi.* haleter, panteler.
gâfâit *s.n.* halètement *m.*
gâgâi *vi.* cacader, criailler.
gâgâit *s.n.* criaillement *m.*
gâlceavă *s.f.* dispute *f.*, querelle *f.*, démêlé *m.*
gâlcevitor, -oare *adj.* querelleur, -euse.
gâlci *s.f. pl.* écrouelles *f. pl.*
gâlgîi *vi.* couler à flots.

gâlgâit *s.n.* glouglou *m.*
gând *s.n.* pensée *f.*, idée *f.* ‖ *dus pe gânduri* plongé dans ses pensées; *a sta pe gânduri* méditer; *a se lua de gânduri* se mettre martel en tête; *când cu gândul nu gândeşti* quand on s'y attend le moins; *a avea de ~* avoir l'intention (de); *a pune (cuiva) ~ rău* vouloir du mal (à qn.).
gândac *s.m.* blatte *f.*; *pop.* cafard *m.*
gândi *vi. vr.* penser, réfléchir, méditer.
gândire *s.f.* pensée *f.*, réflexion *f.*
gânditor, -oare 1. *adj.* pensif, -ive, méditatif, -ive. 2. *s.m.* penseur *m.*
gânganie *s.f.* insecte *m.*
gângav *adj.* bègue.
gâgăvi *vt. vi.* bégayer, balbutier.
gânguri *vi.* 1. (despre copii) vagir. 2. (despre păsări) gazouiller; (despre porumbei şi turturele) roucouler.
gângurit *s.n.* 1. (despre copii) vagissement *m.* 2. (despre păsări) gazouillis *m.*; (despre porumbei şi turturele) roucoulement *m.*
gârbaci *s.n.* fouet *m.*, cravache *f.*
gârbovi *vr.* se courber, se voûter.
gârlă *s.f.* ruisseau *m.* ‖ *a se duce pe ~* tomber à l'eau.
gâscan *s.m.* jars *m.*
gâscă *s.f.* oie *f.*; *fig.* dinde *f.*
gâsculiţă *s.f. fig.* tête de linotte *f.*
gât *s.n.* 1. cou *m.*, col *m.* 2. gorge *f.*, gosier *m.* 3. (la sticlă) goulot *m.* ‖ *a-şi frânge gâtul* se casser la gueule; *a strânge (pe cineva) de ~* tordre le cou (à qn.); *a da pe ~ boire* d'un trait, lamper.
gâtlej *s.n.* gosier *m.*
gâtui *vt.* 1. étrangler. 2. *fig.* étouffer.
gâtuire *s.f.* 1. étranglement *m.* 2. *fig.* étouffement *m.*
gâză *s.f.* insecte *m.*
glacial, ~ă *adj.* glacial, ~e.
gladiator *s.m.* gladiateur *m.*
gladiolă *s.f.* glaïeul *m.*
glandă *s.f.* glande *f.*
glandular, ~ă *adj.* glandulaire, glanduleux, -euse.
glas *s.n.* voix *f.* ‖ *într-un ~* à l'unanimité; *a da ~* exprimer; *a ridica glasul* a) hausser la voix; b) *fig.* protester; *a-i pieri (cuiva) glasul* rester coi.
glaspapir *s.n.* papier de verre *m.*
glastră *s.f.* vase *m.*
glazură *s.f.* 1. *cul.* croûte de sucre *f.* 2. *tehn.* glaçure *f.*
glăsui *vi.* parler.
gleznă *s.f.* cheville *f.*
glicerină *s.f.* glycérine *f.*
glicină *s.f.* glycine *f.*
glie *s.f.* glèbe *f.*
gloabă *s.f.* haridelle *f.*, rosse *f.*, tocard *m.*
gloată *s.f.* foule *f.*, cohue *f.*
glob *s.n.* globe *m.*
globulă *s.f.* globule *m.*
glod *s.n.* boue *f.*
glonţ *s.n.* balle *f.* ‖ *a pleca ~* partir sans demander son reste
glorie *s.f.* gloire *f.*
glorifica *vt.* glorifier, honorer.

glorios, -oasă *adj.* glorieux, -euse.

glosar *s.n.* glossaire *m.*

glosă *s.f.* glose *f.*

glucoză *s.f.* glucose *f.*

glugă *s.f.* capuchon *m.*

glumă *s.f.* plaisanterie *f.*, badinage *m.*, blague *f.* ‖ *fără ~* sans blague; *nu-i ~* c'est sérieux; *lăsând gluma la o parte* plaisanterie à part; *a nu-i arde (cuiva) de ~* ne pas avoir le cœur à plaisanter; *a lua în ~* prendre à la légère; *a nu şti de ~* ne pas comprendre la plaisanterie.

glumeţ, -eaţă *adj.* badin, ~e, blagueur, -euse.

glumi *vi.* plaisanter, badiner, blaguer.

gluten *s.n. sg.* gluten *m.*

goană *s.f.* course *f.* ‖ *a lua la ~ (pe cineva)* chasser (qn.).

goarnă *s.f.* trompette *f.*, clairon *m.*, cor *m.*

goeletă *s.f.* goélette *f.*

gofra *vt.* gaufrer.

gogoaşă *s.f.* **1.** *cul.* beignet soufflé *m.* **2.** *zool.* cocon *m.* **3.** baliverne *f.*

gogoman *s.m.* godiche, niais, nigaud *m.*

gogomănie *s.f.* niaiserie *f.*, sottise *f.*, *fam.* boulette *f.*

gogonat, ~ă *adj.* gonflé, ~e, boursouflé, ~e, *fig.* exagéré, ~e, fieffé, ~e ‖ *o minciună gogonată* un mensonge fieffé.

gogonea *s.f.* tomate verte *f.*

gogoriţă *s.f.* loup-garou *m.*, épouvantail *m.*

gogoşar *s.m.* piment rouge *m.*, piment-tomate *m.*

gol¹, goală **I.** *adj.* **1.** nu, ~e. **2.** vide. **II.** *s.n.* **1.** vide **m.** **2.** creux *m.* **3.** lacune *f.* ‖ *~ puşcă* nu comme un ver; *pe pământul ~* sur la dure; *pe stomacul ~* à jeun; *a suna a ~* sonner creux; *a umple un ~* combler une lacune; *cu capul ~* nu-tête; *o cutie ~* une boîte vide.

gol² *s.n. sport* but *m.*

golan *s.m.* voyou *m.*

golaş, ~ă *adj.* déplumé, ~e, dénudé, ~e.

golănie *s.f.* gueuserie *f.*

golănime *s.f.* gueusaille *f.*, racaille *f.*, populace *f.*

golf *s.n.* **1.** *geogr.* golfe *m.*, baie *f.* **2.** *sport* golf *m.*

goli **1.** *vt.* vider. **2.** *vr.* désemplir, se vider.

goliciune *s.f.* nudité *f.*

gologan *s.m.* sou *m.*

gondolă *s.f.* gondole *f.*

gondolier *s.m.* gondolier *m.*

gong *s.n.* gong *m.*

goni **I.** *vt.* chasser ‖ *a ~ din urmă* poursuivre. **II.** *vi.* courir.

gorilă *s.f.* gorille *m.*

gornist *s.m.* trompette *m.*

gorun *s.m.* rouvre *m.*

gospodar *s.m.* fermier *m.*

gospodări **1.** *vt.* gérer, administrer, diriger. **2.** *vi.* s'occuper du ménage. **3.** *vr.* se caser.

gospodărie *s.f.* **1.** ménage *m.* **2.** ferme *f.*

gospodină *s.f.* ménagère *f.*; maîtresse de maison *f.*

gotic, ~ă *adj.* gothique.
grabă *s.f.* hâte *f.* ‖ *în ~ à la hâte*, à la va vite.
grabnic, ~ă 1. *adj.* hâtif, -ive, pressant, ~e, urgent, ~e. **2.** *adv.* vite, hâtivement, d'urgence.
grad *s.n.* **1.** (*geom.* şi într-o ierarhie) grade *m.* **2.** (*fig.* şi la termometru) degré *m.*
grada *vt.* graduer.
gradat, ~ă 1. *adj.* gradué, ~e. **2.** *s.m. mil.* gradé *m.*
gradare *s.f.* graduation *f.*
gradaţie *s.f.* gradation *f.*
grafic, ~ă *adj.* şi *s.n.* graphique *m.*
grafie *s.f.* graphie *f.*
grafit *s.n.* graphite *m.*
grafologie *s.f.* graphologie *f.*
grai *s.n.* **1.** voix *f.* **2.** langage *m.*, parler *m.* **3.** langue *f.* **4.** patois *m.* ‖ *prin viu ~* de vive voix.
grajd *s.n.* écurie *f.*
gram *s.n.* gramme *m.*
gramatică *s.f.* grammaire *f.*
graminee *s.f.* graminée *f.*
granat *s.n.* grenat *m.*
grandios, -oasă *adj.* grandiose, imposant, ~e.
grandoare *s.f.* grandeur *f.*
grandoman, ~ă *s.m.f.* mégalomane, présomptueux, -euse.
grandomanie *s.f.* mégalomanie *f.*, présomption *f.*
grangur *s.m.* **1.** loriot *m.* **2.** *fig.* gros bonnet *m.*, grosse légume *f.*
granit *s.n.* granit *m.*
graniţă *s.f.* frontière *f.*, limite *f.*, confins *m. pl.*
granulă *s.f.* granule *m.*
granulos, -oasă *adj.* granulé, ~e, granuleux, -euse.
grapă *s.f.* herse *f.*
gras, ~ă *adj.* **1.** gras, ~se, charnu, ~e. **2.** (despre pămînt) fertile. **3.** *fig.* bon ‖ *un bacşiş ~* un bon pourboire.
graseia *vi.* grasseyer.
gratie *s.f.* barreau *m.*, grille *f.*
gratis *adv.* gratis, gratuitement; *fam.* à l'œil.
gratuit, ~ă *adj.* **1.** gratuit, ~e. **2.** *fig.* inutile.
graţia *vt.* gracier, faire grâce.
graţie *s.f.* grâce *f.*, faveur *f.*
graţiere *s.f.* grâce *f.*
graţios, -oasă 1. *adj.* gracieux, -euse. **2.** *adv.* gracieusement.
graur *s.m.* étourneau *m.*
grav, ~ă 1. *adj.* grave. **2.** *adv.* gravement. ‖ *~ rănit* grièvement blessé.
grava *vt.* graver.
gravidă *adj. f.* enceinte *f.*
graviditate *s.f.* grossesse *f.*
gravita *vi.* graviter.
gravitate *s.f.* gravité *f.*
gravitaţie *s.f.* gravitation *f.*
gravură *s.f.* gravure *f.*
grăbi *vt. vr.* (se) hâter, (se) presser.
grădinar *s.m.* jardinier *m.*
grădină *s.f.* jardin *m.* ‖ *~ de zarzavat* potager *m.*; *o ~ de om* personne charmante.
grădinăreasă *s.f.* jardinière *f.*
grădinări *vi.* jardiner.
grădinărie *s.f.* jardinage *m.*
grădiniţă *s.f.* **1.** jardinet *m.* **2.** jardin d'enfants *m.*, garderie *f.*, (école) maternelle *f.*

grăi *vi.* parler.
grăitor, -oare *adj.* éloquent, ~e, édifiant, ~e.
grăjdar *s.m.* valet d'écurie *m.*, palefrenier *m.*
grămadă *s.f.* **1.** tas *m.*, amas *m.*, monceau *m.* **2.** foule *f.* ‖ *a cădea* ~ s'écrouler; *cu grămada* en très grande quantité, à profusion.
grămădeală *s.f.* **1.** (de fiinţe) agglomération *f.*, cohue *f.* **2.** (de obiecte) entassement *m.*
grănicer *s.m.* garde-frontière *m.*
grăpa *vt.* herser.
grăsime *s.f.* graisse *f.*
grăsuţ, -ă *adj.* grassouillet, -ette, dodu, ~e, potelé, ~e.
grătar *s.n.* gril *m.*
grăunte *s.m.* grain *m.*
greaţă *s.f.* **1.** nausée *f.* **2.** *fig.* dégoût *m.*, répugnance *f.*, écœurement *m.*
grebla *vt.* ratisser.
greblă *s.f.* râteau *m.*
grec *adj.* şi *s.m.f.* grec.
grefă *s.f. med.* greffe *f.*
grefier *s.m.* greffier *m.*
greier *s.m.* cigale *f.*, grillon *m.*
grenadă *s.f.* grenade *f.*
greoi, -oaie *adj.* lourdaud, ~e.
grepfrut *s.n.* pamplemousse *f.*; grapefruit *m.*
gresa *vt.* graisser.
gresie *s.f.* grès *m.*
greş *s.n. invar.* **1.** faute *f.* **2.** défaut *m.* ‖ *fără* ~ sans faute; *a da* ~ échouer.
greşeală *s.f.* faute *f.*, erreur *f.* ‖ *din* ~ par mégarde.

greşi *vi.* se tromper, faire erreur, avoir tort; *pop.* fauter.
greţos, -oasă *adj.* nauséabond, ~e, dégoûtant, ~e, écœurant, ~e.
greu, grea I. *adj.* **1.** lourd, ~e, pesant, ~e. **2.** difficile, dur, ~e, malaisé, ~e, laborieux, ~euse. **3.** (despre boli) grave. **4.** (despre alimente) indigeste. **5.** (despre mirosuri) fétide. **II.** *adv.* **1.** lourdement, pesamment. **2.** difficilement, laborieusement, péniblement. **3.** gravement. **III.** *s.n.* difficulté *f.*, peine *f.* ‖ *coş* ~ panier lourd; *lecţie* ~ leçon difficile; *jug* ~ joug pesant; *a avea pasul* ~ marcher lourdement; *bani grei* grosse somme; *cuvânt* ~ parole décisive; *a-i veni (cuiva)* ~ ne pas oser; *cu mare* ~ à grand-peine; *a munci din* ~ trimer.
greutate *s.f.* **1.** poids *m.* **2.** lourdeur *f.* **3.** charge *f.* **4.** difficulté *f.*
greva *vt.* grever.
grevă *s.f.* grève *f.* ‖ ~ *de câteva ore* débrayage *m.*
grevist, -ă *s.m.f.* gréviste.
grijă *s.f.* **1.** souci *m.*, inquiétude *f.* **2.** soin *m.*, sollicitude *f.*, attention *f.* ‖ *a fi fără* ~ ne pas s'en faire; *a lăsa în grija cuiva* confier à qn.
grijuliu, -ie *adj.* attentionné, ~e, prévenant, ~e.
grilaj *s.n.* grille *f.*
grima *vt. vi.* (se) grimer, (se) maquiller.
grimasă *s.f.* grimace *f.*

grimă *s.f.* grimage *m.*, maquillage *m.*
grindă *s.f.* poutre *f.*, solive *f.*
grindină *s.f.* grêle *f.* ‖ *cade grindina* il grêle.
gripă *s.f.* grippe *f.*
griş *s.n.* semoule *f.*
grânar *s.n.* grenier *m.*
grâne *s.f. pl.* céréales *f.*
grâu *s.n.* blé *m.*, froment *m.*
groapă *s.f.* 1. fosse *f.*, trou *m.* 2. tombe *f.*, tombeau *m.* ‖ *a fi cu un picior în* ~ avoir un pied dans la tombe.
groază *s.f.* épouvante *f.*, effroi *m.*, terreur *f.*, horreur *f.*, angoisse *f.*, affres *f. pl.* ‖ *a fost cuprins de* ~ il a été saisi d'épouvante, d'effroi, de terreur; *mi-e* ~ *să alerg* j'ai horreur de courir; *o* ~ *de cărţi* un tas de livres.
groaznic, ~**ă** 1. *adj.* épouvantable, affreux, -euse, terrible, horrible. 2. *adv.* épouvantablement, affreusement, terriblement, horriblement.
grobian, ~**ă** *adj.* grossier, -ère, mufle.
grohăi *vi.* grogner.
grohăit *s.n.* grognement *m.*
gropar *s.m.* fossoyeur *m.*
gropiţă *s.f.* fossette *f.*
gros, -oasă I. *adj.* 1. gros, grosse. 2. épais, épaisse, dense. 3. (despre voce) grave. II. *s.n.* gros *m.*, majorité *f.* ‖ ~ *de obraz* éhonté.
grosime *s.f.* grosseur *f.*, épaisseur *f.*
grosolan, ~**ă** *adj.* 1. grossier, -ère. 2. rustre.
grosolănie *s.f.* grossièreté *f.*
grotă *s.f.* grotte *f.*, caverne *f.*

grotesc, ~**ă** *adj.* grotesque.
grozav, ~**ă** 1. *adj.* extraordinaire, remarquable; *fam.* épatant, ~e. 2. *adv.* terriblement, extrêmement, remarquablement ‖ *a face pe* ~*ul* faire l'important, se rengorger.
grozăvie *s.f.* horreur *f.*, abomination *f.*, monstruosité *f.*
grumaz *s.m.* 1. nuque *f.* 2. cou *m.*
grup *s.n.* groupe *m.*
grupa 1. *vt.* grouper. 2. *vr.* se grouper.
guaşă *s.f.* gouache *f.*
gudron *s.n.* goudron *m.*
gudrona *vt.* goudronner.
gudura *vr.* 1. ramper, remuer la queue. 2. *fig.* faire le chien couchant.
guler *s.n.* col *m.*, collet *m.* ‖ ~ *tare* faux-col; *a lua (pe cineva) de* ~ pendre (qn.) au collet.
gulie *s.f.* chou-rave *m.*
gumă *s.f.* 1. gomme *f.* 2. caoutchouc *m.* 3. élastique *m.*
gunoi[1] *s.n.* 1. immondices *f. pl.*, ordures *f. pl.*, balayures *f. pl.* 2. fumier *m.*
gunoi[2] *vt.* fumer, amender.
gunoier *s.m.* boueur *m.*
guraliv, ~**ă** *adj.* bavard, ~e, babillard, ~e.
gură *s.f.* 1. bouche *f.*, gueule *f.* 2. *fam.* bec *m.* 3. *fig.* ouverture *f.* ‖ *a fi cu sufletul la* ~ **a)** être à bout de souffle; **b)** n'avoir plus que le souffle; *a da mură-n* ~ mâcher (à qn.) ses morceaux; *a fi bun de* ~ avoir

la langue bien pendue, avoir bon bec; *a te lua după gura cuiva* prêter foi à qn.; *a sta cu gura pe cineva* rebattre les oreilles à qn.; *a face ~* faire du chahut; *~ rea* mauvaise langue; *a căsca gura* bayer aux corneilles; *bot. gura leului* muflier *m.*, gueule du loup *f.*
gură-cască *s.f.* badaud *m.*
gust *s.n.* **1.** goût *m.* **2.** plaisir *m.* **3.** envie *f.*
gusta *vt.* goûter, déguster.
gustare *s.f.* goûter *m.*, collation *f.* ∥ *a lua o ~* casser la croûte.
gustos, -oasă *adj.* savoureux, -euse, succulent, ~e.
guşat, ~ă *adj.* goîtreux, -euse.

guşă *s.f.* **1.** *ornit.* jabot *m.* **2.** *med.* goître *m.* **3.** double menton *m.*
guşter *s.m.* lézard vert *m.*
gutapercă *s.f.* gutta-percha *f.*
gută *s.f.* goutte *f.*
gutui *s.m.* cognassier *m.*
gutuie *s.f.* coing *m.*
guturai *s.f.* rhume (de cerveau) *m.*, coryza *m.*
gutural, ~ă *adj.* guttural, ~e.
guvern *s.n.* gouvernement *m.*
guverna *vt.* gouverner.
guvernamental, ~ă *adj.* gouvernemental, ~e.
guvernantă *s.f.* gouvernante *f.*
guvernator *s.m.* gouverneur *m.*
guzgan *s.m.* rat *m.*

H

habar *s.n.* cure *f.* ‖ *a nu avea* ~ a) ne pas s'en soucier; b) ne pas avoir la moindre idée.
habotnic, ~ă *adj.* bigot, ~e.
habotnicie *s.f.* **1.** bigotisme *m.* **2.** bigoterie *f.*
hac *s.n. sg.* (în expr.) *a veni de* ~ venir à bout de.
hachițe *s.f. pl.* (în expr.) *a avea* ~ être mal luné; *l-au apucat hachițele* il a piqué une crise de nerfs.
hahaleră *s.f. fam.* traînard.
hai *interj.* allons! allez-y! sus! ‖ ~ *noroc* à la vôtre.
haide *interj.* v. hai ‖ *haida-de* quelle idée!
haiduc *s.m.* haidouk *m.*, outlaw *m.*, hors la loi *m.*
haihui, ~e **1.** *adj.* étourdi, ~e, ahuri, ~e, écervelé, ~e, loufoque. **2.** *adv.* sans but, au hasard ‖ *a umbla* ~ traîner les rues.
haimana *s.f.* vagabond, ~e, voyou *m.* ‖ *a umbla* ~ vagabonder.
haimanalîc *s.n.* vagabondage *m.*

hain, ~ă *adj.* méchant, ~e, cruel, -elle.
haină *s.f.* **1.** vêtement *m.* **2.** veston *m.* ‖ *un rând de haine* un complet; *haine vechi* frusques *f. pl.*; *negustor de haine vechi* fripier, -ère.
hait *interj.* zut! flûte!
haită *s.f.* meute *f.*
hal *s.n.* (în expr.) *într-un* ~ *fără de* ~ dans un état pitoyable.
halaj *s.n.* halage *m.*
halal *interj.* bravo!
halat *s.n.* **1.** (pt. medici) blouse *f.* **2.** robe de chambre *f.* **3.** ~ *de baie* peignoir *m.*
hală *s.f.* halle *f.*
halbă *s.f.* chope *f.*
halcă *s.f.* (despre carne etc.) quartier *m.* ‖ ~ *de pământ* lopin de terre *m.*
haleală *s.f. fam.* boustifaille *f.*
hali *vt. fam.* bouffer.
halima *s.f.* (în expr.) *o întreagă* ~ toute une histoire.
haltă *s.f.* halte *f.*
halteră *s.f.* haltère *m.*
halucinant, ~ă *adj.* hallucinant, ~e.

halucinație *s.f.* hallucination *f.*
ham *s.n.* harnais *m.* ‖ *fig. a trage la ~* travailler comme une bête de somme.
hamac *s.n.* hamac *m.*
hamal *s.m.* porteur *m.*, portefaix *m.*, débardeur *m.*
hamei *s.n.* houblon *m.*
han *s.n.* auberge *f.*
handbal *s.n.* hand-ball *m.*
handicap *s.n.* handicap *m.*
handicapa *vt.* handicaper.
hang *s.n.* (în expr.) *a ține hangul* accompagner; *fig.* faire chorus.
hangar *s.n.* hangar *m.*
hanger *s.n.* kandjar *m.*
hangiu, -iță *s.m.f.* aubergiste.
haos *s.n.* chaos *m.*
haotic, ~ă *adj.* chaotique.
hap *s.n. pop.* și *fam.* cachet *m.*, pastille *f.*
haplea *s.m.* jocrisse *m.*, bécassine *f.*
hapsân, ~ă *adj.* 1. méchant, ~e. 2. rapace, vorace.
har *s.n.* 1. don *m.* 2. *bis.* grâce (divine) *f.*
harababură *s.f.* désordre *m.*, confusion *f.*, pagaille *f.*
harapnic *s.n.* fouet *m.*
harbuz *s.m.* pastèque *f.*, melon d'eau *m.*
hardughie *s.f.* grande maison délabrée *f.*
harem *s.n.* harem *m.*
harnașament *s.n.* harnachement *m.*
haric, ~ă *adj.* travailleur, -euse, actif, -ive, diligent, ~e.
harpă *s.f.* harpe *f.*
harpist, ~ă *s.m.f.* harpiste.
hartă *s.f.* carte *f.*

harță *s.f.* dispute *f.*, querelle *f.*; *fam.* prise de bec *f.*; *a se lua la ~* se chamailler.
hașura *vt.* hachurer.
hat *s.n.* sentier qui sépare deux champs *m.*
hatâr *s.n.* faveur *f.* ‖ *de hatârul (cuiva)* pour les beaux yeux (de qn.); *a face (cuiva) un ~* accorder une faveur à qn.
hatman *s.m.* ataman *m.*, hetman *m.*
haveză *f.* haveuse *f.*
havuz *s.n.* bassin *m.*, jet d'eau *m.*
haz *s.n.* gaîté *f.* ‖ *a face ~* rire, s'amuser; *a face ~ de necaz* faire bonne mine à mauvais jeu.
hazarda *vr.* se hasarder.
hazliu, -ie *adj.* amusant, ~e, plaisant, ~e, drôle.
hazna *s.f.* égout *m.*
hăcui *vt.* dépecer, hacher.
hăis *interj.* dia! ‖ *a zice unul ~ și altul cea* l'un tire à hue et l'autre à dia.
hăitaș *s.m.* traqueur *m.*
hăitui *vt.* traquer.
hămăi *vi.* japper, aboyer.
hămăit *s.n.* jappement *m.*, aboiement *m.*
hămesit, ~ă *adj.* 1. famélique, mort de faim. 2. avide ‖ *a fi ~* avoir une faim de loup.
hăpăi *vt.* happer.
hărăzi *vt.* destiner, vouer.
hărmălaie *s.f.* vacarme *m.*, hourvari *m.*, charivari *m.*, chahut *m.*
hărnicie *s.f.* 1. diligence *f.* 2. application *f.*
hărțui 1. *vt.* tracasser, harceler. 2. *vr.* se chamailler.

hărţuială *s.f.* **1.** tracasserie *f.*, harcèlement *m.*, chamaillerie *f.* **2.** *înv.* escarmouche *f.*
hăt *adv.* très, fort, bien ‖ ~ *departe* bien loin.
hăţ *s.n.* guide *f.*, rêne *f.*
hăţiş *s.n.* broussaille *f.*, maquis *m.*
hău *s.n.* gouffre *m.*, abîme *m.*
hebdomadar *adj.* şi *s.n.* hebdomadaire *m.*
hectar *s.n.* hectare *m.*
hectogram *s.n.* hectogramme *m.*
hectolitru *s.m.* hectolitre *m.*
hectometru *s.m.* hectomètre *m.*
hegemonie *s.f.* hégémonie *f.*
heleşteu *s.n.* étang *m.*, vivier *m.*
helicopter *s.n.* hélicoptère *m.*
heliograf *s.n.* héliographe *m.*
heliogravură *s.f.* héliogravure *f.*
helioterapie *s.f.* héliotherapie *f.*
heliotrop *s.m.* héliotrope *m.*
heliu *s.n.* hélium *m.*
hematie *s.f.* hématie *f.*
hemofilie *s.f.* hémophilie *f.*
hemoglobină *s.f.* hémoglobine *f.*
hemoptizie *s.f.* hémoptysie *f.*
hemoragie *s.f.* hémorragie *f.*
hepatită *s.f.* hépatite *f.*
hemoroizi *s.m. pl.* hémoroïdes *f. pl.*
heraldic, ~ă *adj.* héraldique.
herghelie *s.f.* haras *m.*
hermafrodit, ~ă *adj.* şi *s.m.f.* hermaphrodite *m.*
hermină *s.f.* hermine *f.*
hernie *s.f.* hernie *f.*
herpes *s.n.* herpès *m.*
hexagon *s.n.* hexagone *m.*
hiat *s.n.* hiatus *m.*
hiberna *vi.* hiberner.
hibrid, ~ă *adj.* hybride.

hidos, -oasă *adj.* hideux, -euse.
hidoşenie *s.f.* hideur *f.*
hidrata *vt.* hydrater.
hidraulic, ~ă *adj.* hydraulique.
hidră *s.f.* hydre *f.*
hidroavion *s.n.* hydravion *m.*
hidrocentrală *s.f.* centrale hydroélectrique *f.*
hidrogen *s.n.* hydrogène *m.*
hidrosferă *s.f.* hydrosphère *f.*
hidrostatică *s.f.* hydrostatique *f.*
hidroterapie *s.f.* hydrothérapie *f.*
hienă *s.f.* hyène *f.*
hieroglifă *s.f.* hiéroglyphe *m.*
himeră *s.f.* chimère *f.*
himeric, ~ă *adj.* chimérique.
hiperbolă *s.f.* hyperbole *f.*
hipertensiune *s.f.* hypertension *f.*
hipertrofie *s.f.* hypertrophie *f.*
hipism *s.n.* hippisme *m.*
hipnotism *s.n.* hypnotisme *m.*
hipodrom *s.n.* hippodrome *m.*
hipopotam *s.m.* hippopotame *m.*
hipotensiune *s.f.* hypotension *f.*
hirotonisi *vt.* ordonner prêtre.
hirotonisire *s.f.* ordination *f.*
histologie *s.f.* histologie *f.*
histrion *s.m.* histrion *m.*
hârb *s.n.* **1.** tesson *m.* **2.** *fig.* sabot *m.*, patraque *f.*
hârcă *s.f.* **1.** crâne *m.* **2.** *fig.* vieille sorcière *f.*
hârdău *s.n.* baquet *m.*
hârâi **I.** *vi.* **1.** (despre mecanisme) grincer. **2.** (despre persoane) renâcler. **II.** *vr.* se chamailler.
hârâială *s.f.* grincement *m.*
hârjoană *s.f.* lutinerie *f.*
hârjoni *vr.* lutiner.

hârleț *s.n.* pioche *f.*
hârșâi *vi.* grincer, crisser.
hârșâit *s.n.* grincement *m.*, crissement *m.*
hârtie *s.f.* **1.** papier *m.* **2.** acte *m.*, document *m.* ‖ ~ *de scrisori* papier à lettres; *o ~ de cinci lei* un billet de cinq lei.
hârtop *s.n.* fondrière *f.*, ravin *m.*
hârțoagă *s.f.* paperasse *f.*
hârzob *s.n.* corde *f.* ‖ *a se crede căzut cu hârzobul din cer* se croire issu de la cuisse de Jupiter.
hâtru, ~ă *adj.* **1.** farceur, -euse, facétieux, -euse. **2.** finaud, ~e.
hâțâna I. *vt.* **1.** secouer. **2.** balancer. **II.** *vr.* se balancer.
hlamidă *s.f.* chlamide *f.*
ho! *interj.* holà!, halte-là!
hoardă *s.f.* horde *f.*
hoașcă *s.f.* vieille baderne.
hoață *s.f.* voleuse *f.*
hochei *s.n.* hockey *m.*
hocheist *s.m.* hockeyeur *m.*
hodorog *s.m.* vieux décrépit *m.*, gâteux *m.*, gaga *m.*
hodorogeală *s.f.* bruit assourdissant et continu *m.*
hodorogi **1.** *vi.* faire un bruit assourdissant. **2.** *vr.* se délabrer.
hodoronc *interj.* patatras! ‖ ~ *tronc* **a)** à propos de bottes; **b)** cela rime comme hallebarde et miséricorde.
hohot *s.n.* (în expr.) ~ *de râs* éclat de rire *m.*; ~ *de plâns* sanglot *m.*
hohoti *vi.* **1.** (de râs) s'esclaffer. **2.** (de plâns) sangloter.

hoinar, ~ă *adj.* flâneur, -euse, vagabond, ~e, errant, ~e.
hoinăreală *s.f.* flânerie *f.*
hoinări *vi.* flâner.
hoit *s.n.* charogne *f.*
hol *s.n.* hall *m.*
holba *vr.* écarquiller les yeux.
holdă *s.f.* champ ensemencé *m.*
holeră *s.f.* choléra *m.*
holtei *s.m.* célibataire *m.*
homar *s.m.* homard *m.*
homeopatie *s.f.* homéopathie *f.*
hop *s.n.* **1.** obstacle *m.*, difficulté *f.* **2.** cahot *m.*
horă *s.f.* ronde paysanne *f.* ‖ *când te prinzi în ~ trebuie să joci* quand le vin est tiré, il faut le boire.
horăit *s.n.* ronflement *m.*
horbotă *s.f.* dentelle *f.*
horcăi *vi.* râler.
horcăit *s.n.* râle *m.*
hormon *s.m.* hormone *f.*
horn *s.n.* cheminée *f.*
hornar *s.m.* ramoneur *m.*
horoscop *s.n.* horoscope *m.*
hortensie *s.f.* hortensia *m.*
horticultură *s.f.* horticulture *f.*
hotar *s.n.* frontière *f.*, limite *f.*, confins *m. pl.*
hotărî **1.** *vt.* décider, résoudre. **2.** *vr.* se décider, se résoudre.
hotărâre *s.f.* décision *f.*, résolution *f.*, fermeté *f.*
hotărâtor, -oare *adj.* décisif, -ive.
hotărnici *vt.* délimiter.
hotărnicie délimitation *f.*
hotel *s.n.* hôtel *m.*
hotelier *s.m.* hotelier *m.*

hoţ *s.m.* **1.** voleur *m.*, larron *m.* **2.** *fam.* polisson *m.*, garnement *m.* ‖ ~ *de drumul mare* brigand *m.*; ~ *de buzunare* pickpocket *m.*
hoţie *s.f.* vol *m.*
hoţeşte *adv.* à la dérobée, furtivement, subrepticement.
hrană *s.f.* nourriture *f.*
hrăni 1. *vt.* nourrir, alimenter. **2.** *vr.* se nourrir.
hrănitor, -oare *adj.* nourrissant, -e.
hrăpăreţ, -eaţă *adj.* avide, rapace.
hrean *s.m.* raifort *m.*
hrib *s.m.* champignon *m.*, bolet *m.*
hrisov *s.n.* parchemin *m.*
hrişcă *s.f.* sarrasin *m.*
hrubă *s.f.* **1.** souterrain *m.* **2.** cave *f.*, caveau *m.*
huhurez *s.m.* chat-huant *m.* ‖ *a trăi ca un* ~ vivre seul comme un hibou.
hui *vi.* retentir.
huidui *vt.* huer, conspuer.

huiduială *s.f.* huée *f.*
huidumă *s.f. fam.* escogriffe *m.*
huiet *s.n.* retentissement *m.*
huilă *s.f.* houille *f.*
hulă *s.f.* **1.** calomnie *f.*, diffamation *f.* **2.** *mar.* houle *f.*
huli *vt.* dénigrer, diffamer.
huligan *s.m.* fauteur de désordres *m.*; nervi *m.*
hulpav, -ă *adj.* glouton, -onne, goulu, -e.
hulub *s.m.* pigeon *m.*
hulubă *s.f.* brancard *m.*
hulubărie *s.f.* pigeonnier *m.*
humă *s.f.* terre glaise *f.*
hurduca *vt.* cahoter.
hurducătură *s.f.* cahot *m.*
hurui *vi.* vrombir.
huruială *s.f.* (de motor) vrombissement *m.*; (de roţi) roulement *m.*
husă *s.f.* housse *f.*
huzuri *vi.* **1.** vivre dans l'opulence et l'oisiveté. **2.** *fam.* se la couler douce.

I

iacă *interj.* **1.** tiens! **2.** voilà ‖ ~ *a sosit şi el* tiens! il est arrivé aussi; ~ *ce-mi spunea* voilà ce qu'il me disait.
iad *s.n.* enfer *m.*
iadă *s.f.* chevrette *f.*
iadeş *s.n.* **1.** bréchet *m.* **2.** pari *m.*
iahnie *s.f.* ragoût *m.*
iaht *s.n.* yacht *m.*
iama *s.f.* (în expr.) *a da* ~ **a)** se ruer, foncer; **b)** piller, mettre à sac.
iamb *s.m.* ïambe *m.*
ianuarie *s.m.* janvier *m.*
iapă *s.f.* jument *f.*
iar(1) *adv.* de nouveau, à nouveau.
iar(2) *conj.* mais, pourtant.
iarbă *s.f.* herbe *f.* ‖ ~ *de puşcă* poudre à canon; *a scoate din pământ, din* ~ *verde* employer le vert et le sec; ~ *rea nu piere* mauvaise herbe ne meurt pas.
iarmaroc *s.n.* foire *f.*
iarnă *s.f.* hiver *m.* ‖ *astă* ~ l'hiver dernier.
iască *s.f.* amadou *m.*
iasomie *s.f.* jasmin *m.*
iatac *s.n.* alcôve *f.*
iatagan *s.n.* yatagan *m.*
iată *interj.* voici, voilà.
iaurgiu *s.m.* crémier, -ère.
iaurt *s.n.* yaourt *m.*, yogourt *m.*
iaz *s.n.* **1.** étang *m.* **2.** bief *m.*
ibovnic, ~ă *s.m.f. pop.* amant, ~e, amoureux, -euse, maîtresse *f.*
ibric *s.n.* aiguière *f.*, bouilloire *f.*
ibrişin *s.n.* fil de soie tors *m.*
ici *adv.* ici ‖ ~ *şi colo* ça et là.
icni *vi.* ahaner.
icoană *s.f.* **1.** icône *f.* **2.** *fig.* image *f.*
iconografie *s.f.* iconographie *f.*
icre *s.f. pl.* œufs de poisson *m. pl.* ‖ ~ *negre* caviar *m.*
icter *s.n.* ictère *m.*
ideal, ~ă **1.** *adj.* idéal, ~e, parfait, ~e. **2.** *s.n.* idéal *m.*
idealism *s.n.* idéalisme *m.*
idealist, ~ă *adj.* şi *s.m.f.* idéaliste.
idealiza *vt.* idéaliser.
idee *s.f.* idée *f.* ‖ *a băga (pe cineva) la idei* mettre la puce à l'oreille; *a intra la idei* se mettre martel en tête.

identic, ~ă *adj.* identique.
identifica *vt.* identifier.
identificare *s.f.* indentification *f.*
identitate *s.f.* identité *f.*
ideolog *s.m.* idéologue *m.*
ideologie *s.f.* idéologie *f.*
idilă *s.f.* idylle *f.*
idilic, ~ă *adj.* idyllique.
idiom *s.n.* idiome *m.*
idiosincrasie *s.f.* idiosyncrasie *f.*
idiot, -oată *adj.* idiot, ~e, stupide, crétin, ~e.
idiotism *s.n.* idiotisme *m.*
idioție *s.f.* idiotie *f.*, stupidité *f.*
idol *s.m.* idole *f.*
idolatrie *s.f.* idolâtrie *f.*
idolatriza *vt.* idolâtrer.
idolatru, ~ă *adj.* idolâtre.
ie *s.f.* blouse paysanne brodée *f.*
ied *s.m.* chevreau *m.*, cabri *m.* ‖ **~ sălbatic** faon *m.*
iederă *s.f.* lierre *m.*
ieftin *adj.* **1.** bon marché, à bon compte. **2.** *fig.* sans valeur, banal, ~e.
ieftini *vt.* réduire (baisser) le prix.
iele *s.f. pl.* mauvaises fées *f. pl.*
ienicer *s.m.* janissaire *m.*
ienupăr *s.m.* genévrier *m.*
iepure *s.m.* lièvre *m.*, lapin *m.* ‖ **câți iepuri la biserică** pas un chat; **a prinde doi iepuri deodată** faire d'une pierre deux coups.
iepuroaică *s.f.* hase *f.*, lapine *f.*
ierarhie *s.f.* hiérarchie *f.*
ierbar *s.n.* herbier *m.*
ieri *adv.* hier ‖ **~ noapte** la nuit dernière; **mai ~** il y a peu de temps; **a căuta ziua de ~** chercher midi à quatorze heures.

ierna *vi.* hiverner.
ierta *vt.* **1.** pardonner, excuser; *rel.* absoudre; *jur.* gracier ‖ **a ~ o greșeală** pardonner une faute; *iertați-mă* excusez-moi; *ba să mă ierți* ne vous en déplaise.
iertare *s.f.* pardon *m.*; *rel.* absolution *f.*, rémission *f.*; *jur.* grâce *f.*
iertător, -oare *adj.* miséricordieux, -euse, clément, ~e.
iesle *s.f.* mangeoire *f.*, crèche *f.*
ieși *vi.* **1.** sortir. **2.** (despre culori) déteindre, passer ‖ **a ~ (cuiva) înainte** accueillir qn., aller au devant de qn.; **a-și ~ din sărite (țâțâni, pepeni)** sortir de ses gonds; **a-și ~ din minți** devenir fou; **a ~ biruitor** vaincre.
ieșire *s.f.* sortie *f.*, issue *f.*
iezer *s.n.* lac alpin *m.*
iezuit *s.m.* **1.** jésuite *m.* **2.** *fig.* rusé *m.*, perfide *m.*, fourbe *m.*, hypocrite *m.*
ifos *s.n.* orgueil *m.*, infatuation *f.* ‖ **a-și da ifose** se donner des airs.
igienă *s.f.* hygiène *f.*
igliță *s.f.* crochet *m.*
ignora *vt.* ignorer.
ignoranță *s.f.* ignorance *f.*
igrasie *s.f.* humidité *f.*
ihtiologie *s.f.* ichtyologie *f.*
ilariant, ~ă *adj.* hilarant, ~e.
ilaritate *s.f.* hilarité *f.*
ilegal, ~ă *adj.* illégal, ~e.
ilegalist, ~ă *s.m.f.* militant du mouvement ouvrier pendant la clandestinité.

ilegalitate *s.f.* illégalité *f.*
ilic *s.n.* veste paysanne *f.*
ilicit, ~ă *adj.* illicite.
ilogic, ~ă *adj.* illogique.
ilumina 1. *vt.* illuminer, éclairer. 2. *vr.* s'éclairer.
iluminare *s.f.* éclairage *m.*; *fig.* illumination *f.*
iluminism *s.n.* philosophie des lumières *f.*
ilustra *vt. vr.* (s')illustrer.
ilustraţie *s.f.* illustration *f.*
ilustru, ~ă *adj.* illustre.
iluzie *s.f.* illusion *f.*
iluzoriu, -ie *adj.* illusoire.
imaculat, ~ă *adj.* immaculé, ~e.
imagina 1. *vt.* imaginer. 2. *vr.* s'imaginer, se figurer.
imaginabil, ~ă *adj.* imaginable.
imaginar, ~ă *adj.* imaginaire.
imaginaţie *s.f.* imagination *f.*
imagine *s.f.* image *f.*
imanent, ~ă *adj.* immanent, ~e.
imaş *s.n.* pâturage *m.*
imaterial, ~ă *adj.* immatériel, -elle.
imbecil, ~ă *adj.* imbécile.
imbecilitate *s.f.* imbécillité *f.*
imbeciliza *vt.* abrutir, abêtir.
imberb *adj. m.* imberbe *m.*
imbold *s.n.* impulsion *f.*, poussée *f.*
imediat *adv.* immédiatement, à l'instant; tout de go.
imens, ~ă 1. *adj.* immense. 2. *adv.* immensément.
imensitate *s.f.* immensité *f.*
imigra *vi.* immigrer.
imigraţie *s.f.* immigration *f.*
iminent, ~ă *adj.* imminent, ~e.
imita *vt.* imiter, contrefaire.

imitativ, ~ă *adj.* imitatif, -ive.
imitator, -oare *s.m.f.* imitateur, -trice.
imitaţie *s.f.* imitation *f.*, contrefaçon *f.*
imixtiune *s.f.* immixtion *f.*
imn *s.n.* hymne *m.*
imobil, ~ă 1. *adj.* immobile, fixe. 2. *s.n.* immeuble *m.*
imobilitate *s.f.* immobilité.
imobiliza *vt.* immobiliser.
imoral, ~ă *adj.* immoral, ~e.
imoralitate *s.f.* immoralité *f.*
imortaliza *vt.* immortaliser.
impacient, ~ă *adj.* impatient, ~e.
impalpabil, ~ă *adj.* impalpable.
impar, ~ă *adj.* impair, ~e.
imparţial, ~ă *adj.* impartial, ~e.
imparţialitate *s.f.* impartialité *f.*
impas *s.n.* impasse *f.*
impasibil, ~ă *adj.* impassible.
impecabil, ~ă *adj.* impeccable.
impediment *s.n.* impediment *m.*; *pl.* contretemps *m. pl.*
impenetrabil, ~ă *adj.* impénétrable.
imperativ, ~ă 1. *adj.* impératif, -ive. 2. *s.n.* impératif *m.*
imperceptibil, ~ă *adj.* imperceptible.
imperfect, ~ă 1. *adj.* imparfait, ~e. 2. *s.n.* imparfait *m.*
imperfecţiune *s.f.* imperfection *f.*, défaut *m.*
imperial, ~ă *adj.* impérial, ~e.
imperială *s.f.* (la autobuze) impériale *f.*
imperialism *s.n.* impérialisme *m.*
imperialist, ~ă *adj.* şi *s.m.f.* impérialiste.

imperios, -oasă 1. *adj.* impérieux, -euse. **2.** *adv.* impérieusement.
imperiu *s.n.* empire *m.*
impermeabil, -ă *adj.* imperméable.
impermeabilitate *s.f.* imperméabilité *f.*
impersonal, -ă *adj.* impersonnel, -elle.
impertinent, -ă *adj.* impertinent, -e, insolent, -e.
impertinenţă *s.f.* impertinence *f.*, insolence *f.*
imperturbabil, -ă *adj.* imperturbable.
impetuos, -oasă *adj.* impétueux, -euse.
impetuozitate *s.f.* impétuosité *f.*
impieta *vi.* impiéter.
impietate *s.f.* impiété *f.*
implacabil, -ă *adj.* implacable.
implica *vt.* impliquer.
implicare *s.f.* implication *f.*
implicit, -ă 1. *adj.* implicite. **2.** *adv.* implicitement.
implora *vt.* implorer.
implorare *s.f.* imploration *f.*
impoliteţe *s.f.* impolitesse *f.*
imponderabil, -ă *adj.* impondérable.
imponderabilitate *s.f.* apesanteur *f.*, impondérabilité *f.*
import *s.n.* importation *f.*
importa[1] *vt. com.* importer.
importa[2] *vi.* importer, intéresser.
important, -ă *adj.* important, -e.
importanţă *s.f.* importance *f.*
imposibil *adj.* impossible.
imposibilitate *s.f.* impossibilité *f.*

impostor, -oare *s.m.f.* imposteur *m.*
impostură *s.f.* imposture *f.*
impotent, -ă *adj.* impotent, -e.
impozit *s.n.* impôt *m.*, contribution *f.*, charge *f.*
imprecaţie *s.f.* imprécation *f.*
impregna *vt.* imprégner.
impregnare *s.f.* imprégnation *f.*
impresar *s.m.* imprésario *m.*
impresie *s.f.* impression *f.*, effet *m.*
impresiona *vt.* impressionner, émouvoir, toucher.
impresionabil, -ă *adj.* impressionnable.
impresionant, -ă *adj.* impressionnant, -e.
impresionism *s.n.* impressionnisme *m.*
impresionist, -ă *adj.* şi *s.m.f.* impressionniste.
imprima *vt.* imprimer.
imprimare *s.f.* impression *f.*
imprimat, -ă 1. *adj.* imprimé, -e. **2.** *s.n.* imprimé *m.*
imprimerie *s.f.* imprimerie *f.*, typographie *f.*
impropriu, -ie 1. *adj.* impropre. **2.** *adv.* improprement.
improviza *vt.* improviser.
improvizaţie *s.f.* improvisation *f.*
imprudent, -ă 1. *adj.* imprudent, -e. **2.** *adv.* imprudemment.
imprudenţă *s.f.* imprudence *f.*
impudic, -ă *adj.* impudique.
impuls *s.n.* impulsion *f.*
impulsiv, -ă *adj.* impulsif, -ive.
impulsivitate *s.f.* impulsivité *f.*
impunător, -oare *adj.* imposant, -e, grandiose.
impune *vt.* imposer.

impunere *s.f.* imposition *f.*
imputa *vt.* imputer, reprocher.
imputare *s.f.* imputation *f.*, reproche *m.*
imun, ~ă *adj.* réfractaire (à une maladie).
imunitate *s.f.* immunité *f.*
imuniza *vt.* immuniser.
in *s.n.* lin *m.*
inabordabil, ~ă *adj.* inabordable.
inacceptabil, ~ă *adj.* inacceptable.
inaccesibil, ~ă *adj.* inaccessible.
inactiv, ~ă *adj.* inactif, -ive.
inactivitate *s.f.* inaction *f.*, inactivité *f.*
inactual, ~ă *adj.* inactuel, -elle.
inadmisibil, ă *adj.* inadmissible.
inadvertenţă *s.f.* inadvertance *f.*
inalienabil, ~ă *adj.* inaliénable.
inalterabil, ~ă *adj.* inaltérable.
inamic, ~ă *adj.* şi *s.m.f.* ennemi, ~e.
inamovibil, ~ă *adj.* inamovible.
inaniţie *s.f.* inanition *f.*
inapt, ~ă *adj.* inapte.
inaptitudine *s.f.* inaptitude *f.*
inaugura *vt.* inaugurer.
inaugurare *s.f.* inauguration *f.*
incalculabil, ~ă *adj.* incalculable.
incandescent, ~ă *adj.* incandescent, ~e.
incandescenţă *s.f.* incandescence *f.*
incapabil, ~ă *adj.* incapable.
incapacitate *s.f.* incapacité *f.*
incendia *vt.* incendier.
incendiar, ~ă *adj.* incendiaire.
incendiu *s.n.* incendie *m.*
incertitudine *s.f.* incertitude *f.*

incest *s.n.* inceste *m.*
inchizitor *s.m.* inquisiteur *m.*
inchiziţie *s.f.* inquisition *f.*
incident *s.n.* incident *m.*
incinera *vt.* incinérer.
incinerare *s.f.* incinération *f.*
incintă *s.f.* enceinte *f.*
incisiv, ~ă *adj.* incisif, -ive; *fig.* mordant, ~e, caustique.
incizie *s.f.* incision *f.*
include *vt.* inclure, renfermer, insérer.
includere *s.f.* inclusion *f.*
inclus, ~ă *adj.* inclus, ~e.
inclusiv *adv.* inclusivement, y compris.
incoerent, ~ă *adj.* incohérent, ~e.
incoerenţă *s.f.* incohérence *f.*
incognito *adv.* incognito.
incolor, ~ă *adj.* incolore.
incomod, ~ă *adj.* **1.** incommode, encombrant, ~e. **2.** *fig.* gênant, ~e, fâcheux, -euse.
incomoda *vt.* incommoder, déranger, gêner.
incomparabil, ~ă 1. *adj.* incomparable. **2.** *adv.* incomparablement.
incompatibil, ~ă *adj.* incompatible.
incompetent, ~ă *adj.* incompétent, ~e.
incompetenţă *s.f.* incompétence *f.*
incomplet, ~ă *adj.* incomplet, -ète.
inconsecvent, ~ă *adj.* inconséquent, ~e.
inconsecvenţă *s.f.* inconséquence *f.*
inconstant, ~ă *adj.* inconstant, ~e, volage.

inconstanță *s.f.* inconstance *f.*
inconștient, ~ă 1. *adj.* inconscient, ~e. **2.** *adv.* inconsciemment.
inconștiență *s.f.* inconscience *f.*
incontestabil, ~ă 1. *adj.* incontestable. **2.** *adv.* incontestablement.
incontinență *s.f. med.* incontinence *f.*
inconvenient *s.n.* inconvénient *m.*, désavantage *m.*
incorect, ~ă *adj.* **1.** incorrect, ~e, erroné, ~e. **2.** (despre fapte și oameni) malhonnête.
incorectitudine *s.f.* incorrection *f.*
incoruptibil, ~ă *adj.* incorruptible, intègre.
incrimina *vt.* incriminer.
incriminare *s.f.* incrimination *f.*
incrusta *vt.* incruster.
incrustație *s.f.* incrustation *f.*
incubație *s.f.* incubation *f.*
inculpa *vt.* inculper.
incult, ~ă *adj.* inculte, ignorant, ~e.
incumba *vi.* incomber, revenir à.
incurabil, ~ă *adj.* incurable.
incursiune *s.f.* incursion *f.*
indecent, ~ă *adj.* indécent, ~e.
indecență *s.f.* indécence *f.*
indefinit, ~ă *adj.* indéfini, ~e, vague.
indemnizație *s.f.* indemnité *f.*, indemnisation *f.*
independent, ~ă *adj.* indépendent, ~e.
independență *s.f.* indépendance *f.*
indescifrabil, ~ă *adj.* indéchiffrable.
indescriptibil, ~ă *adj.* indescriptible.

index *s.n.* index *m.*
indian, ~ă *adj.* și *s.m.f.* indien, -enne.
indica *vt.* indiquer, désigner.
indicativ *s.n.* indicatif *m.*
indicator *s.n.* indicateur *m.*
indicație *s.f.* indication *f.*
indice *s.m.* **1.** *mat.* indice *m.* **2.** (într-o carte) index *m.*
indiciu *s.n.* indice *m.*, signe *m.*
indiferent, ~ă *adj.* indifférent, ~e ‖ ~ *de* sans tenir compte de.
indiferență *s.f.* indifférence *f.*
indigen, ~ă *adj.* indigène.
indigest, ~ă *adj.* indigeste.
indigestie *s.f.* indigestion *f.*
indigna *vt. vr.* (s')indigner.
indignare *s.f.* indignation *f.*
indirect, ~ă 1. *adj.* indirect. **2.** *adv.* indirectement.
indisciplină *s.f.* indiscipline *f.*
indiscret, ~ă *adj.* indiscret, -ète.
indiscreție *s.f.* indiscrétion *f.*
indiscutabil, ~ă 1. *adj.* indiscutable. **2.** *adv.* indiscutablement.
indisolubil, ~ă 1. *adj.* indissoluble. **2.** *adv.* indissolublement.
indispensabil, ~ă 1. *adj.* indispensable. **2.** *adv.* indispensablement.
indispensabili *s.m. pl.* caleçon *m.*
indispoziție *s.f.* indisposition *f.*, malaise *m.*
indispune *vt.* indisposer.
indispus, ~ă *adj.* indisposé, ~e.
individ, ~ă *s.m.f.* individu *m.*; *fam.* mec.
individual, ~ă *adj.* individuel, -elle.
individualism *s.n.* individualisme *m.*

individualitate *s.f.* individualité *f.*
individualiza *vt.* individualiser.
indivizibil, ~ă *adj.* indivisible.
indolent, ~ă *adj.* indolent, ~e.
indolenţă *s.f.* indolence *f.*
indonezian, ~ă *adj.* şi *s.m.f.* indonesien, -enne.
induce *vt.* induire.
inductiv, ~ă *adj.* inductif, -ive.
inductor *s.n.* inducteur *m.*
inducţie *s.f.* induction *f.*
indulgent, ~ă *adj.* indulgent, ~e.
indulgenţă *s.f.* indulgence *f.*
industrial, ~ă *adj.* industriel, -elle.
industrializa *vt.* industrialiser.
industriaş *s.m.* industriel *m.*
industrie *s.f.* industrie *f.* ‖ *~ grea* industrie lourd; *~ de construcţii* industrie du bâtiment; *~ constructoare de maşini* industrie des constructions métaliques.
inedit, ~ă *adj.* inédit, ~e.
ineficace *adj.* inefficace.
ineficacitate *s.f.* inefficacité *f.*
inegal, ~ă *adj.* inégal, ~e.
inegalitate *s.f.* inegalité *f.*
inel *s.f.* 1. anneau *m.*, bague *f.* 2. (pt. păr) boucle *f.* ‖ *tras ca prin ~* mince, svelte, élancé.
inelar *s.n.* annulaire *m.*
inelat, ~ă *adj.* bouclé, ~e.
ineptie *s.f.* ineptie *f.*
inepuizabil, ~ă *adj.* inépuisable.
inerent, ~ă *adj.* inhérent, ~e.
inert, ~ă *adj.* inerte.
inerţie *s.f.* inertie *f.*
inestetic, ~ă *adj.* inesthétique.
inevitabil, ~ă 1. *adj.* inévitable. 2. *adv.* inévitablement.

inexact, ~ă *adj.* inexact, ~e, faux, -sse.
inexactitate *s.f.* inexactitude *f.*
inexistent, ~ă *adj.* inexistant, ~e.
inexistenţă *s.f.* inexistence *f.*
inexplicabil, ~ă *adj.* inexplicable.
inexpresiv, ~ă *adj.* inexpressif, -ive.
infailibil, ~ă *adj.* infaillible.
infam, ~ă *adj.* infâme, vil, ~e, abject, ~e.
infamant, ~ă *adj.* infamant, ~e, déshonorant, ~e, avilissant, ~e.
infamie *s.f.* infamie *f.*, vilenie.
infanterie *s.f.* infanterie *f.* ‖ *ofiţer de ~* officier d'infanterie *m.*; *soldat de ~* fantassin *m.*
infantil, ~ă *adj.* infantile.
infarct *s.n.* infarctus *m.*; *infarct miocardic* infarctus du myocarde.
infect, ~ă *adj.* infect, ~e.
infecta *vt.* 1. infecter. 2. infester, contaminer.
infecţie *s.f.* infection *f.*
infecţios, -oasă *adj.* infectieux, -euse.
inferior, -oară *adj.* inférieur, ~e.
inferioritate *s.f.* infériorité *f.*
infern *s.n.* enfer *m.*
infernal, ~ă *adj.* infernal, ~e, diabolique.
infidel, ~ă *adj.* infidèle.
infiltra *vt.* infiltrer.
infiltraţie *s.f.* infiltration *f.*
infinit, ~ă 1. *adj.* infini, ~e, démesuré, ~e. 2. *adv.* infiniment. 3. *s.n.* infini *m.*

infinitate *s.f.* infinité *f.*
infinitiv *s.n.* infinitif *m.*
infirm, ~ă *adj.* infirme, estropié, ~e.
infirma *vt.* infirmer.
infirmerie *s.f.* infirmerie *f.*
infirmier, ~ă *s.m.f.* infirmier, -ère.
infirmitate *s.f.* infirmitè *f.*
inflama *vr.* s'enfler.
inflamabil, ~ă *adj.* inflammable.
inflamaţie *s.f.* inflammation *f.*
inflaţie *s.f.* inflation *f.*
inflexiune *s.f.* inflexion *f.*
influent, ~ă *adj.* influent, ~e.
influenţa *vt.* influer, influencer.
influenţă *s.f.* influence *f.*, crédit *m.*, ascendent *m.*
inform, ~ă *adj.* informe.
informa **I.** *vt.* **1.** informer, avertir. **2.** instruire, renseigner. **II.** *vr.* **1.** s'informer, s'enquérir. **2.** se renseigner.
informator, -oare *s.m.f.* informateur, -trice.
informaţie *s.f.* information *f.*, renseignement *m.*
infractor, -oare *s.m.f.* infracteur *m.*
infracţiune *s.f.* infraction *f.*
infrastructură *s.f.* infrastructure *f.*
infructuos, -oasă *adj.* infructueux, -euse.
infuzie *s.f.* infusion *f.*
infuzor *s.m.* infusoires *m. pl.*
ingenios, -oasă *adj.* ingénieux, -euse, inventif, -ive.
ingeniozitate *s.f.* ingéniosité *f.*
ingenuitate *s.f.* ingénuité *f.*, naïveté *f.*, candeur *f.*
ngenuu, -uă *adj.* ingénu, ~e, naïf, -ive, candide.
inginer *s.m.* ingénieur *m.*

ingrat, ~ă *adj.* ingrat, ~e.
ingratitudine *s.f.* ingratitude *f.*
ingredient *s.n.* ingrédient *m.*
inhala *vt.* inhaler.
inhalaţie *s.f.* inhalation *f.*
inhiba *vt.* inhiber.
inhibiţie *s.f.* inhibition *f.*
inimaginabil, ~ă *adj.* inimaginable.
inimă *s.f.* **1.** cœur *m.* **2.** *fig.* centre *m.* **3.** *pop.* estomac *m.* ‖ *pe inima goală* à jeun; *după voia inimii* à son gré; *cu dragă ~* de tout cœur, volontiers; *a-i râde (cuiva) inima* s'épanouir de joie; *a te unge la ~* boire du lait; *a-şi călca pe ~* se faire violence; *a-şi răcori inima* soulager son cœur; *a-ţi fi inima grea* avoir le cœur gros; *a avea inima deschisă* avoir le cœur sur la main; *a-şi lua inima în dinţi* prendre son courage à deux mains; *a-şi face ~ rea* se faire du mauvais sang (de la bile).
inimos, -oasă *adj.* **1.** courageux, -euse, brave, vaillant, ~e. **2.** généreux, -euse. **3.** passionné, ~e.
iniţia *vt.* (despre persoane) initier; (despre acţiuni) organiser; commencer.
iniţial, ~ă *adj.* initial, ~e.
iniţială *s.f.* initiale *f.*
iniţiativă *s.f.* initiative *f.*
iniţiator, -oare *s.m.f.* initiateur, -trice.
iniţiere *s.f.* initiation *f.*
injecta *vt.* injecter.

injector *s.n.* injecteur *m.*
injecție *s.f.* injection *f.*, piqûre *f.*
injurie *s.f.* injure *f.*, outrage *m.*
injurios, -oasă *adj.* injurieux, -euse, outrageant, ~e.
injust, ~ă *adj.* injuste.
inocent, ~ă *adj.* **1.** innocent, ~e, naïf, -ive. **2.** *fig.* simple, ignorant, ~e.
inocență *s.f.* innocence *f.*, pureté *f.*, candeur *f.*
inocula *vt.* **1.** inoculer, vacciner. **2.** *fig.* inculquer, transmettre.
inoculare *s.f.* inoculation *f.*, vaccination *f.*
inofensiv, ~ă *adj.* inoffensif, -ive.
inopinat, ~ă *adj.* inopiné, ~e, imprévu, ~e.
inoportun, ~ă *adj.* inopportun, ~e.
inova *vi.* innover.
inovator, -oare *s.m.f.* innovateur, -trice, novateur, -trice.
inovație *s.f.* innovation *f.*, nouveauté *f.*
inoxidabil, ~ă *adj.* inoxydable.
ins *s.m.* individu *m.*
insalubritate *s.f.* insalubrité *f.*
insalubru, ~ă *adj.* insalubre.
inscripție *s.f.* inscription *f.*
insectar *s.n.* collection d'insectes *f.*
insectă *s.f.* insecte *m.*
insecticid *s.n.* insecticide *m.*
insectivor, ~ă *adj.* insectivore.
insensibil, ~ă *adj.* insensible.
insensibilitate *s.f.* insensibilité *f.*
inseparabil, ~ă *adj.* inséparable.
insera *vt.* insérer, introduire, inclure.
inserare *s.f.* insertion *f.*
insignă *s.f.* insigne *m.*

insinua *vt. vr.* (s')insinuer.
insinuant, ~ă *adj.* insinuant, ~e.
insinuare *s.f.* insinuation *f.*
insipid, ~ă *adj.* insipide.
insista *vi.* insister.
insistent, ~ă **1.** *adj.* insistant, ~e. **2.** *adv.* instamment, avec insistance.
insistență *s.f.* insistance *f.*, instance *f.* ‖ *a ceda la insistențele cuiva* céder aux instances de qn.
insolație *s.f.* insolation *f.*, coup de soleil *m.*
insolent, ~ă **1.** *adj.* insolent, ~e. **2.** *adv.* insolemment.
insolubil, ~ă *adj.* insoluble.
insolvabil, ~ă *adj.* insolvable.
insomnie *s.f.* insomnie *f.*
inspecta *vt.* inspecter.
inspector, -oare *s.m.f.* inspecteur, -trice.
inspectorat *s.n.* inspectorat *m.*
inspecție *s.f.* inspection *f.*
inspira 1. *vt.* inspirer, insuffler. **2.** *vr.* s'inspirer.
inspirație *s.f.* inspiration *f.*
instala 1. *vt.* installer, placer. **2.** *vr.* s'installer, s'établir.
instalator *s.m.* plombier *m.*
instalație *s.f.* installation *f.*
instantaneu, -e 1. *adj.* instantané, ~e. **2.** *s.n.* instantané *m.* **3.** *adv.* instantanément.
instanță *s.f.* instance *f.* ‖ *în ultimă ~* en dernier lieu.
instaura *vt.* instaurer.
instaurare *s.f.* instauration *f.*
instiga *vt.* inciter, instiguer.
instigare *s.f.* instigation *f.*, incitation *f.*

instigator, -oare *s.m.f.* instigateur, -trice, fauteur, -trice.
instinct *s.n.* instinct *m.*
instinctiv, ~ă 1. *adj.* instinctif, -ive. **2.** *adv.* instinctivement.
institui *vt.* instituer.
institut *s.n.* institut *m.*
institutor, -oare *s.m.f.* instituteur, -trice.
instituţie *s.f.* institution *f.*
instructaj *s.n.* directives *f. pl.*
instructor, -oare *s.m.f.* instructeur *m.*
instrucţie *s.f.* **1.** instruction *f.* **2.** *mil.* exercice *m.*
instrui *vt.* instruire.
instruit, ~ă *adj.* instruit, ~e, lettré, ~e, cultivé, ~e.
instrument *s.n.* instrument *m.*, outil *m.*
instrumental, ~ă *adj.* instrumental, ~e.
instrumentist, ~ă *s.m.f.* instrumentiste *m.*
insucces *s.n.* insuccès *m.*, échec *m.*
insuficient, ~ă 1. *adj.* insuffisant, ~e. **2.** *adv.* insuffisamment.
insuficienţă *s.f.* insuffisance *f.*
insufla *vt.* insuffler.
insuflare *s.f.* insufflation *f.*
insular, ~ă *adj.* insulaire.
insulă *s.f.* île *f.*
insuliţă *s.f.* îlot *m.*
insulta *vt.* insulter, outrager.
insultă *s.f.* insulte *f.*, injure *f.*, outrage *m.*
insuportabil, ~ă *adj.* insupportable.
insurecţie *s.f.* insurrection *f.*

insurgent, ~ă *s.m.f.* insurgé, ~e.
intact, ~ă *adj.* intact, ~e.
integra *vt.* intégrer.
integral, ~ă 1. *adj.* intégral, ~e. **2.** *adv.* intégralement.
integritate *s.f.* intégrité *f.*
integru, -ă *adj.* intègre, probe, incorruptible.
intelect *s.n.* intellect *m.*, intelligence *f.*
intelectual, ~ă *s.m.f.* intellectuel, -elle.
intelectualitate *s.f.* intellectuels *m. pl.*
inteligent, ~ă *adj.* intelligent, ~e.
inteligenţă *s.f.* intelligence *f.*
inteligibil, ~ă *adj.* intelligible.
intemperie *s.f.* intempérie *f.*
intendent *s.m.* intendant *m.*
intendenţă *s.f.* intendance *f.*
intens, ~ă *adj.* intense.
intensifica *vt.* intensifier.
intensitate *s.f.* intensité *f.*
intenta *vt.* intenter.
intenţie *s.f.* intention *f.*, dessein *m.* ‖ *cu ~* intentionnellement, à dessein, exprès.
intenţiona *vt.* avoir l'intention.
intercala *vt.* intercaler.
intercalare *s.f.* intercalation *f.*
intercepta *vt.* intercepter.
interceptare *s.f.* interception *f.*
intercontinental, ~ă *adj.* intercontinental, ~e.
intercostal, ~ă *adj.* intercostal, ~e.
interdependenţă *s.f.* interdépendance *f.*
interdicţie *s.f.* interdiction *f.*, défense *f.*
interes *s.n.* intérêt *m.* ‖ *a purta ~ (cuiva)* témoigner de l'intérêt (à qn.).

interesa 1. *vt.* intéresser. **2.** *vr.* s'intéresser à, se renseigner (sur).
interesant, ~ă *adj.* intéressant, ~e.
interesat, ~ă *adj.* intéressé, ~e.
interferenţă *s.f.* intérférence *f.*
interimar, ~ă *adj.* intérimaire.
interior, -oară 1. *adj.* intérieur, ~e. **2.** *s.n.* intérieur *m.*
interjecţie *s.f.* interjection *f.*
interlocutor, -oare *s.m.f.* interlocuteur, -trice.
interludiu *s.n.* interlude *m.*
intermediar, ~ă 1. *adj.* intermédiaire. **2.** *s.m.* intermédiaire *m.*, médiateur *m.*
intermediu *s.n.* (în expr.) *prin intermediul* par l'intermédiaire, grâce à.
interminabil, ~ă *adj.* interminable.
intermitent, ~ă 1. *adj.* intermittent, ~e. **2.** *adv.* par intermittence.
intermitenţă *s.f.* intermitence *f.*
intern, ~ă 1. *adj.* intérieur, ~e, interne. **2.** *s.m.* interne *m.*
interna *vt.* **1.** (în spital) hospitaliser. **2.** interner.
internat *s.n.* internat *m.*
internaţional, ~ă *adj.* international, ~e.
internaţională *s.f.* internationale *f.*
internaţionalism *s.n.* internationalisme *m.* ‖ *~ proletar* internationalisme prolétarien.
internaţionalist *s.m.* internationaliste *m.*
internist, ~ă *adj.* şi *s.m.f.* médecin de maladies internes *m.*

interoga *vt.* interroger.
interogare *s.f.* interrogation *f.*
interogativ, ~ă *adj.* interrogatif, -ive.
interogatoriu *s.n.* interrogatoire *m.*
interpela *vt.* interpeller.
interpelare *s.f.* interpellation *f.*
interplanetar, ~ă *adj.* interplanétaire ‖ *rachetă ~* fusée interplanétaire *f.*
interpret, ~ă *s.m.f.* **1.** interprète. **2.** représentant, ~e.
interpreta *vt.* **1.** interpréter. **2.** *muz.* exécuter.
interpretare *s.f.* **1.** interprétation *f.* **2.** *muz.* exécution *f.*
interpune *vr.* s'interposer.
intersecţie *s.f.* intersection *f.*
interval *s.n.* intervalle *m.*
interveni *vi.* intervenir.
intervenţie *s.f.* intervention *f.*
intervenţionism *s.n.* interventionnisme *m.*
intervenţionist *s.m.* interventionniste *m.*
interverti *vt.* intervertir, modifier.
interviu *s.n.* interview *f.*
interzice *vt.* interdire, défendre.
interzicere *s.f.* interdiction *f.*, défense *f.*
intestin *s.n.* intestin *m.* ‖ *~ul subţire* l'intestin grêle.
intim, ~ă *adj.* intime.
intimida *vt.* intimider.
intimidare *s.f.* intimidation *f.*
intimitate *s.f.* intimité *f.*
intitula *vt.* intituler.
intolerabil, ~ă *adj.* intolérable.
intolerant, ~ă *adj.* intolérant, ~e.
intoleranţă *s.f.* intolérance *f.*

intona *vt.* entonner.
intonaţie *s.f.* intonation *f.*
intoxica *vt.* intoxiquer.
intoxicaţie *s.f.* intoxication *f.*
intra *vi.* 1. entrer, pénétrer. 2. se fourrer ‖ *a ~ la facultate* accéder dans la faculté; *a ~ (la apă)* se rétrécir, rétrécir; *fig.* être dans de beaux draps; *a ~ cuiva pe sub piele* entrer dans les bonnes grâces de qn.; *a-i ~ frica în oase* être pris d'épouvante.
intraductibil, ~ă *adj.* intraduisible.
intransigent, ~ă *adj.* intransigeant, ~e.
intransigenţă *s.f.* intransigeance *f.*
intranzitiv, ~ă *adj.* intransitif, -ive.
intrare *s.f.* 1. entrée *f.* 2. cul-de-sac *m.*, impasse *f.* ‖ *la ~* à l'entrée.
intriga *vt.* intriguer.
intrigant, ~ă *s.m.f.* intrigant, ~e.
intrigă *s.f.* intrigue *f.*
intrinsec, ~ă *adj. adj.* intrinsèque.
introduce *vt. vr.* (s')introduire.
introducere *s.f.* introduction *f.*
introductiv, ~ă *adj.* introductif, -ive.
intrus, ~ă *s.m.f.* intrus, ~e.
intui *vt.* avoir l'intuition.
intuitiv, ~ă *adj.* intuitif, -ive.
intuiţie *s.f.* intuition *f.*, pressentiment *m.*
inuman, ~ă *adj.* inhumain, ~e, cruel, -elle.
inunda *vt.* inonder.
inundaţie *s.f.* inondation *f.*
inutil, ~ă 1. *adj.* inutile. 2. *adv.* inutilement.
inutilitate *s.f.* inutilité *f.*
inutilizabil, ~ă *adj.* inutilisable.
invada *vt.* envahir.
invadator, -oare *adj.* envahisseur *m.*
invalid, ~ă *adj.* invalide, estropié, ~e.
invaliditate *s.f.* invalidité *f.*
invariabil, ~ă 1. *adj.* invariable. 2. *adv.* invariablement.
invazie *s.f.* invasion *f.*
invectivă *s.f.* invective *f.*
inventa *vt.* inventer.
inventar *s.n.* inventaire *m.*
inventaria *vt.* inventarier.
inventator, -oare *s.m.f.* inventeur, -trice.
inventiv, ~ă *adj.* inventif, -ive.
invenţie *s.f.* invention *f.*
invers, ~ă 1. *adj.* inverse. 2. *adv.* inversement.
inversa *vt.* inverser.
inversiune *s.f.* inversion *f.*
investi *vt.* placer, investir.
investigaţie *s.f.* investigation *f.*, recherche *f.*
investiţie *s.f.* placement *m.*
inveterat, ~ă *adj.* invétéré, ~e.
invidia *vt.* envier.
invidie *s.f.* envie *f.*
invidios, -oasă *adj.* envieux, -euse.
invincibil, ~ă *adj.* invincible.
inviolabil, ~ă *adj.* inviolable.
invita *vt.* inviter; (la masă) convier, mander, prier.
invitaţie *s.f.* invitation *f.*
invizibil, ~ă *adj.* invisible.

invoca *vt.* invoquer.
invocare *s.f.* invocation *f.*
involuntar, ~ă **1.** *adj.* involontaire. **2.** *adv.* involontairement.
invulnerabil, ~ă *adj.* invulnérable.
iobag *s.m.* serf *m.*
iobăgie *s.f.* servage *m.*
ioc *adv. fam.* pas du tout, point.
iod *s.n.* iode *m.*
iolă *s.f.* yole *f.*
ion *s.m. chim.* ion *m.*
iotă *s.f.* iota *m.* ‖ *a nu şti o ~* ne pas savoir le premier mot.
ipocrit, ~ă *adj.* hypocrite.
ipocrizie *s.f.* hypocrisie *f.*
ipohondrie *s.f.* hypocondrie *f.*
ipohondru, ~ă *adj.* hypocondriaque.
ipostază *s.f.* hypostase *f.*
ipoteca *vt.* hypothéquer, engager.
ipotecă *s.f.* hypothèque *f.*
ipotenuză *s.f.* hypoténuse *f.*
ipotetic, ~ă *adj.* hypothétique, incertain, ~e.
ipoteză *s.f.* hypothèse *f.*
ipsos *s.n.* plâtre *m.*
iradia *vt.* irradier.
iradiaţie *s.f.* irradiation *f.*
irascibil, ~ă *adj.* irascible.
iraţional, ~ă *adj.* **1.** irrationnel, -elle, irraisonnable. **2.** déraisonnable.
ireal, ~ă *adj.* irréel, -elle.
irealizabil, ~ă *adj.* irréalisable.
ireductibil, ~ă *adj.* irréductible.
iremediabil, ~ă **1.** *adj.* irrémédiable. **2.** *adv.* irrémédiablement.
ireproşabil, ~ă *adj.* irréprochable.

irespirabil, ~ă *adj.* irrespirable.
iresponsabil, ~ă *adj.* irresponsable.
irevocabil, ~ă **1.** *adj.* irrévocable. **2.** *adv.* irrévocablement.
irezistibil, ~ă *adj.* irrésistible.
iriga *vt.* irriguer.
irigaţie *s.f.* irrigation *f.*
iris *s.m.* şi *n.* iris *m.*
irita *vt.* irriter, agacer, énerver.
iritabil, ~ă *adj.* irritable.
iritaţie *s.f.* **1.** irritation *f.* **2.** *fig.* agacement *m.*, énervement *m.*
ironic, ~ă *adj.* ironique, railleur, -euse.
ironie *s.f.* ironie *f.*, raillerie *f.*
ironiza *vt.* ironiser.
iroseală *s.f.* gaspillage *m.*
irosi *vt.* gaspiller.
irupe *vi.* faire irruption.
isca *vt. vr.* (se) produire, susciter, survenir, éclater.
iscăli *vi. vr.* signer.
iscălitură *s.f.* signature *f.*
iscoadă *s.f.* espion, -onne.
iscodi *vt.* espionner, épier.
iscodire *s.f.* espionnage *m.*
iscoditor, **-oare 1.** *adj.* curieux, -euse. **2.** *adv.* curieusement.
iscusinţă *s.f.* habileté *f.*, adresse *f.*, ingéniosité *f.*
iscusit, ~ă *adj.* habile, adroit, ~e, ingénieux, -euse.
ison *s.n.* accompagnement *m.* ‖ *a ţine isonul* faire chorus.
isoscel *adj.* isocèle.
ispăşi *vt.* expier.
ispăşire *s.f.* expiation *f.*
ispită *s.f.* tentation *f.*
ispiti *vt.* tenter.

ispititor, -oare *adj.* tentant, ~e, séduisant, ~e.
ispravă *s.f.* **1.** fait *m.*, affaire *f.*, aventure *f.* **2.** *ir.* exploit *m.*, prouesse *f.* ‖ *un om de ~* un brave homme.
ispravnic *s.m. înv.* préfet *m.*
isprăvi *vt.* finir, terminer, achever, parfaire.
isteric, ~ă *adj.* hystérique.
isterie *s.f.* hystérie *f.*
isteț, -eață *adj.* perspicace, sagace.
istețime *s.f.* perspicacité *f.*, sagacité *f.*
istm *s.n.* isthme *m.*
istoric, ~ă **1.** *adj.* historique. **2.** *s.n.* historique *m.* **3.** *s.m.* historien *m.*
istorie *s.f.* **1.** histoire *f.* **2.** récit *m.*
istorioară *s.f.* historiette *f.*, anecdote *f.*
istoriografie *s.f.* historiographie *f.*
istorisi *vt.* raconter, narrer.
istovi *vr.* s'épuiser, s'exténuer.
istovire *s.f.* épuisement *m.*, exténuation *f.*
istovitor, -oare *adj.* exténuant, ~e, épuisant, ~e.
italian, ~ă *adj.* și *s.m.f.* italien, -enne.
itinerar *s.n.* itinéraire *m.*
iță *s.f.* chaîne *f.*, fil de toile *m.* ‖ *se încurcă ițele* l'affaire tourne mal.
iubi *vt.* aimer, chérir.
iubire *s.f.* amour *m.*, affection *f.*, tendresse *f.*
iubit, ~ă *s.m.f.* amoureux, -euse, amant, ~e.

iubitor, -oare *adj.* aimant, ~e.
iugoslav, ~ă *adj.* și *s.m.f.* yougoslave.
iulie *s.m.* juillet *m.*
iunie *s.m.* juin *m.*
iureș *s.n.* **1.** ruée *f.* **2.** assaut *m.*, attaque *f.* ‖ *a da ~* se ruer.
iute I. *adj.* **1.** rapide, leste, agile. **2.** vif, vive; fougueux, -euse; (la mânie) irascible, violent, ~e, emporté, ~e. **3.** (despre miros, gust) irritant, ~e, âcre. **II.** *adv.* vite, rapidement, immédiatement, aussitôt ‖ *cal ~* cheval fougueux.
iuțeală *s.f.* vitesse *f.*, rapidité *f.*
iuți I. *vt.* accélerer, hâter, presser, précipiter. **II.** *vr.* **1.** se hâter, se presser. **2.** *fig.* s'emporter. **3.** (despre alimente) devenir piquant, aigre.
ivăr *s.n.* verrou *m.*
ivi *vr.* paraître, apparaître.
ivire *s.f.* apparition *f.*
iz *s.n.* relent *m.*
izbă *s.f.* isba *f.*
izbăvi *vt.* sauver.
izbăvire *s.f.* salut *m.*
izbăvitor, -oare *s.m.f.* sauveur *m.*
izbi *vt.* frapper, heurter, cogner.
izbitor, -oare *adj.* frappant, ~e.
izbitură *s.f.* coup *m.*, heurt *m.*, choc *m.*
izbândă *s.f.* victoire *f.*, triomphe *m.*
izbândi *vi.* vaincre, triompher.
izbucni *vi.* éclater, jaillir.
izbucnire *s.f.* éclat *m.*, explosion *f.*
izbuti *vt.* réussir.
izgoni *vt.* chasser.
izlaz *s.n.* pâturage *m.*

izmană *s.f.* caleçon *m.*
izmă *s.f.* menthe *f.*
izmeneală *s.f. fam.* simagrées *f. pl.*, minauderies *f. pl.*
izmeni *vr. fam.* minauder.
izola *vt. vr.* (s')isoler.
izolare *s.f.* isolement *m.*

izolator, -oare *adj.* isolateur, -trice.
izomorfism *s.n.* isomorphisme *m.*
izotop *s.m.* isotope *m.*
izotrop *adj.* şi *s.m.* isotrope *m.*
izvor *s.n.* source *f.*; *fig.* document *m.*
izvorî *vi.* sourdre, jaillir; (despre râuri) prendre sa source.

Î

îmbarca *vt. vr.* (s')embarquer.
îmbarcare *s.f.* embarquement *m.*
îmbăia *vt. vr.* (se) baigner.
îmbălsăma *vt.* embaumer.
îmbălsămare *s.f.* embaumement *m.*
îmbărbăta *vt.* encourager, réconforter.
îmbărbătare *s.f.* encouragement *m.*, réconfort *m.*
îmbăta 1. *vt.* enivrer. 2. *vr.* s'enivrer, se soûler.
îmbătător, -oare *adj.* enivrant, ~e.
îmbătrâni *vi.* vieillir.
îmbelşugare *s.f.* abondance *f.*
îmbia *vt.* inviter, engager.
îmbiba *vt.* imprégner.
îmbiere *s.f.* invite *f.*, offre *f.*
îmbietor, -oare *adj.* engageant, ~e, attirant, ~e, tentant, ~e.
îmbina *vt.* joindre, unir, agencer.
îmbinare *s.f.* mélange *m.*, jointure *f.*, agencement *m.*
îmbâcseală *s.f.* encombrement *m.*
îmbâcsi *vt.* encombrer, bonder.
îmbâcsit, -ă *adj.* 1. (despre o încăpere) encombré, ~e, bondé, ~e. 2. (despre aer) qui sent le renfermé.

îmblăni *vt.* fourrer.
îmblânzi I. *vt.* 1. apprivoiser, dompter. 2. *fig.* adoucir, amadouer. II. *vr.* s'apprivoiser.
îmblânzire *s.f.* 1. apprivoisement *m.*, domptage *m.* 2. adoucissement *m.*
îmblânzitor, -oare *s.m.f.* dompteur, -euse.
îmboboci *vi.* éclore, boutonner.
îmbogăţi *vt. vr.* (s')enrichir.
îmbogăţire *s.f.* enrichissement *m.*
îmboldi *vt.* 1. aiguillonner. 2. *fig.* stimuler, pousser (à).
îmbolnăvi *vr.* tomber malade.
îmbrăca I. *vt.* habiller, vêtir, revêtir, recouvrir. II. *vr.* s'habiller, se vêtir, se revêtir ‖ *a ~ un capot* enfiler (passer) un peignoir; *pereţii odăii erau îmbrăcaţi în mătase* les murs de la chambre étaient recouverts de soie; *a ~ pentru prima oară* étrenner; *a fi bine îmbrăcat* être bien mis; *a fi prost îmbrăcat* être mal fagoté.
îmbrăcăminte *s.f.* vêtement *m.*, habits *m. pl.*

îmbrăţişa *vt. vr.* (s')embrasser.
îmbrăţişare *s.f.* embrassement *m.*
îmbrânci *vt.* pousser, bousculer.
îmbrobodi I. *vt.* 1. encapuchonner. 2. *fig.* tromper, berner. **II.** *vr.* s'envelopper la tête.
îmbuca I. *vt.* 1. manger sur le pouce. 2. avaler. 3. *tehn.* emboucher. **II.** *vr. tehn.* s'emboîter.
îmbucăţi *vt.* dépecer, morceler.
îmbucătură *s.f.* bouchée *f.*
îmbucurător, -oare *adj.* réjouissant, -e.
îmbufna *vr.* 1. bouder. 2. se renfrogner.
îmbufnare *s.f.* 1. bouderie *f.* 2. renfrognement *m.*
îmbuiba *vr.* se gaver, s'empiffrer.
îmbujora *vr.* rougir, s'empourprer.
îmbulzeală *s.f.* 1. foule *f.*, cohue *f.* 2. bousculade *f.*
îmbulzi *vr.* se bousculer.
îmbuna 1. *vt.* amadouer, radoucir. 2. *vr.* se radoucir.
îmbunătăţi *vt.* améliorer.
îmbunătăţire *s.f.* amélioration *f.*
împacheta *vt.* empaqueter.
împăca I. *vt.* 1. concilier, réconcilier. 2. apaiser, calmer. **II.** *vr.* 1. se réconcilier, se raccommoder. 2. se faire à... ‖ *a ~ interese contrarii* concilier des intérêts opposés; *a ~ doi duşmani* réconcilier deux ennemis; *a ~ (pe cineva)* apaiser (calmer) qn.; *s-au împăcat după o ceartă care a durat doi ani* ils se sont réconciliés (raccommodés) après une brouille qui a duré deux ans; *m-am împăcat cu ideea...* je me suis fait à l'idée...
împăcare *s.f.* 1. réconciliation *f.*, raccommodement *m.* 2. apaisement *m.*
împăciuitor, -oare *adj.* conciliant, -e.
împăciuitorist, -ă *s.m.f.* conciliateur, -trice.
împăduri *vt.* boiser.
împădurire *s.f.* boisement *m.*, afforestation *f.*
împăia *vt.* empailler.
împăienjeni *vr.* se voiler, se troubler.
împământeni *vr.* 1. se faire naturaliser. 2. *fig.* s'acclimater.
împăna *vt.* larder, piquer (de).
împărat *s.m.* empereur *m.*
împărăteasă *s.f.* impératrice *f.*
împărătesc, -ească *adj.* impérial, -e.
împărăţie *s.f.* empire *m.*
împărtăşanie *s.f. rel.* communion *f.*
împărtăşi 1. *vt.* communiquer, faire part. 2. *vr. rel.* communier.
împărţeală *s.f.* partage *m.*
împărţi *vt.* partager, diviser, répartir ‖ *a ~ o prăjitură* partager un gâteau; *a ~ un număr* diviser un nombre; *a ~ o sumă între...* répartir une somme entre...; *a ~ frăţeşte* couper la paine en deux.
împărţire *s.f.* division *f.*, partage *m.*

împătrit, ~ă *adj.* quadruple.
împături *vt.* plier.
împăuna *vr.* se pavaner, se rengorger.
împeliţat, ~ă *adj.* 1. incarné, ~e. 2. *fig.* endiablé, ~e, maudit, ~e. ‖ *drac* ~ mauvais garnement, polisson.
împerechea 1. *vt.* appareiller, accoupler. 2. *vr.* s'accoupler.
împerechere *s.f.* accouplement *m.*
împestriţa *vt.* barioler.
împiedica I. *vt.* empêcher, entraver. II. *vr.* 1. trébucher. 2. se heuter à.
împietri *vi. vr.* (se) pétrifier.
împietrire *s.f.* pétrification *f.*; *fig.* endurcissement *m.*
împila *vt.* opprimer.
împilare *s.f.* oppression *f.*
împinge *vt. vr.* (se) pousser, (se) bousculer.
împânzi *vt.* 1. couvrir, parsemer. 2. (despre privire) troubler, voiler.
împleti *vt.* 1. (despre păr etc.) tresser, natter. 2. (despre lână) tricoter.
împletici *vr.* chanceler, vaciller, tituber.
împletitură *s.f.* 1. tresse *f.* 2. tricot *m.*
împlini I. *vt.* 1. accomplir, réaliser. 2. compléter. II. *vr.* 1. se réaliser, s'accomplir. 2. *fam.* prendre de l'embonpoint.
împlinire *s.f.* accomplissement *m.*; réalisation *f.*
împlânta *vt.* ficher, enfoncer.

împodobi 1. *vt.* orner, parer. 2. *vr.* se parer.
împopoţona *vt. vr.* (s')affubler, (s')attifer.
împopoţonare *s.f.* attifement *m.*
împotmoli *vr.* s'enliser, s'embourber.
împotmolire *s.f.* enlisement *m.*, embourbement *m.*
împotriva *prep.* contre.
împotrivă *adv.* contre.
împotrivi *vr.* s'opposer, résister (à).
împotrivire *s.f.* opposition *f.*
împovăra *vt.* surcharger, accabler.
împrăştia *vt. vr.* 1. (se) disperser, (s')éparpiller, (se) disséminer. 2. propager, diffuser, (se) répandre ‖ *soarele a împrăştiat norii* le soleil a dissipé les nuages; *oamenii s-au împrăştiat* les hommes se sont dispersés, éparpillés; *vestea s-a împrăştiat peste tot* la nouvelle s'est répandue partout.
împrăştiat, ~ă *adj.* 1. dissipé, ~e. 2. *fig.* dissipé, ~e, distrait, ~e, étourdi, ~e.
împrăştiere *s.f.* dispersion *f.*, éparpillement *m.*
împrejmui *vt.* clôturer, entourer.
împrejmuire *s.f.* clôture *f.*
împrejur *adv.* autour ‖ *de jur* ~ tout autour; *la stânga* ~ demi-tour à gauche.
împrejurare *s.f.* circonstance *f.*, conjoncture *f.*, occurence *f.* ‖ *după* ~ c'est selon.

împrejurime *s.f.* environs *m. pl.*, alentours *m. pl.*
împresura *vt.* 1. cerner, investir. 2. assiéger.
împresurare *s.f.* investissement *m.*, siège *m.*
împreuna 1. *vt.* joindre, réunir. 2. *vr.* s'accoupler.
împreunare *s.f.* 1. jonction *f.* 2. accouplement *m.*
împreună *adv.* ensemble.
împricinat, **~ă** *s.m.f.* plaidant, ~e, plaideur, -euse.
împrieteni *vr.* se lier d'amitié, devenir amis.
împroprietări *vt.* octroyer (à qn.) le droit de propriété.
împrospăta *vt.* rafraîchir; *fig.* renouveler.
împrospătare *s.f.* rafraîchissement *m.*; *fig.* renouvellement *m.*
împroşca *vt.* 1. (despre apă, noroi) éclabousser. 2. (despre proiectile, pietre) jeter, cracher. 3. *fig.* agonir d'injures.
împrumut *s.n.* prêt *m.*, emprunt *m.* ‖ *a lua cu* ~ emprunter; *a da cu* ~ prêter.
împrumuta *vt.* 1. (cuiva) prêter. 2. (de la cineva) emprunter.
împuia *vt.* (în expr.) *a* ~ *urechile (cuiva)* corner, rebattre les oreilles (à qn.); *a* ~ *capul* rompre la tête.
împunge *vt.* 1. piquer.
împunsătură *s.f.* 1. piqûre *f.* 2. *fig.* pointe *f.*
împurpura *vr.* s'empourprer.
împuşca 1. *vt.* fusiller. 2. *vi.* tirer un coup de fusil. 3. *vr.* se brûler la cervelle ‖ *a* ~ *francul* être à sec.
împuşcătură *s.f.* coup de feu *m.*
împuternici *vt.* donner des pleins pouvoirs.
împuternicire *s.f.* autorisation *f.* ‖ *din împuternicirea* chargé par.
împuternicit, **~ă** *s.m.f.* mandataire, chargé, ~e.
împuţi 1. *vr.* s'altérer, pourrir. 2. *vt.* (aerul) empuantir, empester.
împuţina *vr.* diminuer.
împuţinare *s.f.* diminution *f.*
în *prep.* dans, en ‖ *intru* ~ *clasă* j'entre en classe; ~ *clasa unde sunt elevi* dans la classe où il y a des élèves.
înadins *adv.* exprès, intentionellement, à dessein.
înainta I. *vi.* 1. avancer; (în grad) promouvoir. 2. progresser. II. *vt.* (despre o cerere) présenter ‖ *a* ~ *în vîrstă* prendre de l'âge.
înaintare *s.f.* avancement *m.*
înaintaş *s.m.* 1. précurseur *m.* 2. *sport* avant *m.*
înaintat, **~ă** *adj.* avancé, ~e.
înainte *adv.* 1. (spaţial) devant. 2. (temporal) avant, auparavant ‖ *a spune* ~ continuer; *el era înaintea mea* il était devant moi; *a sosit cu două zile înaintea mea* il est arrivé deux jours avant moi; *de azi* ~ désormais, dorénavant; *mai* ~ auparavant.
înaintea *prep.* (spaţial) devant, au devant de; (temporal) avant ‖ ~ *ochilor mei* devant mes yeux.

înalt, ~ă 1. *adj.* grand, ~e, haut, ~e, élevé, ~e. 2. *s.n.* haut *m.* ‖ *un om ~* un homme grand; *cel mai ~ vârf al Alpilor* le plus haut sommet des Alpes; *situaţie înaltă* rang élevé; *din înaltul muntelui* du haut de la montagne.

înapoi *adv.* 1. en arrière. 2. de retour ‖ *eu rămân ~* je reste en arrière; *voi fi ~ la şapte* je serai de retour à sept heures.

înapoia[1] *prep.* derrière.

înapoia[2] 1. *vt.* rendre, restituer. 2. *vr.* revenir, rentrer, être de retour.

înapoiat, ~ă *adj.* 1. arriéré, ~e. 2. rétrograde.

înapoiere *s.f.* 1. restitution *f.* 2. retour *m.*

înaripat, ~ă *adj.* ailé, ~e.

înarma *vt. vr.* (s')armer.

înarmare *s.f.* armement *m.*

înăbuşi I. *vt.* 1. étouffer, suffoquer. 2. (o răscoală) réprimer. II. *vr.* étouffer, suffoquer ‖ *îşi înăbuşi suspinele* il étouffa ses sanglots; *se ~ de mânie* il étouffa (suffoqua) de colère.

înăbuşire *s.f.* 1. suffocation *f.*, étouffement *m.* (despre o răscoală) repression *f.*

înăbuşitor, -oare *adj.* étouffant, ~e, suffocant, ~e.

înădi *vt.* abouter, rabouter.

înăcri *vt. vr.* (s')aigrir.

înăcrit, ~ă *adj.* 1. aigri, ~e. 2. *fig.* revêche.

înălbi *vt.* blanchir.

înălţa 1. *vt.* hausser, lever, élever, construire. 2. *vr.* s'élever, se hausser ‖ *a ~ vocea* hausser (lever) la voix; *a ~ un edificiu* élever (construire) un édifice; *a se ~ în vârful picioarelor* se hausser sur la pointe des pieds.

înălţime *s.f.* 1. hauteur *f.*, élévation *f.*, éminence *f.* 2. *fig.* altesse *f.*, éminence *f.*

înăspri 1. *vt.* durcir. 2. *vr.* se durcir, devenir plus sévère. 3. (despre vreme) devenir plus froid.

înăsprire *s.f.* 1. durcissement *m.* 2. aggravation *f.*

înăuntru *adv.* dedans, en dedans, au dedans, à l'intérieur.

încadra I. *vt.* 1. encadrer. 2. intégrer. II. *vr.* s'intégrer.

încaltea *adv.* au moins, tout au moins.

încarcera *vt.* emprisonner.

încarcerare *s.f.* emprisonnement *m.*

încartirui *vt.* loger (des militaires).

încasa *vt.* (financiar) encaisser ‖ *a ~ salariul* toucher le salaire.

încasator, -oare *s.m.f.* receveur, -euse.

încă *adv.* encore ‖ *~ de atunci* dès lors.

încăiera *vr.* en venir aux mains.

încăierare *s.f.* bagarre *f.*, rixe *f.*, échauffourée *f.*

încălca *vt.* 1. (un teritoriu) envahir. 2. (un drept) transgresser, enfreindre.

încălcare *s.f.* **1.** (a unui teritoriu) invasion *f.* **2.** (a unui drept) transgression *f.*, empiétement *m.*
încăleca *vt.* monter à cheval, enfourcher.
încălţa *vr.* chausser.
încălţăminte *s.f.* chaussure *f.*
încălţător *s.n.* chausse-pied *m.*
încălzi *vt. vr.* (se) chauffer, (se) réchauffer, (s')échauffer.
încălzire *s.f.* chauffage *m.*
încăpător, -oare *adj.* spacieux, -euse, vaste.
încăpăţîna *vr.* s'entêter, s'obstiner.
încăpăţînare *s.f.* entêtement *m.*, obstination *f.*
încăpăţînat, ~ă *adj.* entêté, ~e, obstiné, ~e, buté, ~e, têtu, ~e.
încăpea *vi.* tenir dans ‖ *a nu-şi mai ~ în piele de bucurie* ne pas se posséder de joie; *a nu-şi mai ~ în piele* être bouffi d'orgueil; *nu mai încape vorbă* cela va sans dire.
încăpere *s.f.* chambre *f.*, pièce *f.*
încărca *vt.* charger.
încărcătură *s.f.* charge *f.*, chargement *m.*
încărunţi *vi.* grisonner.
încărunţit, ~ă *adj.* grisonnant, ~e.
încătuşa *vt.* **1.** enchaîner. **2.** *fig.* captiver.
încătuşare *s.f.* enchaînement *m.*
începător, -oare *s.m.f.* débutant, ~e, commençant, ~e.
începe 1. *vi.* commencer. **2.** *vt.* commencer, entamer, engager ‖ *încep să învăţ franţuzeşte* je commence à étudier le français; *a ~ o prăjitură* entamer un gâteau; *a ~ lupta* engager le combat.
începere *s.f.* commencement *m.* ‖ *începerea şcolii* (după vacanţă) la rentrée.
început *s.n.* commencement *m.*, début *m.*
încerca *vt.* **1.** essayer, tenter, tâcher. **2.** (despre un sentiment) éprouver. ‖ *a ~ o rochie* essayer une robe; *voi ~ să termin* je tâcherai de finir; *încearcă o puternică emoţie* il éprouva une forte émotion; *a ~ marea cu degetul* prendre la lune avec les dents.
încercare *s.f.* **1.** essai *m.*, tentative *f.* **2.** *fig.* épreuve *f.* ‖ *a pune la ~* mettre à l'épreuve.
încercat, ~ă *adj.* **1.** habile, expérimenté, ~e, rompu, ~e (à). **2.** éprouvé, ~e.
încercănat, ~ă *adj.* cerné, ~e.
încercui *vt.* **1.** encercler. **2.** *mil.* cerner, investir.
încercuire *s.f.* encerclement *m.*, investissement *m.*
încet, -eată I. *adj.* **1.** lent, ~e. **2.** bas, -sse. **II.** *adv.* **1.** lentement. **2.** doucement, bas ‖ *cu paşi înceţi* à pas lents; *a înainta ~* avancer lentement; *a vorbi ~* parler bas; *încetul cu încetul* peu à peu, petit à petit; *~ la minte* lent d'esprit.
înceta *vt. vi.* cesser.
încetare *s.f.* cessation *f.*, arrêt *m.* ‖ *fără ~* sans cesse; *~ din viaţă* décès *m.*

încetăţeni 1. *vt.* naturaliser. **2.** *vr. fig.* prendre racine.
încetineală *s.f.* lenteur *f.*
încetini *vt.* ralentir.
încetinire *s.f.* ralentissement *m.*
înceţoşa *vr.* **1.** brouillasser. **2.** *fig.* (despre privire) se brouiller.
închega 1. *vr.* cailler, coaguler. **2.** *fig.* se preciser, se contourer ‖ *laptele s-a închegat* le lait s'est caillé; *sosul e destul de închegat* la sauce est assez épaisse; *începu să se închege o idilă* une amourette commence à naître.
închegare *s.f.* coagulation *f.*, solidification *f.*
încheia *vt.* **1.** (despre haine) boutonner. **2.** (despre pantofi) lacer. **3.** (despre o maşină) monter. **4.** (despre o acţiune) achever. **5.** (despre un tratat etc.) conclure.
încheiere *s.f.* fin *f.*, conclusion *f.*, clôture *f.* ‖ *încheierea lucrărilor* la fin des travaux; *în ~* en conclusion; *încheierea unui inventar* la clôture d'un inventaire.
încheietoare *s.f.* boutonnière *f.*
încheietură *s.f.* articulation *f.*, jointure *f.*, attache *f.*
închide I. *vt.* **1.** fermer, enfermer. **2.** (despre o şedinţă) clore. **3.** (despre teren) clôturer, enclore. **II.** *vr.* **1.** (despre vreme) s'obscurcir. **2.** (despre faţă) s'assombrir. **3.** (despre o culoare) foncer ‖ *a ~ (cuiva) gura* clouer le bec (à qn.).

închidere *s.f.* **1.** fermeture *f.* **2.** clôture *f.* ‖ *închiderea sesiunii la clôture de la session.*
închina I. *vt.* **1.** dédier, vouer, consacrer. **2.** toaster. **II.** *vr.* se signer ‖ *vă închin această carte* je vous dédie ce livre; *templu închinat lui Jupiter* temple dedié à Jupiter; *închină pentru oaspeţii săi* il toasta pour ses hôtes; *bătrânul se închină* le vieillard se signa; *a ~ armele* rendre les armes; *a se ~ în faţa cuiva* s'incliner devant qn.
închinare *s.f.* **1.** dédicace *f.* **2.** toast *m.* **3.** révérence *f.*
închinga *vt.* sangler.
închipui 1. *vt.* représenter, symboliser. **2.** *vr.* se figurer, s'imaginer.
închipuire *s.f.* **1.** imagination *f.* **2.** fiction *f.*, illusion *f.*
închipuit, ~ă *adj.* imaginaire, irréel, -elle, fictif, -ive ‖ *om ~* homme infatué.
închirci *vr.* se rabougrir.
închiria *vt.* louer.
închiriat, ~ă *adj.* loué, ~e, de louage ‖ *de ~* à louer, de louage.
închiriere *s.f.* louage *m.*
închisoare *s.f.* prison *f.*
închista *vr.* s'enkyster.
închistare *s.f.* enkystement *m.*
închizătoare *s.f.* fermeture *f.*
încinci *vt.* quintupler.
încincit, ~ă *adj.* quintuple.
încinge I. *vt.* ceindre, ceinturer. **II.** *vr.* **1.** s'échauffer, s'enflammer. **2.** (despre cereale) fermenter, s'altérer, pourrir ‖

a ~ spada ceindre l'épée; *era încinsă cu o panglică roşie* elle était ceinturée d'un ruban rouge; *încins de soare* échauffé par le soleil; *iubirea îi încinsese inima* l'amour avait enflammé son cœur.

încins *adj.* **1.** (despre oameni) ceinturé; (despre centuri) serré autour de la taille; **2.** (despre arme) attaché à la ceinture.

înciuda 1. *vt.* dépiter. **2.** *vr.* se dépiter, se faire du mauvais sang, de la bile.

încâlci *vt.* emmêler, enchevêtrer, embrouiller.

încâlcire *s.f.* **1.** enchevêtrement *m.* **2.** confusion *f.*

încâlcit, ~ă *adj.* **1.** enchevêtré, ~e, embrouillé, ~e. **2.** (despre drumuri) tortueux, -euse. **3.** (despre gîndire) confus, ~e. **4.** (despre scris) illisible.

încânta *vt.* enchanter, charmer, ensorceler, ravir.

încântare *s.f.* enchantement *m.*, ensorcellement *m.*, ravissement *m.*

încântător, -oare *adj.* charmant, ~e, ensorcelant, ~e, ravissant, ~e.

încârliga *vr.* se recroqueviller.

încât *conj.* que, de sorte que, de façon que, de manière que.

încleia *vt.* coller, engluer.

încleiere *s.f.* collage *m.*, engluage *m.*

încleşta I. *vt.* serrer avec force. **II.** *vr.* **1.** s'accrocher, se cramponner. **2.** *fig.* lutter corps à corps.

încleştare *s.f.* **1.** serrement *m.* **2.** cramponnement *m.* **3.** lutte corps à corps *f.*

înclina *vt. vr. vi.* (s')incliner, (se) pencher.

înclinare *s.f.* **1.** inclinaison *f.* **2.** *fig.* inclination *f.*, penchant *m.*, application *f.*

înclinaţie *s.f.* **1.** *geom. astron.* inclinaison *f.* **2.** *v.* înclinare.

încoace *adv.* ici, de ce côté-ci ‖ *~ şi încolo* de ça de là, de tous côtés; *ce mai ~ şi încolo* trêve de mots; *a avea pe vino-~* avoir du charme (du chien).

încolăci 1. *vt.* enrouler. **2.** *vr.* s'enrouler.

încolăcire *s.f.* enroulement *m.*

încolo *adv.* là, de ce côté-là, dans cette direction-là ‖ *mai ~* plus loin; *de azi ~* à partir d'aujourd'hui, dorénavant, désormais.

încolona *vr.* entrer dans les rangs.

încolţi I. *vi.* (despre plante) germer. **II.** *vt.* **1.** traquer. **2.** *fig.* acculer, mettre au pied du mur ‖ *a fi încolţit* être aux abois.

încondeia *vt.* **1.** orner de dessins. **2.** *fig.* calomnier, dénigrer, dire (de qn.) pis que pendre.

înconjur *s.n.* détour *m.*, crochet *m.* ‖ *fără ~* sans détours, sans ambages.

înconjura I. *vt.* **1.** contourner, faire le tour de. **2.** entourer. **3.** cerner. **4.** faire un détour (un crochet). **II.** *vr.* s'entourer ‖ *a ~ o casă* contourner (faire le tour d')une maison; *a fi înconjurat de dragoste* être entouré d'affection; *a înconjura o cetate* cerner une forteresse;

degeaba ai înconjurat atât tu as fait un détour inutile; *a se ~ de prieteni* s'entourer d'amis.
încontinuu *adv.* continuellement.
încorda I. *vt.* tendre, bander, raidir. **II.** *vr.* **1.** se raidir, se bander. **2.** *fig.* se concentrer ‖ *a ~ un arc* tendre (bander) un arc; *a-și încorda mușchii* se raidir.
încordare *s.f.* tension *f.*, raidissement *m.*
încornora *vt.* cocufier.
încornorat, ~ă *adj.* cornu, ~e; *fig.* cocu.
încorona *vt.* couronner.
încorpora *vt.* incorporer.
încorporare *s.f.* incorporation *f.*
încotoșmăna *vr.* s'emmitoufler.
încotro *adv.* où? dans quelle direction? de quel côté? ‖ *a nu mai avea ~* n'avoir plus d'autre issue.
încovoia *vr.* **1.** se courber, se voûter, ployer. **2.** *fig.* s'humilier, courber l'échine.
încovoiere *s.f.* ploiement *m.*, courbement *m.*, fléchissement *m.*
încovriga *vr.* se recroqueviller.
încrede *vr.* se fier.
încredere *s.f.* confiance *f.*
încredința I. *vt.* **1.** confier. **2.** assurer. **II.** *vr.* s'assurer ‖ *vă încredințez aceste documente* je vous confie ces documents; *vă încredințez că n-aveți dreptate* je vous assure que vous n'avez pas raison.
încredințare *s.f.* assurance *f.*, certitude *f.*, conviction *f.*

încremeni *vi.* rester pétrifié, ~e, stupéfait, ~e, interdit, ~e; se figer.
încrengătură *s.f.* embranchement *m.*
încreți *vt.* **1.** (despre o rochie) froncer. **2.** (despre păr) friser. **3.** (despre piele) rider.
încrețitură *s.f.* **1.** fronce *f.* **2.** ride *f.*
încrezător, -oare *adj.* **1.** confiant, ~e. **2.** crédule; *fam.* poire.
încrezut, ~ă *adj.* infatué, ~e, présomptueux, -euse, fat.
încropi *vt.* **1.** tiédir, attiédir. **2.** *fig.* improviser.
încropit, ~ă *adj.* tiède.
încrucișa *vt. vr.* (se) croiser, (s')entrecroiser.
încrucișare *s.f.* croisement *m.*
încrunta *vr.* froncer les sourcils.
încuia *vt.* **1.** fermer à clé *f.* **2.** *fig. fam.* coller.
încuiba *vr.* **1.** se nicher. **2.** *fig.* s'insinuer.
încuietoare *s.f.* serrure *f.*; *fig. fam.* colle *f.*
încumeta *vr.* oser, se hasarder.
încunoștința *vt.* informer, avertir.
încunoștințare *s.f.* information *f.*, avertissement *m.*
încununa *vt.* couronner.
încuraja *vt.* encourager, réconforter.
încurajare *s.f.* encouragement *m.*
încurca I. *vt.* **1.** (ceva) enchevêtrer, embrouiller. **2.** (pe cineva) embarrasser, gêner, déconcerter, embrouiller. **II.** s'embrouiller.

încurcat, ~ă *adj.* **1.** enchevêtré, ~e, embrouillé, ~e. **2.** (despre oameni) confus, ~e, déconcerté, ~e, embarrassé, ~e, gêné, ~e.
încurcă-lume *s.m. invar.* faiseur d'embarras *m.*
încurcătură *s.f.* **1.** embarras *m.*, brouillamini *m.*, confusion *f.* **2.** tracas *m.*, embêtement *m.*, ennui *m.* ‖ *a avea încurcături* avoir des tracas (des embêtements des ennuis).
încuviinţa *vi.* consentir, acquiescer.
încuviinţare *s.f.* consentement *m.*, acquiescement *m.*
îndată *adv.* immédiatement, aussitôt, à l'instant-même, tout de suite.
îndatora 1. *vt.* obliger, rendre service. **2.** *vr.* s'endetter.
îndatorire *s.f.* devoir *m.*, obligation *f.*, tâche *f.*
îndatoritor, -oare *adj.* obligeant, ~e, serviable, prévenant, ~e, attentionné, ~e.
îndărăt *adv.* derrière, en arrière ‖ *îndărătul casei* derrière la maison; *eu rămîn ~* je reste en arrière; *a se întoarce ~* revenir sur ses pas.
îndărătnic, ~ă *adj.* opiniâtre, obstiné, ~e.
îndărătnici *vr.* s'obstiner, se buter.
îndărătnicie *s.f.* obstination *f.*, opiniâtreté *f.*
îndeajuns *adv.* assez, suffisamment.
îndeaproape *adv.* de près.
îndelete *adv.* **1.** lentement, sans hâte. **2.** à loisir.

îndeletnici *vr.* s'occuper.
îndeletnicire *s.f.* occupation *f.*, métier *m.*, profession *f.*
îndelungat, ~ă *adj.* long, -gue, prolongé, ~e.
îndemânare *s.f.* adresse *f.*, habileté *f.*, dextérité *f.*
îndemânatic, ~ă *adj.* adroit, ~e, habile.
îndemână *adv.* (în expr.) *la ~* accessible, à la portée de, sous la main.
îndemn *s.n.* exhortation *f.*, impulsion *f.*
îndemna *vt.* exhorter, engager, pousser, stimuler.
îndeobşte *adv.* généralement.
îndeosebi *adv.* surtout, notamment, particulièrement, principalement.
îndepărta I. *vt.* **1.** éloigner, écarter. **2.** (dintr-o funcţie) limoger, renvoyer. **II.** *vr.* s'éloigner, s'écarter.
îndepărtare *s.f.* **1.** éloignement *m.*, écartement *m.* **2.** renvoi *m.*
îndeplini *vt.* accomplir, réaliser, exécuter, effectuer.
îndeplinire *s.f.* accomplissement *m.*, réalisation *f.*, exécution *f.*
îndesa I. *vt.* **1.** tasser, entasser. **2.** enfoncer. **II.** *vr.* se serrer. ‖ *a ~ fânul* tasser le foin; *îndesă toate hainele într-o valiză* il entassa tous ses vêtements dans une valise; *îşi îndesă pălăria* il enfonça son chapeau; *toţi se îndesară în jurul lui* ils se serrèrent tous autour de lui.

îndesat, ~ă *adj.* **1.** tassé, ~e. **2.** (despre ființe) trapu, ~e.

îndesi *vr.* **1.** devenir plus épais; devenir plus fréquent (plus nombreux). **2.** augmenter, s'accroître ‖ *și-a îndesit vizitele* ses visites sont devenues plus fréquentes; *populația s-a îndesit* la population a augmenté (s'est accrue).

îndestula *vt.* contenter, satisfaire.

îndigui *vt.* endiguer.

îndiguire *s.f.* endiguement *m.*, endigage *m.*

îndârji *vr.* s'acharner.

îndârjire *s.f.* acharnement *m.*

îndobitoci *vt.* abêtir, abrutir.

îndobitocire *s.f.* abêtissement *m.*, abrutissement *m.*

îndoctrina *vt.* endoctriner.

îndoctrinare *s.f.* endoctrinement *m.*

îndoi I. *vt.* **1.** plier, courber, ployer. **2.** doubler. **3.** (despre vin) couper. **II.** *vr.* **1.** ployer, (se) courber, plier. **2.** *fig.* douter ‖ *a ~ o hârtie* plier un papier; *a ~ spinarea* courber l'échine; *a ~ o ramură* ployer une branche; *i-am îndoit rația* j'ai doublé sa ration; *vin îndoit cu apă* vin coupé d'eau; *copacul se îndoaie sub greutatea fructelor* l'arbre plie (ploie) sous le poids des fruits; *mă îndoiesc că ai dreptate* je doute que vous avez raison.

îndoială *s.f.* doute *m.*, incertitude *f.* ‖ *a sta la ~* hésiter, *fam.* balancer; *a avea îndoieli* avoir des doutes; *nu încape îndoială* sans aucun doute.

îndoielnic, ~ă *adj.* **1.** douteux, -euse, louche, équivoque. **2.** incertain, ~e.

îndoit, ~ă *adj.* double.

îndoitură *s.f.* pli *m.* ‖ *îndoitura genunchiului* jarret *m.*

îndolia *vt.* endeuiller.

îndoliat, ~ă *adj.* en deuil, endeuillé, ~e.

îndopa *vt. vr.* (se) gorger, (se) bourrer, (se) gaver, (s')empiffrer.

îndrăcit, ~ă *adj.* **1.** méchant, ~e. **2.** endiablé, ~e ‖ *~ mai e!* ce qu'il est méchant!

îndrăgi *vt.* aimer.

îndrăgosti *vr.* s'éprendre, tomber amoureux; *fam.* s'amouracher.

îndrăgostit, ~ă *adj.* épris, ~e, amoureux, -euse.

îndrăzneală *s.f.* audace *f.*, hardiesse *f.*, témérité *f.*, intrépidité *f.*

îndrăzneț, -eață *adj.* audacieux, -euse, hardi, ~e, téméraire, intrépide.

îndrăzni *vt.* oser.

îndrepta I. *vt.* **1.** redresser. **2.** indiquer la direction. **3.** reprendre, corriger, rectifier. **4.** diriger. **II.** *vr.* **1.** se redresser. **2.** se corriger, s'amender. **3.** (după o boală) se remettre; (despre sănătate) s'améliorer. **4.** se diriger. **5.** (despre vreme) se remettre (au beau) ‖ *a ~ un copac* redresser un arbre; *l-am îndreptat într-acolo* je lui ai indiqué la direction; *profesorul îl ~ mereu, însă el făcea aceleași greșeli* le professeur le reprenait (corrigeait) sans cesse, mais il faisait les mêmes fautes; *îndreaptă arma spre căprioară* il dirigea son arme vers la biche; *bătrânul se îndreptă deodată* le vieillard se redressa brusquement; *voi căuta să mă îndrept* je tâcherai de me corriger; *s-a îndreptat după boală* il s'est remis après sa maladie; *se îndreptă spre uşă* il se dirigea vers la porte; *vremea se îndreaptă* le temps se remet au beau.

îndreptar *s.n.* guide *m.*
îndreptare *s.f.* **1.** redressement *m.* **2.** correction *f.*
îndreptăţi *vt.* justifier, autoriser.
îndreptăţire *s.f.* justification *f.*
îndreptăţit, ~ă *adj.* justifié, ~e, autorisé, ~e ‖ *a fi ~* être dans son droit.
îndruga *vt.* **1.** baragouiner, marmotter. **2.** papoter ‖ *ce tot îndrugi?* qu'est ce que tu chantes?
îndruma *vt.* guider, diriger.
înduioşa 1. attendrir, émouvoir, toucher, affecter. **2.** *vr.* s'attendrir, s'émouvoir.
înduioşare *s.f.* attendrissement *m.*
înduioşător, -oare *adj.* émouvant, ~e, attendrissant, ~e, touchant, ~e.
îndulci 1. *vt.* dulcifier, édulcorer, adoucir, (cu zahăr) sucrer; *fig.* adoucir, radoucir. **2.** *vr.* **a)** se radoucir; **b)** prendre goût à... ‖ *a ~ o poţiune* dulcifier (édulcorer) une potion; *am îndulcit ceaiul* j'ai sucré le thé; *caută să-i îndulceşti suferinţa* tâchez d'adoucir ses souffrances; *îşi îndulci vocea* il radoucit le ton; *vremea se îndulceşte* le temps se radoucit; *s-a îndulcit la somn* il a pris goût au sommeil.

îndupleca 1. *vt.* fléchir, attendrir. **2.** *vr.* céder, se laisser fléchir.
îndura I. *vt.* subir, supporter. **II.** *vr.* **1.** avoir pitié. **2.** *ir.* daigner ‖ *a ~ torturi* subir des tortures; *a îndurat totul fără să cârtească* il a tout supporté sans murmurer; *îndură-te de el* ayez pitié de lui; *ir. în sfârşit te-ai îndurat să vii* enfin vous avez daigné venir.
îndurare *s.f.* pitié *f.*, miséricorde *f.*
îndurător, -oare *adj.* miséricordieux, -euse, compatissant, ~e.
îndurera *vt.* attrister, chagriner, peiner.
îndurerare *s.f.* attrister, chagriner, peiner.
îndurerare *s.f.* chagrin *m.*, douleur *f.*, peine *f.*
înec *s.n.* **1.** noyade *f.* **2.** *fig.* suffocation *f.*
îneca I. *vt.* **1.** noyer, submerger. **2.** inonder. **II.** *vr.* **1.** se noyer. **2.** (despre vapoare) couler, faire naufrage. **3.** *fig.* (s')étrangler, suffoquer ‖ *a ~ un câine* noyer un chien; *apele au înecat câmpia* les eaux ont submergé (inondé) la plaine; *s-a înecat în Dunăre* il s'est noyé dans le Danube; *vaporul s-a înecat din cauza fur-*

tunii le vaisseau a coulé (fait naufrage) à cause de la tempête; *se ~ de furie* il s'étranglait (suffoquait) de colère.

înecăcios, -oasă *adj.* étouffant, ~e, suffocant, ~e.

înfăptui *vt.* réaliser, accomplir, exécuter.

înfăptuire *s.f.* réalisation *f.*, accomplissement *m.*

înfăşa *vt.* emmailloter.

înfăşura *vt.* envelopper, enrouler.

înfăşurare *s.f.* enveloppement *m.*

înfăţişa I. *vt.* 1. présenter. 2. figurer, représenter. II. *vr.* se présenter.

înfăţişare *s.f.* 1. présentation *f.* 2. *jur.* comparution *f.* 3. aspect *m.*, apparence *f.*

înfeuda 1. *vt.* soumettre, asservir. 2. *vr.* s'inféoder.

înfeudare *s.f.* asservissement *m.*, inféodation *f.*

înfia *vt.* adopter.

înfiera *vt.* stigmatiser, flétrir.

înfierare *s.f.* stigmatisation *f.*, blâme *m.*, flétrissure *f.*

înfierbînta *vt. vr.* (s')échauffer, (s')enflammer.

înfiere *s.f.* adoption *f.*

înfigăreţ, -eaţă *adj.* qui a du culot; touche-à-tout.

înfige 1. *vt.* planter, ficher, enfoncer. 2. *vr.* avoir du toupet, se mettre en avant, se mêler de tout.

înfiinţa 1. *vt.* créer, fonder. 2. *vr.* se présenter, apparaître.

înfiinţare *s.f.* fondation *f.*, création *f.*

înfiora *vr.* 1. frémir. 2. frissonner.

înfiorare *s.f.* 1. frisson *m.* 2. frémissement *m.*

înfiorător, -oare 1. *adj.* effrayant, ~e, épouvantable, effroyable. 2. *adv.* épouvantablement, effroyablement.

înfiripa I. *vt.* improviser, former. II. *vr.* 1. se former. 2. (după o boală) se remettre, se rétablir.

înflăcăra I. *vt.* 1. enflammer, embraser. 2. *fig.* enthousiasmer. II. *vr.* s'enflammer, se passionner, s'enthousiasmer.

înflăcărare *s.f.* ardeur *f.*, enthousiasme *m.*

înflori I. *vi.* 1. fleurir, s'épanouir. 2. *fig.* prospérer. II. *vt.* (faptele) enjoliver.

înflorire *s.f.* 1. floraison *f.*, épanouissement *m.* 2. *fig.* prospérité *f.*

înfloritor, -oare *adj. fig.* florissant, ~e, prospère.

înfocare *s.f.* ardeur *f.*, passion *f.*

înfocat, ~ă *adj.* enflammé, ~e, ardent, ~e, passionné, ~e.

înfofoli *vr.* s'emmitoufler.

înfoia *vr.* (despre păr) bouffer; (despre coama, părul animalelor) hérisser; *fig.* se pavaner, se rengorger.

înfometa *vt.* affamer.

înforma *vt. înv.* former, constituer.

înfrăţi *vr.* fraterniser.

înfrăţire *s.f.* fraternité *f.*

înfricoşa 1. *vt.* épouvanter, effrayer. 2. *vr.* s'effrayer, s'épouvanter.

înfricoşător, -oare *adj.* épouvantable, effrayant, ~e, terrible.
înfrigurare *s.f.* ardeur *f.*, fièvre *f.*, zèle *m.* ‖ *cu* ~ avec ardeur, fiévreusement.
înfrigurat, ~ă *adj.* **1.** transi, ~e (de froid). **2.** *fig.* fiévreux, -euse.
înfrâna I. *vt.* **1.** tenir en bride. **2.** *fig.* dominer. *II.* *vr.* se contenir, se maîtriser ‖ *şi-a înfrânat calul* il a tenu son cheval en bride; *era furios, dar s-a înfrânat* il était furieux, mais il se contint (se maîtrisa).
înfrânare *s.f.* modération *f.*, abstinence *f.*
înfrânge *vt.* vaincre.
înfrângere *s.f.* défaite *f.*, échec *m.*
înfrumuseţa *vt.* embellir, enjoliver.
înfrumuseţare *s.f.* embellissement *m.*
înfrunta *vt.* affronter, braver, tenir tête défier.
înfruntare *s.f.* **1.** bravade *f.*, défi *m.* **2.** affront *m.*, offense *f.*
înfrunzi *vi.* se couvrir de feuilles, verdir, reverdir.
înfrupta *vr.* goûter à.
înfuleca *vt. fam.* gober.
înfumurare *s.f.* présomption *f.*, infatuation *f.*
înfumurat, ~ă *adj.* fat *m.*, présomptueux, -euse, infatué, ~e.
înfunda I. *vt.* **1.** (un butoi) enfoncer; (o sticlă) boucher; (o conductă etc.) obstruer. **2.** *fig.* (pe cineva) coller (qn.), mettre qn. au pied du mur. **II.** *vr.* **1.** se boucher, s'obstruer. **2.** *fig.* s'enterrer, moisir ‖ *mi s-a înfundat* je suis fichu.
înfuria 1. *vt.* irriter, exaspérer. **2.** *vr.* enrager, s'emporter, se mettre en colère.
îngădui *vt.* permettre, tolérer.
îngăduinţă *s.f.* **1.** permission *f.* **2.** indulgence *f.*, tolérance *f.* ‖ *cu îngăduinţa dvs.* avec votre permission; *a dat dovadă de* ~ il a fait preuve d'indulgence.
îngăduitor, -oare *adj.* tolérant, ~e, indulgent, ~e.
îngăima *vt.* bredouiller, balbutier.
îngălbeni *vr.* **1.** jaunir. **2.** *fig.* pâlir, blêmir.
îngenunchea 1. *vt.* asservir, assujettir. **2.** *vi.* s'agenouiller.
îngenunchere *s.f.* **1.** agenouillement *m.* **2.** *fig.* asservissement *m.*
înger *s.m.* ange *m.* ‖ *slab de* ~ veule.
îngeresc, -ească *adj.* angélique.
înghesui 1. *vt.* entasser, agglomérer. **2.** *vr.* s'agglomérer, se bousculer.
înghesuială *s.f.* agglomération *f.*, bousculade *f.*, presse *f.*
îngheţ *s.n.* gel *m.*, gelée *f.*
îngheţa I. *vt.* glacer, geler, congeler. **II.** *vi.* **1.** geler, prendre. **2.** *fig.* figer ‖ *vântul m-a îngheţat* le vent m'a glacé; *râul a îngheţat* la rivière a gelé (pris); *a îngheţat de frică* la peur le figea.
îngheţată *s.f.* glace *f.*
înghionti *vt. vr.* jouer des coudes.

înghiți vt. **1.** avaler, gober, engloutir. **2.** fig. (despre o carte) dévorer. **3.** (despre cuvinte) manger ‖ *a-și ~ lacrimile* ravaler ses larmes; fam. *a nu ~ (pe cineva)* ne pas gober qn.; *a ~ o stridie* avaler une huître; *vaporul a fost înghițit de ape* le bateau a été englouti par les eaux.

înghițitură s.f. **1.** (despre lichide) gorgée f. **2.** (despre mâncare) bouchée f.

îngâmfa vr. faire l'important, se rengorger, se pavaner.

îngâmfare s.f. vanité f., présomption f.

îngâmfat, ~ă adj. vain, -e, présomptueux, -euse, infatué, ~e.

îngâna vt. **1.** répéter les paroles (de qn.). **2.** murmurer, chantonner. **3.** (o melodie) accompagner ‖ *când se îngână ziua cu noaptea* **a)** au point du jour; **b)** entre chien et loup.

îngândurat, ~ă adj. pensif, -ive.

îngloba vt. englober.

îngloda vr. s'embourber, s'enliser.

îngrădi vt. **1.** clôturer. **2.** fig. limiter, restreindre.

îngrădire s.f. clôture f., fig. limitation f., restriction f.

îngrămădeală s.f. agglomération f., cohue f., affluence f., foule f.

îngrămădi **1.** vt. amasser, entasser, amonceler. **2.** vr. s'agglomérer, s'amonceler, affluer.

îngrășa **I.** vt. **1.** engraisser. **2.** (despre pământ) amender, fertiliser. **II.** vr. engraisser, prendre de l'embonpoint, du poids.

îngrășământ s.n. engrais m., amendement m.

îngrețoșa **1.** vr. avoir la nausée. **2.** vt. écœurer.

îngreuna vt. **1.** alourdir, appesantir. **2.** rendre plus difficile, aggraver ‖ *somnul îi ~ pleoapele* le sommeil alourdissait ses paupières; *vârsta îngreunează trupul* l'âge appesantit le corps.

îngrijat, ~ă adj. inquiet, -ète, alarmé, ~e.

îngriji **1.** vt. vr. (se) soigner. **2.** vr. s'occuper (de), s'intéresser (à).

îngrijire s.f. soin m.

îngrijitor, -oare s.m.f. (al unei case) intendant, ~e; (al unui parc) gardien, -enne.

îngrijora vt. vr. (s')inquiéter, (s')alarmer.

îngrijorare s.f. inquiétude f., anxiété f.

îngrijorat, ~ă adj. inquiet, -ète, soucieux, -euse, anxieux, -euse.

îngrijorător, -oare adj. alarmant, ~e, inquiétant, ~e.

îngropa vt. enterrer; (un obiect) enfouir.

îngroșa vr. grossir, s'épaissir ‖ *se îngroașă gluma* les choses tournent mal.

îngrozi **1.** vt. effrayer, épouvanter, terrifier. **2.** vr. s'effrayer.

îngrozitor, -oare **1.** adj. terrifiant, ~e, effrayant, ~e, épouvantable, éffroyable, terrible.

2. *adv.* effroyablement, terriblement ‖ *~ de cald* terriblement chaud.

îngust, -ă *adj.* étroit, ~e.

îngusta *vt. vr.* (se) rétrécir.

îngustime *s.f.* étroitesse *f.*

înhăita *vr.* s'aboucher, s'acoquiner.

înhăma *vt. vr.* (s')atteler.

înhăța *vt.* saisir, empoigner.

înhuma *vt.* inhumer.

înhumare *s.f.* inhumation *f.*

înjgheba *vt.* improviser.

înjosi *vt. vr.* (s')humilier, (s')abaisser, (s')avilir.

înjosire *s.f.* humiliation *f.*, avilissement *m.*

înjositor, -oare *adj.* dégradant, ~e, humiliant, ~e, avilissant, ~e.

înjuga *vt.* atteler.

înjumătăți *vt.* réduire à moitié.

înjunghia **I.** *vt.* **1.** poignarder, égorger. **2.** (despre vite) abattre. **3.** (la pers. III) élancer. **II.** *vr.* se couper la gorge ‖ *mă înjunghie degetul* le doigt m'élance.

înjura **1.** *vt.* injurier, pester. **2.** *vi.* jurer, sacrer, blasphémer.

înjurătură *s.f.* **1.** juron *m.* **2.** injure *f.*

înlănțui *vt.* enchaîner.

înlănțuire *s.f.* enchaînement *m.*

înlătura *vt.* écarter.

înlemni *vi.* s'immobiliser, se figer, se raidir, rester pétrifié.

înlesni *vt.* faciliter.

înlocui *vt.* remplacer, suppléer; substituer.

înlocuire *s.f.* remplacement *m.*, substitution *f.*

înlocuitor, -oare *s.m.f.* remplaçant, ~e, suppléant, ~e; (pt. un produs) ersatz *m.*

înmagazina *vt.* emmagasiner.

înmănunchea *vt.* **1.** mettre en faisceau. **2.** *fig.* assembler, réunir.

înmărmuri *vi.* être consterné, (hébété, abasourdi), rester pétrifié.

înmii *vt.* **1.** multiplier par mille. **2.** *fig.* multiplier à l'infini.

înmiresma *vt.* embaumer.

înmiresmat, -ă *adj.* embaumé, ~e.

înmâna *vt.* remettre.

înmânare *s.f.* remise *f.*

înmormânta *vt.* enterrer.

înmormântare *s.f.* enterrement *m.*

înmuguri *vi.* bourgeonner.

înmuia **I.** *vt.* **1.** mouiller, tremper, humecter. **2.** amollir. **3.** *fig.* attendrir. **II.** *vr.* s'amollir, s'apaiser ‖ *a ~ rufele* mouiller le linge; *a ~ pâine în cafea* tremper du pain dans son café; *a-și ~ buzele* humecter ses lèvres; *căldura înmoaie ceara* la chaleur amollit la cire; *plânsul copilului îi înmuie inima* les pleurs de l'enfant attendrirent son cœur.

înmulți **I.** *vt.* multiplier. **II.** *vr.* (s')accroître, se reproduire, se multiplier ‖ *înmulțiți 5 cu 7* multipliez 5 par 7; *s-a înmulțit numărul studenților* le nombre des étudiants s'est accru; *peștii se înmulțesc prin icre* les poissons se reproduisent par des œufs.

înmulțire *s.f.* **1.** multiplication *f.* **2.** accroissement *m.* **3.** reproduction *f.*
înnebuni I. *vt.* affoler, exaspérer. **II.** *vi.* **1.** devenir fou, perdre la raison. **2.** (de spaimă, îngrijorare) s'affoler ‖ *a se ~ după ceva* raffoler de q. ch.
înnebunit, ~ă *adj.* affolé, ~e.
înnegri 1. *vt. vr.* noircir. **2.** *vt.* (de soare) hâler, brunir.
înnegura I. 1. *vt. vr.* embrumer, brumasser. **2.** *vr. fig.* (despre ochi) (se) voiler, (se) troubler. **II.** *vr. fig.* s'assombrir.
înnobila *vt.* **1.** anoblir. **2.** *fig.* ennoblir.
înnoda *vt.* nouer.
înnoi I. *vt.* **1.** renouveler. **2.** (despre obiecte uzate) retaper. **II.** *vr.* étrenner.
înnopta 1. *vi.* passer la nuit. **2.** *vr.* (impers.) *s-a înnoptat* la nuit est tombée.
înnora *vr.* **1.** (despre vreme) se brouiller. **2.** (despre cer) se couvrir.
înnorat, ~ă *adj.* **1.** nuageux, -euse. **2.** *fig.* embruni, ~e ‖ *cer ~* ciel nuageux, couvert.
înot *s.n.* nage *f.*
înota *vi.* nager.
înotătoare *s.f.* nageoire *f.*
înotător, -oare *s.m.f.* nageur, -euse.
înrădăcina *vr.* s'enraciner.
înrăi *vr.* devenir méchant.
înrăma *vt.* encadrer.
înrăutăți *vt. vr.* (s')aggraver, empirer.

înregistra *vt.* enregistrer.
înregistrare *s.f.* enregistrement *m.*
înrâuri *vt.* influencer, influer (sur).
înrâurie *s.f.* influence *f.*
înrobi *vt.* asservir, assujettir.
înrobire *s.f.* asservissement *m.*, assujettissement *m.*
înrola *vt. vr.* (s')enrôler.
înroși *vt. vr.* rougir.
înroura *vr.* se couvrir de rosée.
înrudi *vr.* s'apparenter.
înrudire *s.f.* **1.** parenté *f.* **2.** *fig.* affinité *f.*
însă *conj.* mais, cependant, toutefois.
însăila *vt.* faufiler, bâtir, baguer.
însămânța *vt.* ensemencer.
însămânțare *s.f.* ensemencement *m.*, semailles *f. pl.*
însănătoși *vr.* guérir, se rétablir, se remettre.
însănătoșire *s.f.* guérison *f.*
însărcina *vt.* charger.
însărcinare *s.f.* charge *f.*, mission *f.*, tâche *f.*
însărcinată *adj. f.* enceinte.
înscena *vt.* **1.** mettre en scène. **2.** *fig.* monter, forger de toutes pièces.
înscrie *vt.* inscrire.
înscriere *s.f.* inscription *f.*
înscris *s.n.* acte *m.*, document *m.*
însemna 1. *vt.* noter, marquer. **2.** *vi.* signifier.
însemnare *s.f.* note *f.*
însemnat, ~ă *adj.* **1.** marqué, ~e. **2.** *fig.* important, ~e, remarquable. **3.** marqué, ~e ‖ *~ cu creionul* marqué au

crayon; *persoană însemnată* personne marquante.

însemnătate *s.f.* importance *f.*, valeur *f.*

însenina *vr.* se rasséréner, s'éclaircir.

însera *vr. (impers.)* commencer à faire sombre ‖ *se înserează* le soir tombe.

înserat *s.n.* crépuscule *m.* ‖ *pe ~* entre chien et loup.

însetat, ~ă *adj.* assoiffé, ~e, altéré, ~e.

însângera *vt.* ensanglanter.

însângerat, ~ă *adj.* ensanglanté, ~e, sanglant, ~e.

însorit, ~ă *adj.* ensoleillé, ~e.

însoți *vt.* accompagner, escorter.

însoțitor, -oare *s.m.f.* **1.** compagnon *m.*, compagne *f.* **2.** guide *m.*

înspăimânta 1. *vt.* épouvanter, effrayer. **2.** *vr.* s'effrayer.

înspăimântător, -oare *adj.* épouvantable, effrayant, ~e, effarant, ~e.

înspre *prep.* vers, du côté de.

înspumat, ~ă *adj.* écumant, ~e.

înstări *vr.* s'enrichir.

înstărit, ~ă *adj.* cossu, ~e, aisé, ~e.

înstelat, ~ă *adj.* étoilé, ~e.

înstrăina 1. *vt.* aliéner. **2.** *vr. fig.* s'éloigner.

înstrăinare *s.f.* **1.** aliénation *f.* **2.** *fig.* éloignement *m.*

înstruna *vt.* accorder.

însufleți 1. *vt.* animer, stimuler. **2.** *vr.* s'animer.

însuflețire *s.f.* animation *f.*

însuma *vt.* **1.** additionner, totaliser. **2.** comprendre.

însumi, însămi, înșine, însene *pron.* (de întărire) même ‖ *eu însumi* moi-même; *noi înșine* nous-mêmes.

însura *vr.* se marier, prendre femme.

însurătoare *s.f.* mariage *m.*

însuși *vr.* **1.** s'approprier. **2.** *fig.* assimiler.

însușire *s.f.* **1.** (a unui bun) appropriation *f.* **2.** (de caracter) trait.

însuti *vt.* centupler.

însutit, ~ă **1.** *adj.* centuple. **2.** *adv.* au centuple.

înșela 1. *vt.* tromper, abuser, duper, berner; *fam.* carotter, rouler, donner le change. **2.** *vr.* se tromper, s'abuser, avoir tort.

înșelăciune *s.f.* tromperie *f.*, escroquerie *f.*, fraude *f.*

înșelător, -oare *adj.* trompeur, -euse.

înșeua *vt.* seller.

înșfăca *vt.* saisir, empoigner.

înșira I. *vt.* **1.** mettre en file, aligner. **2.** (despre mărgele etc.) enfiler. **II.** *vr.* s'aligner, se mettre en file.

înșirare *s.f.* **1.** enfilage *m.* **2.** *fig.* succession *f.*

înștiința *vt.* informer, annoncer.

înștiințare *s.f.* information *f.*

înșuruba *vt.* visser.

întări I. *vt.* **1.** fortifier. **2.** affermir, raffermir, renforcer, consolider. **3.** durcir. **II.** *vr.* **1.** devenir plus fort. **2.** (se) durcir ‖ *acest castel a fost întărit în evul mediu* ce château a été fortifié au Moyen-Age; *mărturia d-tale m-a întărit în hotărârea mea* votre témoignage m'a affermi dans ma décision; *apa aceasta de gură întăreşte gingiile* cette eau dentifrice raffermit les gencives; *zidul acesta trebuie întărit* il faut renforcer ce mur; *frigul întăreşte pământul* le froid durcit le sol; *s-a întărit de când face gimnastică* il est devenu plus fort depuis qu'il fait de la gymnastique; *marmelada s-a întărit din cauza frigului* la marmelade a durci à cause du froid.

întărire *s.f.* 1. durcissement *m.* 2. renforcement *m.*, consolidation *f.* 3. affermissement *m.*

întăritor, -oare *adj.* fortifiant, ~e.

întăritură *s.f.* fortification *f.*

întărâta 1. *vt.* irriter, exciter. 2. *vr.* s'irriter, s'exciter, se monter.

întărâtare *s.f.* irritation *f.*

întemeia *vt. vr.* (se) fonder.

întemeiere *s.f.* fondation *f.*

întemeietor, -oare *s.m.f.* fondateur, -trice.

întemniţa *vt.* incarcérer.

întemniţare *s.f.* incarcération *f.*

înteţi 1. *vr.* devenir plus fort, plus fréquent. 2. *vt.* aviver, attiser ‖ *a ~ focul* attiser le feu; *ploaia s-a înteţit* la pluie est devenue plus forte; *vizitele lui s-au înteţit* ses visites sont devenues plus fréquentes.

întina *vt.* souiller.

întinde I. *vt.* 1. tendre. 2. allonger. 3. étendre. II. *vr.* 1. s'étendre. 2. s'étirer. 3. durer. 4. se répandre ‖ *mi-a întins mâna* il m'a tendu la main; *se întinse cât era de lung* il s'étendit de tout son long; *copilul se deşteptă şi începu să se întindă* l'enfant réveilla et commença à s'étirer; *banchetul s-a întins până în zori* le banquet a duré jusqu'à l'aube ‖ *a întins-o* il a (filé) détalé, il se carapatté.

întindere *s.f.* étendue *f.*, surface *f.*

întineri *vi.* rajeunir.

întins, -ă *adj.* 1. vaste. 2. étendu, ~e. 3. plat, ~e. 4. allongé, ~e.

întipări *vt.* imprimer, graver, fixer.

întâi[1] *adv.* d'abord, au début ‖ *~ şi ~* avant tout.

întâi[2] *num. ord.* (le) premier *m.*, (la) première *f.*

întâietate *s.f.* priorité *f.*

întâlni *vt.* rencontrer.

întâlnire *s.f.* 1. rencontre *f.*, rendez-vous *m.* 2. *sport* compétition *f.*, rencontre *f.*

întâmpina *vt.* accueillir.

întâmpinare *s.f.* 1. accueil *m.* 2. *jur.* contestation *f.*

întâmpla 1. *vr.* arriver. 2. *impers.* se produire, se passer.

întâmplare *s.f.* 1. fait *m.*, événement *m.*, aventure *f.* 2. hasard *m.* ‖ *din ~* par hasard; *la ~* au hasard, au petit bonheur; *ce ~ !* quelle aventure!

întâmplător, -oare 1. *adj.* accidentel, -elle, fortuit, ~e. 2. *adv.* accidentellement.

întârzia 1. *vt.* retarder. **2.** être en retard, avoir du retard, arriver tard.
întârziat, ~ă *adj.* retardataire.
întârziere *s.f.* retard *m.*
întoarce I. *vt.* **1.** tourner. **2.** retourner. **II.** *vr.* **1.** rentrer, être de retour, revenir, retourner. **2.** se retourner ‖ *a ~ vorba* répliquer; *a i se ~ (cuiva) stomacul pe dos* avoir des haut-le-cœur; *a ~ (casa) pe dos* mettre sens dessus-dessous; *a ~ foaia* faire chanter une autre gamme; *a ~ ceasul* remonter la montre.
întoarcere *s.f.* retour *m.*
întocmai *adv.* exactement, identiquement.
întocmi *vt.* (despre un plan) élaborer; (despre o listă) dresser.
întocmire *s.f.* élaboration *f.*
întorsătură *s.f.* tournant *m.*
întortochea *vt.* entortiller.
întortocheat, ~ă *adj.* **1.** tortueux, -euse, sinueux, -euse. **2.** entortillé, ~e ‖ *o potecă întortocheată* un sentier tortueux (sinueux); *o frază întortocheată* une phrase tarabiscotée.
întovărăşi 1. *vt.* accompagner. **2.** *vr.* s'associer, s'allier.
întovărăşire *s.f.* association *f.*, alliance *f.*
între *prep.* entre, parmi ‖ *voi veni ~ unsprezece şi douăsprezece* je viendrai entre onze heures et midi; *îşi petrecu copilăria ~ străini* il passa son enfance parmi les étrangers; *~ timp* en attendant, entre temps, cependant.
întreba 1. *vr.* demander, questionner, interroger. **2.** *vr.* se demander.
întrebare *s.f.* demande *f.*, question *f.*, interrogation *f.* ‖ *semnul întrebării* le point d'interrogation *m.*
întrebător, -oare 1. *adj.* interrogateur, -trice. **2.** *adv.* (rar) interrogativement.
întrebuinţa *vt.* employer, utiliser, user.
întrebuinţare *s.f.* emploi *m.*, usage *m.*, utilisation *f.*
întrece I. *vt.* **1.** dépasser. **2.** surpasser. **II.** *vr.* **1.** se surpasser. **2.** entrer en compétition ‖ *al doilea alergător l-a întrecut pe primul* le deuxième coureur a dépassé le premier; *o maşină ~ pe cealaltă* une voiture double l'autre; *cântă foarte bine; nimeni nu-l poate ~* il chante très bien; personne ne peut le surpasser; *a se ~ cu gluma* dépasser les bornes.
întrecere *s.f.* compétition *f.*, émulation *f.* ‖ *a se lua la ~* entrer en compétition.
întredeschide *vt.* entrouvrir.
întredeschis, ~ă *adj.* entrouvert, ~e.
întreg, -eagă I. *adj.* *1.* entier, -ère, complet, -ète, intact, ~e. **2.** *fig.* intègre. **II.** *s.n.* *mat.* entier *m.* ‖ *~ la minte* sain d'esprit.
întregi *vt.* complèter.

întregime *s.f.* (în expr.) *în ~* entièrement, complètement.
întrei *vt.* tripler.
întreit, -ă *adj.* triple.
întrema *vr.* se remettre, se rétablir, (*fam.*) se retaper.
întremare *s.f.* rétablissement *m.*
întrepătrunde *vr.* s'emboîter.
întreprinde *vt.* entreprendre.
întreprindere *s.f.* entreprise *f.*
întreprinzător, -oare *adj.* entreprenant, ~e.
întrerupător *s.n.* interrupteur *m.*
întrerupe *vt. vr.* (s')interrompre.
întrerupere *s.f.* interruption *f.*
întretăia *vr.* s'entrecouper.
întretăiere *s.f.* intersection *f.*
întreține *vt. vr.* (s')entretenir.
întreținere *s.f.* entretien *m.*
întrevedea *vt.* entrevoir, discerner.
întrevedere *s.f.* entrevue *f.*
întrezări *vt.* entrevoir.
întrista 1. *vt.* attrister, chagriner. **2.** *vr.* s'attrister.
întru *prep.* dans, de ‖ *intră într-o pădure* il pénétra dans une forêt; *se îmbrăcă într-o piele de urs* il se revêtit d'une peau d'ours.
întruchipa *vt.* incarner, représenter, symboliser.
întruchipare *s.f.* incarnation *f.*, image *f.*, symbole *m.*
întrucât *conj.* puisque, vu que, étant donné que.
întrucâtva *adv.* dans une certaine mesure.
întruni 1. *vt.* réunir. **2.** *vr.* se réunir, s'assembler.
întrunire *s.f.* réunion *f.*

întrupa *vt.* incarner.
întuneca 1. *vt.* obscurcir, assombrir. **2.** *vr.* s'obscurcir, se rembrunir, s'assombrir; (despre culori) foncer. **3.** *vr. impers.* se *întunecă* le soir tombe ‖ *s-a întunecat când m-a văzut* il s'est rembruni à ma vue.
întunecare *s.f.* obscurcissement *m.*
întunecat, -ă *adj.* sombre, ténébreux, -euse, obscur, ~e.
întunecime *s.f.* ténèbres *f. pl.*
întunecos, -oasă *adj.* obscur, ~e, sombre.
întuneric *s.n.* obscurité *f.* ‖ *este ~ il fait noir* (sombre).
înțărca *vt.* sevrer.
înțărcare *s.f.* sevrage *m.*
înțelegător, -oare *adj.* compréhensif, -ive; *fig.* raisonnable.
înțelege 1. *vt.* comprendre, saisir, entendre. **2.** *vr.* s'entendre ‖ *se ~ cela va de soi; am înțeles* j'ai compris; *îi înțelegi gândirea?* saisissez-vous sa pensée? *înțeleg să fiu ascultat* j'entends qu'on m'obéisse; *se înțeleg foarte bine* ils s'entendent très bien.
înțelegere *s.f.* **1.** entendement *m.*, compréhension *f.* **2.** entente *f.*, accord *m.*
înțeleni *vi.* laisser (une terre) en friche.
înțelepciune *s.f.* sagesse *f.*
înțelept, -eaptă *adj.* sage, raisonnable.
înțelepțește *adv.* sagement.
înțeles 1. *s.n.* sens *m.*, signification *f.* **2.** *adj. invar.* (în expr.) *e de la sine ~ cela va de soi.*

înţepa *vt.* piquer.
înţepat, ~ă *adj.* **1.** piqué, ~e. **2.** *fig.* pincé, ~e. **3.** gourmé, ~e.
înţepător, -oare *adj.* **1.** piquant, ~e, âcre. **2.** *fig.* mordant, ~e, sarcastique.
înţepătură *s.f.* **1.** piqûre *f.* **2.** *fig.* ironie *f.*
înţepeni I. *vt.* **1.** fixer, immobiliser. **2.** ankyloser. **II.** *vi.* **1.** se raidir. **2.** rester cloué sur place. **3.** s'ankyloser.
înţesa *vi.* bonder, encombrer.
învălmăşeală *s.f.* désordre *m.*, confusion *f.*, agglomération *f.*, mêlée *f.*, cohue *f.*
învălmăşi *vt.* embrouiller, mettre sens dessus-dessous.
învălui I. *vt.* **1.** voiler; envelopper. **2.** *(mil.)* entourer. **II.** *vr.* s'envelopper.
învăluire *s.f.* enveloppement *m.*
învăluitor, -oare *adj.* enveloppant, ~e.
învăpăia *vr.* **1.** s'enflammer. **2.** s'empourprer.
învăpăiere *s.f.* ardeur *f.*
învăţ *s.n.* habitude *f.*, coutume *f.*
învăţa I. *vt.* **1.** apprendre, étudier. **2.** (pe cineva) apprendre (a qn.), enseigner, instruire. **II.** *vr.* s'habituer, se faire (à).
învăţat, ~ă *adj.* lettré, ~e, instruit, ~e.
învăţământ *s.n.* enseignement *m.*
învăţător, -oare *s.m.f.* instituteur, -trice, maître, maîtresse d'école.
învăţătură *s.f.* **1.** études *f. pl.* **2.** doctrine *f.* **3.** précepte *m.*
învechi *vr.* **1.** vieillir, s'user. **2.** tomber en désuétude.
învecina *vr.* avoisiner, confiner.
învederat, ~ă *adj.* évident, ~e.
înveli *vt. vr.* (se) couvrir, (s')envelopper.
înveliş *s.n.* **1.** enveloppe *f.* **2.** (al unei case) toiture *f.*
învelitoare *s.f.* couverture *f.*
învenina 1. *vt.* envenimer, empoisonner; *fig.* chagriner. **2.** *vr.* s'envenimer, se chagriner.
înverşuna *vr.* s'acharner.
înverşunare *s.f.* acharnement *m.*
înverzi 1. *vi.* verdir. **2.** *vi. vr. fig.* blêmir.
înveseli *vt. vr.* (s')égayer, (se) réjouir, (se) divertir.
înveselitor, -oare *adj.* amusant, ~e, divertissant, ~e, égaiant, ~e, réjouissant, ~e.
investi *vt.* investir.
înveşmânta *vt.* revêtir.
învia *vi.* ressusciter.
înviere *s.f.* résurrection *f.*
învineţi 1. *vt.* couvrir de bleus, meurtrir. **2.** *vr.* devenir bleu.
învingător, -oare *adj.* vainqueur *m.*, victorieux, -euse.
învinge *vt.* **1.** vaincre. **2.** (o piedică) surmonter.
învinovăţi *vt.* şi *vr.* (s')accuser, inculper.
învinui *vt.* accuser, inculper.
învinuire *s.f.* accusation *f.*, inculpation *f.*
înviora *vt.* **1.** vivifier. **2.** animer, ranimer. **3.** aviver.
înviorător, -oare *adj.* vivifiant, ~e, réconfortant, ~e.

învârteală *s.f. fig.* arrangement *m.*, filouterie *f.*, truc *m.*
învârti I. *vt.* tourner. **II.** *vr.* **1.** tourner, tournoyer, pirouetter. **2.** *fig.* s'arranger. **3.** *fam.* tournailler ‖ *copilul învârtea frigarea* l'enfant tournait la broche; *pământul se învârteşte în jurul soarelui* la terre tourne autour du soleil; *vulturul se învârti de trei ori înainte de a se repezi* le vautour tournoya trois fois avant de s'élancer; *dansatoarea se învârtea cu graţie neînchipuită* la danseuse pirouettait avec une grâce infinie; *se învârteşte totdeauna* il s'arrange toujours; *se învârteşte toată ziua fără nici un rost* il lambine toute la journée sans rien faire.
învârtire *s.f.* tour *m.*
învoi I. *vr.* **1.** tomber d'accord. **2.** vivre en bonne intelligence. **II.** *vt.* permettre à qn. de s'absenter.
învoială *s.f.* marché *m.*, contrat *m.*, convention *f.*, accord *m.* pacte *m.*
învoire *s.f.* permission *f.*, consentement *m.*
învolbura *vr.* tourbillonner.
învolburare *s.f.* tourbillonement *m.*, tourbillon *m.*
învolt, învoaltă *adj.* **1.** (despre flori) double. **2.** (despre păr) bouffant, ~e.
învrăjbi 1. *vr.* se haïr. **2.** *vt.* semer la discorde, la zizanie.
învrăjbire *s.f.* discorde *f.*, dissension *f.*, mésintelligence *f.*
învrednici *vr.* **1.** réussir, être capable, avoir de la chance. **2.** *ir.* daigner.
înzăpezi *vr.* être enneigé, être bloqué par la neige.
înzăpezire *s.f.* enneigement *m.*
înzdrăveni *vr.* se rétablir, recouvrer la santé, reprendre des forces, se remettre.
înzdrăvenire *s.f.* rétablissement *m.*
înzeci *vt.* décupler.
înzecit, ~ă *adj.* décuplé.
înzestra *vt.* **1.** doter. **2.** *fig.* douer.
înzestrare *s.f.* dotation *f.*
înzorzona 1. *vt.* attifer, chamarrer. **2.** *vr.* s'attifer.

J

jabou *s.n.* jabot *m.*
jachetă *s.f.* jaquette *f.*
jaf *s.n.* 1. pillage *m.* 2. *fig.* gaspillage *m.*
jaguar *s.m.* jaguar *m.*
jalbă *s.f.* requête *f.*, supplique *f.*, placet *m.*, pétition *f.*, plainte *f.*
jale *s.f.* tristesse *f.*, affliction *f.*, désolation *f.* ‖ *a-ţi fi ~ (de cineva)* avoir pitié de.
jalnic, ~ă 1. *adj.* triste, piteux, -euse, lamentable. 2. *adv.* tristement, piteusement, lamentablement.
jalon *s.n.* jalon *m.*
jalona *vt.* jalonner.
jaluzea *s.f.* jalousie *f.*, persienne *f.*
jambieră *s.f.* jambière *f.*, molletière *f.*
jandarm *s.m.* gendarme *m.*
jandarmerie *s.f.* gendarmerie *s.f.*
jantă *s.f.* jante *f.*
japonez, ~ă *adj.* şi *s.m.f.* japonais, ~e.
jar *s.n.* braise *f.*, brasier *m.*
jargon *s.n.* jargon *m.*
jartieră *s.f.* jarretière *f.*
javră *s.f.* roquet *m.*, cabot *m.*

jaz *s.n.* jazz *m.*
jăratic *s.n.* v. jar.
jder *s.m.* martre *f.*
jecmăneală *s.f.* spoliation *f.*
jecmăni *vt.* spolier.
jefui *vt.* piller.
jefuitor, -oare *adj.* pillard, ~e, pilleur, -euse.
jeg *s.n.* crasse *f.*
jegos, -oasă *adj.* crasseux, -euse.
jelanie *s.f.* plainte *f.*, lamentation *f.*
jeli 1. *vt. pop.* (pe cineva) pleurer, (ceva) regretter. 2. *vr.* se plaindre, se lamenter, se désoler.
jena *vt. vr.* (se) gêner.
jenă *s.f.* gêne *f.*
jerbă *s.f.* gerbe *f.*
jerpelit, ~ă *adj.* 1. (despre haine) usé, ~e, râpé, ~e. 2. (despre oameni) déguenillé, ~e, loqueteux, -euse.
jerseu *s.n.* jersey *m.*
jertfă *s.f.* offrande *f.*, immolation *f.*, sacrifice *m.*, holocauste *m.*
jertfi 1. *vt.* immoler, sacrifier. 2. *vr.* se sacrifier.
jeţ *s.n.* fauteuil *m.*

jgheab *s.n.* **1.** (pentru vite) auge *f.* **2.** (la acoperiș) gouttière *f.* **3.** rigole *f.*
jigăreală *s.f. fam.* maigreur *f.*
jigări *vr. fam.* maigrir, se racornir.
jigărit, ~ă *adj. fam.* maigre, décati, ~e.
jigni *vt.* offenser, blesser, froisser.
jignire *s.f.* offense *f.*
jignitor, -oare *adj.* offensant, ~e, blessant, ~e, desobligeant, ~e.
jigodie *s.f.* **1.** maladie de carré *f.* **2.** cabot *m.* **3.** *fig.* salaud, ~e, crapule.
jilav, ~ă *adj.* humide, moite.
jiletcă *s.f.* gilet *m.*
jind *s.n.* désir *m.*, envie *f.*, convoitise *f.*
jindui *vi.* désirer ardemment, convoiter.
jir *s.n.* faîne *f.*
jivină *s.f.* bête féroce *f.*, fauve *m.*
joardă *s.f.* verge *f.*, houssine *f.*
joben *s.n.* haut-de-forme *m.*, claque *m.*
joc *s.n.* jeu *m.*, danse *f.* ‖ ~ *popular* danse populaire.
jocheu *s.m.* jockey *m.*
joi *s.f.* jeudi *m.*
joncțiune *s.f.* jonction *f.*
jongla *vi.* jongler, faire des tours d'adresse.
jonglerie *s.f.* jonglerie *f.*, tour d'adresse *m.*
jos, -oasă 1. *adj.* bas, basse. **2.** *adv.* en bas ‖ *a se da* ~ descendre; *cu fața în* ~ à plat ventre; *cu nasul în* ~ l'oreille basse.

josnic, ~ă *adj.* bas, basse, vil; ~e, abject, ~e.
josnicie *s.f.* bassesse *f.*, vilenie *f.*, abjection *f.*
jovial, ~ă *adj.* jovial, ~e.
jovialitate *s.f.* jovialité *f.*
jubila *vi.* jubiler, exulter.
jubileu *s.n.* jubilé *m.*
jubiliar *adj.* jubilaire.
juca 1. *vi.* danser. **2.** *vr.* și *vt.* jouer ‖ *el se joacă în grădină* il joue dans le jardin; *a ~ un rol* jouer un rôle; *a ~ șah* jouer aux échecs; *a ~ o horă* danser une ronde.
jucărie *s.f.* jouet *m.*, joujou *m.*
jucător, -oare *s.m.f.* joueur, -euse.
jucăuș, ~ă *adj.* joueur, -euse, espiègle, folâtre.
judeca 1. *vt.* juger. **2.** *vr.* avoir un procès.
judecată *s.f.* **1.** jugement *m.* **2.** raisonnement *m.* ‖ *a da în* ~ traduire en justice.
judecător *s.m.* juge *m.*
judecătorie *s.f.* **1.** justice de paix *f.* **2.** tribunal civil *m.*
județ *s.n.* district *m.*
judiciar, ~ă *adj.* judiciaire.
judicios, -oasă 1. *adj.* judicieux, -euse. **2.** *adv.* judicieusement.
jug *s.n.* joug *m.*
juli *vt.* și *vr.* (s')égratigner.
jumări *s.f. pl.* **1.** rillons *m. pl.* **2.** œufs brouillés *m. pl.*
jumătate *s.f.* moitié *f.*, demi *adj.*, mi *invar.* ‖ *un om și* ~ un homme qui en vaut deux; *cu* ~ *gură* du bout des lèvres; *la*

jumătatea drumului à mi-chemin; *la jumătatea lunii ianuarie* à la mi-janvier; *cu ochii pe jumătate închişi* les yeux mi-clos

jumuli *vt.* **1.** plumer. **2.** *fig.* dépouiller, spolier.

juncan *s.m.* bouvillon *m.*

juncană *s.f.* génisse *f.*

junghi *s.n.* élancement *m.*, point de côté *m.*

junglă *s.f.* jungle *f.*

junior, -oară *s.m.f. sport* junior *m.*

jupân *s.m. înv.* **1.** boyard. **2.** patron *m.*, maître *m.*

jupâneasă *s.f. înv.* **1.** femme de boyard. **2.** ménagère *f.*, servante *f.*

jupui *vt.* écorcher.

jupuială *s.f.* écorchement *m.*, équarrissement *m.*

jur *s.n.* espace environnant *m.* **2.** environs *m. pl.* ‖ *în ~* aux environs; *de ~ împrejur* tout autour; *în ~ de* près de.

jura *vt.* jurer, prêter serment, faire serment; *a jura fals* faire un faux serment; *-mă jur-* je le jure, j'en fait serment.

jurat *s.m.* juré *m.*

jurământ *s.n.* serment *m.*, vœu *m.*

juridic, ~ă *adj.* juridique.

jurisconsult *s.m.* jurisconsulte *m.*

jurisdicţie *s.f.* juridiction *f.*

jurisprudenţă *s.f.* jurisprudence *f.*

jurist *s.m.* juriste *m.*

juriu *s.n.* jury *m.*

jurnal *s.n.* **1.** journal *m.*, gazette *f.* **2.** (în contab.) registre *m.* ‖ *~ sonor* les actualités.

jurnalist *s.m.* journaliste *m.*

jurnalistică *s.f.* journalisme *m.*

jurubiţă *s.f.* écheveau *m.*

just, ~ă 1. *adj.* juste **2.** *adv.* justement.

justeţe *s.f.* justesse *f.*

justifica *vt. vr.* (se) justifier.

justificare *s.f.* justification *f.*

justificativ, ~ă *adj.* justificatif, -ive.

justiţie *s.f.* justice *f.*

K

kaki *adj.* kaki.
kilogram *s.n.* kilogramme *m.*, kilo *m.*
kilometra *vt.* kilométrer.
kilometraj *s.n.* kilométrage *m.*

Kilometric, ~ă *adj.* **1.** kilométrique. **2.** *fig.* très long
kilometru *s.m.* kilomètre *m.*
kilowatt *s.m.* kilowatt *m.*

L

la¹ *prep.* **1.** à. **2.** chez ‖ *de* ~ **a)** de; **b)** depuis; ~ *o vreme* à un moment donné; *pe* ~ vers; *până* ~ jusqu'à; ~ *şcoală* à l'école; ~ *mine acasă* chez moi; ~ *anul* l'année prochaine; *vine de* ~ *Sibiu* il vient de Sibiu; *nu l-am mai văzut de* ~ *începerea şcolii* je ne l'ai plus revu depuis la rentrée.

la² *vt.vr.pop.* **1.** (se) laver les cheveux. **2.** (se) baigner.

labă *s.f.* patte *f.*

labial,~ă *adj.* labial,~e.

labirint *s.n.* labyrinthe *m.*

laborant *s.m.* assistant de laboratoire *m.*

laborantă *s.f.* laborantine *f.*

laborator *s.n.* laboratoire *m.*, labo *m.*

laborios,-oasă *adj.* laborieux,-euse.

lac¹ *s.n.* lac *m.* ‖ *a cădea din* ~ *în puţ* tomber de fièvre en chaud mal; ~ *de acumulare* lac de retenue.

lac² *s.n.* **1.** laque *f.* **2.** vernis *m.* ‖ *pantofi de* ~ souliers vernis.

lacăt *s.n.* cadenas *m.* ‖ *a închide cu* ~ cadenasser; *a-şi pune* ~ *la gură* tenir sa langue.

lacherdă *s.f.* variété de morue conservée dans la saumure *f.*; thon *m.*

lacheu *s.m.* laquais *m.*

lacom,~ă **I.** *adj.* **1.** gourmand,~e, friand,~e, goulu,~e, glouton,-onne, vorace. **2.** *fig.* avide, cupide. **II.** *adv.* **1.** goulûment, gloutonnement. **2.** *fig.* avidement.

laconic,~ă *adj.* laconique.

laconisme *s.n.* laconisme *m.*

lacrimă *s.f.* larme *f.* ‖ *a izbucni în lacrimi* fondre en larmes.

lacrimogen,~ă *adj.* lacrymogène.

lactat,~ă *adj.* lacté,~e ‖ *produse lactate* laitage *m.*

lactoză *s.f.* lactose *f.*

lacună *s.f.* lacune *f.*

lacustru,~ă *adj.* lacustre.

ladă *s.f.* caisse *f.*, coffre *m.*

lagăr *s.n.* **1.** camp *m.* **2.** bivouac *m.*

lagună *s.f.* lagune *f.*

laibăr *s.n.* jaquette *f.*, veste *f.*, cafetan *m.*

laic,~ă *adj.* laïque.
laiciza *vt.* laïciser.
laitmotiv *s.n.* leitmotiv *m.*
lalea *s.f.* tulipe *f.*
lamă[1] *s.f.* lame *f.*
lamă[2] *s.f.zool.* lama *m.*
lambriu *s.n.* lambris *m.*
lamelă *s.f.* lamelle *f.*
lamenta *vr.* (se) lamenter.
lamentabil,~ă *adj.* lamentable.
lamina *vt.* laminer.
laminor *s.n.* laminoir *m.*
lampadar *s.n.* lampadaire *m.*
lampă *s.f.* lampe *f.*
lampion *s.n.* lampion *m.*
lan *s.n.* champ ensemencé *m.*
lance *s.f.* lance *f.*
landou *s.n.* landau *m.*
languros,-oasă *adj.* langoureux,-euse.
langustă *s.f.* langouste *f.*
lanolină *s.f.* lanoline *f.*
lansa *vt.vr.* (se) lancer; (despre vapoare) mettre à l'eau.
lansare *s.f.* lancement *m.*
lanternă *s.f.* lanterne *f.*
lanţ *s.n.* 1. chaîne *f.* 2. *pl.fig.* captivité *f.*, esclavage *m.* ‖ *a pune în lanţuri* enchaîner; *a se ţine ~* se succéder.
laolaltă *adv.* ensemble, en commun.
lapidar,~ă *adj.* lapidaire.
lapoviţă *s.f.* giboulée *f.*
lapsus *s.n.* lapsus *m.*
lapte *m.* lait *m.* ‖ *~ crud* lait bourru; *~ covăsit* lait caillé; *Calea laptelui* voie lactée.
lapţi *s.m.pl.* laitance *f.*, laite *f.*
larg,~ă 1. *adj.* 1. large. 2. vaste, étendu,~e. 3. ample. II. *s.n.* 1. large *m.* 2. étendue *f.* ‖ *cu mâneci largi* à larges manches; *o câmpie largă* une plaine vaste (étendue); *o fustă largă* une jupe ample; *în tot largul văii* sur toute l'étendue de la vallée; *în ~* prendre le large; *a fi în largul său* se sentir à son aise; *pe ~* minutieusement, en détail; *~ la mână* généreux, libéral, large.
laringe *s.n.* larynx *m.*
laringită *s.f.* laryngite *f.*
larmă *s.f.* bruit *m.*, tapage *m.*, tintamarre *m.*, chahut *m.*, grabuge *m.*
larvă *s.f.* larve *f.*
lasciv,~ă *adj.* lascif,-ive.
laş,~ă *adj.* lâche, poltron,-onne, couard,~e.
laşitate *s.f.* lâcheté *f.*, poltronnerie *f.*, couardise *f.*
lat,~ă 1. *adj.* large. 2. *s.n.* largeur *f.* ‖ *~ în spate* râblé, large d'épaules; *de-a latul* de travers; *fam. a lăsa (pe cineva) ~* battre (qn.) comme plâtre; *a cădea ~* tomber de tout son long.
latent,~ă *adj.* latent,~e.
lateral,~ă *adj.* latéral,~e.
latifundiar,~ă *s.m.f.* grand propriétaire foncier.
latifundiu *s.n.* grande propriété foncière *f.*, domaine *m.*
latinism *s.n.* latinisme *m.*
latitudine *s.f.* latitude *f.*
latură *s.f.* 1. côté *m.*, partie *f.* 2. *fig.* aspect *m.* ‖ *pe de lături* en marge, à côté; *a nu se da în lături* ne pas se défiler.

laţ *s.n.* **1.** nœud coulant *m.*; lacs *m.*; lacet *m.* **2.** *fig.* piège *m.* ‖ *a cădea în ~* donner dans le panneau.

laţe *s.f.pl.* mèches en désordre *f.pl.*

laudă *s.f.* louange *f.*, éloge *m.*

laur *s.m.* laurier *m.* ‖ *a mânca ~* devenir fou.

laureat,-ă *s.m.f.* lauréat,-e.

lavabil,-ă *adj.* lavable.

lavabou *s.n.* lavabo *m.*

lavă *s.f.* lave *f.*

laviţă *s.f.* banc *m.*

lavoar *s.n.* lavabo *m.*

lăbărţa *se déformer, se relâcher;* fam. s'avachir.

lăbărţat,-ă *adj.* relâché,-e.

lăcărie *s.f.* flaque.

lăcătuş *s.m.* serrurier *m.*

lăcătuşerie serrurerie *f.*

lăcomi *vr.* **1.** manger avec gloutonnerie. **2.** *fig.* être avide de...

lăcomie *s.f.* **1.** gourmandise *f.*, gloutonnerie *f.*, goinfrerie *f.*, voracité *f.* **2.** *fig.* avidité *f.*, cupidité *f.*, convoitise *f.*

lăcrima *vi.* pleurer, larmoyer.

lăcrimioară *s.f.* muguet *m.*

lăcui *vt.* laquer, vernir.

lăcustă *s.f.* sauterelle *f.*

lăfăi *vr.* se prélasser.

lăieţ,-iaţă *s.m.f.* **1.** bohémien,-ne, nomade. **2.** *fig.* décoiffée,-e.

lălăi *vt.fam.* chantonner.

lălâu,-âie *adj.* dégengandé,-e.

lămâi *s.m.* citronnier *m.*

lămâie *s.f.* citron *m.*

lămâiţă *s.f.* citronnelle *f.*

lămuri **1.** *vt.* expliquer, éclaircir, élucider, démêler, débrouiller, tirer au clair. **2.** *vr.* comprendre.

lămurire *s.f.* explication *f.*, éclaircissement *m.*

lămurit,-ă **1.** *adj.* clair,-e, distinct,-e. **2.** *adv.* clairement, distinctement.

lănţişor *s.n.* chaînette *f.*

lăptar *s.m.* laitier *m.*

lăptăreasă *s.f.* laitière *f.*

lăptărie *s.f.* **1.** (magazin) crèmerie *f.* **2.** (produs) laitage *m.*

lăptos,-oasă *adj.* laiteux,-euse.

lăptucă *s.f.* laitue *f.*

lărgi *vt.vr.* (s')élargir, (s')étendre.

lărgime *s.f.* largeur *f.*, ampleur *f.*

lărgire *s.f.* élargissement *m.*, extension *f.*

lăsa *vt.* **1.** laisser. **2.** délaisser, quitter, abandonner. **3.** permettre ‖ *lasă-mă să te las* un flemmard propre à rien; *a nu te ~ inima* n'avoir pas le cœur de; *lasă pe mine!* j'en fais mon affaire! *a o ~ mai domol* se calmer, s'amadouer; *a ~ cu limbă de moarte* dicter ses dernières volontés; *a nu se ~* tenir bon; *a ~ la o parte* laisser de côté, passer sur; *a se ~ greu* se faire tirer l'oreille; *lasă-l în pace* laisse-le tranquille, ne te mêle pas de ses affaires; *a ~ pe cineva cu buzele umflate* laisser bredouille; *a ~ din preţ* baisser le prix, (*fig.*) en rabattre; *mai lasă ceva* laisse moi un rabais

lăsător,-oare *adj.* négligent,~e.
lăscaie *s.f.* **1.** liard *m.* **2.** *fig.* très petite somme *f.* ‖ *a nu avea nici o ~* n'avoir pas un rouge liard.
lăstar *s.m.* rejet *m.*, pousse *f.*
lăstun *s.m.* hirondelle de rivage *f.*, mottereau *m.*
lătăreț,-eață *adj.* aplati,~e.
lătra *vt.* aboyer ‖ *câinele care latră nu mușcă* chien qui aboie ne mord pas.
lătrat *s.n.* aboiement *m.*
lăturalnic,~ă *adj.* **1.** latéral,~e. **2.** écarté,~e. **3.** *fig.* détourné,~e. ‖ *un drum lăturalnic* un chemin de traverse; *pe căi lăturalnice* par des moyens détournés.
lături *s.f.pl.* rinçure *f.*, lavure *f.*
lăți *vr.* **1.** s'aplatir, s'étendre. **2.** *fig.* se répandre.
lățime *s.f.* largeur *f.*
lățos,-oasă *adj.* (despre animale) à long poil; (despre oameni) décoiffé,~e.
lăuda 1. *vt.* louer, vanter. **2.** *vr.* se vanter.
lăudabil,~ă *adj.* louable.
lăudăros,-oasă *adj.* vantard,~e, fanfaron,-onne; *fam.* esbroufeur,-euse.
lăudăroșenie *s.f.* vantardise *f.*, vanterie *f.*, fanfaronnade *f.*; *fam.* esbroufe *f.*
lăuntric,-ă *adj.* interieur,~e.
lăutar *s.m.* ménétrier *m.*, violoneux *m.*
lăută *s.f.* luth *m.*
leac *s.n.* remède *m.* ‖ *a da de ~* trouver le remède.

leafă *s.f.* **1.** salaire *m.*, appointements *m.pl.* **2.** (pt. muncitori) paye *f.* **3.** (pt.funcționari) traitement *m.*, émoluments *m.pl.* **4.** (pt.militari) solde *f.* **5.** (pt. personalul de serviciu) gages *m.pl.*
leagăn *s.n.* **1.** berceau *m.* **2.** (instituție) crèche *f.* **3.** balançoire *f.*, escarpolette *f.* ‖ *a se da în ~* se balancer; *cântec de ~* berceuse *f.*
leal,~ă *adj.* loyal,~e.
lealitate *s.f.* loyauté *f.*
leandru *s.m.* laurier-rose *m.*
lebădă *s.f.* cygne *m.*
lector,~ă *s.m.f.* **1.** lecteur,-trice. **2.** (didactic) chargé de cours *m.*, lecteur,-trice.
lectură *s.f.* lecture *f.*
lecție *s.f.* leçon *f.* ‖ *a da lecții particulare* donner des répétitions; *a scoate la ~* interroger (un élève); *a spune lecția* réciter sa leçon.
locui *vt.vr.* guérir.
lecuire *s.f.* guérison *f.*
lefter *adj. fam.* décavé, fauché, nettoyé ‖ *a fi ~* être à sec.
lega I. *vt.* **1.** lier, attacher, unir. **2.** relier. **3.** bander. **II.** *vi.* (despre plante) nouer. **III.** *vr.* **1.** se lier, s'attacher. **2.** s'obliger. **3.** s'en prendre (à qn.). **4.** épaissir. **5.** nouer ‖ *a ~ un snop* lier une gerbe; *a ~ un câine* attacher un chien; *prietenia care îi leagă* l'amitié qui les unit; *a ~ o carte* relier un livre; *a ~ o rană* bander une

blessure; *a se ~ (sufleteşte) de cineva* se lier avec qn., s'attacher à qn. *mă leg să fac aceasta* je m'oblige à faire cela; *de ce te legi de mine?* pourquoi t'en prends-tu à moi? *siropul se leagă* le sirop épaissit; *părul nu a legat* le poirier n'a pas noué; *a ~ fedeleş* garrotter; *nebun de legat* fou à lier; *a ~ cu sfoară* ficeler.

legal,~ă *adj.* légal,~e.
legalitate *s.f.* légalité *f.*
legaliza *vt.* légaliser.
legat,~ă I. *adj.* 1. attaché,~e, lié,~e. 2. *cul.* épais,-aisse. II. *s.n.* legs *m.* ‖ *un om bine ~* un homme bien bâti; *bine ~* bien charpenté.
legaţie *s.f.* légation *f.*
legământ *s.n.* engagement *m.*
legăna I *vt.* 1. (despre un copil) bercer. 2. balancer. II. *vr.* se balancer, se dandiner.
legător,-oare *s.m.f.* 1. (de snopi) lieur *m.*, botteleur *m.* 2. (de cărţi) relieur,-euse.
legătură *s.f.* 1. lien *m.*, attache *f.* 2. (pt.bagaje) baluchon *m.*, ballot *m.* 3. (de zarzavat) botte *f.* 4. (a unei cărţi) reliure *f.* 5. *fig.* relation *f.*, liaison *f.* ‖ *~ de rudenie* lien de parenté; *~ de nuiele* fagot *m.*; *în ~ cu* en ce qui concerne
lege *s.f.* loi *f.* ‖ *fără de ~* scélérat *m.*; *în afara legii* hors la loi; *pe legea mea* ma foi, parole d'honneur; *în legea (cuiva)* à sa manière.

legendar,~ă *adj.* légendaire.
legendă *s.f.* légende *f.*
leghe *s.f.* lieue *f.*
legifera *vt.* légiférer.
legislativ,~ă *adj.* législatif,-ive.
legislatură *s.f.* législature *f.*
legislaţie *s.f.* législation *f.*
legist,~ă *adj.* légiste.
legitim,~ă *adj.* légitime.
legitima *vt.* légitimer.
legitimaţie *s.f.* légitimation *f.*
legiuitor,-oare *adj.* législateur,-trice.
legiune *s.f.* légion *f.*
legumă *s.f.* légume *m.*
legumicultură *s.f.* culture maraîchère *f.*
leguminos,-oasă *adj.* légumineux,-euse.
lehamite *s.f.* ennui *m.*, dégoût *m.* ‖ *a-ţi fi ~* en avoir marre.
lehuză *s.f.* accouchée *f.*
leit,~ă *adj.* identique ‖ *a fi ~* se resemblrer comme deux gouttes d'eau; *este ~ taică-său* c'est son père tout craché.
lemn *s.n.* bois *m.*
lemnar *s.m.* menuisier *m.*, charpentier *m.*
lemnărie *s.f.* menuiserie *f.* ‖ *lemnăria unei case* la charpente d'une maison.
lemnos,-oasă *adj.* ligneux,-euse.
lene *s.f.* paresse *f.*
leneş,~ă *adj.* paresseux,-euse.
lenevi *vi.* paresser.
lenjereasă *s.f.* lingère *f.*
lenjerie *s.f.* lingerie *f.*
lent,~ă *adj.* lent,~e.
lentilă *s.f.* lentille *f.*

leoaică *s.f.* lionne *f.*
leoarcă *adj.invar.* trempé,~e.
leopard *s.m.* léopard *m.*
lepăda I. *vt.* **1.** jeter, rejeter, mettre au rebut. **2.** (despre îmbrăcăminte) enlever, ôter. II. *vr.* renier, abjurer.
lepădare *s.f.* reniement *m.*
lepădătură *s.f.* avorton *m.; fig.* salaud,~e, salopard, salope.
lepră *s.f.* lèpre *f.*
lepros,-oasă *adj.* lépreux,-euse.
lesne 1. *adj.invar.* facile, aisé. **2.** *adv.* facilement, aisément ‖ ~ *încrezător* crédule.
lespede *s.f.* dalle *f.*
lest *s.n.* lest *m.*
leş *s.n.* cadavre *m.*
leşie *s.f.* lessive *f.*
leşin *s.n.* évanouissement *m.*
leşina *vi.* s'évanouir; *fam.* tourner de l'oeil, tomber dans les pommes ‖ *a ~ de râs* se tordre, se pâmer de rire.
letargie *s.f.* léthargie *f.*
letopiseţ *s.n.* chronique *f.*
leu *s.m.* **1.** lion *m.* **2.** nom de l'unité monétaire de la Roumanie.
leucocită *s.f.* leucocyte *m.*
leucoplast *s.n.* sparadrap *m.*
leuştean *s.m.* livèche *f.*
levănţică *s.f.* lavande *f.*
levier *s.n.* levier *m.*
lexic *s.n.* lexique *m.*
lexical,-ă *adj.* lexical,-e.
lexicografie *s.f.* lexicographie *f.*
lexicologie *s.f.* lexicologie *f.*
lexicon *s.n.* lexique *m.*, dictionnaire *m.*

leziune *s.f.* lésion *f.*
liană *s.f.* liane *f.*
libanez,-ă *adj.* şi *s.m.f.* libanais,~e.
libarcă *s.f.* blatte *f.; pop.* cafard *m.*
libaţie *s.f.* libation *f.*
libelulă *s.f.* libellule *f.*
liber,-ă *adj.* **1.** libre, indépendant,~e. **2.** vacant,~e ‖ *în aer* ~ en plein air; ~ *cugetător* libre penseur; *cu ochiul* ~ à l'œil; *post* ~ poste vacant.
libera 1. libérer, délivrer, relâcher, élargir. **2.** *vr. se* libérer.
liberare *s.f.* libération *f.*, délivrance *f.*, (din închisoare) élargissement *m.*
liberator,-oare *sm.f.* libérateur,-trice.
libertate *s.f.* liberté *f.* ‖ *a pune în* ~ relâcher, (un prizonier) élargir.
libertinaj *s.n.* libertinage *m.*
libidinos,-oasă *adj.* libidineux,-euse.
librar *s.m.* libraire *m.*
librărie *s.f.* librairie *f.*
libret *s.n.muz.* libretto *m.*, livret *m.*
licări *vi.* luire, éclairer faiblement.
licărire *s.f.* lueur *f.*
licean,-ă *s.m.f.* lycéen,-enne.
licenţă *s.f.* licence *f.*
licenţia *vt.* licencier, congédier.
licenţiat,-ă *s.m.f.* licencié,~e.
licenţios,-oasă *adj.* licencieux,-euse.
liceu *s.n.* lycée *m.*
lichea *s.f.* fripouille *f.*, fripon,-onne.

lichefia *vt.vr.* (se) liquéfier.
lichefiere *s.f.* liquéfaction *f.*
lichelism *s.n.* fripouillerie *f.*, friponnerie *f.*
lichen *s.m.* lichen *m.*
lichid,~ă *adj.* liquide.
lichida *vt.* **1.** liquider, mettre fin. **2.** *pop.* tuer.
lichidare *s.f.* **1.** liquidation *f.* **2.** suppression *f.*, abolition *f.*
licita *vi.* liciter.
licitaţie *s.f.* licitation *f.*, vente aux enchères *f.*
licoare *s.f.* liqueur *f.*
licurici *s.m.* luciole *f.*, ver luisant *m.*
lider *s.m.* leader *m.*
lift *s.n.* ascenseur *m.*
liftă *s.f.* métèque *m.*
liftier *s.m.* liftier *m.*, garçon d'ascenseur *m.*
ligament *s.n.* ligament *m.*
ligă *s.f.* ligue *f.*, confédération *f.*
lighean *s.n.* cuvette *f.*, bassine *f.*
lighioană *s.f.* animal *m.*, bête *f.*
lignit *s.n.* lignite *m.*
lihnit,~ă *adj.* affamé,~e.
lilian *s.m.* **1.** lilas *m.* **2.** *zool.* chauve-souris *f.*
liliachiu,-ie *adj.* lilas
liman *s.n.* **1.** bord *m.*, rivage *m.* **2.** port *m.* **3.** *fig.* abri *m.*, refuge *m.* ‖ *a ieşi la ~* arriver à bon port; *a scoate (pe cineva) la ~* tirer (qn.) d'embarras.
limbaj *s.n.* langage *m.*
limbă *s.f.* **1.** langue *f.* **2.** (la clopot) battant *m.* **3.** (la pendulă) balancier *m.* **4.** (la cuţit) lame *f.* **5.** (la ceas) aiguille *f.* **6.** (la pantofi) languette *f.* ‖ *~ de pantofi* chausse-pied *m.*; *a avea mâncărime de ~* parler sans arrêt; *~ ascuţită* langue de vipère; *a trage (pe cineva) de ~* tirer les vers du nez (à qn.); *a scoate limba* tirer la langue; *a-ţi sta pe ~* avoir sur le bout de la langue.
limbric *s.m.* ver intestinal *m.*
limbut,~ă *adj.* loquace, bavard,~e, babillard,~e.
limbuţie *s.f.* loquacité *f.*, bavardage *m.*
limfatic,~ă *adj.* lymphatique.
limita *vt.* limiter, délimiter, borner, restreindre.
limitare *s.f.* limitation *f.*, délimitation *f.*
limită *s.f.* limite *f.*
limitrof,~ă *adj.* limitrophe.
limonadă *s.f.* limonade *f.*
limpede **I.** *adj.* **1.** (despre lichide) limpide, clair,~e, pur,~e. **2.** (despre cer) pur, clair. **3.** (despre privire) pur. **4.** (despre glas) clair,~e; net, nette, distinct,~e. **5.** (despre sunete) cristallin,~e. **6.** *fig.* (despre fapte, afirmaţii) net, nette; évident,~e, indubitable. **II.** *adv.* clairement, nettement ‖ *cu mintea ~* à tête reposée.
limpezi *vt.* **1.** clarifier. **2.** *fig.* éclaireir, tirer au clair. **3.** (despre rufe) rincer.
limpezime *s.f.* **1.** limpidité *f.* **2.** (despre cer) sérénité *f.* **3.** clarté *f.*
limpezire *s.f.* **1.** clarification *f.* **2.** *fig.* éclaircissement *m.* **3.** (despre rufe) rinçage *m.*

limuzină *s.f.* limousine *f.*, conduite interieure *f.*

lin,-ă I. *adj.* doux,-ce; calme, paisible. II. *adv.* 1. doucement. 2. calmement, paisiblement. III. *s.m.iht.* tanche *f.*

lindină *s.f.* lente *f.*

lingău *s.m.* flagorneur *m.*

linge *vt.* 1. lécher, pourlécher. 2. *fig.fam.* flagorner || *a-şi ~ buzele* se pourlécher, *fam.* s'en lécher les babines.

linge-blide *s.m.fam.* pique-assiette *m.*

lingou *s.n.* lingot *m.*

lingură *s.f.* 1. cuiller *f.*, cuillère *f.* 2. (despre conţinut) cuillerée *f.* || *~ de supă* louche *f.*; *a mânca banii cu lingura* faire grande chère et bon feu.

linguriţă *s.f.* petite cuillère *f.*

linguşi *vt.* flatter, flagorner.

linguşire *s.f.* flatterie *f.*, flagornerie *f.*, adulation *f.*

linguşitor,-oare *adj.* flatteur,-euse, flagorneur,-euse.

lingvist,-ă *s.m.f.* linguiste.

lingvistică *s.f.* linguistique *f.*

linia *vt.* régler.

liniar,-ă *adj.* linéaire, linéal,-e.

linie *s.f.* 1. ligne *f.* 2. (instrument) règle *f.* 3. (de tren) voie *f.* || *în linii generale* en grand.

linişte *s.f.* 1. calme *m.*, tranquillité *f.* 2. silence *m.* 3. repos *m.*, paix *f.*, quiétude *f.* 4. accalmie *f.* || *liniştea mării* le calme de la mer; *nici un zgomot nu tulbura ~ a nopţii* aucun bruit ne troublait le silence de la nuit; *liniştea sufletului* la paix de l'âme, la quiétude: *liniştea urmă furtunii* l'acalmie succéda à la tempête.

linişti *vt.vr.* (se) calmer, (se) tranquilliser, (s')apaiser.

liniştire *s.f.* apaisement *m.*

liniştit,-ă I. *adj.* 1. calme, tranquille. 2. silencieux,-euse. 3. placide. II. *adv.* 1. calmement, tranquillement. 2. placidement.

liniştitor,-oare *adj.* calmant,-e, tranquillisant,-e, apaisant,-e.

liniuţă *s.f.* trait d'union *m.*

linoleum *s.n.* linoléum *m.*

linotip *s.n.* linotype *f.*

lins,ă *adj.* (despre păr) plat,-e.

linşa *vt.* lyncher.

linşare *s.f.* lynchage *m.*

linte *s.f.* lentille *f.*

lintiţă *s.f.* lentille d'eau *f.*

linţoliu *s.n.* linceul *m.*

liotă *s.f.* 1. foule *f.*, cohue *f.* 2. *fam.* smala(h) *f.*

lipan *s.m.* 1. *iht.* ombre *m.* 2. *bot.* bardane *f.*

lipi 1. *vt.* coller, souder, attacher. 2. *vr.* se serrer contre, s'attacher || *a ~ o palmă (cuiva)* flanquer une gifle (à qn.).

lipici *s.n.* 1. colle *f.* 2. *fig.* charme *m.*, attrait *m.* || *a fi cu ~* avoir du chien.

lipicios,-oasă *adj.* 1. collant,-e, gluant,-e, visqueux,-euse. 2. *fig.* attrayant,-e.

lipie *s.f.* pain plat *m.*

lipit,-ă *adj.* 1. collé,-e, recollé,-e. 2. (despre camere, case etc.) contigu,-e, attenant,-e || *sărac ~* pauvre comme un rat d'église.

lipitoare *s.f.* sangsue *f.*
lipitură *s.f.* **1.** collage *m.* **2.** soudure *f.*
lipsă *s.f.* **1.** absence *f.*, manque *m.* **2.** lacune *f.* **3.** dénuement *m.*, pénurie *f.* ‖ *în ~ de* faute de; *în ~ de altceva* faute de mieux; *mai bine ~* mieux vaut s'en passer; *a duce ~* manquer de.
lipsi 1. *vi.* manquer, faire défaut. **2.** *vr.* se passer de, renoncer à ‖ *puţin lipseşte să* il s'en faut de peu.
lipsit,~ă *adj.* dépourvu,~e, dénué,~e.
liră *s.f.* **1.** *muz.* lyre *f.* **2.** (monedă) lire *f.*, livre *f.*
liric,~ă *adj.* lyrique.
lirism *s.n.* lyrisme *m.*
listă *s.f.* liste *f.*
lişiţă *s.f.* foulque *f.*
literal,~ă *adj.* littéral,~e.
literalmente *adv.* littéralement, à la lettre.
literar,~ă *adj.* littéraire.
literat,~ă *s.m.f.* homme (femme) de lettres.
literatură *s.f.* littérature *f.*
literă *s.f.* lettre *f.*
litigios,-oasă *adj.* litigieux,-euse.
litigiu *s.n.* litige *m.*
litografia *vt.* lithographier.
litografie *s.f.* lithographie *f.*
litoral *s.n.* littoral *m.*
litosferă *s.f.* lithosphère *f.*
litră *s.f.* demi-livre *f.*
litru *s.m.* litre *m.*
liturghie *s.f.* liturgie *f.*, messe *f.*
livadă *s.f.* verger *m.*
livid,~ă *adj.* livide, blême.
livra *vt.* livrer.
livrare *s.f.* livraison *f.*
livrea *s.f.* livrée *f.*
livret *s.n.* livret *m.*
lână *s.f.* laine *f.*
lânced,~ă *adj.* languissant,~e, apathique.
lâncezeală *s.f.* langueur *f.*, apathie *f.*
lângă *prep.* près, auprès ‖ *pe ~* à côté de; *pe ~ că* outre que.
lob *s.m.* lobe *m.*
lobodă *s.f.* arroche *f.*
loc *s.n.* **1** lieu *m.*, place *f.*, endroit *m.*, emplacement *m.* **2.** terrain *m.* **3.** poste *m.* ‖ *treci la loc* allez à votre place; *în ce ~?* à quel endroit? *frumos ~ pentru o casă* joli emplacement pour une maison; *am cumpărat un ~ de 200 mp* j'ai acheté un terrain de 200 m carrés; *a găsit un ~ la Ministerul Învăţământului* il a trouvé un poste au Ministère de l'enseignement; *a pune (pe cineva) la locul lui* remettre qn. à sa place; *de ~* nullement, pas du tout; *în tot locul* partout; *din ~ în ~* çà et là; *a nu-şi afla locul* ne pas tenir en place; *a fi de ~ din* être originaire de; *a-şi face ~* se frayer passage; *din capul locului* d'emblée.
local,~ă 1. *adj.* local,~e. **2.** *s.n.* local *m.*, restaurant *m.*
localitate *s.f.* localité *f.*
localiza *vt.* localiser, adapter.
localizare *s.f.* localisation *f.*, adaptation *f.*

localnic,-ă *s.m.f.* indigène.
locaş *s.n.* demeure *f.*, logis *m.*, gîte *m.*
locatar,-ă *s.m.f.* locataire.
locaţie *s.f.* location *f.*
locomotivă *s.f.* locomotive.
locomoţie *s.f.* locomotion *f.*
locotenent *s.m.* lieutenant *m.*
locţiitor,-oare *s.m.f.* remplaçant,-e.
locui *vi.* habiter, demeurer, loger.
locuinţă *s.f.* habitation *f.*, demeure *f.*, domicile *m.*, logement *m.*
locuitor,-oare *s.m.f.* habitant,-e.
locuţiune *s.f.* locution *f.*
logaritm *s.n.* logarithme *m.*
logic,-ă **1.** *adj.* logique. **2.** *adv.* logiquement.
logică *s.f.* logique *f.*
logician,-ă *s.m.f.* logicien,-enne.
logodi *vt.vr.* (se) fiancer.
logodnă *s.f.* fiançailles *f.pl.*
logodnic,-ă *s.m.f.* fiancé,-e.
logofăt *s.m.înv.* **1.** haut dignitaire *m.;* chancelier *m.* **2.** *înv.* régisseur *m.* (d'un domaine).
logos *s.n.ir.* discours *m.*, laïus *m.*
lojă *s.f.* loge *f.*, (de rangul I) baignoire *f.*
lombar,-ă *ădj.* lombaire.
longevitate *s.f.* longévité *f.*
longitudinal,-ă *adj.* longitudinal,-e.
longitudine *s.f.* longitude *f.*
lopată *s.f.* **1.** pelle *f.* **2.** *(la bărci)* rame *f.*, aviron *m.* ‖ *cu lopata* à la pelle.
lopăta *vi.* ramer.
lopătar *s.m.* **1.** rameur,-euse. **2.** *ornit.* spatule *f.*

lot *s.n.agr.* lot *m.*, parcelle *f.*
lotcă *s.f.* barque de pêcheur *f.*, pinasse *f.*
loterie *s.f.* loterie *f.*
loto *s.n.* loto *m.*
lotus *s.m.* lotus *m.*
loţiune *s.f.* lotion *f.*
lovi **1.** *vt.* frapper. **2.** *vr.* se cogner, se heurter.
lovitură *s.f.* coup *m.*
loz *s.n.* lot *m.*
lozincă *s.f.* mot d'ordre *m.*
lua *vt.* **1.** prendre. **2.** emmener, emporter ‖ *a ~ trenul* prendre le train; *a ~ la teatru* emmener au théâtre; *luaţi cu dvs. pachetul* emportez ce paquet; *a se ~ de piept (cu cineva)* en venir aux mains; *a se ~ la trântă* lutter corps à corps; *a-şi ~ nădejdea* en faire son deuil; *a lua cuiva o piatră de pe inimă* tirer une épine du pied (à qn.); *a ~ cu japca* prendre de force; *a ~ de suflet* adopter; *a ~ cu binele* flatter, cajoler; *a ~ în răspăr (pe cineva)* prendre (qn.) à rebroussepoil; *a ~ (pe cineva) din scurt* mettre (qn.) au pied de mur; *a ~ (pe cineva) pe nepusă masă* prendre (qn.) sans vert; *a o ~ de bună* prendre au mot; *a o ~ din loc* décamper, filer; *a se ~ după cineva* marcher sur les brisées de qn.; *a ~ act* prendre acte (note); *a ~ fiinţă* prendre corps; *a ~ pe cinve drept altul* prendre qn. pour un autre; *nici nu ştii*

cum să-l iei pe omul ăsta on ne sait par quel bout le prendre; *a se ~ după vorbele cuiva* se fier aux dires de qqn.; *a se ~ după gurile rele* prêter l'oreille aux mauvaises langues.
luare *s.f.* prise *f.*
luceafăr *s.m.* étoile du berger *f.*, Vénus.
lucernă *s.f.* luzerne *f.*
luci *vi.* briller, luire.
lucid,~ă **1.** *adj.* lucide. **2.** *adv.* lucidement.
luciditate *s.f.* lucidité *f.*
lucios,-oasă *adj.* brillant,-e, luisant,-e.
luciu *s.n.* lustre *m.*, éclat *m.*
lucra **1.** *vi.* travailler. **2.** *vt.* exécuter ‖ *a ~ o rochie* faire une robe.
lucrare *s.f.* travail *m.*, œuvre *f.* ‖ *~ scrisă* épreuve écrite ‖ *lucrări publice* travaux publiques.
lucrător,-oare **1.** *adj.* travailleur,-euse, actif,-ive. **2.** *s.m.f.* travailleur,-euse, ouvrier,-ère.
lucrătură *s.f.* **1.** exécution *f.*, point *m.* (d'un ouvrage). **2.** *fam.fig.* intrigue *f.*, manigance *f.*
lucru *s.n.* **1.** chose *f.*, objet *m.* **2.** travail *m.* ‖ *~ de nimic* vétille *f.*; *zi de lucru* jour ouvrable; *a scoate un ~ la capăt* mener une affaire à bien; *fiecare ~ la vremea lui* chaque chose en son temps; *~ n-o să iasă bine* cela va mal tourner. *a avea de ~* avoir à faire; *a-și face de ~* s'affairer; *a fi în ~* être en cours d'exécution; *nu e ~ curat* il y a anguille sous roche; *a da de ~* donner du fil à retordre;
lugubru,~ă *adj.* lugubre.
lujer *s.m.* tige *f.*
lulea *s.f.* pipe *f.* ‖ *a fi îndrăgostit ~* être amoureux fou.
lume *s.f.* **1.** monde *m.*, univers *m.* **2.** humanité *f.* ‖ *pentru nimic în ~* pour rien au monde; *de când lumea și pământul* depuis toujours; *cât lumea și pământul* éternellement; *a pleca în lumea largă* aller au bout du monde; *a cutreiera lumea* rouler sa bosse, voir du pays; *ca lumea* comme il faut; *a veni pe ~* voir le jour, naître.
lumesc,-ească *adj.* profane.
lumina **1.** *vt.* éclairer, illuminer. **2.** *vi.* briller ‖ *a se ~ la față* se rasséréner; *se luminează de ziuă* le jour se lève.
luminator *s.n.* jour *m.*
lumină *s.f.* **1.** lumière *f.*, clarté *f.*, jour *m.* **2.** (a ochilor) prunelle *f.* ‖ *a vedea lumina zilei* voir le jour; *a scoate la ~* tirer au clair.
luminiș *s.n.* clairière *f.*
luminos,-oasă *adj.* lumineux,-euse, claire,-e.
lumânare *s.f.* cierge *m.*, bougie *f.*, chandelle *f.* ‖ *drept ca un ~* droit comme un i (cierge).
lunar,~ă **1.** *adj.* mensuel,-elle. **2.** *adv.* mensuellement.
lunatic,~ă *adj.* **1.** somnambule, lunatique, fantasque.

lună *s.f.* **1.** lune *f.* **2.** mois *m.* || *~ de miere* lune de miel; *a fi căzut din ~* être tombé des nues; *luna martie* mois de mars.

luncă *s.f.* **1.** forêt au bord d'une rivière. **2.** prairie *f.*, herbage *m.*

luneca *vi.* glisser.

lunecare *s.f.* glissade *f.*

lunecos,-oasă *adj.* glissant,-e.

lunecuş *s.n.* **1.** verglas *m.* **2.** glissoire *f.*

lunetă *s.f.* lunette *f.*

lung,-ă 1. *ădj.* long,-gue. **2.** *ădv.* longuement || *de-a lungul* le long de; *în ~ şi în lat* de long en large.

lungan,-ă *s.m.f.fig.* échalas *m.*, grande perche *f.*, escogriffe *m.*, grande bringue *f.*

lungi I. *vt.* **1.** allonger, rallonger. **2.** prolonger. **II.** *vr.* s'allonger, s'étendre || *a i se ~ (cuiva) urechile de foame* avoir l'estomac dans les talons; *a ~ pasul* se dépêcher; *a ~ vorba* prolonger la discussion; *a ~ o masă* rallonger une table; *se ~ la pământ* il s'étendit par terre.

lungime *s.f.* longueur *f.*

lunguieţ,-iaţă *adj.* oblong,-gue.

luni *s.f.* lundi *m.*

luntraş *s.m.* batelier *m.*

luntre *s.f.* barque *f.*, canot *m.* || *a se face ~ şi punte* employer le vert et le sec.

lup *s.m.* loup *m.* || *vorbeşti de ~ şi lupul la uşă* quand on parle du loup, on en voit la queue; *lupul îşi schimbă părul dar năravul ba* le loup mourra dans sa peau, qui a bu boira; *a trăi ca lupul în pădure* vivre comme un coq en pâte; *a se arunca în gura lupului* se mettre dans la gueule du loup.

lupă *s.f.* loupe *f.*

luping *s.n.av.* looping *m.*

lupoaică *s.f.* louve *f.*

lupta *vi.vr.* lutter, combattre.

luptă *s.f.* lutte *f.*, combat *m.*, bataille *f.*

luptător,-oare *s.m.f.* lutteur,-euse, combattant,-e.

lupuşor *s.m.* louveteau *m.*

lustragiu *s.m.* cireur de bottes *m.*

lustru *s.n.* lustre *m.*, vernis *m.*

lustrui *vt.* vernir, cirer, lustrer.

lut *s.n.* argile *f.*, terre glaise *f.*

lutos,-oasă *adj.* argileux,-euse.

lutru *s.n.* loutre *m.*

lux *s.n.* luxe *m.*

luxa *vt.* luxer.

luxaţie *s.f.* luxation *f.*

luxos,-oasă *adj.* luxueux,-euse.

M

mac *s.m.* **1.** pavot *m* **2.** (sălbatic) coquelicot *m*
macabru, ~ă *adj.* macabre
macagiu *s. m.* v. acar
macara *s.f.* grue *f.*
macaroană *s.f.* macaroni *m.*
macaz *s.n.* aiguille *f.*
macera *vt.* macérer
machetă *s.f.* maquette *f.*
machia *vt.* maquiller
macră *adj.* (în expr.) *carne ~* chair maigre
maculator *s.n.* brouillon *m.*, cahier brouillon *m.*
maculatură *s.f.* maculature *f.*
madrigal *s.n.* madrigal *m.*
maestru, ~ă *s.m.f.* maître *m.*; *muz.* maestro *m.*
mag *s.m.* mage *m.*
magazie *s.f.* **1.** magasin *m.* **2.** dépôt *m.* **3.** remise *f.*
magazin *s.n.* **1.** magasin *m.* **2.** (publicație) magazine *m.*
magaziner *s.m.* magasinier *m.*
maghernită *s.f.* taudis *m.*, masure *f.*, bouge *m.*
magic, ~ă *adj.* magique
magistral, ~ă *adj.* magistral, ~e

magistrală *s.f.* autoroute *f.*
magistrat *s.m,* magistrat *m.*
magistratură *s.f.* magistrature *f.*
magiun *s.n.* marmelade de prunes *f.*
magmă *s.f.* magma *m.*
magnet *s.m.* aimant *m.*
magnetic, ~ă *adj.* magnétique
magnetiza *vt.* aimanter, magnétiser
magnetofon *s.n.* magnétophone *m.*
magneziu *s.n.* magnésium *m.*
magnific, ~ă *adj.* magnifique
magnolie *s.f.* magnolia *m.*
mahala *s.f.* faubourg *m.*, banlieue *f.*, zone *f.*
mahalagioaică *s.f.* commère *f.*, faubourienne *f.*
mahalagism *s.n.* commérage *m.*
mahalagiu *s.m.* **1.** faubourien *m.* **2.** *fig.* rustre *m.*, rustaud *m.*, malotru *m.*
mahmur, ~ă *adj.* indisposé, ~e, grognon, ~ne, *a fi...* être mal en train; avoir la gueule de bois
mahon *s.m.* acajou *m.*
mai[1] *adv.* plus, encore, davantage || *~ întâi* d'abord; *~ apoi* ensuite; *eram ~ ~* j'étais sur le

point de; ~ *e vorbă* cela va sans dire
mai² *s.m.* (luna) mai *m.*
mai³ *s.n.* (unealtă) maillet *m.*
maică *s.f.* **1.** mère *f.* **2.** *bis.* nonne *f.* religieuse *f.*
maidan *s.n.* terrain vague *m.*
maiestate *s.f.* majesté *f.*
maiestuos, ~**oasă** *adj.* majestueux, ~euse
maimuţă *s.f.* singe *m.*, guenon *f.*
maimuţări 1. *vt.* singer. **2.** *vt.* grimacer
maioneză *s.f.* mayonnaise *f.*
maior *s.m. mil.* commandant *m.*
maiou *s.n.* tricot *m.*
maistru *s.m.* contremaître *m.*
major, ~**ă** *adj.* majeur, ~e ‖ *sergent* adjudant; *stat* ~ État
majora *vt.* majorer
majorat *s.n.* majorité *f.*
majoritate *s.f.* majorité *f.*
mal *s.n.* **1.** (pt. cursuri de apă) bord *m.*, berge *f.* rive *f.* **2.** (pt. lacuri, mare) rivage *m.* ‖ *a se îneca la* ~ échouer au port
malac *s.m.* buffletin *m.*
maladiv, ~**ă** *adj.* maladif, ~ive
malarie *s.f.* malaria *f.*
malaxa *vt.* malaxer
maldăr *s.n.* tas *m.*, monceau *m.*, amas *m.*
maleabil, ~**ă** *adj.* malléable
maleabilitate *s.f.* malléabilité *f.*
maliţiozitate *s.f.* malice *f.*
maltrata *vt.* maltraiter, malmener
malţ *s.n.* malt *m.*
mamă *s.f.* mère *f.*, maman *f.*‖ ~ *mare* grand-mère *f.*; ~*vitregă* **a)** belle-mère; **b)** marâtre *f.*; *dragoste de* ~ amour maternel; *la mama dracului* au diable vauvert; *o* ~ *de bătaie* une raclée; *de mama focului* extrêmement
mamifer *s.n.* mammifère *m.*
mamoş *s.m.* médecin accoucheur *m.*
mană *s.f.* **1.** manne *f.*; **2.** *bot.* rouille *f.*
mandarin *s.m.* **1.** *bot.* mandarinier *m.* **2.** (demnitar în vechea Chină) mandarin *m.*
mandarină *s.f.* mandarine *f.*
mandat *s.n.* mandat *m.*
mandatar, ~**ă** *s.m.f.* mandataire m.f.
mandolină *s.f.* mandoline *f.*
manechin *s.n.* mannequin *m.*
manej *s.n.* manège *m.*
manetă *s.f.* manette *f.*
manevra *vi.* manoeuvrer
manevră *s.f.* manoeuvre *f.*
mangal *s.n.* charbon de bois *m.*
mangan *s.n.* manganèse *m.*
maniac, ~**ă** *adj.* maniaque
manichiură *s.f.* manicure *f.* ‖ *a-şi face* ~ se faire les ongles
manichiuristă *s.f.* manucure *f.*, manicure *f.*
manie *s.f.* manie *f.*, dada *m.*
manieră *s.f.* manière *f.*, sorte *f.*, façon *f.*
manierism *s.n.* maniérisme *m.*
manifest, ~**ă I.** *adj.* manifeste, évident, ~e, **II** *adv.* manifestant **III.** *s.n.* **1.**manifeste *m.*, déclaration *f.* **2.** tract *m.*, brochure *f.*
manifesta *vi.* şi *vt.* manifester
manifestant, ~**ă** *s.m.f.* manifestant *m.*

manifestaţie *s.f.* manifestation *f.*
manipula *vt.* manipuler
manivelă *s.f.* manivelle *f.*
manometru *s.n.* manomètre *m.*
manoperă *s.f.* main d'oeuvre *f.*
mansardă *s.f.* mansarde *f.*
manşetă *s.f.* manchette *f.*
manşon *s.n.* manchon *m.*
manta *s.f.* manteau *m.* ‖ *de vreme rea* pis aller *m.*
mantie *s.f.* mante *f.*, chape *f.*
mantou *s.n.* manteau *m.*
manual, ~ă 1. manuel, ~elle, **2.** *s.n.* manuel *m.*, livre de classe *m.*
manufactura *vt.* manufacturer
manufactură *s.f.* manufacture *f.*
manuscris *s.n.* manuscrit *m.*
manutanţă *s.f.* manutention *f.*
mapamond *s.n.* mappemonde *f.*
mapă *s.f.* **1.** (de birou) sous-main *m.*, **2.**serviette *f.*
maramă *s.f.* voile paysan *m.*
marca *vt.* marquer
marcant, ~ă *adj.* marquant, ~e
marcă *s.f.* marque *f.*, empreinte *f.* ‖ *~ poştală* timbre-poste *m.*
marchiz, ~ă 1. *s.m.f.* marquis, ~e **2.** *s.f. constr.* marquise *f.*
marcotaj *s.n.* marcottage *m.*
mare[1] *adj.* grand, ~e, ‖ *degetul ~* le pouce; *literă ~* majuscule; *a se face ~* grandir; *frate mai ~* frère aîné; *în ziua ~* en plein jour; *a fi ~ şi tare* faire la pluie et le beau temps; *la mai ~* mes félicitations
mare[2] *s.f.* mer *f.* ‖ *a făgădui marea cu sarea* promettre monts et merveilles

maree *s.f.* marée *f.*
mareşal *s.m.* maréchal *m.*
marfă *s.f.* marchandise *f.*
margaretă *s.f.* marguerite *f.*
margarină *s.f.* margarine *f.*
marginal, ~ă *adj.* marginal, ~e
margine *s.f.* **1**,. bord *m.* **2.** marge *f.* **3.** *fig.* borne *f.*, limite *f.*; **4.** lisière *f.*, orée *f.* ‖ *scris în ~* écrit en marge; *marginea lacului* le bord du lac; *fără de ~* sans bornes; *marginea unei păduri* la lisière d'un bois; l'orée d'un bois; *la marginea lumii* aux confins de la terre
marinar *s.m.* **1.** marin *m.*; matelot *m.* **2.** (pe fluvii) marinier *m.*
marinată *s.f.* marinade *f.*
marină *s.f.* marine *f.*
marinăresc, ~rească *adj.* marin, ~e
marionetă *s.f.* marionnette *f.*
maritim, ~ă *adj.* maritime
marmeladă *s.f.* marmelade *f.*
marmură *s.f.* marbre *m.*
maro *adj. invar.* marron
marocan, ~ă *adj. s.m.f.* marocain, ~e
marochin *s.n.* maroquin *m.*
marş *s.n.* marche *f.*
martie *s.m.* mars *m.*
martir, ~ă *s.m.f.* martyr, ~e
martiriu *s.n.* martyre *m.*
martor, ~ă *s.m.f.* témoin *m.*
marţi *s.f.* mardi *m.*
marţial, ~ă *adj.* martial, ~e
masa *vt.* masser
masacra *vt.* massacrer
masacru *s.n.* massacre *m.*
masaj *s.n.* massage *m.*

masă¹ *s.f.* 1. table *f.* 2. repas *m.* ‖ *a pune masa* mettre le couvert; *a strânge masa* desservir; *a da o* ~ donner un dîner; *a nu avea nici casă nici masă* sans feu ni lieu; *după* ~ après midi; *înainte de* ~ le matin; *a discuta la o masă rotundă* discuter à la table ronde

masă² *s.f.* masse *f.* ‖ *organizaţie de* ~ organisation de masse *f.*

masca *vt.* masquer

mascaradă *s.f.* mascarade *f.*

mască *s.f.* masque *m.*, loup *m.*

mascul *s.m.* mâle *m.*

masculin, ~ă *adj.* masculin, ~e

masiv, ~ă 1. *adj.* massif, ~ive, 2. *s.n.* massif *m.*

mastodont *s.m.* mastodonte *m.*

maşina *vi.* maniganger, machiner

maşinaţie *s.f.* machination *f.* manigance *f.*

maşină *s.f.* 1. machine *f.*; 2. auto *f.* voiture *f.* ‖ ~ *unealtă* machine-outil; ~ *de gătit* cuisinière *f.*; ~ *de tocat* hacheviande *m.*

maşinărie *s.f.* mécanisme *m.*

maşinism *s.n.* machinisme *m.*

maşter, ~ă *adj.* cruel, ~elle, terrible ‖ *mamă maşteră* marâtre

mat, ~ă 1. *adj.* mat, ~e, terne. 2. *s.n.* (la şah) mat

matahală *s.f.* colosse *m.*

matcă *s.f.* 1. (a unei ape) lit *m.* 2. *zool.* reine *f.* 3. *fig.* source *f.* origine *f.* ‖ *lăptişor de* ~ gelée royale *f.*

matelot *s.m.* matelot *m.*

matematic, ~ă I. *adj.* 1. mathématique 2. *fig.* rigoureux, ~euse, II. *adv.* mathématiquement III *s.f.* mathématiques *f. pl.*

material, ~ă I *adj.* matériel, ~elle, II *s.n.* 1. matériel *m.* 2. matériaux *m.pl.* ‖ ~ *de construcţie* materiau de construction *m.*

materialism *s.n.* matérialisme *m.*

materialist, ~ă *adj.* matérialiste

materializa *vt. vr.* (se) matérialiser

materie *s.f.* 1. matière *f.* 2. objet d'études *m.* ‖ ~ *primă* matière première

matern, ~ă *adj.* maternel, ~elle

maternitate *s.f.* maternité *f.*

matineu *s.n.* matinée *f.*

matrapazlâc *s.n.* filouterie *f.*, escroquerie *f.*

matrice *s.f.* matrice *f.*

matricolă *s.f.* matricule *f.*

matrimonial, ~ă *adj.* matrimonial, ~e

matriţă *s.f.* 1. matrice *f.* 2. (la maşini de scris) stencil *m.*

matroană *s.f.* matrone *f.*

matroz *s.m.* 1. matelot *m.* marin *m.* 2. (pe râuri) marinier *m.*

matur, ~ă *adj.* mûr,-e, adulte

maturitate *s.f.* maturité *f.*

maţ *s.n.* boyau *m.* tripe *f.* ‖ *maţe-fripte* pauvre diable, pauvre hère

mausoleu *s.n.* mausolée *m.*

maxilar *s.n.* maxillaire *m.*, mâchoire *f.*

maxim, ~ă 1. *adj.* maximum *m.* 2. *adv.* maximum, tout au plus; 3. *s.n.* maximum *m. pl.* maxima, maximums.

maximă *s.f.* maxime *f.*
maximum *adv.* au maximum
mazăre *s.f.* pois *m.* ‖ - *boabe* petits pois
mazili *vt. înv.* bannir; *azi. fam.* limoger
măcar *adv.* au moins, du moins
măcel *s.n.* carnage *m.* boucherie *f.*
măcelar *s.m.* boucher *m.*
măcelări *vt.* massacrer
măcelărie *s.f.* boucherie *f.*
măceş *s.m.* églantier *m.* ‖ *floare de ~* églantine *f.*
măcina I. *vt.* 1. moudre; 2. *fig.* réduire en miettes. II. *vr.* 1. s'effriter; 2. *fig.* se tourmenter.
măcinătură *s.f.* mouture *f.*
măciucă *s.f.* massue *f.* ‖ *o poveste de ţi se face părul ~* une histoire à faire dresser les cheveux sur la tête
măciulie *s.f.* pommeau *m.*
măcriş *s.m.* oseille *f.*
mădular *s.n. anat.* membre *m.*
măduvă *s.f.* moelle *f.*
măgar *s.m.* 1. âne *m.* 2. mufle *m.* goujat *m.* ‖ *a fost ~* il a été rosse
măgărie *s.f.* muflerie *f.* rosserie *f.* goujaterie *f.*
măgăriţă *s.f.* ânesse *f.*
măgăruş *s.m.* ânon *m.* bourriquet *m.*
măghiran *s.m.* marjolaine *f.*
măguli *vt.* flatter
măgulire *s.f.* flatterie *f.*
măgură *s.f.* tertre *m.* mamelon *m.*
măiestrie *s.f.* 1. art *m.* 2. maîtrise *f.*

măiestru, **~iastră** *adj.* accompli, ~e, merveilleux, ~euse, ‖ *pasăre măiastră* oiseau bleu
mălai *s.n.* farine de maïs *f.*
mălăieţ, **~iaţă** *adj.* blet, ~ette
mălin *s.m.* merisier *m.*
mălură *s.f.* nielle *f.* carie *f.*
mămăligă *s.f.* polenta *f.*
mănăstire *s.f.* couvent *m.* monastère *m.*
mănos, **~oasă** *adj.* fertile, fécond, ~e
mănunchi *s.n.* 1. bouquet *m.* 2. botte *f.* 3. faisceau *m* ‖ *~ de flori* bouquet de fleurs; *~ de sparanghel* botte d'asperges; *~ de lemne* faisceau de bois
mănuşă *s.f.* gant *m.* *~ cu un deget* moufle *f.*‖ *a umbla cu mănuşi (cu cineva)* prendre des gants; *a arunca mănuşa* jeter le gant; *a ridica mănuşa* relever le gant, accepter le defi.
măr. 1. *s.m.* pommier *m.* 2. *s.n.* pomme *f.*
mărar *s.m.* fenouil *m.*
mărăcine *s.m.* ronce *f.*
mărăciniş *s.n.* broussaille *f.*
măreţ, **~eaţă** *adj.* grandiose, superbe, magnifique, majestueux, ~euse
măreţie *s.f.* grandeur *f.* majesté *f.*
mărgăritar *s.n.* 1. perle *f.* 2. *bot.* muguet *m.*
mărgea *s.f.* perle *f.*
mărgean *s.n.* corail *m.*
mărginaş, **~ă** *adj.* 1. (despre un cartier) périphérique; 2. (despre o ţară) limitrophe
mărgini *vt.* şi *vr.* 1. s'avoisiner; 2. se borner, se limiter (à)

mări 1. *vt.* agrandir, accroître, augmenter; **2.** *vr.* grandir, croître
mărime *s.f.* grandeur *f. fig.* splendeur *f.*, ‖ *de ~ mijlocie* de taille moyenne
mărinimie *s.f.* magnanimité *f.*
mărinimos, ~oasă *adj.* magnanime
mărire *s.f.* **1.** agrandissement *m.* augmentation *f.* **2.** *fig.* gloire *f.*, grandeur *f.* ‖ *mărirea salariilor* l'augmentation des salaires; *mărirea unei case* l'agrandissement d'une maison; *mărirea prețurilor* la hausse des prix.
mărita *vr.* se marier (à qn.) épouser (qn.)
măritiș *s.n.* mariage *m.*
mărșălui *vi.* **1.** marcher; **2.** faire une marche.
mărturie *s.f.* témoignage *m.*
mărturisi 1. *vt.* avouer, confesser. **2.** *vr.* se confesser.
mărțișor *s.n.* breloque *f.* cadeau que l'ont fait 1-er mars.
mărunt, ~ă, 1. *adj.* menu, ~e , petit, ~e, fin, ~e **2.** *adv.* finement ‖ *bani mărunți* de la monnaie
măruntaie *s.f. pl.* **1.** entrailles *f.pl.* **2.** (la animale) tripes *f.pl.*
mărunțiș *s.n.* babiole *f.* bagatelle *f.* riens *m.pl.* brimborion *m.* colifichet *m.*
măscărici *s.m.* bouffon *m.* pitre *m.*, loustic *m.*
măsea *s.f.* dent *f.* molaire *f.* ‖ *a trage la ~* boire à tire-larigot
măslin *s.m.* olivier *m.*
măslină *s.f.* olive *f.*
măsliniu, ~ie *adj.* olivâtre
măslui *vt.* tricher
măsura I. *vt.* mesurer, jauger, toiser **2.** *vr.* se mesurer, rivaliser ‖ *a ~ din ochi (pe cineva)* toiser qn
măsură *s.f.* mesure *f.* ‖ *de o ~* du même acabit; *pe ~ ce* au fur et à mesure; *a răspunde cu aceeași ~* payer de la même monnaie; *a fi în ~ să* être à même de
măsurătoare *s.f.* mesurage *m.*
măsuță *s.f.* guéridon *m.* petite table *f.*
mătase soie *f.*
mătăsos, ~oasă *adj.* soyeux, ~euse
mătrăgună *s.f.* mandragore *f.*
mătreață *s.f.* pellicule *f.*
mătura *vt* **1.** balayer; **2.** *fig.* chasser ‖ *a ~ coșurile* ramoner
mătură *s.f.* balai *m.*
măturător, ~oare *s.m.f.* balayeur, ~euse
măturătoare *s.f.* balayeuse mécanique *f.*
mătușă *s.f.* tante *f.*
măzăriche *s.f.* **1.** *bot.* gesse *f.* **2.** (ploaie) grésil *m.* grelon *m.*
meandru *s.n.* méandre *m.*
mecanic, ~ă I. *adj.* mécanique; **2.** *adv.* mécaniquement; **3.** *s.m.* mécanicien *m.* mécano *m.* **4.** mécanique *f.*
mecanism *s.n.* mécanisme *m.*
mecaniza *vt.* mécaniser
meci *s.n.* match *m.*
medalie *s.f.* médaille *f.*

medalion *s.n.* médaillon *m.*
media *vt.* s'entremettre, faciliter
medial, ~ă *adj.* médial, ~e
median, ~ă *adj.* médian, ~e *s.f.* médiane *f.*
mediator, ~oare *s.m.f.* médiateur, ~trice
medic *s.m.* médecin *m.* docteur m.
medical, ~ă *adj.* médical, ~e.
medicament *s.n.* médicament *m.* médecine *f.*
medicină *s.f.* médecine *f.*
medicinist, ~ă *s.m.f.* étudiant, ~e en médecine, *fam.* carabin *m.*
medie *s.f.* moyenne *f.*
medieval, ~ă *adj.* médiéval, ~e, moyenâgeux, ~euse
mediocritate *s.f.* médiocrité *f.*
mediocru, ~ă **1.** *adj.* médiocre, moyen, ~enne **2.** *adv.* médiocrement
medita *vi.* méditer, réfléchir
meditaţie *s.f.* méditation *f.* ‖ *sală de* ~ salle d'études; *a da meditaţii* donner des répétitions
mediu¹, ~e *adj.* moyen, ~enne
mediu² *s.n. fig.* milieu *m.* ambiance *f.*
meduză *s.f.* méduse *f.*
megafon *s.n.* mégaphone *m.* haut-parleur *m.*, porte-voix *m.*
megalomanie *s.f.* mégalomanie *f.*
mei *s.n.* millet *m.*
melancolic, ~ă **1.** *adj.* mélancolique **2.** *adv.* mélancoliquement
melancolie *s.f.* mélancolie *f.*
melasă *s.f.* mélasse *f.*
melc *s.m.* (fără cochilie) limace *f.*, (cu cochilie) colimaçon *m.*, escargot m.
meleag *s.n.* contrée *f.* pays *m.*
meliţă *s.f.* macque *f.* machacoire *f.*
melodie *s.f.* mélodie *f.* air *m.*
melodios, ~oasă **1.** *adj.* mélodieux, ~euse, **2.** *adv.* mélodieusement.
melodramă *s.f.* mélodrame *m.*
meloman, ~ă *s.m.f.* mélomane
membrană *s.f.* membrane *f.*
membru, ~ă *s.m.f.* şi *s.n.* membre
memora *vt.* **1.** retenir, fixer dans la mémoire; **2.** *(înv.)* mémorer
memorandum *s.n.* mémorandum *m.*
memorie *s.f.* mémoire *f.*
memoriu *s.n.* mémoire *m.*
menaj *s.n.* ménage *m.*
menajerie *s.f.* ménagerie *f.*
menaja *vt.* ménager
mendre *s.f.pl.* (în expr.) *a-şi face mendrele* faire ses trente six volontés
meni *vt.* destiner, vouer (à).
menghină *s.f.* étau *m.*
meningită *s.f.* méningite *f.*
menire *s.f.* **1.** vocation f. **2.** mission *f.*
mentalitate *s.f.* mentalité *f.*
menţine *vt.* maintenir
menţiona *vt.* mentionner
menţiune *s.f.* mention *f.*
menuet *s.n.* menuet *m.*
mercantilism *s.n.* mercantilisme *m.*
mercenar *s.m.* mercenaire *m.*
mercerie *s.f.* mercerie *f.*
mercur *s.n.* mercure *m.*, vifargent *m.*
mereu *adv.* toujours
merge *vi.* **1.** aller; **2.** se rendre; **3.** marcher, se diriger (vers) ‖ *a*

~ *repede* trotter; *a ~ cu maşina* rouler en voiture; *a ~ pe jos* marcher, aller à pied; *a ~ spre* se diriger vers; *a ~ înainte* avancer; *a ~ înapoi* reculer; *a ~ pe marginea unui râu* côtoyer une rivière; *a ~ de-a lungul* longer; *cu mine nu-ţi ~* avec moi ça ne prend pas; *aceste culori nu merg împreună* ces couleurs ne se marient pas; *urciorul nu ~ de multe ori la apă, ori crapă ori se sparge*, tant va la cruche à l'eau qu'à la fin elle se casse

meridian *s.n.* méridien *m.*

meridional, ~ă *adj.* méridional, ~e, du midi

merinde *s.f. pl.* vivres *m. pl.* victuailles *f. pl.*

merit *s.n.* mérite *m.* valeur *f.* qualité *f.*

merita *vt.* mériter

meritoriu, ~ie *adj.* méritoire

mers *s.n.* **1.** marche *f.* **2.** démarche *f.* **3.** *fig.* évolution *f.* ‖ *îi cunosc mersul* je connais sa démarche; *mersul istoriei* l'évolution de l'histoire; *după două ore de ~* après deux heures de marche; *mersul trenurilor* indicateur des chemins de fer

mesager *s.m.* messager *m.*

mesagerie *s.f.* messagerie *f.*

mesaj *s.n.* message *m.*

meschin, ~ă *adj.* mesquin, ~e

meseriaş *s.m.* artisan *m.*

meserie *s.f.* métier *m.*, occupation *f.*, profession *f.*

mesteacăn *s.m.* bouleau *m.*

mesteca *vt.* mâcher, mastiquer ‖ *a ~ cu greu* mâchonner

meşină *s.f.* basane *f.*

meşter *s.m.* **1.** contremaître *m.* **2.** artisan *m.* **3.** ouvrier qualifié *m.* ‖ *a fi mare ~ (în ceva)* être calé (en)

meşteri *vt.* bricoler, arranger

meşteşug *s.n.* **1.** métier *m.* **2.** *fig.* art *m.*

meşteşugar *s.m.* artisan *m.*

meşteşugi *vt.* **1.** ciseler, polir **2.** *fig.* ourdir, manigancer

metabolism *s.n.* métabolisme *m.*

metafizică *s.f.* métaphysique *f.*

metaforă *s.f.* métaphore *f.*

metal *s.n.* métal *m.*

metalic, ~ă *adj.* métallique

metaloid *s.m.* métalloïde *m.*

metalurgie *s.f.* métallurgie *f.*

metamorfoză *s.f.* métamorphose *f.*

metan *s.m.* méthane *m.* gaz des marais *m.*

meteahnă *s.f.* **1.** défaut *m.* **2.** tare *f.* maladie *f. fig.* faible *m.*

meteor *s.m.* météore *m.*

meteorit *s.m.* météorite *f.*

meteorologie *s.f.* météorologie *f.*

meterez *s.n.* rempart *m.*

meticulos, ~oasă *adj.* méticuleux, ~euse; *fam.* tatillon, ~onne

metis, ~ă *s.m.f.* métis, ~sse

metodă *s.f.* méthode *f.* ‖ *cu ~* systématiquement, méthodiquement

metodologie *s.f.* méthodologie *f.*

metric, ~ă *adj.* métrique

metro *s.n.* v. metropolitan

metrologie *s.f.* métrologie *f.*

metronom *s.n.* métronome *m.*
metropolă *s.f.* métropole *f.*
metropolitan *s.n.* métro *m.*, métropolitain *m.*
metru *s.m.* mètre *m.*
meu, mea, mei, mele 1. *adj. pos.* mon, ma, mes, 2. *pron. pos.* le mien, la mienne, les miens, les miennes
mexican, ~ă *adj.* şi s.m.f. mexivain, ~e
mezanin *s.n.* mezzanine *f.*
mezat *s.n.* vente aux enchères *f.*
mezelic *s.n.* hors d'oeuvre *m.*
mezeluri *s.n.pl.* charcuterie *f.*
mezin, ~ă *s.m.f.* 1. benjamin, ~e, 2. puîné, ~e, cadet, ~ette
miasmă *s.f.* miasme *m.* relent *m.*
miazănoapte *s.f.* nord *m.* septentrion *m.*
miazăzi *s.f.* sud *m.* midi *m.*
mic, ~ă *adj.* 1. petit, ~e, de petite taille, 2. réduit, ~e, || *~la suflet* mesquin
mică *s.f.* mica *m.*
michiduţă *s.m.* diable *m.* diablotin *m.*
micime *s.f.* 1. petitesse *f.* 2. *fig.* bassesse *f.*
microb *s.m.* microbe *m.*
microbian, ~ă *adj.* microbien, ~enne
microbiologie *s.f.* microbiologie *f.*
microfon *s.n.* microphone *m.* micro *m.*
micron *s.m.* micron *m.*
microscop *s.n.* microscope *m.*
microscopic, ~ă *adj.* microscopique
micsandră *s.f.* giroflée *f.*
micşora *vt.* diminuer, amoindrir, rapetisser
micşunea *s.f.* violette *f.*
midie *s.f.* moule *f.*
mie *num. card.* mille || *cam o ~* un millier
miel *s.m.* agneau *m.*
miercuri *s.f.* mercredi *m.*
miere *s.f.* miel *f.*
mierlă *s.f.* merle *m.*
mieros, ~oasă *adj.* 1. mielleux, ~eusse 2. *fig.* onctueux, ~euse, doucereux, ~euse
mieuna *vi.* miauler
miez *s.n.* 1. coeur *m.* 2. (la fructe) pulpe *f.* 3. (la pâine) mie *f.* 4. *fig.* fond *m.*, essence *f.*
migală *s.f.* travail minutieux *m.* peine *f.*
migăli *vt.* fignoler, travailler méticuleusement
migdal *s.m.* amandier *m.*
migdală *s.f.* amande *f.*
migraţiune *s.f.* migration *f.*
migrenă *s.f.* migraine *f.*
miime *s.f.* millième *m.* la millième partie
miji *vi.* poindre, paraître || *mijeşte de ziuă* le jour point
mijloc *s.n.* 1. milieu *m.* 2. taille *f.* 3. moyen *m.* ressource *f.* || *în mijlocul lor* parmi eux; *e ceva la ~* il y a anguille sous roche; *nu e nici un ~* il n'y a aucun moyen; *a nu avea mijloace* ne pas avoir moyens, ne pas avoir de ressources; *în mijlocul mesei* au milieu de la table (du repas); *a lua (pe cineva) de ~* prendre (qn) par la taille

mijlocaş *adj.*(în expr.)*ţăran~*paysan moyen *m.;jucător~*demi *m.*
mijloci *vt.* intercéder, s'entremettre
mijlocire *s.f.* médiation *f.*, intercession *f.*
mijlocitor, *~oare s.m.f.* médiateur, *~trice m.f.* intermédiaire *m.*
mijlociu, ~ie *adj.* moyen, *~enne*
milaneză *s.f.* indémaillable *m.*
milă[1] *s.f. metr.* mille *m.*
milă[2] *s.f.* **1.** pitié *f.* compassion *f.*miséricorde *f.* **2.** charité *f.* ‖ *a cere ~* a) demander grâce; b) demander l'aumône, mendier
milenar, ~ă *adj.* millénaire
mileniu *s.n.* millénaire *m.*
miliard *num. card.* milliard *m.*
miliardar, ~ă *s.m.f.* milliardaire
miligram *s.n.* milligramme *m.*
milimetru *s.m.* millimètre *m.*
milion *num. card.* million *m.*
milionar, ~ă *adj.* şi *s.m.f.* millionnaire
milita *vi.* militer
militant, ~ă, *adj.* şi *s.m.f.* militant, *~e*
militar, ~ă **1.** *adj.* şi *s.m.* militaire **2.** *adv.* militairement
militarism *s.n.* militarisme *m.*
militarist, ~ă *adj.* şi *s.m.f.* militariste
militariza *vt.* militariser
militărie *s.f.* service militaire *m.* ‖ *a-şi face milităria* faire son service; *a lua la ~* recruter
milivoltmetru *s.n.* millivoltmètre *m.*
milog, ~oagă *s.m.f.* mendiant, *~e*
milogi *vr.* **1.** supplier **2.** mendier
milos, ~oasă *adj.* charitable

milostenie *s.f.* **1.** charité *f.* **2.** aumône *f.*
milostiv, ~ă *adj.* clément, *~e*, miséri, cordieux, *~euse*
milostivi *vr.* s'apitoyer
milui *vt.* faire l'aumône
mima *vt.* mimer
mimetism *s.n.* mimétisme *m.*
mimică *s.f.* mimique *f.*
mimoză *s.f.* mimosa *m.*
mina *vt.* miner
minaret *s.n.* minaret *m.*
mină *s.f.* mine *f.*
mincinos, ~oasă **1.** *adj.* mensonger, *~ère*, **2.** *s.m.f.* menteur, *~euse* ‖ *martori mincinoşi* faux témoins
minciună *s.f.* mensonge *m.* ‖ *ce-i în mână nu-i ~* un tiens vaut mieux que deux tu l'auras; mieux vaut moineau en cage que poule d'eau qui nage
miner *s.m.* mineur *m.*
mineral, ~ă **1.** *adj.* minéral, *~e* **2.** *s.n.* minéral *m.*
mineraliza *vr.* minéraliser
mineralogie *s.f.* minéralogie *f.*
minereu *s.n.* minerai *m.*
minge *s.f.* balle *f.* ballon *m.*
miniatură *s.f.* miniature *f.*
minier, ~ă *adj.* minier, *~ère*
minim, ~ă **1.** *adj.* minime **2.** *s.n.* minimum *m.; pl.* minima, minimum
minimaliza *vt.* minimiser
minimum *adv.* au minimum
minister *s.n.* ministère *m.*
ministru *s.m.* ministre *m.*
minor, ~ă *adj.* mineur, *~e*
minoritate *s.f.* minorité *f.*

mintal, ~ă *adj.* mental, ~e
mintă *s.f.* menthe *f.*
minte *s.f.* raison *f.* bon sens *m.* sagesse f. ‖ *a învăţa ~ (pe cineva)* faire entendre raison (à qn); *a se învăţa ~* s'assager; *a-şi frământa mintea* se creuser la cervelle; *a-şi aduna minţile ~* se concentrer; *îţi stă mintea în loc* c'est à perdre son latin; *la mintea omului* ce n'est pas sorcier; *a fi în toate minţile* avoir tout son bon sens; *a-şi pierde minţile* perdre la raison; *i-au venit minţile la cap* il c'est assagi; *a ţine ~* se souvenir
mintos, ~oasă *adj.* intelligent, ~e, sensé, ~e
minţi *vi.* mentir, tromper ‖ *minte de-ngheaţă apele (de stinge)* il ment comme un arracheur de dents
minuna 1. *vt.* émerveiller; **2.** *vr.* s'étonner
minunat, ~ă 1. *adj.* merveilleux, ~euse, miraculeux, ~euse, **2.** *adv.* merveilleusement, miraculeusement
minune *s.f.* **1.** merveille *f.* **2.** miracle *m.* prodige *m.* ‖ *mare ~ să vină cela* m'étonnerait qu'il vienne; *de ~* à ravir; *copil ~* enfant prodige; *a scăpa ca prin ~* échapper par miracle; *acest covor este o ~ a artei populare* ce tapis est une merveille de l'art populaire
minus 1. adv. moins **II** s.n. **1,** *mat.* moins *m.* **2.** *fig.* déficit *m.* manque *m.*
minuscul, ~ă *adj.* minuscule, menu, ~e
minut *s.n.* minute *f.* ‖ *din ~ în ~* d'un moment à l'autre; *într-un ~* tout de suite
minută *s.f.jur.* minute *f.*
minuţios, ~oasă *adj.* minutieux, ~euse; *fam.* tatillon, ~onne
minuţiozitate *s.f.* minutie *f.*
mioară *s.f.* brebis *f.*
miop, mioapă *adj.* şi *s.m.f.* myope
miopie *s.f.* myopie *f.*
miorlăi *vi.* **1.** miauler; **2.** *fig.* pleurnicher
miorlăit *s.n.* **1.** miaulement *m.* **2.** pleurnicherie *f.*
mira *vr.* s'étonner
miracol *s.n.* miracle *m.*
miraculos, ~oasă *adj.* miraculeux, ~euse, merveilleux, ~euse, **2.** *s.n.* merveilleux *m.*
miraj *s.n.* **1.** mirage *m.* **2.** *fig.* charme *m.*
mirare *s.f.* étonnement *m.*
mirat, ~ă *adj.* étonné, ~e, surpris, ~e
miră *s.f.* mire *f.*
mire *s.m.* époux *m.* jeune marié *m*
mirean *s.m.* laïque *m.*
mireasă *s.f.* mariée *f.*
mireasmă *s.f.* parfum *m.* arôme *m.* odeur agréable *f.*
miriapod *s.n.* myriapode *m.*
mirişte *s.f.* **1.** champ moissonné *m.* **2.** chaume *m.* éteule *f.*
mirodenie *s.f.* **1.** épice *f.* **2.** arôme *m.*

mironosiță *s.f.* **1.** dévote *f.* **2.** bégueule *f.*; *ir.* sainte-nitouche *f.*
miros *s.n.* odeur *f.* senteur *f.* ‖ ~ plăcut parfum *m.*; *simțul mirosului* l'odorat *m.*
mirosi *vt.* **1.** sentir, **2.** flairer ‖ *miroase frumos* cela sent bon
mirositor, ~**oare** *adj.* odorant, ~e, parfumé, ~e
mirt *s.m.* myrte *m.*
mirui *vt.* **1.** *bis.* oindre; **2.** *fig.* frapper à la tête
misionar *s.m.* missionnaire *m.*
misit *s.m.* intermédiaire *m.* courtier *m.*
misiune *s.f.* mission *f.*
mister *s.n.* mystère *m.*
misterios, ~**oasă** *adj.* mystérieux, ~euse, énigmatique ‖ *a face pe misteriosul* être cachottier
mistic, ~**ă** *adj.* și *s.m.f.* mystique
misticism *s.n.* mysticisme *m.*
mistifica *vt.* mystifier
mistificare *s.f.* mystification *f.*
mistreț *s.m.* sanglier *m.*
mistrie *s.f.* truelle *f.*
mistui I. *vt.* **1.** digérer **2.** *fig.* détruire, consumer, anéantir, II. *vr. fig.* se tourmenter, se tortuter, se consumer
mișca *vt.* **1.** bouger, remuer **2.** *fig.* émouvoir, toucher II, *vr.* se mouvoir, se déplacer ‖ *mișcă!* file!; *începe să se miște fig.* il commence à se débrouiller
mișcare *s.f.* mouvement *m.* déplacement *m.* ‖ ~ *sindicală* mouvement syndical; *mișcarea populației* le déplacement de la population; *în doi timpi și trei mișcări* en un rien de temps; *a surprinde mișcarea* saisir le coup; *a pune în* ~ mettre en branle; *a face* ~ se promener
mișcat, ~**ă** *adj.* **1.** remué, ~e, déplacé, ~e, **2.** *fig.* ému, ~e, touché, ~e
mișcător, ~**oare** *adj.* **1.** mobile, mouvant, ~e, **2.** (despre bunuri) meuble; **3.** *fig.* touchant, ~e, émouvant, ~e
mișel *adj.* și *s.m.* scélérat, infâme, miserable
mișelesc, ~**ească** *adj.* infâme, odieux, ~euse
mișelește *adv.* traîtreusement, odieusement, lâchement
mișelie *s.f.* vilenie *f.* infamie *f.*
mișuna *vi.* grouiller, fourmiller
mișunare *s.f.* grouillement *m.* fourmillement *m.*
mit *s.n.* mythe *m.*
mită *s.f.* pot-de-vin *m.* ‖ a da ~ graisser la patte
miting *s.n.* meeting *m.*
mititel[1], ~**ică** *adj.* **1.** menu, ~e, mignon, ~onne **2.** très jeune, petit, - ~*fam.* petiot, ~e
mititel[2] *s.m.cul.* boulette de viande hachée, grillée
mitocan *s.m.* malotru *m.* goujat *m.* rustre *m.*
mitocancă *s.f.* commère *f.*
mitocănie *s.f.* goujaterie *f.*
mitologic, ~**ă** *adj.* mythologique
mitologie *s.f.* mythologie *f.*
mitralia *vt. vi.* mitrailler

mitralieră *s.f.* mitrailleuse *f.*
mitralior *s.m.* mitrailleur *m.*
mitră *s.f.* mitre *f.*
mitropolie *s.f.* église métropolitaine orthodoxe *f.*
mitui *vt.* offrir un pot-de-vin, graisser la patte
miţos, ~**oasă** *adj.* floconneux, ~euse
mixt, ~**ă** *adj.* mixte
miza *vt.* **1.** miser; **2.** *fig.* compter (sur), tabler (sur)
mizantrop *s.m.* misanthrope *m.*
miză *s.f.* mise *f.* enjeu *m.*
mizerabil, **ă** *adj.* scélérat, ~e, misérable
mizerie *s.f.* misère *f.*
mâhni *vt.* peiner, chagriner, affliger
mâhnire *s.f.* peine *f.*, chagrin *m.*
mâhnit, ~**ă** *adj.* attristé, ~e, peiné, ~e, chagriné, ~e
mâine *adv.* demain
mâl *s.n.* limon *m.* fange *f.* bourbe *f.*, vase *f.*
mâlc *adv.* (numai în expr.) *a tăcea ~* se tenir coi, ne souffler mot
mâna *vt.* mener, conduire
mână *s.f.* main *f.* ‖ *de mâna întâi* de tout premier ordre; *lucru de ~* travail manuel, ouvrage *m.*; *pe mâna dreaptă* à droite; *pe sub ~* sous le manteau; *a da mâna* échanger une poignée de main; *a-şi muşca mâinile* se mordre les doigts; *a se întoarce cu mâna goală* rentre bredouille; *a da o ~ de ajutor* donner un coup de main; *a lua boala cu mâna* guérir comme par enchantement; *îmi vine peste ~îl* m'est difficile (de); *a sta cu mâinile în sân* rester les bras croisés; *îmi dă mâna (să)* je peux m'offrir le luxe (de); *~ spartă* panier percé; *a fi ~ de fier* avoir de la poigne; *o ~ de cireşe* une poignée de cerises; *a da ~ liberă* donner carte blanche.
mânătarcă *s.f.* champignon *m.*
mânca *vt.* **1.** manger, prendre un repas. **2.** démanger ‖ *a ~ zilele cuiva* rendre la vie dure; *mă mănâncă palmele* les mains me démangent; *a ~ pe săturate* manger à sa faim.
mâncare *s.f.* **1.** manger *m.*, nourriture *f.* **2.** mets *m.*, plat *m.* ‖ *primul fel de ~* le premier plat; *~ aleasă* des mets délicats; *de-ale mâncării* des vivres, de victuailles; *poftă de ~* appétit; *asta-i altă ~ de peşte* c'est une autre paire de manches.
mâncăcios, ~**oasă** *adj.* glouton, ~onne, gourmand, ~e
mâncărime *s.f.* démangeaison *f.*
mâncătorie *s.f.* cabale *f.* manigance *f.* intrigue *f.*
mâncău *s.m.* goinfre *m.*
mândreţe *s.f.* splendeur *f.* beauté *f.*
mândri *vr.* s'énorgueillir
mândrie *s.f.* fierté *f.* orgueil *m.*
mândru, ~**ă** **I** *adj.* **1**, fier, ~ère, hautain , ~e, altier, ~ère, orgueilleux, ~euse **2.** beau, belle, **II** *s.m.f.* bien-aimé, ~e

mânecă s.f. manche f. ‖ *am băgat-o pe ~!* je suis fichu!
mâner s.n., manche m.
mângâia I vt. 1. caresser, cajoler 2. fig. consoler, apaiser. II. vr. se calmer, se consoler
mângâiere s.f. 1. caresse f. cajolerie f. 2. consolation f.
mângâietor, ~oare adj. 1. caressant, ~e 2. consolateur, ~trice
mânia vr. s'irriter, se gâcher, se mettre en colère, se courroucer
mânie s.f. colère f. emportement m. courroux m. ‖ *e iute la ~* il a la tête près du bonnet
mânios, ~oasă adj. emporté, ~e, colérique
mânji vt. souiller, barbouiller
mântui vt. 1. sauver, 2. fig. achever ‖ *s-a mântuit* c'en est fait; *a ~ o treabă* achever une besogne
mântuială s.f. (numai în expr.) *de ~* superficiellement; *lucru făcut de ~* chose bâclée
mântuire s.f. 1. bis. rédemption f. 2. libération f.
mânui vt. manier, manipuler
mânuire s.f. maniement m. manipulation f.
mânz s.m. poulain m.
mânzat s.m. veau m.
mânzeşte adv. (în expr.) *a râde ~* rire jaune
mârâi vi grogner
mârlan s.m. malotru m. rustre m. goujat m.
mârşav, ~ă adj. infâme, vil, ~e, ignoble
mârşăvie s.f. infamie f. vilenie f. ignominie f.

mârţoagă s.f. haridelle f. rosse f. tocard m.
mâţă s.f. chat m. ‖ *a prinde pe cineva cu mâţa în sac* prendre qn. la main dans le sac; *a trage mâţa de coadă* tirer le diable par la queue
mâzgă s.f. 1. vase f. boue f. 2. glu f.
mâzgăli vt. griffonner, gribouiller
mâzgălitură s.f. griffonnage m. gribouillage m.
mlaştină s.f. 1. mare f. 2. marais m. marécage m. 3. fig. bourbier m.
mlădia I. vt. (despre voce) moduler II vr. 1. ondoyer 2. fig. se plier (à), s'adapter
mlădiere s.f. 1. ondoiement m. 2. (despre voce) modulation f. 3. fig. souplesse f.
mlădios, ~oasă adj. 1. souple, flexible, 2. fig. malléable ‖ *un mers ~* une démarche souple
mlădiţă s.f. pousse f. (la viţa de vie) sarment m.
mlăştinos, ~oasă adj. marécageux, ~euse
moale adj. 1. mou, mol, molle 2. moelleux, ~euse 3. fig. tendre, doux, douce ‖ *a trăi pe ~* se la couler douce; *un om ~* un homme molasse, veule; *ou ~* oeuf à la coque
moară s.f. moulin m. ‖ *pe rând ca la ~* à la queue leu-leu; *~ cu aburi* moulin à vapeurs; *~ cu apă* moulin à eau; *îi merge gura ca o ~ stricată* c'est un vrai moulin à paroles; *altă făină se*

macină acum la ~ les temps ont changé.

moarte *s.f.* mort *f.* décés *m.* trépas *m.* ‖ *a muri de* ~ *bună* mourir de sa belle mort; *a face* ~ *de om* tuer

moaşă *s.f.* sage-femme *f.*

moaşte *s.f.pl.* reliques *f. pl.*

mobil[1], ~**ă**, *adj.* mobile, meubles ‖ *bunuri mobile* biens

mobil[2] *s.n.* mobile *m.* raison *f.*

mobila *vt* meubler

mobilat, ~**ă** *adj.* meublé, ~e ‖ *cameră mobilată* (un) garni

mobilă *s.f.* 1. meuble *m.* 2. mobilier *m.* ‖ ~ *de preţ* meuble de prix; *am transformat mobila* j'ai transformé le mobilier

mobiliar, ~**ă** *adj.* mobilier, ~ère

mobilitate *s.f.* mobilité *f.*

mobiliza *vt* mobiliser

mobilizare *s.f.* mobilisation *f.*

mocăi *vr* lambiner

mocăit, ~**ă** *adj.* lent, ~e; gourd, e; empoté, ~e

mochetă *s.f.* moquette *f.*

mocirlă *s.f.* bourbier *m.*

mocni *vi* 1. couver sous la cendre. 2. *fig.* couver

mocofan *s.m.* lourdaud *m.* balourd *m.*

mod *s.n.* mode *m.* manière *f.* ‖ *adverb de* ~ adverbe de manière

modal, ~**ă** *adj.* modal, ~e

modalitate *s.f.* modalité *f.* possibilité *f.*

modă *s.f.* mode *f.* ‖ *a fi la* ~ être en vogue, être à la page

model *s.n.* 1. modèle *m.* 2. patron *m.* ‖ *a croi după* ~ couper d'après un patron; *a lua drept* ~ prendre pour modèle

modela *vt.* modeler

modelaj *s.n.* modelage *m.*

modera *vt.* modérer

moderat, ~**ă** *adj.* modéré, ~e

moderaţie *s.f.* modération *f.*

modern, ~**ă** *adj.* moderne

modernism *s.n.* modernisme *m.*

moderniza *vt.* moderniser

modernizare *s.f.* modernisation *f.*

modest, ~**ă** *adj.* modeste

modestie *s.f.* modestie *f.*

modifica *vt.* modifier

modificare *s.f.* modification *f.*

modistă *s.f.* modiste *f.*

modula *vt.* moduler

modulaţie *s.f.* modulation *f.*

mofluz, ~**ă** *adj.* dépité, ~e ‖ *a se întoarce* ~ revenir bredouille

moft *s.n.* 1. bagatelle *f.* 2. sornette *f.* 3. esbroufe *f.* 4. simagrée *f.* ‖ *a umbla cu mofturi* faire de l'esbroufe; *a face mofturi* faire des simagrées (des chichis); *a cumpăra un* ~ acheter une bagatelle

moftangiu *s.m.* 1. fumiste *m.* 2. esbroufeur *m.*

mofturos, ~**oasă** *adj.* difficile, capricieux, ~euse

mogâldeaţă *s.f.* nabot *m.*

mohor *s.n.* sétaire *f,* millet de Hongrie m.

mohorî 1. *vt.* colorer en rouge foncé 2. *vr.* se rembrunir

mohorât, ~**ă** *adj.* 1. rouge foncé; 2. *fig.* assombri, ~e, sombre, triste

moină *s.f.* 1. dégel *m.* 2. temps humide *m.*
mojar *s.n.* mortier *m.*
mojic, ~ă *adj.* şi *s.m.f.* rustre *m.* personne grossière *f.* mufle *m.*
mojicie *s.f.* grossièreté *f.* goujaterie *f.*
molatic, ~ă *adj.* 1. mou *m.*, mol *m.*, molle *f.*, mollasse. 2. nonchalant, ~e
molcom, ~ă 1. *adj.* tranquille, calme, **II** *adv.* doucement, tranquillement, calmement
molecular, ~ă *adj.* moléculaire
moleculă *s.f.* molécule *f.*
moleşeală *s.f.* torpeur *f.*
moleşi 1. *vt.* amollir, affaiblir 2. *vr.* s'amollir, s'affaiblir
moletieră *s.f.* molletière *f.*
molfăi *vt* mâchonner
moliciune *s.f.* 1. mollesse *f.* 2. *fig.* nonchalance *f.*
molift *s.m.* mélèze *m.*
molie *s.f.* mite *f.*
molimă *s.f.* épidémie *f.*
molipsi *vt. vr.* (se) contaminer
molipsitor, ~oare *adj.* contagieux, ~euse
molâu, ~âie *adj.* mollasse, apathique, veule
moloz *s.n.* plâtras *m.* gravats *m. pl.* décombres *m.pl.*
molton *s.n.* molleton *m.*
moluscă *s.f.* mollusque *f.*
momeală *s.f.* 1. amorce *f.* appât *m.* 2. *fig.* leurre *m.* hameçon *m.*
moment *s.n.* moment *m.* instant *m.* ‖ *în tot momentul* à chaque instant; à tout bout de champ; à tout propos; *din primul ~* du premier abord

momi *vt* 1. amorcer, allécher; 2. *fig.* leurrer
momiţe *s.f.pl.* ris de veau *m.*
momâie *s.f.* 1. épouvantail *m.* 2. nabot *m.*
monah *s.m.* moine *m.*
monarh *s.m.* monarque *m.*
monarhie *s.f.* monarchie *f.*
monarhist, ~ă *s.m.f.* şi *adj.* monarchiste
monden, ~ă *adj.* mondain, e
mondenitate *s.f.* mondainité *f.*
mondial, ~ă *adj.* mondial, e
monedă *s.f.* monnaie *f.*
monetar, ~ă *adj.* monétaire
monetărie *s.f.* (la) Monnaie *f.*
mongol, ~ă *adj.* şi *s.m.f.* mongol
monitor, ~oare 1. *s.m.f.* moniteur, ~trice, répétiteur, ~trice; 2. *s.n. nav.* monitor *m.*
monoclu *s.n.* monocle *m.*
monografie *s.f.* monographie *f.*
monogramă *s.f.* monogramme *m.*
monolit *s.n.* monolithe *m.*
monolog *s.n.* monologue *m.*
monom *s.n.* monôme *m.* ‖ *în ~* à la file indienne, à la queue leu-leu
monoplan *s.n.* monoplan *m.*
monopol *s.n.* monopole *m.*
monopolist *s.m.* monopoleur *m.* monopolisateur *m.*
monopoliza *vt* monopoliser
monosilabic, ~ă *adj.* monosyllabique
monoteism *s.n.* monothéisme *m.*
monoton, ~ă *adj.* monotone
monotonie *s.f.* monotonie *f.*
monstru *s.m.* monstre *m.*
monstruos, ~oasă 1. *adj.* monstrueux, ~euse, 2. *adv.* monstrueusement

monstruozitate *s.f.* monstruosité *f.*
monta *vt* **1.** monter, ajuster, fixer **2.** *fig.* monter ‖ *a ~ o piesă* mettre en scène une pièce de théâtre; *a ~ pe cineva (împotriva cuiva)* monter qn.
montaj *s.n.* montage *m.*
montator *s.m.* monteur *m.*
montură *s.f.* monture *f.*
monument *s.n.* monument *m.*
monumental, ~ă *adj.* monumental, ~e
moral[1] *s.n.* moral *m.*
moral[2], **~ă** *adj.* moral, ~e
morală *s.f.* morale *f.*
moralist *s.m.* moraliste *m.*
moralitate *s.f.* moralité *f.*
moraliza *vt* moraliser
morar *s.m.* meunier *m.*
moravuri *s.n.pl.* moeurs *f. pl.*
morărit *s.n.* minoterie *f.*
morăriță *s.f.* meunière *f.*
morbid, ~ă *adj.* morbide
morcov *s.m.* carotte *f.*
morfină *s.f.* morphine *f.*
morfoli *vt* **1.** mâchonner, chipoter **2.** (despre tutun) chiquer ‖ *a ~ cuvinte* mâchonner des mots; *a ~ tutun* chiquer du tabac
morfologie *s.f.* morphologie *f.*
morgă *s.f.* morgue *f.*
morișcă *s.f.* moulinet *m.* ‖ *~ de vânt* girouette *f.*
morman *s.n.* monceau *m.* tas *m.* amas *m.*
mormăi *vt.* grommeler, marmonner, grogner, marmotter
mormăit *s.n.* grommellement *m.* grognement *m.* marmottement *m.*
mormânt *s.n.* tombe *f.* tombeau *m.*

mormoloc *s.m.* **1.** têtard *m.* **2.** *fig.* (despre copii) mioche *m.* marmot *m.* **3.** *fig.* balourd *m.*
morocănos, ~oasă *adj.* maussade, bourri, ~e, grognon, ~onne
morsă *s.f.* morse *m.*
mort, moartă *adj.* și *s.m.f.* mort, ~e, defunt, ~e, décédé, ~e ‖ *a o lăsa moartă* laisser tomber; *a fi ~ după cineva* être fou de qn; *nici ~* à aucun prix; *~ copt* mort ou vif, à tout prix
mortal, ~ă *adj.* mortel, ~elle
mortalitate *s.f.* mortalité *f.*
mortar *s.n.* mortier *m.*
mortăciune *s.f.* charogne *f.*
mortuar, ~ă *adj.* mortuaire
morțiș *adv.* (în expr.) *a ține ~* ne pas en démordre, soutenir mordicus
morun *s.m.* esturgeon *m.*
mosc *s.m.* musc *m.*
moscheie *s.f.* mosquée *f.*
mosor *s.n.* bobine *f.*
mostră *s.f.* échantillon *m.*
moș **I.** *s.m.* **1.** vieillard *m.* **2.** aïeul *m.* **3.** oncle *m.* **4.** grand-père *m.* **II** *s.m.pl.* foire traditionelle roumaine ‖ *a venit ~ Ene pe la gene* le marchand de sable est passé; *de când cu ~ Adam* au temps de ma mère l'oie; *din moși-strămoși* du plus loin qu'il m'en souvienne; *~ Ion* le père Jean; *un ~* un vieillard; *moșu-meu* mon grand-père
moși *vt.* accoucher
moșie *s.f.* domaine *m.* terre *f.*
moșier *s.m.* grand propriétaire foncier (terrien) *m.*

moşmoli *vi.* lambiner
moşneag *s.m.* vieillard *m.*
moşnean *s.m.* fermier *m.* paysan libre *m.*
moşteni *vt.* hériter
moştenire *s.f.* héritage *m.*
moştenitor, ~oare *s.m.f.* héritier, ~ère
motan *s.m.* matou *m.*
motel *s.n.* motel *m.*
motiv *s.n.* motif *m.* raison *f.*
motiva *vt.* motiver, justifier
motivare *s.f.* motivation *f.*
moto *s.n.* motto *m.*
motocicletă *s.f.* motocyclette *f.* moto *f.*
motociclist, ~ă *s.m.f.* motocycliste *m.*
motonavă *s.f.* motor-ship *m.*
motor, ~oare 1. *adj.* moteur, ~trice, 2. *s.n.* moteur *m.*
motorină *s.f.* gras-oil *m.*
motoriza *vt.* motoriser
mototol, ~oală 1. *adj.* mollasse. 2. *fig.* bêta, bêtasse, nigaud, ~e *pop.* andouille *f.* 3. *s.n.* pelote *f.*
mototoli *vt.* froisser, chiffonner
moţ *s.n.* 1. (de păr) toupet *m*, (din păr, pene) houppe *f.* 2. (din pene) aigrette *f.* 3. (din panglică) noeud *m.* ‖ *persoană cu ~* personne huppée
moţăi *vi.* sommeiller, *pop.* roupiller ‖ *a ~ din cap* incliner la tête
moţăială *s.f.* assoupissement *m.*
moţiune *s.f.* motion *f.*
mov *adj.* mauve
movilă *s.f.* tertre *m.* mamelon *m.* ‖ *~ de pietriş* monceau de pierres.

mozaic, ~ă *s.n.* mosaïque *f.*
mozoli *vt* 1. mâchonner 2. barbouiller
mreajă *s.f.* 1. filet de pêche *m.* 2. *fig.* piège *m.*
mreană *s.f.* barbeau *m.*
muc I *s.m.* morve *f.* moucosité *f.* II *s.n.* 1. (de lumânare) bout de chandelle, 2., (de ţigară) mégot *m.*
mucalit, ~ă *adj.* pince-sans-rire *m.*
mucava *s.f.* papier mâché *m.*
mucegai *s.n.* moisi *m.*
mucegăi *vi.* moisir, *fig.* s'encroûter
mucenic, ~ă *s.m.f.* martyr, ~e
muchie *s.f.* 1. arête *f.* 2. (a unui cuţit) dos *m* 3. marge *f.* 4. (a unui munte) crête *f.* ‖ *a sta pe ~ de cuţit* être en danger; *bani bătuţi pe ~* de l'argent comptant
mucos, ~oasă 1. *adj.* morveux, ~euse, 2. *s.m.f.* mioche, morveaux-, euse
muget *s.n.* beuglement *m.* mugissement *m.*
mugi *vi.* beugler, mugir
mugur *s.m.* bourgeon *m.*
muia I.*vt.* 1. tremper, baigner, mouiller, 2.*fig.* amollir, fléchir 3. *fig.* apaiser. II *vr* 1. se mouiller, se baigner, 2. *fig.* s'affaiblir ‖ *s-a muiat furtuna* l'orage s'est calmé; *nimeni nu îl poate ~* personne ne peut le fléchir; *mi s-a muiat inima* j'ai été touché; attendri; *l-a muiat căldura* la chaleur l'a amolli; *a se ~ în apă* se baigner; *a ~ o rufă* tremper un linge (dans l'eau)

muiat. ~ă *adj.* mouillé, ~e, trempé, ~e
muieratic, ~ă *adj.* 1. efféminé, ~e 2. coureur *m.*
muiere *s.f.* femme *f.*
muieruşcă *s.f. peior.* femmlette *f.*
mujdei *s.n.* aillade *f.*, ailloli *m.*, mousse d'ail *f.*
mula *vt.* mouler, couler
mulaj *s.n.* moulage *m.*
mulge *vt.* traire
mulgere *s.f.* traite *f.*
mult, ~ă 1. *adj. nehot.* beaucoup. 2. *num. nehot. pl.* plusieurs, 3. *adv.* beaucoup ‖ *de multe ori* souvent; *de mai multe ori* plusieurs fois; *mai ~ davantage*, plus; *cel ~* tout au plus; *prea ~* trop; *~ şi bine* bel et bien
multicolor, ~ă *adj.* multicolore
multiplica *vt.* multiplier
multiplicare *s.f.* multiplication *f.*
multiplu *s.m.* multiple *m.*
mulţime *s.f.* grand nombre (de) *m.* foule *f.*
mulţumi 1. *vi.* remercier. 2. *vt.* récompenser (qn), contenter qn. 3. *vr.* se contenter (de)
mulţumire *s.f.* 1. remerciement *m.* 2. satisfaction *f.*, contentement *m.*
mulţumit, ~ă *adj.* content, ~e, satisfait, ~e
mulţumitor, ~oare *adj.* satisfaisant, ~e
mumă *s.f.* mère *f.*
mumie *s.f.* momie *f.*
mumifica *vr.* se momifier

muncă *s.f.* travail *m.* labeur *m.* peine *f.* ‖ *forţă de ~* force de travail; *oamenii muncii* les travailleurs
muncel *s.n.* tertre *m.*
munci I *vi.* travailler, peiner II *vt.* torturer, tourmenter III *vr.* 1. se tourmenter. 2. s'efforcer ‖ *a ~ pământul* labourer; *a se ~ cu gândul* être préoccupé (de), être tracassé (par); *a ~ din răsputeri* travailler d'arache pied
muncitor, ~oare I *adj.* 1. travailleur, ~euse; 2. appliqué, ~e, zélé, - ~ diligent, ~e, II *s.m.f.* travailleur, ~euse, ouvrier, ~ère ‖ *clasa muncitoare* la classe ouvrière; *~ necalificat* manoeuvre *m.*
muncitoresc, ~ească *adj.* ouvrier, ~ère ‖ *partid ~* parti ouvrier
muncitorime *s.f.* classe ouvrière *f.* les ouvriers *m. pl.*
municipal, ~ă *adj.* municipal, ~e
muniţie *s.f.* munition *f.*
munte *s.f.* 1. mont *m.* montagne *f.* 2. *fig.* tas *m.* ‖ *un ~ de om* un gaillard; *om de la ~* un montagnard
muntenesc, ~ească *adj.* montagnard, ~e
muntos, ~oasă *adj.* montagneux, ~euse
mura *vt.* saumurer, confire
murat, ~ă *adj.* saumuré, ~e, (în oţet) confit, ~e
mură *s.f.* mûre sauvage *f.*

murătură *s.f.* pickles *m.pl.*
murdar, ~ă *adj.* 1. sale, malpropre. 2. *fig.* vil, ~e ‖ *cuvinte murdare* propos orduriers
murdări *vt.* 1. salir, 2. *fig.* souiller
murdărie 1. saleté *f.* malpropreté 2. immondice *f.* ordure *f.*
murg *adj.* (numai în expr.) *cal* ~ cheval bai
muri *vi.* 1. mourir, décéder, trépasser, 2. *fig.* s'éteindre, dépérir ‖ *a* ~ *după ceva* raffoler de qch; *a* ~ *de urât* dépérir, languir
muribund, ~ă *s.m.f.* mourant, ~e, mouribond, ~e
muritor, ~oare *adj.* şi *s.m.f.* mortel, ~elle
murmur *s.n.* murmure *m.*
murmura *vi.* 1. murmurer 2. (despre ape) susurrer
musafir *s.m.* 1. hôte *m.* invité *m.* 2. (la masă) convive *m.*
musai *adv.* néccessairement, expressément
muscă *s.f.* mouche *f.* ‖ *cal rău de* ~ cheval rétif; *a cădea ca musca-n lapte* venir comme un cheveu sur la soupe; *se simte cu musca pe căciulă* qui se sent morveux se mouche; *a fi ca musca la arat* faire la mouche du coche
muscular, ~ă *adj.* musculaire
musculos, ~oasă *adj.* musculeux, ~euse, musclé, ~e
muson *s.m.* mousson *f.*
must *s.n.* moût *m.*
mustaţă *s.f.* moustache *f.*

mustăcios, ~oasă *adj.* moustachu, ~e
musti *vi.* suinter
mustos, ~oasă *adj.* juteux, ~euse
mustra *vt.* gronder, morigéner, réprimander, semoncer
mustrare *s.f.* réprimande *f.* semonce *f.* ‖ *de* ~ *cuget* remords *m.*
mustrător, ~oare *adj.* réprobateur, ~trice
muşama *s.f.* toile cirée ‖ *a face* ~ étouffer une affaire
muşca *vt.* mordre ‖ *a* ~ *uşor* mordiller
muşcată *s.f.* géranium *m.*
muşcător, ~oare *adj. fig.* mordant, ~e, caustique
muşcătură *s.f.* morsure *f.*
muşchi *s.m.* 1. *anat.* muscle *m.* 2. *bot.* mousse *f.* 3. *cul.* filet *m.*
muşeţel *s.m.* camomille *f.*
muşiţă *s.f.* ciron *m.*
muştar *s.n.* moutarde *f.*
muşteriu *s.m.* client *m.* acheteur
muştrului *vt.* 1. instruire. 2. admonester, réprimander. 3. faire tourner en bourrique
muşuroi *s.n.* fourmilière *f.*
mut, ~ă *adj.* muet, ~ette ‖ *unde a dus mutul iapa* au diable vauvert
muta **I** *vt.* 1. (despre obiecte) déplacer 2. (despre persoane) transférer. **II** *vr.* 1. (undeva) emménager. 2. (de undeva) déménager ‖ *a-şi* ~ *gândul* changer d'avis, renoncer; *a* ~ *cuiva fălcile* donner à qn. une maîtresse gifle.

mutare *s.f.* **1.** (undeva) emménagement *m.* **2.** (de undeva) déménagement *m.* **3.** déplacement *m.*
mutație *s.f.* mutation *f.*
mutila *vt.* mutiler
mutilat, ~ă *adj.* mutilé, ~e
mutră *s.f.* visage *m.* frimousse *f.*, trogne *f.* mine *f.* ‖ *are o ~!* il a une de ces gueules!; *a face mutre* a) faire la moue; b) faire grise mine; *o ~ simpatică* une frimousse agréable

mutual, ~ă *adj.* mutuel, ~elle, réciproque
muțenie *s.f.* mutisme *m.*
muză *s.f.* muse *f.*
muzeu *s.n.* musée *m.*
muzical, ~ă *adj.* musical, e
muzicant, ~ă *s.m.f.* musicien, ~enne
muzică *s.f.* musique *f.*
muzicologie *s.f.* musicologie *f.*
muzicuță *s.f.* harmonica *m.*

N

na *interj.* voilà! tiens!
nabab *s.m.* nabab *m.*
nadă *s.f.* 1. amorce *f.* appât *m* 2. *fig.* leurre *m.*
naftalină *s.f.* naphtaline *f.*
nai *s.n.* flûte de Pan *f.*
naiadă *s.f.* naïade *f.*
naiba *s.f.* diable *m.* ‖ *fire-ar al naibii* que le diable l'emporte; *a vedea pe* ~ trouver son compte; *al naibii de greu* diablement difficile
nailon *s.n.* nylon *m.*
naiv, ~ă 1. *adj.* naïf, ~ïve, ingénu, ~e 2. *adv.* naïvement
naivitate *s.f.* naïveté *f.* candeur *f.* ingénuité *f.*
nalbă *s.f.* (de grădină) rose trémière *f.*; (sălbatică) guimauve *f.* mauve *f.*
namiază *s.f.* midi *m.* ‖ *ziua ~ mare* en plein jour
namilă *s.f.* colosse *m.* monstre *m.*
nani *fam.* (în expr.) *a face ~* faire dodo
naos *s.n.* nef *f.*
nap *s.m.* navet *m.*

nara *vt.* narrer
naraţiune *s.f.* narration *f.*
nară *s.f.* 1. narine *f.* 2. (la animale) naseau *m.*
narcisă *s.f.* (albă) narcisse du poète *m.*; (galbenă) jonquille *f.*
narcotic *s.n.* narcotique *m.*
narghilea *s.f.* narguilé *m.*
nas *s.n.* nez *m.* ‖ *a avea ~ bun* avoir bon nez, du flair; *a avea ~ să* avoir le front (de); *a da peste ~* rabattre le caquet; *îşi bagă nasul peste tot* il fourre son nez partout; *nu-i ajungi cu plăjina la ~* il est très imbu de sa personne; *a fi cu nasul de ceară* être très susceptible, chatouilleux
nasture *s.m.* bouton *m.*
naş, ~ă *s.m.f.* parrain *m.* marraine *f.*
naşte 1. *vt.* donner naissance, accoucher (de). 2. *vr.* naître ‖ *s-a născut la ţară* il est né à la campagne; *femeia a născut un băiat* la femme a accouché d'un garçon

naştere *s.f.* **1.** naissance *f.* **2.** accouchement *m.* couches *f. pl.* **3.** (în expr.) *ziua de* ~ anniversaire *m.* ‖ *~fără dureri* accouchement sans douleurs; ~ *grea* des couches difficiles
natalitate *s.f.* natalité *f.*
nataţie *s.f.* natation *f.*
nativ, ~ă *adj.* natif, ~ive ‖ *în stare nativă* à l'état pur
natriu *s.n.* natrium *m.*
natural, ~ă 1. *adj.* naturel, ~elle **2.** *adv.* naturellement, bien entendu ‖ *mărime naturală* grandeur nature
naturaleţe *s.f.* naturel *m.*
naturalism *s.n.* naturalisme *m.*
naturalist, ~ă *adj.* naturaliste
naturaliza *vt.* naturaliser
natură *s.f.* **1.** nature *f.* **2.** tempérament *m.* naturel *m.*
naţional, ~ă *adj.* national, ~e
naţionalism *s.n.* nationalisme *m.*
naţionalitate *s.f.* nationalité *f.*
naţionaliza *vt.* nationaliser
naţionalizare *s.f.* nationalisation *f.*
naţiune *s.f.* nation *f.*
naufragia *vi.* faire naufrage, naufrager
naufragiu *s.n.* naufrage *m.*
nautic, ~ă *adj.* nautique
naval, ~ă *adj.* naval, ~e
navă *s.f.* **1.** navire *m.* bâtiment *m.* ‖~ *aeriană* aéronef; ~ *cosmică* vaisseau cosmique; **2.** *arhit.* nef *f.*
navetă *s.f.* navette *f.*
naviga *vi.* naviguer, voguer
navigabil, ~ă *adj.* navigable
navigator, ~oare *s.m.f.* navigateur *m.*
navigaţie *s.f.* navigation *f.*
nazal, ~ă *adj.* nasal, ~e
nazuri *s.n. pl.* caprice *m.* simagrées *f.pl.* ‖ *a face* ~ faire des manières (des chichis)
năbădăi *s.f.pl.* (în expr.) *l-au apucat năbădăile* il a piqué une crise; *a băga (pe cineva) în toate năbădăile* épouvanter (qn) causer une peur bleue
năbădăios, ~oasă *adj.* **1.** emporté, ~e colérique, **2.** capricieux, ~euse **3.** (despre animale) rétif, ~ive
năbuşeală *s.f.* chaleur étouffante *f.*
năbuşi *vt.* étouffer
năclăi 1. *vt.* engluer **2.** *vr.* se salir, se souiller
năclăit, ~ă *adj.* gluant, ~e poisseux, ~euse
nădăjdui *vt. vi.* espérer
nădejde *s.f.* espoir *m.* espérance *f.* ‖ *a-şi pune nădejdea în cineva* compter sur qn; *a trage* ~ nourrir un espoir; *slabă* ~ il y a peu de chances
nădrag *s.m.* pantalon *m.* culotte *f.*
năduf *s.n. pop.* **1.** chaleur accablante *f.* **2.** oppression *f.* **3.** dépit *m.* ‖ *simţea un* ~ *pe inimă* il sentait son coeur oppressé; *a vorbi cu* ~ parler avec dépit
năduşeală *s.f.* sueur *f.* transpiration *f.* ‖ *a-l trece (pe cineva) toate năduşelile* a) (de efort) suer sang et eau; b) (de frică) avoir la frousse; c) (de căldură) être en nage

năduşi *vi.* suer, transpirer
năframă *s.f.* voile *m.* écharpe *f.*
nălucă *s.f.* **1.** apparition *f.* vision *f.* spectre *m.* **2.** *fig.* chimère *f.* illusion *f.*
năluci *vr.* v. năzări
nămete *s.m.* monceau de neige *m.*
nămol *s.n.* vase *f.* limon *m.* boue *f.* bourbe *f.*
nămolos, ~oasă *adj.* bourbeux, ~euse, boueux, ~euse, vaseux, ~euse
năpastă *s.f.* **1.** calamité *f.* malheur *m.* **2.** fausse accusation *f.* calomnie *f.*
năpădi I *vt.* **1.** envahir. **2.** *fig.* oppresser. **II** *vi.* **1.** se ruer, fondre (sur) **2.** assaillir ‖ *o grădină năpădită de buruieni* un jardin envahi par les mauvaises herbes; *năpădit de griji* oppressé par les soucis; *hoţii năpădiră asupra lui* les voleurs se ruèrent sur lui
năpăstui *vt.* opprimer, persecuter
năpârcă *s.f.* vipère *f.*
năpârli *vt.* muer
năprasnic, ~ă I. *adj.* **1.** soudain, ~e, subit, ~e **2.** fougueux, ~euse, terrible **II** *adv.* soudain, soudainement, ‖ *moarte năprasnică* mort violente, subite
năpusti 1. *vr.* se ruer, fondre (sur), foncer (sur) **2.** *vt.* envahir
năpustire *s.f.* assaut *m.* irruption *f.*, invasion *f.*
nărav *s.n.* **1.** mauvaise habitude *f.* **2.** vice *m.*
năravaş, ~ă *adj.* rétif, ~ive
nărui *vr.* s'écrouler, s'ébouler
năruire *s.f.* écroulement *m.* éboulement *m.*
născoci *vt.* inventer, forger de toutes pièces, prendre sous son bonnet
născut, ~ă *adj.* né ‖ *nou-* nouveau-né
năstruşnic, ~ă *adj.* **1.** sangrenu, ~e **2.** abracadabrant, ~e, mirobolant, ~e ‖ *ce idee năstruşnică* quelle drôle d'idée!, quelle idée saugrenue!
nătăfleţ, ~eaţă *adj.* bête, niais, ~e, **2.** *s.m.f.* benêt, nigaud, ~e
nătărău 1. *adj. m.* borné, niais. **2.** *s.m.f.* nigaud
nătâng, ~ă *adj.* v. nătărău
năuc, ~ă *adj.* ahuri, ~e, hébêté, ~e
năuci *vt.* ahurir, abasourdir, hébêter
năucit, ~ă *adj.* ahuri, ~e, abasourdi, ~e, hébêté, ~e
năvală *s.f.* poussée *f.* ruée *f.*
năvalnic, ~ă *adj.* impétueux, ~euse, fougueux, ~euse
năvăli *vi.* şi *vt.* **1.** assaillir. **2.** envahir. **3.** se ruer ‖ *duşmanii năvăliseră în ţară* les ennemis avaient envahi le pays; *oamenii năvăliră asupra dihaniei* les hommes se ruèrent sur la bête, *a ~ asupra unei cetăţi* assaillir un château fort
năvălire *s.f.* invasion *f.*
năvălitor, ~oare *s.m.f.* assaillant, ~e, envahisseur *m.*
năvod *s.n.* filet de pêche *m.*
năzări *vr.* **1.** sembler, paraître, s'imaginer. **2.** avoir un caprice,

une lubie ‖ *deodată i s-a năzărit să plece* tout à coup l'envie le prit de s'en aller

năzbâtie *s.f.* facétie *f.* espièglerie *f.*

năzdrăvan, ~ă *adj.* **1.** surnaturel, ~elle, merveilleux-, euse **2.** espiègle, facétieux, ~euse ‖ *cal ~* cheval surnaturel; *glumă ~ă* une facétie

năzui *vi.* aspirer

năzuinţă *s.f.* aspiration *f.*

năzuros, ~oasă *adj.* difficile, capricieux, ~euse

nea *s.f.* neige *f.*

neabătut, ~ă *adj.* conséquent, ~e

neacoperit, ~ă découvert, ~e, nu, ~e

neadevăr *s.n.* inexactitude *f.* mensonge *m.*

neadevărat, ~ă *adj.* faux, fausse, erroné, ~e

neadormit, ~ă *adj.* vigilent, ~e

neagresiune *s.f.* non-agression *f.*

neajuns *s.n.* désagrément *m.* ennui *m.*

neajutorat, ~ă *adj.* maladroit, ~e, incapable

neam *s.n.* **1.** peuple *m.* **2.** parent *m.; a fi ~ cu cineva* s'apparenter à qn.; *a fi ~ de a cincea spiţă* être parent très éloigné; **3.** lignée *f.* ‖ *de ~ mare* de haute lignée, noble; *~ de neamul meu* personne; **4.** espèce *f.*, genre *m.*, varieté *f.*

neant *s.n.* néant *m.*

neaoş, ~ă *adj.* **1.** indigène, autochtone **2.** pur, ~e, authentique

neapărat *adv.* absolument, à tout prix

neascultare *s.f.* désobéissance *f.* insoumission *f.*

neasemănat, ~ă *adj.* incomparable

neastâmpăr *s.n.* **1.** agitation *f.* **2.** vivacité *f; fam.* bougeotte *m.*

neastâmpărat, ~ă *adj.* vif, vive, agité, ~e, turbulent, ~e

neaşteptat, ~ă 1. *adj.* inattendu, ~e, imprévu, ~e, **2.** *adv. pe neaşteptate* inopinément; *a lua (pe cineva) pe neaşteptate* prendre qn. au dépourvu; prendre (qn.) sans vert, sans crier gare

neatins, ~ă*adj.* intact, ~ă, pas entamé, ~e

neatârnare *s.f.* indépendance *f.*

neauzit, ~ă *s.f.* inouï, ~e

neavenit, ~ă non avenu, ~e

nebăgare *s.f.* (în expr.) *din ~ de seamă* par inadvertance; par mégarde

nebiruit, ~ă *adj.* invaincu, ~e ‖ *de ~* invincible

nebuloasă *s.f.* nébuleuse *f.*

nebun, ~ă *adj.* şi *s.m.f.* fou, fol, folle, insensé, ~e, dément, ~e, aliéné, ~e, ‖ *cam ~* un peu toqué, timbré, braque

nebunatic, ~ă *adj.* folâtre, espiègle

nebuneşte *adj.* follement, à la folie, éperdument

nebunie *s.f.* folie *f.* démence *f.*

necaz *s.n.* **1.** chagrin *m.* peine *f.* **2.** dépi *m.* **3.** ennui *m.* ‖ *a avea necazuri* avoir des déboires (des ennuis); *a avea ~ pe cineva* en vouloir à qn; *a vorbi cu ~* parler avec dépit

necăji I. vt. peiner, chagriner, fâcher **II** vr. **1.** se fâcher. **2.** s'efforcer, peiner, trimer ‖ *m-am necăjit să termin la timp* je me suis efforcé de finir à temps; *m-am necăjit că nu am terminat la vreme* je suis fâché car je n'ai pas fini à temps; **necăjit, ~ă** adj. **1.** chagriné, ~e, peiné, ~e **2.** pauvre ‖ *eram foarte ~* j'étais très peiné; *o familie necăjită* une famille pauvre

necesar, ~ă adj. nécessaire

necesitate s.f. nécessité f.

necheza vi. hennir

nechibzuit, ~ă adj. irréfléchi, ~e ‖ *vorbe nechibzuite* propos inconsidérés

necinsti vt. **1.** déshonorer; **2.** profaner, violer

necinstit, ~ă 1, adj. malhonnête, déloyal, ~e **2.** adv. malhonnêtement

necioplit, ~ă adj. fruste, rude, grossier, ~ère

neciteț, ~eață adj. illisible

neclintire s.f. **1.** immobilité f. **2.** fig. constance f. fermeté f.

neclintit, ~ă adj. **1.** immobile **2.** fig. ferme, inébranlable, immuable

necontenit, ~ă 1. adj. continu, ~e, continuel, ~elle, ininterrompu, - **~2.** adv. sans cesse, continuellement

necontestat, ~ă adj. incontesté, ~e ‖ *de ~* incontestable

necopt, ~oaptă adj. **1.** cru, ~e, **2,** (despre fructe) vert, ~e **3.** fig. inexpérimenté, ~e

necredincios, ~oasă adj. **1.** incrédule **2.** infidèle **3.** rel. incroyant, ~e.

necrezut, ~ă adj. incroyable ‖ *de ~* inimaginable

necrolog s.n. nécrologe m.

necropolă s.f. nécropole f.

necruțător, ~oare adj. impitoyable; implacable

nectar s.n. nectar m.

necugetat, ~ă adj. **1.** insensé, ~e, irréfléchi, ~e **2.** fig. téméraire, imprudent, ~e

necum adv. d'autant moins

necumpănit, ~ă adj. irréfléchi, ~e

necunoscut, ~ă adj. inconnu, ~e

necuprins, ~ă adj. immense, infini, ~e

necurat, ~ă I adj. sale, impur, ~e **2.** fig. louche. **II** *necuratul* s.m. le diable m. le malin m.

necurățenie s.f. impureté f. saleté f. ordure f. immondice f.

necurmat, ~ă 1. adj. continuel, ~elle **2.** adv. continuellement

necuviincios, ~oasă adj. impoli, ~e, inconvenant, ~e

necuviință s.f. impolitesse f. inconvenance f. impertinence f.

nedefinit, ~ă adj. indéfini, ~e

nedeslușit, ~ă adj. confus, ~e

nedespărțit, ~ă adj. inséparable

nedezlipit, ~ă adj. collé, ~e, ‖ *de ~* indissoluble

nedezmințit, ~ă adj. sans démenti ‖ *prietenie ~ă* amitié à toute épreuve

nedorit, ~ă adj. indésirable

nedrept, ~eaptă I. adj. **1.** injuste, inique. **2.** *gram* . (în

expr.) *complement* ~ complément d'object indirect **II** *s.n.* (în expr.) *pe* ~ injustement, à tort
nedreptate *s.f.* injustice *f.* iniquité *f.*
nedumerire *s.f.* 1. étonnement *m.* 2. irrésolution *f.* incertitude *f.*
nefast, ~ă *adj.* néfaste
nefavorabil, ~ă *adj.* défavorable
nefericire *s.f.* malheur *m.* infortune *f.* || *din* ~ malheureusement
nefericit, ~ă *adj.* malheureux, ~euse, infortuné, e
nefiinţă *s.f.* néant *m.* non-être *m.*
nefiresc, ~ească **I** *adj.* 1.anormal, ~e 2. inaccoutumé, e **II** *adv.* anormalement
neg *s.m.* verrue *m.*
nega *vt.* nier
negare *s.f.* 1. négation *f.* 2. réfutation *f.*
negativ, ~ă 1. *adj.* négatif, ~ive 2. *adv.* négativement 3. *s.n.* négatif *m.*
neghină *s.f.* ivraie *f.* || *a alege grâul din* ~ séparer le bon grain de l'ivraie
neghiob, ~oabă 1. *adj.* bête, niais, ~e 2. *s.m.f.* balourd, ~e
negândit *s.n.* (numai în expr.) *pe negândite* à l'improviste, inopinément
neglija *vt.* négliger
neglijent, ~ă 1. *adj.* négligent, ~e 2. *adv.* négligemment
neglijenţă *s.f.* négligence *f.*
negocia *vt.* négocier
negociere *s.f.* négociation *f.* pourparlers *m. pl.*

negoţ *s.n.* négoce *m.* commerce *m.*
negrăit, ~ă *adj.* indicible, ineffable
negreală *s.f.* noirceur *f.*
negresă *s.f.* négresse *f.*
negreşit *adv.* sans faute, à coup sur
negricios, ~oasă *adj.* noirâtre, noiraud, ~e, moricaud, ~e
negru *s.m.* Noir *m.* Nègre *m.*
negru, neagră 1. *adj.* noir, e, noirand, ~e 2. *s.n.* noirceur *f.* || *a vedea totul în* ~ broyer du noir, avoir le cafard; ~ *cerul gurii* méchant, hargneux
negură *s.f.* brume *f.* || *în negura timpurilor* dans la nuit des temps
negustor *s.m.* marchand *m.* commerçant *m.* négociant *m.*
negustoreasă *s.f.* marchande *f.*
negustorie *s.f.* commerce *m.* négoce *m.*
nehotărâre *s.f.* indécision *f.* hésitation *f.* irrésolution *f.*
nehotărât, ~ă *adj.* 1. indéfini, ~e, indécis, ~e, 2. hésitant, ~e, irrésolu, ~e
neiertător, ~oare *adj.* impitoyable, implacable
neisprăvit, ~ă *adj.* 1. inachevé, ~e 2. *fig.* incapable, propre à rien
neîmblânzit, ~ă *adj.* indompté, ~e
neîmpăcat, ~ă *adj.* insatisfait, ~e || *ură* ~ă haine implacable
neîncetat, ~ă *adj.* continu, ~e, incessant, ~e, perpétuel, ~elle 2. *adv.* sans cesse, sans relâche, sans trêve
neînchipuit, ~ă 1. *adj.* inimaginable 2. *adv.* extrêmement

neîncredere *s.f.* méfiance *f.* défiance *f.*
neîncrezător, ~oare *adj.* méfiant, ~e, défiant, ~e
neîndemânatic, ~ă **1.** *adj.* maladroit, ~e, gauche **2.** *adv.* maladroitement, gauchement
neîndoios, ~oasă **1.** *adj.* indubitable **2.** adv. indubitablement
neînduplecat, ~ă *adj.* implacable
neîndurător, ~oare *adj.* v. neînduplecat
neînfricat, ~ă *adj.* courageux, ~euse, hardi, ~e
neîngrijire *s.f.* négligence *f.*
neînsemnat, ~ă *adj.* insignifiant, ~e
neînsufleţit, ~ă *adj.* inanimé, ~e
neîntârziat, ~ă *adv.* immédiatement, tout de suite
neîntrecut, ~ă *adj.* **1.** inégalable, insurpassable **2.** *adv.* sans pareil, ~eille
neîntrerupt, ~ă **1.** *adj.* ininterrompu, ~e, continu, ~e **2.** *adv.* sans trêve, sans cesse
neînţelegere *s.f.* **1.** (între oameni) mésentente *f.m.* **2.** (a unui texte etc.) incompréhension *f.* ‖ *a fost o ~* il y a eu un melentendu
neînţeles, ~easă *adj.* incompris, ~e ‖ *de ~* inintelligible, incompréhensible
nelămurire *s.f.* doute *m.* incertitude *f.*
nelămurit, ~ă *adj.* confus, ~e, vague, indistinct, ~e
nelegiuire *s.f.* infamie *f.* crime *m.* scélératesse *f.*
nelegiuit, ~ă *s.f.* scélérat, ~e
nelimitat, ~ă *adj.* illimité, ~e
nelinişte *s.f.* brume *f.* ‖ *în negura timpurilor* dans la nuit des temps
nelinişti *vt.* troubler, inquiéter
nelipsit, ~ă *adj.* assidu, ~e
nemaiauzit, ~ă *adj.* inouï, ~e
nemaipomenit, ~ă *adj.* extraordinaire, inouï, ~e
nemaivăzut, ~ă *adj.* extraordinaire
nemărginire *s.f.* infini *m.*
nemărginit, ~ă **1.** *adj.* infini, ~e illimité, ~e, sans bornes. **2.** *adv.* finiment
nemăsurat, ~ă **1.** *adj.* démesuré, ~e, incalculable, immensurable **2.** adv. démesurément
nemernic, ~ă **1.** *adj.* scélérat, ~e **2.** *s.m.f.* misérable, gredin, ~e
nemijlocit, ~ă **1.** *adj.* direct, ~e, immédiat, ~e **2.** *adv.* directement
nemilos, ~oasă **1.** *adj.* impitoyable, inexorable **2.** *adv.* inexorablement, impitoyablement
nemiluita *s.f.* (numai în expr.) *cu ~* à foison
nemişcare *s.f.* immobilité *f.*
nemâncat, ~ă **1.** *adj.* affamé, ~e **2.** *s.n.* (în expr.) *pe nemâncate* à jeun, le ventre creux
nemângâiat, ~ă *adj.* inconsolé, ~e, ‖ *de* ~inconsolable
nemotivat, ~ă *adj.* immotivé, ~e
nemţeşte *adv.* à l'allemande ‖ *îmbrăcat ~* habillé comme un citadin

nemulțumire *s.f.* **1.** mécontentement **2.** ennui *m.*
nemulțumit, ~ă *adj.* mécontent, ~e
nemulțumitor, ~oare *adj.* **1.** (despre persoane) ingrat, ~e **2.** insuffisant, ~e
nemurire *s.f.* immortalité *f.*
nemuritor, ~oare *adj.* immortel, ~elle
nenoroc *s.n.* malchance *f.* guigne *f.* déveine *f.*
nenoroci *vt.* rendre malheureux, faire le malheur de qn.
nenorocire *s.f.* malheur *m.* infortune *f.* calamité *f.* ‖ *din ~* malheureusement
nenorocit, ~ă *s.f.* malheureux, ~euse, infortuné, ~e
nenorocos, ~oasă *adj.* malchanceux, ~euse
nenumărat, ~ă *adj.* innombrable
neobișnuit, ~ă inaccoutumé, inusité, ~e
neobosit, ~ă *adj.* infatigable
neobrăzat, ~ă *adj.* éhonté, ~e, impertiment, ~e, effronté, ~e
neoclasicism *s.n.* néoclassicisme *m.*
neofalină *s.f.* essence *f.* benzine *f.*
neofit *s.m.f.* néophyte
neolitic 1. *adj.* néolithique. **2.** *s.n.* néolithique *m.*
neologism *s.n.* néologisme *m.*
neomenie *s.f.* inhumanité *f.* cruauté *f.*
neomenos, ~oasă *adj.* inhumain, ~e, cruel, ~elle
neon *s.n.* néon *m.*
neorânduială *s.f.* désordre *m.*, *fam.* pagaille *f.*

nepărtinire *s.f.* impartialité *f.* objectivité *f.*
nepărtinitor, ~oare *adj.* inpartial, ~e
nepăsare *s.f.* indifférence *f.* impasibilité *f.*
nepăsător, ~oare *adj.* impassible, indifférent, ~e, insouciant, ~e
nepătruns, ~ă *adj.* insondé, ~e, ‖ *de ~* impénétrable, insondable
nepieritor, ~oare *adj.* inpérissable, *fig.* éternel, ~elle
neplăcere *s.f.* désagrément *m.* ennui *m.*
nepoată *s.f.* **1.** (de bunic) petite-fille *f.* **2.** (de unchi) nièce *f.*
nepoftit, ~ă *adj.* intrus, ~e
nepot *s.m.* **1.** (de bunic) petit-fils *m.* **2.** (de unchi) neveu *m.*
nepotism *s.n.* népotisme *m.*
nepotrivire *s.f.* discordance *f.* disparité *f.* disproportion *f.* différence *f.*
nepotrivit, ~ă 1. *adj.* déplacé, ~e, **2.** *adv.* hors de propos, mal à propos
nepovestit, ~ă *adj.* **1.** pas encore raconté, ~e **2.** *de ~* inénarrable
neprecupețit, ~ă *s.f.* non conditionné, ~e, ‖ *sprijin ~* aide généreuse
nepregătit, ~ă 1. *adj.* ignorant, ~e **2.** *s.n.* (numai în expr.) *pe nepregătite* au pied levé
neprețuit, ~ă *adj.* inestimable
neprevăzut, ~ă *adj.* imprévu, ~e, ‖ *de ~* imprévisible

nepricepere *s.f.* incompetence *f.*
nepriceput, ~ă *adj.* 1, incompris, ~e 2. *fig.* maladroit, ~e ‖ *de* ~ incompréhensible
nepricopsit, ~ă 1. *adj.* pauvre, misérable 2. *s.m.f.* pauvre hère, sire, diable *m.* pauvresse *f.*
neprielnic, ~ă *adj.* défavorable
neprihănit, ~ă *adj.* immaculé, ~e
nepusă *adj.f.* (în expr.) *pe ~ masă* à l'improvise, sans crier gare ‖ *a lua pe cineva pe ~ masă* prendre (qn.) sans vert
neputincios, ~oasă *adj.* 1. impuissant, ~e 2. incapable
neputință *s.f.* 1. incapacité *adj.* 2. impuissance *f.* 3. infirmité *f.* ‖ *e cu ~!* c'est impossible!
nerăbdare *s.f.* impatience *f.* ‖ *cu ~* impatiemment, avec impatience
nerăbdător, ~oare *adj.* impatient, ~e
nerecunoscător, ~oare *adj.* ingrat, ~e
nerecunoștință *s.f.* ingratitude *f.*
neregulat, ~ă *adj.* irrégulier, ~ère
neregulă *s.f.* 1. irrégularité *f.* 2. désordre *m.*
nereușită *s.f.* échec *m.* insuccès *m.*
nerezolvat *adj.* non résolu, ~e ‖ *de ~* insoluble, inestricable
nerod, ~oadă 1. *adj.* sot, sotte 2. *s.m.f.* nigaud, ~e
neroditor, ~oare *adj.* infécond, ~e, improductif, ~ive, infertile
nerozie *s.f.* sottise *f.* bêtise *f.*
nerușinare *s.f.* impudence *f.*
nerușinat, ~ă *adj.* éhonté, ~e, impudent, ~e effronté, ~e

nerv *s.m.* 1. nerf *m.* 2. *s.m.pl.* nervozité *f.* ‖ *a avea nervi* avoir ses nerfs, avoir les nerfs en boule
nervos, ~oasă *adj.* nerveux, ~euse, énervé, ~e
nervozitate *s.f.* nervosité *f.*
nervură *s.f.* nervure *f.*
nesaț *s.n.* (în expr.) *cu ~* avidement goulûment
nesăbuit, ~ă *adj.* insensé, ~e, forcené, ~e
nesărat, ~ă *adj.* fade, insipide
nesătul, ~ă inassouvi, ~e; insatiable
nesățos, ~oasă 1. *adj.* insatiable, inassouvi, ~e 2. *adv.* insatiablement
neschimbat, ~ă *adj.* inchangé, ~e, invariable
nesecat, ~ă *adj.* inépuisable
nesfârșit, ~ă 1. *adj.* infini, interminable 2. *adv.* extrêmement
nesigur, ~ă *adj.* incertain, ~e, indécis, ~e
nesiguranță *s.f.* incertitude *f.*
nesimțire *s.f.* inconscience *f.* insensibilité *f.* ‖ *a cădea în ~* perdre connaissance; *ce ~!* quelle muflerie!
nesimțit, ~ă 1. *adj.* malotru, mufle 2. *s.n.* (numai în expr.) *pe nesimțite* en tapinois, en douce, en catimini
nesimțitor, ~oare *adv.* insensible
nesocoti *vt.* (un fapt) ne pas tenir compte (de) (pe cineva) ignorer, mépriser
nesocotit, ~ă *adj.* 1. irréfléchi. ~e, imprudent. ~e 2. insensé, ~e

nesomn *s.n.* insomnie *f.*
nespălat, ~ă 1. *adj.* sale 2. *s.m.* va-nu-pieds *m.* pauvre hère *m.*
nespus, ~ă 1. *adj.* indicible 2. *adv.* extrêmement, infiniment
nestabil, -ă *adj.* instable
nestatornic, ~ă *adj.* variable, instable, changeant, ~e, frivole, inconstant, ~e ‖ *timp* ~ temps variable; *om* ~ homme inconstant
nestăpânit, ~ă *adj.* immodéré, ~e, fougueux, ~euse
nestăvilit, ~ă *adj.* indompté, ~e, ‖ *de* ~ indomptable
nestemată *adj.* (numai în expr.) *piatră* ~ pierre précieuse, gemme *f.*
nestins, ~ă *adj.* 1. inextinguible; 2. *fig.* ardent, ~e
nestrăbătut, ~ă *adj.* infranchissable
nestrămutat, ~ă *adj.* inébranlable, ferme
nesuferit, ~ă *adj.* insupportable, intolérable
nesupunere *s.f.* insoumission *f.*
neşansă *s.f.* malchance *f.*
neşters, ~earsă *adj.* non effacé, ~e ‖ *de* ~ ineffaçable, indélébile; *fig.* inoubliable
neştirbit, ~ă *adj.* intact, ~e; non entamé, ~e
neştiinţă *s.f.* ignorance *f.* inculture *f.*
neştire *s.f.* inconscience *f.* ‖ *în* ~ inconsciemment
neştiutor, ~oare *adj.* ignorant, ~e ‖ ~ *de carte* illettré, ~e analphabète

net, ~ă 1. *adj.* net, nette, clair, ~e 2. *adv.* net, nettement, clairement
netăgăduit, ~ă 1. *adj.* incontesté, ~e, incontestable, indéniable 2. *adv.* incontestablement
neted, ~ă *adj.* uni, ~e, lisse, poli, ~e
netezi *vt.* 1. niveler 2. lisser ‖ *a* ~ *calea* aplanir le chemin
neto *adv.* netto
netrebnic, ~ă *adj.* şi *s.m.f.* misérable, infâme; *fam.* salaud, ~e, crapule
neţărmurit, ~ă *adj.* illimité, ~e, immense
neuitat, ~ă *adj.* inoublié, ~e ‖ *de* ~ inoubliable
neumblat, ~ă *adj.* (despre drumuri) peu fréquenté, ~e; désert, ~e
neurastenie *s.f.* neurasthénie *f.*
neuron *s.m.* neurone *m.*
neutralitate *s.f.* neutralité *f.*
neutraliza *vt.* neutraliser
neutron *s.m.* neutron *m.*
neutru, ~ă *adj.* neutre
nevastă *s.f.* femme *f.* épouse *f.*
nevăstuică *s.f.* beiette *f.*
nevătămat, ~ă *adj.* indemne ‖ *viu şi* ~ sain et sauf
nevăzut, ~ă 1. *adj.* invisible 2. *s.n.* (în expr.) *pe nevăzute* à l'aveuglette; *a se face nevăzut* disparaître
neverosimil, ~ă *adj.* invraisemblable
nevertebrat, ~ă 1. invertébré ~e 2. *s.n.pl.* invertébrés *m.pl.*

nevindecat, ~ă *adj.* non guéri, ~e ‖ *de* ~ inguérissable
nevinovat, ~ă *adj.* **1.** innocent, ~e **2.** *fig.* candide
nevinovăţie *s.f.* **1.** innocence *f.* **2.** *fig.* candeur *f.*
nevoi *vt. pasiv* être contraint (à), être obligé (de) ‖ *a fost nevoit* force lui en a été
nevoiaş, ~ă *adj.* indigent, ~e, pauvre
nevoie *s.f.* **1.** besoin *m.* nécessité *f.* **2.** gêne *f.* pauvreté *f.* difficulté *f.* ‖ *la* ~ au besoin; *a fi în* ~ être dans la gêne; *deştept* ~ *mare* très, extrêmement intelligent; *la* ~ le cas échéant
nevolnic, ~ă *adj.* incapable
nevralgie *s.f.* névralgie *f.*
nevrednic, ~ă *adj.* indigne
nevrednicie *s.f.* indignité *f.*
nevricos, ~oasă *adj.* nerveux, ~euse; irascible ‖ *a fi* ~ avoir la tête près du bonnet
nevropat, ~ă *adj.* névropathe
nezdruncinat, ~ă *adj.* **1.** fixe **2.** *fig.* ferme ‖ *de* ~ inébranlable
nicăeri *adv.* nulle part
nichel *s.n.* nickel *m.*
nichela *vt.* nickeler
nici 1. *adv.* pas même **2.** *conj.* ni ‖ *a nu zice* ~ *cârc* ne souffler mot; ~ *cal* ~ *măgar* ni chair ni poisson
nicicând *adv.* jamais
nicicum *adv.* nullement, pas du tout, pas le moins du monde
nicidecum *adv.* v nicicum
niciodată *adv.* jamais
niciunde *adv.* nulle part

nicovală *s.f.* enclume *f.* ‖ *a fi între ciocan şi* ~ être entre l'enclume et le marteau
nihilism *s.n.* nihilisme *m.*
nimb *s.n.* nimbe *m.* auréole *f.*
nimeni *pron. neg.* personne
nimereală *s.f.* (în expr.) *la* ~ au hasard, au petit bonheur
nimeri I. *vt.* toucher, atteindre **II.** *vi.* **1.** arriver **2.** tomber juste ‖ *m-am nimerit acolo* je me suis trouvé là par hasard; *ai nimerit-o!* tu es tombé juste!; *se nimereşte bine* cela tombe bien
nimerit, ~ă **1.** *adj.* indiqué, ~e, oportun, ~e **2.** *s.n.* (numai în expr.) *pe nimerite* au hasard, à tâtons
nimfă *s.f.* nymphe *f.*
nimic 1. *pron. neg.* rien **2.** *s.n.* bagatelle *f.* rien *m.*
nimici *vt.* anéantir, annihiler
nimicire *s.f.* anéantissement *m.* annihilation *f.*
nimicnicie *s.f.* vanité *f.* néant *m.*
ninge *vi.* neiger
nins, ~ă *adj.* couvert de neige
niscai *adj. nehot.* quelques, certains, ~aines
nisetru *s.m.* esturgeon *m.*
nisip *s.n.* sable *m.*
nisipos, ~oasă *adj.* sablonneux, ~euse, sableux, ~euse ‖ *pământ* ~*terre* sableuse; *tinut* ~ contrée sablonneuse
nişte *adj. nehot.* quelques, certains, ~aines, des
nit *s.n.* rivet *m.*
nitam-nisam *adv.* sans crier gare, inopinément

nitui *vt.* river
niţel *num. nehot.* un peu
nivel *s.n.* niveau *m.* ‖ *la* ~ au ras de; *la nivelul ministerului* à l'échelon du ministère; *Conferinţă la* ~ *înalt* Conférence au sommet; ~ *de trai* standing (niveau) de vie
nivela *vt.* niveler
nivelă *s.f.* niveau *m.*
niznai *adv. (în expr.) a se face* ~ n'avoir l'air de rien
noapte *s.f.* 1. nuit *f.*, nuitée *f.* 2. *fig.* obscurité *f.* noir *m.* ‖ *de cu* ~ dès l'aube; *cu noaptea în cap* au point du jour; *peste* ~ du jour au lendemain; *la căderea nopţii* à la nuit tombante; *noaptea târziu* bien avant la nuit; *noaptea e un sfetnic bun* la nuit porte conseil
nobil, ~**ă** 1. *adj.* noble, aristocratique 2. *s.m.f.* noble, aristocrate
nobilime *s.f.* noblesse *f.* aristocratie *f.*
nobleţe *s.f.* noblesse *f.*
nociv, ~**ă** *adj.* nocif, ~ive, nuisible
nocturn, ~**ă** 1. *adj.* nocturne 2. *s.f. muz.* nocturne *f.*
nod *s.n.* noeud *m.* ‖ *a căuta* ~ *în papură* chercher la petite bête; *a înghiţi cu noduri* manger sans appétit
noduros, ~**oasă** *adj.* noueux, ~euse
noi *pron. pers.* nous
noian *s.n.* monceau *m.* tas *m.* ‖ ~ *de ape* grande étendue d'eau

noiembrie *s.m.* novembre *m.*
noimă *s.f.* sens *m.* signification *f.* ‖ *fără nici o* ~ sans rime ni raison
nojiţă *s.f.* lacet *m.*
nomad, ~**ă** *adj.* nomade
nomenclatură *s.f.* nomenclature *f.*
nominal, ~**ă** *adj.* nominal, ~e
nominativ 1. *adj.* nominatif 2. *s.n.* nominatif, cas sujet
nonsens *s.n.* nonsens *m.*
noptieră *s.f.* table de nuit *f.*
nor *s.m.* nuage *m.* nuée *f.* ‖ *a cădea din nori* tomber des nues
noră *s.f.* belle-fille *f.* bru f.
nord *s.n.* nord *m.* septentrion *m.*
nordic, ~**ă** *adj.* nordique, septentrional, ~e ‖ *emisfera* ~**ă** l'émisphère boréale
norma *vt.* régler, réglementer
normal, ~**ă** 1. *adj.* normal, ~e 2. *adv.* normalement
normaliza *vt.* normaliser
normare *s.f.* réglementation *f.*
normativ, ~**ă** *adj.* normativ, ~ive
normă *s.f.* norme *f.* ‖ *a lucra cu* ~ *întreagă* travailler à temps plein; *a lucra cu jumătate de* ~ travailler à mi-temps
noroc I. *s.n.* 1. chance *f. fam.* veine *f.* 2. fortune *f.*, sort *m.* II. *interj.* bonne chance! ‖ *la* ~ au petit bonheur; ~ *că* heureusement; *a avea un* ~ *orb* avoir une veine de pendu
norocos, ~**oasă** *adj.* chanceux, ~euse, veinard, ~e
norod *s.n.* 1. peuple *m.* 2. foule *f.*

noroi *s.n.* boue *f.*; *fig.* fange *f.*
noros, ~**oasă** *adj.* nuageux, ~euse
norvegian, ~**ă** *adj.* şi *s.m.f.* norvégien, ~enne
nostalgie *s.f.* nostalgie *f.*
nostim, ~**ă** *adj.* 1. drôle; *pop.* rigolo, ~te 2. joli, ~e, agréable ‖ *o poveste* ~ une histoire drôle; *o femeie* ~ une jolie femme
nostimadă *s.f.* drôlerie *f.* facétie *f.*
nostru, noastră 1. *adj. pos.* notre 2. *pron. pos.* le nôtre, la nôtre
nota *vt.* noter, marquer
notabilitate *s.f.* notabilité *f.*
notar *s.m.* notaire *m.*
notariat *s.n.* notariat *m.*
notă *s.f.* 1. note *f.* 2. (la restaurant) addition *f.* 3. (pt. elevi) note *f.* point *m.*
notifica *vt.* notifier
notorietate *s.f.* notoriété *f.*
notoriu, ~**orie** *adj.* notoire
noţiune *s.f.* notion *f.*
nou, nouă *adj.* neuf, ~ve, nouveau, nouvel, nouvelle ‖ *un* ~ *profesor* un nouveau professeur; *o rochie nouă* une robe neuve
nouă *num. card.* neuf ‖ *peste* ~ *mări şi* ~ *ţări* au bout du monde
nouălea, noua *num. ord.* le (la) neuvième ‖ *a fi în al* ~ *cer* être au septième ciel
nouăsprezece *num. card.* dix-neuf
nouăzeci *num. card.* quatre-vingt-dix

noutate *s.f.* 1. nouvelle *f.* 2. nouveauté *f.* ‖ *ştii ultima* ~? savez-vous la dernière nouvelle? *ultimele nouătăţi literare* les dernières nouveautés littéraires
novice *s.m.f.* novice
nu *adv.* 1. non 2. ne 3. pas ‖ *să* ~ *zici* ~ ne dites pas non
nuanţa *vt.* şi *vi.* nuancer
nuanţă *s.f.* nuance *f.*
nuc *s.m.* noyer *m.*
nucă *s.f.* noix *f.* ‖ *se potriveşte ca nuca-n perete* cela rime comme hallebarde et miséricorde
nuclear, ~**ă** *adj.* nucléaire
nucleu *s.n.* noyau *m.*
nud, ~**ă** 1. *adj.* nu, ~e dévêtu, ~e 2. *s.n.* nu *m.*
nufăr *s.m.* nénuphar *m.* nymphéa *m.*
nuia *s.f.* 1. verge *f.* baguette *f.* 2. coup de verge *m.* ‖ *gard de nuiele* haie *f.*
nul, ~**ă** 1. *adj.* nul, ~le 2. *s.f.* zéro ‖ ~ *şi neavenit* nul et non avenu
nulitate *s.f.* nullité *f.*
numai *adv.* seulement ‖ *a fi* ~ *ochi şi urechi* être tout yeux, tout oreilles; ~ *să* pourvu que; ~ *să nu* à moins que
numaidecât *adv.* tout de suite, immédiatement
număr *s.n.* numéro *m.* nombre *m.* ‖ ~ *de telefon* numéro de téléphone; ~ *la pantofi* pointure *f.*; *numărul doi* numéro deux; *numere pare* nombres pairs

numără *vt.* compter
numărătoare *s.f.* compte *m.*
numărător *s.m.* numérateur *m.*
nu-mă-uita *s.f.* myosotis *m.* ne m'oubliez-pas *m.*
nume *s.n. nom* m.‖ *a lua în ~ de rău* prendre en mauvaise part
numeral *s.n.* numéral *m.* ‖ *~ cardinal* adjéctif numéral cardinal
numerar *s.n.* numéraire *m.* ‖ *în ~* argent comptant
numeric, ~ă *adj.* numérique
numeros, ~oasă *adj.* nombreux, ~euse

numerota *vt.* numéroter
numi *vt.* nommer
numire *s.f.* nomination *f.*
numismatică *s.f.* numismatique *f.*
numitor *s.m.* dénominateur *m.*
numulit *s.m.* nummulite *f.*
nuntă *s.f.* noce *f.*
nunti *vi.* se marier
nunțiu *s.m.* nonce *m.*
nurcă *s.f.* vison *m.*
nutreț *s.n.* fourrage *m.*
nutri *vt.* nourrir
nutria *s.f.* castor *m.*
nutriție *s.f.* nutrition *f.*
nuvelă *s.f.* nouvelle *f.*

O

o *art. nehot.* v. un
oacheş, ~ă *adj.* brun, ~e, moricaud, ~e
oaie *s.f.* mouton *m.* brebis *f.*
oală *s.f.* pot *m.* marmite *f.* || *a-i pune pe toţi într-o* ~ être logés à la même enseigne; *a se amesteca unde nu-i fierbe oala* se mêler de ce qui ne vous regarde pas
oară *s.f.* fois *f.* || *de multe ori* souvent; *ori de câte ori* chaque fois que, toutes les fois que
oare *adv.* 1. (în prop. interog.) vraiment, est-ce que (cu condiţionalul) 2. (în prop. dubit.) vraiment, par hasard || *de ce ~?* pourquoi donc?; *să fie ~ sfârşitul?* serait-il vraiment la fin?; *~ ai dreptate?* est-ce que tu aurais raison?
oarecare I. *adj. nehot.* 1. certain; 2. quelconque. II. *s.m.f.* un quidam *m.* || *un obiect ~* un certain objet, un objet quelconque.
oarecine *pron. nehot.* quelqu'un, (un) quidam
oarecum *adv.* en quelque sorte, plus moins

oaspete *s.m.* hôte *m.* invité *m.* (la masă) convive *m.*
oaste *s.f. înv.* armée *f.*
oază *s.f.* oasis *f.*
obadă *s.f.* jante *f.*
obelisc *s.n.* obélisque *m.*
obez, ~ă *adj.* obèse
obezitate *s.f.* obésité *f.*
obicei *s.n.* 1. coutume *f.* usage *m.* habitude *f.* 2. moeurs *f. pl.* || *n-are obiceiul să mintă* n'a pas l'habitude de mentir; *după cum e obiceiul* selon l'usage
obidă *s.f.* abattement *m.* chagrin *m.* peine *f.*
obiect *s.n.* objet *m.*
obiecta *vt.* objecter
obiectiv, ~ă 1. *adj.* objectif, ~ive 2. *adv.* objectivement 3. *s.n.* objectif *m.*
obiectivism *s.n.* objectivisme *m.*
obiectivist, ~ă *adj.* objectiviste
obiectivitate *s.f.* objectivité *f.*
obiecţie *s.f.* objection *f.*
obişnui *vt. vr.* (s')accoutumer, (s')habituer, (se) familiariser, se faire (à)
obişnuinţă *s.f.* habitude *f.*

obișnuit, ~ă I. *adj.* **1.** habituel, ~elle, coutumier, ~ère **2.** *fig.* commun, ~e, **II.** *adv.* habituellement
obârșie *s.f.* origine *f.* souche *f.*
oblic, ~ă *adj.* oblique
obliga *vt.* obliger, contraindre (à), forcer
obligatoriu, ~orie *adj.* obligatoire
obligație *s.f.* obligation *f.*
oblânc *s.n.* arçon *m.*
obloji I. *vt.* **1.** (despre o rană) panser **2.** (despre un bolnav) soigner **II.** *vr.* s'emmitoufler
oblon *s.n.* volet *m.*
oboi *s.n.* hautbois *m.*
obor *s.n.* **1.** marché aux bestiaux *m.* **2.** enclos *m.*
oboseală *s.f.* fatigue *f.* ‖ *mort de ~* éreinté, fourbu, crevé, claqué, vanné
obosi 1. *vi. vr.* (se) fatiguer **2.** *vt.* fatiguer, lasser
obositor, ~oare *adj.* fatigant, ~e
obraz *s.n.* **1.** joue *f.* **2.** visage *m.* figure *f.* ‖ *a avea obrazul să* avoir le front de; *fără ~* sans vergogne; *a zice de la ~* dire carrément
obraznic, ~ă *adj.* impertinent, ~e, insolent, ~e, effronté, ~e
obrăznicie *s.f.* insolence *f.* impertinence *f.* effronterie *f.*
obscen, ~ă *adj.* obscène
obscur, ~ă *adj.* obscur, ~e
obscurantism *s.n.* obscurantisme *m.*
obscuritate *s.f.* obscurité *f.*
obseda *vt.* obséder, hanter
observa *vt.* observer, remarquer

observator, ~oare 1. *adj.* și *s.m.f.* observateur, ~trice **2.** *s.n.* observatoire *m.*
observație *s.f.* **1.** observation *f.* remarque *f.* **2.** réprimande *f.* ‖ *a pune sub ~* mettre en observation; *merită (să-i faci) o ~ cela* mérite une réprimande; *o ~ făcută pe margine* une remarque faite en marge
obsesie *s.f.* obsession *f.* hantise *f.*
obstacol *s.n.* obstacle *m.*
obstrucție *s.f.* obstruction *f.*
obște *s.f.* **1.** collectivité *f.* communauté *f.* **2.** foule *f.* gens *m.pl.* ‖ *(în) de ~* en général
obștesc, ~ească *adj.* public, ~que, commun, ~e
obtuz, ~ă *adj.* **1.** obtus, ~e **2.** *fig.* borné, ~e
obține *vi.* obtenir
obuz *s.n.* obus *m.*
oca *s.f.* ancien poids (= 1 kg 25 g) ‖ *a prinde cu ocaua mică* prendre en faute, mettre qn. dans ses petits souliers.
ocară *s.f.* **1.** insulte *f.* outrage *m.* injure *f.* **2.** diffamation *f.* ‖ *a fi de ~* être à la risée de tous
ocazie *s.f.* occasion *f.*
ocazional, ~ă *adj.* occasionnel, ~elle
ocărî *vt.* **1.** gronder, rudoyer **2.** insulter, dénigrer
occident *s.n.* occident *m.*
occidental, ~ă *adj.* occidental, ~e
ocean *s.n.* océan *m.*
ocheadă *s.f.* oeillade *f.* coup d'oeil *m.*
ochean *s.n.* lunette *f.* longue-vue *f*

ochelari *s.m. pl.* lunettes *f. pl.*
ochi[1] *s.m.* oeil (*pl.* yeux) ‖ *a da ~ cu cineva* rencontrer qn; *cu ~ și cu sprâncene* cousu de fil blanc; *a fi cu ochii în patru* ouvrir l'oeil; *ca ochii din cap* comme la prunelle de ses yeux; *asta sare în ~* cela crève les yeux; *a lua la ~* suspecter; *a lua ochii cuiva* épater, éblouir; *plin ~* plein comme un oeuf; *a sorbi cu ochii* couver des yeux; *cât vezi cu ochiul* à perte de vue; *cu un ~ la făină și cu altul la slănină* regarder en Picardie pour voir si la Champagne brûle; avoir un oeil qui dit des blagues à l'autre; *~ de geam* carreau de fenêtre; *~ de ciorap* maille; *~ de aragaz* brûlant; *~ de pădure* clairière *f.*; *~ de apă* tourbillon *m.*; *ochii care nu se văd se uită* loin des yeux, loin du coeur; *bot. ochiul-boului* reine marguerite *f.*
ochi[2] *vt.* viser, mettre en joue
ochios, ~oasă *adj.* 1. aux grands yeux 2. *fig.* beau, bel, belle, charmant, ~e
ocârmui *vt.* gouverner
ocârmuire *s.f.* gouvernement *m.*
ocnaș *s.m.* forçat *m.* bagnard *m.*
ocnă *s.f.* 1. saline *f.* 2. bagne *m.* travaux forcés
ocol *s.n.* 1. détour *m.* 2. (pentru vite) enclos *m.*
ocoli *vt.* 1. faire un détour. 2. contourner 3. *fig.* éviter, eluder, louvoyer ‖ *am întârziat căci am ocolit* je suis venu en retard car j'ai fait un détour; *a ~ o casă* contourner une maison; *a ~ un răspuns* éluder une réponse; louvoyer
ocroti *vt.* protéger, soutenir
ocrotire *s.f.* protection *f.*
ocrotitor, ~oare 1. *adj.* tutélaire 2. *s.m.f.* protecteur, ~trice
octavă *s.f.* octave *f.*
octombrie *s.m.* octobre *m.*
ocular, ~ă *adj.* oculaire
oculist *s.m.* oculiste *m.*
ocult, ~ă *adj.* occulte, caché, ~e, secret, ~ète, mytérieux ~-euse; *științe oculte* sciences occultes
ocupa *vt. vr.* (s')occuper
ocupant, ~ă *adj.* și *s.m.f.* occupant, ~e
ocupație *s.f.* occupation *f.*
odaie *s.f.* chambre *f.* pièce *f.*
odată *adv.* 1. autrefois, jadis 2. brusquement, tout à coup, soudain ‖ *a fost ~* il y avait une fois
odă *s.f.* ode *f.*
odgon *s.n.* câble *m.* cordage *m.* amarre *f.*
odihnă *s.f.* 1. repos *m.* délassement *m.* 2. *fig.* sommeil *m.* ‖ *fără ~* sans trêve, sans relâche
odihni *vr. vi.* se reposer, se délasser, dormir
odihnitor, ~oare *adj.* reposant, ~e
odinioară *adv.* jadis, autrefois, naguère
odios, ~oasă *adj.* odieux, ~euse
odisee *s.f.* odyssée *f.*
odor *s.n.* 1. joyau *m.* 2. *fig.* personne aimée ‖ *odorul meu* mon trésor, mon chéri, mon chou

odraslă *s.f.* rejeton *m.* descendant, ~e, progéniture *f.*
ofensa *vt.* offenser, outrager
ofensator, ~**oare 1.** *adj.* offensant, ~e, outrageant, ~e **2.** *s.m.* offenseur *m.*
ofensă *s.f.* offense *f.* outrage *m.*
ofensiv, ~**ă** *adj.* offensif, ~ive
ofensivă *s.f.* offensive *f.*
oferi *vt.* offrir
ofertă *s.f.* offre *f.*
oficia *vt.* officier
oficial, ~**ă 1.** *adj.* officiel, ~elle **2.** *adv.* officiellement
oficios, ~**oasă** *adj.* officieux, ~euse
oficiu *s.f.* office *m.* ‖ ~ *poştal* bureau de poste
ofili *vr.* **1.** se fâner, se flétrir, s'étioler **2.** *fig.* dépérir
ofilire *s.f.* étiolement *m.*; *fig.* dépérissement *m.*
ofiţer *s.m.* officier *m.*
ofrandă *s.f.* offrande *f.*
ofta *vi.* soupirer
oftat *s.n.* soupir *m.*
oftică *s.f. pop.* phtisie *f.* tuberculose *f.*
ofticos, ~**oasă** *adj. pop.* phisique, poitrinaire, tuberculeux, ~euse
ogar *s.m.* lévrier *m.* limier *m.*
ogivă *s.f.* ogive *f.*
oglindă *s.f.* miroir *m.* glace *f.*
oglindi 1. *vt.* refléter **2.** *vr.* se mirer, se refléter
oglindire *s.f.* réflexion *f.*
ogor *s.n.* guéret *m.* champ labouré *m.* jachère *f.*
ogorî *vt.* labourer

ogradă *s.f.* **1.** cour *f.* **2.** basse-cour *f.*
oişte *s.f.* timon *m.*
olaltă *adv.* ensemble
olan *s.n.* tuile *f.*
olandă *s.f.* toile de lin, hollande *f.*
olandez, ~**ă** *adj.* şi *s.m.f.* holandais, ~e
olar *s.m.* potier *m.*
olărie *s.f.* poterie *f.*
oleacă *adv.* un peu, un brin ‖ ~ *de sare* une pincée de sel
oleaginos, ~**oasă** *adj.* oléagineux, ~euse
olfactiv, ~**ă** *adj.* olfactif, ~ive
oligarhie *s.f.* oligarchie *f.*
olimpiadă *s.f.* jeux olympiques *m.pl.* olympiade *f.*
olimpic, ~**ă** *adj.* olympique
olog, ~**oagă** *adj.* estropié, ~e, perclus, ~e, cul-de-jatte *m.*
ologeală *s.f.* paralysie *f.*
ologi *vi. vr.* estropier
om *s.m.* **1.** homme *m.* individu *m.* **2.** *pl.* gens ‖ *ca oamenii* comme il se doit; ~ *de treabă* un brave homme; ~ *cu purtare rea* mauvais sujet; ~ *de zăpadă* bonhomme de neige
omagia *vi.* rendre hommage
omagiu *s.n.* hommage *m.*
omăt *s.n.* neige *f.*
omenesc, ~**ească** *adj.* humain, ~e
omeneşte *adv.* humainement
omenie *s.f.* bonté *f.* urbanité *f.* délicatesse *f.* politesse *f.*
omenire *s.f.* humanité *f.*
omenos, ~**oasă** *adj.* humain, ~e, bon, bonne, doux, douce
omidă *s.f.* chenille *f.*
omisiune *s.f.* omission *f.*

omite *vt.* omettre
omletă *s.f.* omlette *f.*
omnipotent, ~ă *adj.* omnipotent, ~e
omnivor, ~ă *adj.* omnivore
omogen, ~ă *adj.* homogène
omogenitate *s.f.* homogéneité *f.*
omologa *vt.* homologuer
omologare *s.f.* homologation *f.*
omonim *s.n.* homonyme *m.*
omoplat *s.m.* omoplate *f.*
omor *s.n.* meurtre *m.* assassinat *m.*
omorî *vt.* tuer, assassiner
omorâtor, ~oare 1. *adj.* meurtrier, ~ère; *fam.* tuant, ~e fatigant, ~e éreintant, ~e 2. *s.m.f.* meurtrier, ~ère, tueur, ~euse, assassin, ~e
onctuos, ~oasă *adj.* onctueux, ~euse
ondula 1. *vt.* onduler. 2. *vi.* ondoyer
ondulație *s.f.* ondulation *f.* || ~ *permanentă* (ondulation) permanente, indéfrisable
oneros, ~oasă *adj.* onéreux, ~euse
onest, ~ă *adj.* honnête
onestitate *s.f.* honnêteté *f.*
onoare *s.f.* honneur *m.*
onomastic, ~ă *adj.* onomastique || *ziua* ~ *(a cuiva)* la fête de qn.
onomatopee *s.f.* onomatopée *f.*
onor *s.n.* honneur *m.* || *onoruri* honneurs *m.pl.* dignités *f.pl.*
onora *vt.* honorer, respecter, avoir des égards
onorabil, ~ă 1. *adj.* honorable 2. *adv.* honorablement
onorariu *s.n.* honoraire *m.*
onorific, ~ă *adj.* honorifique
opac, ~ă *adj.* opaque

opacitate *s.f.* opacité *f.*
opaiț *s.n.* lumignon *m.*
opal *s.n.* opale *f.*
opări *vt.* échauder
opera *vt.* opérer
operativ, ~ă *adj.* opérationnel, ~elle
operator, ~oare *s.m.f.* opérateur, ~trice
operație *s.f.* opération *f.*
operă *s.f.* 1. oeuvre *f.* 2. *muz.* opéra *m.*
operetă *s.f.* opérette *f.*
opina *vt.* opiner, dire son avis
opincă *s.f.* sandale (paysanne) *f.*
opinie *s.f.* opinion *f.* avis *m.*
opinteală *s.f.* effort *m.*
opinti *vr.* s'arc-bouter
opiu *s.n.* opium *m.*
oportun, ~ă *adj.* opportun, ~e
oportunism *s.n.* opportunisme *m.*
oportunist, ~ă *adj.* opportuniste
oportunitate *s.f.* opportunité *f.*
opozant, ~ă *s.m.f.* opposant, ~e
opoziție *s.f.* opposition *f.*
opreliște *s.f.* 1. arrêt *m.* 2. défense *f.* interdiction *f.*
opresiune *s.f.* oppression *f.*
opresor *s.m.* oppresseur *m.*
opri I. *vt.* arrêter, stopper 2. garder 3. défendre, interdire II. *vr.* s'arrêter, cesser (de) || *a* ~ *o mașină* arrêter une voiture; *am oprit trei lei* j'ai gardé trois lei; *l-au oprit să vorbească* on lui a défendu (interdit) de parler; ~ *brusc* (s')arrêter pile
oprima *vt.* opprimer
oprimare *s.f.* oppression *f.*

oprire *s.f.* arrêt *m.* halte *f.* ‖ *fără* ~ sans cesse, sans trêve, sans arrêt
opt *num. card.* huit
opta *vi.* opter
optativ *adj. gram.* (în expr.) *mod* ~ l'optatif *m.*
optic, ~ă *adj.* optique
optică *s.f.* optique *f.*
optim, ~ă *adj.* optimal, ~e optimum (*pl.*) optimums, optima; *fam.* optime
optime *s.f.* huitième *m.* huitième partie
optimism *s.n.* optimisme *m.*
optimist, ~ă *adj.* optimiste
optsprezece *num. card.* dix-huit
optsprezecelea, optsprezecea *num. ord.* le (la) dix-huitième
optulea, opta *num. ord.* le (la) huitième
optzeci *num. card.* quatre-vingt(s)
optzecilea, optzecea *num. ord.* le (la) quatre-vingtième
opțiune *s.f.* option *f.*
opulență *s.f.* opulence *f.*
opune *vt. vr.* (s')opposer (à)
opunere *s.f.* opposition *f.*
opus, ~ă *adj.* opposé, ~e contraire
oracol *s.n.* oracle *m.*
oral, ~ă **1.** *adj.* oral, ~e **2.** *adv.* oralement
orangutan *s.m.* orang-outan(g) *m.*
oranjadă *s.f.* orangeade *f.*
orar *s.n.* **1.** (pentru trenuri) horaire *m.* **2.** (în școli etc.) programme *m.*
oraș *s.n.* ville *f.* cité *f.*
orator, ~oare *s.m.f.* orateur

oratoric, ~ă *adj.* oratoire
oratorie *s.f.* art oratoire *m.*
oră *s.f.* heure *f.*
orăcăi *vi.* coasser, *fig.* (pt. copii) pleurnicher, vagir
orășean *s.m.* citadin *m.*
orășeancă *s.f.* citadine *f.*
orășenesc, ~ească *adj.* urbain, ~e
orb, oarbă *adj.* și *s.m.f.* aveugle ‖ *fereastră oarbă* fausse fenêtre; *cameră oarbă* chambre noire; *baba-oarba* colin-maillard; *a avea orbul găinilor* avoir la berlue
orbecăi *vo.* tâtonner, marcher à tâtons
orbește *adv.* aveuglément, à l'aveuglette
orbi **I.** *vi.* devenir aveugle, perdre la vue; **II.** *vt.* **1.** aveugler; **2.** *fig.* éblouir
orbire *s.f.* **1.** cécité *f.* **2.** aveuglement *m.*
orbită *s.f.* orbite *f.*
orbitor, ~oare *adj.* **1.** aveuglant, ~e **2.** *fig.* éblouissant, ~e
orchestră *s.f.* orchestre *m.*
ordin *s.n.* ordre *m.* disposition *f.*
ordinar, ~ă *adj.* **1.** ordinaire, commun, ~e **2.** vulgaire
ordine *s.f.* **1.** ordre *m.* règle *f.* **2.** régime *m.* ‖ ~ *cronologică* ordre chronologique; *a pune în* ~ mettre en ordre; *la ordinea zilei* à l'ordre du jour
ordona *vt.* ordonner, commander
ordonanța *vt.* ordonnancer
ordonanță *s.f.* ordonnance *f.*
ordonat, ~ă *adj.* ordonné, e-rangé, ~e

orez *s.n.* riz *m.*
orezărie *s.f.* rizière *f.*
orfan, ~ă *adj.* şi *s.m.f.* orphelin, ~e
orfelinat *s.n.* orphelinat *m.*
organ *s.n.* **1.** *fiziol.* organe *m.* **2.** organisme *m.* ‖ ~ *sindical* organisme syndical
organic, ~ă *adj.* organique
organism *s.n.* organisme *m.*
organiza *vt.* organiser
organizare *s.f.* organisation *f.*
organizator, ~oare *adj.* organisateur, ~trice
organizaţie *s.f.* organisation *f.*
orgă *s.f.* orgue *(sg. m.; pl. f.)*
orgie *s.f.* orgie *f.*
orgolios, ~oasă *adj.* orgueilleux, ~euse; vaniteux, ~euse
orgoliu *s.n.* orgueil *m.* vanité *f.*
orhidee *s.f.* orchidée *f.*
ori *adv.* şi *conj.* ou, ou bien
oribil, ~ă *adj.* horrible
oricare *pron. nehot., adj.* v. orice
orice 1. *pron. nehot.* n'importe quoi, quoi que ce soit **2.** *adj.* tout, ~e ‖ ~ *ai zice* quoi que tu dises; *poţi zice* ~ tu peux dire n'importe quoi; ~ *carte care...* tout livre qui...
oricine *pron. nehot.* n'importe qui, quiconque, qui que ce soit
oricând *adv.* n'importe quand ‖ *mai hotărât decât* ~ plus décidé que jamais
oricât 1. *adv.* tant que, autant que; **2.** *pron. nehot.* quelque, n'importe combien ‖ ~ *de bogat ar fi* (si) quelque riche qu'il soit; ~ *vrei* tant, autant que tu veux; ~ *de puţin* tant soit peu; ~ *aş dori* malgré mon désir
oricum *adv.* de toute manière; ~ *ar fi* n'importe comment
orient *s.n.* orient *m.* levant *m.*
orienta *vt. vr.* (s')orienter, (se) guider
oriental, ~ă *adj.* şi *s.m.f.* oriental, ~e
orientare *s.f.* orientation *f.*
orificiu *s.n.* orifice *m.*
original, ~ă 1. original, ~e **2.** *adv.* originalement
originar, ~ă *adj.* originaire
origine *s.f.* origine *f.* souche *f.*
oriîncotro *adv.* de quelque côte que ce soit
oriunde *adv.* n'importe où
orizont *s.n.* horizon *m.*
orizontal, ~ă 1. *adj.* horizontal, ~e **2.** *s.f.* horizontale *f.*
orândui *vt.* **1.** (despre obiecte) ranger, arranger **2.** (despre persoane) désigner, nommer **3.** décider, disposer
orânduire *s.f.* **1.** organisation *f.* **2.** ordre *m.* arrangement *m.* **3.** (despre masuri, acţiuni) régime *m.* ‖ ~ *feudală* régime féodal
ornament *s.n.* ornement *m.*
ornamenta *vt.* orner, décorer
ornitologie *s.f.* ornithologie *f.*
oroare *s.f.* horreur *f.*
orologiu *s.n.* horloge *f.*
oropsi *vt.* **1.** opprimer **2.** persécuter
oropsire *s.f.* **1.** oppression *f.* **2.** persécution *f.*
ortodox, ~ă *adj.* orthodoxe
ortografie *s.f.* orthographe *f.*

ortopedie *s.f.* orthopédie *f.*
orz *s.n.* orge *f.* ‖ *a strica orzul pe gâşte* jeter des perles aux pourceaux, tirer sa poudre aux moineaux
os *s.n.* os *m.* ‖ *a fi numai piele şi oase* n'avoir que la peau et les os; *până la oase* jusqu'à la moelle; *a muia oasele cuiva* rouer de coups
osatură *s.f.* ossature *f.*
oscila *vi.* 1. osciller 2. *fig.* hésiter; *fam.* balancer
oscilaţie *s.f.* 1. oscillation *f.* 2. *fig.* hésitation *f.*
oseminte *s.n.pl.* ossements *m.pl.*
osie *s.f.* essieu *m.* ‖ *a unge osia* graisser la patte
osificare *s.f.* ossification *f.*
osândă *s.f.* condamnation *f.* peine *f.*
osândi *vt.* condamner
osândire *s.f.* condamnation *f.*
osânză *s.f.* saindoux *m.*
osmoză *s.f.* osmose *f.*
osos, ~oasă *adj.* osseux, ~euse; ossu, ~e ‖ *o mână osoasă* une main osseuse; *un peşte ~* un poisson ossu
ospăta *vt.* régaler
ospătar *s.m.* garçon *m.*
ospătărie *s.f.* auberge *f.* hôtellerie *f.* restaurant *m.*
ospăţ *s.n.* banquet *m.* festin *m.* régal *m.* (*pl.* ~als).
ospiciu *s.n.* hospice *m.*
ospitalier, ~ă *adj.* hospitalier, ~ère
ospitalitate *s.f.* hospitalité *f.*
ostaş *s.m.* soldat *m.*
ostatic *s.m.* otage *m.*

ostăşesc, ~ească *adj.* militaire
ostăşeşte *adv.* en soldat, militairement
osteneală *s.f.* 1. fatigue *f.* 2. peine *f.* ‖ *a fi rupt de ~* être fourbu, éreinté, vanné
osteni I. *vi.* se sentir fatigué, se fatiguer II. *vr.* 1. se fatiguer; 2. se donner de la peine III. *vt.* fatiguer, harasser, exténuer, éreinter
ostentativ, ~ă *adj.* 1. (despre persoane) ostentateur, ~trice 2. (despre atitudini etc.) ostentatoire
ostil, ~ă *adj.* hostile
ostilitate *s.f.* hostilité *f.*
ostoi *vr. vt.* (se) calmer, (se) tranquilliser, (s')apaiser
ostraciza *vt.* ostraciser, bannir
ostrov *s.n.* île *f.*, îlot *m.*
oştire *s.f.* armée *f.*
otavă *s.f.* regain *m.*
otova 1. *adj.* uni, ~e, égal, ~e 2. *adv.* tout d'une pièce, uniformément
otravă *s.f.* 1. poison *m.* 2. *fig.* fiel *m.* venin *m.*
otrăvi *vt.* empoisonner; *fig.* envenimer
otrăvire *s.f.* empoisonnement *m.*
otrăvitor, ~oare *adj.* vénéneux, ~euse
otreapă *s.f.* 1. torchon *m.* 2. *fig.* a) fripouille *f.* vaurien *m.* b) chiffe *f.* poule mouillée *f.*
oţărî *vr.* se courroucer, s'emporter ‖ *a se ~ (la cineva)* tancer vertement (qn.)
oţel *s.n.* acier *m.*

oțelar *s.m.* trempeur (d'acier) *m.*
oțelărie *s.f.* aciérie *f.*
oțeli *vt.* **1.** aciérer **2.** *fig.* tremper
oțelire *s.f.* **1.** aciérage *m.* **2.** *fig.* trempe *f.*
oțet *s.n.* vinaigre *m.* ‖ *încetul cu încetul se face oțetul* petit à petit l'oiseau fait son nid; *a face pe cineva cu ou și cu oțet* laver la tête à qn, passer un savon à qn.
oțetar *s.m.* **1.** huilier *m.* **2.** *bot.* arbre de Judée
oțeti *vr.* s'aigrir
ou *s.n.* oeuf *m.* ‖ ~ *răscopt* oeuf dur; *ouă ochiuri* des oeufs pochés, des oeufs sur le plat; *ouă jumări* des oeufs brouillés; *ouă fierte* des oeufs à la coque
oua *vi.* pondre
ouat *s.n.* ponte *f.*
oval, ~ă *adj.* ovale
ovar *s.n.* ovaire *m.*
ovație *s.f.* ovation *f.*
ovăz *s.n.* avoine *f.*
ovin, ~ă *adj.* ovin, ~e
ovul *s.n.* ovule *m.*
oxid *s.m.* oxyde *m.*
oxida *vt. vr.* (s')oxyder
oxidare *s.f.* oxydation *f.*
oxigen *s.n.* oxygène *m.*
oxigena *vt. vr.* (s')oxygéner
ozon *s.n.* ozone *m.*

P

pa *interj. fam.* au revoir!
pace *s.f.* paix *f.* ‖ *a nu da pace* ne laisser aucun répit à; *lasă-mă în ~* laisse-moi tranquille; *fam.* fiche-moi la paix
pachebot *s.n.* paquebot *m.*
pachet *s.n.* paquet *m.* colis *m.*
pacient, ~ă *s.m.f.* patient, ~e
pacific, ă *adj.* pacifique
pacifica *vt.* pacifier
pacifism *s.n.* pacifisme *m.*
pacifist, ~ă *adj.* şi *s.m.f.* pacifiste
pacoste *s.f.* malheur *m.* calamité *f. fam.* tuile *f.*
pact *s.n.* pacte *m.*
pactiza *vi.* pactiser
paf *interj.* paf! ‖ *a rămâne ~* rester baba
pafta *s.f.* **1.** boucle *f.* **2.** ceinture métallique *f.* **3.** *tchn.* support basculant
pagina *vt.* mettre en page
paginaţie *s.f.* mise en page *f.* pagination *f.*
pagină *s.f.* page *f.*
pagodă *s.f.* pagode *f.*

pagubă *s.f.* **1.** dommage *m.* **2.** dégât *m.* **3.** perte *f.* préjudice *m.* ‖ *atâta ~* tant pis! *a lucra în ~* travailler en perte; *nu e nici o ~* il n'y a pas grand mal, cela ne fait rien; *a provoca pagube* causer des dégâts; *în paguba ta* à ton grand dam
pahar *s.n.* verre *m.* ‖ *s-a umplut paharul* la coupe est pleine
pahiderm *s.m.* pachyderme *m.*
pai *s.n.* paille *f.* ‖ *a pune paie peste foc* jeter de l'huile sur le feu
paiantă *s.f.* palançon *m.*
paiaţă *s.f.* pantin *m.* bouffon *m.* clown *m.* marionnette *f.* paillasse *m.*
paietă *s.f.* paillette *f.*
paisprezece *num. card.* quatorze
paisprezecelea, ~zecea *num. ord.* le (la) quatorzième
paj *s.m.* page *m.*
pajişte *s.f.* pré *m.* prairie *f.*
pajură *s.f.* **1.** *ornit.* aigle *m.* **2.** aigle *f.* armoiries *f.pl.* ‖ *cap sau ~* pile ou face
pal, ~ă *adj.* pâle

palat *s.n.* palais *m.*
palavragiu *s.m.* bavard *m.* hâbleur *m.*
pală *s.f.* 1. audain *m.* fauchée *f.* 2. (la elice) pale *f.* ‖ *o pală de vânt* un coup de vent
paleografie *s.f.* paléographie *f.*
paleolitic, ~ă *adj.* paléolitique
paleontologie *s.f.* paléontologie *f.*
paletă *s.f.* palette *f.*
paliativ, ~ă *adj.* palliatif, ~ive
palid, ~ă *adj.* pâle, hâve, blème
palier *s.n.* palier *m.*
palisandru *s.m.* palissandre *m.*
palmares *s.n.* palmarès *m.*
palmă *s.f.* 1. paume *f.* 2. gifle *f.* soufflet *m.* taloche *f.* clape *f.* ‖ *a bate din palme* applaudir; *o ~ de loc* un lopin de terre; *a cunoaşte ca în ~* savoir sur le bout du doigt; *cât ai bate din palme* en un tour de main; *a bate palma* conclure un marché; *bate palma* tope là!; *a lua la palme* gifler
palmier *s.m.* palmier *m.*
palmiped *s.n.* palmipède *m.*
paloare *s.f.* pâleur *f.*
paloş *s.n.* glaive *m.*
palpa *vt.* palper
palpabil, ~ă *adj.* palpable
palpita *vt.* palpiter
palpitaţie *s.f.* palpitation *f.*
paltin *s.m.* sycomore *m.* faux platane *m.*
palton *s.n.* manteau *m.* paletot *m.*
paludism *s.n.* paludisme *m.*
pamflet *s.n.* pamphlet *m.*
pamfletar *s.m.* pamphétaire *m.*
pampas *s.n.* pampa *f.*
panama *s.f.* panama *m.*
panaş *s.n.* panache *m.*
pană[1] *s.f.* 1. plume *f.* 2. plumet *m.* 3. *tehn.* (pentru despicat) coin *m.* ‖ *scris cu o ~ îndrăzneaţă* écrit d'une plume hardie; *a se umfla în pene* se rengorger; *un chipiu cu pene* un képi garni d'un plumet
pană[2] *s.f.* panne *f.* ‖ *a rămâne în ~* rester en panne
pancartă *s.f.* pancarte *f.* affiche *f.*
pancreas *s.n.* pancréas *m.*
pandalii *s.f. pl.* lubies *f.pl.* crise de nerfs *f.* ‖ *a fi apucat de ~* piquer une crise
pandantiv *s.n.* pendentif *m.*
pandecte *s.f.pl.* pandectes *f.pl.*
pandişpan *s.n.* pain d'Espagne *m.*
panegiric *s.n.* panégyrique *m.*
panel *s.n.* lambris *m.*
paner *s.n.* panier *m.* cabas *m.*
panglicar *s.m.* 1. bateleur *m.* 2. *fig.* charlatan *m.* fripon *m.*
panglică *s.f.* 1. ruban *m.* 2. *pop. med.* ténia *m.*
panică *s.f.* panique *f.*
panificaţie *s.f.* panification *f.*
panoplie *s.f.* panoplie *f.*
panoptic *s.n.* panoptique *m.*
panoramă *s.f.* 1. panorama *m.* 2. vue *f.*
panou *s.n.* panneau *m.* ‖ *~ de onoare* tableau d'honneur *m.*
pansa *vt.* panser
pansament *s.n.* pansement *m.*
pansea *s.f.* pensée *f.*
pantalon *s.m.* pantalon *m.*
pantă *s.f.* pente *f.*
panteism *s.n.* panthéisme *m.*

panteon *s.n.* panthéon *m.*
panteră *s.f.* panthère *f.*
pantof *s.m.* soulier *m.*
pantofar *s.m.* cordonnier *m.* bottier *m.*
pantomimă *s.f.* pantomime *f.*
pap *s.n.* colle *f.*
papagal *s.m.* perroque *m.* perruche *f.*
papainoage *s.n.pl.* échasses *f.pl.* ‖ *a vorbi în* ~ parler à mots couverts
papară *s.f.* panade en fromage ‖ *a mânca* ~ **a)** être rossé; **b)** être rabroué (tancé vertement)
papă *s.m.* pape *m.*
papă-lapte *s.m.* dadais *m.* blanc-bec *m.* nouille *f.*
papetărie *s.f.* papeterie *f.*
papiotă *s.f.* papillote *f.*
paporniță *s.f.* cabas *m.*
papuc *s.m.* pantoufle *m.* mule *f.* ‖ *a da (cuiva) papucii* mettre qn. à la porte; *a fi sub* ~ être sous la férule
papugiu *s.m.* voyou *m.* fripon *m.*
papură *s.f.* jonc *m.*
par[1] *adj. n.* (despre numere) pair
par[2] *s.m.* pieu *m.*
para[1] *s.f.* sou *m.* liard *m.* ‖ *a fi fără* ~ *chioară* n'avoir ni sou ni maille; être fauché; *nu face două parale* cela ne vaut pas un sou troué; *a face de două parale (pe cineva)* rabrouer vertement (qn.)
para[2] *vt.* parer
parabolă *s.f. geom.* parabole *f.*
paraclis *s.n.* chapelle *f.* oratoire *m.*
paracliser *s.m.* sacristain *m.* bedeau *m.*

paradă *s.f.* parade *f.*
paradis *s.n.* paradis *m.*
paradox *s.n.* paradoxe *m.*
parafă *s.f.* paraphe (parafe) *m.*
parafină *s.f.* paraffine *f.*
parafrază *s.f.* paraphrase *f.*
paragină *s.f.* **1.** friche *f.* **2.** délabrement *m.* ‖ *a lăsa pământul în* ~ laisser une terre en friche; *o casă în* ~ une maison délabrée
paragraf *s.n.* paragraphe *m.*
paralel, ~ă **1.** *adj.* parallèle **2.** *s.f.* parallèle *m.* **3.** *adv.* parallèlement
paralelipiped *s.n.* parallélépipède *m.*
paralelism *s.n.* parallélisme *m.*
paralelogram *s.n.* parallélogramme *m.*
paraliza *vi.* paralyser
paralizie *s.f.* paralysie *f.*
paranoic,~ă *s.m.f.,adj.* paranoïaque
paranteză *s.f.* parenthèse *f.*
parapet *s.n.* parapet *m.*
parapon *s.n.* dépit *m.* ‖ *a avea* ~ *pe cineva* en vouloir à qn.; avoir une dent contre qn.
paraponisi *vr.* se fâcher
parastas *s.n.* requiem *m.* obit *m.*
paraşuta *vt.* parachuter
paraşută *s.f.* parachute *m.*
paraşutist, ~ă *s.m.f.* parachutiste
paratrăsnet *s.n.* paratonnerre *m.*
paravan *s.n.* paravent *m.*
parazit, ~ă **1.** *adj.* parasitaire **2.** *s.m.f.* parasite *m.*
pară[1] *s.f.* flamme *f.* ‖ *a se face foc şi* ~ jeter feu et flammes
pară[2] *s.f.* poire *f.* ‖ *pică* ~ *mălăiaţă În gura lui Nătăfleaţă*

attendre que les alouettes tombent toutes rôties
parbriz *s.n.* pare-brise *m.*
parc *s.n.* parc *m.*
parca *vt.* parquer, garer
parcare *s.f. (în expr.) loc de* ~ parking *m.*
parcă *adv.* 1. comme şi 2. on dirait (que) ‖ *vorbeşte de* ~ *n-ar şti că ea a plecat* il parle comme s'il ne savait pas qu'elle est partie; ~ *nu-i aici* on dirait qu'il n'est pas là
parcela *vt.* lotir
parcelare *s.f.* lotissement *m.*
parcelă *s.f.* parcelle *f.* lot *m.*
parchet *s.n.* parquet *m.*
parcurge *vt.* parcourir
parcurs *s.n.* parcours *m.* trajet *m.* ‖ *pe* ~ chemin faisant, en cours de route
pardesiu *s.n.* pardessus *m.*
pardoseală *s.f.* 1. plancher *m.* 2. (de piatră, faianţă) dallage *m.*, carrelage *m.*
pardosi *vt.* 1. (cu piatră, faianţă) daller, carreler 2. (cu parchet) parqueter
parfum *s.n.* parfum *m.*
parfuma *vt. vr.* (se) parfumer
paria[1] *s.m.* paria *m.*
paria[2] *vt. vi.* parier, gager
paricid 1. *s.n.* (crimă) parricide *m.* 2. *s.m.* (persoană) parricide *m.f.*
paritate *s.f.* parité *f.*
pariu *s.n.* pari *m.* gageure *f.*
parizer *s.n.* mortadelle *f.*
parâmă *s.f.* cordage *m.* câble *m.*
parlament *s.n.* parlement *m.*
parlamenta *vi.* parlementer
parlamentar, ~ă 1. *adj.* parlementaire *m.* 2. *s.m.* parlementaire *m.*
parmalâc *s.n.* 1. balustrade *f.* barre d'appui *f.* garde-fou *m.* 2. parapet *m.*
parmezan *s.n.* parmesan *m.*
parnasian, ~ă *adj.* parnassien, ~enne
parodia *vt.* parodier
parodie *s.f.* parodie *f.*
parohie *s.f.* paroisse *f.*
parolă *s.f.* mot de passe *m.* mot d'ordre *m.*
paronim *s.n.* paronyme *m.*
paroxism *s.n.* paroxysme *m.*
parşiv, ~ă *adj.* endiablé, ~e
parte *s.f.* 1. part *f.* 2. partie *f.* ‖ *în* ~ en partie; *cea mai mare* ~ la plupart; *a face* ~ *din* faire partie de; *a lua* ~ prendre part; *a-şi cere partea* réclamer son dû; *în ce* ~? de quel côté?; *în altă* ~ ailleurs; *într-o* ~ de travers, de guingois; *la o* ~ de côté; *a lua partea (cuiva)* prendre parti pout qn.; *a fi cam într-o* ~ être timbré (maboul); *a fi din partea locului* être du pays; *culcat pe o* ~ couché sur le flanc
partener, ~ă *s.m.f.* partenaire
parter *s.n.* rez-de-chaussée *m.*
participa *vi.* participer, prendre part
participant, ~ă *s.m.f.* participant, ~e
participiu *s.n.* participe *m.*
particular, ~ă *adj.* 1. particulier, ~ère, spécifique 2. privé, ~e ‖ *în* ~ en particulier, dans le privé

particularitate *s.f.* particularité *f.*
particulă *s.f.* particule *f.*
partid *s.n.* parti *m.*
partidă *s.f.* partie *f.*
partinic, ~ă *adj.* attaché, ~e au parti; dans l'esprit du parti
partitiv, ~ă *adj.* partitif, ~ive
partitură *s.f.* partition *f.*
partizan, ~ă *s.m.f.* **1.** partisan, ~e **2.** (în Franța 1940-1944) maquisard *m.*
parțial, ~ă *adj.* partiel, ~elle
parțialitate *s.f.* partialité *f.*
parveni *vi.* parvenir
parvenit, ~ă *s.m.f.* parvenu, ~e
pas¹ *s.m.* pas *m.* enjambée *f.* démarche *f.* ‖ *la tot pasul* à tout bout de champ; *a bate pasul pe loc* piétiner, *fig.* tourner en rond; *a merge cu pași repezi* avoir une démarche rapide; *a sări un șanț dintr-un singur* ~ franchir un fossé d'une seule enjambée; *a face un ~ greșit* faire un faux pas
pas² *s.n.geogr.* gorge *f.* défilé *m.*
pasager, ~ă 1. *adj.* passager, ~ère **2.** *s.m.f.* passager, ~ère voyageur, ~euse
pasaj *s.n.* passage *m.* passe *f.*
pasarelă *s.f.* passerelle *f.*
pasă *s.f.* passe *f.*
pasăre *s.f.* oiseau *m.* ‖ ~ *de curte* volaille *f.* *nu da pasărea din mână pentru cea de pe gard* mieux vaut moineau en cage que poule d'eau qui nage, un tiens vaut mieux que deux tu l'auras
pasibil, ~ă *adj.* passible (de)

pasiență *s.f.* patience *f.*, réussite *f.*
pasiona 1. *vt.* passionner **2.** *vr.* se passionner (de), (s')engouer (de), s'enticher
pasionat, ~ă *adj.* passionné, ~e féru, ~e (de), entiché, ~e
pasiune *s.f.* passion *f.*
pasiv, ~ă 1. *adj.* passif, ~ive **2.** *s.n.* passif *m.*
pasivitate *s.f.* passivité *f.*
pastă *s.f.* pâte *f.*
pastel *s.n.* pastel *m.*
pasteuriza *vt.* pasteuriser
pastilă *s.f.* pastille *f.*
pastișă *s.f.* pastiche *m.*
pastor *s.m.* pasteur *m.*
pastoral, ~ă 1. *adj.* pastoral, ~e **2.** *s.f.* pastorale *f.*
pastramă *s.f.* viande salée et fumée ‖ *a se face* ~ maigrir, se dessècher, se racornir
pașaport *s.n.* passeport *m.* ‖ *a da ~ul cuiva* flanquer qn. à la porte
pașă *s.m.* pacha *m.*
pașnic, ~ă *adj.* paisible
patriotism *s.n.* patriotisme *m.*
patron, ~oană *s.m.f.* patron, ~onne
patrona *vt.* patronner
paște 1. *vt.* garder (les moutons, les vaches etc.) **2.** *vi.* paître ‖ *a ~ pe cineva* *fig.* attendre qn. au tournant; *mă ~ un gând* une idée me travaille; *~ murgule iarbă verde* attendez-moi sous l'ormel
paști *s.f.* Pâques *m.* ‖ *din an în* ~ de loin en loin, très rarement; *la paștele cailor* à Pâques ou à

la Trinité, à la Saint Glin-Glin, aux calendes greques

pat *s.n.* **1.** lit *m.* **2.** couchette *f.* || *a cădea la* ~ tomber malade; ~ *de fân* litière; *patul puştii* la crosse du fusil

pată *s.f.* tache *f.* || *fără* ~ sans tache; immaculé, pur; *a căuta pete în soare* chercher la petite bête, chercher midi à quatorze heures

patefon *s.n.* phonographe *m.*

patent, ~ă 1. *adj.* patent, ~e, évident, ~e **2.** *s.f.* patente *f.* brevet *m.*

patenta *vt.* patenter, breveter

paternitate *s.f.* paternité *f.*

patetic, ~ă *adj.* pathétique

pateu *s.n.* (din carne) pâté *m.*; (din cocă) friand *m.*

patimă *s.f.* passion *f.*

patina *vi.* patiner

patinaj *s.n.* patinage *m.*

patinator, ~oare *s.m.f.* patineur, ~euse

patină¹ *s.f.* patine *f.*

patină² *s.f. sport* patin *m.*

patinoar *s.n.* patinoire *f.*

patiserie *s.f.* pâtisserie *f.*

patogen, ~ă *adj.* pathogène

patologic, ~ă *adj.* pathologique

patos *s.n.* pathos *m.* emphase *f.*

patrafir *s.n.* chasuble *f.*

patriarh *s.m.* patriarche *m.*

patriarhal, ~ă *adj.* patriarcal, ~e

patriarhie *s.f.* patriarchie *f.*

patrician¹ *s.m.cul.* saucisse grillée *f.*

patrician², **~ă** *adj.* şi *s.m.f.* patricien, ~enne

patrie *s.f.* patrie *f.*

patrimoniu *s.n.* patrimoine *m.*

patriot, ~ă *adj.* patriote

patriotic, ~ă *adj.* patriotique

patriotism *s.n.* patriotisme *m.*

patron, ~oană 1. *s.m.f.* patron, ~onne **2.** *s.n.tehn.* cartouche *f.*

patronaj *s.n.* patronage *m.* || *sub patronajul* sous l'égide (de)

patronimic *adj. n.* (în expr.) *nume* ~ nom patronymique

patru *num. card.* quatre || *a fi cu ochii în* ~ être sur ses gardes

patrula *vi.* patrouiller

patrulater *s.n.* quadrilatère *m.*

patrulă *s.f.* patrouille *f.* ronde *f.*

patrulea, patra *num. ord.* le (la) quatrième

patruped *s.n.* quadrupède *m.*

patruzeci *num. card.* quarante

patruzecilea, ~zecea *num. ord.* le (la) quarantième

patvagon *s.n.* fourgon *m.* wagon à bagages *m.*

pauperiza *vt.* réduire à la misère

pauză *s.f.* **1.** pause *f.* **2.** (la teatru) entracte **3.** (în şcoli) récréation *f.*

pava *vt.* paver

pavaj *s.n.* pavage *m.* pavement *m.* macadam *m.*

pavăză *s.f.* **1.** bouclier *m.* **2.** *fig.* égide *f.*

pavea *s.f.* pavé *m.*

pavilion *s.n.* pavillon *m.*

pavoaza *vt.* pavoiser

pavoazare *s.f.* pavoisement *m.*

pază *s.f.* **1.** garde *f.* **2.** *fig.* vigilance *f.* || *a sta de* ~ monter la garde, être en faction; *paza*

bună trece primejdia rea prudence est mère de sûreté
paznic *s.m.* gardien *m.* garde *m.*
păcat *s.n.* péché *m.* ‖ *a face un ~* commettre un péché; *din păcate* malheureusement; *ce ~!* quel dommage!
păcăleală *s.f.* tour *m.* farce *f.* facétie *f.*
păcăli **I. 1.** *vt.* jouer un tour; **2.** tromper, donner le change, duper, berner, rouler **II.** *vr.* se tromper
păcălici *s.m.* farceur *m.*
păcătos, ~oasă **I.** *adj.* **1.** (despre persoane) pécheur, pécheresse; **2.** pauvre, misérable **3.** scélérat, ~e, **II.** *s.m.f.* **1.** pécheur, pécheresse; **2.** un pauvre hère, une pauvresse ‖ *o casă păcătoasă* une maison misérable; *un cal ~* une haridelle
păcătui *vi.* pécher
păcură *s.f.* cambouis *m.*
păducel *s.m.* ambépine *f.* ‖ *~ negru* buis *m.*
păduche *s.m.* **1.** pou *m.* **2.** *fig.* parasite *m.* ‖ *~ de lemn* punaise *f.*
păduchios, ~oasă *adj.* pouilleux, ~euse
pădurar *s.m.* garde-forestier *m.*
pădure *s.f.* forêt *f.* bois *m.* ‖ *de la ~* rustre; *a căra lemne la ~* porter de l'eau à la rivière
pădureț, ~eață *adj.* sauvage
pădurice *s.f.* bocage *m.*
păduros, ~oasă *adj.* boisé, ~e couvert, ~e de forêts

păgân, ~ă *adj.* și *s.m.f.* païen, ~enne
păgubaș, ~ă *s.m.f.* perdant, ~e personne lésée ‖ *a se lăsa ~* renoncer à qch.; en faire son deuil
păgubi **1.** *vi.* perdre **2.** *vt.* léser, endommager
păgubitor, ~oare *adj.* nuisible, nocif, ~ive
păianjen *s.m.* araignée *f.*
păienjeniș *s.n.* **1.** toile d'araignée *f.* **2.** *fig.* lacis *m.*
păioasă *s.f.* graminée *f.*
pălălaie *s.f.* flambée *f.*
pălărie *s.f.* chapeau *m.* ‖ *~ tare* chapeau melon
pălărier *s.m.* chapelier *m.*
pălăvrăgeală *s.f.* bavardage *m.* papotage *m.*
pălăvrăgi *vt.* bavarder, jaser, papoter
păli[1] *vt. vi. vr* **2.** (se) frapper **2.** *fig.* être (pris de), envahi (par) **3.** (despre soare) darder
păli[2] **1.** *vi.* (despre oameni) pâlir **2.** *vr.* (despre plante) se faner, se flétrir
pălimar *s.n.* **1.** palissade *f.* **2.** balustrade *f.* **3.** véranda *f.*
pălit, ~ă *adj.* (despre plante) jauni, ~e fané, ~e étiolé, ~e
pălmaș *s.m.* paysan pauvre *m.*
pălmui *vt.* souffleter, gifler
pămătuf *s.n.* **1.** (pentru pudră) houppette *f.* **2.** (pentru bărbierit) blaireau *m.* **3.** (pentru praf) plumeau *m.*
pământ *s.n.* **1.** terre *f.* **2.** sol *m.* **3.** argile *f.* **4.** monde *m.* ‖ *la*

capătul pământului au bout du monde; *a făgădui cerul şi pământul* promettre monts et merveilles; *culcat la ~* à plat veutre; *ca de la cer la ~* bu blanc au noir; *vase de ~* des pots en argile; *~ argilos* sol argileux

pământean, ~ă *adj.* 1. mortel, ~elle 2. indigène

pământesc, ~ească *adj.* terrestre

pământiu, ~ie *adj.* terreux, ~euse

păpa *vt.* (în graiul copiilor) manger *fig.fam.* gaspiller (de l'argent)

păpădie *s.f.* pissenlit *m.*

păpuşar *s.m.* manieur de marionnettes *m.*

păpuşă *s.f.* poupée *f.* marionnette *f.* ‖ *~ de sfoară* pelote de ficelle *f.* ; *~ de tutun* paquet de feuilles de tabac *m.*

păpuşoi *s.m.* maïs *m.* ‖ *a face pe mortul în ~* n'avoir l'air de rien, se tenir coi; *a o lăsa moartă-n ~* laisser en plan

păr¹ *s.m. bot.* poirier *m.*

păr² *s.m.* cheveux *m. pl.*poil *m.* ‖ *~ de cal* crin *m.;* *~ de porc* soie *f.* ; *~ de cămilă* poil de chameau; *erau toţi în ~* personne n'y manquait; *în doi peri* mi figue mi raisin; *tras de ~* tiré par les cheveux; *atârnă de un fir de ~* cela en tient qu'à un fil; *a se lua de ~ (cu cineva)* se crêper le chignon

părăgini *vr.* se délabrer, tomber en ruine

părăluţă *s.f.* 1. sou *m.* liard *m.* 2. *bot.* pâquerette *f.*

părăsi *vt.* quitter, abandonner ‖ *a ~ pe cineva în mijlocul străzii* planter qn. au milieu de la rue; *a ~ un oraş* quitter une ville; *a ~ pe cineva* abandonner qn.; *fam.* plaquer

părăsire *s.f.* abandon *m.*

părăsit, ~ă *adj.* abandonné, ~e quitté, ~e

părea *vi.* paraître, sembler ‖ *îmi pare bine* je suis enchanté; *îmi pare rău* je suis aux regrets, je regrette; *mi s-a părut* j'ai eu l'impression, il m'a semblé; *cum vi se pare?* que vous en semble? qu'en pensez-vous?; *pe cât se pare* à ce qu'il paraît

părere *s.f.* 1. opinion *f.* avis *m.* 2. illusion *f.* chimère *f.*

părinte *s.m.* 2. père *m.* 2. *pl.* parents *m.pl.*

părintesc, ~ească *adj.* paternel, ~elle

părinteşte *adv.* paternellement

păros, ~oasă *adj.* poilu, ~e, velu, ~e

părtaş, ~ă *s.m.f.* 1. participant, ~e 2. associé, ~e 3. (la o faptă rea) complice *m.f.*

părtini *vt.* favoriser, avantager

părtinire *s.f.* partialité *f.*

părtinitor, ~oare *adj.* partial, ~e

părui *vr.* se prendre aux cheveux; *pop.* se crêper le chignon

păruială *s.f.* rixe *f.* échauffourée *f.*

păs *s.n.* souci *m.* chagrin *m.* ennui *m.* ‖ *a-şi spune păsul* ouvrir son coeur; s'épancher

păsa *vi.* se soucier (de) ‖ *să nu-ţi pese!* ne t'en fais pas! *nu-mi pasă* je m'en moque; je m'en fiche; *ce-ţi pasă?* qu'est-ce que ça vous fait?; *îmi pasă foarte puţin* peu m'en chaut; je n'en ai cure
păsărar *s.m.* 1. oiseleur *m.* oiselier *m.*; 2. marchand d'oiseaux *m.*
păsăreşte *adv.* 1. à la manière deș oiseaux; 2. *fig. a vorbi ~* parler chinois, baragouiner
păstaie *s.f.* cosse *f.*
păstârnac *s.m.* panais *m.*
păstor *s.m.* berger *m.* pâtre *m.*
păstoresc, ~ească *adj.* pastoral, ~e
păstoriţă *s.f.* bergère *f.*
păstos, ~oasă *adj.* pâteux, ~euse
păstra *vt.* garder
păstrare *s.f.* garde *f.*
păstrăv *s.m.* truite *f.*
păsui *vt.* accorder un délai
păsuire *s.f.* délai *m.*
păşi 1. *vi.* marcher; 2. *vt.* franchir ‖ *a ~ pragul* franchir le seuil; *a ~ pe cale* s'acheminer dans la voie; *a ~ înainte* avancer; *a ~ în* entrer
păşuna 1. *vi.* paître 2. *vt.* garder les moutons
păşune *s.f.* pâturage *m.* pacage *m.*
păta 1. *vt. vr.* (se) tacher, (se) salir, souiller 2. *vt. fig.* profaner, déshonorer
pătimaş, ~ă *adj.* passionné, ~e
pătimi *vt. vi.* souffrir, pâtir
pătimire *s.f.* 1. passion *f.* 2. tourment *m.*

pătlagină *s.f.* plantain *m.*
pătlăgea *s.f.* (în expr.) *~ roşie* tomate *f.*; *~vânătă* aubergine *f.*
pătrar *s.n.* 1. quart *m.* 2. quartier *m.* ‖ *luna în primul ~* la lune dans son premier quartier
pătrat, ~ă 1. *adj.* carré, ~e, 2. *s.n.* carré *m.*
pătrăţel *s.n.* carreau *m.*
pătrime *s.f.* quart *m.*
pătrunde *vt. vi.* pénétrer
pătrundere *s.f.* 1. pénétration *f.* 2. *fig.* sagacité *f.*
pătrunjel *s.m.* persil *m.*
pătruns, ~ă *adj.* 1. pénétré, ~e 2. *fig.* ému, ~e
pătrunzător, ~oare *adj.* 1. pénétrant, ~e 2. fig. sagace
pătul *s.n.* 1. (pentru cereale) grenier *m.* 2. (pentru păsări) poulailler *m.* 3. (pentru răsaduri) couche *f.*
pătură *s.f.* 1. (de învelit) couverture *f.* plaid *m.* 2. *fig.* couche ‖ *~ socială* couche sociale
pături *vt.* plier
pătanie *s.f.* mésaventure *f.*
păţi *vt.* pâtir, avoir des déboires ‖ *ce-ai păţit?* que vous est-il arrivé? quelle mouche vous a piqué?
păţit, ~ă *adj.* 1. éprouvé, ~e 2. expérimenté, ~e ‖ *om ~* **a)** un homme qui a roulé sa bosse; **b)** un homme qui en a vu de toutes les couleurs
păun *s.m.* paon *m.*
păuniţă *s.f.* paonne *f.*
păzi 1. *vt.* garder, surveiller 2.*vr.* prendre garde, se tenir sur ses gardes ‖ *a lua pe cineva la trei*

pazeşte passer un savon à qn.; laver la tête à qn. *a o lua la trei păzeşte* prendre ses jambes à son cou; *să te păzeşti* prends garde!; gare!

păzitor, ~oare *s.m.f.* gardien, ~enne, surveillant, ~e

pe *prep.* sur ‖ ~ *care?* lequel?; ~ *cine* qui? lequel?; ~ *cineva* quelqu'un; *s-au ajutat unul ~ altul* ils se sont aidés l'un l'autre; ~ *seama mea* à mon compte; ~ *stradă* dans la rue; ~ *bulevard* sur le boulevard; *a ieşi ~ fereastră* sortir par la fenêtre; ~ *jos* à pied; ~ *vremea asta* par un temps pareil; ~ *mâine* à demain; ~ *când* tandis que, cependant; ~ *loc* sur place; ~ *ascuns* en cachette; *a face ~ voia cuiva* faire selon le désir de qn.; *a cumpăra ~ cinci lei* acheter pour cinq lei; *o mie de lei ~ lună* mille lei par mois; ~ *româneşte* en roumaine; ~ *lună plină* au clair de la lune; ~ *ploaie* sous la pluie; *o ţesătură ~ faţă* un tissu à l'endroit; ~ *dos* à l'envers

pecete *s.f.* sceau *m.* cachet *m.* seing *m.*

pecetlui *vt.* cacheter, sceller

pecingine *s.f.* dartre *f.*

pectoral, ~ă *adj.* pectoral, ~e

pecuniar, ~ă *adj.* pécuniaire

pedagog, ~ă *s.m.f.* pédagogue

pedagogie *s.f.* pédagogie *f.*

pedala *vi.* pédaler

pedală *s.f.* pédale *f.*

pedant, ~ă *adj.* şi *s.m.f.* pédant, ~e

pedantism *s.n.* pédanterie *f.*

pedeapsă *s.f.* punition *f.* châtiment *m.* peine *f.* ‖ *pedeapsa cu moartea* peine capitale; ~*scrisă* (în şcoli) pensum *m.*

pedepsi *vt.* punir, châtier

pedestru, ~ă *adj.* pédestre, à pied

pediatrie *s.f.* pédiatrie *f.*

pedologie *s.f.* pédologie *f.*

peduncul *s.f.* pédoncule *m.*

pehlivan *s.m.* 1. charlatan *m.* 2. plaisant *m.* drôle *m.* 3. bateleur *m.*

peiorativ, ~ă *adj.* péjoratif,-ive

peisaj *s.n.* paysage *m.*

pelagră *s.f.* pellagre *f.*

pelerin *s.m.* pélerin *m.*

pelerinaj *s.n.* pélérinage *m.*

pelerină *s.f.* pélerine *f.*

pelican *s.m.* pélican *m.*

peliculă *s.f.* pellicule *f.*

pelin *s.n.* absinthe *f.*

peltea *s.f.* 1. gelée de fruits *f.* 2. *fig.* verbiage *m.* tartine *f.*

peltic, ~ă *s.m.f.* (personne) qui zézaye

peluză *s.f.* pelouse *f.*

penaj *s.n.* 1. (despre păsări) plumage *m.* 2. (la chipiu etc.) plumet *m.* panache *m.*

penal, ~ă pénal, ~e

penalitate *s.f.* pénalité *f.*

penaliza *vt.* pénaliser

penar *s.n.* plumier *m.*

pendul *s.n.* pendule *m.*

pendulă *s.f.* pendule *f.*

penel *s.n.* pinceau *m.*

penetrabil, ~ă *adj.* pénétrable

penetrabilitate *s.f.* pénétrabilité *f.*

penibil, ~ă *s.f.* pénible
peninsulă *s.f.* péninsule *f.* presqu'île *f.*
penitenciar *s.n.* pénitencier *m.*
peniță *s.f.* plume *f.*
pensetă *s.f.* pincette *f.*
pensie *s.f.* pension *f.* retraite *f.* || *a ieși la* ~ prendre sa retraite; *a primi o* ~ toucher une pension
pension *s.n.* pensionnat *m.*
pensiona *vt.* mettre à la retraite
pensionar, ~ă *s.m.f.* pensionnaire, retraité, ~e
pensiune *s.f.* pension *f.*
pensulă *s.f.* pinceau *m.*
pentagon *s.n.* pentagone *m.*
pentru *prep.* pour || ~ *că* parce que; ~ *ce?* pourquoi?; ~ *aceasta* c'est pourquoi; ~ *ca* afin que; ~ *nimic în lume* pour rien au monde
penultim, ~ă *adj.* l'avant-dernier, ~ère, le (la) penultième
penumbră *s.f.* pénombre *f.*
pepene *s.m.* 1. (galben) melon *m.* 2. (verde) pastèque *f.* || *gras ca un* ~ dodu comme une caille
pepinieră *s.f.* pépinière *f.*
pepit *adj. invar.* pied de poule *m.*
pepită *s.f.* pépite *f.*
percepe *vt.* percevoir
percepere *s.f.* perception *f.*
perceptor *s.m.* percepteur *m.*
percepție *s.f.* perception *f.*
percheziție *s.f.* perquisition *f.*
percheziționa *vt.* perquisitionner
perciune *s.m.* favori *m.*
percuta *vt.* percuter
percutor *s.n.* percuteur *m.*

percuție *s.f.* percution *f.*
perdaf *s.n.* action de raser la barbe à rebrousse-poil || *a trage un* ~ *cuiva* laver la tête à qn.
perdea *s.f.* rideau *m.* || *a lua cuiva perdeaua de la ochi* dessiller les yeux; *a vorbi fără* ~ employer des termes crus
perdiție *s.f.* perdition *f.* dépravation *f.*
pereche *s.f.* paire *f.* couple *m.* || *fără* ~ sans pareil; hors pair; *o tânără* ~ un jeune couple
peregrina *vt.* pérégriner
peremptoriu, ~e *adj.* péremptoire
perete *s.m.* mur *m.* muraille *f.* cloison *f.* paroi *f.* || ~ *de scânduri* cloison; *pereții unei țevi* les parois d'un tuyau
perfect, ~ă 1. *adj.* parfait, ~e 2. *adv.* parfaitement, à la perfection 3. *s.n.gram.* passé *m.* parfait *m.* || *perfectul compus* le passé composé; *mai-mult-ca-perfectul* le plus-que-parfait
perfecta *vt.* parfaire
perfecționa *vt.* perfectionner, parfaire
perfecțiune *s.f.* perfection *f.*
perfid, ~ă *adj.* perfide
perfidie *s.f.* perfidie *f.*
perfora *vt.* perforer
perforator, ~oare 1. *s.n. tehn.* perforateur *m.* perforatrice *f.* perforcuse *f.* 2. *s.m.f.* receveur, ~euse
performanță *s.f.* performance *f.*
pergament *s.n.* parchemin *m.*

pergolă *s.f.* pergola *f.*
peria *vt.* 1. brosser 2. *fig.* flagorner
pericard *s.n.* péricarde *m.*
periclita *vt.* péricliter
pericol *s.n.* péril *m.* danger *m.*
periculos, **~oasă** *adj.* dangereux, ~euse, périlleux, ~euse
perie *s.f.* brosse *f.*
periere *s.f.* brossage *m.*
periferic, **~ă** *adj.* périphérique
periferie *s.f.* périphérie *f.* banlieu *f.* faubourg *m.* zone *f.*
perifrastic, **~ă** *adj.* périphrastique
perifrază *s.f.* périphrase *f.*
perima *vr.* périmer
perimat, **~ă** *adj.* périmé, ~e caduc, ~uque
perimetru *s.n.* périmètre *m.*
perinda *vr.* se succéder
perindare *s.f.* succession *f.* suite f.
periniţă *s.f.* 1. coussin m. 2. périnitza *f.* (danse populaire roumaine)
perioadă *s.f.* période *f.*
periodic, **~ă** 1. *adj.* périodique 2. *s.n.* périodique *m.*
periodicitate *s.f.* périodicité *f.*
peripeţie *s.f.* péripétie *f.* aventure f.
periscop *s.n.* périscope *m.*
peristil *s.n.* peristyle *m.*
peritoneu *s.n.* péritoine *m.*
peritonită *s.f.* péritonite *f.*
perlă *s.f.* perle *f.*
permanent, **~ă** *adj.* permanent, ~e || *ondulaţie permanentă* (ondulation) permanente, indéfrisable
permanenţă *s.f.* permanence *f.*

permeabil, **~ă** *adj.* perméable
permeabilitate *s.f.* perméabilité *f.*
permis *s.n.* permis *m.* autorisation *f.*
permisie *s.f.* permission *f.* congé *m.*
permite *vt.* permettre
permuta *vt.* permuter
permutare *s.f.* permutation *f.*
pernă *s.f.* conssin *m.* oreiller *m.* || *faţă de pernă* taie d'oreiller *f.*
pernicios, **~oasă** *adj.* pernicieux, ~euse
peron *s.n.* 1. (la gară) quai *m.* 2. (la clădiri) perron *m.*
perora *vi.* pérorer, discourir
perpeli I. *vt.* 1. flamber 2. *cul.* rissoler II. *vr. fig.* se tourmenter, se débattre
perpendicular, **~ă** 1. *adj.* perpendiculaire 2. *s.f.* perpendiculaire *f.*
perpetua *vt. vr.* (se) perpétuer
perpetuitate *s.f.* perpétuité *f.*
perpetuu, **~ă** *adj.* perpétuel, ~elle
perplex, **~ă** *adj.* perplexe, interdit, ~e
persan, **~ă** *adj.* şi *s.m.f.* persan, ~e
persecuta *vt.* persécuter
persecuţie *s.f.* persécution *f.*
persevera *vi.* persévérer
perseverent, **~ă** *adj.* persévérant, ~e
perseverenţă *s.f.* persévérance *f.*
persifla *vt.* persifler, railler, gouailler
persiflare *s.f.* persiflage *m.*, raillerie *f.*, gouaille *f.*
persista *vi.* persister
persistent, **~ă** *adj.* persistent, ~e

persistenţă *s.f.* persistance *f.*
persoană *s.f.* personne *f.*
personaj *s.n.* personnage *m.* ‖ ~ *important* une grosse légume
personal, ~ă 1. *adj.* personnel, ~elle 2. *s.n.* personnel *m.*
personalitate *s.f.* personnalité *f.*
personifica *vt.* personnifier
personificare *s.f.* personnification *f.*
perspectivă *s.f.* perspective *f.*
perspicace *adj.invar.* perspicace, sagace
perspicacitate *s.f.* perspicacité *f.* sagacité *f.*
persuada *vt.* persuader
persuasiune *s.f.* persuasion *f.*
pertracta *vt.* débattre
perturba *vt.* troubler, perturber
perturbare *s.f.* perturbation *f.* trouble *m.*
peruan, ~ă *adj.* şi *s.m.f.* péruvien, ~enne
perucă *s.f.* perruque *f.*
peruzea *s.f.* turquoise *f.*
pervaz *s.n.* chambranle *m.*
pervers, ~ă *adj.* pervers, ~e
perversitate *s.f.* perversité *f.*
perverti *vt.* pervertir, dépraver
pescar *s.m.* 1. pêcheur *m.* 2. marchand de poisson *m.* poissonnier *m.*
pescărească *s.f.* 1. pêcheuse *f.* 2. poissonnière *f.*
pescărie *s.f.* 1. pêche *f.* 2. poissonnerie *f.* halle aux poissons *f.* 3. mets de poissons *m.pl.*
pescăruş *s.m.* mouette *f.*
pescui *vi.* pêcher ‖ *a ~ în ape tulburi* pêcher en eau trouble
pescuit *s.n.* pêche *f.*

pesemne *adv.* à ce qu'il paraît, probablement
pesimism *s.n.* pessimisme *m.*
pesimist, ~ă *adj.* şi *s.m.f.* pessimiste
pesmet *s.m.* 1. biscotte *f.* 2. (din pâine) chapelure *f.*
peste *prep.* sur, par-dessus ‖ ~ *tot* partout; ~ *munte* au-delà de la montagne; ~ *mare* outremer; ~ *un ceas* dans une heure; ~ *o mie* plus d'un millier; ~ *puţin* sous peu; ~ *puterile mele* au-dessus de mes forces
pestilenţial, ~ă *adj.* pestilentiel, ~elle
pestriţ, ~ă *adj.* bigarré, ~e bariolé, ~e
peşin *adj. invar.* (în expr.) *bani ~* argent comptant
peşte *s.m.* poisson *m.* ‖ ~ *prăjit* friture *f.* ; ~ *de mare* la marée; ~ *mărunt* frétin *m* ; *cât ai zice ~* en un clin d'oeil, en un tournemain
peşteră *s.f.* grotte *f.* caverne *f.*
petală *s.f.* pétale *m.*
petardă *s.f.* pétard *m.*
petic *s.n.* bout d'étoffe *m.* ‖ ~ *de pământ* un lopin de terre; *a-şi da în ~* faire un pas de clerc; *şi-a găsit sacul peticul* tel maître, tel valet
petici *vt.* rapiécer
petiţie *s.f.* pétition *f.* requête *f.*
petiţionar, ~ă *s.m.f.* pétitionnaire
petrecanie *s.f.* bombance *f.* ‖ *a face de ~ unei persoane* tuer, descendre qn.; *a face de ~ (unui lucru)* détruire

petrecăreț, ~eață *adj.* noceur, ~euse
petrece I. *vt.* 1. (timpul) passer 2. (o persoană) accompagner II. *vi.* s'amuser, se divertir III. *vr.* se passer, avoir lieu
petrecere *s.f.* sauterie *f.* partie de plaisir *f.*
petrifica *vr.* pétrifier
petrificat, ~ă *adj.* pétrifié, ~e
petrochimie *s.f.* petrochimie *f.*
petrol *s.n.* pétrole *m.*
petrolier, ~ă 1. *adj.* pétrolier, ~ère 2. *s.n.* pétrolier *m.*
petrolifer, ~ă *adj.* pétrolifère
petrolist, ~ă *s.m.f.* ouvrier, ingénieur du pétrole
petunie *s.f.* pétunia *m.*
peți *vt.* demander en mariage
pezevenchi *s.m.* chenapan *m.* gredin *m.* fripouille *f.*
pian *s.n.* piano *m.*
panist, ~ă *s.m.f.* pianiste *m.f.*
piatră *s.f.* 1. pierre *f.* 2. grêle *f.* 3. *med.* calcul *m.* ‖ *a fugi de scapără pietrele* courir à bride abattue; *a avea o ~ pe inimă* avoir un poids sur le coeur; *a bătut ~* il a grêlé; *~ kilometrică* borne kilométrique; *~ de încercare* pierre de touche; *~ de moară* meule de moulin *f.*; *~ de ascuțit* meule de rémouleur; *~ prețioasă* pierre précieuse, gemme *f.*
piața *s.f.* 1. marché *f.* 2. place *f.* square *m.* ‖ *a merge la ~* aller au marché; *Piața Victoriei* La Place de la Victoire

piază *s.f.* (în expr.) *~ rea* de mauvais augure
pic *s.n.* goutte *f.* ‖ *un ~* un peu; *nici ~* point, goutte
pica *vt.* 1. tomber 2. couler goutte à goutte, dégouliner ‖ *să-l pici cu ceară* pour rien au monde; *frumos de pică* beau comme le jour; *afară pică* il bruine; *el a picat acum* il vient d'arriver; *a ~ de somn* tomber de sommeil
picaj *s.n.* piquage *m.*
picant, ~ă *adj.* piquant, ~e
picat, ~ă *adj.* (în expr.) *~ din lună* tombé, ~e des nues
pică *s.f.* 1. rancune *f.* ressentiment *m.* 2 (la jocul de cărți) pique *m.* ‖ *a avea pică pe cineva* avoir une dent contre qn., en vouloir à qn.
picătură *s.f.* goutte *f.* ‖ *printre picături* entre temps, de temps en temps; *~ cu ~* goutte à goutte
pichet[1] *s.m.* piquet *m.*
pichet[2] *s.n.* (țesătură) piqué *m.*
pici *s.m.* bambin *m.* mioche *m.*
picior *s.n.* 1. pied *m.* 2. jambe *f.* ‖ *bun de ~* vif, leste; *a trece cu piciorul un râu* passer à gué; *a sta în picioare* rester debout; *a se pune pe picioare* se remettre d'une maladie; *a sta ~ peste ~* rester les jambes croisées; *a călca în picioare* fouler aux pieds; *a da cuiva cu piciorul* chasser qn.; *a lua pe cineva peste ~* traiter (qn.) par-dessous la jambe; *a trăi*

pe ~ mare mener grand train; *a i se tăia picioarele* avoir les jambes couppées; *a fi pe ~ de ducă* être sur le point de partir; *nici ~ de* pas ombre (de); *a alerga cât îl țin picioarele* courir à toutes jambes; *a-și lua picioarele la spinare* prendre ses jambes à son cou; *e maică-sa în picioare* c'est sa mère toute crachée

picioroange *s.f. pl.* échasses *f.pl.*
picni *vt.* topucher (frapper) juste
picnic *s.n.* piquenique *m.*
picoti *vi.* sommeiller; *fam.* roupiller
picta *vt.* 1. peindre 2. *fig.* brosser
pictor *s.m.* peintre *m.*
pictoriță *s.f.* femme peintre *f.*
pictură *s.f.* peinture *f.*
picup *s.n.* pick-up *m.* tourne-disque *m.*
picura *vi.* goutter, s'égoutter, dégouliner ‖ *afară picură* il bruine
piedestal *s.n.* piédestal *m.*
piedică *s.f.* entrave *f.* ‖ *~ la roata* sabot *m.*; *a pune ~* entraver
pieire *s.f.* 1. mort *f.* 2. *fig.* perte *f.* anéantissement *m.*
pielărie *s.f.* 1. tannerie *f.* 2. peausserie *f.*
piele *s.f.* 1. peau *f.* 2. (tăbăcită) cuir *m.* ‖ *pantofi de ~* souliers en cuir; *a i se face (cuiva) piele de gâscă* avoir la chair de poule; *a lua pielea cuiva* écorcher qn.; *a ști cât îi poate pielea* savoir de quel bois il se chauffe; *o să-ți iasă prin ~* il vous en cuira; *a-și lăsa pielea* laisser sa peau; *a-și pune pielea în saramură* se saigner aux quatre veines; *a vinde pielea ursului din pădure* vendre la peau de l'ours
pieliță *s.f.* 1. peau *f.* 2. *bot.* pelure *f.*
piept *s.n.* poitrine *f.* gorge *f.* ‖ *a o lua în ~* monter tout droit; *cu pieptul deschis* courageusement; *a da ~ cu* faire (à), affronter; *a ține ~* tenir tête; *a-și sparge pieptul* s'égosiller; *a lua (pe cineva) de ~* prendre (qn.) au collet; *bolnav de ~* poitrinaire *m.*
pieptar *s.n.* 1. veste sans manches *f.* 2.corselet *m.* 3. plastron *m.* 4. (la cai) poitrail *m.*
pieptăna *vt.vr.* (se) peigner, (se) coiffer
pieptănătută *s.f.* coiffure *f.*
pieptene *s.m.* peigne *m.* ‖ *~ rar* démêloir *m.*; *~ pentru scărmănat lâna* carde *f.*
pieptiș *adv.* directement, tout droit
pierde I *vt.* 1. perdre 2. manquer, rater II. *vr.* s'égarer, se perdre ‖ *a ~ trenul* manquer le train; *a ~ pe cineva din ochi* couver qn. des yeux; *a se ~ în visare* plonger dans la rêverie; *a-și ~ mințile* perdre la raison; *a ~ o ocazie* rater une occasion
pierdere *s.f.* perte *f.* ‖ *în ~* en déficit, déficitaire; *fără ~ de vreme* instamment, sans délai

pierde-vară *s.m.* **1.** badaud *m.* **2.** jean-foutre *m.*
pieri *vi.* périr
pieritor, ~oare *adj.* périssable
piersic *s.m.* pêcher *m.*
piersică *s.f.* pêche *f.*
pierzanie *s.f.* **1.** perte *f.* désastre *m.* **2.** déchéance *f.*
piesă *s.f.* pièce *f.*
pietate *s.f.* piété *f.*
pieton *s.m.* piéton *m.* passant, ~e
pietrar *s.m.* **1.** tailleur de pierres *m.* **2.** paveur *m.*
pietricică *s.f.* caillou *m.*
pietriş *s.n.* gravier *m.* cailloutis *m.*
pietros, ~oasă *adj.* (despre regiuni, terenuri) pierreux, ~euse; (despre drumuri) caillouteux, ~euse
pietrui *vt.* **1.** empierrer **2.** paver
pieziş *adv.* obliquement, de travers, en biais
piftie *s.f.* aspic *m.* ‖ *a face pe cineva ~* battre comme plâtre
pigment *s.m.* pigment *m.*
pigmeu *s.m.* pygmée *m.*
piguli *vt.* **1.** (despre păsări) picorer **2.** *fig.* plumer
pijama *s.f.* pyjama *m.*
pilastru *s.m.* pilastre *m.*
pilă *s.f.* **1.** lime *f.* **2.** pile *f.* ‖ *~ de unghii* lime à ongles; *~ atomică* pile atomique
pildă *s.f.* exemple *m.* ‖ *de ~* par exemple
pileală *s.f.* griserie *f.*
pili 1. *vt.* limer **2.** *vr. fam.* se griser, s'émécher
pilitură *s.f.* limaille *f.*
pilon *s.m.* pylône *m.*
pilot *s.m.* **1.** (persoană) pilote *m.* **2.** pilotis *m.* pilier *m.*
pilota *vt.* piloter
pilotă *s.f.* édredon *m.*
pilotaj *s.n.* pilotage *m.*
pilulă *s.f.* pilule *f.*
pin *s.m.* pin *m.*
pinacotecă *s.f.* pinacothèque *f.*
pingea *s.f.* semelle *f.*
pingeli *vt.* ressemeler
ping-pong *s.n.* ping-pong *m.*
pinguin *s.m.* pingouin *m.*
pinion *s.n.* pignon *m.*
pinten *s.m.* **1.** éperon *m.* **2.** *zool.* ergot *m.* ‖ *a da pinteni* éperonner, piquer des deux
piolet *s.m.* piolet *m.*
pion *s.m.* pion *m.*
pionier, ~ă *s.m.f.* pionnier, ~ère
pios, ~oasă *adj.* pieux, ~euse, dévot, ~e
pipă *s.f.* pipe *f.* ‖ *pipa păcii* le calumet de la paix
pipăi *vt.* tâter, toucher
pipăit *s.n.* **1.** toucher *m.* **2.** *fig.* tâtonnement *m.* ‖ *pe pipăite* à tâtons
piper *s.m.* poivre *m.*
piperat, ~ă *adj.* poivré, ~e; piquant, ~e; grivois, ~e
pipernici *vr.* se rabougrir, se ratatiner
pipetă *s.f.* pipette *f.*
pipotă *s.f.* gésier *m.*
piramidă *s.f.* pyramide *f.*
pirat *s.m.* pirate *m.*
pire *s.n.* purée *f.*
pirită *s.f.* pyrite *f.*
pirogă *s.f.* pirogue *f.*

pirogravură *s.f.* pyrogravure *f.*
pirometru *s.n.* pyromètre *m.*
piron *s.n.* gros clou *m.* ‖ *a face piroane* être transi de froid, grelotter; *a tăia piroane* mentir comme un arracheur de dents
pironi *vt.* clouer, river (à)
pirostrie *s.f.* 1. trépied *m.* 2. couronne de marié *f.* ‖ *a-şi pune pirostriile* se marier
piroteală *s.f.* assoupissement *m.*
pirotehnie *s.f.* pyrotechnie *f.*
piroti *vi.* sommeiller, s'assoupir
pirpiriu, ~ie *adj.* rabougri, ~e malingre, chétif, ~ive ‖ *un om ~* un gringalet
piruetă *s.f.* pirouette *f.*
pisa *vt.* 1. piler, broyer 2. *fig.fam.* embêter, raser, rabattre les oreilles à qn., bassiner qn.
pisălog, ~oagă 1. *adj.* raseur, ~euse 2. *s.n.* pilon *m.*
pisălogeală *s.f.fam.* barbe *f.* scie *f.*
pisc *s.n.* pic *m.*
piscicultură *s.f.* pisciculture *f.*
piscină *s.f.* piscine *f.*
pisică *s.f.* chat *m.* chatte *f.* ‖ *când pisica nu-i acasă, joacă şoarecii pe masă* le chat parti, les souris dansent
pisoi *s.m.* minet *m.* minou *m.*
pistă *s.f.* piste *f.*
pistil *s.n.* pistil *m.*
pistol *s.n.* pistolet *m.* revolver *m.* ‖ *cum e turcul şi pistolul* tel maître, tel valet
piston *s.n.* piston *m.*
pistona *vt.* pistonner

pistrui *s.m.pl.* taches de son, taches de rousseur *f.pl.*
pişca *vt.* 1. piquer 2. pincer 3. *fig.* chiper ‖ *a ~ o coardă (la un instrument)* pincer une corde; *gerul pişcă* le froid pque
pişcător, ~oare *adj.* piquant, ~e
pişcătură *s.f.* piqûre *f.*
pişcot *s.n.* biscuit *m.* biscotte *f.*
pişicher *s.m.* roublard *m.*
pitac *s.m.fam.* sou *m.* liard *m.*
pită *s.f.* pain *m.*
pitecantrop *s.m.* pithécanthrope *m.*
piti 1. *vt.* cacher 2. *vr.* se nicher, se tapir
pitic, ~ă 1. *adj.* nain, ~e 2. *s.m.f.* nain, ~e nabot, ~e
pitiş *adv.* en tapinois, subrepticement, en catimini
pitoresc, ~ească *adj.* pittoresque
pitpalac *s.m.* caille *f.*
pitula *vt. vr.* v. piti
pitulice *s.f.* fauvette *f.*
piţigăiat, ~ă *adj.* strident, ~e aigu, ~e
piţigoi *s.m.* mésange *f.*
piuă *s.f.* 1. moulin à foulon *m.* 2. mortier *m.*
piui *vi.* piailler
piuit *s.n.* piaulement ‖ *a lua cuiva piuitul* casser les bras (à qn.)
piuliţă *s.f.* mortier *m.*
piuneză *s.f.* punaise *f.*
pivnicer *s.m.* sommelier *m.*
pivniţă *s.f.* cave *f.*
pivot *s.n.* pivot *m.*
pivota *vi.* pivoter
pizmaş, ~ă *adj.* 1. rancunier, ~ère 2. envieux, ~euse; jaloux, ~se

pizmă *s.f.* **1.** rancune *f.* **2.** envie *f.*, jalousie *f.*
pizmui *vt.* envier, jalouser
pâclă *s.f.* **1.** brume *f.* **2.** *fig.* atmosphère lourde *f.*
pâine *s.f.* pain *m.* ‖ ~ *caldă* pain frais; ~ *rece* pain rassis; ~ *goală* pain sec; *bun ca pâinea caldă* bon comme du pain blanc
pâlc *s.n.* **1.** groupe *m.* bande *f.* **2.** (despre păsări) volée *f.* **3.** (despre vite, oi etc.) troupeau *m.*
pâlnie *s.f.* entonnoir *m.*
pâlpâi *vi.* vaciller
pâlpâire *s.f.* vacillement m.
până I. *conj.* jusque; II. *prep.* presque ‖ ~ *la capăt* jusqu'au bout; ~ *una alta* en attendant; ~ *dincolo de* au-delà de; ~ *nu* avant que; *de la unu* ~ *la zece* de un à dix; *de sus* ~ *jos* de haut en bas; *de colo* ~ *colo* çà et là; ~ *şi privirea lui* son regard même; ~ *ce nu-şi va da părerea* tant qu'il ne donnera pas son avis
pândar *s.m.* **1.** gardien *m.* **2.** garde-champêtre *m.* **3.** garde-chasse *m.*
pândă *s.f.* guet *m.* ‖ *a sta la* ~ être aux aguets
pândi *vt.* épier, guetter
pângări *vt.* profaner, souiller
pângărire *s.f.* profanation *f.*
pântece *s.n.* ventre *m.* abdomen *m. fam.* panse *f.*
pântecos, ~**oasă** *adj.* ventru, ~e pansu, ~e

pânză *s.f.* **1.** toile *f.* **2.** *nav.* voile *f.* ‖ *până în pânzele albe* jusqu'au bout; *a zări ca printr-o* ~ voir trouble
pânzeturi *s.n.pl.* tissus *m.pl.* cotonnades *f.pl.*
pâră *s.f.* plainte *f.* dénonciation *f.* délation *f.*
pârdalnic, ~**ă** *adj.* satané, ~e endiablé, ~e
pârghie *s.f.* levier *m.*
pârgui *vr.* commencer à mûrir
pârî *vt.* dénoncer *fam.* moucharder
pârâi *vi.* craquer
pârâitură *s.f.* craquement *m.*
pârât, ~**ă** *adj.* şi *s.m.f.* accusé, ~e inculpé, ~e
pârâitor, ~**oare** *adj.* délateur, ~trice, dénonciateur, ~trice, *fam.* mouchard *m.*
pârâu *s.n.* ruisseau *m.*
pârjoală *s.f.* boulette (de viande hâchée) *f.*
pârjol *s.n.* incendie *m.*; *fig.* calamité *f.* ‖ *a face* ~ dévaster, mettre à sac; *a se face foc şi* ~ jeter feu et flammes; *foc şi* ~ calamité
pârjoli *vt.* incendier, brûler
pârleaz *s.n.* échalier *m.*
pârli *vt. vr.* **1.** roussir **2.** hâler, (se) bronzer **3.** *fig.* rouler, (se) tromper ‖ *a* ~ *o rufă* brûler un linge; *pârlit de soare* hâlé, bronzé; *m-a pârlit (la socoteală)* il m'a roulé; *frunze pârlite (de soare)* des feuilles roussies

pârlit, ~ă I. *adj.* brûlé, ~e roussi, ~e **2.** bronzé, ~e hâlé, ~e *fig.* pauvre **II.** *s.m.f.* un pauvre hère (sire, diable)

pârloagă *s.f.* jachère *f.* terre en friche *f.*

pârpăli 1. *vt. cul.* rissoler **2.** *vr.* s'echauffer au soleil

pârtie *s.f.* piste *f.*

pâslă *s.f.* feutre *m.*

plac *s.n.* plaisir *m.* gré *m.* ‖ *după bunul său* ~ selon son bon plaisir; *a fi la bunul* ~ *al cuiva* être à la merci de qn.; *după placul meu* à mon gré

placa *vt.* plaquer

placaj *s.n.* placage *m.*

placardă *s.f.* placard *m.* pancarde *f.* affiche *f.*

placă *s.f.* plaque *f.* (de gramofon) disque *m.* ‖ *plăci aglomerate* panneaux de particules

placentă *s.f.* placenta *m.*

plachetă *s.f.* plaquette *f.*

placid, ~ă *adj.* placide, calme, paisible

plafon *s.n.* plafond *m.*

plafona *vt.* plafonner

plagă *s.f.* **1.** plaie *f.* **2.** *fig.* fléau *m.*

plagia *vt.* plagier

plai *s.n.* **1.** *geogr.* plateau *m.* **2.** *poet.* région *f.* contrée *f.*

plajă *s.f.* plage *f.*

plan, ~ă 1. *adj.* plan, ~e **2.** *s.n.* plan *m.*; *a fi pe primul* ~ être au premier plan; *a depăşi planul* dépasser le plan; *peste* ~ en sus du plan

plana *vi.* planer

plancton *s.n.* plankton *m.* plancton *m.*

planetar, ~ă *adj.* planétaire

planetă *s.f.* planète *f.*

planifica *vt.* planifier

planificare *s.f.* planification *f.*

planisferă *s.f.* planisphère *f.*

planor *s.n.* planeur *m.*

planorism *s.n.* vol à voile *m.*

planşă *s.f.* planche *f.*

planşetă *s.f.* planchette *f.*

planşeu *s.n.* plancher *m.*

planta *vt.* planter

plantatoare *s.f. tehn.* planteuse *f.*

plantator 1. *s.m.* planteur *m.* **2.** *s.n.* plantoir *m.*

plantaţie *s.f.* plantation *f.*

plantă *s.f.* plante *f.*

planton *s.n.* planton *m.* ‖ *a fi de* ~ être en faction

planturos, ~oasă *adj.* plantureux, ~euse

plapumă *s.f.* couverture *f.*

plasa *vt.* placer

plasament *s.n.* placement *m.*

plasă *s.f.* **1.** filet *m.* **2.** (pentru păr) résille *f.* **3.** *adm.* canton *m.* ‖ *a prinde pe cineva în* ~ faire marcher qn.; *reşedinţă de* ~ chef-lieu de canton; ~ *de prins peşte* filet de pêche

plasmă *s.f.* plasma *m.*

plastic, ~ă *adj.* plastique

plastografie *s.f.* faux *m.*

plastron *s.n.* plastron *m.*

plasture *s.m.* emplâtre *m.*

plat, ~ă *adj.* plat, ~e

platan platane *m.*

plată *s.f.* **1.** paye *f.* payement *m.* **2.** rémunération *f.* **3.** *fig.* ré-

compense *f.* ‖ *a face plata (la restaurant)* régler la note
platcă *s.f.* empièccment *m.*
platformă *s.f.* plate-forme *f.*
platină *s.f.* platine *m.*
platitudine *s.f.* platitude *f.*
platonic, ~ă *adj.* platonique
platoşă *s.f.* cuirasse *f.*
platou *s.n.* plateau *m.*
plauzibil, ~ă *adj.* plausible, vraisemblabe
plăcea *vi.* plaire aimer ‖ *îmi place să înot* j'aime nager; *asta-mi place* cela me plaît
plăcere *s.f.* plaisir *m.* ‖ *cu ~* volontiers; *fără ~* à contre-coeur, de mauvaise grâce
plăcintă *s.f.* pâtisserie *f.* galette *f.* ‖ *fig. mi-a venit o ~* une tuille m'est tombée sur la tête
plăcut, ~ă *adj.* plaisant, ~e agréable, gentil, ~ille
plămadă *s.f.* 1. pâte *f.* 2. levain *m.*
plămădi *vt.* pétrir
plămân *s.m.* poumon *m.*
plănui *vt.* projeter
plăpând, ~ă *adj.* délicat, ~e débile, frêle, chétif, ~ive
plăpumar, plăpumăreasă *s.m.f.* matelaissier, ~ère
plăsea *s.f.* 1. (la cuţit) manche *m.* 2. (la pistol) crosse *f.* 3. (la sabie) garde *f.*
plăsmui *vt.* 1. forger 2. inventer
plăsmuire *s.f.* 1. invention *f.* 2. faux *m.*
plăti 1. *vt.* payer, rétribuer 2. *vi. pop.* valoir ‖ *a se ~* s'acquitter envers qn.; *a ~ oalele sparte* payer les pots cassés

plătibil, ~ă *adj.* payable
plătică *s.f.* brème *f.*
pleasnă *s.f.* lanière *f.* ‖ *a lua în ~* se moquer de
pleaşcă *s.f.* aubaine *f.*
pleavă *s.f.* 1. balle (de blé) *f.* 2. rebut *m.*
plebe *s.f.* plèbe *f.*
plebeu *s.m.* plébéien *m.*
plebiscit *s.n.* plébiscite *m.*
pleca **I** *vi.* partir, s'en aller; *fam.* filer **II** *vt.* fléchir, plier, courber **III** *vr.* se pencher, se baisser, *fig.* se soumettre ‖ *a se ~ (înaintea cuiva)* s'incliner ; *a ~ ochii* baisser les yeux; *a-şi ~ urechea* prêter l'oreille
plecare *s.f.* départ *m.* ‖ *gata de ~* sur le point de partir
plecăciune *s.f.* courbette *f.* révérence *f.*
pled *s.n.* plaid *m.* couverture *f.*
pleda *vt.* plaider
pledoarie *s.f.* plaidoirie *f.*; *jur.* plaidover *m.*
pleiadă *s.f.* pléiade *f.*
plenar, ~ă *adj.* plénier, ~ière
plenipotenţiar, ~ă *adj.* plénipotentiaire
plenitudine *s.f.* plénitude *f.*
pleoapă *s.f.* paupière *f.*
pleonasm *s.n.* pléonasme *m.*
pleoşti *vt. vr.* (s')affaisser
plescăi *vi.* clapper
plesni **I** *vi.* éclater **II** *vt. fig.* (pe cineva) gifler, cingler **III** *vr.* se fêler ‖ *a ~ de ciudă* crever d;envie; *a-i ~ (cuiva) obrazul de ruşine* mourir de honte; *a ~ cu biciul* cingler du fouet; *a ~ din bici* faire claquer son fouet

plesnitură *s.f.* **1.** (de bici) claquement *m.* **2.** (a unui obiect) fêlure *f.*
pleşuv, ~ă *adj.* chauve
pleşuvie *s.f.* calvitie *f.*
plete *s.f.pl.* mèches de cheveux *f. pl.* ‖ *cu pletele în vânt* les cheveux au vent
pleură *s.f.* plèvre *f.*
pleuresie *s.f.* pleurésie *f.*
plevuşcă *s.f.* fretin *m.*
plex *s.n.* plexus *m.*
pliant, ~ă *adj.* **1.** pliant, ~e **2.** *s.n.* dépliant *m.*
plic *s.n.* enveloppe *f.* pli *m.*
plicticos, ~oasă 1. *adj.* ennuyeux, ~euse, *fam.* embêtant, ~e; *pop.* barbant, ~e **2.** *s.m.f.* raseur, ~euse
plictiseală *s.f.* ennui *m.*
plictisi 1. *vt.* ennuyer, *fam.* embêter, raser, *pop.* barber **2.** *vr.* s'ennuyer, *fam.* s'embêter
plimba *vt. vi.* (se) promener; *fam.* se balader
plimbare *s.f.* promenade *f.*
plin, ~ă 1. *adj.* plein, ~e **2.** *s.n.* plein *m.* ‖ *o sală plină până la refuz* une salle comble; *profesor ~* professeur titulaire; *~ de sine* imbu de sa personne; *din ~* à profusion
plisa *vt.* plisser
plisc *s.n.* bec *m.*
plită *s.f.* fourneau de cuisine *m.*
pliu *s.n.* pli *m.*
plivi *vt.* sarcler
plângăreţ, ~eaţă *adj.* pleurnicheur, ~euse

plânge 1. *vt.* plaindre, déplorer **2.** *vi.* pleurer **3.** *vr.* se plaindre, se lamenter
plângere *s.f.* plainte *f.*
plânset *s.n.* pleurs *m.pl.* larmes *f.pl.*
ploaie *s.f.* pluie *f.* ‖ *apă de ~* de la blague en bouteille
plocon *s.n.* cadeau *m.* présent *m.*
ploconi *vr.* faire de plates courbettes, *fig.* flagorner
ploconire *s.f.* courbette *f. fig.* flagornerie *f.*
plod *s.m.* marmot *m.*
ploicică *s.f.* ondée *f.*
ploios, ~oasă *adj.* pluvieux, ~euse
plomba *vt.* plomber, obturer une dent
plombă *s.f.* plombage *m.*
plonja *vi.* plonger
plop *s.m.* peuplier *m.* ‖ *când o face plopul pere şi răchita micşunele* quand les poules auront des dents
ploscă *s.f.* gourde *f.*
ploşniţă *s.f.* punaise *f.*
ploua *vi.* pleuvoir ‖ *a ~ cu găleata* pleuvoir à verse; *a ~ ca prin sită* bruiner
plouat, ~ă *adj.* **1.** trempé, ~e par la pluie **2.** *fig.* abattu, ~e; découragé, ~e
plug *s.n.* **1.** charrue *f.* **2** (de curăţat zăpada) chasse-neige *m.* ‖ *coarnele plugului* les mancherons de la charrue; *de la coarnele plugului* paysan
plugar *s.m.* laboureur *m.*

plugări *vi.* labourer
plugărie *s.f.* agriculture *f.*
plumb 1. *s.n.* plomb *m.* 2. *s.m.* balle *f.*
plumbui *vt.* plomber
plural, plurale 1. *adj.* plural, ~e, pluriel, ~le; 2. *s.n.gram.* pluriel *m.* ‖ *terminaţie plurală* termination plurielle
pluralitate *s.f.* pluralité *f.*
plus *s.n.* plus *m.*
plusvaloare *s.f.* plus-value
pluş *s.n.* peluche *f.*
plutaş *s.m.* batelier *m.*
plută[1] *s.f.* 1. radeau *m.* 2. train de bois sur une rivière *m.* ‖ *a face pluta* faire la planche; *transport de lemne cu pluta* flottage du bois *m.*
plută[2] *s.f.* 1. peuplier d'Italie *m.* 2. liège *m.* ‖ *dop de ~* bouchon de liège *m.*; *pluta undiţei* le flotteur
pluti *vi.* 1. *nav.* voguer 2. flotter
plutire *s.f.* flottement *m.*
plutitor, ~oare *adj.* flottant, ~e
plutocraţie *s.f.* ploutocratie *f.*
pluton *s.n.* peloton *m.*
plutonier *s.m.* adjudant *m.*
pluviometru *s.n.* pluviomètre *m.*
pneu *s.n.* pneu *m.*
pneumatic, ~ă *adj.* pneumatique
pneumonie *s.f.* pneumonie *f.*
poală *s.f.* 1. bas (d'une robe) *m.* 2. pied (d'une montagne) *m.* 3. giron *m.*
poamă *s.f.* 1. fruit *m.* 2. *fig.* crapule *f.* gredin *m.* ‖ *~ bună* gourgandine *f.*
poanson *s.n.* poinçon *m.*

poantă *s.f.* pointe *f.*
poartă *s.f.* porte cochère *f.*
poate *adv.* peut-être
pocal *s.n.* tombale *f.* gobelet *m.*
pocăi *vr.* 1. se repentir 2. *rel.* faire pénitence
pocăinţă *s.f.* 1. repentir *m.* 2. *rel.* pénitence *f.*
poci *vt.* défigurer, enlaidir
pocinog *s.n.* 1. mésaventure *f.* tuile *f.* 2. frasque *m.* bêtise *f.*
pocit, ~ă *adj.* difforme, défiguré, ~e mouche
pocitanie *s.f.* horreur *f.* magot *m.* monstre *m.*
pocnet *s.n.* éclat *m.* détonation *f.*
pocni *vi.* 1. éclater 2. claquer 3. gifler ‖ *cauciucul a pocnit* le pneu a claqué (a éclaté); *l-a pocnit* il l'a giflé
pod *s.n.* 1 pont *m.* 2. (la casă) grenier *m.* ‖ *podul palmei* la paume de la main; *~ plutitor* bac *m.* traille *f.*; *a fi căzut din ~* tombé des nues
podar *s.m.* passeur *m.*
podea *s.f.* plancher *m.*
podgorean *s.m.* vigneron *m.*
podgoreancă *s.f.* vigneronne *f.*
podgorie *s.f.* vignoble *m.*
podi *vt.* planchéier
podidi *vt.* 1. (despre plâns) fondre (en) 2. (despre râs) éclater (de) 3. (despre sânge) jaillir
podiş *s.n.* plateau *m.*
podium *s.n.* podium *m.*
podoabă *s.f.* 1. parure *f.* ornament *m.* 2. joyau *m.* bijou *(pl. ~x) m.*
poem *s.n.* poème *m.*
poet, ~ă *s.m.f.* poète *m.* poétesse *f.*

poetic, ~ă *adj.* poétique 2. *s.f.* poétique *f.*
poezie *s.f.* poésie *f.*
pofidă *s.f.* dépit *m.* ‖ *în pofida ta* malgré toi, en dépit de toi
poftă *s.f.* 1. envie *f.* désir *m.* 2. appetit *m.* ‖ *a râde cu ~* rire de bon coeur; *a-şi pune pofta în cui* en faire son deuil; *~ bună!* bon appétit!
pofti *vt.* 1. désirer, avoir envie de 2. prier, inviter ‖ *cât pofteşti* tant que vous voudrez; *a ~ la masă* inviter, prier à dîner
pofticios, ~oasă *adj.* gourmand, ~e
poftim *interj.* 1. s'il vous plait, je vous en prie 2. plaît-il? pardon? ‖ *~, intraţi!* entrez, je vous prie (s'il vous plaît); *~? n-am auzit bine* pardon? je n'ai pas bien entendu
pogon *s.n.* ancienne mesure (501-1,79 m²)
pogrom *s.n.* pogrome *m.*
poiană *s.f.* clairière *f.*
poimâine *adv.* après-demanin
pojar *s.n.* rougeole *f.*
pojghiţă *s.f.* couche *f.*
pol *s.m.* pôle *m.*
polar, ~ă *adj.* polaire
polariza *vt.* polariser
polarizare *s.f.* polarisation *f.*
polcă *s.f.* polka *f.*
polei¹ *s.n.* verglas *m.*
polei² *vt.* dorer
poleială *s.f.* 1. durure *f.* 2. *fig.* clinquant *m.*
polemic, ~ă 1. *adj.* polémique 2. *s.f.* polémique *f.*
polemiza *vi.* polémiser

polen *s.n.* pollen *m.*
policandru *s.n.* lustre *m.* candélabre *m.* lampadaire *m.*
policlinică *s.f.* polyclinique *f.*
policrom, ~ă *adj.* polychrome
poliedru *s.n.* polyèdre *m.*
poligamie *s.f.* poligamie *f.*
poliglot, ~ă *adj.* polyglotte
poligon *s.n.* polygone *m.*
poligrafie *s.f.* polygraphie *f.*
poliloghie *s.f.* verbiage *m.* laïus *m.* tartine *f.*
polimeriza *vt.* polymériser
polimorf, ~ă *adj.* polymorphe
polip *s.m.* polype *m.*
polisemie *s.f.* polysémie *f.*
politehnic, ~ă *adj.* polytechnique
politeism *s.n.* polythéisme *m.*
politeţe *s.f.* politesse *f.* civilité *f.*
politic, ~ă 1. *adj.* politique 2. *s.f.* politique *f.*
politician *s.m.* politicien *m.*
politicos, ~oasă *adj.* poli, ~e courtois, ~e
politiza *vt.* politiser
poliţă¹ *s.f.* étagère *f.*
poliţă² *s.f.* lettre de change *f.* traite *f.* ‖ *~ de asigurare* police d'assurance
poliţie *s.f.* police *f.*
poliţist *s.m.* policier *m.* agent de police *m. pop.* flic *m.*
polivalent, ~ă *adj.* polyvalent, ~e
polizor *s.n.* polisseur *m.*
polo *s.n.* polo *m.* ‖ *~ pe apă* water-polo *m.*
poloboc *s.n.* tonneau *m.* fût *m.* futaille *f.*
polog¹ *s.n.* 1. faichée *f.* 2. gerbe de foin (de blé) *f.*

polog² *s.n.* **1.** (la pat) baldaquin *m.* **2.** (la trăsură) bâche *f.*
polonez, ~ă *adj.* şi *s.m.f.* polonais, ~e
polonic *s.n.* louche *f.*
pom *s.m.* arbre fruitier *m.*
pomadă *s.f.* pommade *f.* coldcream *m.*
pomană *s.f.* aumône *f.* ‖ *a cere de ~* mendier; *a da de ~* faire l'aumône; *de ~* **a)** gratuitement (*fam.*) à l'oeil; **b)** très bon marché, c'est donné
pomeneală *s.f.* (în expr.) *nici ~ de* **a)** pas ombre de; **b)** pas question de
pomeni I *vt.vi.* **1.** rappeler **2.** mentionner **II** *vr.* se trouver ‖ *te pomeneşti că* il se peut que; *unde s-a pomenit aşa ceva* a-t-on jamais vu pareille chose?; *m-am pomenit cu fratele meu* mon frère est arrivé inopinément
pomenire *s.f.* mémoire *f.* commémoration *f.*
pomet *s.n.* **1.** verger *m.* **2.** fruits *m.pl.*
pomeţi *s.m.pl.* pommettes *f.pl.*
pomicultor *s.m.* pomiculteur *m.*
pomicultură *s.f.* pomologie *f.*
pomină *s.f.* (în expr.) *de ~* inoubliable; mémorable; *a fi de ~* être un mouton à cinq pattes
pompa *vt.* pomper
pompă¹ *s.f.* pompe *f.* ‖ *~ de incendiu* poste d'incendie *m.*
pompă² *s.f.* pompe *f.* faste *m.* apparat *m.* ‖ *cu ~* fastueusement, pompeusement
pompier *s.m.* pompier *m.*

pompos, ~oasă *adj.* pompeux, ~euse, fastueux, ~euse, prétentieux, ~euse
ponciş, ~ă I *adj.* (despre ochi) bigle **II** *adv.* de travers
ponderaţie *s.f.* pondération *f.* modération *f.*
pondere *s.f.* poids *m.*
ponegri *vt.* dénigrer
ponei *s.m.* poney *m.*
ponor *s.n.* ravin *m.*
ponos *s.n.* **1** ennui *m.* embarras *m.* **2.** blâme *m.* ‖ *a trage ponoasele* payer les pots cassés
ponosit, ~ă *adj.* râpé, ~e piteux, ~euse
ponta *vt.* **1.** enregistrer la présence au lieu du travail; **2.** ponter, tabler
pontaj *s.n.* enregistrement de la présence des salariés au lieu du travail
pontif *s.m.* pontife *m.*
ponton *s.n.* ponton *m.*
pontonier *s.m.* pontonnier *m.*
pop *s.n.* étai *m.*
popas *s.n.* arrêt *m.* halte *f.*
popă *s.m.* **1.** prêtre *m.* curé *m.* **2.** (ortodox) pope *m.* ‖ *a plăti ca popa* payer argent comptant; *a i se duce cuiva vestea ca de ~ tuns* être connu comme un loup blanc; *a da ortul popii* mourir, passer l'arme à gauche
popic *s.f.* quille *f.*
popândău *s.m.* hamster *m.*
poplin *s.n.* popeline *f.*
popor *s.n.* peuple *m.*
poporanism *s.n.* populisme *m.*
poporanist, ~ă *adj.* şi *s.m.f.* populiste

poposi *vi.* s'arrêter, faire halte
popotă *s.f.* popote *f.* mess *m.*
popri *vt.* 1. interdire, défendre 2. mettre les scellés
poprire *s.f.* saisie *f.*
popula *vt.* peupler
popular, ~ă *adj.* populaire
popularitate *s.f.* popularité *f.*
populariza *vt.* populariser
populaţie *s.f.* population *f.*
por *s.m.* pore *m.*
porc *s.m.* porc *m.* cochon *m.* ‖ ~ *mistreţ* sanglier *m.* ; ~ *de câine* fripouille *f.* salaud *m.*
porcar *s.m.* porcher *m.*
porcărie *s.f.* 1. porcherie *f.* 2. *fig.* saloperie *f.*
porcesc, ~ească *adj.* porcin, ~e ‖ *a avea un noroc* ~ avoir une veine de pendu
porcos, ~oasă *adj.* indécent, ~e obscène, ordurier, ~ère
porcuşor *s.m.* 1. porcelet *m.* 2. *iht.* goujon *m.*
poreclă *s.f.* surnom *m.* sobriquet *m.*
porecli *vt.* surnommer
porfir *s.n.* porphyre *m.*
porni I *vi.* 1. partir 2. (despre motoare) démarrer 3. (despre fenomene atmosferice) se déclencher II *vr.* 1. s'ébranler 2. se déchainer III *vt.* 1. mettre en branle, déclencher 2. *fig.* inciter, exciter (contre), monter (contre) ‖ *a* ~ *la drum* se mettre en route; *a* ~*plugurile* sortir les charrues; *s-a pornit furtuna* l'orage s'est déclenché (déchaîné); *maşina a pornit* l'auto a démarré; *s-a pornit împotriva mea* il s'est déchaîné contre moi

pornire *s.f.* 1. départ *m.* 2. démarrage *m.* 3. déclenchement *m.* ébranlement *m.* 4. *fig.* inpulsion *f.* élan *m.*
poros, ~oasă *adj.* poreux, ~euse
port[1] *s.n.* 1. port *m.* 2. costume *m.* 3. maintien *m.* ‖ ~ *naţional* costume national; *portul armelor* le port des armes
port[2] *s.n.* port *m.*
portal *s.n.* portail *m.*
portaltoi *s.n.* porte-greffe *m.*
portar *s.m.* 1. concierge *m.* portier *m.* 2. *sport* gardien de but *m.*
portativ, ~ă 1. *adj.* portatif, ~ive 2. *s.n.muz.* portée *f.*
portavion *s.n.* porte-avions *m. invar.*
portăreasă *s.f.* concierge *f.* portière *f.*
portărel *s.m.* huissier *m.*
portbagaj *s.n.* porte-bagages *m. invar.*
portdrapel *s.m.* porte-drapeau *m. invar.* porte-enseigne *m. invar.*
portic *s.n.* portique *m.*
portieră *s.f.* portière *f.*
portiţă *s.f.* portillon *m.* ‖ *fără* ~ *de scăpare* sans issue
portjartier *s.n.* ceinture *f.*
portmoneu *s.n.* bourse *f.* portemonaie *m.*
portocal *s.m.* oranger *m.*
portocală *s.f.* orange *f.*
portocaliu, ~ie *adj.* orange
portofel *s.n.* portefeuille *m.*
portofoliu *s.n.* portefeuille *m.*
portret *s.n.* portrait *m.*

portretiza *vt.* faire le portrait (de), portraiturer
portţigaret *s.n.* porte-cigarette *m. invar.*
portughez, ~ă *adj.* şi *s.m.f.* portugais, ~e
porţelan *s.n.* porcelaine *f.*
porţie *s.f.* portion *f.* ration *f.*
porţiune *s.f.* portion *f.* partie *f.*
porumb *s.m.* maïs *m.*
porunbar[1] *s.m.* grenier à maïs *m.*
porumbar[2] *s.m.* pigeonnier *m.*
porumbar[3] *s.m.bot.* prunellier *m.*
porumbă *s.f.* prunelle *f.*
porumbel *s.m.* pigeon *m.*
porumbişte *s.f.* champ de maïs *m.*
porunbiţă *s.f.* colombe *f.*
poruncă *s.f.* ordre *m.*
porunci *vt.* ordonner, commander, donner des dispositions
poruncitor, ~oare *adj.* inpérieux, ~euse, autoritaire
posac, ~ă *adj.* morose, renfrogné, ~e, grognon, ~onne
poseda *vt.* posséder
posesiune *s.f.* possession *f.*
posesiv, ~ă *adj.* possessif, ~ive
posesor, ~oare *s.m.f.* possesseur *m.*
posibil, ~ă *adj.* şi *s.m.f.* possible *adj.* şi *m.* ‖ *a face tot posibilul* faire son possible
posibilitate *s.f.* possibilité *f.*
posomorî *vr.* 1. se renfrogner 2. (despre cer) s'assombrir, s'obscurcir
pospăi *vt.* 1. enduire (de) 2. *fig.* bâcler
post[1] *s.n.* 1. emploi, service *m.* 2. poste *m.* ‖ *~ de observaţie* poste d'observation

post[2] *s.n.* 1. carême *m.* 2. jeûne *m.* ‖ *a nu lipsi ca martie din post* arriver comme marée (mars) en carême
posta *vt. vr.* (se) poster, (se) placer
postament *s.n.* piédestal *m.* socle *m.*
postav *s.n.* drap *m.*
postbelic, ~ă *adj.* d'après-guerre
posterior, ~oară *adj.* postérieur, ~e, ultérieur, ~e
posteritate *s.f.* postérité *f.*
posti *vt.* faire maigre
post-mortem *adv.* post-mortem
post-restant *s.n.* poste restante *f.*
post-scriptum *s.n.* post-scriptum *m.*
postulat *s.n.* postulat *m.*
postum, ~ă *adj.* posthume
postură *s.f.* posture *f.*
poşetă *s.f.* sac à main *m.*
poşidic *s.n.* 1. ribambelle (d'enfants) 2. marmot *m.* mioche *m.*
poştal, ~ă *adj.* postal, ~e
poştaş *s.m.* facteur *m.*
poştă *s.f.* 1. poste *f.* 2. courrier *m.* 3. (unitate de măsură 30 km) lieue *f.* ‖ *cal de ~* cheval de relais; *a sosit poşta!* le courrier est arrivé!
potabil, ~ă *adj.* potable
potaie *s.f.* roquet *m.* cabot *m.*
potasiu *s.n.* potassium *m.*
potcoavă *s.f.* fer à cheval *m.* ‖ *a umbla dupa potcoave de cai morţi* vouloir tirer des pets d'un âne mort
poctovar *s.m.* maréchal-ferrant *m.*
potcovi *vt.* 1. ferrer 2. *fig.* tromper, rouler
potecă *s.f.* sentier *m.* ‖ *se află pe toate potecile* cela court les rues

potentat *s.m.* potentat *m.*
potenţial, ~ă **1.** *adj.* potentiel, ~elle **2.** *s.n.* potentiel *m.*
poticni *vt.* **1.** trébucher, buter (contre) **2.** *fig.* échouer
potir *s.n.* **1.** timbale *f.* **2.** *bot.* calice *m.*
potârniche *s.f.* perdrix *f.* ‖ *a se împrăştia ca puii de* ~ fuir à qui mieux mieux
potlogar *s.m.* filou *m.*
potlogărie *s.f.* filouterie *f.*
potoli 1. *vt.* apaiser, calmer, étancher, assouvir **2.** *vr.* s'apaiser, se calmer ‖ *a-şi* ~ *setea* étancher sa soif; *a-şi* ~ *foamea* apaiser sa faim; *vântul s-a potolit* le vent est tombé
potolit, ~ă *adj.* tranquille, calme, doux, ~ce
potop *s.n.* **1.** déluge *m.* **2.** *fig.* foule *f.* grande quantité *f.*
potopi *vt.* **1.** inonder **2.** *fig.* envahir, accabler
potou *s.n.* poteau *m.*
potpuriu *s.n.* pot-pourri *m.*
potrivă *s.f.* (în expr.) *pe potriva cuiva* pareil à
potriveală *s.f.* **1.** ressemblance *f.* **2.** accord *m.* **3.** coïncidence *f.*
potrivi 1. *vt.* ajuster, arranger, accorder, régler **2.** *vr.* s'accorder, se ressembler ‖ *a* ~ *ceasul* régler la montre; *a-şi* ~ *părul* arranger sa coiffure; *a* ~ *o salată* assaisonner une salade; *nu te* ~ *la ce spune* ne le prend pas au sérieux
potrivire *s.f.* **1.** similitude *f.* **2.** concordance *f.*

potrivit, ~ă *adj.* **1.** assorti, ~e conforme **2.** indiqué **3.** modéré, ~e moyen-enne ‖ *o pereche* ~ă un couple assorti; ~ *dorinţei exprimate* conforme au désir exprimé; *nu e* ~ *să* il n'est pas indiqué de; *talie* ~ă taille moyenne
potrivnic, ~ă **1.** *adj.* adverse, contraire, opposé, ~e, hostile; **2.** *adv.* contrairement
potrivnicie *s.f.* adversité *f.*
poţiune *s.f.* potion *f.*
povară *s.f.* faix *m.* fardeau *m.* ‖ *a fi cuiva* ~ être à la charge de qn.; *vită de* ~ bête de somme
povaţă *s.f.* conseil *m.*
povăţui *vt.* conseiller
poveste *s.f.* conte *m.* histoire *f.* récit *m.* ‖ *a sta de poveşti* tailler une bavette; *a ajunge de* ~ être à la risée de tous; *povestea vorbei* comme on dit; *ce mai veste* ~ quoi de neuf; *ca în poveşti* comme dans les contes de fées; *nici* ~*!* pas question!
povesti *vt.* raconter, conter, narrer, relater
povestire *s.f.* récit *m.* narration *f.*
povestitor, ~oare *s.m.f.* narrateur, ~trice, conteur, ~euse
povârniş *s.n.* **1.** pente *f.* **2.** versant *m.*
poza 1. *vi.* poser **2.** *fam.* photographier **3.** *vr. fam.* se faire photographier
poză 1. *s.f.* attitude *f.* pose *f.* **2.** *fam.* image *f.*

pozitiv, ~ă *adj.* positif, ~ive
pozitivism *s.n.* positivisme *m.*
pozitivist, ~ă *adj.* şi *s.m.f.* pozitiviste
poziţie *s.f.* position *f.*
poznaş, ~ă I. *adj.* espiègle, drôle **II** *s.m.f.* drôle m. pitre *m.*
poznă 1. espièglerie *f.* **2.** bourde *f.* impair *m.* ‖ *se ţine de pozne* il ne fait que des espiègleries (il fait des siennes); *iar a făcut o ~* il a de nouveau commis un impair
practic, ~ă *adj.* pratique
practica *vt.* exercer, pratiquer
practicabil, ~ă *adj.* praticable, applicable
practicant, ~ă *s.m.f.* **1.** practicien, ~enne **2.** stagiaire
practică *s.f.* **1.** pratique *f.* **2.** stage *m.*
practician, ~ă *s.m.f.* praticien, ~enne
pradă *s.f.* **1.** proie *f.* **2.** (de război) butin *m.*
praf *s.n.* poussière *f.* poudre *f.* ‖ *a face ~ pe cineva* **a)** tuer **b)** épater qn.; *a face ~ un lucru* détruire; *a face ~ şi pulbere* anéantir; *a se face ~ şi pulbere* s'en aller en eau de boudin; *a arunca ~ în ochi* jeter de la poudre aux yeux; *un ~ de sare* une pincée de sel
prag *s.n.* seuil *m.* ‖ *a pune piciorul în prag* imposer sa volonté; *în pragul iernii* au seuil de l'hiver
pragmatism *s.n.* pragmatisme *m.*
pralină *s.f.* praline *f.*

pragmatic *s.f.* gredin *m.* vaurien *m.* crapule *f.*
praşilă *s.f.* sarelage *m.* binage *m.*
praştie *s.f.* fronde *f.* ‖ *cât dai cu praştia* à un jet de pierre; *a-şi lua hamul şi praştia* se mettre au travail; *ca din ~* à tire-d'aile
pravilă *s.f. inv.* loi *f.* code *m.*
praz *s.m.* poireau *m.*
praznic *s.n.* festin *m.* ‖ *la dracun ~* au diable vauvert
prăbuşi *vr.* **1.** s'écrouler, s'ébouler, s'affaisser, s'effondrer **2.** *fig.* s'écrouler, s'effondrer ‖ *a se ~ într-un fotoliu* s'affaler dans un fauteuil
prăbuşire *s.f.* **1.** écroulement *m.* éboulement *m.* **2.** *fig.* affaissement *m.* effondrement *m.* ‖ *prăbuşirea unui mal* l'éboulement d'une berge; *prăbuşirea unei clădiri* l'effondrement d'une bâtisse
prăda *vt.* piller
prădalnic, ~ă *adj.* rapace, pillard, ~e
prăfuit, ~ă *adj.* poussiéreux, ~euse, poudreux, ~euse
prăji 1. *vt.* frire, rissoler **2.** *vr.* se prélasser au soleil
prăjină *s.f.* **1.** perche *f.* gaule *f.* **2.** ancienne mesure
prăjitură *s.f.* gâteau *m.*
prăpastie *s.f.* précipice *m.* abîme *m.* gouffre *m.* ‖ *a fi pe marginea prăpastiei* être sur le bord de l'abîme; *a spune prăpăstii* conter des histoires à dormir debout

prăpăd *s.n.* ravage *m.* désastre *m.* débâcle *f.* ‖ *a veni ~* venir en grand nombre

prăpădi I *vt.* 1. dévaster, ravager, détruire 2. gaspiller **II** *vr.* mourir ‖ *a se ~ de râs* se tordre de rire; *a se ~ după cineva* être fou de qn.; *a se ~ după ceva* raffoler de qn.; *a nu se ~ cu firea* ne pas s'en faire; *a prăpădit tot ce a avut* il a gaspillé tout ce qu'il a eu

prăpădit, ~ă *adj.* 1. détruit, ~e; ravagé, ~e 2. *fig.* miné, ~e; à bout de forces ‖ *~ de boală* miné, épuisé par la maladie; *~ de oboseală* fourbu, ereinté; *un ~* un pauvre diable, (sire, hère)

prăpăstios, ~oasă *adj.* 1. escarpé, ~e à pic 2. *fig.* pessimiste, anxieux, ~euse

prăsi I *vt.* 1. élever des animaux 2. planter, cultiver **II** *vr..* engendrer, se reproduire

prăsilă *s.f.* reproduction des animaux *f.* animaux de reproduction *m.pl.* ‖ *cal de ~* étalon

prăşi *vt.* biner

prăşit *s.n.* binage *m.*

prăşitoare *s.f.* bineuse *f.*

prăşitor, ~oare *s.m.f.* sarcleur, ~euse

prăvăli I *vt.* 1. renverser 2. abattre **II** *vr.* 1. dévaler 2. dégringoler ‖ *a ~ o stâncă* renverser un rocher; *a ~ un arbore* abattre un arbre; *şuvoaiele se prăvăleau din munţi* les torrents dévalaient des montagnes; *se prăvăli din capul scării* il dégringola du haut de l'escalier

prăvălie *s.f.* magasin *m.*

prăvălioară *s.f.* boutique *f.* échoppe *f.*

prăvălire *s.f.* 1. dégringolade *f.* chute *f.* 2. (despre un teren) éboulement *m.*

prăznui 1. *vt.* fêter, célébrer 2. *vi.* festoyer

prea *adv.* trop ‖ *a nu ~ şti multe* avoir le tête près du bonnet; *asta e ~* cela dépasse les bornes; *nici ~ ~, nici foarte-foarte* couçi-couça; *~ din cale afară* excessivement.

preajmă *s.f.* voisinage *m.* ‖ *în preajma noastră* autour (auprès) de nous

prealabil, ~ă *adj.* préalable ‖ *în ~* en (tout) premier lieu, au préalable, préalablement

preamări *vt.* glorifier, *fam.* chanter les louanges

preambul *s.n.* préambule *m.*

preaplin *s.n.* trop-plein *m.invar.*

preaviz *s.n.* préavis *m.*

precar, ~ă *adj.* précaire

precaut, ~ă *adj.* prudent, ~e précautionneux, ~euse

precauţie *s.f.* précaution *f.*

precădere *s.f.* préséance *f.*

preceda *vt.* précéder

precedent, ~ă 1. *adj.* précédent, ~e 2. précédent *m.*

precept *s.n.* précepte *m.*

preceptor *s.m.* précepteur *m.*

precipita *vt. vr.* (se) précipiter
precipitat, ~ă **1**. *adj.* pressé, ~e, précipité, ~e **2**. *s.n.* *chim.* précipité *m.*
precis, ~ă *adj.* précis, ~e exact, ~e
preciza *vt.* préciser
precizie *s.f.* précision *f.*
precoce *s.f.* précoce
precocitate *s.f.* précocité *f.*
preconceput, ~ă *adj.* préconçu, ~e
preconiza *vt.* préconiser
precum *conj.* ainsi, comme, ainsi que || ~ *urmează* comme suit; ~ *a dorit* ainsi qu'il l'a voulu; *orice aviz* ~ *și orice scrisoare...* tout avis ainsi toute lettre...
precumpăni *vt. vi.* prévaloir, prédominer
precumpănitor, ~oare *adj.* prédominant, ~e, prépondérant, ~e
precupeț, ~eață *s.m.f.* marchand, ~e des quatre saisons
precupeți *vt.* marchander || *a nu-și* ~ *osteneala* ne pas s'épargner
precursor, ~oare *s.m.f.* précurseur *m.*
preda[1] **I.** *vt.* **1**. livrer **2**. (despre o materie de studiu) enseigner **II** *vr.* se rendre, se livrer
predecesor, ~oare *s.m.f.* prédécesseur *m.*
predestinat, ~ă *adj.* prédestiné, ~e, voué, ~e (à)
predica *vi.* prêcher
predicat *s.n.log.* prédicat *m.*; *gram.* verbe *m.*
predică *s.f.* **1**. sermon *m.* prédication *f.* **2**. *fam.* laïus *m.*

predilecție *s.f.* prédilection *f.* préférence *f.*
predispoziție *s.f.* prédisposition *f.* penchant *m.*
predispune *vt. vi.* prédisposer
predomina *vi.* prédominer
predominație *s.f.* prédominance *f.*
prefabricat, ~ă **1**. *adj.* préfabriqué, ~e **2**. *s.n.* produit préfabrique *m.*
preface 1. *vt* transformer, changer **2**. *vr.* simuler, feindre, faire semblant
prefacere *s.f.* **1**. transformation *f.* changement *m.* **2**. renouvellement *m.*
prefață *s.f.* préface *f.*
prefăcătorie *s.f.* feinte *f.* dissimulation *f.*
prefăcut, ~ă **I** *adj.* **1**. transformé, ~e **2**. falsifié, ~e **II** *s.m.f.* *fig.* hypocrite *m.f.* tartufe *m.*
prefect *s.m.* préfet *m.*
prefectură *s.f.* préfecture *f.*
prefera *vt.* préférer
preferabil, ~ă *adj.* préférable
preferință *s.f.* préférence *f.*
prefix *s.n.* préfixe *m.*
pregăti *vt. vr.* (se) préparer, (s')apprêter || *a* ~ *un examen* préparer un examen; *a* ~ *o mâncare* apprêter un plat
pregătire *s.f.* préparation *f.*
preget *s.n.* répit *m.* || *fără (de)* ~ sans répit, sans cesse
pregeta *vi.* hésiter, balancer
pregnant, ~ă *adj.* prégnant, ~e
preistoric, ~ă *adj.* préhistorique
preistorie *s.f.* préhistoire *f.*
preîntâmpina *vt.* prévenir, contrecarrer

prejos *adv.* (în expr.) *mai ~ de* inférieur (à), au-dessous (de)
prejudecată *s.f.* préjugé *m.* parti pris *m.*
prejudicia *vt.* porter (causer) du préjudice
prejudiciu *s.n.* préjudice *m.*
prelat *s.m.* prélat *m.*
prelată *s.f.* bâche *f.*
prelegere *s.f.* conférence *f.* cours *m.*
preliminar, **~ă** 1. *adj.* préliminaire 2. *s.n.pl.* préliminaires *m.pl.*
prelinge *vt.* 1. suinter 2. *fig.* s'infiltrer, se glisser
prelua *vt.* 1. prendre 2. assumer ‖ *a ~ comanda* prendre la commande; *a ~ o sarcină* assumer une tâche
prelucra *vt.* 1. modifier; *tehn.* usiner 2. (despre un text) interpréter, expliquer ‖ *a ~ (pe cineva)* faire un travail d'éclaircissement; *a ~ un text* faire un travail d'explication
prelucrare *s.f.* 1. *tehn.* usinage *m.* 2. interprétation *f.* explication *f.* commentaire *m.*
preludiu *s.n.* prélude *m.*
prelung, **~ă** *adj.* allongé, ~e oblong, ~que
prelungi *vt. vr.* (în timp) prolonger; (în spațiu) rallonger
prelungire *s.f.* 1. prolongation *f.* prolongement *m.* 2. *jur.* prorogation *f.* ‖ *~ de concediu* prolongation de congé; *~ de stradă* prolongement d'une rue
prematur, **~ă** *adj.* prématuré, ~e
premedita *vt.* préméditer
premeditare *s.f.* préméditation *f.*

premergător, **~oare** *adj.* précurseur *m.* antérieur, ~e à
premia *vt.* accorder (décerner) un prix, couronner
premiat, **~ă** *adj.* lauréat, ~e
premier *s.m.* premier ministre *m.*
premieră *s.f.* première *f.*
premisă *s.f.* prémisse *f.*
premiu *s.n.* prix *m.*
prenume *s.n.* prénom *m.*
preocupa *vt. vr.* (se) préoccuper
preocupare *s.f.* préoccupation *f.*
preopinent, **~ă** *s.m.f.* préopinant, ~e
preot *s.m.* prêtre *m.* curé *m.*
preoție *s.f.* sacerdoce *m.*
preoțime *s.f.* clergé *m.*
prepara *vt. vr.* v. pregăti
preparare *s.f.* préparation *f.*
preparative *s.f.pl.* préparatifs *m.pl.*
preparator, **~oare** *s.m.f.* préparateur, ~trice
prepelicar *s.m.* lévrier *m.*
prepeliță *s.f.* caille *f.*
preponderent, **~ă** *adj.* prépondérant, ~e
preponderență *s.f.* prépondérance *f.*
prepoziție *s.f.* préposition *f.*
prerevoluționar, **~ă** *adj.* prérévolutionaire
prerie *s.f.* prairie *f.*
prerogativă *s.f.* prérogative *f.*
presa *vt.* 1. presser, comprimer, pressurer 2. *fig.* presser
presă *s.f.* 1. presse *f.* 2. (pentru ulei etc.) pressoir *m.*
presăra *vt.* parsemer, éparpiller ‖ *flori presărate pe masă* des fleurs éparpillées sur la table;

cer presărat de stele ciel parsemé d'étoiles
preschimba *vt.* échanger
prescrie *vt.* prescrire, ordonner
prescripție *s.f.* prescription *f.*
prescurta *vt.* abréger
prescurtare *s.f.* abréviation *f.*
presimți *vt.* pressentir
presimțire *s.f.* pressentiment *m.*
presiune *s.f.* pression *f.*
presta *vt.* fournir un travail ‖ *a ~ un jurământ* prêter serment
prestanță *s.f.* prestance *f.*
prestație *s.f.* prestation *f.*
prestidigitator *s.m.* prestidigitateur *m.*
prestigiu *s.n.* prestige *m.*
presupune *vt.* supposer, présumer ‖ *să presupunem că* (supposons) mettons que
presus *adv.* (în expr.) *mai ~ de* par-dessus; *mai ~ de toate* au-dessus de tout
preș *s.n.* **1.** tapis *m.* **2.** (de papură) paillasson *m.*
preșcolar, ~ă *adj.* (în expr.) *învățământ ~* enseignement que l'on donne dans les jardins d'enfants
președinte, ~ă *s.m.f.* président, ~e
președinție *s.f.* présidence *f.*
pretendent, ~ă *s.m.f.* prétendant, ~e; aspirant, ~e
pretenție *s.f.* prétention *f.*
pretențios, ~oasă *adj.* **1.** exigeant, ~e **2.** prétentieux, ~euse ‖ *un profesor ~* un professeur exigeant; *un stil ~* un style prétentieux
pretext *s.n.* prétexte *m.*
pretexta *vt.* prétexter
pretinde *vt. vi.* prétendre
pretoriu *s.n.* prétoire *m.*
pretură *s.f.* préture *f.*
pretutindeni *adv.* partout
preț *s.n.* prix *m.* ‖ *~ de cost* prix de revient; *cu orice ~* à tout prix; *cu nici un ~* pour rien au monde; *a nu pune ~ pe ceva* ne pas attacher du prix (à); *~ de trei ore* environ trois heures
prețios, ~oasă *adj.* précieux, ~euse
prețui **I** *vt.* **1.** evaluer, estimer **2.** apprécier, estimer **II** *vi.* valoir ‖ *a ~ o marfă* évaluer une marchandise; *a ~ o persoană* estimer, apprécier une personne
prețuire *s.f.* **1.** évaluation *f.* **2.** *fig.* estime *f.* considération *f.*
prevala *vi.* prévaloir
prevăzător, ~oare *adj.* prévoyant, ~e
prevedea *vt.* **1.** prévoir **2.** équiper, munir, pourvoir ‖ *a ~ timpul* prévoir le temps; *uzină prevăzută cu instalații moderne* une usine équipée (outillée) d'instalations modernes; *aparat prevăzut cu* appareil muni de
prevedere *s.f.* **1.** prévoyance *f.* **2.** prévision *f.* ‖ *a dat dovadă de ~* il a fait preuve de prévoyance; *prevederile legii* les prévisions de la loi
preveni *vt.* prévenir
prevenitor, ~oare *adj.* prévenant, ~e; aimable
preventiv, ~ă *adj.* préventif, ~ive

preventoriu *s.n.* préventorium *m.*
prevenţie *s.f.* prévention *f.*
prevesti *vt.* présager, prédire, augurer
prevestire *s.f.* présage *m.*, augure *m.*
previziune *s.f.* prévision *f.*
prezbit, ~ă *adj.* presbyte
prezent, ~ă **1.** *adj.* présent, ~e **2.** *s.n.* présent *m.*
prezenta I. *vt.* présenter **II** *vr.* **1.** se présenter **2.** dire son nom
prezentare *s.f.* présentation *f.*
prezenţă *s.f.* présence *f.*
prezicător, ~oare *s.m.f.* voyant, ~e
prezice *vt.* prédire
prezida *vt.* présider
prezidiu *s.n.* praesidium *m.* présidium *m.*
preziuă *s.f.* (în expr.) *în preziua* à la veille de
prezumtiv, ~ă *adj.* présomptif, ~ive
prezimţie *s.f.* présomption *f.*
prezimţios, ~oasă *adj.* présomptueux, ~euse
pribeag, ~ă *adj.* vagabond, ~e; errant, ~e
pribegi *vi.* errer, vagabonder
pribegie *s.f.* **1.** vagabondage *m.* **2.** exil *m.*
pricăjit, ~ă *adj.* rabougri, ~e *fig.* piteux, minable
pricepe 1. *vt.* comprendre, entendre **2.** *vr.* s'entendre (à), se connaître (à) ‖ *se ~ bine la matematici* il est très calé en mathématiques
pricepere *s.f.* **1.** compréhension *f.* **2.** capacité *f.*
priceput, ~ă *adj.* **1.** adroit, ~e **2.** capable **3.** calé, ~e

prichindel *s.m.* nabot *m.*
pricină *s.f.* **1.** cause *f.* mobile *m.* **2.** querelle *f.* ‖ *omul cu pricina* le personnage en question; *a căuta ~* chercher noise; *din ~ că* à cause de, parce que; *fără ~* sans cause (raison), sans mobile
pricinui *vt.* causer, provoquer
pricopseală *s.f.* **1.** gain *m.* **2.** aubaine *f.* **3.** *ir.* prouesse *f.*
pricopsi *vr.* **1.** faire ses choux gras **2.** s'enrichir
prididi *vt.* **1.** achever **2.** assaillir **3.** (în constr. negative) ne pas en venir à bout; *n-am putut ~ treaba* je n'ai pas pu achever la besogne, je n'en suis pas venu à bout; *prididit de griji* assailli par les soucis
pridvor *s.n.* véranda *f.*
prielnic, ~ă *adj.* favorable
prieten, ~ă *s.m.f.* ami, ~e ‖ *la revedere, prietene!* au revoir mon vieux (pote)!
prieteneşte *adj.* amicalement
prietenie *s.f.* amitié *f.*
prietenos, ~oasă *adj.* amical, ~e
prigoană *s.f.* persécution *f.*
prigoni *vt.* persécuter, opprimer
prihană *s.f.* **1.** péché *m.* **2.** tache *f.* souillure *f.* ‖ *fără ~* pur; *fără frica şi fără ~* sans peur et sans reproche
prii *vi.* convenir ‖ *îi prieşte* cela lui va; cela lui réussit
prilej *s.n.* occasion *f.*
prilejui *vt.* causer, occasionner
prim, ~ă *num. ord.* premier, ~ère ‖ *în primul rând* d'abord; *de ~ ordin* de premier ordre

prima *vi.* primer
primadonă *s.f.* prima donna, *pl.* prime donne
primar¹ *s.m.* maire *m.*
primar², ~ă *adj.* primaire ‖ *medic* ~ médecin en chef; *văr* ~ cousin germain
primă *s.f.* prime *f.*
primărie *s.f.* mairie *f.*
primăvară *s.f.* printemps *m.*
primăvăratic, ~ă *adj.* printanier, ~ère
primejdie *s.f.* danger *m.* péril *m.*
primejdios, ~oasă *adj.* dangereux, ~euse, périlleux, ~euse
primejdui *vt.* péricliter, mettre en danger
primeni 1. *vr.* changer de linge 2. *vt.* renouveler
primenire *s.f.* renouvellement, régénération *f.*
primi *vt.* 1. recevoir 2. accueillir 3. accepter, consentir ‖ *a ~ salariul* toucher le salaire; *a ~ veşti* recevoir des nouvelles; *a ~ să colaboreze* accepter de collaborer; *publicul a primit bine pe violonist* le public a bien accueilli le violoniste
primire *s.f.* 1. réception *f.* 2. accueil *m.* ‖ *a lua în ~ pe cineva* faire des reproches à qn.; *zile de ~* jours de réception; *a da în ~* remettre
primitiv, ~ă *adj.* primitif, ~ive
primitivism *s.n.* état primaire (primitif) *m.*
primitor, ~oare *adj.* accueillant, ~e
primordial, ~ă *adj.* primordial, ~e

primus *s.n.* lampe à pétrole *f.*
prin *prep.* par ‖ ~ *aceste mijloace* par ces moyens; *am călătorit ~ toată Europa* j'ai voyagé à travers toute l'Europe; *am trecut ~ Sibiu* je suis passé par Sibiu; ~ *somn* pendant mon sommeil; ~*anul 1950* vers 1950
princiar, ~ă *adj.* princier, ~ière
principal, ~ă *adj.* principal, ~e
principat *s.n.* principauté *f.*
principe *s.m.* prince *m.*
principesă *s.f.* princesse *f.*
principial, ~ă 1. *adj.* de principe 2. *adv.* en principe
principiu *s.n.* principe *m.*
prinde I. *vt.* 1. attraper 2. saisir 3. prendre 4. surprendre, attraper. 5. rattraper 6. fixer, attacher II *vr.* 1. s'accrocher 2. parier 3. aller bien III *vi. vr.* 1. prendre 2. commencer ‖ *a ~ o minge* attraper une balle; *a ~ de braţ (pe cineva)* saisir le bras de qn.; *a ~ în braţe* embrasser; *n-am prins despre ce era vorba* je n'ai pas saisi de quoi il s'agissait; *l-am prins din urmă* je l'ai rattrapé; *a ~ o ocazie (momentul)* saisir l'occasion (le moment); *a ~ (pe cineva) asupra faptului* attraper (qn.) prendre (qn.) sur le fait; *a ~ un nasture* attacher (fixer) un bouton; *a ~ putere* reprendre des forces; *a ~ viaţă* s'animer; *a ~ de veste* avoir vent de qch.; *m-a prins somnul* je me suis assoupi;

vântul a prins să bată le vent commença à souffler; *a se ~ de o balustradă* s'accrocher à un garde-fou; *a se ~ în horă* entrer dans la ronde; *mă prind că e adevărat* je parie que c'est vrai; *a se ~ în vorbă* entamer une conversation; *trandafirul a prins* le rosier a pris; *roșul te ~ bine* le rouge vous va (sied); *îți va ~ bine* cela te sera nécessaire (utile)

prinos *s.n.* offrande *f.*
prinsoare *s.f.* pari *m.* gageure *f.*
printre *prep.* parmi, entre ‖ *~ ei* parmi eux; *~ nori* à travers les nuages; *~ gene* les yeux mi-clos; *~ picături* entre temps; *~ altele* entre autres
prinț *s.m.* prince *m.*
prințesă *s.f.* princesse *f.*
prinzătoare *s.f.* (în expr.) *~ de muște* attrape-mouches *m.*
prioritate *s.f.* priorité *f.*
pripas *s.n.* petit d'un animal ‖ *de ~* sans feu ni lieu
pripă *s.f.* (în expr.) *în ~* à la hâte, à la va-vite; *fără ~* à loisir
pripăși *vr.* se nicher
pripi 1. *vr.* se hâter, se dépécher, se presser 2. *vt.* (despre alimente) rissoler
pripon *s.n.* piquet *m.*
priponi *vt.* attacher un animal à un piquet
pripor *s.n.* versant *m.* pente escarpée *f.*
prisacă *s.f.* rucher *m.*
prisăcar *s.m.* apiculteur *m.*

prismatic, ~ă *adj.* prismatique
prismă *s.f.* prisme *m.*
prisos *s.n.* **1.** surplus *m.* excédent *m.* superflu *m.* **2.** abondance *f.* ‖ *de ~* inutile, superflu, de trop; *~ de bucate* abondance *f.*
prisosi *vi.* surabonder
prispă *s.f.* véranda paysanne *f.*
prișniț *s.n.* compresse *f.*
pritoci *vt.* transvaser
priva *vt.* priver
privat, ~ă *adj.* privé, ~e; particulier, ~ière
priveghea *vi.* veiller
priveghere *s.f.* veille *f.*
priveliște *s.f.* vue *f.* paysage *m.*
privi *vt.* **1.** regarder, contempler **2.** *fig.* considérer ‖ *a nu ~ cu ochi buni* ne pas regarder d'un bon oeil; *te privește* cela vous regarde; *în ceea ce privește* en ce qui concerne; *a ~ pe cineva de sus până jos* toiser qn.
privighetoare *s.f.* rossignol *m.*
privilegiat, ~ă *adj.* privilégié, ~e
privilegiu *s.n.* privilège *m.*
privința *s.f.* (în expr.) *într-o ~* d'un certain point de vue; *în privința* concernant; *în această ~* à cette égard
privire *s.f.* **1.** regard *m.* **2.** vue *f.* **3.** *fig.* contemplation *f.* ‖ *dintr-o ~* d'un seul coup d'oeil; *a avea privirea slabă* avoir la vue faible; *cu ~ la* concernant
privitor, ~oare **1.** *adj.* relatif, ~ive (à) **2.** *s.m.f.* spectateur, ~trice
priză *s.f.* prise *f.*
prizărit, ~ă *adj.* malingre, chétif, ~ive, étiolé, ~e

prizonier, ~ă *s.m.f.* prisonnier, ~ière
prizonierat *s.n.* captivité *f.*
prânz *s.n.* déjeuner *m.* ‖ *înainte de ~* le matin; *după ~* après-midi; *la ~* à midi
prânzi *vi.* déjeuner
prâslea *s.m.* cadet *m.* benjamin *m.*
proaspăt, ~ă *adj.* 1. frais, fraîche 2. *fig.* récent, ~e ‖ *unt ~* du beurre frais; *aer ~* de l'air frais (pur); *inginer ~* ingénieur frais émoulu de l'école; *veşti proaspete* des nouvelles récentes
proba *vt.* 1. prouver 2. (despre o haină etc.) essayer
probabil, ~ă 1. *adj.* probable 2. *adv.* probablement
probabilitate *s.f.* probabilité *f.*
probă *s.f.* 1. preuve *f.* 2. essai *m.* 3. *sport* épreuve *f.* 4. (în ştiinţa) test *m.* 5. (despre o haină) essayage *m.* 6 (despre mărfuri) échantillon *m.* ‖ *probe zdrobitoare* des preuves accablantes; *proba unei maşini* l'essai d'une voiture; *a da ~ de* faire preuve (de)
probitate *s.f.* probité *f.* honnêteté *f.*
problematic, ~ă *adj.* problématique, douteux, ~euse
problemă *s.f.* problème *m.*
proceda *vi.* procéder
procedeu *s.n.* procédé *m.*
procedură *s.f. jur.* procédure *f.*
procent *s.n.* pourcentage *m.* pourcent *m.* taux *m.*
proces *s.n.* 1. processus *m.* procès *m.* 2. *jur.* procès *m.*

procesiune *s.f.* procession *f.*
proclama *vt.* proclamer
proclamare *s.f.* proclamation *f.*
procrea *vi.* procréer
procura *vt.* procurer
procură *s.f.* procuration *f.*
procuror *s.m.* procureur *m.*
prodecan *s.m.* vice-doyen *m.*
prodigios, ~oasă *adj.* prodigieux, ~euse
producător, ~oare 1. *adj.* productif, ~ive 2. *s.m.f.* producteur, ~trice
produce *vt. vr.* (se) produire
productiv, ~ă *adj.* productif, ~ive
productivitate *s.f.* productivité *f.*
producţie *s.f.* production *f.* ‖ *a fi în ~* travailler; *mijloace de ~* moyens de production
produs *s.n.* produit *m.* ‖ *~ de schimb* marchandise *f.*
proeminent, ~ă *adj.* proéminent
profan, ~ă *adj.* şi *s.m.f.* profane, ignorant, ~e
profana *vt.* profaner
profera *vt.* proférer
profesa *vt.* professer
profesional, ~ă *adj.* professionnel, ~elle
profesionist, ~ă *adj.* şi *s.m.f.* professionnel, ~elle
profesiune *s.f.* profession *f.*
profesor, ~oasă *s.m.f.* professeur *m.*
profesorat *s.n.* professorat *m.*
profet *s.m.* prophète *m.*
profetiza *vt.* prophétiser, prédire
profeţie *s.f.* prophétie *f.* prédiction *f.*
profil *s.n.* profil *m.*

profila *vt. vr.* (se) profiler
profilaxie *s.f.* prophylaxie *f.*
profit *s.n.* profit *m.* bénéfice *m.*
profita *vt.* profiter
profitor, ~oare *adj.* profiteur, ~euse
profund, ~ă 1. *adj.* profond, ~e 2. *adv.* profondément
profunzime *s.f.* profondeur *f.*
progenitură *s.f.* progéniture *f.* rejeton *m.*
program *s.n.* programme *m.*
programa *vt.* programmer
programă *s.f.* plan d'enseignement *m.*
progres *s.n.* progrès *m.*
progresa *vi.* progresser
progresie *s.f. mat.* progression *f.*
progresist, ~ă *adj.* progressiste
progresiv, ~ă *adj.* progressif, ~ive
prohibitiv, ~ă *adj.* prohibitif, ~ive
prohibiţie *s.f.* prohibition *f.*
proiect *s.n.* projet *m.*
proiecta 1. *vt.* projeter 2. *vr.* être projeté
proiectant, ~ă *adj.* 1. *adj.* de projection 2. *s.m.f.* personne qui élabore des plans
proiectil *s.n.* projectile *m.*
proiector *s.n.* projecteur *m.*
proiecţie *s.f.* projection *f.*
proletar, ~ă 1. *adj.* prolétarien, ~enne 2. *s.m.f.* prolétaire *m.*
prolific, ~ă *adj.* prolifique
prolix, ~ă *adj.* prolixe
prolog *s.n.* prologue *m.*
promiscuitate *s.f.* promiscuité *f.*
promisiune *s.f.* promesse *f.*

promite *vt.* promettre
promiţător, ~oare *adj.* prometteur, ~euse
promontoriu *s.n.* promontoire *m.*
promoroacă *s.f.* givre *m.*
promotor *s.m.f.* promoteur, ~trice
promoţie *s.f.* promotion *f.*
promova *vt.* promouvoir ǁ *a ~ un elev* déclarer un élève reçu
promovare *s.f.* promotion *f.*
prompt, ~ă *adj.* prompt, ~e
promptitudine *s.f.* promptitude *f.*
promulga *vt.* promulguer
promulgare *s.f.* promulgation *f.*
pronie *s.f.* providence *f.*
pronostic *s.n.* pronostic *m.*
pronume *s.n.* pronom *m.*
pronunţa *vt. vr.* (se) prononcer
pronunţare *s.f.* prononciation *f.*
propaga *vt.* propager
propagandă *s.f.* propagande *f.*
propagandist, ~ă *s.m.f.* propagandiste
propagare *s.f.* propagation *f.*
propăşi *vi.* 1. progresser 2. prospérer
propăşire *s.f.* 1. progrès *m.* 2. prospérité *f.*
propice *adj.* propice, favorable
propilee *s.f.pl.* propylée *m.*
proporţie *s.f.* proportion *f.* ǁ *de mari proporţii* de grande envergure
proporţiona *vt.* proportionner
proporţional, ~ă *adj.* proportionnel, ~elle
propovădui *vt.* prêcher
propoziţie *s.f.* proposition *f.* phrase *f.*

proprietar, ~ă *s.m.f.* propriétaire *m.f.* ‖ *mare ~* grand propriétaire foncier, terrien
proprietate *s.f.* propriété *f.*
proprietăreasă *s.f.* propriétaire *f.*
propriu, ~ie *adj.* propre ‖ *~zis* à proprement parler
proptea *s.f.* 1. étai *m.* 2. *fig.* protection *f.*
propti 1. *vt.* étayer 2. *vr.* s'appuyer
propulsa *vt.* propulser
propulsie *s.f.* propulsion *f.*
propulsor *s.n.* propulseur *m.*
propune *vt.* proposer
propunere *s.f.* proposition *f.*
proră *s.f.* proue *f.*
proroc *s.m.* prophète *m.*
proscris, ~ă *adj.* (despre persoane) proscrit, ~e (despre idei, acţiuni) aboli, ~e
proslăvi *vt.* glorifier, chanter les louanges
prosodie *s.f.* prosodie *f.*
prosop *s.n.* essuie-mains *m.*, serviette-éponge *f.*
prospect *s.n.* prospectus *m.*
prospecta *vt.* prospecter
prospecţiune *s.f.* prospection *f.*
prosper, ~ă *adj.* prospère
prospera *vi.* prospérer
prosperitate *s.f.* prospérité *f.*
prospeţime *s.f.* fraîcheur *f.*
prost, ~proastă I. *adj.* 1. bête, sot, sotte, stupide 2. mauvais, ~e II *adv.* mal ‖ *~ de dă în gropi* bête commes ses pieds, à manger du foin; *vreme proastă* mauvais temps; *stofă proastă* étoffe de mauvaise qualité; *a vorbi ~ o limbă străină* parler mal une langue étrangère; *(a fi) ~ dispus* broyer du noir; *a lucra ~* travailler mal; *a se simţi ~* se sentir mal (sănătate); être mal à l'aise (*a se simţi prost ca situaţie*)
prostălău *adj. m.* idiot, imbécile, dadais
prostănac, ~ă *adj.* bête, balourd, ~e, niais, ~e
prosterna *vr.* se prosterner
prosteşte *adv.* stupidement, bêtement, sottement
prosti 1. *vr.* s'abêtir 2. *vt. fam.* faire marcher, rouler
prostie *s.f.* bêtise *f.* sottise *f.*
prostit, ~ă *adj.* hébété, ~e ahuri, ~e, abruti, ~e
prostraţie *s.f.* prostration *f.*
prostuţ, ~ă *adj.* bébête
protagonist, ~ă *s.m.f.* protagoniste *m.*
protector, ~oare *adj.* protecteur, ~trice
protectorat *s.n.* protectorat *m.*
protecţie *s.f.* protection *f.*
protecţionism *s.n.* protectionnisme *m.*
proteja *vt.* protéger
protest *s.f.* protestation *f.*
protesta *vt.* protester
protestantism *s.n.* protestantisme *m.*
protestatar, ~ă *adj.* protestataire
proteză *s.f.* prothèse *f.*
protipendadă *s.f.* aristocratie *f.* haute-volée *f.*
protocol *s.n.* protocole *m.*

protocolar, ~ă *adj.* protocolaire
proton *s.m.* proton *m.*
protoplasmă *s.f.* protoplasma *m.* protoplasme *m.*
protopop *s.m.* archevêque *m.*
prototip *s.n.* prototype *m.*
protozoar *s.n.* protozoaires *m.pl.*
protuberanţă *s.f.* protubérance *f.*
proţap *s.n.* **1.** perche *f.* **2.** gaule *f.* **3.** pieu *m.*
proţăpi *vr. fam.* se camper, se planter
proveni *vi.* provenir
provenienţă *s.f.* provenance *f.*
proverb *s.n.* proverbe *m.*
proverbial, ~ă *adj.* proverbial, ~e
providenţă *s.f.* providence *f.*
providenţial, ~ă *adj.* providentiel, ~elle
provincial, ~ă *adj.* şi *s.m.f.* provincial, ~e
provincialism *s.n.* provincialisme *m.*
provincie *s.f.* province *f.*
provizie *s.f.* provision *f.*
provizoriu, ~ie **1.** *adj.* provisoire **2.** *adv.* provisoirement
provoca *vt.* provoquer
provocare *s.f.* provocation *f.* incitation *f.*; (sport) chalenge *m.*
provocator, ~oare **1.** *adj.* provocant, ~e provocateur, ~trice **2.** *s.m.f.* provocateur, ~trice
proxim, ~ă *adj.* prochain, ~e
prozaic, ~ă *adj.* prosaïque
prozaism *s.n.* prosaïsme *m.*
prozator, ~oare *s.m.f.* prosateur *m.*
proză *s.f.* prose *f.*
prudent, ~ă **1.** *adj.* prudent, ~e **2.** *adv.* prudemment
prudenţa *s.f.* prudence *f.*

prun *s.m.* prunier *m.*
prună *s.f.* prune *f.*
prunc *s.m.* nourrisson *m.* bébé *m.*
pruncie *s.f.* **1.** enfance *f.* **2.** première enfance *f.*, bas-âge *m.*
prund *s.n.* gravier *m.* (pe durmuri) cailloutis *m.*
prundiş *s.n.* v. prund
psalm *s.m.* psaume *m.*
psalmodia *vt.* psalmodier
pseudonim *s.n.* pseudonyme *m.* ‖ ~ *literar* nom de plume *m.*
psihanaliză *s.f.* psychanalyse *f.*
psihiatrie *s.f.* psychiatrie *f.*
psihiatru *s.m.* psychiatre *m.*
psihic, ~ă *adj.* psychique
psiholog, ~oagă *s.m.f.* psychologue *m.f.*
psihologic, ~ă *adj.* psychologique
psihologie *s.f.* psychologie *f.*
psihoză *s.f.* psychose *f.*
pubertate *s.f.* puberté *f.*
public, ~ă **1.** *adj.* public, ~ique **2.** *s.n.* public *m.*
publica *vt.* publier
publicaţie *s.f.* publication *f.*
publicist, ~ă *s.m.f.* publiciste *m.*
publicitate *s.f.* publicité *f.*
pucioasă *s.f.* soufre *m.*
pudic, ~ă *adj.* pudique
pudoare *s.f.* pudeur *f.*
pudră *s.f.* poudre *f.* ‖ *zahăr* ~ sucre en poudre
pudrieră *s.f.* poudrier *m.*
puericultură *s.f.* puériculture *f.*
puf *s.n.* **1.** (la păsări) duvet *m.* **2.** (pentru pudră) houppette *f.*
pufăi *vi.* haleter, souffler
pufoaică *s.f.* veste matelassée *f.*

PUF

pufni *vi.* pouffer
pufos, ~oasă *adj.* 1. duveteux, ~euse, duveté, ~e 2. *fig.* moelleux, ~euse
pugilist *s.m.* pugiliste *m.* boxeur *m.*
puhav, ~ă *adj.* flasque, bouffi, ~e
puhoi *s.n.* 1. torrent *m.* 2. *fig.* foule *f.*
pui *s.m.* 1. poussin *m.* 2. poulet *m.* 3. petit *m.* ‖ ~ *la frigare* poulet à la broche; *o cloșcă cu ~* une poule (couveuse) et ses poussins; *cloșca cu ~* (*astron.*) poussinière *f.*; *~ (de pernă)* coussinet *m.*; *~ de somn* un somme; *~ de bătaie* une rossée *f.*; *~ de ger* un froid de canard; *puiule!* mon chéri! mon petit, mon minou, mon chou!; *puiul mamei* le chou-chou de sa mère; *nici ~ de om* pas un chat, pas âme qui vive
puică *s.f.* poulette *f.* ‖ *puică dragă* ma petite, ma mignonne
puiet *s.m.* plant *m.*
puișor *s.m.* 1. poussin *m.* 2. (pernă) coussinet *m.*
pulberărie *s.f.* poudrerie *f.*
pulbere *s.f.* poudre *f.* ‖ *a se face praf și ~* s'en aller en eau de boudin, s'en aller à vau l'eau
pulmonar, ~ă *adj.* pulmonaire
pulover *s.n.* chandail *m.* pull *m.* pullover *m.*
pulpană *s.f.* pan *m.*
pulpă *s.f.* 1. cuisse *f.* 2. *bot.* pulpe *f.*
puls *s.n.* pouls *m.*
pulsa *vi.* palpiter

pulsație *s.f.* pulsation *f.*
pulveriza *vt.* pulvériser
pulverizator *s.n.* pulvérisateur *m.*; arroseuse *f.*
pumn *s.m.* 1. poing *m.* 2. poignée *f.* 3. coup de poing *m.* ‖ *a sta cu capul în pumni* rester la tête dans ses mains; *a râde în pumni* rire sous cape; *a da un ~* donner un coup de poing; *un ~ de cireșe* une poignée de cerises
pumnal *s.n.* poignard *m.*
punct *s.n.* point *m.* ‖ *a pune pe cineva la ~* remettre qn. à sa place; *~ de vedere* point de vue; *a fi pus la ~* être bien mis; *a fi pe punctul de* être sur le point de; *a pune la ~* régler, mettre au point
punctaj *s.n.* score *m.*
punctual, ~ă 1. *adj.* ponctuel, ~elle 2. *adv.* ponctuellement
punctualitate *s.f.* ponctualité *f.*
punctuație *s.f.* ponctuation *f.*
pune I. *vt.* 1. poser, mettre 2. obliger, faire faire II *vr.* 1. se mesurer 2. se mettre à ‖ *a ~ iscălitură* apposer sa signature; *a ~ în scenă* mettre en scène; *a ~ o întrebare* poser une question; *a se ~ bine cu* s'attirer les bonnes grâces (de); *a ~ mâna pe* s'emparer de; *a ~ stăpânire* conquérir; *a ~ umărul* donner un coup d'épaule; *a ~ o vorbă bună* parler en faveur de qn.; *a ~ (o chestiune) pe tapet* mettre sur le tapis; *a ~ paie pe foc* met-

tre de l'huile sur le feu; *a ~ în încurcătură* mettre dans l'embarras; *a ~ deoparte* mettre de côté; *a ~ mână de la mână* se cotiser; *a ~ bine* mettre en lieu sûr; *a se ~ la adăpost* s'abriter; *a ~ bază* se fonder (sur); *m-a pus pe gânduri* cela m'a donné du fil à retordre; *a ~ rămăşag* parier; *a ~ masa* dresser la table; *a ~ câinii pe cineva* ameuter les chiens; *s-a pus să ningă* il a commencé à neiger; *a se ~ cu gura pe cineva* tracasser qn.; *a fi pus pe* être enclin (à); *a ~ pentru prima oară o rochie* étrenner une robe; *ne-a pus să traducem* on nous a fait traduire

pungaş *s.m.* voleur *m.* filou *m.* || *~ de buzunare* pickpocket *m.*

pungă *s.f.* 1. bourse *f.* 2. sacoche *f.* sac *m.* || *~ de hârtie* sac en papier; *~ pentru tutun* blague à tabac; *a lega băierile pungii* faire des économies; *a-şi dezlega punga* délier sa bourse; *a fi gros la ~* avoir la bourse bien garnie; *pungi sub ochi* des poches sous les yeus

pungăşi *vt.* voler, filouter

pungăşie *s.f.* vol *m.* filouterie *f.*

punte *s.f.* 1. pont *m.* 2. passerelle *f.* || *~ a unui vapor* pont d'un navire; *a se face luntre şi ~* se mettre en quatre

pupa *vt.* embrasser || *a ~ în bot pe cineva* flagorner qn.; *a se ~ în bot cu cineva* être au mieux

pupă *s.f.* 1. *nav.* poupe *f.* 2. *zool.* chrysalide *f.*

pupăză *s.f.* huppe *f.*

pupilă *s.f.* pupille *f.*

pupitru *s.n.* pupitre *m.*

pur, ~ă 1. *adj.* pur, ~e chaste 2. *adv.* purement, chastement

purcede *vi.* 1. partir, s'acheminer 2. commencer 3. provenir

purcel *s.m.* cochon *m.*

purcoi *s.n.* tas *m.* monceau *m.*

purgativ *s.n.* purgatif *m.* purge *f.*

purgatoriu *s.n.* purgatoire *m.*

purica *vt.* 1. épouiller, épucer 2. *fig.* éplucher

purice *s.m.* puce *f.* || *pe când se potcovea puricele* au temps de ma mère l'oie

purifica *vt.* purifier

purificare *s.f.* purification *f.*

purism *s.n.* purisme *m.*

puritan, ~ă *adj.* puritain, ~e

puritate *s.f.* pureté *f.*

puroi *s.n.* pus *m.*

purpură *s.f.* pourpre *f.*

purta *vt.* 1. porter 2. (despre ape) charrier || *a ~ în braţe* porter dans ses bras; *a ~ o rochie* porter une robe; *a ~ vorbe* colporter des ragots; *a ~ de grijă cuiva* avoir soin de qn.; *a ~ pică* garder rancune; *a ~ război* faire la guerre

purtare *s.f.* comportament *m.* conduite *f.* || *a-şi lua nasul la ~* devenir impertinent; *rochie de ~* robe de tous les jours; dé tout aller

purtat, ~ă *adj.* porté, ~e usé, ~e

purtător, ~oare *adj. şi s.m.f.* porteur, ~euse || ~ *de cuvânt* porte-parole *m.*
pururi *adv.* toujours, éternellement || *de-a* ~ à jamais
pustii *vt.* dévaster, ravager
pustiire *s.f.* désastre *m.* ravage *m.*
pustiu, ~ie 1. *adj.* désert, ~e 2. *s.n.* désert *m.* || *ducă-se pe pustii* que le diable l'emporte
pustnic, ~ă *s.m.f.* ermite *m.*
puşcă *s.f.* fusil *m.* || *gol* ~ nu comme un ver; *a pleca ca din* ~ partir d'un trait
puşcăriaş *s.m.* bagnard *m.*, forçat *m.*
puşcărie *s.f.* bagne *m.* prison *f.*; *fam.*tôle *f.*
puşculiţă *s.f.* tirelire *f.*
puşlama *s.f.* fripouille *f.* voyou *m.*
puşti *s.m.* mioche *m.* bambin *m.* gamin *m.* gosse *m.*
putea *vt.* pouvoir || *a nu mai* ~ *dupa* raffoler de; *nu mai pot eu de ameninţările lui* je m'en fiche de ses menaces; *peste poate* impossible; *fără doar şi poate* à coup sûr; *se prea poate* il est fort possible
putere *s.f.* 1. force *f.* 2. pouvoir *m.* 3. puissance *f.* || *a fi în puteri* être bien portant; *depline puteri* pleins-pouvoirs; *mari puteri* grandes puissances; ~ *de muncă* capacité de travail; ~ *de cumpărare* puissance d'achat; *în toată puterea cuvântului* dans le vrai sens du mot; *în puterea nopţii* au fort de la nuit; *a ajunge la* ~ arriver au pouvoir; *din toate puterile* de toutes ses forces

puternic, ~ă *adj.* 1. fort, ~e puissant, ~e, vigoureux, ~euse 2. intense
putină *s.f.* 1. tinette *f.* 2. baril *m.* || *a spăla* ~ a prendre la poudre d'escampette
putinţă *s.f.* 1. possibilité *f.* 2. puissance *f.* || *după* ~ selon ses moyens; *a face tot ce-ţi stă în* ~ faire tout son possible
putoare *s.f.* 1. puanteur *f.* 2. *fig.* salaud *m.* salope *f.*
putred, ~ă *adj.* pourri, ~e || ~ *de bogat* cousu d'or
putrefacţie *s.f.* putréfaction *f.*
putregai *s.n.* pourriture *f.*
putrezi *vi.* pourrir, putréfier || *a-i putrezi cuiva oasele într-un loc* moisir quelque part
putreziciune *s.f.* 1. charogne *f.* 2. pourriture *f.*
puturos, ~oasă *adj.* 1. puant, ~e nauséabond, ~e 2. *fig.* paresseux, ~euse; fainéant, ~e
puturoşenie *s.f.* 1. puanteur *f.* 2. *fig.* paresse *f.* fainéantise *f.*
puţ *s.n.* puits *m.*
puţi *vi.* puer, empester
puţin 1. *adv.* peu 2. *adj.* insufisant, ~e 3. *s.n.* peu *m.* || *cel* ~au moins, du moins; *câtuşi de* ~ pas du tout; point, le moins du monde; *mai* ~ moins; *peste* ~ sous peu; ~ *câte* ~ petit à petit; *mai mult sau mai* ~ plus ou moins
puzderie *s.f.* 1. poussière qui résulte du teillage du chanvre 2. *fig.* foule *f.* multitude *f.* || *o* ~ *de stele* une nuée d'étoiles

R

rabat *s.n.* rabais *m.*
rablagi *vr.* **1.** se dettraquer **2.** (despre fiinţe) devenir patraque
rablă *s.f.* **1.** vieillerie *f.* **2.** *fam.* (despre auto) tacot *m.* **3.** (despre trăsuri) patache *f.* **4.** (despre instrumente muzicale) sabot *m.* **5.** (despre persoane) vieux clou *m.* patraque *f.*
rabota *vt.* raboter
raboteză *s.f.* raboteuse *f.*
rac *s.m.* **1.** (zool.) écrevisse *f.* **2.** tirebouchon *m.* **3.** (constelaţie) capricorne *m.* **4.** *pop.* cancer *m.* || *tropicul racului* le tropique du capricorne
rachetă *s.f.* **1.** fusée *f.* **2.** raquette *f.* || ~ *interplanetară* fussée interplanétaire; ~ *de tenis* raquette de tennis
rachiu *s.n.* eau de vie *f.*
racilă *s.f.* **1.** mal incurable *m.* **2.** *fig.* tare *f.*
racla *vt.* râcler
raclă *s.f.* **1.** cercueil *m.* **2.** (pt. moaşte) châsse *f.*
racord *s.n.* raccord *m.*
radar *s.n.* radar *m.*
radă *s.f.* rade *f.*

rade 1. *vt. vr.* (se) raser, (se) faire la barbe; **2.** *vt.* (pe răzătoare) râper
radia I. *vt.* **1.** émaner **2.** *jur.* (într-un registru) radier, rayer **II.** *vi.* rayonner, irradier
radiator *s.n.* radiateur *m.*
radiaţie *s.f. s.f.* radiation *f.*
radical, ~ă 1. *adj.* radical, ~e **2.** *s.m.* radical *m.* **3.** *adv.* radicalement
radio *s.n.* radio *f.* TSF *f.*
radioactiv, ~ă *adj.* radioactif, ~ive
radioactivitate *s.f.* radioactivité *f.*
radiocomunicaţie *s.f.* radiocommunication *f.* communication par TSF
radiofonic, ~ă *adj.* radiophonique
radiofonie *s.f.* radiophonie *f.*
radiografie *s.f.* radiographie *f.*
radiogramă *s.f.* radiogramme *m.*
radiojurnal *s.n.* bulletin d'informations *m.*
radiologie *s.f.* radiologie *f.*
radios, ~oasă *adj.* radieux, ~euse
radioscopie *s.f.* radioscopie *f.*
radioterapie *s.f.* radiothérapie *f.*

radiu *s.n.* radium *m.*
rafală *s.f.* rafale *f.*
rafie *s.f.* raphia *m.*
rafina *vt. vr.* (se) raffiner
rafinament *s.n.* raffinement *m.*
rafinărie *s.f.* raffinerie *f.*
raft *s.n.* rayon *m.*
rage *vi.* 1. (despre lei) rugir 2. (despre măgari) braire 3. (despre elefanţi) barrir
rahat *s.n.* loukoum *m.*, rahat-loukoum *m.*
rahidian, ~ă *adj.* rachidien, -enne
rahitic, ~ă *adj.* rachitique
rai *s.n.* paradis *m.* éden *m.*
raid *s.n.* raid *m.*
raion *s.n.* 1. (într-un oraş) arrondissement *m.* 2. (într-o regiune) district *m.* 3. (într-un magazin) rayon *m.*
raită *s.f.* tour *m.* ‖ *a da o ~* faire un tour, une randonnée
ralia *vr.* se rallier, adhérer (à)
raliere *s.f.* ralliement *m.* adhésion *f.*
ramă *s.f.* 1. (a unui tablou) cadre *m.* 2. (a unei bărci) rame *f.* aviron *m.*
rambleu *s.n.* remblai *m.*
ramburs *s.n.* remboursement *m.*
rambursa *vt.* rembourser
ramifica *vr.* se ramifier
ramificaţie *s.f.* ramification *f.*
ramoleală *s.f.* ramolissement *m.*
ramoli *vr.* se ramollir; *fam.* devenir gâteux, gaga
rampă *s.f.* rampe *f.*
ramură *s.f.* branche *f.* rameau *m.*; *fig.* ramification *f.*
rană *s.f.* blessure *f.* plaine *f.* ‖ *a pune sare pe ~* enfoncer le couteau dans la plaie; *bun de pus la ~* bon comme du pain blanc

randament *s.n.* rendement *m.*
rang *s.n.* rang *m.*
rangă *s.f.* levier de fer *m.*
raniţă *s.f.* havresac *m.* musette *f.* giberne *f.*
rapace *adj.* rapace
rapacitate *s.f.* rapacité *f.*
rapid, ~ă 1. *adj.* rapide 2. *adv.* rapidement ‖ *(tren) ~* express *m.*
rapiţă *s.f.* colza *m.*
raport *s.n.* rapport *m.*
raporta 1. *vt.* rapporter 2. *vr.* se rapporter (à), se référer
raportor *s.n.* rapporteur *m.*
rapsodie *s.f.* rhapsodie *f.*
rar, ~ă 1. *adj.* 1. rare 2. clairsemé, ~e ‖ *adv.* 1. rarement 2. lentement ‖ *a veni ~* venir rarement; *a citi ~* lire lentement; *piatră ~ă* pierre précieuse; *păr ~* cheveux clairsemés
rarefia *vt. vr.* (se) raréfier
rareori *adv.* rarement
rarişte *s.f.* clairière *f.*
raritate *s.f.* rareté *f.*
rariţă *s.f.* buttoir *m.* charrue à double versoir *f.*
rasă *s.f.* 1. race *f.* 2. (haină) froc *m.*
rasial, ~ă *adj.* racial, ~e
rasism *s.n.* racisme *m.*
rasist, ~ă *s.f.* şi *s.m.f.* raciste
rasol *s.n.* bouilli *m.* (de boeuf) ‖ *a da ~* bâcler
rasoli *vt.* bâcler
rastel *s.n.* râtelier *m.*
rata 1. *vt.* rater, manquer 2. *vi.* (despre arme) rater
ratat, ~ă *adj.* şi *s.m.f.* raté, ~e
rată *s.f.* tranche *f.* terme *m.* ‖ *două, trei rate* deux, trois

termes; *vânzare în rate* vente à tempérament
ratifica *vt.* ratifier
rață *s.f.* cane *f.* ‖ *a umbla ca o ~* se dandiner
raționa 1. *vi.* raisonner 2. *vt.* (despre hrană) rationner
rațional, ~ă 1. *adj.* raisonnable, rationel, ~elle 2. *adv.* raisonnablement, rationnellement
raționalism *s.n.* rationalisme *m.*
raționaliza *vt.* rationaliser
raționament *s.n.* raisonnement *m.*
rațiune *s.f.* raison *f.*
ravagiu *s.n.* ravage *m.*
rază *s.f.* rayon *m.*
razie *s.f.* rafle *f.* razzia *f.*
razna *adv.* (pe lângă verbe de mișcare) ‖ *a merge ~* quitter le droit chemin; *fig. a o lua ~* déraisonner, dérailler, perdre la boule, divaguer
răbda *vt.* patienter, supporter, souffrir, tolérer ‖ *nu mă răbdă inima* je n'ai pas le coeur de
răbdare *s.f.* patience *f.* ‖ *a avea ~* prendre patience; *a scoate pe cineva din răbdări* faite sortir qn. de ses gonds, pousser à bout
răbdător, ~oare *adj.* patient, ~e
răboj *s.n.* 1. entaille *f.* encoche *f.* 2. *fig.* compte *m.*
răbufni *vi.* 1. éclater 2. jaillir ‖ *aburii răbufneau din locomotivă* les vapeurs jaillissaient de la locomotive; *furtuna răbufni* l'orage éclata
răceală *s.f.* 1. froid *m.* 2. *fig.* froideur *f.* 3. *med.* refroidissement *m.*

răchită *s.f.* osier *m.*
răci 1. *vt.* refroidir 2. *vr.* se refroidir, devenir froid 3. *vi.* prendre froid
răcire *s.f.* refroidissement *m.*
răcit, ~ă *adj.* refroidi, ~e ‖ *e ~* il a pris froid
răcitor *s.n.* glacière *f.* réfrigérateur *m.*
răscituri *s.f.pl.* aspic *m.*
răcnet *s.n.* rugissement *m.* hurlement *m.*
răcni *vi.* rugir, hurler
răcoare *s.f.* fraîcheur *f.* frais *m.* ‖ *a pune ceva la ~* mettre qch. au frais; *e ~* il fait frais, *pop.* il fait frisquet *fam.* a băga la *~* coffrer; *a băga în răcori* épouvanter, ficher la frousse
răcori I *vt.* rafraîchir II *vr.* 1. se rafraîcher 2. prendre le frais 3. *fig.* se calmer
răcoritor, ~oare 1. *adj.* rafraîchissant, ~e 2. *s.f.pl.* rafraîchissements *m.pl.*
răcoros, ~oasă *adj.* frais *m.* fraîche *f.*
rădăcină *s.f.* racine *f.* ‖ *a prinde rădăcini* prendre racine; *a curma răul din ~* couper le mal dans sa racine
răfui *vr.* se quereller
răfuială *s.f.* querelle *f.* règlement de comptes *m.*
răgaz *s.n.* 1. répit *m.* loisir *m.* 2. délai *m.* ‖ *a da cuiva un ~* accorder un délai; *a nu da ~* ne laisser aucun répit; *fără (de) ~* sans répit, sans cesse, sans trêve
răget *s.n.* 1. (despre lei) rugissement *m.* 2. (despre bovine)

mugissement *m.*, beuglement *m.* **3.** (despre măgari) braiment *m.* **4.** (despre elefanţi) barrissement *m.*
răguşeală *s.f.* enrouement *m.*
răguşi *vi.* s'enrouer
răguşit, ~ă *adj.* **1.** enroué, ~e **2.** *fig.* rauque
rămas *s.n.* (în expr.) *bun ~ adieu; a-şi lua ~ bun* faire ses adieux, prendre congé
rămăşag *s.n.* pari *m.*
rămăşiţă *s.f.* **1.** reste *m.* vestige *m.*; **2.** résidu *m.* || *rămăşiţe pământeşti* dépouille mortelle *f.*
rămâne *vt. vi.* **1.** rester, demeurer **2.** séjourner || *a rămas baltă* cela est tombé à l'eau; *a rămas înţeles* c'est entendu; *ceasul ~ în urmă* la montre retarde; *a ~ pe drumuri* rester sur la paille
rămuriş *s.n.* ramée *f.*
rămuros, ~oasă *adj.* branchu, ~e
răni *vt. vr.* (se) blesser
răpăi *vi.* **1.** (despre ploaie) tomber dru **2.** (despre mitralieră) crépiter
răpăială *s.f.* crépitement *m.*
răpănos, ~oasă *adj.* **1.** galeux, ~euse **2.** *fig.* crasseux, ~euse
răpciugos, ~oasă *adj.* morveux, ~euse
răpi *vt.* **1.** (despre persoane) enlever **2.** (despre drepturi) spolier **3.** *fig.* ravir
răpire *s.f.* **1.** (despre persoane) enlèvement *m.* rapt *m.* **2.** (despre drepturi) spoliation *f.*
răpitor, ~oare **1.** *adj.fig.* ravissant, ~e **2.** *s.m.f.* ravisseur, ~euse || *păsări răpitoare* oiseaux de proie
răposa *vi.* mourir, décéder, trépasser
răposat, ~ă **1.** *adj.* şi *s.m.f.* mort, ~e, décédé, ~e, trépassé, ~e **2.** *adj.* feu, ~e
răpune *vt. vr.* (se) tuer
rări *vt.* **1.** raréfier **2.** *fig.* espacer
răsad *s.n.* plant *m.* semis *m.*
răsadniţă *s.f.* couche *f.*
răsalaltăieri *adv.* il y a trois jours
răsădi *vt.* repiquer
răsări *vi.* **1.** apparaître **2.** (despre aştri) se lever **3.** *bot.* germer **4.** *fig.* surgir
răsărit, ~ă **I** *adj.* **1.** apparu, ~e, surgi, ~e **2.** *bot.* germé, ~e **II** *s.n.* **1.** (despre aştri) lever *m.* **2.** (punct cardinal) levant *m.* orient *m.*
răsăritean, ~ă *adj.* oriental, ~e
răscoace *vt. vr.* cuire
răscoală *s.f.* révolte *f.* sédition *f.* mutinerie *f.*
răscoli *vt.* **1.** fouiller, mettre sens dessus dessous **2.** *fig.* bouleverser, agiter, troubler || *a ~ într-un sertar* fouiller dans un tiroir; *a ~ toată casa* mettre la maison sens dessus-dessous
răscolitor, ~oare *adj.* troublant, ~e; bouleversant, ~e
răscopt, ~oaptă *adj.* **1.** trop cuit, ~e **2.** (despre fructe) trop mûr, ~e, blet, ~ette **3.** (despre ou) dur
răscroi *vt.* (o haină) échancrer; (o stofă) couper
răscroială *s.f.* échancrure *f.*

răscruce *s.f.* carrefour *m.* croisée de chemins *f.*
răscula I *vt.* **1.** ameuter, muliner **2.** soulever, fomenter des émeutes **II** *vr.* se soulever, se révolter, se mutiner
răsculat, ~**ă** *adj.* şi *s.m.f.* révolté, ~e, rebelle, insurgé, ~e, mutiné, ~e
răscumpăra *vt.* racheter
răscumpărare *s.f.* **1.** rachat *m.* **2.** (a unui prizonier) rançon *f.*
răsfăţ *s.n.* gâterie *f.*
răsfăţa 1. *vt.* gâter, choyer **2.** *vr.* minauder, faire des manières; *fam.* faire des chichis
răsfira *vt. vr.* (s')éparpiller, (se) disperser
răsfirat, ~**ă** *adj.* **1.** éparpillé, ~e **2.** (despre păr) épars, ~e
răsfoi *vt.* feuilleter
răsfrânge 1. *vt vr.* (despre imagini) (se) refléter, (se) réfléchir **2.** *vr.* (despre sunete) se répercuter
răsfrângere *s.f.* **1.** (despre imagini) reflet *m.* **2.** (despre sunete) répercussion *f.*
răsfrânt, ~**ă** *adj.* (în expr.) *guler* ~ col rabattu
răspăr *s.m.* (în expr.) *în* ~ à rebrousse poil; *fig. a răspunde în* ~ répondre d'une manière équivoque; *a lua pe cineva în* ~ **a)** railler qn.; **b)** tancer qn.
răspicat, ~**ă I** *adj.* distinct, ~e, net, nette **II** *adv.* **1.** distinctement, nettement, clairement **2.** sans équivoque, en toutes lettres, carrément
răspândi I *vt.* **1.** répandre, disperser, éparpiller **2.** (sunete) émettre **3.** (căldură) émanner **4.** *fig.* diffuser, propager **II** *vr.* se répandre, se disperser, s'éparpiller ‖ *s-a răspândit zvonul* le bruit court
răspândire *s.f.* **1.** éparpillement *m.* **2.** émanation *f.* émision *f.* **3.** diffusion *f.* propagation *f.* ‖ ~ *a armelor atomice* dissémination (prolifération) des armes atomiques
răspântie *s.f.* v. răscruce
răsplată *s.f.* récompense *f.*
răsplăti *vt.* récompenser
răspoimâine *adv.* dans trois jours
răspopit *adj.* défroqué
răspunde *vi. vt.* **1.** répondre, riposter, répliquer **2.** (de ceva) rendre compte
răspundere *s.f.* responsabilité *f.* ‖ *pe răspunderea mea* je m'en porte garant; *a trage la* ~ s'en prendre à qn.
răspuns *s.n.* réponse *f.* riposte *f.* réplique *f.*
răspunzător, ~**oare** *adj.* responsable
răsputeri *s.f.pl.* (în expr.) *din* ~ de toutes ses forces
răstălmăci *vt.* fausser le sens
răstălmăcire *s.f.* interprétation dénaturée *f.*
răsti *vr.* parler rudement, rudoyer, rabrouer
răstigni *vt.* crucifier
răstimp *s.n.* intervalle *m.*, laps de temps *m.* ‖ *în* ~ cependant

răsturna 1. *vt.* renverser, *fig.* chambarder 2. *vr.* (despre vehicule) verser ‖ *a ~ brazda* creuser un sillon
răsturnare *s.f.* 1. chambardement *m.* 2. renversement *m. fig.* chute *f.* ‖ *~ a programului* chambardement du programme; *~ a monarhiei* renversement, chute de la monarchie
răsuci *vt.* 1. tordre 2. tourner, retourner ‖ *a ~ gâtul (cuiva)* tordre le cou à qn.; *a suci şi a ~ pe cineva* cuisiner qn.
răsufla *vi.* 1. respirer 2. (cu greutate) souffler, haleter 3. reprendre haleine 4. *fig.* transpirer 5. *fig.* ouvrir son coeur ‖ *m-am oprit ca să răsuflu* je me suis arrêté pour reprendre haleine; *zvonul a răsuflat* on a éventé cette nouvelle
răsuflare *s.f.* respiration *f.* souffle *m.* haleine *f.* ‖ *a i se tăia (curma) cuiva răsuflarea* avoir le souffle coupé, perdre haleine; *dintr-o ~* tout d'une haleine
răsuflat, ~ă *adj.* 1. (despre lichide) éventé, ~e 2. *fig.* caduc, ~uque
răsuflătoare *s.f.* 1. soupirail *m.* 2. (la maşini) échappement *m.*
răsuna *vi.* résonner, retentir
răsunător, ~oare *adj.* retentissant, ~e
răsunet *s.n.* retentissement *m.*
răsură *s.f.* 1. (floare) églantine *f.* 2. (arbust) églantier *m.*
răşchira *vt.* écarter les jambes
răşchitor *s.n.* dévidoir *m.*
răşină *s.f.* résine *f.*
rătăci 1. *vr.* s'égarer 2. *vi.* errer, vagabonder
rătăcire *s.f.* 1. vagabondage *m.* 2. *fig.* égarement *m.*
rătăcit, ~ă *adj.* 1. égaré, ~e 2. *fig.* fourvoyé, ~e
rătăcitor, ~oare *adj.* errant, ~e vagabond, ~e
răţoi[1] *s.m.* canard *m.*
răţoi[2] *vr.* (la cineva) rabrouer, rudoyer (qn.), tancer (qn.)
rău, rea 1. *adj.* mauvais, ~e; méchant, ~e 2. *adv.* mal 3. *s.n.* mal *m.* ‖ *~ de gură* mauvaise langue; *a-şi face sânge ~* se faire du mauvais sang, de la bile; *rea-credinţă* mauvaise foi; *om ~* homme méchant; *~ de mare* mal de mer; *a-i veni (cuiva) ~* se trouver mal; *a arăta ~* avoir mauvaise mine; *a-i părea (cuiva) ~* regretter; *a vorbi de ~* médire; *atâta ~* tant pis!
răufăcător, ~oare 1. *adj.* malfaisant, ~e 2. *s.m.f.* malfaiteur, ~trice
răutate *s.f.* méchanceté *f.* malice *f.* ‖ *cu ~* méchamment, malicieusement
răutăcios, ~oasă *adj.* méchant, ~e; malicieux, ~euse
răuvoitor, ~oare *adj.* malveillant, ~e
răvaş *s.n.* lettre *f.* épître *f.*
răvăşeală *s.f.* désordre *m.* fouillis *m.* pagaille *f.*
răvăşi *vt.* éparpiller, bouleverser, mettre en désordre, mettre sens dessus-dessous

răvăşit, ~ă *adj.* 1. en désordre, en vrac 2. *fig.* bouleversé, ~e
răzătoare *s.f.* râpe *f.*
răzătură *s.f.* raclure *f.*
răzbate *vt.* 1. se frayer un chemin, pénétrer 2. parvenir 3. *fig.* réussir ‖ *glasul său răzbate până la noi* sa voix nous parvient; *a ajuns răzbătând prin troienile de zăpadă* il arriva en se frayant un chemin à travers les monceaux de neige
răzbi 1. *vi.* se frayer un chemin; pénétrer, avancer 2. *vt.* vaincre ‖ *răzbit de oboseală* vanné, fourbu, éreinté
război[1] *s.n.* guerre *f.*
război[2] *s.n.* métier à tisser *m.*
război[3] *vr.* faire la guerre, guerroyer
războinic, ~ă 1. *adj.* guerrier, ~ère; 2. *s.m.* guerrier *m.*
răzbuna *vt. vr.* (se) venger
răzbunare *s.f.* vengeance *f.*
răzbunător, ~oare *adj.* vengeur, ~eresse
răzeş *s.m. Înv.* paysan libre *m.*
răzgâia *vt.* v. răsfăţa
răzgândi *vr.* se raviser, changer d'avis
răzleţ, ~eaţă 1. *adj.* isolé, ~e; écarté, ~e; épars, ~e 2. *adv.* à l'écart
răzleţi *vr.* 1. s'écarter 2. s'éparpiller, se disperser
răzmeriţă *s.f.* v. răscoală
răzor *s.n.* 1. guéret *m.* 2. (de flori) plante-bande *f.*
răzui *vt.* 1. racler 2. (pe răzătoare) râper

răzvrăti *vr.* v. răscula
răzvrătire *s.f.* v. răscoală
reabilita *vt.* réhabiliter
reabilitare *s.f.* réhabilitation *f.*
rea-credinţă *s.f.* mauvaise foi *f.*
reactiv, ~ă 1. *adj.* réactif, ~ive 2. *s.m.* réactif *m.*
reactor *s.n.* réacteur *m.*
reacţie *s.f.* réaction *f.*
reacţiona *vi.* réagir
reacţionar, ~ă *adj.* şi *s.m.f.* réactionnaire
reacţionism *s.n.* 1. conception politique réactionnaire 2. attitude réactionnaire *f.*
reacţiune *s.f.* réaction *f.*
reajusta *vt.* rajuster
real, ~ă *adj.* réel, ~elle
realism *s.n.* réalisme *m.*
realist, ~ă *adj.* şi *s.m.f.* réaliste
realitate *s.f.* réalité *f.*
realiza *vt.* réaliser
realizabil, ~ă *adj.* réalisable
reaminti *vt. vr.* (se) rappeler
reavăn, ~ă *adj.* 1. (despre sol) humide 2. frais, fraîche
rea-voinţă *s.f.* mauvaise volonté *f.*
reazem *s.n.* appui *m.* soutien *m.* (pt. construcţii) étai *m.*
rebegeală *s.f.* engourdissement (cauzé par le froid) *m.*
rebegi *vi.* transir
rebegit, ~ă *adj.* transi, ~e
rebel, ~ă *adj.* şi *s.m.f.* rebelle
rebeliune *s.f.* rébellion *f.* révolte *f.* soulèvement *m.* émeute *f.* sédition *f.*
rebus *s.n.* rébus *m.*
rebut *s.n.* rebut *m.*
recalcitrant, ~ă *adj.* récalcitrant, ~e; (despre animale) rétif, ~ive

recalcula *vt.* recalculer
recapitula *vt.* récapituler
recăsători *vr.* se remarier
rece **1.** *adj.* froid, ~e **2.** *adv.* froidement, froid ‖ *mi-a răspuns* ~ il m'a froidement répondu; *a se purta* ~ *cu cineva* battre froid à qn.; *sânge* ~ sang froid
recensământ *s.n.* recensement *m.*
recent, ~ă *adj.* récent, ~e
recenzent *s.m.* critique *m.*
recenzie *s.f.* compte-rendu *m.*
recepta *vt.* recevoir, enregistrer, capter
receptare *s.f.* réception *f.* enregistrement *m.*
receptor, ~oare **1.** *adj.* récepteur, ~trice **2.** *s.n.* récepteur *m.*, écouteur téléphonique *m.*
recepţie *s.f.* réception *f.* ‖ *a confirma recepţia* accuser réception
recepţiona *vt.* réceptionner
rechema *vt.* rappeler
rechin *s.m.* requin *m.*
rechizitoriu *s.n.* réquisitoire *m.*
rechiziţie *s.f.* réquisition *f.*
rechiziţiona *vt.* réquisitionner
recidivă *s.f.* **1.** récidive *f.* **2.** *med.* rechute *f.*
recidivist, ~ă *s.m.f.* récidiviste *m.f.*; repris de justice *m.*
recif *s.n.* récif *m.*
recipient *s.n.* récipient *m.*
recipisă *s.f.* reçu *m.* quittance *f.* récépissé *m.*
reciproc, ~ă *adj.* réciproque, mutuel, ~elle
reciprocitate *s.f.* réciprocité *f.* mutualité *f.*
recita *vt.* réciter
recital *s.n.* récital *m.* (*pl.* ~s)
recitare *s.f.* récitation *f.*
reciti *vt.* relire
recâştiga *vt.* regagner, reconquérir
reclama *vt.* **1.** réclamer **2.** revendiquer
reclamant, ~ă *s.m.f.* réclamant, ~e
reclamaţie *s.f.* réclamation *f.* revendication *f.*
reclamă *s.f.* réclame *f.* boniment *m.* ‖ *a face* ~ *fam.* faire l'article
reclădi *vt.* reconstruire
recluziune *s.f.* réclusion *f.*
recolta *vt.* récolter
recoltă *s.f.* récolte *f.* moisson *f.*
recomanda **I** *vt.* **1.** recommander **2.** présenter (qn.) **II** *vr.* se nommer
recomandaţie *s.f.* recommandation *f.*
recompensa *vt.* récompenser
recompensă *s.f.* récompense *f.*
reconciliere *s.f.* réconciliation *f.*
recondiţiona *vt.* restaurer, remettre à neuf, *fam.* retaper
reconforta *vt.* réconforter, fortifier
reconfortant, ~ă **1.** *adj.* réconfortant, ~e fortifiant, ~e **2.** *s.n.* réconfortant *m.* fortifiant *m.*
reconfortare *s.f.* réconfort *m.* consolation *f.*
reconstitui *vt.* reconstituer
record *s.n.* record *m.*
recordman, ~ă *s.m.f.* recordman *m.* record-woman *f.*
recrea *vr.* se récréer, se détendre, se délasser

recreație *s.f.* récréation *f.*
recrut *s.m.* recrue *f.* conscrit *m.*; *fam.* bleu *m.*
recruta *vt.* recruter, enrôler
recrutare *s.f.* recrutement *m.* enrôlement *m.* conscription *f.*
rectifica *vt.* rectifier
rectificare *s.f.* rectification *f.*
rectificator, ~oare 1. *adj.* rectificatif, ~ive 2. *s.m. tehn.* rectificateur *m.*
rectiliniu, ~ie *adj.* rectiligne
rector *s.m.* recteur *m.*
recuceri *vi.* reconquérir
reculege *vr.* se recueillir
reculegere *s.f.* recueillement *m.*
recunoaşte I *vt. vr.* (se) reconnaître II *vt.* 1. remettre 2. admettre, avouer ‖ *te-am recunoscut din primul moment* je t'ai reconnu (remis) du premier abord; *recunosc că ai dreptate* je reconnais (j'avoue) que tu as raison
recunoaştere *s.f.* 1. reconnaissance *f.* 2. aveu *m.*
recunoscător, ~oare *adj.* reconnaissant, ~e ‖ *a fi ~* en savoir gré
recunoscut, ~ă *adj.* reconnu, ~e; admis, ~e
recunoştinţă *s.f.* reconnaissance *f.*
recupera *vt.* récupérer, recouvrer
recuperare *s.f.* récupération *f.* recouvrement *m.*
recurge *vi.* recourir, avoir recours (à)
recurs *s.n.* recours *m.* pourvoi *m.*
reda *vt.* rendre
redacta *vt.* rédiger
redactare *s.f.* rédaction *f.*
redactor, ~oare *s.m.f.* rédacteur, ~trice ‖ *~ şef* rédacteur en chef

redacţie *s.f.* rédaction *f.*
redeştepta I *vt.* 1. réveiller 2. *fig.* éveiller, évoquer, rappeler II *vr.* se réveiller; *fig.* s'éveiller
redobândi *vt.* recouvrer, reprendre
redresa *vt.* redresser
redresare *s.f.* redressement *m.*
reduce *vt.* réduire
reducere *s.f.* réduction *f.*
reductibilitate *s.f.* réductibilité *f.*
reductr, ~oare 1. *adj.* réducteur, ~trice 2. *s.n.tehn.* réducteur *m.*
redută *s.f.* redoute *f.*
reedita *vt.* rééditer
reeduca *vt.* rééduquer
reevalua *vt.* reevaluer
reface I *vt.* 1. refaire 2. se redresser II *vr.* se remettre, se rétablir ‖ *industria acestei regiuni s-a refăcut* l'industrie de cette région s'est redressée; *a ~ o lucrare* refaire un travail; *s-a refăcut după boală* il s'est remis après sa maladie
refacere *s.f.* 1. reconstruction *f.* 2. redressement *m.* 3. réfection *f.* 4. transformation *f.* ‖ *refacerea unui oraş* la reconstruction d'une ville; *refacerea unei industrii* le redressement d'une industrie; *refacerea unei haine* la transformation d'un habit; *~ a unei şosele* la réfection d'une route
referat *s.n.* rapport *m.* compte-rendu *m.* exposé *m.*
referendum *s.n.* référendum *m.*
referi 1. *vi.* référer, rapporter 2. *vr.* se référer (à), se rapporter (à)
referinţă *s.f.* référence *f.*

referitor, ~oare *adj.* relatif, ~ive; qui se rapporte à ‖ ~ *la* concernant
reflecta I *vt.* refléchir, refléter, renvoyer **II** *vi.* **1.** réfléchir, méditer **2.** *vr.* se réfléchir, se refléter ‖ *a ~ la un subiect* réfléchir à un sujet; *a ~ o imagine* refléter (renvoyer) une image
reflectare *s.f.* réflexion *f.*
reflector *s.n.* réflecteur *m.*
reflecţie *s.f.* réflexion *f.*
reflex, ~ă 1. *adj.* réflexe **2.** *s.m.* réflexe *m.*
reflexiv, ~ă *adj.* réfléchi, ~e ‖ *verb ~* verbe pronominal, réfléchi
reflux *s.n.* reflux *m.* marée basse *f.* jusant *m.*
reforma *vt.* réformer
reformator, ~oare *adj.* şi *s.m.f.* réformateur, ~trice
reformă *s.f.* réforme *f.*
reformist, ~ă *adj.* şi *s.m.* réformiste *m.*
refracta *vr.* réfracter
refractar, ~ă *adj.* **1.** *chim.* réfractaire, réfringent, ~e **2.** *fig.* récalcitrant, ~e; réfractaire
refracţie *s.f.* réfraction *f.*
refren *s.n.* **1.** refrain *m.* **2.** *fig.* rengaine *f.*
refrigerent, ~ă 1. *adj.* réfrigérant, ~e; réfrigératif, ~ive **2.** *s.n.* réfrigérateur *m.*
refugia *vr.* se réfugier
refugiat, ~ă *adj.* şi *s.m.f.* réfugié, ~e
refugiu *s.n.* refuge *m.*; asile *m.* abri *m.*
refulare *s.f.* refoulement *m.*
refuz *s.n.* refus *m.*
refuza *vt.* refuser ‖ *a ~ o invitaţie* décliner une invitation
regal, ~ă *adj.* royal, ~e
regalist, ~ă *adj.* şi *s.m.f.* royaliste
regalitate *s.f.* royauté *f.*
regat *s.n.* royaume *m.*
regată *s.f.* régate *f.*
rege *s.m.* roi *m.*
regenera *vt.* régénérer
regenerare *adj.* **1.** régénération *f.* **2.** régénérescence *f.* ‖ *~ de ţesuturi* la régénération des tissus; *regenerarea ideilor* la régénérescence des idées
regenerator, ~oare 1. *adj.* régénérateur, ~trice **2.** *s.n.* régénérateur *m.*
regent, ~ă *s.m.f.* régent, ~e ‖ *propoziţie ~ă* proposition principale
regenţă *s.f.* régence *f.*
regesc, ~ească *adj.* v. regal
regie *s.f.* **1.** régie *f.* **2.** *(teatru)* mise en scène *f.*
regim *s.n.* régime *m.*
regiment *s.n.* régiment *m.*
regină *s.f.* reine *f.*
regional, ~ă *adj.* régional, ~e
regionalism *s.n.* régionalisme *m.*
registru *s.n.* régistre *m.*
regiune *s.f.* région *f.* contrée *f.*
regiza *vt.* mettre en scène
regizor *s.m.* metteur en scène *m.*
regla *vt.* régler
reglare *s.f.* réglage *m.*
reglementa *vt.* réglementer
reglementare *s.f.* réglementation *f.*
regn *s.n.* règne *m.*
regres *s.n.* régression *f.*

regresa *vi.* régresser
regret *s.n.* regret *m.*
regreta *vt.* regretter
regula *vt.* régler
regulament *s.n.* règlement *m.*
regularitate *s.f.* régularité *f.*
regulariza *vt.* régulariser
regulat, ~ă 1. *adj.* régulier, ~ère 2. *adv.* régulièrement
regulă *s.f.* règle *f.*
reieşi *vi.* résulter, ressortir ‖ *reiese că* il ressort, il résulte, il appert
reintegra *vt.* réintégrer
reîmprospăta *vt.* refraîchir
reînarma *vt.* réarmer
reînarmare *s.f.* réarmement *m.*
reîncălzi *vt.* réchauffer
reîncepe *vt.* recommencer
reînnoi *vt. vr.* (se) renouveler
reînsufleţi *vt. vr.* (se) ranimer
reîntineri *vi.* rajeunir
reîntoarce *vr.* revenir, retourner ‖ *a se ~ acasă* rentrer
reînvia *vi.* ressusciter
relaş *s.i.* relâche *m.*
relata *vt.* relater, raconter
relatare *s.f.* relation *f.* exposé *m.* récit *m.*
relativ, ~ă 1. *adj.* relatif, ~ive; 2. *adv.* relativement ‖ *~ la* concernant
relativitate *s.f.* relativité *f.*
relaţie *s.f.* relation *f.* rapport *m.*
relaxa *vr.* 1. se détendre, se rélâcher 2. *fig.* se délaser
releu *s.n.* relais *m.*
releva *vt.* relever
relicvă *s.f.* relique *f.*
relief *s.n.* relief *m.*
reliefa *vt.* relever, mettre en évidence; monter en épingle
religie *s.f.* religion *f.*
religios, ~oasă *adj.* religieux, ~euse
relua *vt.* reprendre
reluare *s.f.* reprise *f.*
remania *vt.* remanier
remaniere *s.f.* remaniement *m.*
remarca *vt.* remarquer, observer, relever
remarcabil, ~ă *adj.* remarquable, de marque
remedia *vt.* remédier
remediu *s.n.* remède *m.*
rememora *vt.* rappeler, remémorer
remilitariza *vt.* remilitariser
reminiscenţă *s.f.* réminiscence *f.*
remite *vt.* remettre
remiză *s.f.* 1. remise *f.* rabais *m.* 2. (construcţie) remise *f.*
remorca *vt.* remorquer
remorcă *s.f.* remorque *f.*
remorcher *s.n.* remorqueur *m.*
remunera *vt.* rémunérer
remuneraţie *s.f.* rémunération *f.*
remuşcare *s.f.* remords *m.*
ren *s.m.* renne *m.*
renaşte *vi.* renaître
renaştere *s.f.* renaissance *f.*
renega *vt.* 1. renier 2. désavouer 3. abjurer ‖ *a ~ pe cineva* désavouer qn.; *a-şi ~ credinţa* abjurer sa foi
renegat, ~ă *adj.* renégat, ~e
renghi *s.n.* (numai în expr.) *a juca un ~* jouer un tout
renova *vt.* rénover
renovare *s.f.* rénovation f.
renta *vi.* rapporter
rentabilitate *s.f.* rentabilité *f.* rendement *m.*

rentă *s.f.* rente *f.*
rentier, ~ă *s.m.f.* rentier, ~e
renume *s.n.* renom *m.* renommée *f.* réputation *f.*
renumit, ~ă *adj.* renommé, ~e
renunța *vi.* renoncer
renunțare *s.f.* renoncement *m.* renonciation *f.*
reorganiza *vt.* réorganiser
repara *vt.* réparer
reparație *s.f.* réparation *f.*
repartiție *s.f.* répartition *f.*
repartiza *vt.* répartiser
repatria *vt.* și *vr.* (se) repatrier
repaus *s.n.* repos *m.*
repede 1. *adj.* rapide 2. *adv.* vite, rapidement
reper *s.n.* repère *m.*
repera *vt.* repérer
repercusiune *s.f.* répercussion *f.* conséquence *f.*
repercuta *vr.* répercuter
repertoriu *s.n.* répertoire *m.*
repeta *vt.* répéter || *a ~ clasa* redoubler une classe
repetent, ~ă *s.m.f.* élève qui redouble (une classe)
repetiție *s.f.* répétition *f.*
repezeală *s.f.* rapidité *f.*, hâte *f.*, précipitation *f.* || *la ~* à la hâte, à la va comme je te pousse
repezi 1. *vr.* s'élancer, se précipiter, se ruer 2. *vt.* jeter, lancer
repeziciune *s.f.* vitesse *f.*
repezit, ~ă 1. *adj.* précipité, ~e, pressé, ~e; 2. *fig.* emporté, ~e
replanta *vt.* replanter
replica *vt.* répondre, répliquer, repartir
replică *s.f.* réplique *f.*, réponse *f.*, repartie *f.*

repopula *vt.* repeupler
report *s.n.* report *m.*
reporta *vt.* reporter
reportaj *s.n.* reportage m.
reporter *s.m.* reporter *m.*
represalii *s.f.pl.* représailles *f.pl.*
represiune *s.f.* répression *f.*
reprezenta *vt.* représenter
reprezentatn, ~ă *s.m.f.* représentant, ~e
reprezentanță *s.f.* 1. représentation *f.* 2. agence *f.*, succursale *f.* filiale *f.*
reprezentativ, ~ă *adj.* représentatif, ~ive
reprezentație *s.f.* représentation *f.*, spectacle *m.*; (film) séance *f.*
reprima *vt.* réprimer
reprimi *vt.* rengager
repriză *s.m.* reprise *f.*
reproba *vt.* réprouver
reprobare *s.f.* réprobation *f.*
reproduce I. *vt.* 1. reproduire; 2. relater II. *vr.* se reproduire
reproducere *s.f.* reproduction *f.*
reproș *s.n.* reproche *m.*
reproșa *vt.* reprocher
reptilă *s.f.* reptile *m.*
republica *vt.* republier
republican, ~ă *adj.* și *s.m.f.* républicain, ~e
republică *s.f.* république *f.*
repudia *vt.* répudier
repugna *vi.* répugner (à), rebuter || *îmi repugnă* cela me rebute, me répugne
repulsie *s.f.* répulsion *f.*, répugnance *f.* aversion *f.*
repurta *vt.* remporter
reputație *s.f.* réputation *f.*, renom *m.*, renommée *f.*

resemna *vr.* se résigner
resemnare *s.f.* résignation *f.*
resentiment *s.n.* ressentiment *m.*
resimți 1. *vt.* ressentir, éprouver 2. *vr.* se ressentir (de)
resorbi *vr.* résorber
resort *s.n.* ressort *m.* ‖ *a fi de resortul cuiva* être du ressort, de la compétence de qn.
respect *s.n.* respect *m.*, déférence *f.*, égard *m.* ‖ *a ține la ~* garder les distances
respecta 1. *vt.* respecter, honorer, avoir des égards (pour) 2. *vr.* se respecter
respectabil, ~ă *adj.* respectable
respectiv, ~ă I *adj.* 1. respectif, ~ive, 2. relatif, ~ive (à) II *adv.* respectivement, c'est-à-dire. III *s.m.f. fam.* 1. la personne en question 2. *fam.* le mari, la femme
respectuos, ~oasă *adj.* respectueux, ~euse
respingător, ~oare *adj.* répugnant, ~e ‖ *pompă aspiratoare-respingătoare* pompes aspirante et foulante
respinge *vt.* 1. repousser. 2. (la un examen) refuser, recaler
respingere *s.f.* 1. *fig.* refus *m.* 2. *fiz.* répulsion *f.*
respira *vt., vi.* respirer; *fig.* exhaler, dégager, émaner
respirație *s.f.* respiration *f.*, souffle *m.*
responsabil, ~ă *adj.* și *s.m.f.* responsable
responsabilitate *s.f.* responsabilité *f.*
rest *s.n.* reste *m.* ‖ *a da restul* rendre la monnaie

restabili 1. *vt.* rétablir. 2. *vr.* (după boală) se rétablir, se remettre, recouvrer la santé
restabilire *s.f.* rétablissement *m.*
restanță *s.m.* retardement *m.*
restaura *vt.* restaurer
restaurant *s.n.* restaurant *m.*
restaurare *s.f.* restauration *f.*
restitui *vt.* rendre, restituer
restituire *s.f.* restitution *f.*
restrictiv, ~ă *adj.* restrictif, ~ive
restricție *s.f.* restriction *f.*
restriște *s.f.* malheur *m.* calamité *f.*
restrânge 1. *vt.* réduire, limiter 2. *vr.* se limiter (à)
restructura *vt.* réorganiser
resursă *s.f.* ressource *f.*, expédient *m.*
reședință *s.f.* résidence *f.*
reșou *s.n.* réchaud *m.*
reteza *vt.* trancher
reticență *s.f.* réticence *f.*
retină *s.f.* rétine *f.*
retipări *v.* réimprimer
retor *s.m.* rhéteur *m.* orateur *m.*
retoric, ~ă *adj.* oratoire
retorică *s.f.* rhétorique *f.*
retortă *s.f.* cornue *f.*
retracta *vt.* rétracter
retrage *vt. vr.* (se) retirer
retragere *s.f.* 1. retraite *f.* 2. *fig.* isolement *m.* ‖ *a bate în ~* battre en retraite
retransmisie *s.f.* retransmission *f.*
retransmite *vt.* retransmettre
retranșa *vr.* se retrancher
retras, ~ă *adj.* 1. retiré, ~e, écarté, ~e 2. *fig.* isolé, ~e, solitaire
retribui *vt.* rétribuer, rémunérer

retribuţie *s.f.* rétribution *f.* rémunération *f.*
retroactiv, ~ă *adj.* rétroactif, ~ive
retrograd, ~ă *adj.* rétrograde
retrograda *vt.* rétrograder
retrospectiv, ~ă *adj.* rétrospectif, ~ive
retroversiune *s.f.* 1. (din limba maternă) thème *m.* 2 (dintr-o limbă străină) version *f.*, traduction *f.*
retrovizor *s.n.* rétroviseur *m.*
retur *s.n.* retour *m.*
retuşa *vt.* retoucher
reţea *s.f.* réseau *m.* filet *m.* 2. (pentru păr) résille *f.* ‖ ~ *telefonică* réseau téléphonique; ~ *de prins peşte* filet de pêche
reţetă *s.f.* 1. recette *f.* 2. *med.* ordonance *f.*
reţine *vt.* 1. retenir, garder. 2. (despre locuri, bilete) réserver, louer
reţinere *s.f.* 1. rétention *f.* 2. *fig.* retenue *f.*
reumatism *s.n.* rhumatisme *m.*
reuni *vt.* réunir, joindre, rassembler, assembler
reuniune *s.f.* réunion *f.*, assemblée *f.*
reuşi *vi.* réussir
reuşită *s.f.* réussite *f.*, succés *m.*
revaloriﬁca *vt.* revaloriser
revaloriﬁcare *s.f.* revalorisation *f.*
revanşa *vr.* se revancher, prendre sa revanche
revanşard, ~ă *adj.* revanchard, ~e
revanşă *s.f.* revanche *f.*
revărsa *vr.* déborder, inonder ‖ *se ~ de ziuă* le jour point
revărsare *s.f.* inondation *f.*, débordement *m.*

revedea 1. *vt.*, *vr.* (se) revoir; 2. *vt.* réviser
revedere *s.f.* revoir *m.*, rencontre *f.* ‖ *la ~* au revoir
revela *vt.* révéler
revelaţie *s.f.* révélation *f.*
revelion *s.n.* réveillon *m.*
revendica *vt.* revendiquer, réclamer
revendicare *s.f.* revendication *f.*
reveneală *s.f.* 1. (despre sol) humidité *f.* 2. (despre atmosferă) fraîcheur *f.*
reveni *vi.* revenir
revenire *s.f.* retour *m.*
rever *s.m.* revers *m.*
reverenţios, ~oasă *adj.* révérencieux, ~euse
reversibil, ~ă *adj.* réversible
reversibilitate *s.f.* réversibilité *f.*
revinde *vt.* revendre
reviriment *s.n.* reviriment *m.*
revistă *s.f.* revue *f.* périodique *m.* ‖ *a trece în ~* passer en revue
revizie *s.f.* révision *f.*
revizionist, ~ă *adj.* révisionniste
revizor, ~oare *s.m.f.* reviseur *m.*, réviseur *m.*
revizui *vt.* réviser, reviser, revoir, réexaminer
revizuire *s.f.* révision *f.*
revoca *vt.* révoquer
revocare *s.f.* révocation *f.*
revolta *vr.* 1. se révolter, se soulever, s'insurger. 2. *fig.* se révolter
revoltă *s.f.* 1. révolte *f.* rébellion *f.*, sédition *f.*, soulèvement *m.* 2. *fig.* révolte *f.*
revoltător, ~oare *adj.* révoltant, ~e
revoluţie *s.f.* révolution *f.*

revoluționa *vt.* révolutionner
revoluționar, ~ă *adj.* și *s.m.f.* révolutionnaire
revoluționare *s.f.* révolution *f.*
revoluționarism *s.n.* 1. idéologie révolutionnaire *f.* 2. attitude révolutionnaire *f.*
revolver *s.n.* revorver *m.*, pistolet *m.*
rezema *vt.* I 1. appuyer 2. (despre copaci etc.) étayer II *vr.* s'appuyer, s'accoter || *a se ~ în coate* s'accouder; *a se ~ cu spatele* s'adosser
rezemătoare *s.f.* 1. appui *m.* 2. (la scaun) dossier *m.*
rezerva *vt.* réserver, garder, (despre locuri) louer
rezervat, ~ă *adj.* réservé, ~e
rezervă *s.f.* 1. réserve *f.* 2. *fig.* restriction *f.*
rezervist *s.m.* réserviste *m.*
rezervor *s.n.* réservoir *m.* || *toc ~* stylo *m.*
rezida *vi.* résider, siéger
reziduu *s.n.* résidu *m.*, reste *m.*
rezilia *vt.* résilier, annuler
reziliere *s.f.* résiliation *f.*, annulation *f.*
rezistență *s.f.* résistance *f.* || *făcea parte din Rezistența franceză* il faisait partie du Maquis (de la Résistance)
rezoluție *s.f.* résolution *f.*
rezolva *vt.* résoudre, solutionner
rezolvare *s.f.* solution *f.*
rezonabil, ~ă *adj.* raisonnable
rezonanță *s.f.* résonance *f.*
rezulta *vi.* résulter, s'ensuivre
rezultantă *s.f.* résultante *f.*
rezultat *s.n.* résultat *m.*
rezuma *vt.* résumer
rezumat *s.n.* résumé *m.*
ricin *s.m.* ricin *m.*
ricoșa *vi.* ricocher
ricoșeu *s.n.* ricochet *m.*
rictus *s.n.* rictus *m.*
rid *s.n.* ride *f.*
ridica I. *vt.* 1. lever, soulever. 2. relever. 3. hausser, augmenter. 4. ôter. 5. redresser. II *vr.* 1. se lever. 2. s'élever. 3. se soulever. 4. se redresser || *a ~ ochii* lever les yeux; *a ~ o greutate* soulever un poids; *a ~ armele* lever les armes; *a se ~ în picioare* se lever; *a se ~ în aer* s'élever; *a se ~ în capul oaselor* se dresser sur son séant; *a ~ din umeri* hausser les épaules; *a ~ o obiecție* soulever une objection; *a ~ prețurile* hausser les prix; *a ~ ședința* lever la séance; *a ~ salariul* toucher le salaire; *a ~ în slava cerului* élever aux nues, chanter les louanges (de qn.); *veniturile se ridică la* les revenus se chiffrent à.
ridicata *s.f.* (în expr.) *cu ~* en gros
ridicătură *s.f.* proéminence *f.* monticule *m.*, tertre *m.*
ridiche *s.f.* radis *m.* || *a freca (cuiva) ridichea* laver la tête (à qn.)
ridicol, ~ă 1. *adj.* ridicule 2. *s.n.* ridicule *m.*
ridiculiza *vt.* ridiculiser, tourner en ridicule
rigid, ~ă *adj.* rigide; *fig.* raide, roide
rigiditate *s.f.* 1. rigidité *f.* 2. *fig.* raideur *f.*

riglă *s.f.* règle *f.*
rigoare *s.f.* rigueur *f.*, sévérité *f.*
rigolă *s.f.* rigole *f.*
riguros, ~oasă *adj.* rigoureux, ~euse
rima *vi.* rimer
rimă *s.f.* rime *f.*
rindea *s.f.* rabot *m.*, varlope *f.* ‖ *a da la ~* raboter, varloper
ring *s.n.* ring *m.*
rinichi *s.m.* **1.** rein *m.* **2.** *cul.* rognon *m.* ‖ *boală de ~* maladie des reins; *frigărui de ~* brochette de rognons
rinocer *s.m.* rhinocéros *m.*
riposta *vi.* riposter
risc *s.n.* risque *m.*
risca 1. *vt.* risquer, hasarder **2.** *vi.* courir le risque
riscant, ~ă *adj.* risqué, ~e
risipă *s.f.* gaspillage *m.* prodigalité *f.*
risipi I *vt.* **1.** dissiper. **2.** gaspiller, prodiguer. **II.** *vr.* s'éparpiller, se dissiper ‖ *a ~ bani* gaspiller de l'argent; *norii s-au risipit* les nuages se sont dissipés.
risipire *s.f.* **1.** éparpillement *m.* **2.** dissipation *f.* **3.** gaspillage *m.*
risipitor, ~oare *adj.* gaspilleur, ~euse, prodigue
rit *s.n.* rite *m.*
ritm *s.n.* rythme *m.*
ritmic, ~ă *adj.* rythmique
ritos *adv.* catégoriquement, formellement
ritual, ~ă 1. *adj.* rituel, ~elle. **2.** *s.n.* rite *m.*
rival, ~ă *s.m.f.* rival, ~e
rivalitate *s.f.* rivalité *f.*
rivaliza *vi.* rivaliser
riveran, ~ă *adj.* riverain, ~e
rizom *s.n.* rhizome *m.*
râcă *s.f.* querelle *f.* ‖ *a căuta ~* chercher noise
râcâi *vt.* racler ‖ *mă râcâie la inimă* cela me tourmente
râde *vi.* **1.** rire, *fam.* rigoler. **2.** (de cineva) railler, se moquer (de), se gausser (de) ‖ *a ~ pe sub mustață* rire sous cape; *îl râd și curcile* il est la risée de tous; *cine ~ la urmă ~ mai bine* rira bien qui rira le dernier
râgâi *vi.* roter
râie *s.f.* gale *f.* ‖ *a se ține ca râia de om* se cramponner, ne pas lâcher qn. d'une semelle
râios, ~oasă *adj.* galeux, ~euse; *fig.* esbroufeur, ~euse
râmă *s.f.* ver de terre *m.*
rână *s.f.* (în expr.) *într-o rână* sur le flanc
râncedă, ~ă *adj.* rance
râncezi *vi.* rancir
rând *s.n.* **1.** rang *m.* **2.** file *f.* queue *f.* **3.** ligne *f.* rangée *f.* ‖ *pe ~* à tour de rôle; *în primul ~* d'abord; premièrement; *a lăsa (cuiva) rândul* céder la place à qn.; *a fi de ~* être de service; *un ~ de haine* un complet; *la rândul meu* à mon tour; *de ~* commun, ~e
rândaș *s.m.* valet de ferme, valet d'écurie *m.*
rândui *vt.* **1.** ranger, arranger; **2.** disposer, organiser
rânduială *s.f.* ordre *m.* arrangement *m.* ‖ *în bună ~* en bonne et due forme; *după ~* selon l'usage

rândunică *s.f.* hirondelle *f.*
rânjet *s.n.* ricanement *m.*
rânji *vi.* ricaner
râpă *s.f.* ravin *m.*
râs¹ *s.n.* **1.** rire *m.* **2.** risée *f.* ‖ *a fi de râsul lumii* être la risée de tous; *a lua în ~* se moquer de, se gausser de, gouailler; *a se strâmba (tăvăli) de ~ rire* à se tordre, *fam.* se marrer; *a face de ~* chanter pouilles
râs² *s.m.* lynx *m.*
râşni *vt.* moudre
râşniţă *s.f.* moulin à café, à poivre *m.*
rât *s.n.* groin *m.*
râu *s.n.* rivière *f.*
râuleţ *s.n.* ruisseau *m.*
râvnă *s.f.* zèle *m.* ardeur *f.*
râvni *vi.* convoiter, désirer
roabă *s.f.* brouette *f.*
roade *vt.* **1.** ronger, corroder, éroder. **2.** *fig.* tourmenter, miner ‖ *a ~ un os* ronger un os; *râul a ros malul* la rivière a érodé la berge
roată *s.f.* roue *f.* ‖ *a merge ca pe roate* aller comme sur des roulettes; *a fi a cincea roată la căruţă* être la cinquième roue à un carrosse; *a da ~* faire le tour.
rob, roabă *s.m.f.* serf, ~ve, esclave
robă *s.f.* robe *f.*
robi *vt.* assujettir, asservir
robie *s.f.* esclavage *m.* servitude *f.* servage *m.* captivité *f.* assujettissement *m.*
robinet *s.n.* robinet *m.*
robit, ~ă *adj.* subjugué, ~e, asservi, ~e

robot *s.m.* robot *m.*
roboti *vi.* **1.** peiner, trimer. **2.** (prin casă) vaquer aux soins du ménage
robust, ~ă *adj.* robuste, fort, ~e, vigoureux, ~euse
rocă *s.f.* roche *f.*
rochie *s.f.* robe *f.*
rochiţă *s.f.* **1.** robe *f.* **2.** liseron *m.* belle du jour *f.*
rod *s.n.* **1.** fruit *m.* **2.** récolte *f.*
roda *vt.* roder
rodi *vi.* porter des fruits
rodie *s.f.* grenade *f.*
roditor, ~oare *adj.* **1.** fertile. **2.** fruitier, ~ère, fructifère ‖ *pământ ~* terre fertile; *pom ~* arbre fruitier; *ramură ~* rameau fructifère
rodiu¹ *s.m. bot.* grenadier *m.*
rodiu² *s.n.* rhodium *m.*
rodnic, ~ă *adj.* fertile, fructueux, ~euse
rododendron *s.m.* rhododendron *m.*
rogojină *s.f.* paillasson *m.*
rogoz *s.n.* jonc *m.*
roi¹ *s.n.* essaim *m.*
roi² *vi.* **1.** essaimer. **2.** *fig.* fourmiller
roib, roaibă *adj.* alezan, ~e
rol *s.n.* rôle *m.*
rom *s.n.* rhum *m.*
roman *s.n.* roman *m.* ‖ *~ ştiinţifico-fantastic* roman de science fiction
romancier, ~ă *s.m.f.* romancier, ~ère
romanic, ~ă *adj.* roman, ~e ‖ *limbi romanice* langues romanes
romaniţă *s.f.bot.* camomille *f.*

romantic, ~ă *adj.* romantique
romantism *s.n.* romantisme *m.*
romanţă *s.f.* romance *f.*
romanţios, ~oasă *adj.* romanesque
român *s.m.* Roumain
român, ~ă *adj.* roumain, ~e ‖ *Republica România* La République de Roumanie; *limba română* la langue roumaine, le roumain
româncă *s.f.* Roumaine
romb *s.n.* losange *m.* rhombe *m.*
rond *s.n.* **1.** (pt. flori) plate-bande *f.* **2.** (piaţă) rond-point *m.* **2.** *mil.* ronde *f.*
ronţăi *vt.* grignoter, croquer
ropot *s.n.* trot *m.* (d'un cheval) ‖ ~ *de aplauze* salve d'applaudissements; ~ *de ploaie* une averse
ros, roasă *adj.* **1.** rongé, ~e. **2.** usé, ~e, râpé, ~e. **3.** corrodé, ~e, érodé, ~e. **4.** tourmenté, ~e, miné, ~e ‖ *haină roasă* habit râpé; ~ *de boală* miné par la maladie; *un deal* ~ *de ape* une colline érodée
rost *s.n.* **1.** sens *m.* **2.** arrangement *m.* **3.** ordre *m.* ‖ *fără nici un* ~ sans rime ni raison; *a nu şti de rostul cuiva* ne pas avoir des nouvelles de qn.; *a face* ~ procurer; *pe de* ~ par coeur; *a lua pe cineva la* ~ tancer qn.
rosti *vt.* prononcer, dire
rostogoli *vt.* rouler, dégringoler
rostogolire *s.f.* **1.** roulement *m.* **2.** renversement *m.*
rostui *vt.* **1.** arranger. **2.** (pt. persoane) caser

roşcat, ~ă *adj.* **1** (despre păr) roux, rousse **2.** (despre culori) rougeâtre
roşcovan, ~ă *adj.* v. roşcat
roşcovă *s.f.* caroube *f.*
roşeaţă *s.f.* rougeur *f.*
roşiatic, ~ă *adj.* rougeâtre
roşie *s.f.* tomate *f.*
roşu 1. *adj.* rouge **2.** *s.n.* rouge *m.* ‖ *a i se face (cuiva)* ~ *înaintea ochilor* voir rouge; ~ *la faţă* rubicond; ~ *de buze* rouge à lèvres
rotacism *s.n.* rhotacisme *m.*
rotar *s.m.* charron *m.*
rotaş, ~ă *adj.* (în expr.) *cal* ~ timonier *m.*
rotat, ~ă *adj.* **1.** circulaire, rond, ~e (despre cai) pommelé, ~e
rotativ, ~ă *adj.* rotatif, ~ive, rotatoire ‖ *presă* ~ă rotative
rotaţie *s.f.* rotation *f.* giration *f.*
roti *vt.* tourner
rotilă *s.f.* roulette *f.*
rotocol *s.n.* rond *m.*
rotoofei, ~eie *adj.* dodu, ~e, potelé, ~e, boulot, ~otte
rotulă *s.f.* rotule *f.*
rotund, ~ă *adj.* rond, ~e
rotunji *vt.* arrondir
rotunjime *s.f.* rondeur *f.*
rouă *s.f.* rosée *f.*
roz, ~ă **1.** *adj.* rose. **2.** *s.f.* rose *f.* ‖ *rosa vânturilor* rose des vents
rozător, ~oare *adj.* **1.** rongeur, ~euse **2.** *s.n.pl.* rongeurs *m.pl.*
rozetă *s.f.* **1.** rosette *f.* **2.** *bot.* réséda *m.*
rozmarin *s.m.* romarin *m.*
rubin *s.n.* rubis *m.*

rublă *s.f.* rouble *m.*
rubrică *s.f.* rubrique *f.*
rucsac *s.n.* sac *m.* musette *f.* havresac *m.*
rudă *s.f.* parent, ~e
rudenie *s.f.* parenté *f.*
rudiment *s.n.* rudiment *m.*
rudimentar, ~ă *adj.* rudimentaire
rufă *s.f.* linge *m.*
rufărie *s.f.* ligerie *f.* linge *m.*
rug *s.n.* bûcher *m.*
ruga *vt.* prier ‖ *vă rog* je vous prie, s'il vous plaît
rugă *s.f.* prière *f.*
rugbi *s.n.* rugby *m.*
rugină *s.f.* rouille *f.*
rugini *vi.* rouiller
ruina 1. *vt.* ruiner. **2.** *vr.* se ruiner, tomber en ruine
ruină *s.f.* ruine *f.*, décombres *m.pl.*; *fig.* vestige *m.* ruines *f.pl.*
rula *vt.* rouler
rulant, ~ă *adj.* roulant, ~e
ruletă *s.f.* roulette *f.*
rulment *s.m.* roulement *m.*
rulou *s.n.* rouleau *m.*
rumega *vt. vi.* **1.** ruminer. **2.** *fig.* rabâcher
rumegător, ~oare **1.** *adj.* ruminant, ~e. **2.** *s.f.pl.* ruminants *m.pl.*

rumen, ~ă *adj.* vermeil, ~eille, rubicond, ~e
rumeneală *s.f.* rougeur *f.*
rumeni 1. *vt. cul.* rissoler. **2.** *vr.* (la față) rougir
rumoare *s.f.* rumeur *f.*
rundă *s.f.* ronde *f.*
rupe *vt.* **1.** rompre, déchirer. **2.** briser, casser, fendre ‖ *mi se ~ inima* cela me brise (fend) le coeur; *o rochie ruptă* une robe déchirée; *a o ~ la sănătoasa* prendre la poudre d'escampette; *a-și ~ un picior* se casser la jambe; *a ~ cu cineva* rompre avec qn.
ruptură *s.f.* **1.** rupture *f.* déchirure *f.* **2.** *med.* fissure *f.*
rural, ~ă *adj.* rural, ~e
rus, ~ă *adj.* și *s.m.f.* russe
rustic, ~ă *adj.* rustique
rușina *vr.* avoir honte, être confus, gêné, honteux, ~euse
rușine *s.f.* honte *f.* ‖ *fără ~* éhonté, sans vergogne
rușinos, ~oasă *adj.* **1.** timide, pudique. **2.** honteux, ~euse
rută *s.f.* route *f.*
rutier *adj.* routier, ~ère
rutinat, ~ă *adj.* versé, ~e
rutină *s.f.* routine *f.*

S

sabie *s.f.* épée *f.*, sabre *m.* ‖ *a trece prin sabie* passer au fil de l'épée
saborda *vt.* saborder
sabot *s.m.* sabot *m.*
sabota *vt.* saboter
sabotaj *s.n.* sabotage *m.*
sabotor, ~oare *s.m.f.* saboteur, ~euse
sac *s.m.* sac *m* ‖ *a prinde (pe cineva) cu mâţa în ~* prendre qn. la main dans le sac; *şi-a găsit sacul peticul* trouver chaussure à son pied; tel maître, tel valet; *~ de dormit* sac de couchage
saca *s.f.* tonneau à eau (monté sur des roues) *m.*
sacadat, ~ă *adj.* saccadé, ~e
sacagiu *s.m.* porteur d'eau *m.*
sacâz *s.n.* mastic *m.* ‖ *~ de vioară* colophane *f.*
sacoşă *s.f.* sacoche *f.*
sacou *s.n.* veston *m.*
sacrifica *vt. vr.* (se) sacrifier
sacrificiu *s.n.* sacrifice *m.*
sacrilegiu *s.n.* sacrilège *m.*
sacru, ~ă *adj.* sacré, ~e
sadea I. *adj. invar.* 1. vrai, ~e, véritable. 2. pur, ~e, sans mélange; II *adv.* vraiment, purement ‖ *bucureştean ~* un vrai Bucarestois; *roşu ~* rouge pur
sadic, ~ă *adj.* sadique
sadism *s.n.* sadisme *m.*
safir *s.n.* saphir *m.*
saftea *s.f.* étrenne *f.* ‖ *a face ~* étrenner
salahor *s.m.* manoeuvre *m.*
salam *s.n.* saucisson *m.*, salami *m.*
salamandră *s.f.* salamandre *f.*
salariat, ~ă *adj.* şi *s.m.f.* salarié, ~e
salariu *s.n.* 1. (pentru muncitori) salaire *m.* 2. (pentru funcţionari, profesori) appointements *m.pl.*, traitement *m.*, émoluments *m.pl.* 3. (pentru oamenii de serviciu) gages *m.pl.*
salariza *vt.* salarier
salată *s.f.* salade *f.* ‖ *~ verde* laitue *f.*
salatieră *s.f.* saladier *m.*
sală *s.f.* 1. salle *f.* 2. corridor *m.* 3. vestibule *m.*
salbă *s.f.* collier (en pièces de métal) *m.*
salcie *s.f.* saule *m.* ‖ *~ pletoasă* saule pleureur *m.*

salcâm *s.m.* acacia *m.*
salin, ~ă **1.** *adj.* salin, ~e. **2.** *s.f.* saline, mine de sel *f.*
salivă *s.f.* salive *f.*
salon *s.n.* salon *m.*
salonaş *s.n.* petit salon *m.*, boudoir *m.*
salopetă *s.f.* salopette *f.*, bleu *m.*, combinaison *f.*
salt *s.n.* saut *m.*, bond *m.* ‖ ~ *calitativ* bond qualitatif
saltea *s.f.* matelas *m.* ‖ ~ *de paie* paillasse *f.*; ~ *de puf* lit de plumes *m.*
saltimbanc *s.m.* saltimbanque *m.*, bateleur *m.*, baladin *m.*
salubritate *s.f.* salubrité *f.*
salubru, ~ă **1.** *adj.* salubre **2.** *adv.* salubrement
salut *s.n.* salut *m.*, salutation *f.*
saluta *vt.* saluer
salutar, ~ă *adj.* salutaire
salutare *s.f.* v. salut
salva *vt.* sauver
salvare *s.f.* **1.** sauvetage *m.* **2.** *fig.* salut *m.* ‖ *barcă de* ~ canot de sauvetage *m.*; *a chema salvarea* appeler la Police-Secours; *colac de* ~ bouée *f.*; **3.** service médical d'urgence; ambulance, voiture d'ambulance
salvator, ~oare *adj.* şi *s.m.f.* sauveteur *m.*; *fig.* sauveur *m.*
salvă *s.f.* salve *f.*
salvie *s.f.bot.* sauge *f.*
samar *s.n.* bât *m.*
samavolnic, ~ă *adj.* abusif, ~ive
samavolnicie *s.f.* abus *m.*
samovar *s.n.* samovar *m.*
samsar *s.m.* courtier *m.*
samur *s.m.zool.* zibeline *f.*
samurai *s.m.* samouraï *m.*
sanatoriu *s.n.* maison de santé. sanatorium *m.* (*pl.* sanatoriums, sanatoria), sana *m.*
sanchiu, ~ie *adj.* **1.** maussade, morose **2.** têtu, ~e
sanctifica *vt.* sanctifier
sanctuar *s.n.* sanctuaire *m.*
sancţiona *vt.* sanctionner
sancţiune *s.f.* sanction *f.*
sandală *s.f.* sandale *f.*
sandviş *s.n.* sandwich *m.*
sanguin, ~ă *adj.* sanguin, ~e
sanie *s.f.* traîneau *m.*
sanitar, ~ă **1.** *adj.* sanitaire **2.** *s.m.* sanitaire *m.*
sapă *s.f.* bêche *f.* ‖ *a ajunge (a aduce, a lăsa) în* ~ *de lemn* être (mettre) sur la paille
saponifica *vr. chim.* saponifier
saponificare *s.f.* saponification *f.*
sarabandă *s.f.* sarabande *f.*
saramură *s.f.* saumure *f.* ‖ *a-şi pune pielea în* ~ se saigner aux quatre veines
sarcasm *s.n.* sarcasme *m.*
sarcastic, ~ă *adj.* sarcastique
sarcină ls.f. **1.** fardeau *m.*, charge *f.*, faix *m.* **2.** grossesse *f.* **3.** *fig.* tâche *f.*, mission *f.* ‖ *a duce o* ~ porter un fardeau, une charge; *a îndeplini o* ~ accomplir une tâche; *în timpul sarcinii femeia...* la femme pendant sa grossesse...
sarcofag *s.n.* sarcophage *m.*
sardea *s.f.* sardine *f.* ‖ *ca sardelele* serrés comme des harengs en caque
sardonic, ~ă *adj.* sardonique

sare *s.f.* sel *m.* ‖ *a-i fi (cuiva) drag ca sarea în ochi* ne pas sentir qn.; *a făgădi marea cu sarea* promettre monts et merveilles
sarică *s.f.* manteau de pâtre *m.*
sarma *s.f.* boulette de hachis roulée dans une feuille de choucroute *f.*
saşiu, ~ie *adj.* bigle, louche | *a se uita ~* loucher
sat *s.n.* village *m.* ‖ *a face ~* se réunir pour causer; *gura satului* les potins du village; *~ fără câini* une pétaudière
satana *s.f.* satan *m.*
satanic, ~ă *adj.* satanique
satelit *s.m.* satellite *m.* ‖ *satelit artificial* setellite artificiel; spoutnik *m.*
satin *s.n.* satin *m.*
satir *s.m.* satyre *m.*
satiră *s.f.* satire *f.*
satiric, ~ă *adj.* satirique
satiriza *vt.* satiriser
satisface *vt.* satisfaire, contenter
satisfacţie *s.f.* satisfaction *f.*, contentement *m.*
satisfăcător, ~oare *adj.* satisfaisant, ~e
satâr *s.n.* couperet *m.*, fendoir *m.*
satrap *s.m.* satrape *m.*
satura *vt.* saturer
saturaţie *s.f.* saturation *f.*
saţ *s.n.* 1. satiété *f.* 2. *fig.* dégoût *m.* ‖ *fără ~* insatiable; *a ţine de ~* rassasier
sau *conj.* ou
saurieni *s.m.* (la *pl.*) sauriens *m.pl.*
savană *s.f.* savane *f.*

savant, ~ă 1. *adj.* savant, ~e 2. *s.m.* savant *m.*
savarină *s.f.* baba (au rhum) *m.*
savoare *s.f.* saveur *f.*
savura *vt.* savourer
savură *s.f.* cailloutis *m.*
saxofon *s.n.* saxophone *m.*
să *conj.* que ‖ *~ fie fericit* qu'il soit heureux! *numai ~* pourvu que
săculeţ *s.n.* sachet *m.*
sădi *vt.* planter
sădire *s.f.* plantation *f.*
săgeată *s.f.* flèche *f.*
săgeta *vt.* 1. décocher une flèche; 2. (despre o durere) élancer; 3. *fig.* darder 4. *fig.* (despre privire) foudroyer
săgetător, ~oare *adj.* (despre privire) perçant, ~e‖ *zodia săgetătorului* le signe du sagittaire
sălaş *s.n.* 1. campement *m.* camp *m.* 2. litière *f.* couche *f.* 3. gîte *m.*
sălăşlui *vi.* habiter, demeurer
sălbatic, ~ă *adj. şi s.m.f.* sauvage
sălbătici *vr.* devenir sauvage
sălbăticie *s.f.* sauvagerie *f.* ‖ *cu ~* sauvagement
sălbăticiune *s.f.* fauve *m.*
sălciu, ~ie *adj.* saumaître
sălta 1. *vi.* bondir, sauter 2. *vt.* relever 3. *vr.* (despre copii) grandir
săltăreţ, ~eaţă *adj.* 1. sautillant, ~e, bondissant, ~e 2. (despre muzică, dans) vif, vive, allègre
sămânţă *s.f.* semence *f.* graine *f.*
sănătate 1. *s.f.* santé *f.* 2. *interj.* salut! ‖ *a bea în sănătatea*

cuiva boire à la santé de qn.; porter une brinde (un toast)

sănătos, ~oasă I. *adj.* **1.** sain, ~e, bien portant, ~e **2.** salubre; **II** *s.f.* (în expr.) *a o lua la sănătoasa* tirer ses grègues; prendre la poudre d'escampette || *a scăpa ~* échapper sain et sauf; *a fi ~* être bien portant; *a fi ~ tun* se porter comme un charme, comme le Pont Neuf; *rămâi ~* adieu

săniuţă *s.f.* luge *f.*

săpa *vt.* **1.** bêcher, piocher, creuser; **2.** *fig.* saper, miner || *a ~ în lemn* graver sur bois; *a ~ un şanţ* creuser un fossé; *a ~ grădina* piocher le jardin; *apele au săpat malul* les eaux ont rongé le rivage

săpare *s.f.* bêchage *m.*

săpăligă *s.f.* serfouette *f.*

săpător, ~oare *s.m.f.* bêcheur, ~euse

săpătură *s.f.* **1.** bêchage *m.* **2.** *arheol.* fouille *f.*

săptămânal, ~ă *adj.* hebdomadaire

săptămână *s.f.* semaine *f.*

săpun *s.n.* savon *m.*

săpuneală *s.f.* **1.** savonnage *m.* **2.** *fig.* remontrance *f.*

săpuni *vt.* **1.** savonner; **2.** *fig.* gronder, passer un savon (laver la tête) à qn.

săpunieră *s.f.* savonnière *f.*

săra *vt.* saler

sărac, ~ă 1. *adj.* pauvre; **2.** *s.m.f.* pauvre *m.*, pauvresse *f.* || *~ cu duhul* pauvre d'esprit, simple

sărat, ~ă *adj.* salé, ~e

sărăcăcios, ~oasă *adj.* **1.** pauvre, misérable; **2.** *fig.* minable, piteux, ~euse

sărăci 1. *vi.* devenir pauvre. **2.** *vt.* appauvrir

sărăcie *s.f.* pauvreté *f.*, indigence *f.*, misère *f.* || *vorbă multă sărăcia omului* trop parler nuit

sărăcime *s.f.* les pauvres *m.pl.*, *peior.* gueusaille *f.*

sărătură *s.f.* salaison *f.*

sărbătoare *s.f.* fête *f.*, jour férié *m.*, festivité *f.*

sărbătoresc, ~ească *adj.* de fête

sărbătoreşte *adv.* solennellement

sărbători *vt.* fêter, célébrer

sărbătorire *s.f.* fête *f.*, célébration *f.*

sări *vi.* sauter, bondir || *a ~ în sus* bondir; *a ~ de la un subiect la altul* parler du coq à l'âne; *a ~ peste cal* dépasser la mesure; *a ~ în ochi* sauter aux yeux; *i-a sărit muştarul* la moutarde lui est montée au nez; *a ~ în ajutorul cuiva* **a)** secourir; **b)** *fig.* venir à la rescousse

sărit, ~ă 1. *adj. fig.* écervelé, ~e, toqué, ~e, timbré, ~e **2.** *s.n.* saut *m.* **3.** *s.f.* (în expr.) *a-şi ieşi din sărite* sortir de ses gonds; *a scoate din sărite* mettre hors de soi

săritor, ~oare *adj. fig.* serviable, obligeant, ~e

săritură *s.f.* saut *m.* bond *m.* || *~ în apă* plongeant; *săritură cu prăjina* saut à la perche

sărman, ~ă *adj.* şi *s.m.f.* pauvre, malheureux, ~euse
sărut *s.n.* baiser *m.*
săruta *vt.* baiser, embrasser
sărutare *s.f.* baiser *m.*
sătean *s.m.* villageois *m.* campagnard *m.*
săteancă *s.f.* villageoise *f.* campagnarde *f.*
sătesc, ~ească *adj.* campagnard, ~e, rustique, villageois, ~e
sătuc *s.n.* hameau *m.*, patelin *m.*
sătul, ~ă *adj.* 1. rassasié, ~e, repu, ~e 2. *fig.* las, lasse
sătura *vt. vr.* 1. (se) rassasier; 2. *fig.* s'assouvir ‖ *a se ~ ca de mere acre* en avoir par-dessus la tête, en avoir marre
săturare *s.f.* 1. satiété *f.* rassasiement *m.* 2. *fig.* assouvissement *m.*
săţios, ~oasă *adj.* rassasiant, ~e
său, sa, săi, sale 1. *adj.* son, sa, ses 2. *pron. pos.* le sien, la sienne, les siens, les siennes
săvârşi *vt.* accomplir, réaliser, commettre, (*peior.*) perpétrer ‖ *a ~ o faptă rea* commettre une mauvaise action, *a ~ o crimă* perpétrer, commettre un crime
săvârşire *s.f.* accomplissement *m.*, réalisation *f.* perpétration *f.* ‖ *săvârşirea unei crime* perpétration d'un crime
scabie *s.f.* gale *f.*
scabros, ~oasă *adj.* scabreux, ~euse
scadent, ~ă *adj.* échéant, ~e
scadenţă *s.f.* échéance *f.*
scafandru *s.m.* scaphandrier *m.*

scai *s.m.* chardon *m.* ‖ *a se ţine ~ de cineva* ne pas lâcher (qn.) d'une semelle
scaiete *s.m.* chardon *m.*
scalpel *s.n.* scalpel *m.*
scamator *s.m.* prestidigitateur *m.*
scamatorie *s.f.* prestidigitation *f.* tour de passe-passe *m.*
scamă *s.f.* charpie *f.*
scanda *vt.* scander
scandal *s.n.* scandale *m.*, *fam.* grabuge *m.*, tapage *m.*, boucan *m.*
scandalagiu *s.m.* *fig.* casseur d'assiettes *m.*
scandaliza *vt. vr.* (se) scandaliser
scandalos, ~oasă *adj.* scandaleux, ~euse
scarabeu *s.m.* *entom.* scarabée *m.*
scară *s.f.* 1. (mobilă) échelle *f.* 2. (fixă) escalier *m.* 3. (de vehicul) marchepied *m.* 4. (la şa) étrier *m.* ‖ *pe o ~ întinsă* à une grande échelle, à un grand échelon; *a reduce la ~* réduire à l'échelle
scarifica *vt.* scarifier
scarlatină *s.f.* scarlatine *f.*
scatiu *s.m.* *ornit.* tarin *m.*
scaun *s.n.* chaise *f.*, siège *m.* ‖ *om cu ~ la cap* un homme sensé
scădea I *vt.* 1. soustraire, retenir; 2. baisser II *vi.* baisser, décroître, diminuer ‖ *a ~ un număr* soustraire un nombre; *preţurile au scăzut* les prix ont baissé; *lumina scade* la lumière baisse; *ziua scade* le jour décroît
scădere *s.f.* 1. soustraction *f.* 2. baisse *f.* 3. diminution *f.* ‖ *a*

face o ~ opérer une soustraction; *scăderea apelor Dunării* la baisse des eaux du Danube

scălda *vt. vr.* (se) baigner ‖ *a o* ~ tourner autour du pot, ne pas savoir sur quel pied danser; *a nu şti în ce ape se scaldă (cineva)* ne pas savoir de quel bois il se chauffe

scăldat *s.n.* bain *m.*

scăldătoare *s.f.* baignoire *f.*

scălâmbăia *vr.* grimacer

scălânbăială *s.f.* grimace *f.*, contorsion *f.*

scămos, ~oasă *adj.* effiloché, ~e

scămoşa *vt. vr.* (s')effilocher

scăpa I *vi.* échapper **II** *vt.* **1.** sauver **2.** lâcher **3.** manquer, rater ‖ *a* ~ *teafăr* échapper sain et sauf; *a* ~ *din vedere* omettre; *a* ~ *ieftin* l'échapper belle; *a* ~ *pe cineva (dintr-o primejdie)* sauver qn. (d'un danger); *a* ~ *un cuvânt* lâcher un mot; *a* ~ *o ocazie* manquer une occasion

scăpare *s.f.* **1.** libération *f.* **2.** échappement *m.* **3.** *fig.* omission *f.* ‖ *nu există* ~ il n'y a pas d'issue; ~ *din vedere* inadvertance *f.*

scăpăra *vt.* étinceler, briller ‖ *a* ~ *din amnar* battre le briquet; *îi scapără ochii* ses yeux étincellent (brillent)

scăpărare *s.f.* étincelle *f.* éclat *m.* ‖ ~ *de geniu* un trait de génie

scăpărătoare *s.f.* briquet *m.*

scăpărător, ~oare *adj.* étincelant, ~e, brillant, ~e

scăpăta *vi.* **1** (despre aştri) se coucher; décliner; **2.** *fig.* déchoir, devenir pauvre

scăpătat, ~ă I *adj. fig.* ruiné, ~e **II** *s.m.* le coucher du soleil

scărmăna *vt.* **1.** carder **2.** *fig.* houspiller

scărmănare *s.f.* cardage *m.*

scărmănătoare *s.f.* carde *f.* cardeuse *f.*

scărmănător, ~oare *s.m.f.* cardeur, ~euse

scărmăneală *s.f.* **1.** *fam.* rossée *f.* **2.** querelle *f.*

scărpina *vt. vr.* (se) gratter

scăunel *s.n.* tabouret *m.* escabeau *m.*

scăzământ *s.n.* diminution *f.* rabais *m.*

scelerat, ~ă *s.m.f.* scélérat, ~e

scenarist, ~ă *s.m.f.* scénariste *m.*

scenariu *.sn.* scénario *m.*

scenă *s.f.* scène *f.* ‖ *a părăsi scena* quitter les planches

scenografie *s.f.* scénographie *f.*

sceptic, ~ă 1. *adj.* sceptique **2.** *s.m.f.* sceptique

scepticism *s.n.* scepticisme *m.*

sceptru *s.n.* sceptre *m.*

scheci *s.n.* sketch *m.*

schelă *s.f.* **1.** échafaud *m.* **2.** chantier pétrolier *m.* **3.** (la vapor) passerelle *f.*

schelărie *s.f.* échafaudage *m.*

schelet *s.n.* squelette *m.*

scheletic, ~ă *adj.* squelettique

schematic, ~ă *adj.* schématique

schematism *s.n.* schématisme *m.*

schematiza *vt.* schématiser

schemă *s.f.* schéma *m.*
scherzo *s.n. muz.* scherzo, scherzando *m.*
scheuna *vi.* japper
schi *s.n.* ski *m.*
schia *vi.* faire du ski
schif *s.n.* skiff *m.*
schijă *s.f.* éclat (d'obus) *m.*
schilod, ~oadă 1. *adj.* éclopé, ~e estropié, ~e 2. *s.m.* cul de jatte *m.*
schilodeală *s.f.* mutilation *f.*
schilodi *vt.* mutiler, estropier
schimb *s.n.* 1. change *m.* 2. échange *m.* (în natură) troc *m.* ‖ **în ~** en échange; *schimburi comerciale* des échanges commerciaux; *scrisoare de ~* lettre de change; *cai de ~* chevaux de relais
schimba I. *vt.* 1. changer 2. échanger, troquer 3. modifier, transformer II *vr.* changer (de), se transformer ‖ *a ~ feţe* changer de couleur; *a ~ vorba* passer à un autre sujet; *a se ~ încotro bate vântul* tourner à tout vent; *a ~ câteva vorbe* échanger quelques mots; *a ~ o frază (într-un text)* changer une phrase
schimbare *s.f.* changement *m.* transformation *f.*
schimbat, ~ă *adj.* 1. changé, ~e, transformé, ~e 2. échangé, ~e ‖ *bani schimbaţi* de la monnaie; *~ de (boală)* changé par la maladie
schimbător, ~oare I *adj.* 1. changeant, ~e variable 2. *fig.* volage, inconstant II *s.n.* changement *m.* ‖ *timp ~* temps variable; *dispoziţie schimbătoare* humeur changeante; *~ de viteză* changement de vitesse
schimnic *s.m.* ascète *m.* ermite *m.* anachorète *m.*
schimnicie *s.f.* ascétisme *m.* ermitage *m.*
schimonoseală *s.f.* grimace *f.* contorsion *f.*
schimonosi I *vt.* 1. déformer 2. défigurer II *vr.* grimacer
schingiui *vt.* torturer
schingiuire *s.f.* torture *f.*
schior, ~oară *s.m.f.* skieur, ~euse
schismă *s.f.* schisme *m.*
schit *s.n.* couvent *m.*
schiţa *vt.* esquisser, ébaucher
schiţă *s.f.* esquisse *f.* ébauche *f.*
sciatică *s.f.* sciatique *f.*
scinda *vt.* scinder
sciziune *s.f.* scission *f.*
scâlcia *vt.* éculer
scâncet *s.n.* vagissement *m.*
scânci *vi.* 1. (despre copii) vagir 2. geindre 3. (despre câini) japper
scândură *s.f.* planche *f.* ais *m.*
scândurică *s.f.* planchette *f.*
scânteia *vi.* etinceler, scintiller
scânteie *s.f.* étincelle *f.*
scânteiere *s.f.* étincellement *m.*
scânteietor, ~oare *adj.* 1. étincelant, ~e, scintillant, ~e 2. *fig.* brillant, ~e
scârbă *s.f.* dégoût *m.* répugnance *f.*
scârbi 1. *vt.* dégoûter, écoeurer 2. *vr.* se dégoûter, *fam.* en avoir marre

scârbos, ~oasă *adj.* dégoûtant, ~e, écoeurant, ~e; *fam.* dégueulasse

scârţâi *vi.* 1. grincer 2. crisser 3. (la un instrument) racler 4. *fig.* clocher ‖ *uşa scârţâie* la porte grince; *zăpada scârţâie* la neige crisse; *treburile scârţâie* les affaires clochent; (despre oameni) être en mauvaise santé; être patraque *fam.*; (despre afaceri) ne pas aller

scârţâit *s.n.* 1. grincement *m.* 2. (despre zăpadă) crissement *m.* 3. (despre ghete) craquement *m.*

sclav, ~ă *s.m.f.* esclave

sclavagism *s.n.* esclavagisme *m.*

sclavagist, ~ă *adj.* esclavagiste

sclavie *s.f.* esclavage *m.*

scleroză *s.f.* sclérose *f.*

sclifosi *vr.* 1. pleurnicher 2. minauder

sclipi *vi.* scintiller, briller ‖ *zăpada sclipea în soare* la neige scintillait au soleil; *ochii îi sclipeau de bucurie* ses yeux brillaient de joie

sclipitor, ~oare *adj.* scintillant, ~e, brillant, ~e, luisant, ~e

sclivisi *vr.* se bichonner

sclivisit, ~ă *adj.* bichonné, ~e, tiré, ~e à quatre épingles

scoabă *s.f.* agrafe *f.* crampon *m.*

scoarţă *s.f.* 1. écorce *f.* 2. tapis roumain *m.* ‖ *din ~ în ~* d'un bout à l'autre

scoate *vt.* tirer, ôter, extraire, sortir, puiser ‖ *a ~ o batistă din buzunar* sortir une mouchoir de sa poche; *a ~ o măsea* extraire une dent; *n-am putut ~ nimic de la el* je n'ai rien pu tirer de lui; *a-şi ~ pălăria* ôter son chapeau; *a ~ apă* puiser de l'eau; *a ~ în evidenţă* mettre en évidence, faire ressortir; *a ~ la mezat* vendre aux enchères; *a nu şti pe unde să scoţi cămaşa* ne savoir à quel saint se vouer; *a ~ un ţipăt* pousser un cri; *a ~ la pensie* mettre à la retraite; *a ~ la lumină* tirer au clair; *a o ~ la capăt* venir à bout; *a ~ (pe cineva) din minţi* tourner la tête à qn.; *a ~ din fire (pepeni, ţâţâni)* faire sortir qn. de ses gonds; *a ~ castanele din foc cu mâna altuia* tirer les marrons du feu; *a ~ cuiva peri albi* en faire voir de toutes les couleurs; *a nu ~ un cuvânt* ne souffler mot

scobi 1. *vt.* creuser 2. *vi.* fouiller 3. *vr.* se curer les dents

scobitoare *s.f.* cure-dents *m.*

scobitură *s.f.* creux *m.*

scoc *s.n.* 1. abée *f.* 2. gouttière *f.*

scofală *s.f.* *ir.* prouesse *f.*

scofâlcit, ~ă *adj.* décharné, ~e, émacié, ~e

scoică *s.f.* 1. coquille *f.* 2. coquillage *m.* ‖ *~ de mărgăritar* huître perlière *f.*

scolastică *s.f.* scolastique *f.*

sconcs *s.m. zool.* sconse *m.* skunks *m.* skons *m.*

scont *s.n.* escompte *m.*

sconta *vt.* escompter

scop *s.n.* but *m.* fin *f.* ‖ *în acest ~* à cet effet, dans ce but, à cette fin
scor *s.n.* score *m.*
scorbură *s.f.* **1.** creux *m.* **2.** grotte *f.*
scorburos, ~oasă *adj.* creux, ~euse
scorbut *s.n.* scorbut *m.*
scorie *s.f.* scorie *f.*
scormoni I *vi.* **1.** fouiller, farfouiller, fourrager **2.** *fig.* attiser, troubler **II** *vt.* creuser ‖ *a ~ pământul* creuser la terre; *a ~ focul* attiser, tisonner le feu
scorni *vt.* **1.** inventer **2.** élucubrer, tramer, ourdir ‖ *a ~ o acuzaţie* forger de toutes pièces une accusation
scornitură *s.f.* élucubration *f.*
scoroji *vr.* s'écailler
scorpie *s.f.* **1.** scorpion *m.* **2.** *fig.* harpie *f.* chipie *f.*
scorpion *s.m.* scorpion *m.*
scorţişoară *s.f.* cannelle *f.*
scorţos, ~oasă *adj.* **1.** rugueux, ~euse **2.** *fig.* raide, guindé, ~e
scotoci *vt.* fouiller, farfouiller, fourrager
scoţian, ~ă *adj.* şi *s.m.f.* écossais, ~e
screme *vr.* s'éfforcer
screper *s.n.* scraper *m.*
scrib *s.m.* scribe *m.*
scrie *vt. vi.* écrire ‖ *a ~ o reţetă* rédiger une ordonnance
scriere *s.f.* **1.** écrit *m.* ouvrage *m.* **2.** écriture *f.* ‖ *~ în proză* ouvrage en prose; *~ caligrafică* écriture calligraphique
scriitor, ~oare *s.m.f.* écrivain *m.* femme-écrivain *f.*
scriitoraş *s.m.* écrivailleur *m.* écrivassier *m.*
scrijeli *vt.* égratigner, érafler, entailler
scrijelire *s.f.* égratignure *f.* éraflure *f.* entaille *f.*
scrimă *s.f.* escrime *f.*
scrin *s.n.* commode *f.*
scripcar *s.m.* violoneux *m.*
scripcă *s.f.* violon *m.*
scripete *s.m.* poulie *f.* moufle *f.*
scripte *s.f.pl.* registre *m.*
scris[1] *s.n.* **1.** écriture *f.* **2.** document *m.* ‖ *în ~* par écrit; *a avea un ~ frumos* avoir une belle main
scris[2]**, ~ă** *adj.* écrit, ~e
scrisoare *s.f.* lettre *f.* ‖ *~ de trăsură* lettre de voiture
scrânciob *s.n.* balançoire *f.* escarpolette *f.*
scrânteală *s.f.* **1.** entorse *f.* luxation *f.* **2.** *fig.* toquade *f.* folie *f.*
scrânti 1. *vt.* fouler, luxer **2.** *fig.* se toquer ‖ *a o ~* faire une gaffe; *s-a scrântit la cap* il est toqué
scrântit, ~ă *adj.* **1.** (despre membre) foulé, ~e, **2.** *fig.* timbré, ~e, braque toqué, ~e
scrâşnet *s.n.* grincement des dents *m.*
scrâşni *vi.* grincer des dents
scroafă *s.f.* truie *f.*
scrobeală *s.f.* empois *m.*
scrobi *vt.* empeser, amidonner
scrobit, ~ă *adj.* **1.** empesé, ~e, amidonné, ~e, apprêté, ~e **2.** *fig.* apprêté, ~e, guindé, ~e

scrofulă *s.f.* scrofule *f.*
scrum *s.n.* cendre *f.* ‖ *s-a ales ~* il n'en est rien resté; *a face ~* calciner
scrumbie *s.f.* maquereau *m.* hareng *m.*
scrumieră *s.f.* cendrier *m.*
scrupul *s.n.* scrupule *m.*
scrupulos, ~oasă *adj.* scrupuleux, ~euse
scrupulozitate *s.f.* scrupule *m.*
scruta *vt.* scruter
scrutător, ~oare *adj.* scrutateur, pénétrant, ~e
scrutin *s.n.* scrutin *m.*
scuar *s.n.* square *m.*
scufie *s.f.* coiffe *f.* bonnet *m.*
scufiţă *s.f.* bonnet *m.* béguin *m.* ‖ *Scufiţa Roşie* Le Petit Chaperon Rouge
scufunda I *vt.* couler, submerger **II** *vr.* 1. couler, s'enfoncer, se plonger 3. *fig.* sombrer, engloutir ‖ *vaporul s-a scufundat* le bateau a coulé; *scufundat în gânduri* plongé dans ses pensées
scufundare *s.f.* 1. plongeon *m.* 2. immersion *f.* submersion *f.*
scufundător, ~oare *adj.* plongeur, ~euse
scuipa *vi.* cracher
scuipat *s.n.* crachat *m.*
scuipătoare *s.f.* crachoir *m.*
scul *s.n.* écheveau *m.*
scula *vt. vr.* (se) lever
sculare *s.f.* lever *m.* réveil *m.*
sculă *s.f.* outil *m.* ustensile *m.*
sculărie *s.f.* outillage *m.*
sculpta *vt.* sculpter

sculptor *s.m.* sculpteur *m.*
sculptoriţă *s.f.* femme-sculpteur *f.*
sculptură *s.f.* sculpture *f.*
scump, ~ă I *adj.* 1. cher, ~ère, coûteux, ~euse 2. *fig.* chéri, ~e **II** *adv.* cher, chèrement ‖ *a plăti ~* payer cher; *scumpul meu* mon cher, mon chéri
scumpete *s.f.* cherté *f.*
scumpi 1. *vt.* hausser les prix, renchérir 2. *vr.* lésiner
scund, ~ă *adj.* 1. bas, basse 2. (despre oameni) de petite taille, petit, ~e
scurge 1. *vt.* égoutter 2. *vr.* s'écouler ‖ *a i se ~ ochii după cineva* manger des yeux
scurgere *s.f.* 1. (despre apă) fuite *f.* 2. (despre gaze) échappement *m.* 3. *med.* sécrétion *f.*
scurma *vt. vi.* gratter la terre
scurt, ~ă I *adj.* court, ~e, bref, brève, **II** *adv.* 1. court, bref 2. brièvement ‖ *păr ~* cheveux courts; *un discurs ~* un discours bref; *pe ~* bref, en deux mots; *vedere scurtă* myopie; *a ţine din ~* tenir à la bride haute; *a se opri ~* s'arrêter net, court; *a lua pe cineva din ~* mettre qn. au pied du mur
scurta *vt.* 1. raccourcir 2. abréger ‖ *a ~ o rochie* raccourcir une robe; *a ~ un text* abréger un texte; *a ~ prea mult* écourter
scurteică *s.f.* jaquette fourrée *f.*
scurtcircuit *s.n.* court-circuit *m.*
scut *s.n.* 1. bouclier *m.* 2. *fig.* égide *f.*
scutec *s.n.* lange *m.*

scuter *s.n.* scooter *m.*
scuti *vt.* 1. exempter, dispenser 2. épargner ‖ *a ~ (pe cineva) de un examen* dispenser qn. de se présenter à un examen; *m-a scutit de un demers inutil* il m'a épargné une démarche inutile
scutier *s.m.* écuyer *m.*
scutura I *vt.* 1. secouer 2. agiter 3. *fig.* tancer II *vi.* 1. nettoyer, se défaire (de) 2. épousseter III *vr.* 1. se secouer, se débarrasser 2. s'effeuiller ‖ *a ~ o sticlă* secouer (agiter) une bouteille; *a ~ o cameră* nettoyer une chambre; *a ~ pe cineva* tancer vertement (qn.); *a se ~ de un nărav* se débarrasser (se défaire) d'une mauvaise habitude; *a fi scuturat de friguri* être secoué par des frissons; *scuturat de trăsură* secoué (cahoté) par la voiture; *pomii se scutură* les arbres s'effeuillent
scuturătură *s.f.* 1. secousse *f.* 2. (într-un vehicul) cahot *m.* 3. (a unei odăi) nettoyage *m.*
scuza *vt.vr.* (s')excuser
scuză *s.f.* excuse *f.*
seamă *s.f.* (în expr.) *de bună ~* sans aucun doute; assurément; *mai cu ~* surtout; *a lua ~* faire attention; *a-și lua seama* se raviser; *a da ~* rendre compte; *a-și da ~* se rendre compte; *a ține ~* tenir compte (de); *de ~* important, marquant; *de o ~ cu cineva* du même âge; *a face seama (cuiva)* tuer; *o ~ de* une foule de; *peste ~ (de)* outre mesure; *dare de ~* compte-rendu; *în seama cuiva* à la charge de qn.
seamăn *s.m.* prochain *m.* ‖ *fără de ~* sans pareil
seară *s.f.* soir *m.* soirée *f.* ‖ *am lucrat toată seara* j'ai travaillé toute la soirée; *în fiecare ~* chaque soir; *bună seara* bonsoir; *de cu ~* le soir venu; *spre seară* vers le soir
searbăd, ~ă *adj.* fade, insipide
sec, seacă *adj.* sec, sèche ‖ *cap ~* imbécile; *a înghiți în ~* a) ravaler sa salive; b) *fig.* ravaler son dépit
seca I. *vt.* 1. sécher, tarir 2. *fig.* épuiser, vanner II *vr.* se dessécher
secantă *s.f.* sécante *f.*
secară *s.f.* seigle *m.*
secărică *s.f.* 1. *bot.* cumin *m.* 2. (băutură) anisette *f.*
secătui *vt.* 1. épuiser 2. *pop. fig.* vanner
secătură *s.f.* vaurien *m.* gredin *m.* crapule *f.* fripouille *f.*
secera *vt.* 1. moissonner 2. *fig.* faucher, détruire, ravager
secera *s.f.* faucille *f.*
secerător, ~oare 1. *s.m.f.* moissonneur, ~euse 2. *s.f.* (mașina) moissonneuse *f.*
seceriș *s.n.* moisson *f.*
secesiune *s.f.* sécession *f.*
secetă *s.f.* 1. sécheresse *f.* 2. *fig.* disette *f.*
sechestra *vt.* séquestrer

sechestru *s.n.* séqueste *m.*, saisie *f.*
secol *s.n.* siècle *m.*
secret, -ă 1. *adj.* secret, -ète **2.** *s.n.* secret *m.* ‖ *în* ~ secrètement
secretar, -ă *s.m.f.* secrétaire
secretariat *s.n.* secrétariat *m.*
secreție *s.f.* sécrétion *f.*
sectar, -ă *adj.* sectaire
sectarism *s.n.* sectarisme *m.*
sectă *s.f.* secte *f.*
sector *s.n.* secteur *m.*
secție *s.f.* section *f.*
secționa *vt.* sectionner
secțiune *s.f.* section *f.*
secular, -ă *adj.* séculaire
secund, -ă *adj.* **1.** second, -e, deuxième **2.** *s.m.* officier en second *m.*
secunda *vt.* seconder
secundar, -ă *adj.* secondaire
secundă *s.f.* seconde *f.*
secure *s.f.* cognée *f.*, hache *f.*
securit *s.m. tehn.* sekurit *m.*, verre d sécuriré *m.*
securitate *s.f.* sécurité *f.*
secvență *s.f.* séquence *f.*
sedativ, -ă *adj.* sédatif, -ive, calmant, -e
sedentar, -ă *adj.* sédentaire
sedilă *s.f.* sédille *f.*
sediment *s.n.* sédiment *m.*
sedimentare *s.f.* sédimentation *f.*
sediu *s.n.* siège *m.*
seducător, -oare 1. *adj.* séduisant, -e **2.** *s.m.* séducteur *m.*
seduce *vt.* séduire
seducție *s.f.* séduction *f.*
segment 1. *s.n.* segment *m.* **2.** *s.m.* segment *m.*
segregare *s.f.* ségrégation *f.*

seif *s.n.* coffre-fort *m.*
seism *s.n.* séisme *m.*
seismograf *s.n.* sismographe *m.*, séismographe *m.*
select, -ă *adj.* sélect, -e
selecta *vt.* sélectionner, trier
selectiv, -ă *adj.* sélectif, -ive
selector *s.n.* sélecteur *m.*
selecție *s.f.* sélection *f.*
selecționa *vt.* sélectionner
semafor *s.n.* sémaphore *m.*
semantică *s.f.* sémantique *f.*
semăna[1] *vt.* **1.** semer **2.** *(un câmp)* ensemencer **3.** *fig.* répandre, propager ‖ *a ~ vrajbă* semer la discorde, (la zizanie); *cine seamănă vânt culege furtună* qui sème le vent récolte la tempête
semăna[2] *vi.* ressembler ‖ *a ~ (cu cineva) bucățică tăiată* se ressembler comme deux gouttes d'eau
semănare *s.f.* ressemblance *f.*
semănat *s.n.* ensemencement *m.*
semănătoare *s.f.* semoir *m.*
semănător, -oare *s.m.f.* semeur, -euse
semănătură *s.f.* semailles *f.pl.*
semestrial, -ă *adj.* semestriel, -elle
semestru *s.n.* semestre *m.*
semeț, -eață 1. *adj.* altier, -ère, fier, -ère, orgueilleux, -euse, superbe **2.** *adv.* altièrement, fièrement, orgueilleusement
semeți *vr.* **1.** s'enorgueillir **2.** se vanter **3.** s'enhardir
semeție *s.f.* orgueil *m.*, superbe *f.*
semicerc *s.n.* demi-cercle *m.*

semifabricat *s.n.* ébauche *f.*
semifinală *s.f.* demi-finale *f.*
semilună *s.f.* demi-lune *f.*, croissant *m.*
seminar *s.n.* (şcoală pt. preoţi) séminaire *m.* ‖ *ore de ~* heures de travaux pratiques, séminaire *m.*; *un ~ internaţional* un stage, colloque international
seminţie *s.f.* 1. nation *f.*, peuple *m.* 2. tribu *f.* 3. race *f.* ‖ *din aceeaşi ~* de la même souche
semiobscuritate *s.f.* clair-obscur *m.*
semiton *s.n.* demi-ton *m.*, semiton *m.*
semivocală *s.f.* semi-voyelle *f.*
semizeu *s.m.* demi-dieu *m.*
semn *s.n.* signe *m.*, indice *m.*, marque *f.*, preuve *f.* ‖ *~ bun* de bon augure; *ca ~ de* preuve de; *~ de carte* signet *m.*; *~ de hotar* borne *f.*; *semnele citării* guillemets *m.pl.*; *mi-a făcut ~* il m'a fait signe
semna *vt.* signer
semnal *s.n.* signal *m.* ‖ *~ de alarmă* poignée d'alarme
semnala *vt.* signaler
semnalizare *s.f.* signalisation *f.*
semnalment *s.n.* signalement *m.*
semnătură *s.f.* signature *f.*
semnifica *vt.* signifier
semnificativ, ~ă *adj.* significatif, ~ive
semnificaţie *s.f.* signification *f.*, sens *m.*
senat *s.n.* sénat *m.*
senator *s.m.* sénateur *m.*
senilitate *s.f.* sénilité *f.*

senin, ~ă 1. *adj.* serein, ~e, limpide, clair, ~e 2. *s.n.* beau temps *m.* ‖ *din ~* soudain, sans crier gare
seninătate *s.f.* 1. clarté f. 2. *fig.* sérénité *f.*
senior 1. *s.m.* seigneur *m.* 2. *adj.*, *m. sport* senior
sens *s.n.* 1. sens *m.* 2. signification *f.* ‖ *fără nici un ~* sans rime ni raison; *cuvinte fără nici un ~* mots sans aucune signification ; *~ unic* sens unique; *într-un anumit ~* en un certain sens
sensibil, ~ă *adj.* sensible
sensibilitate *s.f.* sensibilité *f.*
sensibiliza *vt.* sensibiliser
sentenţios, ~oasă *adj.* sentencieux, ~euse
sentiment *s.n.* sentiment *m.*
sentimental, ~ă *adj.* sentimental, ~e
sentimentalism *s.n.* sentimentalisme *m.*
sentinelă *s.f.* sentinelle *f.*
sentinţă *s.f.* sentence *f.*, arrêt *m.*
senzaţie *s.f.* sensation *f.*
senzaţional, ~ă *adj.* sensationnel, ~elle
senzitiv, ~ă *adj.* sensitif, ~ive
senzorial, ~ă *adj.* sensoriel, ~elle
senzual, ~ă *adj.* sensuel, ~elle
sepală *s.f.* sépale *m.*
separa *vt.* séparer, désunir
separator *s.n.* séparateur *m.*
separaţie *s.f.* séparation *f.*
sepie *s.f. zool.* seiche *f.*, sépia ‖ *desen în ~* dessin à la sépia

septembrie *s.m.* septembre *m.*
septentrional, ~ă *adj.* septentrional, ~e
septicemie *s.f.* septicémie *f.*
sepulcral, ~ă *adj.* sépulcral, ~e
ser *s.n.* sérum *m.*
serafic, ~ă *adj.* séraphique
serai *s.n.* sérail *m.*
seral, ~ă *adj.* vespéral, ~e ‖ *cursuri serale* cours du soir
serată *s.f.* soirée *f.*
seră *s.f.* serre *f.*
serba *vt.* fêter, célébrer
serbare *s.f.* fête *f.*, festivité *f.*
serenadă *s.f.* sérénade *f.*
sergent *s.m.* sergent *m.*; (în cavalerie) maréchal des logis *m.*; (în trecut) agent de police *m.*
sericicultură *s.f.* sériciculture *f.*
serie *s.f.* série *f.*
seringă *s.f.* seringue *f.*
serios, ~oasă I. *adj.* 1. sérieux, ~euse 2. rangé, ~e, posé, ~e II. *adv.* 1. sérieusement 2. sobrement, posément III. *s.n.* (în expr.) *a lua în ~* prendre au sérieux
seriozitate *s.f.* sérieux *m.*
serpentină *s.f.* 1. route en lacet *f.* 2. (de hârtie) serpentin *m.* 3 (într-un alambic) serpentin *m.*
sertar *s.n.* tiroir *m.*
serv, ~ă *s.m.f.* serf, serve
servantă *s.f.* 1 (mobilă) servante *f.* 2. bonne *f.*, servante *f.*
servi 1. *vt.* servir 2. *vr.* se servir (de), employer, utiliser
serviabil, ~ă *adj.* serviable, obligeant, ~e

serviciu *s.n.* 1. service *m.* 2. emploi *m.* ‖ *a face un ~* rendre un service; *mă duc la ~* je vais à la boîte (au bureau); *mi-am găsit un ~* j'ai trouvé un emploi (job)
servietă *s.f.* serviette *f.*
servil, ~ă *adj.* servile, obséquieux, ~euse
servilism *s.n.* servilisme *m.*
servitor, ~oare *s.m.f.* serviteur *m.*, servante *f.*, domestique *m.f.*
servitute *s.f.* servitude *f.*
sesiune *s.f.* session *f.*
sesiza *vt.* saisir
set *s.n.* set *m.*
sete *s.f.* soif *f.*
setos, ~oasă *adj.* 1. assoiffé, ~e 2. *fig.* avide, altéré, ~e
seu *s.n.* suif *m.* ‖ *~ de vacă* graisse de boeuf *f.*; *lumânare de ~* chandelle *f.*; *a face ~* s'enrichir
sevă *s.f.* sève *f.*
sever, ~ă *adj.* sévère
severitate *s.f.* sévérité *f.*, rigueur f.
sex *s.n.* sexe *m.*
sextant *s.m.* sextant *m.*
sextă *s.f.* sixte *f.*
sezon *s.n.* saison *f.*
sfadă *s.f.* querelle *f.*, dispute *f.*
sfanţ *s.m.* sou *m.* ‖ *a nu avea ~* être sans le sou, être fauché
sfat *s.n.* conseil *m.* ‖ *~ popular* conseil populaire
sfădi *vr.* se quereller, se disputer, se chamailler
sfănţui *vt.* 1. graisser la patte, offrir des pots-de-vin 2. flouer

sfărâma I. *vt.* **1.** briser, casser **2.** écraser **3.** broyer **II.** *vr.* **1.** se briser, se casser **2.** *fig.* se tourmenter ‖ *a ~ o piatră* casser une pierre; *a-şi ~ capul* se casser la tête; *a ~ oasele (cuiva)* broyer les os de qn.; *a ~ lanţurile* briser les chaînes

sfărâmătură *s.f.* débris *m.*

sfărâmicios, ~oasă *adj.* friable

sfătos, ~oasă I. *adj.* **1.** causeur, ~euse **2.** sage **II.** *adv.* sagement

sfătui 1. *vt.* conseiller **2.** *vr.* se consulter

sfătuitor, ~oare *s.m.f.* conseiller, ~ère

sfeclă *s.f.* betterave *f.*

sfecli *vt.* (în expr.) *a o ~* être dans de beaux draps; *am sfeclit-o* je suis fichu

sferă *s.f.* sphère *f.*

sferic, ~ă *adj.* sphérique

sfert *s.n.* quart *m.*, quartier *m.* ‖ *un ~ de oră* un quart d'heure; *pe trei sferturi* à trois quarts; *~ de măr* quartier de pomme

sfeşnic *s.n.* chandelier *m.*, bougeoir *m.*

sfeterisi *vt. fam.* chiper, chaparder

sfetnic *s.m.* conseiller *m.*

sfială *s.f.* timidité *f.*, gêne *f.*, confusion *f.*

sfida *vt.* narguer, défier

sfidare *s.f.* défi *m.*

sfii *vr.* se gêner, ne pas oser

sfiicios, ~oasă *adj.* timide, farouche

sfinţenie *s.f.* sainteté *f.* ‖ *cu ~* religieusement, scrupuleusement

sfinţi *vt.* (despre persoane) sanctifier; (o clădire) consacrer

sfinţire *s.f.* **1.** sanctification *f.* **2.** consécration *f.*

sfinx *s.m.* sphinx *m.*

sfios, ~oasă *adj.* timide

sfânt, ~ă 1. *adj.* sainte, ~e, sacré, ~e **2.** *s.m.f.* saint, ~e ‖ *ferit-a sfântul* jamais de la vie; *stă ca sfinţii* il est sage comme une image; *la sfântul aşteaptă* à la Saint Glinglin

sfârc *s.n.* **1.** bout *m.* **2.** (despre ureche) lobe *m.* **3.** (despre bici) mèche *f.* **4.** (despre sân) mamelon *m.*, tétin *m.*

sfârâi *vi.* grésiller ‖ *a-i ~ (cuiva) călcâiele* courir à toutes jambes

sfârâit *s.n.* grésillement *m.*

sfârlează *s.f.* toupie *f.*

sfârşeală *s.f.* défaillance *f.*

sfârşi 1. *vt.* finir, terminer, achever **2.** *vr.* mourir

sfârşit[1] *s.m.* fin *f.* ‖ *fără ~* sans fin; *în ~* enfin, tout compte fait; *e pe ~e* cela tire à sa fin; *a-şi da obştescul ~* rendre l'âme

sfârşit[2]**, ~ă** *adj.* **1.** fini, ~e, terminé, ~e, achevé, ~e **2.** épuisé, ~e, éreinté, ~e

sfârtica *vt.* déchiqueter, lacérer ‖ *a ~ în bucăţi* mettre en pièces

sfâşia *vt.* déchirer

sfâşiere *s.f.* **1.** déchirure *f.* **2.** *fig.* déchirement *m.*

sfâşietor, ~oare *adj.* déchirant, ~e

sfoară *s.f.* corde *f.*, ficelle *f.* ‖ *a trage pe ~ pe cineva* flouer

qn., carotter qn.; *a trage sforile* maniganser, machiner; *a da ~ în țară* ébruiter des nouvelles; *~ de moșie* lopin de terre *m.*
sforar *s.m.* 1. ficelier *m.* 2. *fig.* intrigant *m.*
sforăi *vi.* ronfler
sforăială *s.f.* ronflement *m.*
sforăitor, ~oare *adj.* 1. ronflant, ~e 2. *fig.* redondant, ~e
sforța *vi.* s'efforcer
sforțare *s.f.* effort *m.*
sfredel *s.n.* vrille *f.*, foret *m.*
sfredeli *vt.* vriller, forer
sfredelitor, ~oare *adj.* 1. foreur, ~euse 2. *fig.* (despre privire) perçant, ~e
sfriji *vr.* se ratatiner, se rabougrir
sfrijit, ~ă *adj.* maigre, ratatiné, ~e
sfrunta *vt.* défier, braver, narguer || *minciună sfruntată* mensonge fieffé
sfruntare *s.f.* défi *m.*, bravade *f.*
sicomor *s.m.* sycomore *m.*
sicriu *s.n.* cercueil *m.*, bière *f.*
sidef *s.n.* nacre *f.*
sidefiu ~ie *adj.* nacré, ~e
sideral, ~ă *adj.* sidéral, ~e
siderurgic, ~ă *adj.* sidérurgique
siderurgie *s.f.* sidérurgie *f.*
siestă *s.f.* sieste *f.*
sifilis *s.n.* syphilis *f.*
sifon *s.n.* 1 (aparat) siphon *m.* 2 (băutură) eau gazeuse *f.*, soda *m.*, eau de Seltz *f.*
sigila *vt.* sceller, cacheter
sigiliu *s.n.* sceau *m.*, cachet *m.*, seing *m.*
sigur, ~ă I. *adj.* 1. sûr, ~e, certain, ~e 2. assuré, ~e II. *adv.* sûrement, assurément, certainement || *de* ~ bien sûr, à coup sûr; *mai mult ca* ~ sûr et certain
siguranță *s.f.* 1. sûreté *f.* 2. *fig.* assurance *f.* 3. sécurité *f.* || *ac de* ~ épingle de nourrice *f.*; ~ *electrică* plombs *m.pl.*; *în* ~ en sûreté, en lieu sûr; *a vorbi cu* ~ parler avec assurance; *cu* ~ à coup sûr, certainement
sihastru, ~ă *s.m.f.* ermite *m.*
sihăstrie *s.f.* ermitage *m.*
silabă *s.f.* syllabe *f.*
silabisi *vt.* épeler
silă *s.f.* 1. dégoût *m.* 2. contrainte *f.* || *în* ~ à contre-coeur, à son corps défendant; *a-i fi cuiva* ~ en être dégoûté; *fam.* en avoir marre; *de* ~ *de milă* bon gré mal gré; *a lua cu sila* emmener de force
silex *s.n.* silex *m.*
silfidă *s.f.* sylphide *f.*
sili 1. *vt.* obliger, contraindre, forcer 2. *vr.* s'efforcer, s'évertuer, s'appliquer
silicat *s.m.* silicate *m.*
silință *s.f.* 1. effort *m.*, assiduité *f.* 2 application *f.* || *a-și da toată silința* faire de son mieux
silit, ~ă *adj.* forcé, ~e, contraint, ~e
silitor, ~oare *adj.* diligent, ~e, appliqué, ~e
silitră *s.f.pop.* salpêtre *m.*
silnic, ~ă *adj.* forcé, ~e || *muncă silnică* travaux forcés
silogism *s.n.* syllogisme *m.*
siloz *s.n.* 1. entrepôt *m.* 2 silo *m.*
siluetă *s.f.* silhouette *f.*

silui *vt.* **1.** violenter **2.** violer
siluire *s.f.* **1.** violence *f.* **2.** viol *m.*
silvic, ~ă *adj.* forestier, ~ère ‖ *inginer silvic* ingénieur des eaux et forêts
silvicultor, ~oare *s.m.f.* sylviculteur *m.*, ingénieur des eaux et forêts
silvicultură *s.f.* sylviculture *f.*
simandicos, ~oasă *adj. ir.* prétentieux, ~euse ‖ *persoană simandicoasă* personnage huppé
simbioză *s.f.* symbiose *f.*
simbol *s.n.* symbole *m.*
simbolic, ~ă *adj.* symbolique
simbolism *s.n.* symbolisme *m.*
simboliza *vt.* symboliser
simbrie *s.f.* paye *f.*, gages *m.pl.*
simetric, ~ă *adj.* symétrique
simetrie *s.f.* symétrie *f.*
simfonic,că *adj.* symphonique
simfonie *s.f.* symphonie *f.*
simigerie *s.f.* pâtisserie *f.*
similar, ~ă *adj.* similaire
similitudine *s.f.* similitude *f.*
siminichie *s.f.bot.* séné *m.*
simpatic, ~ă *adj.* sympathique
aimpatie *s.f.* sympathie *f.*
simpatiza *vt.* sympathiser
simplifica *vt.* simplifier
simplificare *s.f.* simplification *f.*
simplist, ~ă *adj.* simpliste
simplitate *s.f.* **1.** simplité *f.*, naturel *m.* **2.** naïveté *f.*
simplu ~ă *adj.* simple *fig.* naïf, ~ive
simpozion *s.n.* symposion *m.*
simptom *s.n.* symptôme *m.*
simptomatic, ~ă *adj.* symptomatique

simţ *s.n.* sens *m.*
simţamânt *s.n.* sentiment *m.*
simţi **I.** *vt.* **1.** sentir **2.** éprouver **II.** *vr.* **1.** se sentir **2.** se resenitr ‖ *a se ~ la largul său* être (se sentir) à l'aise; *a ~ nevoia să* éprouver le besoin de; *a se ~ rău* se trouver mal; *a se ~ bine* aller bien; *a se ~ prost în urma unei boli* se ressentir d'une maladie; *a ~ ceva în aer* flairer qch.
simţire *s.f.* **1.** sensibilité *f.* **2.** sentiment *m.* ‖ *fără ~* inconscient; *a-şi pierde simţirea* défaillir, se trouver mal; *a-şi veni în simţiri* revenir à soi, reprendre ses esprits
simţit, ~ă *adj.* **1.** senti, ~e; *fig.* plein de coeur **2.** (despre oameni) comme il faut
simţitor, ~oare *adj.* sensible
simula *vt.* simuler
simulacru *s.n.* simulacre *m.*
simulare *s.f.* simulation *f.*
simultan, ~ă *adj.* simultané, ~e
simultaneitate *s.f.* simultanéité *f.*
sinagogă *s.f.* synagogue *f.*
sincer, ~ă *adj.* sincère, franc, franche
sinceritate *s.f.* sincérité *f.*
sinchiseală *s.f.* **1.** soin *m.* **2.** souci *m.*
sinchisi *vr.* se soucier de ‖ *nu se sinchiseşte* il s'en moque comme de l'an quarante, il s'en fiche
sincopat, ~ă *adj.* syncopé, ~e
sincopă *s.f.* syncope *f.*
sincroniza *vt.* synchroniser

SIN

sincronizare *s.f.* synchronisation *f.*
sindical, ~ă *adj.* syndical, ~e
sindicalism *s.n.* syndicalisme *m.*
sindicaliza *vr.* se syndiquer
sindicat *ds.n.* syndicat *m.*
sindrom *s.n.* syndrome *m.*
sine *pron. refl.* **1**. soi-même **2**. lui, lui-même *m.* **3**. elle, elle-même *f.* ‖ *e de la ~ înțeles* naturellement, cela va de soi; *nu lucra decât pentru ~* il ne travaillait que pour lui
sinecdocă *s.f.* synecdoque *f.*
sinecură *s.f.* sinécure *f.*
singular, ~ă *adj.* singulier, ~ère **2**. *s.n.* singulier *m.*
singur, ~ă *adj.* seul, ~e
singuratic, ~ă *adj.* isolé, ~e, solitaire
singurătate *s.f.* isolement *m.*, solitude *f.*
singurel, ~ică *adj.* seulet, ~ette ‖ *singur ~* tout seul
siniliu, ~ie *adj.* bleu, ~e
sinistrat, ~ă *adj.* sinistré, ~e
sinistru, ~ă *adj.* sinistre
sinod *s.n.* synode *m.*
sinonim *s.n.* synonyme *m.*
sinoptic, ~ă *adj.* synoptique
sintactic, ~ă *adj.* syntactique, syntaxique
sintaxă *s.f.* syntaxe *f.*
sintetic, ~ă *adj.* synthétique
sintetiza *vt.* synthétiser
sinteză *s.f.* synthèse *f.*
sinucide *vr.* se suicider
sinucidere *s.f.* suicide *m.*
sinucigaş, ~ă *s.m.f.* suicidé, ~e
sinuos, ~oasă *adj.* sinueux, ~euse, tortueux, ~euse

sinuozitate *s.f.* sinuosité *f.*
sinus *s.n.* sinus *m.*
sipet *s.n.* coffret *m.*, écrin *m.*
sireap, ~ă *adj.* (despre cai) rétif, ~ive
sirenă *s.f.* sirène *f.*
sirop *s.n.* sirop *m.*
siropos, ~oasă *adj.* doucereux, ~euse, édulcoré, ~e
sista *vt.* cesser, interrompre, suspendre
sistare *s.f.* cessation *f.*, suppression *f.*, suspension *f.*
sistem *s.n.* système *m.*
sistematic, ~ă **1**. *adj.* systématique **2**. *adv.* systématiquement
sistematiza *vt.* systématiser
sistematizare *s.f.* systématisation *f.*
sitar *s.m. zool.* bécasse *f.*
sită *s.f.* tamis *m.*, crible *m.*, (pentru nisip) sas *m.* ‖ *a ploua ca prin ~* bruiner; *a trece ceva prin ~* sasser et ressasser; *a vedea ca prin ~* voir trouble
sitronadă *s.f.* citronnade *f.*
situa *vt., vr.* (se) situer
situaţie *s.f.* situation *f.* ‖ *a fi la înălţimea situaţiei* être à la hauteur
sâcâi *vt.* tracasser, harceler, tarabuster, houspiller
sâcâit, ~ă *adj.* tatillon, ~onne
sâcâitor, ~oare *adj.* agaçant, ~e, tracassant, ~e, harcelant, ~e
sâmbătă *s.f.* samedi *m.* ‖ *a purta cuiva sâmbetele* en vouloir à qn.; *a se duce pe apa sâmbetei fig.* s'en aller à vau l'eau
sâmbure *s.m.* **1**. noyau *m.* **2**. pépin *m.* ‖ *~ de caisă* noyau

d'un abricot; ~ *de măr* pépin d'une pomme; *sâmburele problemei* le noyau du problème

sân *s.m.* sein *m.*, poitrine *f.* gorge *f.* ‖ *a creşte şarpele în* ~ réchauffer un serpent dans son sein; *a fi cu frica în* ~ la mort dans l'âme; *a sta cu mâinile în* ~ rester les bras croisés; *a trăi ca în sânul lui Avram* vivre comme un coq en pâte

sânge *s.n.* sang *m.* ‖ *a-şi face* ~ *rău* se faire de la bile (du mauvais sang); *la* ~ à outrance; *vărsare de* ~ massacre *m.*; *a-i curge (cuiva)* ~ *din nas* saigner du nez; *a i se urca (cuiva) sângele la cap* se congestionner

sângera *vi.* saigner

sângeriu, ~**ie** *adj.* cramoisi, ~e

sângerând, ~**ă** *adj.* sanguinolent, ~e

sângeros, ~**oasă** *adj.* sanglant, ~e

sânziană *s.f.* caille-lait *m.*, gaillet *m.*

sârg *s.n.* (în expr.) *cu* ~ en hâte, rapidement, tout de suite

sârgui *vr.* s'appliquer, s'efforcer

sârguinţă *s.f.* diligence *f.*, application *f.*, zèle *m.*

sârguitor, ~**oare** *adj.* diligent, ~e, appliqué, ~e, zélé, ~e

sârmă *s.f.* fil de fer *m.* ‖ ~ *ghimpată* (fil de fer) barbelé *m.*

sâsâi *vi.* zézayer

slab, ~**ă** *adj.* 1. maigre 2. faible ‖ *voce slabă* voix éteinte; *elev.* ~ élève faible; *un pui* ~ un poulet maigre; ~ *de înger* veule; *un nod* ~ un noeud lâche; *slabă nădejde* il y a peu de chances

slalom *s.n.* slalom *m.*

slavă *s.f.* gloire *f.* ‖ *a ridica în slava cerului* chanter les louanges de qn.; porter qn. aux nues

slăbănog, ~**oagă** *adj.* maigre, chétif, ~ive, malingre

slăbi I. *vt.* relâcher, desserrer II. *vi.* 1. maigrir 2. s'affaiblir ‖ *a slăbit mult* il a beaucoup maigri; *a slăbit trei kg* il a perdu trois kilos; *e foarte slăbit după boală* après sa maladie il est très affaibli; *a* ~ *un nod* desserrer un noeud; *a nu* ~ *pe cineva* ne pas lâcher qn. d'une semelle; *a nu* ~ *din ochi* ne pas quitter des yeux; *să mă slăbeşti* fiche-moi la paix!

slăbiciune *s.f.* 1. maigreur *f.* 2. faiblesse *f.* 3. *fig.* faible *m.* ‖ *e de o* ~ *nemaipomenită* il est d'une maigreur extraordinaire; *a da dovadă de* ~ faire preuve de faiblesse; *a avea o* ~ *pentru cineva* avoir un faible pour qn.

slăbuţ, ~**ă** *adj.* maigrelet, ~ette, maigrichon, ~onne

slănină *s.f.* lard *m.* ‖ *cu un ochi la făină şi cu altul la* ~ regarder en Pichardie pour voir si la Champagne brûle, avoir un oeil à Paris et un autre à Pontoise, avoir un oeil qui dit zut à l'autre

slăvi *vt.* louer, glorifier
slei I. *vr.* se cailler II. *vt.* 1. (pt. fântâni) tarir 2. *fig.* vanner, épuiser ‖ *sleit de oboseală* vanné, fourbu, éreinté, esquinté
slinos, ~**oasă** *adj.* crasseux, ~euse, poisseux, ~euse
slip *s.n.* slip *m.*
slobod, ~**ă** *adj.* 1. libre 2. permis, ~e ‖ *oraş* ~ ville libre; *e* ~ *să* il est permis de; *a fi* ~ *la gură* employer des termes crus
slobozi *vt.* 1. libérer, délivrer 2. lâcher
slogan *s.n* slogan *m*
sloi *s.n.* glaçon *m.* ‖ *a fi* ~ être transi de froid
slovă *s.f.* 1. lettre *f.* 2. écriture *f.* 3. alphabet *m.*
slugarnic, ~**ă** *adj.* servile
slugă *s.f.* domestique *m.f.*, serviteur *m.*, servante *f.*
slugărnicie *s.f.* servilité *f.*, servilisme *m.*
slujbaş, ~**ă** *s.m.f.* employé, ~e, fonctionnaire
slujbă *s.f.* emploi *m.* ‖ *a fi în slujba cuiva* être au service de qn.; ~ *bisericească* office, messe *f.*
sluji *vt.* 1. servir 2. *bis.* officier
slut, ~**ă** *adj.* mutilé, ~e, laid, ~e; *fam.* moche
sluţenie *s.f.* laideur *f.*
sluţi I. *vt.* 1. mutiler, estropier 2. enlaidir, défigurer II. *vr.* 1. s'enlaidir 2. grimacer
smalţ *s.n.* émail *m.*
smarald *s.n.* émeraude *f.*

smălţui *vt.* émailler
smălţuire *s.f.* émaillage *m.*
smălţuit, ~**ă** *adj.* émaillé, ~e
smead, ~**ă** *adj.* au teint olivâtre
smerenie *s.f.* 1. humilité *f.* 2. *bis.* dévotion *f.*, piété *f.*
sminteală *s.f.* folie *f.*
sminti *vr.* devenir fou ‖ *a* ~ *în bătaie* rouer de coups
smintit, ~**ă** *adj.* fou *m.*, fol *m.*, folle *f.*, toqué, ~e, timbré, ~e
smiorcăi *vi.* 1. renifler 2. pleurnicher; *pop.* chialer
smirnă[1] *adv.* droit, immobile
smirnă[2] *s.f.* myrrhe *f.*, benjoin *m.*
smântână *s.f.* crème *f.*
smântâni *vt.* écrémer
smântânos, ~**oasă** *adj.* crémeux, ~euse
smârc *s.n.* bourbier *m.*
smoală *s.f.* poix *f.*
smoc *s.n.* touffe *f.*, toupet *m.* ‖ ~ *de iarbă* une touffe d'herbe; *un* ~ *de păr* un toupet
smochin *s.m.* figuier *m.*
smochină *s.f.* figue *f.*
smoching *s.n.* smocking *m.*
smoli *vt.* enduire de poix
smuci 1. *vt.* arracher, tirer 2. *vr.* s'arracher, se débattre
smucitură *s.f.* secousse *f.*
smulge *vt.* arracher
snoavă *s.f.* anecdote *f.*, historiette *f.*
snob, snoabă *s.m.f.* snob *m.*
snobism *s.n.* snobisme *m.*
snop *s.m.* gerbe *f.*
snopeală *s.f.* raclée *f.*, volée de coups *f.*
snopi *vr.* (în expr.) *a* ~ *în bătaie* rouer de coups

soacră *s.f.* belle-mère *f.*
soare *s.m.* soleil *m.* || *~-apune* Occident; *~-răsare* Orient; *rupt, ~ă din ~* beau (belle) comme le jour; *a dori câte în lună şi în ~* rêver châteaux en Espagne; *a vorbi câte în lună şi în ~* dire des vertes et des pas mûres
soartă *s.f.* sort *m.*, destin *m.*, destinée *f.* || *e soarta mea în joc* il y va de ma vie
sobă *s.f.* poêle *m.* || *la gura sobei* au coin du feu
sobol *s.m.* taupe *f.*
sobor *s.n.* înv. synode *m.*
sobrietate *s.f.* sobriété *f.*
sobru, ~ă *adj.* sobre
soc *s.m.* sureau *m.*
sociable, ~ă *adj.* sociable; *fam.* liant, ~e
sociabilitate *s.f.* sociabilité *f.*
social, ~ă *adj.* social, ~e
social-democrat, ~ă *s.m.f.* social-démocrate
socializa *vt.* socialiser
socializare *s.f.* socialisation *f.*
socialmente *adv.* socialement
societate *s.f.* société *f.*
sociolog *s.m.* sociologue *m.*
sociologie *s.f.* sociologie *f.*
soclu *s.n.* socle *m.*
socoteală *s.f.* compte *m.* || *a ieşi la ~* venir à bout; *a da ~* rendre compte; *a cere ~* demander compte; *pe socoteala cuiva* aux frais de qn.; *fig.* aux dépens de qn.; *îmi vine la ~* cela me va

socoti I. *vt.* **1.** compter, calculer **2.** estimer **II.** *vr.* considérer, régler les comptes || *socot că* je suis d'avis; *a se ~ cu cineva* régler les comptes
socotit, ~ă *adj.* **1.** calculé, ~e **2.** (despre oameni) prudent, ~e, sage
socri *vt. fam.* tracasser, tarabuster, rompre les oreilles
socru *s.m.* beau-père *m.*
sodă *s.f.* soude *f.*
sodiu *s.n.* sodium *m.*
sofa *s.f.* sofa *m.*
sofism *s.n.* sophisme *m.*
soi *s.n.* espèce *f.*, variété *f.*, sorte *f.* || *de ~* de bon aloi; *~ rău* mauvaise graine
soia *s.f.* soya *m.*, soja *m.*
soios, ~oasă *adj.* crasseux, ~euse
sol[1] *s.m. muz.* sol *m.*
sol[2] *s.m.* émissaire *m.*, messager *m.*, envoyé *m.*
sol[3] *s.n.* sol *m.*
solar, ~ă *adj.* solaire
solariu *s.n.* solarium *m.*
sold *s.n.* solde *m.*
solda *vt.* solder
soldat *s.m.* soldat *m.*
soldă *s.f.* solde *f.*
solecism *s.n.* solécisme *m.*
solemn, ~ă **1.** *adj.* solennel, ~elle **2.** *adv.* solennellement
solemnitate *s.f.* solennité *f.*
solfegiu *s.n.* solfège *m.*
solicita *vt.* solliciter
solicitare *s.f.* sollicitation *f.*
solicitator, ~oare *s.m.f.* solliciteur, ~euse

solicitudine *s.f.* sollicitude *f.*
solid, 1. *adj.* solide **2.** *s.n.* solide *m.*
solidar, ~ă *adj.* solidaire ‖ *în mod* ~ solidairement
solidaritate *s.f.* solidarité *f.*
solidariza *vr.* se solidariser
solidifica *vr.* solidifier
solidificare *s.f.* solidification *f.*
soliditate *s.f.* solidité *f.*
solie *s.f.* **1.** mission *f.* **2.** message *m.*
solist, ~ă *s.m.f.* soliste
solitar[1] *s.n.* solitaire *m.*
solitar[2]**~ă 1.** *adj.* solitaire **2.** *adv.* solitairement
solitudine *s.f.* solitude *f.*
solniţă *s.f.* salière *f.*
solo 1. *s.n. invar.* solo *m.* **2.** *adj. invar.* solo
solstiţiu *s.n.* solstice *m.*
solubil, ~ă *adj.* soluble
solubilitate *s.f.* solubilité *f.*
soluţie *s.f.* solution *f.*
soluţiona *vt.* résoudre, solutionner
solvabil, ~ă *adj.* solvable
solvabilitate *s.f.* solvabilité *f.*
solz *s.m.* écaille *f.*
solzos, ~oasă *adj.* écailleux, ~euse
soma *vt.* sommer
somaţie *s.f.* sommation *f.*
somieră *s.f.* sommier *m.*
somitate *s.f.* sommité *f.*
somn[1] *s.m.iht.* silure *m.*
somn[2] *s.n.* sommeil *m.*, somme *m.* ‖ ~ *uşor* bonne nuit
somnambul, ~ă *adj.* somnambule
somnifer, ~ă *adj.* somnifère, soporifique

somnolenţă *s.f.* somnolence *f.*
somnoros, ~oasă *adj.* somnolent, ~e, ensommeillé, ~e
somptuos, ~oasă *adj.* somptueux, ~euse
sonată *s.f.* sonate *f.*
sonda *vt.* sonder
sondaj *s.n.* sondage *m.*
sondă *s.f.* sonde *f.* ‖ ~ *petroliferă* puits de pétrole *m.*, derrick *m.*
sondor *s.m.* sondeur *m.*
sonerie *s.f.* sonnerie *f.*, sonnette *f.*
sonet *s.n.* sonnet *m.*
sonic, ~ă *adj.* sonique
sonor, ~ă *adj.* sonore ‖ *film* ~ film parlant
sonoriate *s.f.* sonorité *f.*
sonoriza *vt.* sonoriser
soprană *s.f.* soprano *m.*
soră *s.f.* soeur *f.*
sorb *s.n.* **1.** *tehn.* crépine *f.* **2.** *bot.* sorbier *m.*
sorbi *vt.* **1.** siroter **2.** lamper **3.** *fig.* absorber, engloutir **4.** (despre aer, miresme) humer ‖ *a ~ cuvintele cuiva* boire les paroles de qn.; *a ~ puţin câte puţin* siroter
sorbitură *s.f.* lampée *f.* ‖ *a bea dintr-o* ~ boire d'un trait
soroc *s.n.* **1.** terme *m.* **2.** délai *m.*
sort *s.n.* **1.** catégorie *f.* **2.** espèce *f.*
sorta *vt.* assortir
sorti *vt.* vouer (à), prédestiner
sortiment *s.n.* assortiment *m.*
sorţ *s.m.* chance *f.*, sort *m.* ‖ *a trage la sorţi* tirer au sort, tirer à la courtepaille; *sorţi de izbândă* des chances de victoire

sos *s.n.* sauce *f.*
sosi *vi.* arriver
sosire *s.f.* arrivée *f.*
sosieră *s.f.* saucière *f.*
soţ 1. *s.m.* époux *m.*, mari *m.* 2. *adj.* (în expr.) *cu* ~ pair; *fără* ~ impair
soţie *s.f.* femme *f.*, épouse *f.*
sovârf *s.m.* origan *m.*
spadă *s.f.* épée *f.*
spaimă *s.f.* effroi *m.*, épouvante *f.*, frayeur *f.* ‖ *cu spaima în sân* la mort dans l'âme; *a-şi face* ~ s'effrayer
spalier *s.n.* espalier *m.*
spanac *s.n.* épinard *m.*
spaniol, ~ă *adj. şi s.m.f.* espagnol, ~e
sparanghel *s.m.* asperge *f.*
sparge I. *vt.* 1. casser, briser, fendre 2. *fig.* détruire, rompre II. *vr.* se briser, se casser ‖ *a* ~ *o oglindă* briser une glace; *a* ~ *lemne* fendre du bois; *a* ~ *nuci* casser des noix; *a-şi* ~ *capul fig.* se creuser la cervelle; *a* ~ *o uşă* enfoncer une porte; *a* ~ *urechile* assourdir, abasourdir; *a* ~ *gheaţa* rompre la glace
spargere *s.f.* 1. bris *m.*, casse *f.* 2. effraction *f.*, cambriolage *m.* ‖ *spargerea gheţii* bris de la glace; ~ *de obiecte* casse d'objets; *condamnat pentru* ~ condamné pour effraction
spart, ~ă I. *adj.* 1. cassé, ~2, brisé, ~e 2. fendu, ~e II. *s.n.* fin *f.* ‖ *vocea spartă* voix cassée, rauque; *mână spartă* panier percé; *mănâncă de parc-ar fi spart* il mange goulûment; *râde ciob de oală spartă* c'est la poêle qui se moque du chaudron; *la spartul târgului* après coup
spasm *s.n.* spasme *m.*
spasmodic, ~ă *adj.* spasmodique
spată *s.f.* omoplate *f.* ‖ *lat în spete* râblé
spate *s.n.* 1. dos *m.* 2. arrière *m.*, derrière *m.*, partie postérieure *f.* ‖ *spatele unei armate* l'arrière d'une armée; *pe* ~ sur le dos; *în spatele meu* derrière moi; *a întoarce spatele* tourner le dos; *a arunca ceva (cuiva) în* ~ mettre à la charge (sur le dos) de qn.
spatulă *s.f.* spatule *f.*
spaţios, ~oasă *adj.* spacieux, ~euse, vaste
spaţiu *s.n.* 1. espace *m.* 2. *tipogr.* blanc *m.*
spăla *vt., vr.* (se) laver ‖ *a* ~ *rufe* faire la lessive; *fig. a* ~ *(pe cineva) pe cap* laver la tête à qn. (lui passer un savon); *a* ~ *putina* détaler, décamper, prendre la poudre d'escampette
spălat, ~ă 1. *adj.* lavé, ~e 2. *s.n.* lavage *m.*, (despre rufe) lessive *f.*, blanchissage *m.* ‖ *maşină de* ~ *electrică* laveuse électrique *f.*
spălăcit, ~ă *adj.* délavé, ~e, décoloré, ~é
spălător 1. *s.n.* lavabo *m.*, lavoir *m.*, (pt. vase) évier *m.* 2. *s.m.* laveur *m.*

spălătoreasă *s.f.* blanchisseuse *f.*
spălătorie *s.f.* blanchisserie *f.*; (încăpere) buanderie *f.* ‖ ~ *chimică* teinturerie *f.*; ~ - *călcătorie* pressing *m.*
spălătură *s.f.* 1. lavage *m.*, blanchissage *m.* 2. *med.* lavement *m.*
spărgător[1] *s.n.* (în expr.) ~ *de gheaţă* brise-glace *m.*; ~ *de nuci* casse-noix *m.*
spărgător[2]**~oare, I.** *adj.* casseur, ~euse, briseur, ~euse **II.** *s.m.f.* 1. casseur, ~euse, briseur, ~euse 2. cambrioleur, euse ‖ ~ *de grevă* briseur de grève; ~ *de piatră* casseur de pierres; *spărgătorul a fost arestat* le cambrioleur a été arrêté
spărtură *s.f.* 1. fente *f.*, brèche *f.* 2. brisure *f.*, cassure *f.* ‖ *printr-o* ~ *a zidului* par une fente du mûr; ~ *a frontului* une brèche du front
spătar *s.n.* dossier (d'une chaise) *m.*
spătos, ~oasă *adj.* râblé, ~e
special, ~ă *adj.* spécial, ~e 2. *adv.* spécialement ‖ *în* ~ tout particulièrement
specialist, ~ă *s.m.f.* spécialiste
specialitate *s.f.* spécialité *f.*
specializa *vt., vr.* (se) spécialiser
specie *s.f.* espèce *f.*
specific, ~ă 1. *adj.* spécifique 2. *s.n.* spécifique *m.*
specifica *vt.* spécifier
specimen *s.n.* spécimen *m.*
spectacol *s.n.* spectacle *m.*
spectaculos, ~oasă *adj.* spectaculaire, impressionnant, ~e

spectator, ~oare *s.m.f.* spectateur, ~trice
spectral, ~ă *adj.* spectral, ~e
spectroscop *s.n.* spectrocsope *m.*
spectru *s.n. fiz.* spectre *m.*
specula *vt., vi.* spéculer
speculant, ~ă *s.m.f.* spéculateur, ~trice
speculaţie *s.f.* spéculation *f.*
speculă *s.f.* spéculation *f.*
spelb, ~ă *adj.* 1. pâle, hâve 2. décoloré, ~e
speluncă *s.f.* taverne *f.*
speologie *s.f.* spéléologie *f.*
spera *vt.* espérer
speranţă *s.f.* espoir *m.*, espérance *f.* ‖ *o* ~ *a teatrului românesc* un espoir du théâtre roumain
speria *vt., vr.* (s')éffrayer, (s')effaroucher ‖ *se sperie şi de umbra lui* peureux comme un lièvre; *de speriat* effarant, ~e
sperietoare *s.f.* épouvantail *m.*
sperietură *s.f.* peur *f.*, effroi *m.*, frayeur *f.* ‖ *o* ~ *grozavă* une peur bleue
sperieţi *s.m.pl.* (în expr.) *a băga în sperieţi* ficher la frousse (trouille) *f.*
sperios, ~oasă *adj.* peureux, ~euse, craintif, ~ive
sperjur, ~ă *adj.* parjure
spermanţet *s.n.* blanc de baleine *m.*
spetează *s.f.* dossier (d'une chaise) *m.*
speti *vr.* s'éreinter, s'esquinter
speţă *s.f.* espèce *f.* ‖ *în* ~ en l'occurrence
speze *s.f.pl.* frais *m.pl.*

spic *s.n.* **1.** épi *m.* **2.** (la blană) poil *m.*
spicher, spicheriţă *s.m.f.* speaker *m.*, speakerine *f.*
spicui *vt.* glaner
spicuire *s.f.* glanage *m.*
spilcui *vr.* se bichonner
spilcuit, ~ă *adj.* bichonné, ~e, tiré, ~e à quatre épingles
spin *s.m.* épine *f.*
spinare *s.f.* **1.** dos *m.* **2.** échine *f.* ‖ *şira spinării* l'épine dorsale; *aduş de ~* voûté; *a trăi pe spinarea cuiva* vivre aux crochets de qn.; *îl mănâncă spinarea* il a envie d'être rossé; *spinarea unui munte* la crête d'une montagne
spinos, ~oasă *adj.* épineux, ~euse
spinteca *vt.* **1.** fendre **2.** éventrer ‖ *a ~ aerul* fendre l'air; *au spintecat lupul* on a éventré le loup
spion, ~oană *s.m.f.* espion, ~onne
spiona *vt., vi.* espionner
spionaj *s.n.* espionnage *m.*
spirală *s.f.* spirale *f.*
spiriduş *s.m.* lutin *m.*
spirit *s.n.* esprit *m.*
spiritual, ~ă *adj.* spirituel, ~elle
spiritualism *s.n.* spiritualisme *m.*
spirt *s.n.* **1.** alcool *m.*, esprit de vin *m.* **2.** méthylène *m.*, esprit-de-bois *m.*
spirtos, ~oasă *adj.* spiritueux, ~se
spital *s.n.* hôpital *m.*
spitaliza *vt.* hospitaliser

spiţă *s.f.* **1.** (la o roată) rai *m.*, rayon *m.* **2.** *fig.* lignée *f.*, souche *f.*
spiţer *s.m.* *pop.* pharmacien, apothicaire *m.*; *pop.* potard *m.*
spiţerie *s.f.* pharmacie *f.*
spân, ~ă *adj.* imperbe, glabre
spânzura **I.** *vt.* pendre, suspendre, accrocher **II.** *vr.* **1.** se pendre **2.** *fig.* s'accrocher
spânzurare *s.f.* pendaison *f.*
spânzurat, ~ă **1.** *adj.* pendant, ~e **2.** *s.m.* pendu ‖ *a vorbi de funie în casa spânzuratului* parler de corde dans la maison du pendu
spânzurătoare *s.f.* **1.** gibet *m.*, potence *f.* **2.** pendaison *f.*
splai *s.n.* **1.** talus *m.* **2.** (pietruit) quai *m.* ‖ *splaiul Dâmboviţei* le quai de la Dambovitza
splendid, ~ă *adj.* splendide; *fam.* épatant
splendoare *s.f.* splendeur *f.*
splină *s.f.* rate *f.* ‖ *fără ~* dératé
spoi *vt.* badigeonner, blanchir à la chaux, crépir ‖ *a ~ vase* rétamer
spoială *s.f.* **1.** badigeonnage *m.* **2.** *fig.* vernis *m.*
spoitor *s.m.* rétameur *m.*
spolia *vt.* spolier
spoliere *s.f.* spoliation *f.*
sponcă *s.f.* (în expr.) *pe sponci* tout juste, à peine, pas assez
spongios, ~oasă *adj.* spongieux, ~euse
spontan, ~ă **1.** *adj.* spontanné, ~e **2.** *adv.* spontanément
spontaneitate *s.f.* spontanéité *f.*
spor[1] *s.m.bot.* spore *f.*

spor² *s.n.* **1.** avance *f.*, progrès *m.* **2.** rendement *m.* **3.** abondance *f.*, prospérité *f.* **4.** supplément *m.* ‖ *fără ~* sans rendement; *a lucra cu ~* bien travailler (travailler d'une manière efficace); *un ~ de salariu* a) supplément; b) augmentation de salaire

sporadic, ~ă 1. *adj.* sporadique **2.** *adv.* sporadiquement

spori I. *vt.* augmenter **II.** *vi.* **1.** progresser **2.** croître

sporire *s.f.* augmentation *f.*

sporovăi *vi.* jaser, papoter

sport *a.n.* sport *m.*

sportiv, ~ă 1. *adj.* sportif, ~ive **2.** *s.m.f.* sportif, ~ive, sportsman *m.*, sportswoman *f.*

spovedanie *s.f.* confession *f.* **2.** *rel.* confesse *f.*

spovedi *vt., vr.* (se) confesser

spre *prep.* vers ‖ *~ lac* vers le lac; *~ seară* vers le soir; *~ pildă* par exemple; *~ mirarea mea* à mon grand étonnement

sprijin *s.n.* soutien *m.*, étai *m.*, appui *m.* ‖ *a veni în sprijinul cuiva* venir au secours de qn.; *vine în sprijinul teoriei expuse* cela étaye la théorie exposée

sprijini I. *vt.* appuyer, soutenir, étayer **II.** *vr.* **1.** s'appuyer **2.** s'accoter ‖ *a ~ un pom* étayer un arbre; *a se ~ de perne* s'accoter aux coussins; *a se ~ de un zid* s'adosser à un mur; *a se ~ în coate* s'accouder; *a ~ o scară de un zid* appuyer une échelle contre un mur; *~ o cerere* appuyer une demande; *fig. a ~ pe cineva* soutenir qn.; *afirmaţia se sprijină pe* cette affirmation est fondée (basée) sur

sprinten, ~ă 1. *adj.* agile, alerte, leste, vif, vive **2.** *adv.* agilement, lestement, vivement

sprinteneală *s.f.* agilité *f.*, vivacité *f.*

sprinten, ~ă *adj.* **1.** vif, vive, déluré, ~e **2.** frivole, volage

sprânceană *s.f.* sourcil *m.* ‖ *a încreţi din sprâncene* a) froncer les sourcils; b) *fig.* se renfrogner

spulbera I. *vt.* **1.** éparpiller **2.** *fig.* anéantir **II.** *vr.* s'éparpiller ‖ *frunze spulberate* des feuilles éparpillées; *vise spulberate* des rêves évanouis

spumă *s.f.* **1.** écume *f.* **2.** mousse *f.* ‖ *spuma mării* l'écume de la mer; *~ de săpun* mousse de savon; *ouă bătute ~* des oeufs en neige; *a face spume la gură* écumer, rager

spumega *vi.* baver, écumer

spumos, ~oasă *adj.* **1.** écumeux, ~euse **2.** mousseux, ~euse

spune *vt.vr.* (se) dire ‖ *a ~ cuiva verde în faţa* dire ses quatre vérités à qn.; *a ~ verzi şi uscate* dire des vertes et des pas mûres; *a ~ vorbe dulci* conter fleurette; *mi se spunea roşcovanul* on m'appelai Poil de Carotte

spurca *vt.* **1.** souiller, salir **2.** profaner **3.** *fig.* injurier, insulter

spurcat, ~ă *adj.* **1.** souillé, ~e, sale, impur, ~e **2.** *fig.* immonde **3.** (despre cuvinte) ordurier, ~ère

spurcăciune *s.f.* immondice *f.*
spusă *s.f.* propos *m.* dire *m.*
sputnic *s.n.* spoutnik *m.*
spuză *s.f.* cendre chaude *f.* **2.** nuée *f.* ‖ *o ~ de stele* une nuée d'étoiles
spuzeală *s.f.* éruption *f.*, éczéma *m.*
sta *vi.* **1.** rester **2.** se trouver **3.** s'arrêter **4.** séjourner, demeurer, habiter **5.** (despre haine, culori etc.) seoir, aller ‖ *a ~ în picioare* rester debout; *ceasul a stat* la montre s'est arrêtée; *stă la Bucureşti* il habite Bucarest; *hainele stau în dulap* les habits se trouvent dans l'armoire; *minte de stă soarele în loc* il ment comme un arracheur de dents; *Stai! Stop! stai un pic!* attends un peu!; *a nu-i mai sta cuiva gura* ne plus tarir; *vântul a stat* le vent est tombé; *ploaia a stat* la pluie a cessé; *a nu putea ~ locului* avoir la bougeotte, ne pas tenir en place; *a ~ cu ochii pe cineva* surveiller qn. de près; *a ~ în pat* garder le lit; *staţi jos!* asseyez-vous!, prenez place!; *a ~ pe vine* rester accroupi; *îţi stă bine* cela vous va (sied); *a şti cum stai* savoir ou l'on en est; *a ~ pe capul (cuiva)* déranger (tracasser) qn.; *a ~ în cale* barrer le chemin; *a ~ deoparte* se tenir à l'écart; *lucrul stă pe loc* le travail n'avance pas; *a sta de vorbă* causer; *a ~ la taclale* tailler une bavette; *a ~ dus pe gânduri* être plongé dans ses pensés; *a ~ la îndoială* balancer, hésiter; *îmi stă pe limbă* je l'ai sur le bout de la langue; *stă să plece* il est sur le point de partir; *stă să plouă* le temps est à la pluie
stabil, ~ă *adj.* stable
stabili *vt., vr.* (s')établir
stabiliment *s.n.* établissement *m.*
stabilitate *s.f.* stabilité *f.*
stabiliza *vt., vr.* (se) stabiliser
stabilizare *s.f.* stabilisation *f.*
stacană *s.f.* cruche *f.*, gobelet *m.*, pinte *f.*
stacojiu, ~ie *adj.* écarlate, cramoisi, ~e
stadion *s.n.* stade *m.*
stadiu *s.n.* stade *m.*, état *m.*
stafidă *s.f.* raisin sec *m.*
stafidi *vr.* se ratatiner, se rabougrir
stafie *s.f.* fantôme *m.*, revenant *m.*, spectre *m.*
stafilococ *s.m.* staphylocoque *m.*
stagiar, ~ă *adj.* stagiaire
stagiu *s.n.* stage *m.*
stagiune *s.f.* saison *f.*
stagna *vi.* stagner
stagnare *s.f.* stagnation *f.*
stal *s.n.* parterre *m.*
stalactită *s.f.* stalactite *f.*
stalagmită *s.f.* stalagmite *f.*
stambă *s.f.* cotonnade *f.*, calicot *m.*
stamină *s.f.* étamine *f.*
stampă *s.f.* estampe *f.*
stană *s.f.* (în expr.) *a rămâne ~ de piatră* rester pétrifié
stand *s.n.* stand *m.*
standard *s.n.* standard *m.*
standardiza *vt.* standardiser

staniol *s.n.* étain (en feuilles) *m.*
staniu *s.n.* étain *m.*
stanţă *s.f.* stance *f.*
stare *s.f.* 1. état *m.*, situation *f.* 2. humeur *f.*, disposition *f.* 3. aisance *f.* ‖ ~ *de fapt* état de choses; ~ *de asediu* état de siège; ~ *materială* situation matérielle *f.*; *cu* ~ aisé, ~e; *a nu avea* ~ avoir la bougeotte (le tracassin); *a fi în* ~ *de* être capable, être à même de
stareţ, ~ă *s.m.f.* supérieur, ~e (d'un couvent), prieur *m.*, abbé *m.*, abbesse *f.*
staroste *s.m.* chef *m.*, commandant *m.*
start *s.n.* start *m.*
stat[1] *s.n.* État *m.*
stat[2] *s.n.* tableau *m.*, registre *m.*, livre *m.* ‖ ~ *de plată* livre de comptes; ~ *administrativ* tableau administratif
statal, ~ă *adj.* d'état
static, ~ă 1. *adj.* statique 2. *s.f.* statique *f.*
statistică *s.f.* statistique *f.*
statornic, ~ă *adj.* constant, ~e, fixe
statornici I. *vt.* 1. établir 2. décider 3. fixer, préciser II. *vr.* s'établir
statornicie *s.f.* constance *f.*
statuetă *s.f.* statuette *f.*
statuie *s.f.* statue *f.*
statură *s.f.* stature *f.*, taille *f.*
statut *s.n.* statut *m.*
staţie *s.f.* 1. station *f.*, halte *f.*, arrêt *m.* 2. (de auto) parking *m.*
staţiona *vt.* stationner

staţionar, ~ă *adj.* stationnaire
staţionare *s.f.* stationnement *m.*
staţiune *s.f.* station *f.* ‖ ~ *meteorologică* centre météorologique; ~ *balneară* station balnéaire
staul *s.n.* étable *f.*, crèche *f.*
stavilă *s.f.* 1. écluse *f.* 2. entrave *f.* ‖ *a pune* ~ **a)** mettre fin; **b)** entraver
stăncuţă *s.f.* corneille *f.*
stăpân, ~ă *s.m.f.* maître *m.*, maîtresse *f.*, patron, ~onne ‖ *stăpânul viei* le propriétaire du vignoble; *stăpânul prăvăliei* le patron; *a intra la* ~ s'engager comme domestique; *a fi* ~ *pe sine* être maître de soi, garder son sang-froid
stăpâni I. *vt.* 1. posséder 2. maîtriser 3. (o ţară) gouverner II. *vr.* se maîtriser, se dominer ‖ *a* ~ *o limbă străină* posséder une langue étrangère; *a* ~ *o casă* avoir (posséder) une maison; *a* ~ *o clasă* maîtriser une classe
stăpânire *s.f.* 1. possession *f.*, propriété *f.* 2. domination *f.* ‖ *a avea* ~ *asupra cuiva* avoir prise sur qn.; ~ *de sine* maîtrise de soi *f.*
stăpânitor, ~oare I. *adj.* 1. possédant, ~e 2. dominant, ~e, dominateur, ~trice II. *s.m.f.* maître *m.*, maîtresse *f.*
stărui *vi.* 1. insister 2. persister, persévérer
stăruinţă *s.f.* 1. insistance *f.* 2. persévérance *f.*

stăruitor, ~oare *adj.* persévérant, ~e
stătător, ~oare *adj.* (despre ape) stagnant, ~e, immobile ‖ *de sine ~* autonome
stătut, ~ă *adj.* (despre apă) croupi, ~e; (despre carne, peşte, fructe) avancé, ~e
stăvilar *s.n.* écluse *f.*
stăvili *vt.* 1. entraver 2. *fig.* mettre fin, arrêter
stea *s.f.* étoile *f.*
steag *s.n.* drapeau *m.* ‖ *~ de luptă* étendard *m.*
stearină *s.f.* stéarine *f.*
stegar *s.m.* porte-drapeau *m.*, porte-enseigne *m.*
steguleţ *s.n.* fanion *m.*
stejar *s.m.* chêne *m.*
stelaj *s.n.* étagère *f.*
stelat, ~ă *adj.* étoilé, ~e
stelă *s.f.* stèle *f.*
stemă *s.f.* armoiries *f.pl.*, emblème *m.*
stenografia *vt.* sténographier
stenogramă *s.f.* sténogramme *m.*
stentor *s.m.* (în expr.) *voce de ~* voix de stentor
stepă *s.f.* steppe *f.*
ster *s.m.* stère *m.*
stereometrie *s.f.* stéréométrie *f.*
stereoscop *s.n.* stéréoscope *m.*
stereotip, ~ă 1. *adj.* stéréotype 2. *s.n.* stéréotype *m.*, cliché *m.*
steril, ~ă *adj.* stérile
sterilitate *s.f.* stérilité *f.*
steriliza *vt.* stériliser
stern *s.n.* sternum *m.*
sterp, stearpă *adj.* stérile, aride, infécond, ~e ‖ *pământ ~* sol aride; *oaie stearpă* brebis bréhaigne
stetoscop *s.n.* stéthoscope *m.*
stewardesă *s.f.* stewardess *f.*, hôttesse de l'air
sticlar *s.m.* verrier *m.*
sticlă *s.f.* 1. verre *m.* 2. bouteille *f.*, carafe *f.* ‖ *o ceaşcă din ~* une tasse en verre; *o ~ de vin* une bouteille de vin
sticlărie *s.f.* verrerie *f.*
sticlete *s.m.* chardonneret *m.* ‖ *a avea sticleţi la cap* avoir une petite cloche de fêlée
sticli *vi.* briller, scintiller
sticlire *s.f.* scintillement *m.*
sticlos, ~oasă *adj.* vitreux, ~euse
sticluţă *s.f.* flacon *m.*, carafon *m.*
stigmat *s.n.* stigmate *m.*
stigmatiza *vt.* stigmatiser
stih *s.n.* vers *m.*
stil *s.n.* style *m.*
stilet *s.n.* stylet *m.*
stilist *s.m.* styliste *m.*
stilistică *s.f.* stylistique *f.*
stiliza *vt.* 1. styliser 2. (despre un text) rewrite
stilizare *s.f.* 1. stylisation *f.* 2. (a unui text) rewriting *m.*
stilou *s.n.* stylo *m.*
stima *vt.* estimer, avoir égards pour
stimabil, ~ă *adj.* estimable, respectable
stimă *s.f.* estime *f.*, égards *m.pl.*
stimula *vt.* stimuler
stimulare *s.f.* stimulation *f.*

stimulent *s.n.* stimulant *m.*
stindard *s.n.* étendard *m.*
stingător *s.n.* extincteur *m.*
stinge I. *vt.* éteindre II. *vr.* 1. s'éteindre 2. mourir ‖ *a ~ în bătăi* battre à plate couture; *o voce stinsă* une voix faible, éteinte
stingere *s.f.* 1. extinction *f.* 2. couvre-feu *m.* ‖ *a suna stingerea* sonner le couvre-feu
stingher, ~ă *adj.* 1. seul, ~e, isolé, ~e 2. dépareillé, ~e ‖ *~ pe lume* seul au monde; *un pahar ~* un verre dépareillé
stinghereală *s.f.* gêne *f.*, embarras *m.*
stingheri *vt.* gêner, déranger
stingherit, ~ă *adj.* gêné, ~e, confus, ~e, mal à l'aise
stinghie *s.f.* barreau en bois *m.*, ais *m.*
stins, ~ă *adj.* éteint, ~e
stipendia *vt.* stipendier
stipula *vt.* stipuler
stipulație *s.f.* stipulation *f.*
stivă *s.f.* pile *f.*, monceau *m.*, tas *m.*
stâlci *vt.* 1. estropier 2. rouer de coupe ‖ *a ~ o limbă* estropier une langue
stâlp *s.m.* pilier *m.*, poteau *m.* ‖ *~ de telegraf* poteau télégraphique; *stâlpul casei* le pilier de la maison
stână *s.f.* bergerie *f.* ‖ *a închide lupul în ~* enfermer le loup dans la bergerie
stâncă *s.f.* roc *m.*, roche *f.*, rocher *m.*; (*sub apă*) récif *m.*
stâncos, ~oasă *adj.* rocheux, ~euse

stâng, ~ă *adj.* și *s.f.* gauche
stângaci, ~e *adj.* 1. gaucheur, ~ère 2. *fig.* gauche, maladroit, ~e, empoté, ~e
stângăcie *s.f.* gaucherie *f.*, maladresse *f.*
stângism *s.n.* gauchissement
stângist, ~ă *adj.* gauchiste
stânjeneală *s.f.* gêne *f.*, embarras *m.*
stânjenel *s.m.* iris *m.*
stânjeni *vt.* gêner, déranger
stârc *s.m.* héron *m.*
stârni I. *vt.* 1. déclencher, déchaîner 2. ameuter, inciter, susciter II. *vr.* se déclencher, se déchaîner ‖ *a ~ câinii* ameuter les chiens; *a ~ nemulțumiri* susciter des mécontentements; *a ~ praful* déclencher la poussière; *a ~ pe cineva* inciter qn.; *furtuna s-a stârnit* l'orage s'est déchaîné
stârpi *vt.* exterminer, détruire, supprimer ‖ *a ~ răul din rădăcină* extirper le mal dans sa racine
stârpitură *s.f.* avorton *m.*
stârv *s.n.* charogne *f.*
stoarce *vt.* 1. presser, pressurer 2. tordre 3. *fig.* extorquer ‖ *a ~ o lămâie* presser un citron; *a ~ rufele* tordre le linge; *a ~ de puteri pe cineva* éreinter, vanner qn.; *a ~ bani* extorquer de l'argent; *a ~ o mărturisire* arracher un aveu
stoc *s.n.* stock *m.*
stoca *vt.* stocker
stocaj *s.n.* stockage *m.*
stofă *s.f.* étoffe *f.*
stog *s.n.* meule *f.*
stoic, ~ă 1. *adj.* stoïque 2. *s.m.f.* stoïcien, ~enne

stoicism *s.n.* stoïcisme *m.*
stol *s.n.* 1. (de păsări) volée *f.* 2. *fig.* groupe *m.*
stomac *s.n.* estomac *m.* || *nu-l prea are la ~* il a une tête qui ne me revient pas, je ne peux pas le gober
stomatolog *s.m.* stomatologiste *m.*
stomatologie *s.f.* stomatologie *f.*
stop 1. *interj.* stop! 2. *s.n.* feu rouge *m.*
stopa *vt.* stopper
stor *s.n.* store *m.*
strabism *s.n.* strabisme *m.*
strachină *s.f.* terrine *f.*, jatte *f.*, écuelle *f.* || *a călca în străchini fig.* mettre les pieds dans le plat
stradă *s.f.* rue *f.* || *pe ~* dans la rue
stradelă *s.f.* ruelle *f.*
strai *s.n.* vêtement *m.*, habit *m.*
strajă *s.f.* 1. garde *f.* 2. sentinelle *f.*
strană *s.f.* stalle *f.*
strangula *vt., vr.* (s')étrangler
strangulare *s.f.* étranglement *m.*, strangulation *f.*
straniu, ~ie 1. *adj.* étrange 2. *adv.* étrangement
strapontin *s.n.* strapontin *m.*
straşnic, ~ă *adj.* 1. extraordinaire, formidable 2. terrible, violent, ~e 3. sévère, rigoureux, ~euse || *o femeie straşnică* une maîtresse femme; *un om ~* un homme épatant; *o masă straşnică* un dîner formidable; *o disciplină straşnică* une discipline de fer; *ger ~* gel terrible

strat *s.n.* 1. couche *f.* 2. (de flori) plate-bande *f.* || *~ social* couche sociale
stratagemă *s.f.* stratagème *m.*
strateg *s.m.* stratège *m.*
strategic, ~ă *adj.* stratégique
strategie *s.f.* stratégie *f.*
stratifica *vt.* stratifier
stratificare *s.f.* stratification *f.*
stratosferă *s.f.* stratosphère *f.*
străbate *vt.* 1. traverser, pénétrer, percer 2. *fig.* parvenir 3. parcourir || *a ~ o pădure* traverser une forêt; *a ~ o ţară* parcourir un pays; *zgomotul a străbătut până la noi* le bruit est parvenu jusqu'à nous; *lumina ~ prin stor* la lumière perce à travers le store
străbun *s.m.* aïeul *m.* (*pl.* aïeux), ancêtre *m.*
străbun, ~ă 1. *adj.* ancien, ~ne 2. *s.m.f.* aïeul, ~e
străbunic, ~ă *s.m.f.* arrière-grand-père *m.*, arrière-grand-mère *f.*
strădanie *s.f.* effort *m.*, peine *f.*
strădui *vr.* s'efforcer, s'évertuer, se donner de la peine || *a se ~ în van* se battre les flancs
străduinţă *s.f.* effort *m.*, peine *f.*
străduţă *s.f.* ruelle *f.*
străfulgerare *s.f.* lueur *f.*, éclair *m.*
străfund *s.n.* profondeur *f.*, tréfonds *m.pl.*
străin, ~ă *adj.* şi *s.m.f.* étranger, ~ère
străinătate *s.f.* étranger *m.*
străjer *s.m.* garde *f.*, sentinelle *f.*
străjui *vi.* 1. monter la garde, être de faction 2. *fig.* veiller

străluci *vi.* briller, scintiller
strălucire *s.f.* éclat *m.*, scintillement *m.*
strălucit, ~ă *adj.* brillant, ~e
strălucitor, ~oare *adj.* brillant, ~e, éclatant, ~e, resplendissant, ~e, rutilant, ~e
strămoş, ~oaşă *s.m.f.* ancêtre, aïeul, ~e
strămoşesc, ~ească *adj.* ancestral, ~e
strămuta *vt., vr.* (se) transférer, (se) déplacer
strămutare *s.f.* transfert *m.*, permutation *f.*, *déplacement* m.
strănepot, ~oată *s.m.f.* arrière-petit-fils *m.*, arrière-petite-fille *f.*
strănut *s.n.* éternuement *m.*
strănuta *vi.* éternuer
străpungător, ~oare *adj.* perçant, ~e
străpunge *vt.* percer, transpercer
strășnicie *s.f.* 1. sévérité *f.*, rigueur *f.* 2. force *f.*
străvechi, ~e *adj.* antique, ancien, ~enne
străveziu, ~ie *adj.* transparent, ~e
streaşină *s.f.* 1. gouttière *f.* 2. auvent *m.* ‖ *cu mâna ~ la ochi* la main en visière
streche *s.f.* 1, taon *m.* 2. *fig.* folie *f.*, rage *f.*
strecura I. *vt.* 1. égoutter, filtrer 2. glisser II. *vr.* se faufiler, se glisser ‖ *a ~ brânza* égoutter du fromage; *a ~ un cuvânt* glisser un mot; *nu știu cum s-a putut ~* je ne sais comment il a pu se faufiler

strecurătoare *s.f.* 1. égouttoir *m.* 2. tamis *m.* 3. passoire *f.*
strepezi *vt.* agacer (les dents)
streptococ *s.m.* streptocoque *m.*
striat, ~ă *adj.* strié, ~e
strica I. *vt.* 1. détériorer, gâter, gâcher 2. détruire 3. *fig.* corrompre II. *vr.* 1. se gâter 2. se détraquer 3. s'alltérer 4. se corrompre ‖ *maşina s-a stricat* la voiture s'est détraquée; *s-a stricat carnea* la viande s'est altérée; *grindina a stricat acoperişul* la grêle a détérioré le toit; *a ~ prietenia* rompre une amitié; *ai stricat totul* vous avez tout gâché; *cine strică?* à qui la faute?; *mi-ai stricat cheful* vous avez gâté tout mon plaisir
stricat, ~ă *adj.* 1. altéré, ~e, gâté, ~e 2. corrompu, ~e 3. (despre oameni) dépravé, ~e 4. (despre aparate) détraqué ‖ *dinţi stricaţi* des dents gâtées; *alimente stricate* des aliments altérés; *aer ~* air corrompu
stricăciune *s.f.* 1. dégât *m.*, dommage *m.*, détérioration *f.* 2. dépravation *f.*
stricnină *s.f.* strychnine *f.*
strict, ~ă 1. *adj.* strict, ~e 2. *adv.* strictement
stricteţe *s.f.* rigueur *f.*, exactitude *f.*
strident, ~ă *adj.* strident, ~e
stridenţă *s.f.* stridence *f.*
stridie *s.f.* huître *f.*
striga 1. *vi.* crier; *fam.* gueuler 2. *vt.* héler, appeler ‖ *a ~ cât te ţine gura* crier à tue-tête; *a ~*

în *gura mare* clamer à haute voix; *a ~ catalogul* faire l'appel; *a ~ la cineva* tancer qn.; *a ~ pe cineva* héler (appeler) qn.

strigăt *s.n.* 1. cri *m.*, clameur *f.* 2. appel *m.*

strigoi *s.m.* revenant *m.*, fantôme *f.*

stringent, ~ă *adj.* impérieux, ~euse, pressant, ~e, urgent, ~e

strivi *vt.* écraser ‖ *a ~ în picioare* fouler aux pieds

strivitor, ~oare *adj.* écrasant, ~e

strâmb, ~ă I. *adj.* 1. tors, ~e 2. *fig.* faux, fausse II. *adv.* de travers, à faux ‖ *picioare strâmbe* des jambes torses; *cu pălăria pusă ~* son chapeau de travers; *a râde ~* rire jaune; *a călca ~* faire un faux pas; *a privi ~* regarder de travers

strâmba I. *vt.* 1. tordre 2. courber 3. *fig.* fausser II. *vr.* 1. minauder 2. grimacer ‖ *a se ~ de râs* se tordre de rire; *a ~ din nas fig.* faire la moue

strâmbătură *s.f.* grimace *f.*

strâmt, ~ă *adj.* 1. étroit, ~e, étriqué, ~e 2. *fig.* borné, ~e ‖ *drum ~* chemin étroit; *haină strâmtă* habit étriqué; *~ la minte* borné

strâmta 1. *vt.* rétrécir, resserrer 2. *vr.* se rétrécir

strâmtoare *s.f.* 1. étroitesse *f.* 2. *fig.* embarras *m.* 3. gêne *f.* 4. *geogr.* gorge *f.*, défilé *m.*, pas *m.* 5. *geogr. nav.* détroit *m.* ‖ *a fi la ~* être aux abois

strâmtorat, ~ă *adj.* gêné, ~e

strângător, ~oare *adj.* économe: fam. regardant, ~e

strânge I. *vt.* 1. serrer, resserrer 2. étreindre 3. plier, rassembler 4. amasser II. *vr.* 1. se contracter 2. se rassembler ‖ *a ~ frâul* serrer la bride; *a ~ şurubul* serrer la vis; *a ~ de gât* étrangler; *a ~ în braţe* étreindre, presser dans ses bras; *a ~ mâna* serrer la main; *a-şi ~ pumnii* serrer les poings; *a-şi ~ buzele* plisser les lièvres; *a ~ din umeri* hausser les épaules; *a ~ o stofă* plier une étoffe; *a ~ recolta* rentrer la récolte (la moisson); *a i se ~ cuiva inima* avoir le coeur serré; *a ~ hârtiile (de pe jos)* ramasser les bouts de papier; *a ~ fructe* cueillir des fruits; *a ~ bani* amasser de l'argent; *a ~ masa* desservir; *a se ~ (într-un anumit loc)* se ressembler; *a se ~ de pe drumuri* se ranger; *a ~ prin casă* ranger, mettre de l'ordre

strângere *s.f.* 1. (în braţe) étreinte *f.*, 2. serrement *m.* ‖ *~ de mână* une poignée de main; *~ de inimă* serrement de coeur; *strângerea fructelor* la cueillette des fruits; *strângerea grânelor* la récolte (la moisson)

strâns[1] *adv.* étroitement, fortement

strâns[2] *s.n.* 1. serrement *m.* 2. cueillette *f.* 3. moisson *f.*, récolte *f.*

strâns³, ~ă *adj.* **1.** serré, ~e, resserré, ~e **2.** pressé, ~e **3.** (despre lucruri) plié, ~e, rangé, ~e **4.** entassé, ~e **5.** (despre bani) épargné || ~ *la pungă* regardant, ~e; *rânduri strânse* des rangs serrés; *cu inima strânsă* le coeur serré; *~ cu uşa* cuisiné; *haină strânsă pe corp* habit collant

strânsură *s.f.* **1.** amas *m.*, tas *m.* **2.** *(peior.)* ramassis *m.*

strofă *s.f.* strophe *f.*

strop *s.m.* goutte *f.* || *~ cu ~* goutte à goutte

stropi *vt., vi., vr.* **1.** arroser, asperger **2.** éclabousser || *a ~ florile* arroser les fleurs; *a ~ uşor* asperger; *a ~ cu noroi* éclabousser

stropitoare *s.f.* arrosoir *m.*

stropşi I. *vi.* cracher (en parlant) ; *fig.* (despre o limbă) estropier **II.** *vr.* réprimander

structural, ~ă *adj.* structural, ~e

structură *s.f.* structure *f.*

strugure *s.m.* raisin *m.*

strună *s.f.* corde *f.* || *a cânta în ~ cuiva* faire chorus; *a merge ~* aller comme sur des roulettes; *a ţine în ~* tenir en laisse

strung *s.n.* tour *m.*

strungar *s.m.* tourneur *m.*

strungă *s.f.* **1.** bercail *m.* **2.** *geogr.* défilé *m.*, gorge *f.*

strungărie *s.f.* tournerie *f.*

struni *vt.* maîtriser, tenir en laisse

strunji *vt.* travailler au tour

struţ *s.m.* autruche *f.*

stuc *s.n.* stuc *m.*

student, ~ă *s.m.f.* étudiant, ~e

studenţesc, ~ească *adj.* estudiantin, ~e

studenţime *s.f.* (les) étudiants *m.pl.*, (la) jeunesse estudiantine *f.*

studia *vt.* étudier

studio *s.n.* **1.** studio *m.* **2.** *(mobilă)* cosy-corner *m.*

studios, ~oasă *adj.* studieux, ~euse, appliqué, ~e

studiu *s.n.* étude *f.*

stuf *s.n.* jone *m.*; (pt. acoperiş) chaume *m.*

stufăriş *s.n.* hallier *m.*, maquis *m.*

stufiş *s.n.* hallier *m.*, broussailles *f.pl.*

stufos, ~oasă *adj.* touffu, ~e, épais, ~aisse

stup *s.m.* ruche *f.*

stupărie *s.f.* rucher *m.*

stupefacţie *s.f.* stupéfaction *f.*

stupid, ~ă **1.** *adj.* stupide **2.** *adv.* stupidement

stupiditate *s.f.* stupidité *f.*

stupoare *s.f.* stupeur *f.*

sturlubatic, ~ă *adj.* vif, vive, espiègle

sturz *s.m.* grive *f.*

suav, ~ă *adj.* suave

suavitate *s.f.* suavité *f.*

sub *prep.* sous || *~ titlu de* à titre de; *a trece ~ tăcere* passer sous silence; *~ nici un cuvânt* à aucun prix

subalimenta *vt., vr.* sous-alimenter

subaltern, ~ă *adj.* subalterne

subaprecia *vt.* sous-estimer

subconştient *s.n.* subconscient *m.*
subestima *vt.* sous-estimer, sous-évaluer
subevalua *vt.* sous-évaluer, sous-estimer
subiect *s.n.* sujet *m.*
subiectiv, ~ă *adj.* subjectif, ~ive
subiectivism *s.n.* subjectivisme *m.*
subiectivitate *s.f.* subjectivité *f.*
subit, ~ă 1. *adj.* subit, ~e 2. *adv.* subitement
subînţelege *vt.* sous-entendre
subînţeles *s.n.* sous-entendu *m.*
subjonctiv *s.n.* subjonctif *m.*
subjuga *vt.* subjuguer, soumettre
subjugare *s.f.* sujétion *f.*, assujetissement *m.*
sublim, ~ă *adj.* şi *s.n.* sublime *m.*
sublima *vi.* sublimer
sublimat *s.n.* sublimé *m.*
sublinia *vt.* souligner
subliniere *s.f.* soulignement *m.*
sublocotenent *s.m.* sous-lieutenant *m.*
submarin, ~ă 1. *adj.* sous-marin, ~e 2. *s.n.* sous-marin *m.*
subofiţer *s.m.* sous-officier *m.*
subordona *vt.* subordonner
subordonare *s.f.* subordination *f.*
subordonat, ~ă *adj.* subordonné, ~e
subpământean, ~ă *adj.* souterrain, ~e
subraţ *s.n.* aisselle *f.*
subscrie *vt.* souscrire
subscripţie *s.f.* souscription *f.*
subsecretar *s.m.* sous-secrétaire *m.*
subsemnat, ~ă *adj.* soussigné, ~e
subsidiar, ~ă *adj.* subsidiaire
subsidiu *s.n.* subside *m.*
subsol *s.n.* sous-sol *m.*
substantiv *s.n.* substantiv *m.*, nom *m.*
substanţă *s.f.* substance *f.*
substanţial *adj.* substanciel, ~elle
substitui *vt.*, *vr.* (se) substituer
substituire *s.f.* substitution *f.*
substrat *s.n.* substrat *m.*, substratum *m.*
subsuoară *s.f.* aisselle *f.*
subteran, ~ă *adj.* souterrain, ~e
subterană *s.f.* souterrain *m.*, grotte souterraine *f.*
subterfugiu *s.n.* subterfuge *m.*
subtil, ~ă 1. *adj.* subtil, ~e 2. *adv.* subtilement
subtilitate *s.f.* subtilité *f.*
subtiliza *vt.* subtiliser
subtitlu *s.n.* sous-titre *m.*
subţia I. *vt.* 1. affiler 2. amincir 3. affiner II. *vr.* *fig.* s'affiner, se raffiner || *a-şi ~ buzele* plisser les lèvres; *a ~ un sos* allonger une sauce
subţire I. *adj.* 1. mince 2. élancé, ~e, svelte 3. grêle 4. *fig.* fin, ~e, délicat, ~e II. *adv.* finement, délicatement || *buze subţiri* des lièvres minces; *înalt şi ~* élancé; *voce ~* voix grêle; *gust ~* goût délicat (fin); *cu un plan ~* d'une manière détournée
subţirime *s.f.* 1. minceur *f.* 2. *fig.* subtilité *f.*, finesse *f.*
suburban, ~ă *adj.* suburbain, ~e
suburbie *s.f.* faubourg *m.*
subvenţie *s.f.* subvention *f.*
subvenţiona *vt.* subventionner

subversiv, ~ă *adj.* subversif, ~ive
subzista *vi.* subsister
subzistenţă *s.f.* subsistance *f.*
suc *s.n.* **1.** jus *m.* **2.** suc *m.* ‖ ~ *de mere* jus de pommes; ~ *gastric* suc gastrique
succeda *vi., vr.* (se) succéder
succes *s.n.* succés *m.*
succesiune *s.f.* succession *f.*
succesiv, ~ă **1.** *adj.* successif, ~ive **2.** *adv.* successivement
succesor, ~oare *s.m.f.* successeur *m.*
succint, ~ă *adj.* succint, ~e, concis, ~e
suci *vt.* **1.** (despre fire) tordre **2.** (despre ţigări) rouler **3.** tourner, détourner ‖ *a* ~ *un buton* tourner un boutoon; *a* ~ *vorba* détourner la conversation; *a* ~ *gâtul (cuiva)* tordre le cou à qn.; *i-a sucit minţile* il lui a tourné la tête; *a* ~ *şi răsuci pe cineva* harceler qn.
sucit, ~ă *adj.* **1.** tors, ~e, tordu, ~e **2.** tourné, ~e, enroulé, ~e **3.** *fig.* retors, ~e ‖ *fir* ~ un fil tors; *cu gâtul* ~ le cou tordu; *fir* ~ *pe un mosor* un fil enroulé sur une bobine
sucomba *vi.* succomber
suculent, ~ă *adj.* succulent, ~e
sucursală *s.f.* succursale *f.*
sud *s.n.* sud *m.*
suda *vt.* souder
sudare *s.f.* soudure *f.*
sudalmă *s.f.* juron *m.*
sud-est *s.n.* sud-est *m.*
sudic, ~ă *adj.* du Sud, méridional, ~e

sudoare *s.f.* sueur *f.*, transpiration *f.* ‖ *sudorile morţii* les affres de la mort
sudor *s.m.* soudeur *m.*
sudui *vt.* injurier, jurer
sudură *s.f.* soudure *f.*
suedez, ~ă *adj.* şi *s.m.f.* suédois, ~e
suferi *vt., vi.* souffrir, supporter, subir, endurer ‖ *a* ~ *de foame* souffrir de faim; *a* ~ *o înfrângere* subir, essuyer une défaite; *nu pot* ~ *felul său de a se purta* je ne peux supporter ses manières; *nu por să-l sufăr* je ne peux pas le sentir (le gober)
suferind, ~ă *adj.* souffrant, ~e, malade
suferinţă *s.f.* souffrance *f.*
suficient, ~ă **1.** *adj.* suffisant, ~e **2.** *adv.* suffisamment
sufix *s.n.* suffixe *m.*
sufla *vi.* **1.** souffler **2.** respirer ‖ *vântul suflă* le vent souffle; *abia mai suflă* il respire à peine; *suflat cu aur (cu argint)* doré (argenté); *cine s-a fript cu ciorbă suflă şi în iaurt* chat échaudé craint l'eau froide; *a* ~ *(ceva) de la nasul cuiva* enlever (q.qn.) à la barbe de qn.; *e slab de-l suflă vântul* il est maigre comme un clou; *a nu* ~ *un cuvânt* ne souffler mot
suflare *s.f.* **1.** respiration *f.*, souffle *m.*, haleine *f.* **2.** être *m.* ‖ *într-o* ~ d'une haleine; *fără* ~ à bout de souffle, essoufflé; *a-şi da suflarea* rendre l'âme; *orice* ~ *omenească* tout être humain; ~ *de vânt* une bouffée de vent

suflător *s.m.* 1. (lucrător) souffleur *m.* 2. *s.m.pl. (muz.)* instruments à vent *m.pl.*
sufleca *vt.* retrousser
sufleur *s.m.* souffleur *m.*
suflet *s.n.* 1. âme *f.*, coeur *m.* 2. souffle *m.* ‖ *din tot sufletul* de tout coeur; *a avea ~ bun* avoir bon coeur; *a prinde ~* reprendre du poil de la bête; *un sat de o mie de suflete* un village de mille âmes (feux), (habitants); *a-i scoate cuiva sufletul* rendre à qn. la vie amère; *a-şi da sufletul* rendre l'âme; *mi-a ieşit sufletul* je suis à bout de souffle; *mi-a mers la ~ cela* m'est allé droit au coeur; *într-un ~* dare-dare; *ţi se rupe sufletul* c'est à fendre le coeur; *a-i veni cuiva sufletul la loc* se calmer
sufletesc, ească *adj.* affectif, ~ive
sufleu *s.n.* soufflé *m.*
suflu *s.n.* souffle *m.*, respiration *f.*
sufoca *vr.* suffoquer, étouffer
sufocant *adj.* suffocant, ~e, étouffant, ~e
sufocare *s.f.* sufocation *f.*, étouffement *m.*
sufragerie *s.f.* salle à manger *f.*
sufragiu *s.n.* suffrage *m.*
sugaci *adj.* nourrisson *m.*, poupon *m.*
sugativă *s.f.* papier buvard *m.*
suge *vt.* 1. sucer 2. téter 3. boire 4. absorber ‖ *a ~ o bomboană* sucer un bonbon; *buretele ~ apa* l'éponge absorbe l'eau; *a ~ la sân* téter; *a-şi ~ de sub unghii* tondre sur un oeuf; *a ~ un pahar de vin* boire, lamper un verre; *a ~ până la măduvă fig.* exploiter jusqu'à la moelle
sugera *vt.* suggérer
sugestie *s.f.* suggestion *f.*
sugestiona *vt.* suggestionner
sugestiv, ~ă 1. *adj.* suggestif, ~ive 2. *adv.* d'une manière suggestive
sughiţ *s.n.* hoquet *m.*
sughiţa *vi.* avoir le hoquet
sugruma *vt.* étrangler
sugrumare *s.f.* 1. strangulation *f.* 2. étranglement *m.*
suhat *s.n.* pâturage *m.*
sui I. *vi.* 1. monter, élever 2. gravir, escalader, grimper II. *vr.* s'élever, monter ‖ *a se ~ pe cal* monter en selle (à cheval); *l-am suit în trăsură* je l'ai fait monter en voiture; *a ~ o scară* monter un escalier; *a se ~ pe un munte* escalader une montagne; *soarele s-a suit pe cer* le soleil s'est élevé; *a se ~ într-un pom* grimper dans un arbre; *a i se ~ la cap* avoir la tête tournée; *i s-a suit vinul la cap* le vin lui est monté à la tête
suiş *s.n.* 1. montée *f.* 2. pente *f.*
suită *s.f.* suite *f.*
sul *s.n.* 1. rouleau *m.* 2. *(pernă)* traversin *m.* ‖ *a pune pe ~* enrouler; *un ~ de raze* un faisceau de rayons
sulă *s.f.* alêne *f.* ‖ *a pune cuiva sula în coastă* mettre le couteau sous la gorge

sulf *s.n.* soufre *m.*
sulfat *s.m.* sulfate *m.*
sulfină *s.f. bot.* mélilot *m.*
sulfină *s.f.* sulfure *m.*
sulimeni *vr.* se farder, se maquiller
suliță *s.f.* **1**. lance *f.*, pique *f.* **2**. *sport* javelot *m.*
sultan *s.m.* sultan *m.*
sultană *s.f.* sultane *f.*
suman *s.n.* **1**. manteau paysan *m.* **2**. bure *f.*
sumar, ~ă 1. *adj.* și *s.n.* sommaire *m.* **2**. *adv.* sommairement
sumă *s.f.* somme *f.*, montant *m.*
sumbru, ~ă *adj.* sombre
sumedenie *s.f.* foule *f.*, multitude *f.*, nuée *f.*, tas *m.*
sumete *vt., vr.* retrousser
suna *vi.* **1**. sonner, tinter **2**. retentir, résonner ‖ *a ~ la telefon* appeler au téléphone; *ceasul a sunat* l'horloge a sonné; *clopoțelul a sunat* la clochette a tinté; *strigătul suna în depărtare* l'appel retentissait au loin; *sună valea* la vallée résonne

sunător, ~oare *adj.* sonnant, ~e, retentissant, ~e; *fig.* sonore
sunet *s.n.* son *m.*, tintement *m.*
supapă *s.f.* soupape *f.*
supă *s.f.* soupe *f.*, bouillon *m.*
supăra I. *vt.* **1**. fâcher **2**. peiner, chagriner **3**. déranger, gêner, contrarier **II.** *vr.* se fâcher ‖ *să nu te superi* ne vous fâchez pas; *atitudinea lui m-a supărat* son attitude m'a fait de la peine; *sper să nu vă supăr* j'espère ne pas vous déranger

supărare *s.f.* **1**. ennui *m.* **2**. peine *f.*, chagrin *m.* **3**. brouille *f.* ‖ *are multe supărări* il a beaucoup d'ennuis; *fără ~!* sans rancune!; *supărarea noastră a ținut două zile* notre brouille a duré deux jours; *să nu vă fie cu ~* ne vous en déplaise; *mi-a pricinuit multă ~* cela m'a causé beaucoup de peine
supărat, ~ă *adj.* **1**. fâché, ~e **2**. peiné, ~e, chagriné, ~e
supărăcios, ~oasă *adj.* susceptible, irascible
supărător, ~oare 1. *adj.* désagréable, facheux, ~euse **2**. *adv.* désagréablement, fâcheusement
superb, ~ă *adj.* superbe, magnifique, splendide
superficial, ~ă 1. *adj.* superficiel, ~elle **2**. *adv.* superficiellement
superficialitate *s.f.* superficialité *f.*
superfluu, ~ă *adj.* superflu, ~e
superior, ~oară *adj.* supérieur, ~e
superioritate *s.f.* supériorité *f.*
superlativ, ~ă *adj.* superlatif, ~ive
supersonic, ~ă *adj.* supersonique
superstiție *s.f.* superstition *f.*
superstițios, ~oasă *adj.* superstitieux, ~euse
supeu *s.n.* souper *m.*
supieră *s.f.* soupière *f.*
supleant, ~ă *s.m.f.* suppléant, ~e
suplețe *s.f.* souplesse *f.*
supliciu *s.n.* supplice *m.*
supliment *s.n.* supplément *m.*
suplimentar, ~ă *adj.* supplémentaire

suplini *vt.* suppléer
suplinitor, ~oare *adj.* **1.** suppléant, ~e **2.** remplaçant, ~e
suplu, ~e *adj.* souple
suport *s.n.* support *m.*
suporta *vt.* supporter, endurer, souffrir
suportabil, ~ă *adj.* supportable
supoziţie *s.f.* supposition *f.*
supraalimenta *vt.* suralimenter
supraestima *vt., vr.* surestimer
supraevalua *vt.* surévaluer
suprafaţă *s.f.* **1.** (a unui lichid) surface *f.* **2.** (a unui teren) superficie *f.*
supraîncălzit, ~ă *adj.* surchauffé, ~e
supranatural, ~ă *adj.* surnaturel, ~elle
supranumerar, ~ă *adj.* surnuméraire
supranumi *vt.* surnommer
supraomenesc, ~ească *adj.* surhumain, ~e
suprapopulat, ~ă *adj.* surpeuplé, ~e
supraproducţie *s.f.* surproduction *f.*
suprapune *vt.* superposer
suprapus, ~ă *adj.* superposé, ~e
suprarealism *s.n.* surréalisme *m.*
suprarenal, ~ă *adj.* surrénal, ~e
suprastructură *s.f.* superstructure *f.*
suprataxă *s.f.* surtaxe *f.*
supraveghea *vt.* surveiller
supraveghere *s.f.* surveillance *f.*
supraveghetor, ~oare *s.m.f.* surveillant, ~e
supravieţui *vi.* survivre
suprafieţuire *d.f.* survie *f.*, survivance *f.*

supravieţuitor, ~oare *s.m.f.* survivant, ~e, rescapé, ~e
suprem, ~ă *adj.* suprême
supremaţie *s.f.* suprématie *f.*
suprima *vt.* supprimer
suprimare *s.f.* suppression *f.*
supt[1] *s.n.* allaitement *m.*
supt[2]**, ~ă** *adj.* maigre ‖ *faţă suptă* visage émacié; *obraji supţi* des joues creuses
supune 1. *vt.* soumettre, asservir **2.** *vr.* se soumettre
supunere *s.f.* soumission *f.*
supura *vi.* suppurer
supus[1]**, ~ă** *adj.* **1.** soumis, ~e **2.** sujet, ~ette **3.** docile ‖ *~ greșelii* sujet à se tromper; *un copil ~* un enfant docile, soumis
supus[2]**, ~ă** *s.m.f.* sujet, ~ette
sur, ~ă *adj.* gris, ~e, grisonnant, ~e
surată *s.f.* amie *f.*, compagne *f.*
surcea *s.f.* copeau *m.*
surd, ~ă 1. *adj.* sourd, ~e **2.** *s.m.* sourd *m.* ‖ *a rămâne ~ la ceva* faire la sourde oreille; *a bate toba la urechea surdului* dire la messe pour les sourds
surda *adv.* (în expr.) *de-a ~* en vain
surdină *s.f.* sourdine *f.*
surditate *s.f.* surdité *f.*
surdomut, ~ă *adj.* şi *s.m.f.* sourd-muet *m.*, sourde-muette *f.*
surescita *vt.* surexciter
surfila *vt.* surfiler
surghiuni *vt.* exiler, bannir, proscrire
surioară *s.f.* soeurette *f.*
surâde *vi.* sourire
surâs *s.n.* sourire *m.*
surlă *s.f.* fifre *m.*

surmena *vr.* surmener
surmenaj *s.n.* surmenage *m.*
surogat *s.n.* ersatz *m.*, succédané *m.*
surpa **I.** *vr.* s'écrouler, s'ébouler **II.** *vt. fig.* saper, détruire ‖ *malul s-a surpat* la falaise s'est éboulée; *s-a surpat zidul* le mur s'est écroulé
surprinde *vt.* surprendre
surprindere *s.f.* surprise *f.* ‖ *a lua pe cineva prin ~* prendre qn. sans vert (au dépourvu)
surprinzător, ~oare *adj.* surprenant, ~e
surpriză *s.f.* surprise *f.*
sursă *s.f.* source *f.*
surtuc *s.n.* veston *m.*
surugiu *s.m.* postillon *m.*
surveni *vi.* survenir
surzenie *s.f.* surdité *f.*
surzi **1.** *vi.* devenir sourd **2.** *vt.* assourdir
sus *adv.* haut, dessus ‖ *vecinii de ~* les voisins d'en haut; *etajul de ~* l'étage du dessus; *de ~ până jos* de la tête aux pieds; *a lua pe cineva pe ~* emmener qn. de force; *a privi pe cineva de ~ până jos* toiser qn.; *în susul apei* en amont; *~ mâinile!* haut les mains!; *~ și tare* fermement, catégoriquement; *a se ține cu nasul pe ~* se donner des airs, faire l'important; *a sări în ~* bondir
susan *s.m.* sésame *m.*

susceptibil, ~ă *adj.* susceptible
susceptibilitate *s.f.* susceptibilité *f.*
suscita *vt.* susciter
suspect, ~ă *adj.* suspect, ~e
suspecta *vt.* suspecter
suspenda *vt.* suspendre
suspensie *s.f.* suspension *f.*
suspensor *s.m.* suspenseur *m.*
suspiciune *s.f.* suspicion *f.*
suspin *s.n.* soupir *m.*
suspina *vi.* soupirer
sus-pus, ~ă *adj.* haut-placé, ~e
sustrage **1.** *vt.* soustraire **2.** *vr.* se soustraire (à), s'esquiver, se défiler
sustragere *s.f.* soustraction *f.*
susține *vt.* soutenir
susur *s.n.* susurrement *m.*
susura *vi.* susurrer
sutană *s.f.* soutane *f.*
sută *num. card.* cent ‖ *sute și mii* des centaines et des milliers; *~ la ~* cent pour cent
sutălea, suta *num. ord.* le (la) centième
sutien *s.n.* soutien-gorge *m.*
sutime *s.f.* centième *m.*, centième partie *f.*
suveică *s.f.* navette *f.*
suveran, ~ă *adj.* și *s.m.f.* souverain, ~e
suveranitate *s.f.* souveraineté *f.*
suzeran, ~ă *adj.* suzerain, ~e
suzeranitate *s.f.* suzeraineté *f.*
sveter *s.n.* sweater *m.*

Ş

şa *s.f.* selle *f.*
şablon *s.n.* **1**. patron *m.* **2**. moule *m.* **3**. modèle *m.* **4**. *fig.* cliché *m.*
şacal *s.m.* chacal *m.* *(pl. ~s)*
şagă *s.f.* blague *f.*, plaisanterie *f.*, badinage *m.* ‖ *nu-i vreme de ~* ce n'est pas le moment de plaisanter
şah¹ *s.n.* **1.** échecs *m.pl.* ‖ *masă de ~* échiquier *m.*; *a ţine în ~* tenir en échec
şah² *s.m.* schah *m.*
şahist, ~ă *s.m.f.* joueur, ~euse d'échecs
şaibă *s.f.* rondelle *f.*
şaisprezece *num. card.* seize
şaisprezecelea, ~cea *num. ord.* le (la) seizième
şaizeci *num. card.* soixante
şaizecilea, ~cea *num. ord.* le (la) soixantième
şal *s.n.* châle *m.*
şalău *s.m.* sandre *f.*
şale *s.f.pl.* reins *m.pl.*
şalupă *s.f.* chaloupe *f.*
şampanie *s.f.* champagne *m.*
şampon *s.n.* shampooing *m.*
şan *s.n.* embauchoir *m.*
şandrama *s.f.* masure *f.*, bicoque *f.*
şansă *s.f.* chance *f.*
şansonetă *s.f.* chansonnette *f.*
şantaj *s.n.* chantage *m.*
şantaja *vt.* faire chanter, pratiquer un chantage
şantier *s.n.* chantier *m.*
şanţ *s.n.* fossé *m.*, tranchée *f.* ‖ *~ plin cu apă* douve *f.*
şapcă *s.f.* casquette *f.*
şapte *num. card.* sept ‖ *a mânca cât ~* manger comme un ogre; *a umbla pe ~ cărări* être ivre-mort
şaptelea, şaptea *num. ord.* le (la) septième
şaptesprezece *num. card.* dix-sept
şaptesprezecelea, ~cea *num. ord.* le (la) dix-septième
şaptezeci *num. card.* soixante-dix
şaptezecilea, ~cea *num. ord.* le (la) soixante-dixième
şaradă *s.f.* charade *f.*, rébus *m.*
şarjă *s.f.* charge *f.*
şarlatan *s.m.* charlatan *m.*, escroc *m.*, filou *m.*, chenapan *m.*

şarlatanie *s.f.* charlatanerie *f.*, escroquerie *f.*, filouterie *f.*
şarpantă *s.f.* charpente *f.*
şarpe *s.m.* serpent *m.*
şase *num. card.* six
şaselea, şasea *num. ord.* le (la) sixième
şasiu *s.n.* châssis *m.*
şaten, ~ă *adj.* châtain, ~e
şatră *s.f.* campement de bohémiens *m.*
săgalnic, ~ă *adj.* mutin, ~e, badin, ~e
şchioapă *s.f.* pouce *m.* || *un copil de-o ~* un marmot
şchiop, şchioapă *adj.* boiteux, ~euse
şchiopăta *vi.* 1. boiter, clopiner 2. *fig.* clocher
şcoală *s.f.* école *f.*
şcolar *s.m.* écolier *m.*
şcolăresc, ~ească *adj.* écolier, ~ière
şcolăriţă *s.f.* écolière *f.*
şedea *vi.* 1. rester assis 2. rester, séjourner 3. demeurer, habiter || *şedeţi jos* asseyez-vous; *a şedea pe vine* rester accroupi; *rochia aceasta îţi şade bine* cette robe est seyante, vous sied, vous va
şedere *s.f.* séjour *m.*
şedinţă *s.f.* séance *f.*
şef *s.m.f.* chef *m.*
şelar *s.m.* sellier *m.*, bourrelier *m.*
şenilă *s.f.* chenille
şeptel *s.n.* cheptel *m.*
şeptime *s.f.* septième *m.*, septième partie *f.*

şerb, ~ă *s.m.f.* serf, ~ve
şerbie *s.f.* servage *m.*
şerpui *vt.* serpenter
şervet *s.n.* serviette *f.*
şerveţel *s.n.* serviette || *~ de masă* napperon *m.*
şes *s.n.* plaine *f.*, rase campagne *f.*
şesime *s.f.* sixième *m.* sixième partie *f.*
şevalet *s.n.* chevalet *m.*
şevro *s.n.* chevreau *m.*
şezătoare *s.f.* veillée *f.*
şezlong *s.n.* chaise pliante en toile *f.*, transatlantique *m.*, chaise longue *f.*
şezut *s.n.* séant *m.*
şfichi *s.n.* mèche *f.* (d'un fouet) || *a lua în ~* railler
şfichiui *vt.* cingler
şi 1. *dv.* ainsi, déjà, encore || *~ mai ~* encore plus; *s-a ~ dus* il est déjà parti 2. *conj.* et, aussi || *tata ~ mama* mon père et ma mère; *ca ~* comme; *ca ~ când* comme si; *~ eu* moi aussi; *ei ~* et alors; *ascult ~ nu pricep* j'écoute mais je ne comprends pas
şicana *vt.* chicaner; (într-o discuţie) ergoter
şicană *s.f* chicane *f.*
şifon *s.n.* madapolam *m.*
şifona *vt.* froisser
şifonier *s.n.* armoire *f.*
şină *s.f.* rail *m.*
şindrilă *s.f.* latte *f.*
şip *s.n.* flacon *m.*, gourde *f.*, bouteille *f.*
şipcă *s.f.* latte *f.*

șipot *s.n.* source *f.*, fontaine *f.*

șir *s.n.* 1. file *f.*, rang *m.* 2. série *f.* 3. rangée *f.* ‖ *a merge în ~* marcher à la queue leu leu (en fille indienne); *a nu avea ~ în vorbă* ne pas avoir de suite dans ses propos; *vorbe fără ~* propos sans queue ni tête; *a pierde șirul (ideilor)* perdre le fil (de ses idées); *un ~ de odăi* des chambres en enfilade; *un ~ de mărgele* un collier

șirag *s.n.* collier *m.*

șiră *s.f.* meule *f.* ‖ *șira spinării* l'échine, la colonne vertébrale

șiret¹, șireată *adj.* 1. malin, ~gne, rusé, ~e, futé, ~e, astucieux, ~euse 2. sournois, ~e, fourbe

șiret² *s.n.* lacet *m.*

șiretenie *s.f.* 1. ruse *f.*, astuce *f.* 2. fourberie *f.*, sournoiserie *f.*, roublardise *f.*

șiroi *s.n.* 1. flot *m.* 2. torrent *m.*

șiroi *vi.* ruisseler

șiștar *s.n.* seille *f.*

șiță *s.f.* v. **șindrilă**

șlagăr *s.n.* chanson à la mode *f.*, rengaine *f.*; *fam.* scie *f.*

șlampăt, ~ă *adj.* débraillé, ~e

șleahtă *s.f.* bande *f.*, clique *f.*

șleau *s.n.* 1. bois *m.* 2. grande route *f.* 3. courroie du harnais *f.* ‖ *a vorbi pe ~* parler sans ambages

șlefui *vt.* polir

șlep *s.n.* chaland *m.*, péniche *f.*

șmecher, 1. *adj.* débrouillard, ~e, matois, ~e, roublard, ~e, rusé, ~e 2. *s.m.f.* aigre fin *m.*, fine mouche *f.*

șmecherie *s.f.* ruse *f.*, astuce *f.*, roublardise *f.*

șmirghel *s.n.* émeri *m.*, papier émeri *m.*

șnițel *s.n.* escalope *f.*

șnur *s.n.* 1. cordonnet *m.* 2. ganse *f.*

șoaldă *s.f.* (în expr.) *a umbla cu șoalda* la bailler belle

șoaptă *s.f.* chuchotement *m.* ‖ *în ~* tout bas

șoarece *s.m.* souris *f.* ‖ *~ de bibliotecă* rat de bibliothèque *m.*

șobolan *s.m.* rat *m.*

șoc *s.n.* choc *m.*

șocolată *s.f.* chocolat *m.*

șofer *s.m.* chauffeur *m.*, conducteur de voiture *m.*

șofran *s.m.* safran *m.*, colchique *m.*

șoim *s.m.* 1. faucon *m.* 2. *fig.* aigle *m.*

șold *s.n.* hanche *f.* ‖ *cu arma la ~* l'arme au flanc

șolticărie *s.f.* bouffonnerie *f.*, facétie *f.*

șoma *vi.* chômer

șomaj *s.n.* chômage *m.*

șomer *s.m.* chômeur, ~euse

șomoiog *s.n.* 1. tampon *m.* 2. bouchon de paille *m.*

șontâc *adv.* (în expr.) *~ - ~* clopin-clopant

șontorog, ~oagă *adj.* boiteux, ~euse

șopârlă *s.f.* lézard *m.*

șopot *s.n.* susurrement *m.*

șopoti *vi.* 1. murmurer, chuchoter 2. (despre frunze) bruire 3. (despre ape) susurrer

şopron *s.n.* 1. remise *f.* 2. appentis *m.*
şopti *vi.* chuchoter
şoricar *s.m.* 1. (câine) basset *m.* 2. (pasăre) milan *m.*
şorici *s.n.* couenne *f.*
şoricioaică *s.f.* mort-aux-rats *f.*
şorţ *s.n.* tablier *m.* || ~ *cu mâneci* sarrau *m.*
şosea *s.f.* chaussée *f.*, route *f.*
şosetă *s.f.* chaussette *f.*
şoşoni *s.n.pl.* snow-boots *m.pl.*
şotie *s.f.* farce *f.*, facétie *f.*
şotron *s.n.* marelle *f.*
şovăi *vi.* hésiter, balancer
şovăire *s.f.* hésitation *f.*, irrésolution *f.*
şovin, ~ă *adj.* chauvin, ~e
şovinism *s.n.* chauvinisme *m.*
şpalt *s.n.* épreuve d'imprimerie *f.*
şperaclu *s.n.* passe-partout *m.*
şperţ *s.n.* pot-de-vin *m.*
şrapnel *s.n.* shrapnel *m.*
ştab *s.m. fam.* gros bonnet *m.*, grosse légume *f.*, manitou *m.*
ştafetă *s.f.* escafette *f.* || *cursă de ~* course (de) par relais *f.*
ştampila *vt.* estampiller
ştampilă *s.f.* estampille *f.*
ştanţa *vt.* matricer
ştergar *s.n.* essuie-mains *m.*, serviette *f.*
ştergătoare *s.f.* décrottoir *m.*, paillasson *m.*
ştergător *s.n.* torchon *m.*, serviette *f.*; ~ *de parbrize* essuie-glace *m.*
şterge I. *vt.* 1. essuyer 2. effacer 3. rayer, raturer, biffer II. *vr.* s'estomper, disparaître || *a ~ de praf* épousseter; *a ~ cu buretele* passer l'éponge; *a ~ paharele* essuyer les verres; *a ~ tabla* effacer le tableau; *a ~ de pe o listă* rayer sur une liste; *a ~ un cuvânt (cu creionul)* biffer, rayer, raturer; *a ~ un oraş de pe faţa pământului* raser une ville; *şterge-o!* file!; *a ~ cuiva o palmă* flanquer une gifle à qn.; *a o ~* filer, prendre la clé des champs, prendre la poudre d'escampette, se tirer *(fam.)*
şterpeli *vt.* voler, chiper, chaparder
şters, ştearsă *adj.* 1. éffacé, ~e, éteint, ~e 2. *fig.* pâle; *persoană ştearsă* personne pâlotte, qui manque d'éclat; 3. rongé, usé
ştersătură *s.f.* effaçure *f.*, rature *f.*, biffage *m.*
ştevie *s.f. bot.* rumex *m.*, patience *f.*
şti *vt.* savoir, connaître || *a ~ ca pe apă* savoir sur le bout du doigt; *a nu mai ~ unde-i e capul* ne plus savoir où donner de la tête; *a nu ~ multe* ne pas aller par quatre chemins
ştiinţă *s.f.* science *f.* || *fără ştiinţa (cuiva)* à l'insu de; *cu bună ~* en connaissance de cause, à bon escient; *om de ~* savant *m.*, scientifique *m.*
ştiinţific, ~ă 1. *adj.* scientifique 2. *adv.* scientifiquement
ştir *s.m.* amarante vulgaire *f.*
ştirb, ~ă *adj.* édenté, ~e
ştirbi *vt.* 1. ébrécher 2. *fig.* gâcher, amoindrir

ştire *s.f.* **1.** nouvelle *f.*, information *f.* **2.** renseignement *m.* ‖ *a da de* ~ faire connaître; *fără ştirea mea* à mon insu; *ultimele ştiri* les dernières nouvelles

ştiubei *s.n.* **1.** ruche *f.* **2.** tronc d'arbre évidé *m.*

ştiucă *s.f.* brochet *m.*

ştiulete *s.m.* tige de maïs *f.*

ştrand *s.n.* piscine *f.*, plage *f.*

ştreang *s.n.* corde *f.*

ştrengar *s.m.* **1.** polisson *m.*, galopin *m.* **2.** *fig.* coureur *m.*

ştrengărie *s.f.* gaminerie *f.*, polissonerie *f.*

şubă *s.f.* pelisse *f.*

şubred, ~ă *adj.* frêle, fragile, peu solide, débile ‖ *sănătate* ~ à petite santé; *casă* ~ă maison peu solide

şubrezi *vr.* **1.** (despre persoane) s'affaiblir **2.** (despre obiecte) devenir peu résistant **3.** (despre clădiri) être prêt à s'écrouler

şugubăţ, ~eaţă *adj.* drôle, facétieux, ~euse, espiègle

şui, şuie *adj. adj.* **1.** élancé, ~e, svelte **2.** toqué, ~e, braque, dingo

şuiera *vi.* siffler

şuierătură *s.f.* sifflement *m.*

şuncă *s.f.* jambon *m.*

şură *s.f.* remise *f.*

şurub *s.n.* vis *f.*

şurubărie *s.f.* **1.** mécanisme *m.* **2.** *fig.* truc *m.*, manigance *f.*

şurubelniţă *s.f.* tournevis *m.*

şuşoti *vi.* v. **şopti**

şut *s.n.* shoot *m.*

şuviţă *s.f.* mèche *f.* ‖ *o* ~ *de apă* un filet d'eau

şuvoi *s.n.* flot *m.*, courant *m.*

şvaiţer *s.n.* (fromage de) gruyère *m.*

şvarţ *s.n.* café filtre *m.*

T

tabac *s.n.* tabac *m.*
tabacheră *s.f.* 1. tabatière *f.* 2. blague à tabac *f.*
tabără *s.f.* 1. camp *m.*, bivouac *m.* 2. campement *m.*
tabel *s.n.* tableau *m.*
tabiet *s.n.* habitude *f.*
tablă *s.f.* 1. fer-blanc *m.*, tôle *f.* 2. plaque *f.* 3. tableau *m.* 4. table *f.* ‖ *acoperiş de ~* un toit en tôle; *o ~ la poartă* une plaque à la porte; *a scrie la ~* écrire au tableau; *~ de materii* table de matières.
table *s.f.pl.* trietrac *m.*
tabletă *s.f.* tablette *f.*
tablou *s.n.* tableau *m.*, toile *f.* ‖ *a rămâne ~* rester ébaubi, bouche bée; *un ~ de Aman* une toile d'Aman.
taburet *s.n.* tabouret *m.*, escabeau *m.*
tachina *vt.* taquiner.
tacit,-ă *adj.* tacite.
taciturn,-ă *adj.* taciturne.
tacâm *s.n.* couvert *m.*
tact *s.n.* 1. *muz.* mesure *f.* 2. *fig.* tact *m.*

tactică *s.f.* tactique *f.*
tacticos,-oasă *adj.* calme, mesuré,-e, compassé,-e.
tactil,-ă *adj.* tactile.
tafta *s.f.* taffetas *m.*
tagmă *s.f.* 1. (profesional) corps *m.* 2. (social) classe *f.* 3. *peior.* clique *f.*
taică *s.m.* *(pop.)* père *m.*
taifas *s.n.* conversation *f.* ‖ *a sta la ~* tailler une bavette.
taifun *s.n.* typhon *m.*
taiga *s.f.* taïga *f.*
tain *s.n.* 1. ration *f.*, portion *f.* 2. quote-part *f.*, cote *f.*
taină *s.f.* 1. mystère *m.* 2. secret *m.* 3. *rel.* sacrement *m.*
tainic,-ă I. *adj.* 1. mystérieux,-euse. 2. secret,-ète. II. *adv.* mustérieusement. 2. secrètement, en cachette.
taior *s.n.* costume tailleur *m.*
talangă *s.f.* sonnaille *f.*
talaş *s.n.* sciure (de bois) *f.*
talaz *s.n.* vague *f.*, lame *f.*, brisant *m.*
talc *s.n.* talc *m.*

talent *s.n.* talent *m.*, don *m.*
talentat,-ă *adj.* doué,-e; *fam.* talentueux,-euse.
taler *s.n.* 1. plat *m.* 2. (la balanţe) plateau *m.* 3. *muz.* cymbale *f.* ‖ ~ *cu două feţe* faux comme un jeton.
talie *s.f.* taille *f.*
talisman *s.n.* talisman *m.*, amulette *f.*, fétiche *m.*
talmeş-balmeş *s.n.* pêle-mêle *m.*
talon *s.n.* 1. (într-un chitanţier) souche *f.* 2. talon *m.*
talpă *s.f.* 1. plante du pied *f.* 2. semelle *f.* 3. (la construcţii) plaque de foundation *f.* ‖ *din creştet până în tălpi* de la tête aux pieds, de pied en cap; ~ *de cauciuc* semelles en caoutchouc; *talpa săniei* patin *m.*
taluz *s.n.* talus *m.*
taman *adv.* 1. juste, justement, exactement. 2. surtout. 3. à peine, seulement ‖ ~ *la mijloc* juste au milieu; ~ *mai târziu mi-am adus aminte* à peine plus tard me suis-je rappelé; ~ *el* lui surtout.
tamburină *s.f.* tambourin *m.*
tampon *s.n.* tampon *m.*
tampona *vt.* tamponner.
tanc *s.n.* tank *m.*, char *m.*
tandem *s.n.* tandem *m.*
tandreţe *s.f.* tandresse *f.*
tandru,-ă *adj.* tendre.
tangaj *s.n.* tangage *m.*
tangentă *s.f.* tangente *f.*
tangenţial,-ă 1. *adj.* tangentiel,-elle. 2. *adv.* tangentiellement.
tangibil,-ă *adj.* tangible.

tangou *s.n.* tango *m.*
tanin *s.n.* tanin *m.*
tapet *s.n.* papier peint *m.* ‖ *a pune pe* ~ mettre sur le tapis.
tapeta *vt.* tapisser.
tapir *s.m.* tapir *m.*
tapisa *vt.* 1. tapisser. 2. capitonner.
tapiserie *s.f.* tapisserie *f.*
tapiţer *s.m.* tapissier *m.*
tarabă *s.f.* 1. étalage *m.* 2. comptoir *m.*
taraf *s.n.* petit orchestre (qui joue de la musique populaire)
tarantelă *s.f.* tarentelle *f.*
tară *s.f.* tare *f.*
tardiv,-ă *adj.* tardif,-ive.
tare I. *adj.* 1. solide, dur,-e. 2. fort,-e. 3. (despre aer) frais, piquant. 4. (despre culori) vif, vive. 5. (despre sunete) haut,- ~e. II. *adv.* 1. beaucoup. 2. très. 3. fortement. 4. fort, haut ‖ *stâncă* ~ un rocher dur; *e* ~ *la geografie* il est calé en géographie; *vin* ~ vin fort; *a fi (sta)* ~ *pe poziţie* être ferme; *a fi mare şi* ~ faire la pluie et le beau temps; *vorbe tari* paroles outrageantes; ~ *de ureche* dur d'oreille; *a cânta* ~ chanter fort; *cu voce* ~ à haute voix; *a vorbi* ~ parler haut.
targă *s.f.* brancard *m.*, civière *f.* ‖ *a trage targa pe uscat* manger de la vache enragée.
tarif *s.n.* tarif *m.*
tarla *s.f.* parcelle *f.*
tartan *s.n.* 1. châle *m.* 2. couverture *f.*, plaid *m.*
tartă *s.f.* tarte *f.*

tartor *s.m.* **1.** démon *m.*, diable *m.* **2.** *fig.* tyran *m.*
tasa *vr.* se tasser.
taşcă *s.f.* **1.** fourre-tout *m.*, gibecière *f.* **2.** (pentru bani) bourse *f.* **3.** (pentru tutun) blague à tabac *f.*
tată *s.m.* père *m.*
tatona *vt.* tâtonner.
tatua *vt.* tatouer.
taur *s.m.* taureau *m.*
tavan *s.n.* plafond *m.*
tavă *s.f.* plateau *m.*
tavernă *s.f.* taverne *f.*, bouge *m.*
taxa *vt.* taxer.
taxator,-oare *s.m.f.* receveur,-euse.
taxă *s.f.* taxe *f.*
taxi *s.n.* taxi *m.*
tăbăcar *s.m.* tanneur *m.*
tăbăcărie *s.f.* tannerie *f.*
tăbăci *vt.* tanner.
tăbăcit,-ă *adj.* **1.** tanné,-e. **2.** *fig.* bâlé.
tăbărî *vi.* se ruer, fondre, foncer.
tăblie *s.f.* panneau *m.*
tăbliţă *s.f.* **1.** (de şcoală) ardoise *f.* **2.** (de metal) plaquette *f.*
tăcea *vi.* se taire ‖ *a ~ chitic (ca un peşte)* ne souffler mot, se tenir coi.
tăcere *s.f.* silence *m.*
tăciune *s.m.* **1.** tison *m.* **2.** *bot.* charbon *m.*, nielle *f.*
tăcut,-ă *adj.* **1.** taciturne. **2.** silencieux,-euse.
tăgădui *vt.* nier, contester.
tăia **I.** *vt.* **1.** couper. **2.** trancher. **3.** tailler. **4.** (un cuvînt) rayer, biffer. **5.** (o brazdă) sillonner. **6.** *fam.* l'emporter sur. **II.** *vr.* se couper ‖ *a ~ o brazdă* creuser un sillon; *a ~ o pădure* couper un bois; *a ~ lemne* fendre du bois; *a-şi ~ un drum* se frayer un chemin, *a ~ cu creionul* rayer, biffer au crayon; *ă ~ drumul (cuiva)* arrêter qn. au passage; *am tăiat prin pădure* j'ai pris un raccourci par la forêt, j'ai coupé par la fôret; *nu mă taie capul* je ne m'y entends pas; *la înot l-a tăiat* à la nage il a eu le dessus; *nu face decât cum îl taie capul* il n'en fait qu'à sa tête; *a ~ şi a spânzura* faire la pluie et le beau temps; *a ~ în carne vie* trancher dans le vif; *laptele s-a tăiat* le lait a tourné
tăiere *s.f.* coupe *f.*
tăietor *s.m.* **1.** (de stofe, de piei etc.) coupeur *m.* **2.** (de vite) abatteur *m.* ‖ *~ de lemne* bûcheron; *~ de piatră* tailleur de pierres.
tăietură *s.f.* **1.** coupure *f.* **2.** (a unei haine) coupe.
tăifăsui *vi.* causer, bavarder, jacasser.
tăinui *vt.* cacher, receler.
tăinuitor,-oare *s.m.f.* receleur,-euse.
tăios,-oasă *adj.* **1.** tranchant,-e, coupant,-e. **2.** (despre vânt, frig) piquant,-e, vif,vive. **3.** *fig.* mordant,-e, caustique.
tăiş *s.n.* tranchant *m.*, fil d'un couteau *m.*

tăieţei *s.m.pl.* nouilles *f.pl.*
tălăzui *vi.vr.* déferler.
tălmăci *s.m.* interprète *m.*
tălmăci *vt.* 1. traduire. 2. expliquer, interpréter.
tălpăşiţă *s.f.* (în expr.) *a-şi lua ~* prendre la poudre d'escampette, ficher le camp.
tălpui *vt.* ressemeler.
tămădui *vt.vt.* guérir.
tămăduire *s.f.* guérison *f.*
tămbălău *s.n.* 1. tapage *m.*, vacarme *m.*, grabuge *m.*, boucan *m.*, tintamarre *m.f.* 2. sauterie *f.*
tămâia *vt.* encenser
tămâie *s.f.* encens *m.*
tămâioară *s.f.lot.* violette *f.*
tămâios,-oasă *adj.* şi *s.n.* muscat *m.*
tăpşan *s.n.* pente *f.*
tărăboanţă *s.f.* brouette *f.*
tărăboi *s.n.* vacarme *m.*, chahut *m.*, tapage *m.*
tărăgana *vt.* 1. remettre, différer, tergiverser, lanterner. 2. (despre cuvinte, paşi etc.) traîner.
tărbacă *s.f.* (în expr.) *a da (a lua) în ~* a) tancer vertement, rudoyer qn.; b) se gausser de.
tărcat,-ă *adj.* bigarré,-e, bariolé,-e.
tărie *s.f.* force *f.*, vigueur *f.*
tărâm *s.n.* centrée *f.*, pays *m.*, (în basme) monde *m.* ‖ *tărâmul celălalt* l'au-delà.
tărâţe *s.f.pl.* son *m.* ‖ *a fi scump la tărâţe şi ieftin la făină* mener grand train et lésiner pour un œuf.
tărtăcuţă *s.f.* courgette *f.*

tău, ta *(tăi, tale)* 1. *adj.pos.* ton, ta (tes). 2. *pron.pos.* le tien, la tienne (les tiens, les tiennes).
tăun *s.m.* taon *m.*
tăvăleală *s.f.* rossée *f.* ‖ *a (o) duce la ~* a) (despre lucruri) être durable; (despre oameni) être dur à la peine.
tăvăli 1. *vr.* se rouler. 2. *vr.* souiller ‖ *a se ~ de râs* se terdre de rire.
tăvălug *s.m.* rouleau *m.* ‖ *de-a tăvălugul* en roulant.
teacă *s.f.* 1. (a unei săbii etc.) fourreau *m.* 2. (a ochelarilor etc.) étui *m.* 3. *bot.* cosse *f.*
teafăr,-ă *adj.* 1. sauf,-ve. 2. (în expr.) *~ la minte* sain,-e, d'esprit.
teamă *s.f.* crainte *f.*
teanc *s.n.* 1. pile *f.*, tas *m.* 2. (de hârtii) liasse *f.*
teapă *s.f.* 1. trempe *f.*, espèce *f.* 2. condition (sociale) *f.* ‖ *de aceeaşi ~* du même acabit.
teasc *s.n.* 1. (pentru struguri) pressoir *m.* 2. *tipogr.* presse *f.*
teatral,-ă *adj.* théâtral,-e.
teatru *s.n.* théâtre *m.* ‖ *~ în aer liber* le théâtre de verdure.
tehnic,-ă *adj.* technique.
tehnică *s.f.* technique *f.*
tehnician,-ă *s.m.f.* technicien *m.*
tehnicitate *s.f.* tehnicité *f.*, niveau technique *m.*
tehnologie *s.f.* technologie *f.*
tei *s.m.* tilleul *m.*
tejghea *s.f.* comptoir *m.*
tel *s.n.* 1. fouet à œufs *m.* 2. *pl.* ressorts *m.pl.*

telal *s.m.* fripier *m.*, colporteur *m.*
telecomandă *s.f.* télécommande *f.*
telecomunicaţie *s.f.* télécommunication *f.*
teleferic *s.n.* funiculaire *m.*, téléphérique *m.*, monte-pente *m.*
telefon *s.n.* téléphone *m.* ‖ *a da (a primi) un ~* donner (recevoir) un coup de fil (de téléphone)
telefona *vi.* téléphoner.
telefonist,-ă *s.m.f.* téléphoniste *m.*
telegar *s.m.* cheval de trait *m.*
teleghida *vt.* téléguider.
telegraf *s..n.* télégraphe *m.*
telegrafia *vt.* télégraphier.
telegrafie *s.f.* télégraphie.
telegrafist,-ă *s.m.f.* télégraphiste *m.*
telegramă *s.f.* télégramme *m.*, dépêche *f.*
teleleu,-ea *s.m.f.* badaud,-e, flâneur ‖ *a umbla ~* traîner les rues.
telepatie *s.f.* télépathie *f.*
telescop *s.n.* télescope *m.*
televiziune *s.f.* télévision *f.*
televizor *s.n.* téléviseur *m.*
teluric,-ă *adj.* tellurique
tematic,-ă *adj.* thématique.
tematică *s.f.* thème *m.*
temă *s.f.* 1. thème *m.* 2. devoir *m.* ‖ *~ muzicală* thème musical; *a-şi face temele* faire ses devoirs.
temător,-oare *adj.* 1. craintif,-ive. 2. farouche,
tembel *adj.* şi *s.m.f.* indolent,-e.
tembelism *s.n.* 1. indolence *f.* 2. apathie *f.*, nonchalance *f.*
teme *vr.* craindre, avoir peur, redouter.

temei *s.n.* 1. base *f.*, fondement *m.*, bien-fondé *m.* 2. raison *f.*, motif *m.* ‖ *a pune ~ pe* se baser, compter sur.
temeinic,-ă *adj.* 1. fondé,-e, solide. 2. sérieux,-euse.
temeinicie *s.f.* solidité *f.*
temelie *s.f.* base *f.*, fondement *m.* ‖ *a pune ~* a) mettre (jeter) les fondements; b) *fig.* fonder.
temenea *s.f.* courbette *f.* ‖ *a face temenele* faire des courbettes.
temerar,-ă *adj.* téméraire; *fam.* casse-cou *m.*
temnicer *s.m.* geôlier *m.*
temniţă *s.f.* geôle *f.*, prison *f.*
tempera *vi.* tempérer.
temperament *s.n.* tempérament *m.*
temperanţă *s.f.* tempérance *f.*
temperat,-ă *adj.* 1. tempéré,-e. 2. *fig.* modéré,-e.
temperatură *s.f.* température *f.*
templu *s.n.* temple *m.*
tempo *s.n.* tempo *m.*
temporar,-ă *adj.* temporaire.
temporiza *vi.* temporiser.
temut,-ă *adj.* redouté,-e ‖ *de ~* redoutable, à craindre.
ten *s.n.* teint *m.*
tenace *adj.* tenace.
tenacitate *s.f.* ténacité *f.*
tencui *vt.* crépir.
tencuială *s.f.* crépi *m.*
tendenţios,-oasă *adj.* tendencieux,-euse.
tender *s.n.* tender *m.*
tendinţă *s.f.* tendance *f.*
tendon *s.n.* tendon *m.*
tenebros,-oasă *adj.* ténébreux,-euse.

tenie *s.f.* ténia *m.*
tenis *s.n.* tennis *m.* ‖ *jucător de* ~ tenisman; *jucător de* ~ *de masă* pongiste.
tenor *s.m.* ténor *m.*
tensiune *s.f.* tension *f.*
tenta *vt.* tenter.
tentacul *s.n.* tentacule *m.*
tentativă *s.f.* tentative *f.*
tentație *s.f.* tentation *f.*
tentă *s.f.* teinte *f.*
teolog *s.m.* théologien *m.*
teologie *s.f.* théologie *f.*
teoremă *s.f.* théorème *m.*
teoretic,~ă *adj.* théorique ‖ *în mod* ~ théoriquement.
teoretician,~ă *s.m.f.* théoricien,-enne.
teorie *s.f.* théorie *f.*
teracotă *s.f.* terre cuite *f.*
terapeutică *s.f.* thérapeutique *f.*
terapie *s.f.* thérapie *f.*
terasament *s.n.* terrassement *m.*
terasă *s.f.* terasse *f.*
terchea-berchea *s.m.* vaurien *m.*, propre à rien *m.*, fripon *m.*
terci *s.n.* bouillie *f.*
terciui *vt.* écraser, réduire en bouillie.
terebentină *s.f.* térébenthine *f.*
teren *s.n.* terrain *m.*
terestru,~ă *adj.* terestre.
terezie *s.f.* **1.** balance *f.* **2.** plateau de balance *m.*
terfeli *vt.* **1.** salir, souiller. **2.** *fig.* souiller, traîner dans la fange.
tergal *s.n.* tergal *m.*
tergiversa *vt.* tergiverser.
teribil,~ă 1. *adj.* terrible. **2.** *adv.* terriblement.

teritorial,~ă *adj.* territorial,~e.
teritoriu *s.n.* territoire *m.*
termal,~ă *adj.* thermal,~e.
termen¹ *s.m.* terme *m.* ‖ ~ *de comparație* terme de comparaison; *a fi în termeni buni cu cineva* être en bons termes avec qn.
termen² *s.n.* terme *m.*, délai *m.* ‖ *a cere un* ~ *de trei zile* demander un délai de trois jours; *în* ~ à terme.
termic,~ă *adj.* thermique.
termina 1. *vt.* terminer, finir, achever. **2.** *vr.* se terminer, s'achever ‖ ~ *cu cineva* rompre avec qn.
terminație *s.f.* terminaison *f.*
terminologie *s.f.* terminologie *f.*
termită *s.f.* termite *m.*
termocentrală *s.f.* centrale thermique *f.*
termometru *s.n.* thermomètre *m.*
termos *s.n.* thermos *f.*
tern,~ă *adj.* terne.
teroare *s.f.* terreur *f.*
terorist,~ă *s.m.f.* terroriste *m.*
teroriza *vt.* terroriser.
tertip *s.n.* artifice *m.*, truc *m.*, subterfuge *m.*
terț,~ă *adj.* tiers,-erce.
terță *s.f.* tierce *f.*
terțet *s.n.* tercet *m.*
terțiar,~ă *adj.* tertiaire.
tescui *vt.* pressurer.
test *s.n.* test *m.*
testament *s.n.* testament *m.*
teși *vt.* aplatir.
tetanos *s.n.* tétanos *m.*
teu *s.n.* té *m.*

tevatură *s.f.* **1.** escalandre *m.*, querelle *f.*, tapage *m.* **2.** tohu-bohu *m.*, remue ménage *m.*

text *s.n.* texte *m.*

textil,~ă 1. *adj.* textile. **2.** *s.f.pl.* textile *m.* ‖ *muncitorii din industria ~* à les ouvriers du textile

textual,~ă *adj.* textuel,-elle

tezaur *s.n.* trésor *m.*

teză *s.f.* **1.** thèse *f.* **2.** épreuve écrite *f.*, travail (de contrôle) *m.*

tic *s.n.* tic *m.*

ticăi *vi.* **1.** (despre inimă) palpiter. **2.** (despre ceas) faire tic-tac.

ticălos,-oasă *adj.* şi *s.m.f.* misérable, scélérat,-e, canaille *f.*

ticăloşenie *s.f.* infamie *f.*, scélératesse *f.*

ticăloşi *vr.* s'encanailler.

ticăloşie *s.f.* v. ticăloşenie.

tichet *s.n.* ticket *m.*, ‖ *~ de accelerat* ticket garde-place.

tichie *s.f.* calotte *f.*, bonnet *m.*

ticlui *vt.* **1.** arranger. **2.** *fig.* forger de toutes pièces.

ticsit,~ă *adj.* bondé,-e.

tiflă *s.f.* (în expr.) *a da cu tifla* faire la nique, un pied de nez.

tifoidă *adj.f.* (în expr.) *febră ~fièvre* typhoïde.

tifon *s.n.* gaze *f.*

tifos *s.n.* typhus *m.*

tigaie *s.f.* poêle *f.*

tighel *s.n.* piqûre *f.*, arrière-point *m.*

tigru *s.m.* tigre *m.*

tihnă *s.f.* **1.** calme *m.*, repos *m.* **2.** aise *f.*, loisir *m.* ‖ *în ~* tranquillement, à loisir.

tihni *vi.* profiter, faire (une chose) a son aise, à loisir, jouir tranquillement ‖ *nu-mi tihneşte* je n'ai pas le cœur à.

tihnit,~ă *adj.* calme, paisible.

timbru[1] *s.n.* timbre *m.*

timbru[2] *s.n.* timbre-poste *m.*

timid,~ă *adj.* timide.

timiditate *s.f.* timidité *f.*

timonier *s.m.* timonier *m.*

timorat,~ă *adj.* timoré,-e.

timp *s.n.* temps *m.* ‖ *cu timpul* petit à petit; *din ~ în ~* de temps à autre; *cât ~* tant que; *i-a sosit timpul (cuiva)* son heure a sonné; *pe timpuri* autrefois, jadis.

timpan *s.n.* tympan *m.*

timpuriu,-ie 1. *adj.* prématuré,~e, précoce. **2.** *adv.* prématurément, de bonne heure.

tină *s.f.* boue *f.*, fange *f.*

tinctură *s.f.* teinture *f*

tindă *s.f.* **1.** *pop.* entrée *f.* **2.** véranda *f.*

tinde *vi.* tendre, aspirer.

tineresc,-ească *adj.* jeune.

tineret *s.n.* jeunes gens *m.pl.* jeunesse *f.*

tinereţe *s.f.* jeunesse *f.*

tingire *s.f.* casserole *f.*

tinichea *s.f.* fer blanc *m.* ‖ *a fi (a rămâne) ~* être sans le sou, être (à sec) fauché.

tinichigerie *s.f.* ferblanterie *f.*

tinichigiu *s.m.* ferblantier *m.*

tip *s.m.* **1.** type *m.* **2.** *fam.* quidam *m.*

tipar *s.n.* **1.** presse *f.* **2.** moule *m.* **3.** (de haine) modèle *m.*, patron *m* ‖ *a da la* ~ faire imprimer, publier; *a fi sub* ~ être sous presse; *a ieşi de sub* ~ paraître; *a turna într-un* ~ couler dans un moule.

tipări *vt.* imprimer.

tipăritură *s.f.* imprimé *m.*, publication *f.*

tipic¹,-ă *adj.* typique.

tipic² *s.n.* règle *f.*, norme *f.* ‖ *după* ~ selon l'usage.

tipicar,-ă *ădj.* 1. tatillon,-onne. 2. formaliste, routinier,-ère.

tipograf *s.m.* typographe *m.*, imprimeur *m.*

tipografie *s.f.* typographie *f.*, imprimerie *f.*

tipsie *s.f.* plateau *m.*

tiptil *adv.* 1. doucement, à pas de loup. 2. furtivement, en catimini, en tapinois.

tir *s.n.* tir *m.*

tiradă *s.f.* tirade *f.*

tiraj *s.n.* tirage *m.*

tiran *s.m.* tyran *m.*

tiranic,-ă *ădj.* tyrannique.

tiranie *s.f.* tyrannie *f.*

tiraniza *vt.* tyranniser.

tirbuşon *s.n.* tire-bouchon *m.*

titan *s.m.* titan *m.*

titanic,-ă *adj.* titanique, titanesque.

titirez *s.m.* toupie *f.*

titlu *s.n.* titre *m.*

titular,-ă *ădj.* titulaire.

tiv *s.n.* ourlet *m.*

tivi *vt.* ourler, border.

tâlc *s.n.* sens *m.*, signification *f.* ‖ *a vorbi cu* ~ **a)** parler à mots couverts; **b)** parler sagement.

tâlhar *s.m.* bandit *m.*, brigand *m.*

tâlhărie *s.f.* brigandage *m.*

tâmp,-ă *ădj.* idiot,-e, niais,-e.

tâmpenie *s.f.* idiote *f.*, stupidité *f.*, imbécillité *f.*

tâmpi *vr.* devenir, idiot, s'abrutir.

tâmpit,-ă *ădj.* idiot,-e, stupide.

tâmplar *s.m.* menuisier *m.*

tâmplă *s.f.* tempe *f.*

tâmplărie *s.f.* menuiserie *f.*

tânăr,-ă 1. *adj.* jeune. 2. *s.m.f.* jeune homme *m.*, jeune fille *f.*

tândăli *vi.* lambiner, traîner.

tângui 1. *vr.* se lamenter, se plaindre. 2. *vt.* plaindre.

tânguitor,-oare *adj.* plaintif,-ive, dolent,-e.

tânjală *s.f.* timon double *m.* ‖ *a se lăsa pe* ~ se relâcher.

tânji *vi.* dépérir, languire ‖ *a* ~ *de (după)* languir.

târcol *s.n.* (în expr.) *a da târcoale* rôder.

târg *s.n.* 1. marché *m.*, foire *f.* 2. marché *m.*, vente *f.* 3. bourgade *f.* ‖ *la spartul târgului* à la douzième heure, à la fin; *a face târgul (cu cineva)* clore un marché; *mă duc în* ~ je vais en ville; *într-un* ~ *din Moldova* dans une des bourgades de la Moldavie.

târgoveţ,-eaţă *s.m.f.* citadin,-e.

târgui 1. *vt.* faire des emplettes, acheter. 2. *vr.* marchander.

târguială *s.f.* 1. achat *m.*, emplette *f.* 2. marchandage *m.* ‖ *am mers la târguieli* je suis allé faire des emplettes; *după o* ~ *de două ore* après duex heures de marchandage.

târî 1. *vt.* traîner. 2. *vr.* se traîner, ramper.
târâie-brâu *s.m.* Vaurien *m.*, jean-foutre *m.*
târâş *adv.* en traînant ‖ ~ *grăpiş* clopin-clopant, cahin-caha.
târâtor,-oare *adj.* rampant,~e.
târlă *s.f.* parc à moutons *m.*, bergerie *f.*
târlici *s.m.pl.* babouches *f.pl.*
târnăcop *s.n.* pioche *f.*, pic *m.*
târşi *vt.* traîner les pieds.
târtiţă *s.f.* croupion *m.*, sot-l'y-laisse *m.*
târziu,-ie 1. *adj.* tardif,-ive. 2. *adv.* tard ‖ *mai curând sau mai* ~ tôt ou tard; *într-un* ~ sur le tard.
toaletă *s.f.* toilette *f.*
toamnă *s.f.* automne *m.* ‖ *la* ~ l'automne prochain; *pe* ~ vers l'automne; *de cu* ~ dès l'automne; *de* ~ automnal,~e.
toană *s.f.* 1. caprice *m.*, lubie *f.* 2. humeur *f.*, état d'esprit *m.* ‖ *cu toane* capricieux,-euse; *în toane bune* de bonne humeur, bien luné,~e.
toarce *vi.* 1. filer. 2. (despre pisică) ronronner.
toartă *s.f.* 1. anse *f.* 2. anneau *m.* ‖ *prieteni la* ~ de grands amis, (*pop.*) amis comme cochons.
toast *s.n.* toast *m.*
toasta *vi.* toaster, porter un toast (à).
tobă *s.f.* 1. tambour *m.* 2. (la jocul de cărţi) carreau *m.* ‖ *a bate toba la urechea surdului* dire la messe pour les sourds, prêcher dans le désert; *a face* ~ *de bătaie* battre à plate couture; *a fi* ~ *de carte* être un puits de science; *a bate toba în târg* ébruiter; *a bate toba cuiva* louer qn.outre mesure

tobogan *s.n.* toboggan *m.*
toboşar *s.m.* tambour *m.*
toc *s.n.* 1. étui *m.* 2. (al unei uşi, al unei ferestre) cadre *m.* 3. (de scris) porte-plume *m.* 4. (de gheată) talon *m.* ‖ ~ *rezervor* stylo *m.*
toca I. *vt.* 1. hacher. 2. *fig.* (despre bani) gaspiller. II. *vi.fig.* caqueter ‖ *a* ~ *(pe cineva) la cap* assommer qn., rompre la tête à qn.
tocană *s.f.* fricassée *f.*, ragoût *m.*
tocă *s.f.* toque *f.*
tocătură *s.f.* hachis *m.*
toci I. *vt.* 1. émousser. 2. *fig.* user. 3. limer. II. *vi.fam.* piocher. III. *vr.* s'émousser, s'user ‖ *haine tocite* des habits élimés, râpés; *a* ~ *la istorie* piocher l'histoire.
tocilar,-ă 1. *s.m.* rémouleur *m.* 2. *adj.* şi *s.m.f.fam.fig.* piocheur,-euse, bûcheur,-euse.
tocilă *s.f.* pierre à aiguiser *f.*, meule *f.*, queux *f.*
tocmai *adv.* 1. juste. 2. justement, précisément. 3. à peine ‖ ~ *bine* tout juste; *nu* ~ pas tout à fait; ~ *sosise* il venait (justement) d'arriver, il était à peine arrivé.
tocmeală *s.f.* marchandage *m.*
tocmi I. *vr.* 1. marchander. 2. s'engager. II. *vt.* engager, embaucher.

togă *s.f.* toge *f.*
toi *s.n.* fort *m.* ‖ *în toiul luptei* au fort du combat; *petrecerea era în ~* la fête battait son plein.
toiag *s.n.* bourdon *m.*, bâton *m.*
tolăni *vr.* s'étendre, se prélasser.
tolbă *s.f.* **1.** sacoche *f.* **2.** (pentru vînat) gibecière *f.*, carnassière *f.* **3.** (de săgeţi) carquois *m.*
tolera *vt.* tolérer.
tolerant,~ă *adj.* tolérant,-e.
tolerabil,~ă *adj.* tolérable.
toleranţă *s.f.* tolérance *f.*
tom *s.n.* tome *m.*, volume *m.*
tombolă *s.f.* tombola *f.*
tomnatic,~ă *adj.* d'automne, automnal,~e ‖ *flăcău ~* vieux garçon.
ton[1] *s.n.muz.* ton *m.* ‖ *tonul face muzica* c'est le ton qui fait la chanson.
ton[2] *s.m.iht.* thon *m.*
tonaj *s.n.* tonnage *m.*
tonalitate *s.f.* tonalité *f.*
tonă *s.f.* tonne *f.*
tonic,~ă *adj.* tonique.
tonomat *s.n.* juke box *m.*
tont,toantă *adj.* şi *s.m.f.* godiche, niais,~e, nigaud,~e, balourd,~e.
top *s.n.* rame *f.*
topaz *s.n.* topaze *f.*
topi **I.** *vt.* **1.** fondre, faire, fondre. **2.** (despre cânepă, in) rouir. **3.** *fig.* consommer, anéantir. **II.** *vr.* **1.** fondre. **2.** se dissoudre. **3.** *fig.* dépérir, languir ‖ *a se ~ după cineva* être fou de qn.; *zăpada s-a topit* la neige a fondu.

topică *s.f.* **1.** *(lingv)* ordre des mots *m.* **2.** *(fil)* topique *f.*
topire *s.f.* **1.** fonte *f.* **2.** (despre textile) rouissage *m.*
topitor *s.m.* fondeur *m.*
topografie *s.f.* topographie *f.*
toponimie *s.f.* toponymie *f.*
topor *s.n.* hache *f.* ‖ *din ~* grossier,ère, rustre, rude.
toporaş *s.m.bot.* violette *f.*
toptan *s.n.* (în expr.) *cu toptanul* **a)** en gros, en bloc; **b)** abondamment, à foison.
torace *s.n.* thorax *m.*
torcător,-oare *s.m.f.* fileur,-euse.
torcătorie *s.f.* filature *f.*
torent *s.n.* torrent *m.*
torenţial,~ă *adj.* torrentiel,-elle.
torid,~ă *adj.* torride.
toropeală *s.f.* **1.** torpeur *f.*, engourdissement *m.* **2.** apathie *f.*
toropit,~ă *adj.* **1.** amolli,~e. **2.** engourdi,~e.
torpila *vt.* torpiller.
torpilă *s.f.* torpille *f.*
torpilor *s.n.* torpilleur *m.*
tors[1] **1.** *s.n.tehn.* filage *m.* **2.** *adj.* (în expr.) *fir ~* filé *m.*
tors[2] *s.n.* (scultură) torse *m.*
tort[1] *s.n.* **1.** filasse *f.* **2.** toile de lin, de chanvre *f.*
tort[2] *s.n.* tarte *f.*
tortura *vt.* torturer.
tortură *s.f.* torture *f.*
torţă *s.f.* torche *f.*
tos *adj.* (în expr.) *zahăr ~* sucre en cristaux *m.*
tot[1] *adv.* toujours ‖ *e ~ bolnav* il est toujours malade; *~ n-a venit* il n'est pas encore venu;

să ~ aibă douăzeci de ani il pourrait avoir tout au plus vingt ans; *trei zile au ~ călătorit* ils ont voyagé trois jours de suite; *am ~ auzit spunându-se* j'ai souvent entendu dire; *~ aşa şi eu* moi de même; *se credea ~ aşa de cinstit* il se croyait tout aussi honnête; *~ unul şi unul* triés sur le volet.

tot[2] *s.n.* tout *m.* ‖ *totul este să reuşeşti* le tout est de réussir.

tot[3], **toată** *(toţi, toate) adj.* tout, toute, (tous, toutes) ‖ *toată lumea* tout le monde; *pare foarte tânăr cu ~ părul lui alb* il a l'air très jeune, malgré ses cheveux blancs; *un om de toată încrederea* un homme de toute confiance; *îl întâlneam în ~ locul* je le rencontrais partout; *mă simt rău şi cu toate acestea voi veni* je me sens mal et pourtant je viendrai; *cu toate acestea (fam.)* n'empêche.

tot[4], **toată** *(toţi, toate) pron.nehot.* tout ‖ *înainte de toate* avant tout; *aveam cu totul vreo 40 de oameni* nous avions en tout une quarantine d'hommes; *voi veni cu toate că sunt bolnav* je viendrai quoique je sois malade.

total,~ă 1. *adj.* total,~e. **2.** *s.n.* total *m.*, montant *m.*

totalitar,~ă *adj.* totalitaire.

totalitate *s.f.* totalité *f.*

totaliza *vt.* totaliser.

totdeauna *adv.* toujours ‖ *pentru ~* pour toujours, à jamais.

totodată *adv.* en méme temps.

totuna *adv.* (în expr.) *e ~* c'est kif-kif; *mi-e ~ cela* ne me fait ni chaud ni froid.

totuşi *conj.* toute fois, néanmoins, cependant, pourtant.

tovarăş,~ă *s.m.f.* **1.** camarade *m.f.* **2.** compagnon *m.*; *fam.* copain, copine. **3.** associé *m.* ‖ *~ de drum* compagnon de route; *s-a adresat cu aceste cuvinte tovarăşelor* il adressa ces mots aux camarades.

tovărăşie *s.f.* **1.** camaraderie *f.* **2.** compagnie *f.*, société *f.* **3.** association *f.* ‖ *a ţine ~* tenir compagnie.

toxic,~ă *adj.* toxique.

toxină *s.f.* toxine *f.*

trac *s.n.* trac *m.*

tractor *s.n.* tracteur *m.*

tractorist,~ă *s.m.f.* tractoriste *m.f.*

tracţiune *s.f.* traction *f.*

tradiţie *s.f.* tradition *f.*

tradiţional,~ă *adj.* traditionnel,-elle.

traducător,-oare *s.m.f.* traducteur,-trice.

traduce *vt.* traduire.

traducere *s.f.* traduction *f.*

trafic *s.n.* trafic *m.*

traficant,~ă *s.m.f.* trafiquant,~e, trafiqueur,-euse.

trage I. *vt.* **1.** tirer, tracer. **2.** *pop.* masser. **3.** *fig.* endurer. **II.** *vi.* **1.** peser. **2.** (despre vehicule) descendre; s'arrêter; (despre vapoare) accoster; **3.** (despre sobe) tirer. **4.** se diriger vers. **III.** *vr.* **1.** descendre. **2.** provenir ‖ *a ~ o linie* tirer (tracer) une ligne; *de când am pus-o să mă tragă, nu mă mai doare piciorul* depuis que je me suis fait masser, je n'ai plus mal à la jambe; *câte a mai tras* ce qu'il a pu endurer!; *pachetul acesta trage 2 kg* ce paquet pèse 2 kilos; *a tras la hotel* il est descendu à l'hôtel; *maşina a tras la scară* l'auto s'est arrêtée devant la porte; *vaporul a tras la mal* le nevire a accosté au quai; *soba asta nu trage bine* ce poêle ne tire pas; *ştiu bine de unde se trag toate astea* je sais bien d'où provient tout cela; *a ~ foloase* tirer profit; *a ~ pe sfoară* rouler; *a ~ cu urechea* espionner, écouter aux portes; *a ~ clopotele* sonner les cloches; *ă ~ sforile* machiner; *a ~ în ţeapă* empaler; *caii trăgeau la grajd* les chevaux se dirigeaient vers l'écurie; *a ~ în piept* inhaler, aspirer; *fam. a ~ la măsea* lever le coude; *a ~ să moară* être à l'article de la mort; *si-a tras haina pe el şi a ieşit* il a enfilé son veston et il est sorti; *a ~ un pui de somn* faire un somme; *a ~ (cuiva) o palmă* flanquer une gifle (à qn.); *a ~ la aghioase* dormir comme une souche; *a ~ cu ochiul* regarder à la dérobée; *dacă te ~ inima si le cœur vous en dit; a ~ în (cineva)* tirer sur (qn.); *trage il y a un courant d'air.*

tragedie *s.f.* tragédie *f.*
tragere *s.f.* **1.** tirage *m.* **2.** tir *m.* ‖ *~ la sorţi* trage au sort; *~ la ţintă* tir; *~ de inimă* zèle *m.*
tragic,~ă 1. *adj.* tragique. **2.** *s.n.* tragique *m.*
tragicomedie *s.f.* tragi-comédie *f.*
trahee *s.f.* trachée *f.*
trai *s.n.* vie *f.*, existence *f.*
traiect *s.n.* trajet *m.*
traiectorie *s.f.* trajectoire *f.*
trainic,~ă *adj.* durable, solide, résistant,~e.
traistă *s.f.* besace *f.*
trambulină *s.f.* tremplin *m.*
tramvai *s.n.* tramway *m.*, tram *m.*
trandafir *s.m.* rose *f.*
trandafiriu,-ie *adj.* rose.
transatlantic,~ă 1. *adj.* transatlantique. **2.** *s.n.* transatlantique *m.*
transborda *vt.* transborder.
transcedental,~ă *ădj.* transcendental,~e.
transcrie *vt.* transcrire.
transcripţie *s.f.* transcription *f.*, copie *f.*
transfer *s.n.* **1.** transfert *m.* **2.** (despre persoane) transfèrement *m.p*
transfera *vt.* transférer.
transfigura *vt.vr.* (se) transfigurer.
transforma *vt.vr.* (se) transformer.
transformator *s.n.* transformateur *m.*
transfug *s.m.* trasfuge *m.*

transfuzie *s.f.* transfusion *f.*
transhumanță *s.f.* transhumance *f.*
translație *s.f.* translation *f.*
translucid,~ă *adj.* translucide.
transmisiune *s.f.* transmission *f.*
transmite *vt.* transmettre.
transparent,~ă *adj.* transparent,~e.
transparență *s.f.* transparence *f.*
transperant *s.n.* jalousie *f.*
transpira *vt.* transpirer.
transpirație *s.f.* transpiration.
transplanta *vt.* transplanter; (o plantă) repiquer.
transport *s.n.* transport *m.*
transporta *vt.* transporter.
transpune *vt.* transposer.
t r a n s v e r s a l , ~ ă *a d j.* transversal,~e.
tranșă *s.f.* tranche *f.*
tranșee *s.f.* tranchée *f.*
tranzacție *s.f.* transaction *f.*
tranzit *s.n.* transit *m.*
tranzitiv,~ă *adj. (gram.)* transitif,-ive.
tranziție *s.f.* transition *f.*
trap *s.n.* tot *m.*
trapă *s.f.* trappe *f.*
trapez *s.n.* trapèze *m.*
tras,~ă *adj.* tiré,~e || ~ *la față* visage émacié.
trasa *vt.* tracer, esquisser || ~ *o sarcină* assigner un tâche.
traseu *s.n.* tracé *m.*
trata *vt.* 1. traiter. 2. négocier.
tratament *s.n.* traitement *m.* || ~ *termic* traitement termique.
tratat *s.n.* traité *m.*
tratative *s.f.pl.* négociations *f.pl.* pourparlers *m.pl.*

traversa *vt.* traverser.
traversă *s.f.* traverse *f.*
travesti *vr.* se travestir.
trăda *vt.vr.* (se) trahir.
trădare *s.f.* trahison *f.*, traitrise *f.*
trădător,-oare *adj.* și *s.m.f.* traître,-esse.
trăgaci *s.m.* gâchette *f.*
trăgător 1. *adj.* (despre animale) de trait. 2. *s.m.* (instrument) tireur *m.* 3. *s.m.f.* tireur,-euse.
trăi *vi.vt.* vivre || *a ~ cu capul în nori* vivre la tête dans les nuages; *a-și ~ traiul* vivre sa vie; *a ~ bine (rău) cu cineva* faire bon (mauvais) ménage avec qn.; *a ~ pe spinarea cuiva* vivre aux dépens (aux crochets) de qn.
trăinicie *s.f.* durabilité *f.,* solidité *f.*
trăncăni *vt.vi.* papoter, jaser, jacasser, caqueter.
trăpaș *s.m.* trotteur *m.*
trăsătură *s.f.* trait *m.*
trăsnaie *s.f.* 1. lubie *f.*, caprice *m.* 2. frasque *f.*|| *iar a făcut o ~* il a de nouveau fait une des siennes.
trăsnet *s.n.* foudre *f.* || *lovit de ~* foudroyé.
trăsni 1. *vi.* foudroyer. 2. *vt.* foudroyer, frapper. 3. *vr.fig.* devenir fou, perdre la boule || *a trăsnit la foudre est tombée*; *a-i ~ (cuiva) prin minte* passer par la tête; *l-a trăsnit în cap* on l'a frappé à la tête.
trăsnit,~ă *adj.* și *s.m.f.* toqué,~e, timbré,~e, braque || *a rămâne ~* rester pétrifié.

trăsură *s.f.* **1.** voiture *f.* **2.** trait *m.* ǁ *~ de unire, cratimă f.*, trait d'union.
treabă *s.f.* **1.** occupation *f.* **2.** travail *m.*, besogne *f.*; *fam.* boulot *m.* **3.** affaire *f.* ǁ *a avea ~ cu* avoir affaire à; *caută-ţi de ~* occupe-toi de tes oignons; *a se pune pe ~* se mettre au travail; *de ~* comme il faut; *frumoasă ~!* c'est du beau; *a-şi vedea de ~* vaquer à ses affaires; *nu-i treaba ta* ce ne sont pas tes ignons.
treacăt *s.n.* passage *m.* ǁ *în (din) ~* en passant.
treanţă *s.f.* haillon *m.*, chiffon *m.*;*fig.* chiffe *f.*
treaptă *s.f.* **1.** (la o scară fixă) marche *f.* **2.** (la o scară mobilă) échelon *m.* **3.** *fig.* degré *m.* ǁ *~ socială* couche sociale *f.*; *la o ~ superioară* à un degré (à un niveau) supérieur.
treaz,~ă *adj.* **1.** éveille,~e. **2.** *fig.* vigilant,~e.
trebălui *vi.vt.* vaquer (aux soins du ménage).
trebui 1. *vi.impers.* falloir. **2.** *vt.impers.* devoir, falloir ǁ *cum trebuie* bien, comme il sied; *aşa-i trebuie* il ne l'a pas volé; *atâta i-a trebuit* il n'attendait que cela; *îmi trebuie cartea asta* j'ai besoin de ce livre; *trebuie să plec* je dois partir (il faut que je parte).
trebuincios,-oasă *adj.* nécessaire.
trebuinţă *s.f.* besoin *m.*, nécessité *f.* ǁ *de ~* nécessaire, utile.

trecătoare *s.f.geogr.* pas *m.*
trecător,-oare 1. *adj.* passager,-ère. **2.** *s.m.f.* passant,~e.
trece I. *vi.* passer. **II.** *vt.* passer. **III.** *vr.* **1.** vieillir. **2.** se faner, se flétrir ǁ *a ~ în revistă* paser en revue; *a ~ cu vederea* **a)** fermer l'œil sur; **b)** négliger; *a ~ (peste ceva) cu buretele* passer l'éponge; *a ~ hopul* s'en tirer; *a ~ (pe cineva) sub sabie* passer au fil de l'épée; *a ~ măsura* dépasser la mesure; *a se ~ cu firea* **a)** prendre les choses trop à cœur; **b)** s'émouvoir; *a ~ peste* passer outre; *a ~ drept* passer pour; *trecu ce mai tecu* quelque temps s'écoula (passa); *a trecut baba cu colacii* adieu paniers, vendanges sont faites.
trecere *s.f.* **1.** passage *m.* **2.** *fig.* influence *f.* ǁ *în ~* en passant; *~ de nivel* passage à niveau; *om cu ~* personne influente.
trecut,~ă I. *adj.* **1.** passé,~e. **2.** *fig.* vieilli,~e, fané,~e. **II.** *s.n.* passé *m.* ǁ *în ~* autrefois, jadis, naguère; *anul ~* l'année passée, l'année dernière; *zilele trecute* ces derniers jours.
treflă *s.f.* trèfle *m.*
trei *num.card.* trois.
treiera *vt.* battre (le blé).
treierat *s.n.* battage (du blé) *m.*
treierătoare *s.f.* batteuse *f.*
treilea, treia *num.ord.* le (la) troisième.
treime *s.f.* **1.** tiers *m.* **2.** *rel.* trinité *f.*

treisprezece *num.card.* treize.
treisprezecelea,-zecea *num.ord.* le (la) treizième.
treizeci *num.card.* trente.
treizecilea, treizecea *num.ord.* le (la) trentième.
tremă *s.f.* tréma *m.*
tremur *s.n.* tremblement *m.*
tremura *vi.* trembler.
tremurător,-oare *adj.* tremblant,-e.
tren *s.n.* train *m.* ‖ ~ *de persoane* train omnibus; ~ *accelerat* (train) direct; ~ *rapid* express.
trenă *s.f.* traîne *f.*
trenci *s.n.* imperméable *m.*, waterproof *m.*
trening *s.n.* complet *m.* (pour le sport).
trepăda *vi.* 1. s'affairer, s'agiter. 2. (despre cai) trotter.
trepăduş *s.m.* saute-ruisseau *m.*
trepida *vi.* trépider.
trepidaţie *s.f.* trépidation *f.*
trepied *s.n.* trépied *m.*
treptat,-ă 1. *adj.* graduel,-elle. 2. *adv.* graduellement, petit à petit.
tresă *s.f.* galon *m.*
tresălta *vi.* tressaillir.
tresări *vi.* sursauter.
trestie *s.f.* roseau *m.* ‖ ~ *de zahăr* canne à sucre *f.*; *subţire ca o* ~ mince comme un fil.
trezi[1] *vt.* éveiller, réveiller. **II.** *vt.* 1. se réveiller. 2. *fig.* s'éveiller. 3. se dégriser. 4. revenir à soi ‖ *a* ~ *(pe cineva) din somn* réveiller qn.; *a* ~ *interesul* éveiller l'intérêt.

trezire *s.f.* 1. réveil *m.* 2. éveil *m.*
tria *vt.* trier.
triaj *s.n.* triage *m.*
trib *s.n.* tribu *f.*
tribun *s.m.* tribun *m.*
tribunal *s.n.* tribunal *m.*
tribună *s.f.* tribune *f.*; (la stadion) les gradins.
tribut *s.n.* tribut *m.*
tributar,-ă *adj.* tributaire.
tricicletă *s.f.* tricycle *m.*
tricolor *adj.* tricolore.
tricota *vt.* tricoter.
tricou *s.n.* tricot *m.*
trident *s.n.* trident *m.*
trienal,-ă *adj.* triennal,-e.
trifoi *s.n.* trèfle *m.*
triftong *s.m.* triphtongue *f.*
trigonometrie *s.f.* trigonométrie *f.*
tril *s.n.* trille *m.*
trilogie *s.f.* trilogie *f.*
trimestrial,-ă *adj.* trimestriel,-elle
trimestru *s.n.* trimestre *m.*
trimis *s.m.* envoyé *m.*, délégué *m.*
trimite *vt.* envoyer, expédier.
trimitere *s.f.* envoi *m.*
trinom *s.n.* trinôme *m.*
trio *s.n.* trio *m.*
trior *s.n.* trieur *m.*
tripla *vt.* tripler.
triplu,-ă *adj.* triple.
tripou *s.n.* tripot *m.*
triptic *s.n.* triptyque *m.*
trist,-ă *adj.* triste.
tristeţe *s.f.* tristesse *f.* ‖ *cu* ~ tristement.
trişa *vi.* tricher.
triton *s.m.zool.* triton *m.*
triumf *s.n.* triomphe *m.* ‖ *în* ~ triomphalement.

triumfa *vi.* triompher.
triumfal,~ă *adj.* triomphal,~e.
triumfător,-oare *adj.* 1. triomphant,~e. 2. triomphateur,-trice.
triunghi *s.n.* triangle *m.*
triunghiular,~ă *adj.* triangulaire.
trivial,~ă *adj.* trivial,~e.
trivialitate *s.f.* trivialité *f.*
trâmbă *s.f.* 1. (despre pânză etc.) rouleau *m.* 2. (despre apă) trombe *f.*.
trâmbiţa *vi.vt.* 1. claironner. 2. *fig.* crier sur les toits.
trâmbiţă *s.f.* clairon *m.*, trompette *f.*
trândav,~ă *adj.* şi *s.m.f.* paresseux,-se, oisif,-ive, fainéant,~e.
trândăvi *vi.* fainéanter.
trândăvie *s.f.* paresse, oisiveté *f.*, fainéantise *f.*
trântă *s.f.* lutte corps à corps *f.*, rixe *f.*
trânti I. *vt.* 1. jeter (flanquer) par terre. 2. (despre uşi) claquer. II. *vr.* se jeter, s'étendre ‖ *a ~ la examen* refuser à un examen, recaler.
trântor *s.m.* 1. faux bourdon *m.* 2. *fig.* fainéant *m.*
troacă *s.f.* 1. baquet *m.* 2. hardes *f.pl.*
troc *s.n.* troc *m.*
trofeu *s.n.* trophée *m.*
troglodit *s.m.* troglodyte *m.*
troheu *s.m.* trochée *m.*
troian *s.n.* monceau de neige *m.*
troică *s.f.* troïka *f.*
troieni I. *vt.* 1. couvrir de neige. 2. bloquer. II. *vr.* être bloqué par la neige.
troleibus *s.n.* trolleybus *m.*
troliu *s.n.* treuil *m.*
trombă *s.f.* trombe *f.*
trombon *s.n.* trombone *m.*
trompă *s.f.* trompe *f.*
trompetă *s.f.* trompette *f.*
tron *s.n.* trône *m.*
trona *vi.* trôner.
tronc *interj.* crac, patatras ‖ *a-i cădea cineva cu ~* s'amouracher de qn.
tropăi *vi.* 1. (despre cai) piaffer. 2. trépigner.
tropăit *s.n.* 1. piaffement *m.* 2. trépignement *m.*
tropic *s.n.* tropique *m.*
tropical,~ă *adj.* tropical,~e.
trosni *vi.* 1. craquer. 2. (despre bici) claquer. 3. (despre foc) crépiter.
trotinetă *s.f.* trottinette *f.*
trotuar *s.n.* trottoir *m.*
truc *s.n.* truc *m.*
trudă *s.f.* peine *f.*
trudi *vi.vr.* peiner, trimer.
trudit,~ă *adj.* exténué,~e, éreinté,~e, vanné,~e, fourbu,~e.
trufanda *s.f.* primeur *f.*
trufaş,~ă *adj.* orgueilleux,-euse, altier,-ère, superbe, présomptueux,-euse.
trufie *s.f.* orgueil *m.*, présomption *f.*, superbe *f.*
trunchi *s.n.* 1. tronc *m.* 2. souche *f.*
trunchia *vt.* tronquer.
trup *s.n.* corps *m.* ‖ *cu ~ şi suflet* corps et âme.

trupă *s.f.* troupe *f.*
trupesc,-ească *adj.* corporel,-elle, charnel,elle.
trupeş,-ă *adj.* **1.** bien bâti,~e, bien charpenté,~e. **2.** corpulent,~e, bien en chair.
trusă *s.f.* **1.** (pt. medici) trousse *f.* **2.** (de voiaj) nécessaire *m.*
trusou *s.n.* trousseau *m.*
trust *s.n.* trust *m.*
tu *pron.pers.* tu, toi; *ţie, ţi, îţi,* te; *pe tine, te* te.
tub *s.n.* tube *m.*, tuyau *m.* ‖ *~ digestiv* tube digestif; *~ de canalizare* tuyau de canalisation.
tubercul *s.n.* tubercule *m.*
tuberculos,-oasă *adj.* şi *s.m.f.* tuberculeux,-euse, phtisique.
tuberculoză *s.f.* tuberculose *f.*, phtisie *f.*
tubular,~ă *adj.* tubulaire.
tuci *s.n.* **1.** *pop.* fonte *f.* **2.** chaudron *m.*
tuciuriu,-ie *adj.* noirâtre; (despre oameni) moricaud,~e.
tufă *s.f.* **1.** buisson *m.* **2.** touffe *f.* ‖ *o ~ de flori* une corbeille de fleurs.
tufănică *s.f.bot.* aster *m.*
tufiş *s.n.* buisson *m.*, hallier *m.*
tulbura *vt.vr.* (se) troubler, (se) boulverser.
tulburător,-oare *adj.* troublant,~e, boulversant,~e.
tulbure *adj.* **1.** trouble. **2.** *fig.* confus.
tulei *s.n.* duvet *m.*
tuli *vt.* (în expr.) *a o ~* déguerpir, détaler, filer.

tulpan *s.n.* **1.** mousseline *f.* **2.** *m.*, mouchoir *m.*
tulpină *s.f.* tige *f.*
tumbă *s.f.* culbute *f.* ‖ *a se da tumba* faire la culbute.
tumefiat,~ă *adj.* tuméfié,~e.
tumoare *s.f.* tumeur *f.*
tumult *s.n.* tumulte *m.*
tumultos,-oasă *adj.* tumultueux-euse.
tun *s.n.* canon *m.* ‖ *îngheţ ~* completement gelé; *sănătos ~* solide comme le Pont Neuf.
tuna *vi.impers.* **1.** tonner, gronder; **2.** *fig.* tonner, tempêter ‖ *a tunat şi i-a adunat* ils sont tous du même acabit; *fig. a ~ şi a fulgera* feu et flamme.
tunar *s.m.* canonnier *m.*, artilleur.
tunător,-oare *adj.* tonnant,~ ‖ *voce tunătoare* voix tonitruante.
tunde *vt.* tonder, couper les cheveux ‖ *fam. a o ~* déguerpir; *mă duc să mă tund* je vais me faire couper les cheveux.
tundră *s.f.* toundra *f.*
tunel *s.n.* tunnel *m.*
tunet *s.n.* **1.** tonnerre *m.* **2.** *fig.*-grondement *m.*
tunică *s.f.* tunique *f.*
tunisian,~ă *adj.* şi *s.m.f.* tunisien,-enne.
tuns,~ă **1.** *adj.* tondu,~e; les cheveux coupés (courts); **2.** *s.n.* (la oi) tonte *f.*
tupeu *s.n.* toupet *m.*
tupila *vr.* se tapir, se cacher.
tur *s.n.* tour *m.*
turaţie *s.f.* giration *f.*

tura-vura *interj.* (în expr.) *ce mai* ~ trêve de mots.
turba *vi.* **1.** devenir enragé. **2.** enrager, rager.
turban *s.n.* turban *m.*
turbare *s.f.* rage *f.*
turbă *s.f.* tourbe *f.*
turbină *s.f.* turbine *f.*
turboreactor *s.n.* turboréacteur *m.*
turbulent,~ă *adj.* turbulent,~e.
turc,~ă *adj.* şi *s.m.f.* turc
turelă *s.f.* tourelle *f.*
turism *s.n.* tourisme *m.*
turist,~ă *s.m.f.* touriste *m.*
turlă *s.f.* tourelle *f.*
turmă *s.f.* troupeau *m.*
turn *s.n.* tour *f.*
turna **I.** *vt.* **1.** verser. **2.** (o statuie) couler. **3.** (un film) tourner. **4.** moucharder. **II.** *vi.* pleuvoir ‖ *a* ~ *ulei pe rană* verser du baume sur une plaie; *a* ~ *gaz pe foc* jeter de l'huile sur le feu; *toarnă cu găleata* il pleut des hallebardes.

turnător *s.m.* **1.** fondeur *m.* **2.** *fam.* mouchard *m.*
turnătorie *s.f.* fonderie *f.*
turneu *s.n.* tournée *f.*
turtă *s.f.* **1.** galette *f.* **2.** pain *m.* ‖ ~ *dulce* pain d'épice *m.*; *a fi beat* ~ être ivre mort, être noir.
turti **1.** *vt.* aplatir, tasser, affaisser. **2.** *vr.fam.* s'affaisser.
turturea *s.f.* tourterelle *f.*
turturel *s.m.* tourtereau *m.*
turui *vt.* **1.** jacasser. **2.** (despre porumbei) roucouler.
tuse *s.f.* toux *f.*
tuş *s.n.* encre de Chine *f.*
tuşă *s.f.* touche *f.*
tuşi *vi.* tousser.
tutelă *s.f.* tutelle *f.*
tutelar,~ă *adj.* tutelaire.
tutore *s.m.* tuteur *m.*
tutui *vt.vr.* (se) tutoyer
tutun *s.n.* tabac *m.*
tutungerie *s.f.* débit (de tabac) *m.*
tutungiu *s.m.* débitant (de tabac) *m.*

Ț

țambal *s.n.* tympanon *m.*
țanc *s.n.* (în expr.) la ~ à point.
țandără *s.f.* éclat *m.* || *a-i sări (cuiva) țandăra* prendre la mouche.
țanțoș,-ă *adj.* orgueilleux,-euse.
țap *s.m.* **1.** bouc *m.* **2.** (de bere) bock *m.* || ~ *ispășitor* boue émissaire.
țară *s.f.* **1.** pays *m.*, patrie *f.* **2.** région *f.*, contrée *f.* **3.** campagne *f.* || *a pune țara la cale* **a)** organiser; **b)** *ir.* deviser, dire son mot sur tout; *a locui la* ~ habiter à la campagne; *o~ muntoasă* une contrée montagneuse.
țarc *s.n.* **1.** enclos *m.* **2.** parc (à bestiaux) *m.*
țarină *ps.f.* champ labouré *m.*, champ *m.*
țață *s.f.pop.* **1.** tante *f.* **2.** *peior.* commmère *f.*
țăcălie *s.f.* barbiche *f.*
țăcăni **1.** *vi.* cliqueter. **2.** *vt.fam.* taper à la machine. **3.** *vr.* devenir maboul,-e.
țăcănit[1] *.n.* cliquetis *m.*
țăcănit[2]**,-ă** *adj.* **1.** (despre mersul cailor) saccadé. **2.** (despre oameni) timbré,-e, fêlé,-e, toqué,-e.
țăran,-că *s.m.f.* paysan,-anne.
țărănesc,-ească *adj.* rustique, paysan,-anne.
țărănime *s.f.* paysannerie *f.*
țărână *s.f.* poussière *f.*
țărm *s.n.* rivage *m.*, bord *m.*
țăruș *s.n.* pieu *m.*
țeapă *s.f.* **1.** pal *m.* **2.** épine *f.* **3.** écharde *f.* || *mi-a intrat o ~ în palmă* une écharde m'est entrée dans la paume; *a trage în ~* empaler; *o tulpină cu țepi* une tige avec des épines.
țeapăn,-ă *adj.* raide, rigide. || *ger ~* froid de loup.
țeastă *s.f.* crâne *m.*
țeavă *s.f.* **1.** tuyau *m.*, tube *m.* **2.** (de armă) canon *m.*
țel *s.n.* but *m.*
țelină[1] *s.f.* jachère *f.*
țelină[2] *s.f.bot.* céleri *m.*
țepos,-oasă *adj.* épineux,-euse.
țesală *s.f.* étrille *f.*
țesăla *vt.* étriller.

țesător,-oare *s.m.f.* tisserand *m.*, tisseur *m.*
țesătorie *s.f.* tissage *m.*
țesătură *s.f.* **1.** tissu *m.* **2.** tissure *f.* || *o ~ de bumbac* une cotonnade (un tissu en coton); *o pânză cu ~ deasă* une toile d'une tissure serrée.
țese *vt.* **1.** tisser. **2.** (despre ciorapi) repriser. **3.** *fig.* (o intrigă, un complot) manigancer, ourdir, tramer || *o haină țesută cu aur* un habit brodé d'or.
țesut *s.n.* tissu *m.* || *țesutul inului* le tissage du lin.
țevărie *s.f.* tuyauterie *f.*
țîcneală *s.f.* **1.** folie *f.* **2.** toquade *f.*
țicni 1. *vt.* fêler. **2.** *vr.* se toquer.
țicnit,-ă *adj.* **1.** (despre obiecte) fêlé,-e. **2.** *fig.* timbré,-e, fêlé,-e, toqué,-e, dingo.
țigan *s.m.* **1.** bohémien, tzigane; gitan; *a se muta ca țiganul cu cortul* n'avoir ni feu ni lieu; *a se îneca ca țiganul la mal* échouer au moment où l'on touche au but
țigancă *s.f.* bohémienne, tzigane, gitane
țigară *s.f.* cigarette *f.* || *~ de foi* cigare *m.*
țiglă *s.f.* tuile *f.*
ține I. *vt.* **1.** tenir. **2.** soutenir. **3.** garder. **4.** entretenir. **II.** *vi.* **1.** appartenir. **2.** durer. **III.** *vr.* **1.** s'agripper. **2.** se tenir. **3.** dépendre. **4.** suivre || *a ~ în mână* tenir à la main; *se ~ numai într-o ață* cela ne tien qu'à un fil; *a se ~ scai (de cineva)* ne pas lâcher (qn.) d'une semelle; *se ~ de prostii* il continue à faire des siennes; *a ~ la distanță* tenir à distance; *a ~ o cuvântare* tenir (faire) un discours; *a ~ sub cheie* garder sous clef; *a ~ (pe cineva) în frâu* tenir en laisse; *a ~ drumul (cuiva)* guetter (qn.) au passage; *a-și ~ firea* se maîtriser; *a-și ~ răsuflarea* suspendre son haleine; *a ~ o taină* garder un secret; *a ~ minte* se souvenir; *a ~ cald* tenir chaud; *a ~ stânga* garder la gauche; *a se ~ de cuvânt* tenir parole; *ține-te bine* tiens bon!; *se ~ bine!* il ne porte pas son âge!; *a ~ socoteală de* tenir compte de; *gerul ținea de trei zile* le gel durait depuis trois jours; *a o ~ una și bună* soutenir mordicus; *a se ~ în pas cu vremea* être à la page; *Dumnezeu să vă țină* Dieu vous garde; *ne ~ de nebuni* il nous prend pour des fous; *a ~ drumul tot înainte* poursuivre son chemin; *a ~ cu orice preț* tenir à tout prix.
țintă *s.f.* **1.** petit clou *m.* **2.** cible *f.* **3.** *fig.* but *m.*, dessein *m.* || *în ținte* clouté; *a privi ~* regarder fixement; *fără ~* au hasard, sans aucun but.
ținti *vt.* **1.** viser, braquer. **2.** (cu ochii) fixer (braquer) ses yeux sur. **3.** *fig.* aspirer, viser.

ţintui *s.n.* contrée *f.*, région *f.*, pays *m.*

ţinută *s.f.* tenue *f.*, attitude *f.* || ~ *de gală* tenue de gala *f.* (de grand apparat); *~ rezervată* tenue, attitude réservée *f.*

ţipa *vi.*crier || *a ~ ca din gură de şarpe* crier comme un écorché; *a ~ în gura mare* clamer à haute voix.

ţipar *s.m.* anguille *f.*

ţipăt *s.n.* cri *m.*

ţipător,-oare *adj.* **1.** (despre glas) criard,~e. **2.** (despre culori) voyant,~e

ţipenie *s.f.* (în expr.) *nici ~ de om* il n-y a pas un chat, on ne voit âme qui vive.

ţiplă *s.f.* **1.** baudruche *f.* **2.** cellophane.

ţiteră *s.f.* cithare *f.*

ţiţei *s.n.* pétrole *m.*, mazout *m.*

ţiui *vi.* tinter.

ţiuit *s.n.* tintement *m.*

ţâfnă *s.f.* arrogance *f.*, orgueil *m.* || *a-i sări ţîfna* prendre la mouche.

ţâfnos,-oasă *adj.* **1.** orgueilleux,-euse, arrogant,~e. **2.** irascible || *a fi ~* avoir la tête près du bonnet.

ţânc *s.m.* bambin *m.*, gosse *m.*, mioche *m.*

ţângău *s.m.* blanc-bec *m.*

ţânţar *s.m.* moustique *m.*

ţâr *s.m.* hareng saur *m.*

ţârcovnic *s.m.* chantre *m.*, bedeau *m.*

ţârâi *vi.* **1.** s'égoutter, dégouliner. **2.** (despre greieri) faire cri-cri. **3.** (despre sonerii) tinter.

ţâşni *vi.* jaillir; gicler.

ţâşnitură *s.f.* jaillissement *m.*, gielement *m.*

ţâţă *s.f.* sein *m.*; *fam.* téton *m.* || *la ~* au sein; *copil de ~* nourisson *m.*; *a da ~* allaiter.

ţâţâi *vi.* (în expr.) *îmi ţâţâie inima* j'ai une peur bleue.

ţâţână *s.f.* gonds *m.pl.*

ţoală *s.f.* hardes *f.pl.*

ţoapă *s.f.* rustre *m.*

ţol *s.n.* couverture *f.*

ţopăi *vi.* **1.** sautiller. **2.** *ir.* danser.

ţopârlan *s.m.* rustre *m.*

ţugui *s.n.* **1.** (la un munte) pic *m.*; (la o căciulă) pointe *f.*

ţuguia 1. *vr.* se terminer en pointe. **2.** *vt.* (în expr.) *a ~ buzele* faire la moue.

ţuică *s.f.* eau-de-vie (de prune) *f.*

ţurţur *s.m.* glaçon *m.*

U

ucenic,~ă *s.m.f.* **1.** apprenti,~e; (la croitorie) petite main. **2.** *fig.* disciple.
ucenicie *s.f.* apprentissage *m.*
ucide *vt.* tuer, assassiner.
ucidere *s.f.* meurtre *m.*, assassinat *m.*
ucigaş,~ă *s.m.f.* assassin *m.*, meurtrier,-ère, tueur,-euse.
ucigător,-oare *adj.* meurtrier,-ère, assassin,~e; *fig.* tuant,~e.
ud,~ă *adj.* mouillé,~e, humide.
uda 1. *vt.vr.* (se) mouiller, tremper. **2.** *vt.* arroser ‖ *a-şi ~ buzele* humecter les lèvres; *a ~ florile* arroser les fleurs *a-şi ~ picioarele* se mouiller les pieds.
udătură *s.f.* **1.** arrosage *m.* **2.** boisson alcoolique *f.*
uger *s.n.* pis *m.*
uimi *vt.* surprendre, étonner.
uimire *s.f.* étonnement *m.*, stupéfaction *f.*, ébahissement *m.p*
uimitor,-oare *adj.* étonnant,~e; *fam.* épatant,~e.
uita[1] *vt.* oublier.
uita[2] *vr.* regarder ‖ *a se ~ cu coada ochiului* **a)** regarder du coin de l'œil; **b)** reluquer.
uitare *s.f.* oubli *m.*
uitătură *s.f.* regard *m.*, coup d'œil *m.*
uituc,~ă *adj.* oublieux,-euse.
ulcea *s.f.* cruche *f.*, pot *m.*, broc *m.*, pichet *m.*
ulcer *s.n.* **1.** ulcère *m.* **2.** ulcération *f.*
ulei *s.n.* huile *f.*
uleios,-oasă *adj.* huilleux,-euse.
uliţă *s.f.* ruelle *f.*
uliu *s.m.* épervier *m.*
ulm *s.m.* orme *m.*
ulterior,-oară 1. *adj.* ultérieur,~e. **2.** *adv.* ultérieurement.
ultim,~ă *adj.* dernier,-ère, ultime.
ultimatum *s.n.* ultimatum *m.*
ultragia *vt.* outrager, insulter, offenser.
ultraj *s.n.* outrage *m.*, offense *f.*, insulte *f.*, injure *f.*
ultrascurtă *adj.f.* (în expr.) *raze ultrascurte* rayons ultracourts.
ultrasunet *s.n.* ultrason *m.*
ultraviolet,~ă *adj.* ultraviolet,-ette.
uluc *s.n.* **1.** (la acoperiş) gouttière *f.* **2.** (pentru captarea apei) rigole *f.* **3.** (pt.vite) auge *f.*

ulucă *s.f.* **1.** planche *f.*, ais *m.* **2.** palissade *f.*
ului *vt.* éblouir; *fam.* épater, ébaubir.
uluială *s.f.* éblouissement *m.*, ébahissement *m.*
uman,-ă *adj.* humain,-e.
umanism *s.n.* humanisme *m.*
umanist *s.m.* humaniste *m.*
umanitarist,-ă *adj.* humanitaire.
umanitate *s.f.* humanité *f.*, monde *m.*
umaniza *vt.* humaniser.
umăr *s.m.* épaule *f.*‖ ~ *la* ~ côte à côte; *a pune umărul* donner un coup d'épaule; *a se uita (la cineva) peste* ~ *fig.* prendre qn. de haut; *~ul unui munte* la crête d'une montagne; *umărul obrazului* la pommette.
umbla *vi.* **1.** aller. **2.** marcher. **3.** (despre vehicule) rouler ‖ *îmi umblă prin cap* cela me trotte par la tête; *umblă sănătos!* bon voyage!; *a* ~ *cu minciuni* faire des intrigues; *a* ~ *după cineva* poursuivre qn. de ses assiduités; *a-i* ~ *cuiva gura* jaser comme une pie; *s-a umblat în acest sertar* on a fouillé dans ce tiroir; *să nu umbli după doi iepuri* il ne faut pas courir deux lièvres à la fois; *drum umblat* chemin fréquenté; *om umblat* personne qui a vu du pays.
umblet *s.n.* **1.** marche *f.* **2.** démarche *f.* ‖ *după două ore de* ~ après deux heures de marche; ~ *lin* démarche lente.

umbrar *s.n.* tonnelle *f.*
umbră *s.f.* ombre *f.* ‖ *fără* ~ *de* sans trace (de); *a pune în* ~ éclipser; *face degeaba* ~ *pământului* c'est un propre à rien.
umbrelă *s.f.* **1.** (de ploaie) parapluie *m.* **2.** (de soare) ombrelle *f.*, parasol *m.*
umbri I. *vt.* **1.** ombrager. **2.** *fig.* éclipser. **II.** *vr.* **1.** se mettre à l'ombre. **2.** *fig.* s'assombrir.
umed,-ă *adj.* **1.** humide. **2.** moite ‖ *iarbă ~ă* herbe humide; *mâini umede* mains moites.
umeraş *s.n.* cintre *m.*
umezeală *s.f.* humidité *f.*
umezi 1. *vt.* humidifier, humecter. **2.** *vr.* s'humecter.
umfla I. *vt.* enfler, gonfler. **II.** *vr.* **1.** s'enfler, se gonfler, se boursoufler. **2.** (despre ape) être en crue ‖ *a-l* ~ *pe cineva plânsul* fondre en larmes; *a se* ~ *în pene* se rengorger, se pavaner.
umflătură *s.f.* **1.** enflure *f.*, boursouflure *f.* **2.** *med.* inflammation *f.*
umil,-ă *adj.* humble.
umili *vt.vr.* (s')humilier.
umilinţă *s.f.* humilité *f.*
umor *s.n.* humour *m.*
umoristic,-ă *adj.* humoristique.
umple *vt.* **1.** emplir, remplir. **2.** farcir ‖ *a-şi* ~ *burta* s'empiffrer; *s-a umplut paharul* la coupe est pleine; *a* ~ *capul (cuiva) cu prostii* farcir la tête de qn.; *a* ~ *de bucurie* combler de joi.

umplutură *s.f.* **1.** remplissage *m.* **2.** *fig.* bourre *f.*, fatras *m.* **3.** *cul.* farce *f.*
un, o *art.nehot.* un, une.
unanim,~ă *adj.* unanime.
unanimitate *s.f.* unanimité *f.* ‖ în ~ à l'unanimité.
unchi *s.m.* oncle *m.*
unchiaş *s.m.* vieillard *m.*
undă *s.f.* onde *f.*
unde *adv.* où ‖ *a nu avea de* ~ ne pas avoir de quoi; *de ~ până unde* à quel titre?; *da de ~!* pas du tout, la question ne se pose pas.
undeva *adv.* quelque part.
undiţă *s.f.* ligne *f.*
undui *vi.* ondoyer, onduler.
unduios,-oasă *adj.* ondoyant,~e, onduleux,-euse.
unealtă *s.f.* outil *m.*, instrument *m.*, engine *m.* ‖ *maşină-~* machine-outil; *unelte de pescuit* attirail de pêche.
unelti *vt.* ourdir, tramer, manigancer, comploter.
uneltire *s.f.* intrigue *f.*, complot *m.*, trame *f.*, manigance *f.*
uneori *adv.* parfois.
unge *vt.* **1.** enduire (de), oindre. **2.** graisser. **3.** sacrer ‖ *a ~ o etichetă* enduire de colle une étiquette; *a ~ o maşină* graisser une machine; *a-şi ~ gâtul* se rincer la gorge; *a ~ schiurile* farter les skis.
ungere *s.f.* graissage *m.*
ungher *s.n.* coin *m.*, recoin *m.*
unghi *s.n.* angle *m.*

unghie *s.f.* ongle *m.* ‖ *a-şi arăta unghiile* montrer ses griffes; *nici cât negru sub ~* point, goutte.
unghiular *adj.* angulaire ‖ *piatră unghiulară* pierre angulaire, clef de voûte.
ungur *s.m.* Hongrois.
uni *vt.vr.* (s')unir, (se) joindre.
unic,~ă *adj.* unique.
unicitate *s.f.* unicité *f.*
unifica *vt.* unifier.
unificare *s.f.* unification *f.*
uniform,~ă **1.** *adj.* uniforme. **2.** *s.f.* uniforme *m.* ‖ *în mod ~* uniformément.
uniformizare *s.f.* uniformisation *f.*
unilateral,~ă *adj.* unilatéral,~e.
unional,~ă *adj.* unional,~e.
unipersonal,~ă *adj.* unipersonnel,-elle.
unire *s.f.* union *f.*
unison *s.n.* unisson *m.*
unit,~ă *adj.* **1.** uni,~e, joint,~e. **2.** *fig.* solidaire.
unitar,~ă *adj.* unitaire.
unitate *s.f.* unité *f.*
univers *s.n.* univers *m.*
universal,~ă **1.** *adj.* universel,-elle. **2.** *adv.* universellement.
universitar,~ă *adj.* universitaire.
universitate *s.f.* université *f.*
uns,~ă *adj.* **1.** enduit,~e (de). **2.** graissé,~e.
unsoare *s.f.* **1.** graisse *f.* **2.** huile *f.* **3.** *med.* onguent *m.*
unsprezece *num.card.* onze.
unsprezecelea, unsprezecea *num.ord.* le (la) onzième.

unsuros,-oasă *adj.* graisseux,-euse, poisseux,-euse.
unt *s.n.* beurre *m.* ‖ *a scoate untul din cineva* vanner qn.
untdelemn *s.n.* huile *f.*
untură *s.f.* graisse *f.*, saindoux *m.*
unu, una **1.** *num.card.* şi *s.m.f.* un *m.*, une *f.* **2.** *pron.nehot* l'un, quelqu'un ‖ *tot unul şi unul* triés sur le volet; *până la unul* jusqu'au dernier; *întruna* sans cesse; *unul câte unul* en file indienne; *din una în alta* de fil en aiguille.
ura[1] *interj.* hourra!
ura[2] *vt.* souhaiter; présenter ses vœux.
uragan *s.n.* ouragan *m.*
urangutan *s.m.* orang-outang *m.*
uraniu *s.n.* uranium *m.*
urare *s.f.* vœu *m.*, souhait *m.*
ură *s.f.* haine *f.*
urban,-ă *adj.* urbain,-e.
urbanistică *s.f.* urbanisme *m.*
urca **1.** *vr.vi.* monter, gravir, escalader. **2.** *vt.* (despre preţuri) hausser ‖ *a ~ în maşină* monter en voiture; *a se ~ pe o colină* gravir (escalader) une colline.
urcare *s.f.* **1.** montée *f.*; ascension *f.* **2.** *fig.* hausse *f.*
urcător,-oare *adj.* (despre plante) grimpant,-e.
urcior *s.n.* **1.** cruche *f.* **2.** *med.* orgelet *m.* ‖ *urciorul nu merge de multe ori la apă* tant va la cruche à l'eau qu'à la fin elle se casse.
urcuş *s.n.* montée *f.*, pente *f.*

urdă *s.f.* fromage blanc *m.*
ureche *s.f.* oreille *f.* ‖ *a fi ajuns la urechile cuiva* avoir en vent de; *până peste urechi* par-dessus la tête; *într-o ~* toqué, braque; *urechea acului* le chas d'une aiguille; *a scăpa ca prin urechile acului* l'échapper belle; *a se culca pe o ~* dormir sur ses deux oreilles.
uree *s.f.* urée *f.*
urgent,-ă **1.** *adj.* urgent,-e. **2.** *adv.* d'urgence.
urgenţă *s.f.* urgence *f.*
urgie *s.f.* malheur *m.*, calamité *f.*, fléau *m.*
urgisi *vt.* honnir.
uriaş,-ă **1.** *adj.* géant,-e, colossal,-e, gigantesque. **2.** *s.m.fig.* géant *m.*
urina *vi.* uriner.
urî **1.** *vt.* haïr. **2.** *vr.* (în expr.) *i se ~ cuiva să* en avoir marre, se lasser de.
urâcios,-oasă *adj.* bourru,-e, maussade.
urât,-ă **1.** *adj.* laid,-e, vilain,-e; *pop.* moche. **2.** *adv.* désagréablement. **3.** *s.n.* ennui *m.* ‖ *vreme urâtă* mauvais temps; *a se uita ~* regarder de travers; *a-i fi (cuiva) ~* s'ennuyer, languir; *a ţine de ~* tenir compagnie.
urâţenie *s.f.* laideur *f.*
urla *vi.* hurler, *fam.* gueuler.
urlet *s.n.* hurlement *m.*
urma **1.** *vt.vi.* suivre, poursuivre, continuer. **2.** *vr.* se succéder ‖ *de aci urmează* il s'ensuit; *va urma* à suivre.

urmare *s.f.* suite *f.*, conséquence *f.*, répercussion *f.* ‖ *a da ~* donner cours.

urmaş,-ă *s.m.f.* descendant,-e, successeur *m.*, rejeton *m.*

urmă *s.f.* **1.** trace *f.* **2.** (a unui vapor) sillage *m.* **3.** piste *f.* ‖ *a rămâne în ~* rester en arrière; *mai pe ~* plus tard; *la ~* à la fin; *la urma urmei* en fin de compte; *pe urmele mele* à mes trousses; *a fi pe urmele cuiva* être sur la piste de qn.; *vine din ~* il est sur nos traces; *a se uita în ~* regarder par dessus l'épaule; *a coase în urma acului* coudre à point arrière; **4.** *pl.* vestiges, traces

urmări *vr.* poursuivre, suivre, *fig.* hanter, obséder ‖ *a ~ un scop* poursuivre un but; *a ~ presa* lire les journaux; *mă urmăreşte o melodie* je suis obsédé (hanté) par une mélodie; *a ~ un raţionament* suivre un raisonnement.

urmărire *s.f.* poursuite *f.*

următor,-oare *adj.* suivant,-e.

urnă *s.f.* urne *f.*

urni **1.** *vt.* démarrer, mettre en branle. **2.** *vr.* s'ébranler.

urs *s.m.* ours *m.* ‖ *a vinde pielea ursului din pădure* vendre la peau de l'ours.

ursă *s.f.* (în expr.) *ursa-mare* la grande ourse, le grand chariot, le chariot de David; *ursa-mică* la petite ourse, le petit chariot.

ursi **1.** *vt.* prédestiner, vouer à. **2.** *vi.* faire des sortilège.

ursită *s.f.* **1.** sort *m.* **2.** fatalité *f.*

ursitoare *s.f.* fée *f.*

ursoaică *s.f.* ourse *f.*

ursuz,-ă *adj.* maussade, revêche, bourru,-e.

urticarie *s.f.* urticaire *f.*

urzeală *s.f.* trame *f.*

urzi *vt.* **1.** ourdir. **2.** *fig.* concevoir ‖ *a ~ ceva rău* tramer, manigancer.

urzică *s.f.* ortie *f.*

usca **I.** *vt.* **1.** sécher, dessécher. **2.** (despre rufe) essorer. **II.** *vr.* **1.** se dessécher. **2.** *fig.* dépérir, s'étioler.

uscare *s.f.* séchage *m.*, dessèchement *m.* **2.** (despre rufe, vase) essorage *m.*

uscat,-ă **1.** *adj.* sec, sèche; desséché,-e, aride. **2.** *s.n.* terre ferme *f.* ‖ *frunze uscate* des feuilles mortes; *obraz ~* visage émacié.

uscătură *s.f.* bois mort *m.*

uscăţiv,-ă *adj.* maigre, sec, sèche.

ustensilă *s.f.* outil *m.* ‖ *ustensile casnice* équipement ménager.

ustura *vt.* brûler, piquer, cuire‖ *mă ustură ochii* les yeux me piquent; *fig. o să te usture!* il t'en cuira.

usturător,-oare *adj.* **1.** cuisant,-e. **2.** *fig.* cinglant,-e, blessant,-e.

usturime *s.f.* cuisson *f.*

usturoi *s.n.* ail *m* ‖ *nici ~ n-a mâncat nici gura nu-i miroase* comme si de rien n'était.

uşă *s.f.* porte *f.*, (la vehicule) portière *f.* ‖ *a strânge cu uşa* mettre au pied du mur.

uşier *s.m.* huissier *m.*
uşor,-oară **I.** *adj.* **1.** léger,-ère. **2.** *fig.* facile, aisé,-e. **II.** *adv.* **1.** légèrement. **2.** *fig.* facilement, aisément. **3.** *fig.* doucement. **III.** *s.m.* montant d'une porte *m.* ‖ *o problemă ~* un problème facile; *o valiză ~* une valise légère; *muzică ~* musique légère; *a lua viaţa ~* prendre le bon côté des choses, prendre la vie à la légère.
uşura *vt.* **1.** alléger. **2.** (despre o suferinţă) soulager. **3.** faciliter ‖ *a-şi ~ inima* s'épancher.
uşurare *s.f.* **1.** allégement *m.* **2.** (despre o suferinţă) soulagement *m.*
uşuratic,-ă *adj.* frivole, volage.
uşurinţă *s.f.* **1.** légèreté *f.* **2.** facilité *f.*; aisance *f.* ‖ *a dat dovadă de o ~ condamnabilă*il a fait preuve d'une légèreté condamnable; *vorbeşte frumos şi cu multă ~* il parle joliment et avec beaucoup d'aisance.
uter *s.n.* utérus *m.*
util,-ă **1.** *adj.* utile. **2.** *adv.* utilement.
utila *vt.* outiller.
utilaj *s.n.* outillage *m.*, équipement *m.*
utilitarism *s.n.* utilitarisme *m.*
utilitate *s.f.* utilité *f.*
utopie *s.f.* utopie *f.*
uvertură *s.f.* ouverture *f.*
uz *s.n.* **1.** usage *m.* **2.** us *m.*, coutume *f.* ‖ *a face ~ de* se servir de; *scos din ~* hors d'usage.
uza *vt.* user.
uzinare *s.f.* usinage *m.*
uzină *s.f.* usine *f.*
uzual,-ă *adj.* usuel,-elle, usité,-e.
uzufruct *s.n.* usufruit *m.*
uzură *s.f.* usure *f.*
uzurpa *vt.* usurper.

V

vacant,~ă *adj.* vacant,~e.
vacanţă *s.f.* **1.** (şcolară) vacances *f.pl.* **2.** (ministerială etc.) vacance *f.*
vacarm *s.n.* vacarme *m.*
vacă *s.f.* vache *f.* ‖ *vaca-domnului* coccinelle *f.*, bête à bon Dieu *f.*
vaccin *s.n.* vaccin *m.*
vaccina *vt.* vacciner.
vad *s.n.* **1.** (al unui râu) lit *m.* **2.** (de trecere) gué *m.* ‖ *prăvălie cu ~* boutique bien achalandée.
vadră *s.f.* **1.** mesure de capacité (13 l. environ). **2.** seau *m.*, baquet *m.*
vag,~ă 1. *adj.* vague. **2.** *adv.* vaguement.
vagabond,~ă *adj.* şi *s.m.f.* vagabond,~e: *fam.* clochard,~e.
vagabonda *vi.* vagabonder.
vagabondaj *s.n.* vagabondage *m.*
vagon *s.n.* wagon *m.;* (la trenuri de persoane) voiture *f.* ‖ (pentru bagaje) fourgon *m.*‖ *~-restaurant* wago-restaurant.

vagonet *s.n.* wagonnet *m.*
vai *interj.* hélas! ‖ *ca ~ de lume* péniblement, piteusement; *cu chiu cu ~* à grand-peine.
valet *s.n.* gémissement *m.*, lamentation *f.*
vajnic,~ă *adj.* **1.** fort,~e. **2.** vaillant,~e. **3.** acharné,~e ‖ *un ~ luptător* un vaillant combattant.
val *s.n.* **1.** vague *f.*, flot *m.* **2.** (de pânză) rouleau *m.* ‖ *valurile vieţii* les vicissitudes de la vie.
valabil,~ă *adj.* valable.
valabilitate *s.f.* validité *f.*
vale *s.f.* vallée *f.*, vallon *m.* ‖ *la ~* **a)** en aval; **b)** en bas; *mai la ~* plus bas; *peste dealuri şi peste văi* par monts et par vaux; *a-şi lua valea* décamper, détaler.
valenţă *s.f.* valence *f.*
valet *s.m.* valet *m.*
valid,~ă *adj.* valide.
valida *vt.* valider.
validitate *s.f.* validité *f.*
valiză *s.f.* valise *f.*

valmă *s.f.* désordre *m.*, pagaille *f.*, tohu-bohu *m.* ‖ *de-a valama* pêle-mêle; *a da valma* se ruer.
valoare *s.f.* valeur *f.*
valora *vi.* valoir.
valorifica *vt.* mettre en valeur, valoriser.
valorificare *s.f.* valorisation *f.*
valoros,-oasă *adj.* (despre lucruri) précieux,-euse, de valeur; (despre persoane) valeureux,-euse.
vals *s.n.* valse *f.*
valsa *vi.* valser.
valută *s.f.* value *f.*
valvă *s.f.* valve *f.*
valvîrtej *s.n.* 1. tourbillon *m.* 2. *fig.* désordre *m.*, tohu-bohu *m.* ‖ *a intra ~* entrer en coup de vent.
valţ *s.n.* cylindre *m.*
vamal,-ă *adj.* douanier,-ère.
vamă *s.f.* douane *f.*
vameş *s.m.* douanier *m.*
vampir *s.m.* vampire *m.*
van,-ă *adj.* vain,-e.
vană *s.f.* vanne *f.*
vandalism *s.n.* vandalisme *m.*
vanilie *s.f.* vanille *f.*
vanitate *s.f.* vanité *f.*
vanitos,-oasă *adj.* vaniteux,-euse, vain,-e.
vapor *s.n.* bateau *m.*, navire *m.*, vapeur *m.*
vaporaş *s.n.* bateau-mouche *m.*
vapori *s.m.pl.* vapeur *f.*
vaporiza *vr.* se vaporiser.
vaporos,-oasă *adj.* vaporeux,-euse.
var *s.n.* chaux *f.* ‖ *~ nestins* chaux vive; *lapte de ~* lait de chaux *m.*

vară *s.f.* été *m.*
vargă *s.f.* 1. verge *f.* 2. (în ţesături) raie *f.*, ravure *f.* ‖ *a tremura ca varga* trembler comme une feuille.
varia *vi.* varier.
variabil,-ă *adj.* variable.
varibilitate *s.f.* variabilité *f.*
variantă *s.f.* variante *f.*
variaţie *s.f.* variation *f.*
varice *s.f.pl.* varice *f.*
varicelă *s.f.* varicelle *f.*
varietate *s.f.* variété *f.*
variolă *s.f.* variole *f.*
varză *s.f.* chou *m.* ‖ *~ acră* choucroute *f.*
vas *s.n.* 1. vase *m.* 2. vaisselle *f.* 3. *mar.* vaisseau *m.*, navire *m.* 4. *anat.* vaisseau *m.* ‖ *~ de pămînt* pot en argile *m.*; *a spăla vasele* laver la vaisselle.
vasal,-ă *s.m.f.* vassal *m.*
vasalitate *s.f.* vassalité *f.*
vascular,-ă *adj.* vasculaire.
vaselină *s.f.* vaseline *f.*
vast,-ă *adj.* vaste.
vată *s.f.* ouate *f.*; coton hydrophile *m.*
vatelină *s.f.* ouatine *f.*
vatman *s.m.* wattman *m.*
vatră *s.f.* 1. âtre *m.* 2. foyer *m.*, maison *f.* 2. centre (d'un village) *m.* ‖ *a lăsa la ~* démobiliser, libérer un soldat à la fin de son service militaire.
vază[1] *s.f.* prestige *m.*, réputation *f.*, considération *f.* ‖ *de ~* de marque, marquant; *cu ~* influent
vază[2] *s.f.* (pt.flori) vase *m.*

văcar *s.m.* vacher *m.*, bouvier *m.*
văcăriţă *s.f.* vachère *f.*
văcsui *vt.* cirer (les souliers).
vădi *vt.* s'avérer.
vădit,-ă **I.** *adj.* **1.** évident,-e. **2.** avéré,-e, démontré,-e. **II.** *adv.* évidemment, visiblement ‖ *e ~* c'est évident; *cu vădită mulţumire* avec une joie visible; *~ încurcat* visiblement mal à l'aise.
văduvie *s.f.* veuvage *m.*
văgăună *s.f.* revin *m.*
văicăreală *s.f.* lamentation *f.*
văicări *vr.* se lamenter.
văita *vr.* gémire, se lamenter.
văl *s.n.* voile *m.*
vălătuc *s.m.* rouleau *m.*
văluros,-oasă *adj.* moutonneux,-euse.
vămui *vr.* **1.** percevoir de droits de douane. **2.** *fig.* soutirer, chiper.
văpaie *s.f.* **1.** flambée *f.* **2.** *fig.* éclat *m.*
văr, vară *s.m.f.* cousin,-e ‖ *~ primar* cousin germain.
văratic,-a *adj.* estival,-e.
vărga *vt.* rayer.
vărsa **I.** *vt.* **1.** verser. **2.** répandre. **3.** vomir, rendre. **Ii.** *vr.* (despre ape) se jeter ‖ *a ~ lacrimi* verser des larmes; *i s-a făcut rău şi a vărsat* il s'est trouvé mal et il a vomi (rendu), il a dégobillé.
vărsare *s.f.* (a unui fluviu, râu) embouchure *f.* ‖ *~ de sânge* carnage *m.*

vărsat *s.n.* petite vérole *f.*, variole *f.* ‖ *ciupit de ~* grêlé,-e, marqué par la petite vérole; *~ de vânt* varicelle *f.*
vărsător *s.m.* (în expr.) *zodia vărsătorului* le signe du Verseau.
vărui *vt.* blanchir à la chaux, enduire de chaux.
văsărie *s.f.* vaisselle *f.*
vătaf *s.m.* intendant *m.*
vătăma *vt.* **1.** nuire. **2.** endommager.
vătămător,-oare *adj.* nuisible, nocif,-ve.
vătrai *s.n.* tisonnier *m.*
vătui *vt.* ouater.
văz *s.n.* vue *f.* ‖ *în văzul tuturor* au vu et au su de tout le monde.
văzduh *s.n.* air *m.*
veac *s.n.* **1.** siècle *m.* **2.** âge *m.* **3.** *fig.* éternité *f.* ‖ *de când veacul* depuis toujours; *în vecii vecilor* à tout jamais, éternellement; *a-şi face veacul (undeva)* passer le plus clair de son temps (quelque part).
vecernie *s.f.* **1.** vêpres *f.pl.* **2.** soir *m.*
vechi, veche *adj.* ancien,-ne, antique, vieux, vieil, vieille ‖ *vechea gardă* l'ancienne garde.
vechime *s.f.* ancienneté *f.*
vechitură *s.f.* **1.** vieillerie *f.*, antiquaille *f.* **2.** (despre haine) friperie *f.*
vecie *s.f.* éternité *f.*
vecin,-ă *adj.* şi *s.m.f.* voisin,-e.

vecinătate *s.f.* voisinage *m.*
vedea *vt.vi.vr.* (se) voir ‖ *să ne vedem sănătoşi* au revoir; *a-şi ~ de treabă* a) vaquer à ses affaires; b) s'occuper de ce qui vous regarde; *se vede (treaba) că* il est probable; *vezi să nu întârzii!* prends garde de ne pas être en retard!
vedenie *s.f.* vision *f.*, hallucination *f.*
vedere *s.f.* 1. vue *f.* 2. *fam.* carte postale illustrée *f.* ‖ *în vederea* en vue de; *a pune în ~* faire savoir, avertir; *a trece cu vederea* passer sur...; *având în vedere că* vu que, compte tenu.
vedetă *s.f.* 1. vedette *f.* 2. vedette *f.*, étoile *f.*
vegeta *vi.* végéter.
vegetal,~ă 1. *adj.* végétal,~e. 2. *s.f.* végétal *m.*
vegetarian,~ă *adj.* végétarien,-enne.
vegetativ,~ă *adj.* végétatif,-ive.
veghe *s.f.* veille *f.*
veghea *vt.vi.* veiller.
vehement *s.f.* véhémence *f.*
vehicul *s.n.* véhicule *m.*
vehicula *vt.* véhiculer.
velă *s.f.nav.* voile *f.*
veleitate *s.f.* velléité *f.*
velin,~ă *adj. f. şi n.* (în expr.) hîrtie velină *papier vélin;* carton ~ *carton vélin.*
velinţă *s.f.* 1. tapis roumain *m.* 2. couverture *f.*
velodrom *s.n.* vélodrome *m.*
venal,~ă *adj.* vénal,~e.
venalitate *s.f.* vénalité *f.*
venera *vt.* vénérer.
venerabil,~ă *adj.* vénérable.
veneraţie *s.f.* vénération *f.*
venetic,~ă *s.m.f. peior.* métèque *m.*
veni *vi.* 1. venir. 2. arriver. 3. (despre îmbrăcăminte) aller ‖ *a ~ pe lume* naître; *bine aţi venit!* soyez le bienvenu!; *mi-a venit pe cap* cela m'est tombé sur les bras; *mi-a venit în minte* cela m'a traversé l'esprit; *anul ce vine* l'année prochaine; *i-a venit mintea la cap* il s'est assagi; *si-a venit în fire* il a repris ses esprits; *aşa, acum mai vii de-acasă* maintenant tu y es; *nu-mi vine la socoteală!* cela ne me va pas!; *i-a venit rău* il s'est trouvé mal; *a ~ la putere* accéder au pouvoir; *vorba vine* c'est une manière de parler; *îţi vine bine* cela vous va, cela vous sied; *un du-te vino* un va-et-vient.
venin *s.n.* venin *m.*
veninos,-oasă *adj.* vénéneux,-euse, venimeux,-euse ‖ *ciuperci veninoase* des champignons vénéneux; *vipera este un animal ~* la vipère est un animal venimeux.
venire *s.f.* venue *f.*, arrivée *f.*
venit *s.n.* revenu *m.*
ventila *vi.* ventiler.
ventilator *s.n.* ventilateur *m.*
ventilaţie *s.f.* ventilation *f.*, aération *f.*
ventricul *s.n.* ventricule *m.*
ventriloc,~ă *s.m.f.* ventriloque.

ventuză *s.f.* ventouse *f.*
veracitate *s.f.* véracité *f.*
verandă *s.f.* véranda *f.*
verb *s.n.* verbe *m.*
verbal,-ă *adj.* verbal,-e.
verbină *s.f.* verveine *f.*
verde I. *adj.* **1.** vert,-e. **2.** cru,- -e. **II.** *adv.* vertement. **III.** *s.n.* vert *m.* ‖ *caise verzi* des abricots verts; *andivele se mănâncă verzi* les endives se mangent crues; *a spune ~ dire* vertement, carrément; *a îndruga verzi şi uscate* conter des vertes et des pas mûres.
verdeaţă *s.f.* **1.** verdure *f.* **2.** *cul.* fines herbes *f.pl.*
verdict *s.n.* verdict *m.*
veresie *s.f.fam.* crédit *m.* ‖ *pe ~* à credit, à l'œil.
vergea *s.f.* **1.** verge *f.*, baguette *f.* **2.** (la ferestre) grille *f.*, barreaux *m.pl.*
veridic,-ă *adj.* véridique.
verifica *vt.* vérifier.
verificator,-oare **1.** *s.m.f.* (persoană) vérificateur,-trice, controleur,-euse. **2.** *s.n.tehn.* calibre ‖ *~ metrolog* vérificateur des poids et mesures.
verigă *s.f.* chaînon *m.*
verighetă *s.f.* alliance *f.*
verişor,-oară *s.m.f* cousin,-e.
veritabil,-ă *adj.* véritable.
vernisaj *s.n.* vernissage *m.*
veros,-oasă *adj.* véreux,-euse.
verosimil,-ă *adj.* vraisemblable.
verosimilitate *s.f.* vraisemblance *f.*
vers *s.n.* vers *m.*
versant *s.n.* versant *n.*

versat,-ă *adj.* versé,-e.
verset *s.n.* verset *m.*
versifica *vi.* versifier.
versificator,-oare *s.m.f.* versificateur *m.*, rimeur *m.*
versificaţie *s.f.* versification *f.*
versiune *s.f.* version *f.*
verso *s.n.invar.* verso *m.*
vertebrat,-ă **1.** *adj.* vertébré,-e. **2.** *s.n.pl.* vertébrés *m.pl.*
vertebră *s.f.* vertèbre *f.*
vertical,-ă **1.** *adj.* vertical,-e. **2.** *s.f.* verticale *f.*
vertiginos,-oasă *adj.* vertigineux,-euse.
vervă *s.f.* verve *f.*
verzui,-ie *adj.* verdâtre.
vesel,-ă *adj.* gai,-e, joyeux,-euse, allègre, guilleret,-ette.
veselă *s.f.* vaisselle *f.*
veseli *vt.vr.* v.învеseli.
veselie *s.f.* gaîté *f.*, allégresse *f.*
vest *s.n.sg.* ouest *m.*, Occident *m.*
vestă *s.f.* veste *f.*
veste *s.f.* nouvelle *f.* ‖ *fără de ~* inopinément, sans crier gare; *a da de ~* avertir, afire savoir; *a prinde de ~* avoir vent de quelque chose; *merge vestea* le bruit court; *îi merge vestea că* il est renommé pour.
vesti *vt.* **1.** annoncer, informer. **2.** avertir, *prévenir.*
vestiar *s.n.* vestiaire *m.*, garderobe *f.*
vestibul *s.n.* vestibule *m.*
vestic,-ă *adj.* occidental,-e.
vestigiu *s.n.* vestige *m.*
vestimentar,-ă *adj.* vestimentaire.

vestit,-ă *adj.* renommé,-e, fameux,-euse, célèbre.
vestitor,-oare **1.** *adj.* annonciateur,-trice. **2.** *s.m.* héraut *m.*, messager,-ère.
veston *s.n.* veston *m.*
veşmânt *s.n.* vêtement *m.*
veşnic,-ă **1.** *adj.* éternel,-elle. **2.** *adv.* éternellement.
veşnicie *s.f.* éternité *f.*
veşted,-ă *adj.* **1.** fané,-e, flétri,-e. **2.** *fig.* étoilé,-e. **3.** (despre culori) passée,-e ‖ *o floare ~* une fleur fanée; *plantă ~* plante flétrie; *frunze veştede* des feuilles mortes.
veşteji **1.** *vr.vt.* (se) faner, (se) flétrir. **2.** *vt.fig.* flétrir, stigmatiser, blâmer. **3.** *vi.vr.* pâlir, s'étioler.
veteran *s.m.* vétéran *m.*, ancien combattant *m.*
veterinar *adj.* vétérinaire.
veto *s.n.* veto *m.invar.*
veveriţă *s.f.* écureuil *m.*
vexa *vt.* vexer, offenser.
vezică *s.f.* vessie *f.*
viabil,-ă *adj.* viable.
viabilitate *s.f.* viabilité *f.*
viaduct *s.n.* viaduc *m.*
viageră *adj.f.* (în expr.) *rentă ~* rente viagère.
viaţă *s.f.* vie *f.* ‖ *om de ~* viveur *m.*
vibra *vi.* vibrer.
vibraţie *s.f.* vibration *f.*
vice-preşedinte *s.m.* vice-président *m.*
viceversa *adv.* vice-versa.
vicia *vt.* vicier.
vicios,-oasă *adj.* vicieux,-euse.

vicisitudine *s.f.* vicissitude *f.*
viciu *s.n.* vice *m.*
viclean,-ă · *adj.* **1.** rusé,-e, futé,-e. **2.** perfide, hypocrite, fourbe.
viclenie *s.f.* **1.** ruse *f.*, astuce *f.* **2.** perfidie *f.*, hypocrisie *f.*, fourberie *f.*
vicleşug *s.n.* ruse *f.*
victimă *s.f.* victime *f.*
victorie *s.f.* victoire *f.*
victorios,-oasă *adj.* victorieux,-euse.
vid *s.n.* vide *m.*
vidră *s.f.* loutre *f.*
vie *s.f.* vigne *f.*
vier[1] *s.m.* (persoană) vigneron *m.*
vier[2] *s.m.* (animal) verrat *m.*
viermănos,-oasă *adj.* rempli de vers.
vierme *s.m.* ver *m.*
viermui *vt.* gouiller, fourmiller.
viespar *s.n.* guêpier *m.*
viers *s.n.pop.* **1.** mélodie *f.*, air *m.* **2.** voix *f.*
viespe *s.f.* **1.** guêpe *f.* **2.** *fig.* harpie *f.*, chipie *f.*
vietate *s.f.* être *m.*
vietnamez,-ă *adj.* şi *s.m.f.* vietnamien,-enne.
vieţui *vi.* vivre.
vieţuitor,-oare **1.** *adj.* vivant,-e. **2.** *s.m.f.* être *m.*
viezure *s.m.* blaireau *m.*
vifor *s.n.* tourmente de neige *f.*
viforos,-oasă *adj.* **1.** orageux,-euse. **2.** *fig.* impétueux,-euse, tumultueux,-euse.
vigilent,-ă *adj.* vigilant,-e.
vigilenţă *s.f.* vigilance *f.*

vigoare *s.f.* vigueur *f.*
viguros,-oasă *adj.* vigoureux,-euse.
viitor,-oare 1. *adj.* futur,-e, prochain,-e. **II.** *s.n.* **1.** avenir *m.* **2.** *gram.* futur *m.* ‖ *săptămâna viitoare* la semaine prochaine; *viitorul meu soț* mon futur mari.
vijelie *s.f.* orage *m.*
vijelios,-oasă *adj.* orageux,-euse.
vilă *s.f.* villa *f.*
vileag *s.n.* (în expr.) *a da în* ~ divulguer, rendre public.
vilegiatură *s.f.* villégiature *f.*
vin *s.n.* vin *m.*
vină *s.f.* faute *f.* ‖ *de* ~ fautif,-ive, coupable; *fără* ~ innocent,-e; *din vina* à cause de; *a da vina pe* rejeter la faute sur, accuser, incriminer; *cine e de* ~? à qui la faute?
vinci *s.n.* cric *m.*, cabestan *m.*
vinde I. *vt.* **1.** vendre. **2.** *fig.* trahir, dénoncer. **II.** *vr.* se vendre.
vindeca *vt.vr.* guérir.
vindecare *s.f.* guérison *f.*
vindicativ,-ă *adj.* vindicatif,-ive.
vineri *s.f.* vendredi *m.*
vinietă *s.f.* vignette *f.*
vinificare *s.f.* vinification *f.*
vinovat,-ă *adj.* coupable, fautif,-ive.
vinovăție *s.f.* culpabilité *f.*
vioară *s.f.* violon *m.*
vioi,-oaie *adj.* vif, vive.
vioiciune *s.f.* vivacité *f.*
viol *s.n.* viol *m.*
viola *vt.* violer.

violă *s.f.* viole *f.*
violent,-ă *adj.* violent,-e.
violență *s.f.* violence *f.*
violet,-ă 1. *adj.* violet,-ette. **2.** *s.n.* violet *m.* **3.** *s.f.* violette *f.*
violoncel *s.n.* violoncelle *m.*
violoncelist,-ă *s.m.f.* violoncelliste *m.*
violonist,-ă *s.m.f.* violoniste *m.*
vioriu,-ie *adj.* violacé, ~e, bleu pervenche.
viperă *s.f.* vipère *f.* ‖ *pui de* ~ gale *f.*, chipie *f.*
vipușcă *s.f.* passepoil *m.*
vira *vi.vt.* virer.
viraj *s.n.* virage *m.*
virament *s.n.* virement *m.*
viran (în *expr.*) *teren, loc* ~ terrain vague.
virgin,-ă *adj.* vierge.
virginal,-ă *adj.* virginal,-e.
virgulă *s.f.* virgule *f.*
viril,-ă *adj.* viril,-e.
virilitate *s.f.* virilité *f.*
viroagă *s.f.* ravine *f.*
virtual,-ă *adj.* virtuel,-elle.
virtuos,-oasă 1. *adj.* vertueux,-euse. **2.** *s.m.f.* vituose *m.*
virtuozitate *s.f.* virtuosité *f.*
virtute *s.f.* vertu *f.* ‖ *în virtutea* en vertu de.
virulent,-ă *adj.* virulent,-e.
virulență *s.f.* virulence *f.*
virus *s.n.* virus *m.*
vis *s.n.* rêve *m.*, songe *m.* ‖ *de* ~ irréel; *ca prin* ~ vaguement; ~ *urât* cauchemar *m.*
visa *vt.* **1.** rêver, faire un rêve. **2.** rêvasser ‖ *a* ~ *urât* faire un mauvais rêve, avoir un cau-

chemar; *când nici nu visezi* quand on s'y attend le moins.
visare *s.f.* rêverie *f.*
visător,-oare *adj.* şi *s.m.f.* rêveur,-euse.
viscere *s.n.pl.* viscères *m.pl.*
viscol *s.n.* tourmente (de neige) *f.*
viscoli *vi.vt.* (faire) tourbillonner la neige.
viscoză *s.f.* viscose *f.*
vistierie *s.f.* trésorerie *f.*
vişin *s.m.* griottier *m.*
vişinată *s.f.* liqueur de griottes *f.*, cherry *m.*
vişină *s.f.* griotte *f.*
vişiniu,-ie *adj.* rouge foncé, bordeaux.
vital,-ă *adj.* vital,-e.
vitalitate *s.f.* vitalité *f.*
vitamină *s.f.* vitamine *f.*
vită *s.f.* **1.** bête *f.* **2.** *pl.* bétail *m.*, bestiaux *m.pl.* **3.** *fig.* bête *f.*, brute *f.* || *a duce vitele la păscut* mener le bétail au pacage; *târg de vite* marché aux bestiaux; *~ încălţată* âne bâté *m.*; *~ de povară* bête de somme.
viteaz,-ă 1. *adj.* brave, vaillant,-e. **2.** *s.m.* preux *m.*, brave *m.*
vitejeşte *adv.* vaillamment, bravement.
vitejie *s.f.* vaillance *f.*, bravoure *f.*
viteză *s.f.* vitesse *f.*
viticultor *s.m.* viticulteur *m.*, vigneron *m.*
viticultură *s.f.* viticulture *f.*
vitraliu *s.n.* vitrail *m.* (pl.-aux).

vitreg,-ă *adj.* **1.** (în expr.) *mamă vitregă* belle-mère, marâtre; *tată ~* beau-père; *frate (soră) ~-(ă)* demi-frère (sœur). **2.** *fig.* cruel,-elle || *soartă vitregă* sort cruel, destin contraire.
vitrină *s.f.* vitrine *f.*, devanture *f.*
vitriol *s.n.* vitriol *m.*
viţă *s.f.* **1.** (de vie) vigne *f.* **2.** *(fig.)* souche *f.* || *~ sălbatică* vigne vierge; *boltă de ~* treille *f.*, tonnelle *f.*; *~ de păr* mèche de cheveux *f.*; *de ~ veche* de vieille souche.
viţea *s.f.* génisse *f.*
viţel *s.m.* veau *m.*
viu, vie I. *adj.* **1.** vivant,-e. **2.** *fig.* vif, vive. **II.** *s.m.f.* vivant,-e || *a jupui pe cineva de ~* écorcher vif; *~ sau mort* mort ou vif.
vivacitate *s.f.* vivacité *f.*
vivat *interj.* vivat! vive!
viza *vt.* viser.
vizavi *adv.* vis-à-vis.
viză *s.f.* visa *m.*
vizibil,-ă *adj.* visible.
vizibilitate *s.f.* visibilité *f.*
vizieră *s.f.* visière *f.*
viziona *vt.* voir (un film).
vizionar,-ă *adj.* şi *s.m.f.* visionnaire *m.*
vizita *vt.* visiter.
vizitator,-oare *s.m.f.* visiteur,-euse.
vizită *s.f.* visite *f.*
vizitiu *s.m.* cocher *m.*
viziune *s.f.* vision *f.*
vizor *s.n.* viseur *m.*
vizual,-ă *adj.* visuel,-elle.

vizuină *s.f.* tanière *f.*, terrier *m.*, repaire *m.*

vâjâi *vi.* **1.** (despre vânt) siffler. **2.** (despre ape) mugir. **3.** (despre motoare) vrombir || *îmi vâjâie urechile* les oreilles me tintent.

vâjâit *s.n.* **1.** sifflement *m.* **2.** mugissement *m.* **3.** vrombissement *m.*

vâlcea *s.f.* vallon *m.*, val *m.*

vâltoare *s.f.* tourbillon *m.*

vâlvă *s.f.* rumeur *f.*, tapage *m.*

vâlvătaie *s.f.* flambée *f.*

vâlvoi *adj.invar.* (despre păr) ébouriffé,-e.

vâna *vt.* **1.** chasser. **2.** *fig.* pourchasser.

vânat *s.n.* **1.** (acţiunea) chasse *f.* **2.** (animalul) gibier *m.* **3.** (carnea) venaison *f.*

vână *s.f.* **1.** veine *f.* **2.** *pop.* muşele *m.*, tendon *m.* **3.** filon *m.* **4.** (la frunze) fibre *f.*, nervure *f.* || *~ de aur* filon d'or; *~ de bou* nerf de bœuf; *a şedea pe vine* être accroupi, rester à croupetons.

vânăt,-ă *adj.* **1.** bleu foncé. **2.** *fig.* livide || *pătlăgea-vânătă* aubergine *f.*

vânătaie *s.f.* bleu *m.*, meurtrissure *f.*

vânătoare *s.f.* chasse *f.*

vânător *s.m.* chasseur *m.*

vânătoresc,-ească *adj.* de chasse.

vânjos,-oasă *adj.* vigoureux,-euse, fort,-e.

vânos,-oasă *adj.* **1.** veineux,-euse. **2.** *fig.* fort,-e.

vânt *s.n.* vent *m.* || *a merge ca vântul* aller comme le vent,, *ce ~ te aduce?* quel bon vent t'amène? *o vorbă-n ~* un mot en l'air; *a-i sufla vântul în buzunare* être sans le sou, être fauché; *a-şi face ~* **a)** s'éventer; **b)** *fig.* prendre son élan; *a face ~ (cuiva)* **a)** éventer qn.; **b)** *fig.* pousser qn.; **c)** *fam.* se débarrasser de qn.; *a se da în ~ după ceva* raffoler de.

vântura I. *vt.* **1.** (boabe de cereale) vanner. **2.** (un lichid) transvaser. **3.** *fig.* aller çà et là. **II.** *vr.fig.* s'agiter || *a ~ lumea* bourlinguer.

vântură-lume (ţară) *s.m.* aventurier *m.*

vânzare *s.f.* **1.** vente *f.* **2.** *fig.* trahison *f.*

vânzător,-oare *s.m.f.* **1.** vendeur,-euse. **2.** *jur.* vendeur, venderesse.

vânzoli 1. *vt.* remuer, mettre sens dessus dessous. **2.** *vr.* s'agiter, se tourmenter.

vârf *s.n.* **1.** (de munţi, de dealuri) sommet *m.*, cime *f.*, faîte *m.* **2.** bout *m.*, pointe *f.* || *asta pune ~ la toate* ça c'est le comble; *din vârful buzelor* du bout des lèvres; *în vârful degetelor (picioarelor)* sur la pointe des pieds.

vârâ I. *vt.* **1.** fourrer, introduire. **2.** (pt. fiinţe) faire entrer. **II.** *vr.* se fourrer, s'introduire || *a-şi ~ minţile în cap* s'assagir; *~ în belea* mettre qn. dans le pétrin.

vârstă *s.f.* âge *m.* || în ~ âgé,~e; de o ~ du même âge.
vârstnic,~ă *adj.* âgé,~e.
vârtej *s.n.* tourbillon *m.*, remous *m.*
vârtelniţă *s.f.* dévidoir *m.*
vârtos,-oasă **I.** *adj.* **1.** fort,~e, vigoureux,-euse, robuste. **2.** dur,~e, solide. **II.** *adv.* vigoureusement, fortement || *cu atât mai ~* d'autant plus.
vâsc *s.n.* gui *m.*
vâscos,-oasă *adj.* visqueux,-euse.
vâslaş *s.m.* rameur *m.*
vâslă *s.f.* rame *f.*, aviron *m.*
vâsli *vi.* ramer, canoter.
vlagă *s.f.* force *f.*, vigueur *f.*
vlăgui *vt.* épuiser, éreinter, esquinter, vanner.
vlăjgan *s.m.* gaillard *m.*
vlăstar *s.n.* **1.** *bot.* pousse *f.*, rejet *m.* **2.** *fig.* rejeton *m.*, descendant *m.*
voal *s.n.* voile *m.*
voala *vt.vr.* (se) voiler.
voaletă *s.f.* voilette *f.*
vocabular *s.n.* vocabulaire *m.*
vocal,~ă *adj.* vocal,~e.
vocală *s.f.* voyelle *f.*
vocativ *s.n.* vocatif *m.*
vocaţie *s.f.* vocation *f.*
voce *s.f.* voix *f.* || *cu ~ tare* haute voix.
vocifera *vi.* vociférer.
vodă *s.m.* prince régnant *m.*, voivode *m.*
vodevil *s.n.* vaudeville *m.*
vogă *s.f.* vogue *f.*
voi[1] *pron.pers.* vous.
voi[2] *vt.vi.* vouloir.
voiaj *s.n.* voyage *m.*

voiaja *vi.* voyager.
voie *s.f.* **1.** volonté *f.* **2.** permission *f.* **3.** plaisir *m.* || *cu ~ expres; fără voia mea* involontairement, malgré moi; *de ~ de nevoie* bon gré, mal gré; *în ~* à l'aise, en liberté; *a lăsa (pe cineva) în ~* lâcher la bride (à qn.); *în voia* au gré, à la merci (de); *după ~* à volonté; *de bună ~* volontiers; *aceasta îi e voia* tel est son bon plaisir; *~ bună (rea)* bonne (mauvaise) humeur; *a da ~* permettre.
voievod *s.m.* voïvode *m.*
voinic,~ă **1.** *adj.* fort,~e, vigoureux,-ause, costaud,~e. **2.** *s.m.* preux *m.*, brave *m.*
voiniceşte *adj.* vaillamment, bravement, vigoureusement.
voinicie *s.f.* **1..** vaillance *f.*, bravoure *f.* **2.** force *f.*, vigueur *f.*
voinţă *s.f.* volonté *f.* || *rea-~* mauvaise volonté *f.*, malveillance *f.*
voios,-oasă *adj.* joyeux,-euse, de bonne humeur, allègre.
voioşie *s.f.* allégresse *f.*, bonne humeur *f.*, gaîté *f.*
volan *s.n.* volant *m.*
volant,~ă *adj.* volant,~e.
volatil,~ă *adj.* volatil,~e.
volatiliza *vr.* se volatiliser.
volbură *s.f.* **1.** tourbillon *m.* **2.** (de nisip, de apă) trombe *f.* **3.** *bot.* volubilis *m.*, liseron *m.*
volei *s.n.* volley-ball *m.* || *jucător de ~* volleyeur,-euse.
volt *s.m.* volt *m.*

voltă *s.f.* volte *f.*
volubil,~ă *adj.* volubile, loquace.
volubilitate *s.f.* volubilité *f.*
volum *s.n.* volume *m.*
voluminos,-oasă *adj.* volumineux,-euse.
voluntar,~ă *adj.* şi *s.m.* volontaire *m.*
voluptate *s.f.* volupté *f.*
voluptos,-oasă *adj.* voluptueux,-euse.
vomita *vi.* vomir, rendre; *op.* dégueuler, dégobiller.
vopsea *s.f.* 1. teinture *f.* 2. couleur *f.*
vopsi I. *vt.* 1. peindre, colorer. 2. (despre textile, păr) teindre. II. *vr.fam.* se farder.
vopsitor *s.m.* teinturier *m.*
vopsitorie *s.f.* teinturerie *f.*
voracitate *s.f.* voracité *f.*
vorbă *s.f.* 1. mot *m.*, parole *f.* 2. propos *m.* || *auzi ~!* est-ce possible! *nici ~* bien sûr, sans doute; *lasă vorba* tel silence, trêve de mots; *~ cu ~* mot à mot; *din ~ în ~* de fil en aiguille; *este vorba de (să)* il s'agit de; *~ să fie!* quelle idée, allons donc; *a lăsa (trimite) ~* faire dire, annoncer; *nu-i ~* il n'y a pas à dire; *a nu se ţine de ~* ne pas tenir sa parole; *dacă e vorba aşa* s'il en est ainsi; *a sta de ~* causer; *vorba vine* a) c'est une façon de parler; b) soi-disant; *să nu zici ~ mare* il ne faut jurer de rien; *aşa umblă vorba* le bruit court; *a purta vorbe* colporter des ragots; *vorbe!* a) des sornettes; b) des commérages; *vorbe goale* contes en l'air; *fiindcă a venit vorba de* à propos; *fie vorba între noi* entre nous soit dit; *nici nu poate fi vorba* il n'en est pas question.
vorbăreţ,-eaţă *adj.* bavard,~e, loquace.
vorbărie *s.f.* bavardage *m.*
vorbi I. *vi.* 1. parler. 2. causer. 3. tenir un discours. II. *vr.* s'entendre || *a ~ liber* improviser, parler d'abondance; *a ~ de bine* dire du bien; *a ~ de rău* dire du mal, médire.
vorbire *s.f.* 1. parler *m.* 2. langage *m.*
vorbitor,-oare I. *adj.* 1. parlant,~e. 2. *fig.* éloquent,~e. II. *s.m.f.* orateur,-trice. III. *s.n.* parloir *m.*
vostru, voastră *(voştri, voatre)* 1. *adj. pos.* votre (vos). 2. *pron.pos.* le vôtre, la vôtre (les vôtres).
vot *s.n.* vote *m.*, voix *f.*
vota *vi.vr.* voter.
votiv,~ă *adj.* votif,-ive.
vrabie *s.f.* moineau *m.*; *nu da vrabia din mână pe cea din par* un tiens vaut mieux que deux tu l'auras.
vraci *s.m.* 1. *pop.* guérisseur *m.* 2. sorcier *m.*
vraf *s.n.* tas *m.*, monceau *m.*, amas *m.*
vraişte I. *s.f.* désordre *m.*, pagaille *f.* II. *adv.* en désordre

en vrac ‖ *ferestrele (deschise) ~* les fenêtres largement ouvertes (ouvertes à tous les vents).

vrajă *s.f.* 1. sortilège *m.* 2. *fig.* charme *m.*

vrajbă *s.f.* discorde *f.*, zizanie *f.*

vrăji *vt.* 1. jeter un sort, faire des sortilèges. 2. *fig.* ensorceler, charmer.

vrăjitor,-oare *s.m.f.* sorcier,-ère, magicien,-enne.

vrăjmaş,-ă I. *s.m.* ennemi *m.* **II.** *adj.* 1. hostile, ennemi,~e. 2. cruel,-elle ‖ *tabără vrăjmaşă* camp ennemi; *soartă vrăjmaşă* sort cruel.

vrăjmăşie *s.f.* inimitié *f.*, hostilité *f.*, haine *f.*

vrea *vt.* vouloir ‖ *~ (va) să zică* cela veut dire, c'est-à-dire; *cât vrei* tant que vous voulez; *vrând-nevrând* bon gré, mal gré.

vreasc *s.n.* brindille *f.*, bois mort *m.*

vrednic,-ă *adj.* 1. diligent,~e, actif,-ive, appliqué,~e. 2. digne ‖ *~ de milă* pitoyable; *~ de admiraţie* digne d'admiration.

vrednicie *s.f.* 1. application *f.* 2. capacité *f.* 3. *fig.* valeur *f.*

vrej *s.n.* vrille *f.*

vreme *s.f.* 1. temps *m.* 2. moment *m.* 3. époque *f.* ‖ *de la o ~* depuis quelque temps; *multă ~* longtemps; *toată vremea* tout le temps; *din ~ în ~* de temps à autre; *~ de* pendant; *în ~ ce* tandis que; *la ~ à temps*; *de ~ ce* du moment que, puisque; *pe vremuri, înainte ~* autrefois, jadis; *fam.* le bon vieux temps; *în negura vremii* dans la nuit des temps; *o ~* pendant un certain temps; *după o bucată de ~* quelques temps après; *câtă ~* aussi longtemps que; *la ~a asta* en ce moment; *de cu ~* de bonne heure; *acum ni-i ~a* je dois profiter du temps; *pe aşa o ~* par un pareil temps.

vremelnic,~ă *adj.* temporaire, transitoire, provisoire, passager,-ère, éphémère.

vreodată *adv.* 1. une fois. 2. jamais ‖ *poate vei veni ~ pe la noi* peut-être viendrez-vous une fois chez nous; *ai văzut ~ atâta zăpadă?* as-tu jamais vu une telle quantité de neige?

vrere *s.f.* 1. volonté *f.*, désir *m.* 2. décision *f.*

vreun, vreo 1. *adj.nehot.* quelque; un, une. 2. (cu valoare adv.) quelque, environ ‖ *prieten te va însoţi poate* quelque ami (un ami) t'accompagnera peut-être; *vreo şase oameni* environ six personnes; *acum vreo cincizeci de ani* il y a quelque cinquante ans.

vreunul, vreuna *pron.nehot.* quelqu'un, quelqu'une.

vrilă *s.f.* vrille *f.*
vrută *s.f.* volonté *f.* ‖ *pe vrute, pe nevrute* bon gré, mal gré; *vrute şi nevrute* un galimatias.
vui *vi.* **1.** (despre vînt, ape) mugir. **2.** retentir ∥ *vuia codrul* la forêt retentissait; *vuieşte oraşul* toute la ville en parle. **3.** (despre motoare) vrombir.
vuiet *s.n.* grondement *m.*, mugissement *m.*, vrombissement *m.* ‖ *vuietul valurilor* le mugissement des vagues; *vuietul furtunii* le grondement de l'orage; *vuietul motorului* le vrombissement du moteur.

vulcan *s.m.* volcan *m.*
vulcanic,~ă *adj.* volcanique.
vulcaniza *vt.* vulcaniser.
vulg *s.n.* plèbe *f.*
vulgar,~ă *adj.* vulgaire.
vulgaritate *s.f.* vulgarité *f.*
vulgariza *vt.* vulgariser.
vulgarizator,-oare *s.m.f.* vulgarisateur *m.*
vulnerabil,~ă *adj.* vulnérable.
vulpe *s.f.* renard *m.*
vulpoi *s.m.* **1.** renard *m.* **2.** *fig.* vieux renard *m.*, fine mouche *f.*
vultur *s.m.* aigle *m.*

W

warant *s.n.* warrant *m.*

watt *s.m.* watt *m.*

X

xenofob,~ă *adj.* xénophobe.
xilofon *s.n.* xylophone *m.*

xilograf *s.m.* xylographe *m.*

Z

za *s.f.* 1. maille *f.* 2. cotte de mailles *f.*, haubert *m.*
zadar *s.n.* (în expr.) *în* ~ en vain, inutilement, vainement.
zadarnic,~ă *adj.* vain,~e, inutile.
zaharicale *s.f.pl.* sucreries *f.pl.*, friandises *f.pl.*, chatteries *f.pl.*
zaharisi *vr.* 1. se cristalliser. 2. *fig.* se ramollir.
zaharniţă *s.f.* sucrier *m.*
zahăr *s.n.* sucre *m.* || *un băiat de* ~ un chic type; ~ *cubic* sucre en morceaux; ~ *tos* sucre en cristaux.
zaiafet *s.n.* festin *m.*, bombance *f.*
zambilă *s.f.* jacinthe *f.*
zar *s.n.* dé *m.*
zaraf *s.m.* changeur *m.*
zare *s.f.* horizon *m.*
zarvă *s.f.* 1. tumulte *m.* 2. grabuge *m.*, tapage *m.* 3. tintamarre *m.* 4. chahut *m.*, tohubohu *m.*
zarzavagiu *s.m.* marchand des quatre saisons *m.*, maraîcher *m.*
zarzavagioaică *s.f.* marchande des quatre saisons, marchande de légumes.
zarzavat *s.n.* légumes *m.pl.*
zarzăr *s.m.* abricotier *m.*
zarzără *s.f.* abricot *m.*
zaţ *s.n.* 1. composition typographique *f.* 2. (de cafea) marc *m.*
zăbală *s.f.* mors *m.*
zăbavă *s.f.* délai *m.*, retardement *m.* || *fără* ~ immédiatement, tout de suite, sans délai.
zăbovi *vi.* (într-un loc) s'attarder.
zăbranic *s.n.* crêpe de deuil *m.*
zăbrea *s.f.* barreau *m.*
zăcământ *s.n.* gisement *m.*
zăcătoare *s.f.* muid *m.*, futaille *f.*
zăcea *vi.* 1. garder le lit. 2. être malade. 3. gésir. 4. rester étendu || *zace de trei săptămâni* il est malade depuis trois semaines; *a* ~ *în pat* garder le lit; *obosit* ~ *pe pat* fatigué, il restait étendu sur le lit; *aici zace* ci-gît.
zădărî *vt.* taquiner, harceler, exciter.

zădărnici *vt.* déjouer, rendre vain.

zădărnicie *s.f.* inutilité *f.*, vanité *f.*

zăduf *s.n.* **1.** canicule *f.*, chaleur étouffante *f.* **2.** *fig.* dépit *m.*

zăgaz *s.n.* digue *f.*, barrage *m.*, écluse *f.*

zăgăzui *vt.* endiguer.

zălog *s.n.* gage *m.*

zămăsli **I.** *vt.* **1.** concevoir. **2.** *fig.* enfanter. **II.** *vr.* naître.

zămişlire *s.f.* enfantement *m.*, conception *f.*

zănatic,-ă *adj.* étourdi,-~, écervelé,~-e, toqué,~-e, timbré,~-e, farfelu,~-e.

zăngăni *vi.* sonner, tinter.

zănoagă *s.f.* cirque *m.*

zăpadă *s.f.* neige *f.* ‖ *om de* ~ bonhomme de neige.

zăpăceală *s.f.* **1.** étourderie *f.* **2.** confusion *f.*, désordre *m.*, tohubohu *m.*, pagaille *f.* ‖ *a spus-o din* ~ il a dit cela par étourderie; *în zăpăceala mutării* dans le tohu-bohu du déménagement.

zăpăci **I.** *vt.* étourdir, abasourdir. **II.** *vr.* **1.** perdre la tête. **2.** s'embrouiller.

zăpăcit,-ă **1.** *adj.* étourdi,~-e. **2.** *adv.* étourdiment.

zăplaz *s.n.* palissade *f.*

zăpuşeală *s.f.* chaleur étouffante *f.*, canicule *f.*

zărghit,-ă *adj.* toqué,~-e, braque, timbré,~-e.

zări *vt.* apercevoir, entrevoir ‖ *a* ~ *ca prin sită* voir trouble.

zău *interj.* ma foi! ‖ *a zice* ~ jurer.

zăvoi *s.n.* bocage *m.*

zăvor *s.n.* verrou *m.*, targette *f.*

zăvorî *vt.* verrouiller.

zbanghiu *adj.* (în expr.) *ochi zbanghii* des yeux qui louchent.

zbate *vr.* se débattre, se démener, s'agiter ‖ *a se* ~ *ca peştele pe uscat* se débattre comme un poisson sur la paille.

zbengui *vr.* folâtrer, s'ébattre, gambader.

zbici *vr.* essorer.

zbiera *vi.* hurler, rugir; *fam.* grêler.

zbieret *s.n.* hurlement *m.*, rugissement *m.*

zbir *s.m.* sbire *m.*

zbârci *vr.* **1.** se rider. **2.** se racornir, se recroqueviller.

zbârcitură *s.f.* ride *f.*

zbârli *vr.* **1.** (se) hérisser. **2.** (s')ébouriffer. **3.** *fig.* se fâcher ‖ *ce te zbârleşti aşa?* quelle mouche vous a piqué?; *o poveste de îţi zbârleşte părul* un conte à vous faire dresser les cheveux; *a se* ~ *la cineva* rudoyer qn.

zbârnâi *vi.* bourdonner.

zbârnâit *s.n.* bourdonnement *m.*

zbor *s.n.* vol *m.*; ‖ *în* ~ en plein vol; *a-şi lua zborul* prendre son vol, s'envoler.

zborşi *vr.* **1.** se mettre en colère. **2.** (despre fructe) s'altérer.
zbucium *s.n.* trouble *m.*, tourment *m.*
zbuciuma *vr.* se tourmenter.
zbughi *vt.* (în expr.) *a o ~* prendre la poudre d'escampette, déguerpir, décamper, détaler.
zbura *vi.* **1.** voler. **2.** s'envoler, prendre son vol.
zburător,-oare 1. *adj.* ailé,~e. **2.** *s.f.* oiseau *m.*, volaille *f.*, volatile *m.*
zburda *vi.* gambader, folâtrer ‖ *a-i ~ (cuiva) inima* avoir du soleil plein le cœur.
zburdalnic,-ă *adj.* vif, vive, espiègle, folâtre.
zburdălnicie *s.f.* vivacité *f.*, espièglerie *f.*
zdravăn,~ă I. *adj.* **1.** fort,~e, vigoureux,-euse, costaud,~e. **2.** sain,~e. **II.** *adv.* avec force, fortement ‖ *a nu fi ~ la cap* être toqué, timbré, marteau.
zdrăngăni 1. *vi.* tinter. **2.** *vt.* faire tinter ‖ *a ~ la vioară* racler du violon.
zdreanţă *s.f.* **1.** chiffon *m.*, lambeau *m.* **2.** haillon *m.*, guenille *f.* **3.** *fig.* chiffe *f.* ‖ *o ~ dintr-o stofă* un lambeau; *era în zdrenţe* il était en haillons (déguenillé).
zdreli *vt.* égratigner, érafler.
zdrelitură *s.f.* égratignure *f.*, éraflure *f.*
zdrenţăros,-oasă *adj.* loqueteux,-euse, déguenillé,~e.
zdrenţui *vr.* se déchirer, tomber en lambeaux.

zdrobi *vt.* broyer, écraser.
zdrobitor,-oare *adj.* écrasant,~e; *fig.* accablant,~e.
zdruncina *vt.* **1.** secouer. **2.** cahoter, *fig.* ébranler ‖ *casa se zdruncină din temelii* la maison fut secouée de fond en comble; *zdruncinaţi de trăsură* cahotés par la voiture.
zdruncinătură *s.f.* **1.** secousse *f.*, ébranlement *m.* **2.** (a unui vehicul) cahot *m.*
zeamă *s.f.* **1.** jus *m.* **2.** soupe *f.* ‖ *soarbe ~* bêta.
zebră *s.f.* zèbre *m.*
zece *num.card.* dix.
zecelea, zecea *num.ord.* le (la) dixième.
zecimal *adj.* décimal.
zecime *s.f.* dixième *m.*, dixième partie *f.*
zefir *s.m.* zéphyr *m.*, brise *f.*
zeflemea *s.f.* gouaille *f.*, raillerie *f.*, persiflage *m.*
zeflemisi *vt.* railler, gouailler, se gausser (de), persifler.
zeghe *s.f.* manteau paysan *m.*
zeitate *s.f.* divinité *f.*
zeiţă *s.f.* déesse *f.*
zel *s.n.* zèle *m.*
zelos,-oasă *adj.* zélé,~e.
zemos,-oasă *adj.* juteux,-euse.
zenit *s.n.* zénith *m.*
zero *s.n.* zéro *m.*
zestre *s.f.* dot *f.*
zeţar *s.m.tipogr.* compositeur *m.*
zeu *s.m.* dieu *m.*
zevzec,-eacă *adj.* nigaud,~e, niais,~e, écervelé,~e.
zgaibă *s.f.* **1.** égratignure *f.* **2.** *pop.* gale *f.*

zgardă *s.f.* collier de chien *m.*, laisse *f.*
zgâi *vr.* **1.** écarquiller les yeux. **2.** braquer les yeux sur, regarder avec insistance.
zgândări *v.t.* **1.** attiser. **2.** *fig.* exciter, ...
zgârcenie *s.f.* avarice *f.*, ladrerie *f.*
zgârci¹ *s.n.* cartilage *m.*
zgârci² *vr.* **1.** se contracter. **2.** se racornir, se recroqueviller, se rabourgir. **3.** *fig.* lésiner.
zgârcit,-ă *adj.* **1.** crispé,-e, contracté,-e. **2.** racorni,-e, recroquevillé,-e, rabougri,-e. **2.** avare, chiche, ladre, pingre, (şi *s.m.f.*) avare, harpagon *m.*, grippe-sou *m.*
zgâria *vt.* griffer || *a ~ cu un diamant* rayer avec un diamant; *a ~ hârtia* griffonnner; *a ~ urechile* gratter les oreilles.
zgârie-brânză *s.m.* harpagon *m.*, grippe-sou *m.*
zgârie-nori *s.m.* gratte-ciel *m.*
zgârietură *s.f.* éraflure *f.*, égratignure *f.*
zglobiu,-ie *adj.* vif, vive, mutin,~e, espiègle.
zgomot *s.n.* bruit *m.*, vacarme *m.*, tapage *m.*
zgomotos,-oasă **1.** *adj.* bruyant,~e, tapageur,-euse. **2.** *adv.* bruyamment.
zgribuli *vr.* grelotter.
zgripţuroaică *s.f.* mégère *f.*
zgrunţuros,-oasă *adj.* **1.** rugueux,-euse. **2.** grumeleux,-euse, grenu,~e || *piele zgrunţuroasă* peau rugueuse; *piatră zgrunţuroasă* pierre grumeleuse.
zgudui *vr.* v. zdruncina.
zguduitură *s.f.* v. zdruncinătură.
zgură *s.f.* scorie *f.*
zi *s.f.* jour *m.*, journée *f.* || *~ de ~* journellement, chaque jour; *la ~* à terme; *a doua ~* le lendemain; *către ziuă* à l'aube; *a-şi lua ziua bună* prendre congé; *într-o bună ~* un beau jour; *pe ~ ce trece* chaque jour davantage; *cât toate zilele* très grand; *la zile mari* aux grands occasions; *~ de lucru* jour ouvrable; *de pe o ~ pe alta* du jour au lendemain.
ziar *s.n.* journal *m.*
ziarist,~ă *s.m.f.* journaliste *m.*
ziaristică *s.f.* journalisme *m.*
zicală *s.f.* adage *m.*, dicton *m.*
zicătoare *s.f.* dicton *m.*, maxime *f.*, proverbe *m.*
zice *vt.* **1.** dire. **2.** parler. **3.** raconter, déclarer || *va să zică* c'est-à-dire, donc; *mai bine zis* à proprement parler, plutôt; *să zicem că* mettons que; *a ~ din gură* chanter; *a ~ din vioară* jouer du violon.
zid *s.n.* mur *m.*, muraille *f.*; (de cetate) rempart *m.* || *a face ~ împrejurul cuiva* se solidariser, se lever comme un seul homme.
zidar *s.m.* maçon *m.*
zidărie *s.f.* maçonnerie *f.*

zidi *vt.* 1. construire, bâtir. 2. murer ‖ *a ~ o casă* construire (bâtir) une maison; *a ~ o uşă* murer une porte.
zidire *s.f.* construction *f.*
ziditor,-oare *s.m.f.* constructeur,-trice, bâtisseur,-euse.
zilier,~ă *s.m.f.* journalier,-ère.
zilnic,~ă 1. *adj.* quotidien,-enne. 2. *adv.* journellement, quotidiennement.
zimbru *s.m.* aurochs *m.*, bison *m.*
zinc *s.n.* zinc *m.*
zis,~ă 1. *adj.* surnommé,~e, alias. 2. *s.f.* dire *m.* ‖ *aşa ~* soi-disant; *zisele cuiva* les dires de qn.
zâmbet *s.n.* sourire *m.*, *fam.* souris *m.*
zâmbi *vi.* sourire.
zâmbitor,-oare *adj.* souriant,~e.
zână *s.f.* fée *f.*
zâzanie *s.f.* intrigue *f.*, discorde *f.*, zizanie *f.* ‖ *a băga ~* semer la discorde (la zizanie).
zâzâi *vi.* bourdonner.
zloată *s.f.* giboulée *f.*
zmeu 1. *s.m.* dragon. 2. *s.n.* (joc) cerf-volant *m.* ‖ *a se lupta ca un ~* lutter comme un lion.
zmeură *s.f.* framboise *f.*
zoaie *s.f.* eau sale *f.*, lavure *f.*
zob *s.n.* (în expr.) *a face ~* réduire en poudre.
zodie *s.f.* signe du zodiaque *m.*
zoios,-oasă *adj.* crasseux,-euse.
zonă *s.f.* zone *f.*
zoologie *s.f.* zoologie *f.*
zor *s.n.* hâte *f.*, urgence *f.* ‖ *a lucra de ~* travailler d'arrache-pied (de toutes ses forces); *cu zorul* de force; *a lua la ~* rabrouer; *~ nevoie* à tout prix.
zorea *s.f.* belle du jour *f.*
zori[1] *s.m.pl.* aube *f.*
zori[2] *vt.vr.* (se) hâter, (se) presser, (se) dépêcher.
zornăi 1. *vi.* tinter, cliqueter. 2. *vt.* faire tinter.
zornăit *s.n.* tintement *m.*, cliquetis *m.*
zorzoane *s.f.pl.* colifichets *m.pl.*, falbala *m.*, fanfreluche *f.*
zugrav *s.m.* peintre en bâtiments *m.*
zugrăvi *vt.* 1. peindre. 2. *fig.* décrire.
zuluf *s.m.* boucle *f.*
zumzăi *vi.* bourdonner.
zumzet *s.n.* bourdonnement *m.*
zurbagiu *s.m.* tapageur *m.*, casseur d'assiettes *m.*
zurgălău *s.m.* grelot *m.*, clochette *f.*
zurliu *adj.* espiègle, toqué, braque.
zvăpăiat,~ă *adj.* folâtre, frivole, déluré,~e.
zvelt,~ă *adj.* élancé,~e, svelte.
zvâcni *vi.* 1. (despre inimă) battre violemment, palpiter. 2. (despre fiinţe) bondir.
zvânta *vt.* essorer.
zvânturat,~ă *adj.* frivole, évaporé,~e.
zvârcoli *vr.* 1. se débattre. 2. se tortiller. 3. *fig.* se tourmenter.
zvârcolire *s.f.* contorsion *f.*
zvârli *vt.* lancer, jeter.
zvon *s.n.* 1. bruit *m.*, rumeur *f.*, fausse nouvelle *f.*, faux bruit *m.* 2. (la clopote) son *m.*
zvoni *vr.* répandre le bruit ‖ *se zvoneşte* le bruit court.

VERBUL

■ *Grupele de verbe:*

Grupa I cuprinde verbele terminate la infinitivul prezent în *er*: parler

Grupa a II-a cuprinde verbele terminate la infinitivul prezent în *ir* şi care au la participiul prezent terminaţia *issant*: finir (fin*issant*).

Grupa a III-a cuprinde verbele terminate la infinitiv:
    a) în *ir* şi care au la participiul prezent terminaţia *ant* (fără *iss*): sort*ir* (sort*ant*).
    b) în *oir*: recevoir
    c) în *re*: prendre
Verbele aparţinând acestei grupe sunt neregulate.

1. Verbele auxiliare*

Modul şi timpul	AVOIR	ÊTRE
Indicativ prezent	j'ai tu as il a nous avons vous avez ils ont	je suis tu es il est nous sommes vous êtes ils sont
Indicativ imperfect	j'avais tu avais il avait nous avions vous aviez ils avaient	j'étais tu étais il était nous étions vous étiez ils étaient
Indicativ perfect simplu	j'eus tu eus il eut nous eûmes vous eûtes ils eurent	je fus tu fus il fut nou fûmes vous fûtes ils furent

---

*În toate tabelele de conjugare prezentate aici nu figurează câteva moduri şi timpuri mai rar întrebuinţate şi anume: perfectul anterior, viitorul al II-lea (la indicativ), conjunctivul imperfect, perfect şi mai-mult-ca-perfect, imperativul trecut, infinitivul trecut.

Modul și timpul	AVOIR	ÊTRE
Indicativ perfect compus	j'ai eu tu as eu il a eu nous avons eu vous avez eu ils ont eu	j'ai été tu as été il a été nous avons été vous avez été ils ont été
Indicativ mai-mult-ca-perfect	j'avais eu tu avais eu il avait eu nous avions eu vous aviez eu ils avaient eu	j'avais été tu avais été il avait été nous avions été vous aviez été ils avaient été
Indicativ viitor	j'aurai tu auras il aura nous aurons vous aurez ils auront	je serai tu seras il sera nous serons vous serez ils seront
Condițional prezent	j'aurais tu aurais il aurait nous aurions vous auriez ils auraient	je serais tui serais il serait nous serions vous seriez ils seraient
Condițional trecut	j'aurais eu tu aurais eu il aurait eu nous aurions eu vous auriez eu ils auraient eu	j'aurais été tu aurais été il aurait été nous aurions été vous auriez été ils auraient été
Conjunctiv prezent	que j'aie que tu aies qu'il ait que nous ayons que vous ayez qu'ils aient	que je sois que tu sois qu'il soit que nous soyons que vous soyez qu'ils soient
Imperativ prezent	aie ayons ayez	sois soyons soyez
Participiu prezent	ayant	étant
Participiu trecut	eu	été

Observație: La timpurile compuse marea majoritate a verbelor se conjugă cu ajutorul auxiliarului *avoir*. Se conjugă cu auxiliarul *être* unele verbe intranzitive ca aller, arriver, descendre, entrer, montrer, mourir, naître, partir, rester, sortir, tomber, venir etc., precum și toate verbele conjugate la diateza reflexivă și la diateza pasivă.

2. Conjugarea verbelor regulate (grupa I și a II-a)

Modul și timpul	PARLER	FINIR
Indicativ prezent	je parle tu parles il parle nous parlons vous parlez ils parlent	je finis tu finis il finit nous finissons vous finissez ils finissent
Indicativ imperfect	je parlais tu parlais il parlait nous parlions vous parliez ils parlaient	je finissais tu finissais il finissait nous finissions vous finissiez ils finissaient
Indicativ perfect simplu	je parlai tu parlas il parla nous parlâmes vous parlâtes ils parlèrent	je finis tu finis il finit nous finîmes vous finîtes ils finirent
Indicativ perfect compus	j'ai parlé tu as parlé il a parlé nous avons parlé vous avez parlé ils ont parlé	j'ai fini tu as fini il a fini nous avons fini vous avez fini ils ont fini
Indicativ mai-mult-ca-perfect	j'avais parlé tu avais parlé il avait parlé nous avions parlé vous aviez parlé ils avaient parlé	j'avais fini tu avais fini il avait fini nous avions fini vous aviez fini ils avaient fini
Indicativ viitor	je parlerai tu parleras il parlera nous parlerons vous parlerez ils parleront	je finirai tu finiras il finira nous finirons vous finirez ils finiront

Modul şi timpul	PARLER	FINIR
Condiţional prezent	je parlerais tu parlerais il parlerait nous parlerions vous parleriez ils parleraient	je finirais tu finirais il finirait nous finirions vous finiriez ils finiraient
Condiţional trecut	j'aurais parlé tu aurais parlé il aurait parlé nous aurions parlé vous auriez parlé ils auraient parlé	j'aurais fini tu aurais fini il aurait fini nous aurions fini vous auriez fini ils auraient fini
Conjunctiv prezent	que je parle que tu parles qu'il parle que nous parlions que vous parliez qu'ils parlent	que je finisse que tu finisses qu'il finisse que nous finissions que vous finissiez qu'ils finissent
Imperativ prezent	parle parlons parlez	finis finissons finissez
Participiu prezent	parlant parlé	finissant fini

3. Conjugarea verbelor la diateza reflexivă

SE LAVER		
Indicativ prezent	*Indicativ imperfect*	*Indicativ perfect simplu*
je me lave tu te laves il se lave nous nous lavons vous vous lavez ils se lavent	je me lavais tu te lavais il se lavait nous nous lavions vous vous laviez ils se lavaient	je me lavai tu te lavas il se lava nous nous lavâmes vous vous lavâtes ils se lavèrent
Indicativ perfect compus	*Indicativ viitor*	*Condiţional prezent*
je me suis lavé tu t'es lavé il s'est lavé nous nous sommes lavés vous vous êtes lavés ils se sont lavés	je me laverai tu te laveras il se lavera nous nous laverons vous vous laverez ils se laveront	je me laverais tu te laverais il se laverait nous nous laverions vous vous laveriez ils se laveraient

SE LAVER		
Conjunctiv prezent	*Imperativ prezent*	*Participiu prezent*
que je me lave		
que tu te laves	lave-toi	
qu'il se lave		se lavant
que nous nous lavions	lavons-nous	
que vous vous laviez	lavez-vous	
qu'ils se lavent		

■ *Forma interogativă*

Forma interogativă se poate exprima în trei feluri:

a) prin inversiunea pronumelui subiect care se aşază după verb şi se desparte de acesta prin liniuţă:
   parlez-vous?
   La persoana a III-a singular a indicativului prezent verbele a căror terminaţie este o vocală intercalează un *t* eufonic:
   parle-t-il français? a-t-elle mangé?

b) cu ajutorul expresiei interogative *est-ce que*, fără inversiunea subiectului:
   est-ce que tu viens?
   La persoana I singular a indicativului prezent, mai ales la verbele din grupa I, forma interogativă cu *est-ce que* este singura folosită:
   est-ce que je rêve?

c) prin folosirea simplei intonaţii pentru propoziţiile scurte, păstrându-se ordinea normală subiect-verb:
   tu comprends? Paul est parti?

■ *Forma negativă*

Forma negativă se exprimă cu ajutorul a două negaţii: *ne* aşezată înaintea verbului şi *pas* aşezată după verb:
   il *ne* parle *pas* français

Negația *pas* poate fi înlocuită prin altă negație: plus, jamais, rien, personne, point, guère ș.a.

Ex. je *ne* vois *personne*
Il *ne* sait *plus* que faire
Je *ne* fume *jamais*

La timpurile compuse a doua negație se intercalează între auxiliar și participiu:

Nous *n'*avons *pas* déjeuné

■ Exemplu de conjugare :
verbul *chanter* la formele interogativă, negativă și interogativ-negativă (la indicativul prezent și perfectul compus):

CHANTER

Forma interogativă	Forma negativă	Forma interogativ-negativă
Indicativ prezent		
est-ce que je chante?	je ne chante pas	est-ce que je ne chante pas?
chantes-tu?	tu ne chantes pas	ne chantes-tu pas?
chante-t-il?	il ne chante pas	ne chante-t-il pas?
chantons-nous?	nous ne chantons pas	ne chantons-nous pas?
chantez-vous?	vous ne chantez pas	ne chantez-vous pas?
chantent-ils?	ils ne chantent pas	ne chantent-ils pas?
Perfect compus		
ai-je chanté?	je n'ai pas chanté	n'ai-je pas chanté?
as-tu chanté?	tu n'as pas chanté	n'as-tu pas chanté?
a-t-il chanté?	il n'a pas chanté	n'a-t-il pas chanté?
avons-nous chanté?	nous n'avons pas chanté	n'avons-nous pas chanté?
avez-vous chanté?	vous n'avez pas chanté	n'avez-vous pas chanté?
ont-ils chanté?	ils n-ont pas chanté	n'ont-ils pas chanté?

4. Conjugarea principalelor verbe neregulate*

Verbul	Indicativ					Conjunctiv prezent	Imperativ prezent	Participiu prezent	Observații
	Prezent	Imperfect	Perf. simplu	Perfect compus	Viitor				
1	2	3	4	5	6	7	8	9	10
Acquérir	j'acquiers nous acquérons ils acquièrent	j'acquérais nous acquérions	j'acquis nous acquîmes	j'ai acquis	j'acquerrai	que j'acquières	acquiers	acquérant	Se conjugă la fel: *conquérir, requérir*
Aller	je vais nous allons ils vont	j'allais nous allions	j'allai nous allâmes	je suis *allé*	j'irai nous irons	que j'aille que nous allions	va allons allez	allant	
Asseoir	j'assieds nous asseyons	j'asseyais nous asseyions	j'assis nous assîmes	j'ai assis	j'assiérai nous assiérons	que j'asseye que nous asseyions	assieds asseyons asseyez	asseyant	
Boire	je bois nous buvons ils boivent	je buvais nous buvions	je bus nous bûmes	j'ai bu	je boirai nous boirons	que je boive que nous buvions	bois buvons buvez	buvant	
Conduire	je conduis nous conduisons	je conduisais nous conduisions	je conduisis nous conduisîmes	j'ai *conduit*	je conduirai nous conduirons	que je conduise que nous conduisions	conduis conduisons conduisez	conduisant	Se conjugă la fel: *construire, produire, traduire* etc.

* Nu se indică condiționalul prezent care are întotdeauna același radical ca și viitorul. Se indică un singur timp compus (indicativ perfect compus) unde apare participiul trecut al verbului.

1	2	3	4	5	6	7	8	9	10
Connaître	je connais nous connaissons	je connaissais nous connaissions	je connus nous connûmes	j'ai *connu*	je connaîtrai nous connaîtrons	que je connaisse que nous connaissions	connais connaissons connaissez	connaissant	Se conjugă la fel: *paraître, disparaître, reconnaître* etc.
Coudre	je couds nous cousons	je cousais nous cousions	je cousus nous cousûmes	j'ai *cousu*	je coudrai nous coudrons	que je couse que nous cousions	couds cousons cousez	cousant	
Courir	je cours nous courons	je courais nous courions	je courus nous courûmes	j'ai *couru*	je courrai nous courrons	que je coure que nous courions	cours courons courez	courant	Se conjugă la fel: *accourir, parcourir, secourir* etc.
Craindre	je crains nous craignons	je craignais nous craignions	je craignis nous craignîmes	j'ai *craint*	je craindrai nous craindrons	que je craigne que nous craignions	crains craignons craignez	craignant	Se conjugă la fel: *plaindre, atteindre, pendre, teindre* etc.
Croire	je crois nous croyons ils croient	je croyais nous croyions	je crus nous crûmes	j'ai *cru*	je croirai nous croirons	que je croie que nous croyions	crois croyons croyez	croyant	
Cueillir	je cueille nous cueillions	je cueillais nous cueillions	je cueillis nous cueillîmes	j'ai *cueilli*	je cueillerai nous cueillerons	que je cueille que nous cueillions	cueille cueillions cueillez	cueillant	
Devoir	je dois nous devons	je devais nous devions	je dus nous dûmes	j'ai *dû*	je devrai nous devrons	que je doive que nous devions	dois devons devez	devant	Se conjugă la fel: *recevoir, apercevoir*

1	2	3	4	5	6	7	8	9	10
Dire	je dis nous disons vous dites	je disais nous disions	je dis nous dîmes	j'ai dit	je dirai nous dirons	que je dise que nous disions	dis disons dites	disant	Se conjugă la fel: *redire*. De asemenea *interdire, contredire, prédire* care fac la pers. a II-a pl. la ind. prez. și imp. *vous contredisez* etc.
Dormir	je dors nous dormons	je dormais nous dormions	je dormis nous dormîmes	j'ai dormi	je dormirai nous dormirons	que je dorme que nous dormions	dors dormons dormez	dormant	Se conjugă la fel: *mentir, servir, partir, sortir* cu auxiliarul *être*
Ecrire	j'écris nous écrivons	j'écrivais nous écrivions	j'écrivis nous écrivîmes	j'ai écrit	j'écrirai nous écrirons	que j'écrive que nous écrivions	écris écrivons écrivez	écrivant	Se conjugă la fel: *décrire, inscrire, souscrire* etc.
Envoyer	j'envoie nous envoyons	j'envoyais nous envoyions	j'envoyai nous envoyâmes	j'ai envoyé	j'enverrai nous enverrons	que j'envoie que nous envoyions	envois envoyons envoyez	envoyant	
Faire	je fais nous faisons vous faites	je faisais nous faisions	je fis nous fîmes	j'ai fait	je ferai nous ferons	que je fasse que nous fassions	fais faisons faites	faisant	Se conjugă la fel: *défaire, refaire, satisfaire*
Falloir	il faut	il fallait	il fallut	il a fallu	il faudra	qu'il faille	nu are	nu are	verb impersonal
Lire	je lis nous lisons	je lisais nous lisions	je lus nous lûmes	j'ai lu	je lirai nous lirons	que je lise que nous lisions	lis lisons lisez	lisant	Se conjugă la fel: *élire*
Mettre	je mets nous mettons	je mettais nous mettions	je mis nous mîmes	j'ai mis	je mettrai nous mettrons	que je mette que nous mettions	mets mettons mettez	mettant	Se conjugă la fel: *battre, combattre, admettre, commettre, permettre* etc.

1	2	3	4	5	6	7	8	9	10
Mourir	je meurs nous mourons ils meurent	je mourais nous mourions	je mourus nous mourûmes	je suis mort	je mourrai nous mourrons	que je meure que nous mourions	meurs mourons mourez	mourant	
Naître	je nais nous naissons	je naissais nous naissions	je naquis nous naquîmes	je suis né	je naîtrai nous naîtrons	que je naisse que nous naissions	nais naissons naissez	naissant	
Ouvrir	j'ouvre nous ouvrons	j'ouvrais nous ouvrions	j'ouvris nous ouvrîmes	j'ai ouvert	j'ouvrirai nous ouvrirons	que j'ouvre que nous ouvrions	ouvre ouvrons ouvrez	ouvrant	Se conjugă la fel: *couvrir, offrir, souffrir*
Plaire	je plais nous plaisons	je plaisais nous plaisions	je plus nous plûmes	j'ai plu	je plairai nous plairons	que je plaise que nous plaisions	plais plaisons plaisez	plaisant	Se conjugă la fel: *taire*
Pouvoir	je peux (puis) nous pouvons ils peuvent	je pouvais nous pouvions	je pus nous pûmes	j'ai pu	je pourrai nous pourrons	que je puisse que nous puissions	nu se foloseşte	pouvant	
Prendre	je prends nous prenons	je prenais nous prenions	je pris nos prîmes	j'ai pris	je prendrai nous prendrons	que je prenne que nous prenions	prends prenons prenez	prenant	Se conjugă la fel: *apprendre, comprendre, surprendre* etc.
Rendre	je rends nous rendons	je rendais nous rendions	je rendis nous rendîmes	j'ai rendu	je rendrai nous rendrons	que je rende que nous rendions	rends rendons rendez	rendant	Se conjugă la fel: *attendre, dépendre, défendre, descendre, entendre, perdre, répondre, vendre*
Rompre	je romps nous rompons	je rompais nous rompions	je rompis nous rompîmes	j'ai rompu	je romprai nous romprons	que je rompe que nous rompions	romps rompons rompez	rompant	Se conjugă la fel: *corrompre, interrompre*

1	2	3	4	5	6	7	8	9	10
Vouloir	j'ai voulu	je voulais	nous voulûmes	je veux / nous voulons / ils veulent	voulant	que je veuille / que nous voulions	veuille / veuillez / veuillons	voudrai	
Voir	j'ai vu	je voyais	je vis	nous voyons	voyant	que je voie	vois / voyez / voyons	verrai	
Vivre	j'ai vécu	je vivais	je vécus	je vis / nous vivons	vivant	que je vive	vis / vivez / vivons	vivrai	De venir sortent: intervenir, obtenir, soutenir, appartenir etc. Je convaincs se conjugue sur je vaincs. Je me souviens, inventer, apparaître etc.
Venir	je suis venu	je venais	nous vînmes	je viens / nous venons / ils viennent	venant	que je vienne / que nous venions	viens / venez / venons	viendrai	
Valoir	j'ai valu	je valais	je valus	nous valons	valant	que je vaille	vaux / valez / valons	vaudrai	
Vaincre	j'ai vaincu	je vainquais	nous vainquîmes	je vaincs / nous vainquons / il vainc	vainquant	que je vainque / que nous vainquions	vaincs / vainquez / vainquons	vaincrai	Se conjugue la (le) conversion
Savoir	j'ai su	je savais	nous sûmes	je sais / nous savons	sachant	que je sache / que nous sachions	sache / sachez / sachons	saurai	

Bibliografie

Thésaurus Larousse - *Des mots aux idées, Des idées aux mots* - Larousse, Paris, 1991

Petit Robert: *Dictionnaire alphabétique et analogique de la langue française* - Société du Nouveau Littré, Le Robert, Paris, 1990

Const. Șăineanu - *Dictionnaire roumain-français*, (IVe édition) M. O. Imprimérie nationale, Bucarest, 1936

A Canarache, coordonator și E. Balmuș, A. Georgescu-Fuerea, Z. Kahane, Const. Borănescu - *Dicționar român-francez*, Editura Științifică, București, 1967

N.N. Condeescu, G. Haneș, coordonatori și I. Giroveanu, Sanda Mihăescu, M. Slăvescu - *Dicționar francez-român*, Editura Științifică, București, 1967

Ion Brăescu, coordonator și Irina Eliade, Jana Gheorghiu, Liliana Popovici-Pamfil - *Dicționar de buzunar român-francez*, Editura Științifică, București, 1966

Ion Brăescu, coordonator și colectiv, *Dicționar de buzunar francez-român*, Editura Științifică, București, 1961

Pentru toate vârstele, cărţi fără vârstă!

Nr. 1 în România!

Exclusiv prin poştă!

Taxele poştale suportate de Club!

CLUBUL DE CARTE
NICULESCU

România, 78182 – Bucureşti, sector 1
Str. Octav Cocărăscu 79, Tel. 224 24 80 Tel./Fax 222 03 72
E-mail: niculesc@dnt.ro Internet: www.dntb.ro/users/niculesc
Cont 251101107704000335017 BANC POST fil. Griviţa

CE VĂ OFERĂ?

- **CATALOG LUNAR** cuprinzând zeci de titluri de valoare ale Editurii NICULESCU, din cele mai diferite domenii, pentru toate gusturile, într-o ţinută grafică şi artistică deosebită.
- **ECONOMIE DE TIMP PRIN SCUTIREA DRUMULUI PÂNĂ LA LIBRĂRIE**, cărţile fiind cumpărate la preţul oficial înscris pe copertă.
- **ACCES DIRECT** la cititorii din **SATE** şi **LOCALITĂŢI FĂRĂ LIBRĂRII**
- **SUPORTAREA TAXELOR POŞTALE** în totalitate de către Club
- **ÎNSCRIERE** şi preluare **RAPIDĂ** a comenzii (în scris, cu precizarea adresei **COMPLETE** – inclusiv cod poştal – şi data naşterii)
- **SERVICIU SUPLIMENTAR** numai pentru membrii Clubului: **COMENZI PRIN TELEFON – 24 DE ORE DIN 24**
- **UN PREMIU SPECIAL (O CARTE GRATUIT), DE FIECARE DATĂ**, pentru acel membru al Clubului care aduce **DOI NOI MEMBRI**

PRIMA OFERTĂ:

- Manuale preparatoare de limba română, istorie, matematică, fizică, chimie,..., pentru bacalaureat, admitere în licee şi facultăţi • Manuale, dicţionare şi ghiduri de conversaţie în limba engleză, franceză, italiană, germană, spaniolă etc. • Lucrări de informare şi de utilitate generală pentru orice gospodărie • Cărţi pentru copii

După primirea cererii de înscriere, Clubul trimite (gratuit) catalogul lunar

---

Clubul vă aşteaptă cu bucurie şi speranţă!

LIMBA FRANCEZĂ

FRANCEZA
pentru începători

Maria Dumitrescu - Brateş

format	ISBN	pagini
13x20	973-568-220-6	304

Parcurgând toate etapele acestei lucrări, cititorul va putea, în final, să-şi alcătuiască un bagaj de cunoştinţe ce-i va fi extrem de util în situaţii dintre cele mai diferite.

LIMBA FRANCEZA FĂRĂ PROFESOR

Maria Brăescu   **Mariana Perişanu**

Restructurată şi actualizată prin folosirea metodelor comunicative, conţine noţiuni de gramatică şi vocabular abordate progresiv şi contrast...

format	ISBN	pagini
17x24	973-568-215-X	480

GRAMATICA LIMBII FRANCEZE

Maria Brăescu
Marcel Saraş

format	ISBN	pagini
17x24	973-568-178-1	208

Deşi structurată după ordinea tradiţională - morfologie, sintaxă - oferă un credit larg observaţiilor particulare care reliefează corect aspectul modern şi cotidian al limbii franceze.

GRAMATICA LIMBII FRANCEZE
Exerciţii şi teste
Maria Dumitrescu-Brateş

GRAMATICA LIMBII FRANCEZE
– VERBUL –
Pierre Morel

format	ISBN	pagini
13x20	973-568-271-0	256

Cartea este concepută atât pentru învăţarea conjugării verbelor franceze cât şi pentru consultare în cazul nevoii de exprimare în scris sau oral.

Cartea conţine exerciţii şi teste rezolvate fiind utilă celor care au de susţinut bacalaureatul sau diverse examene în limba franceză, dar şi celor interesaţi de studiul acestei limbi.

format	ISBN	pagini
17x24	973-568-287-7	224

ANA ELECTRONIC